J.R. Vizmanos - M. Anzola

Matemáticas
Algoritmo 2

BUP 2

ediciones sm Joaquín Turina 39 28044 Madrid

En Bagdag, y en el mundo de *Las mil y una noches,* durante el califato de Al-Mamun (809-833), se fundó la «Casa de la Sabiduría». En ella trabajaron sabios, tanto judíos como cristianos, procedentes de Siria, Irán y Mesopotamia. Uno de sus miembros fue el matemático y astrónomo Mohammed ibn-Musa Al-Khowarizmi (léase Al-juarizmi) (780-850).

Al-Khowarizmi escribió varios libros de astronomía, uno de álgebra y otro sobre aritmética, en el que hace una exposición exhaustiva del sistema de numeración hindú. Este sistema se empezó a conocer como «el de Al-Khowarizmi» y, por las deformaciones que tuvo, bien por transmisión o por traducción, llegó a la palabra «algorismi», «algorismo» o «algoritmo».

Actualmente el término algoritmo significa procedimientos operativos que permiten resolver cualquier problema de un determinado tipo. Sin duda se debe a Al-Khowarizmi el hecho de que la palabra algoritmo se haya convertido en palabra de uso común en todos los idiomas, especialmente en el campo de las matemáticas y de la informática.

En honor de Al-Khowarizmi editores y autores hemos coincidido en elegir el nombre ALGORITMO para esta nueva serie de Matemáticas.

AUTORES

Máximo Anzola González
Catedrático de Matemáticas de I. B.

José Ramón Vizmanos Buelta
Catedrático de Matemáticas de I. B.

EQUIPO EDITORIAL

Maqueta: José Luis Rodríguez

Dibujos: José Luis Rodríguez, Javier Vázquez, Rubén Garrido, Félix Anaya, Juan Francisco Cobos, Miguel Angel Montesinos y Julián García

Fotografías: Archivo SM, Javier Calbet, Yolanda Álvarez, Sonsoles Prada, J. M. Navia, SIPA-PRESS, ORONOZ, AGE FOTOSTOCK, AISA, COVER, EFE, Instituto Meteorológico, F. López Aranguren, PAISAJES ESPAÑOLES, J. M. Ruiz

Cubierta: Equipo de diseño SM

Coordinación científica y técnica: Francisco Javier Muñoz González y Santiago Gutiérrez Vázquez

Proyecto didáctico y dirección editorial: Serafín Mansilla Romo

Aprobado por el Ministerio de Educación y Ciencia, O. M. del 18-6-1990, BOE del 25-7-1990

ISBN: 84-348-3027-2 / Depósito legal: M-12265-1996 / Fotocomposición: Grafilia, SL
Imprime: Melsa - Ctra. de Fuenlabrada a Pinto, km 21,8 - Pinto (Madrid) / Impreso en España-Printed in Spain

DISTRIBUCIÓN DE CONTENIDOS DE MATEMÁTICAS EN B.U.P.

PRIMER CURSO	SEGUNDO CURSO	TERCER CURSO
1. Números racionales 2. Números reales 3. Potencias 4. Raíces. Operaciones con radicales 5. Números complejos 6. Expresiones enteras 7. División. Raíces de un polinomio 8. Expresiones fraccionarias 9. Expresiones radicales	1. Números reales 2. Potencias reales 3. Logaritmos	
10. Ecuaciones de primer grado 11. Ecuaciones de segundo grado 12. Sistemas de ecuaciones 13. Desigualdades. Inecuaciones	4. Ecuaciones logarítmicas y exponenciales	
	5. Razones trigonométricas 6. Resolución de triángulos	1. Razones trigonométricas 2. Relaciones entre razones trigonométricas 3. Resolución de triángulos 4. Funciones trigonométricas 5. Números complejos
	7. Vectores numéricos 8. Vectores geométricos 9. La recta en el plano 10. Posiciones de rectas en el plano 11. Rectas y planos en el espacio	6. Vectores en el plano 7. Ecuaciones en el plano 8. Problemas métricos en el plano 9. Circunferencia 10. Elipse e hipérbola 11. Parábola
14. Funciones 15. Primeras propiedades 16. Funciones polinómicas 17. Progresiones aritméticas 18. Progresiones geométricas 19. Matemática financiera	12. Sucesiones 13. Límites y sucesiones 14. El número e 15. Funciones 16. Primeras propiedades 17. Límite de funciones 18. Continuidad 19. Funciones potenciales 20. Funciones logarítmicas 21. Funciones exponenciales 22. Funciones trigonométricas 23. Derivadas 24. Cálculo de derivadas 25. Integral indefinida	12. Límites y continuidad 13. Derivadas 14. Propiedades de las derivadas 15. Derivadas de las funciones elementales 16. Monotonía 17. Curvatura 18. Representación de funciones 19. Integral indefinida I 20. Integral indefinida II 21. Integral definida 22. Aplicaciones de la integral definida
20. Variaciones 21. Permutaciones 22. Combinaciones 23. Estadística: Tablas y Gráficas 24. Estadística: Cálculo de parámetros 25. Sucesos aleatorios 26. Probabilidad		23. Distribuciones bidimensionales 24. Distribuciones discretas 25. Distribuciones continuas

ÍNDICE

PRÓLOGO

Este libro es el segundo de una nueva serie de textos de Matemáticas para BUP.

En su elaboración se ha tenido en cuenta la investigación didáctica desarrollada en los últimos años, así como la experiencia obtenida a lo largo de varios cursos de práctica docente por parte de los propios autores y de un gran número de profesores.

En el desarrollo de cada capítulo, desde la introducción hasta las actividades finales, se hacen frecuentes referencias a situaciones vinculadas a las ciencias experimentales, a la tecnología, a la historia y a la vida real. Esto ha permitido encuadrar los contenidos matemáticos en un contexto cultural.

Cada capítulo se cierra con una sección, titulada MURAL DE MATEMÁTICAS, en la que se refuerza el contexto cultural e interdisciplinar de los conceptos matemáticos tratados a lo largo de todo el tema.

La parte teórica se trata siempre desde concreciones numéricas, de modo que se comprenda bien que la matemática es el resultado de un quehacer con lo concreto que va escalando progresivamente niveles más altos de abstracción. Es una invitación por otro lado a un trabajo personal de observación, elaboración de hipótesis y generalización, proceso común a todas las ciencias y al que deben irse habituando los alumnos a lo largo del BUP.

Se ha tenido un cuidado especial en la parte de problemas. La importancia que la resolución de problemas tiene para la actividad matemática y las oportunidades que ofrece como elemento educativo para el alumno así lo aconsejan.

En cada capítulo, los contenidos se distribuyen en apartados que ocupan una o dos páginas. Al final de cada apartado se incluyen uno o más ejercicios resueltos en los que se aplican los algoritmos de cálculo desarrollados en el mismo.

Por otra parte, en cada capítulo se ha incluido una sección titulada PROBLEMAS RESUELTOS, en la que se trata de aplicar los conceptos matemáticos estudiados y mostrar métodos y estrategias de trabajo útiles para enfrentarse a la resolución de los problemas propuestos.

En el apartado ACTIVIDADES se proponen numerosos ejercicios y problemas. Dada su gran variedad se han estructurado en secciones, siguiendo criterios didácticos, tal como se muestra a continuación.

— *Ejercicios para entrenarse,* pretenden dar la oportunidad de adquirir una cierta destreza en el manejo de fórmulas y algoritmos de cálculo.

— *Problemas para resolver,* suponen una ocasión para aplicar los conocimientos a situaciones de cierta complejidad, tanto del ámbito propio de la matemática como del ajeno a ella.

— *Problemas para entretenerse pensando,* aprovechan situaciones lúdicas o simplemente curiosas, poseen un nivel de dificultad mayor que los anteriores y exigen del alumno un pensamiento estratégico más elaborado.

— *Cuestiones para aclararse,* plantean al alumno preguntas que le lleven a delimitar con claridad los conceptos estudiados, ver casos límite, establecer comparaciones y, en resumen, a hacerse una síntesis que fije su aprendizaje.

— *Actividades para profundizar,* se trata de problemas de un nivel de dificultad superior, destinados a aquellos alumnos que muestren una especial aptitud y afición para la matemática.

Finalmente, el libro contiene un cuadro de distribución de contenidos en el que se puede observar el plan general de los tres tipos y el enfoque dado a la progresión de conocimientos a lo largo de todo el BUP.

LOS AUTORES

1 NÚMEROS REALES

LOS HITOS DEL CAMINO

Los hitos o mojones son señales de piedra u otro material que se ponen para marcar los límites de un camino o las distancias a un origen. La radio, la televisión o la prensa al dar la noticia de los accidentes de carretera indican muchas veces el punto kilométrico donde han sucedido. En España, el origen para medir las distancias de las carreteras y autopistas se encuentra en la Puerta del Sol, que es el ***kilómetro cero*** *de las seis carreteras radiales.*

Fijados un ***origen*** *y* ***una unidad****, los mojones indican, kilómetro a kilómetro o hectómetro a hectómetro, la abscisa del punto donde se encuentran situados.*

En este tema estudiarás la representación de los **números reales** en una recta y las principales consecuencias que se derivan de este hecho.

Recuerda:

Los números decimales no periódicos se llaman **irracionales**, en oposición a los **racionales**, cuya expresión decimal es periódica.

Los números racionales e irracionales forman los números reales. El conjunto de estos números se designa con la letra **R**.

SUCESIVAS AMPLIACIONES DE LOS NÚMEROS

Los hitos kilométricos de autopistas indican kilómetro a kilómetro la abscisa del punto donde se encuentran situados.

1. REPRESENTACIÓN DE LOS NÚMEROS REALES

Los números reales se pueden hacer corresponder con los puntos de una recta. Se trata de ampliar la recta en la que se han representado los números racionales. En los siguientes esquemas se muestra gráficamente la ampliación de los números desde los naturales a los reales.

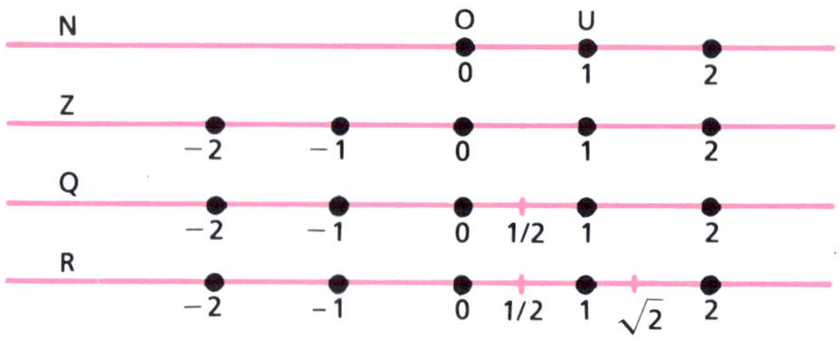

La recta real queda determinada cuando se han fijado dos puntos:

— El punto origen **O**, al que se le asocia el **número real 0**.

— El punto unidad **U**, al que se le asocia el **número real 1**.

La representación gráfica de los números reales puede hacerse en algunos casos utilizando:

1. Números enteros: regla o compás.
2. Números racionales: el teorema de Thales.
3. Números radicales: el teorema de Pitágoras; el teorema de la altura.

La representación de los números enteros se hace llevando el segmento **OU** hacia la derecha o hacia la izquierda tantas veces como indica el valor absoluto del número.

Observa ahora las siguientes figuras donde se indica cómo se representan los números racionales y los números radicales cuadráticos.

Fig. 1

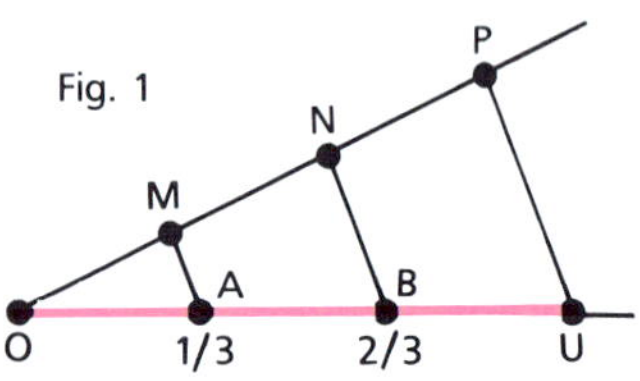

Fig. 1. **Aplicación del teorema de Thales**

Traza una recta por O distinta de OU. Construye sobre ella los segmentos iguales OM, MN y NP. Une P con U y traza paralelas a PU por M y N. El segmento unidad OU queda dividido en tres partes iguales.

Fig. 2

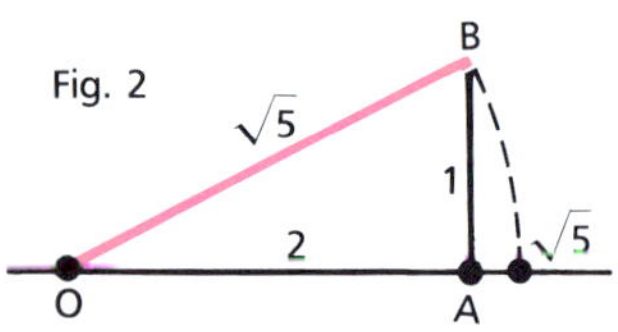

Fig. 2. **Aplicación del teorema de Pitágoras**

Se toma: cateto OA = 2, cateto AB = 1, entonces el valor de la hipotenusa es $\sqrt{5}$

Fig. 3

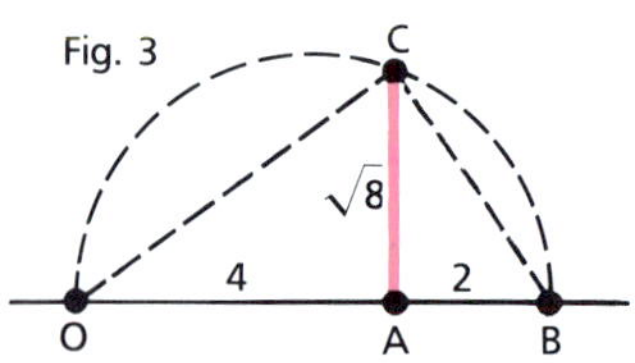

Fig. 3. **Aplicación del teorema de la altura**

Construye una circunferencia de diámetro 6 = 4 + 2. Traza altura en A, OA = 4:

$$h = \sqrt{8} = \sqrt{4 \cdot 2}$$

2. INTERVALOS DE APROXIMACIÓN: DETERMINACIÓN Y REPRESENTACIÓN

La determinación y representación de un número real con un número ilimitado de cifras decimales se hace siempre por aproximaciones. Lo recordamos para las **raíces**; luego se utilizará para calcular potencias reales y logaritmos.

Un modelo: ¿Cómo se calculan algunas cifras de $\sqrt[3]{2}$?

Razona cada uno de los pasos. Para calcular estos intervalos utiliza sólo la multiplicación (emplea la calculadora para hacerlo más rápido).

Intervalo		Error menor que
Entero	$1 < \sqrt[3]{2} < 2$	1 (unidad)
Decimal	$1{,}2 < \sqrt[3]{2} < 1.3$	10^{-1} (décima)
Centesimal	$1{,}25 < \sqrt[3]{2} < 1.26$	10^{-2} (centésima)
Milesimal	$1{,}259 < \sqrt[3]{2} < 1.260$	10^{-3} (milésima)
...	$\ldots < \sqrt[3]{2} < \ldots$	...

Siguiendo este **proceso de tanteo** te acercas cada vez más al verdadero valor de $\sqrt[3]{2}$. Al aumentar el número de cifras, el error que se comete es cada vez más pequeño y se aproxima a **0**.

— Cada uno de estos pasos determina un intervalo, dentro del cual se encuentra $\sqrt[3]{2}$:

[1, 2], [1,2, 1,3], [1,25, 1,26], [1,259, 1,260]...

— Cada intervalo está contenido en el anterior.

— La diferencia entre los extremos del intervalo tiende a 0.

Una sucesión que tiene estas características es una **sucesión de intervalos de aproximación** (o intervalos **encajados**). En la práctica los extremos se eligen de modo que sean números decimales **exactos.**

Toda sucesión de intervalos encajados determina un único número real.

La representación de $\sqrt[3]{2}$ puede hacerse por aproximación dibujando en la recta real los extremos de cada intervalo que contiene a dicho número.

En la práctica los útiles de dibujo no permiten representar números con más de dos cifras decimales.

ADIVINA UN NÚMERO

El juego es muy sencillo y en él pueden participar dos o más personas. Se trata de adivinar un número comprendido, por ejemplo, entre 1 y 100. El que pregunta escribe un número en un papel y los demás tratan de acertarlo. Después de dar un número, el que lo ha propuesto tiene que responder con las palabras mayor, menor o acertaste.

¿Qué estrategia hay que seguir para acertar en el menor número posible de respuestas?

Cuando hayas descubierto en qué consiste el método observarás que es, en esencia, el de los intervalos encajados.

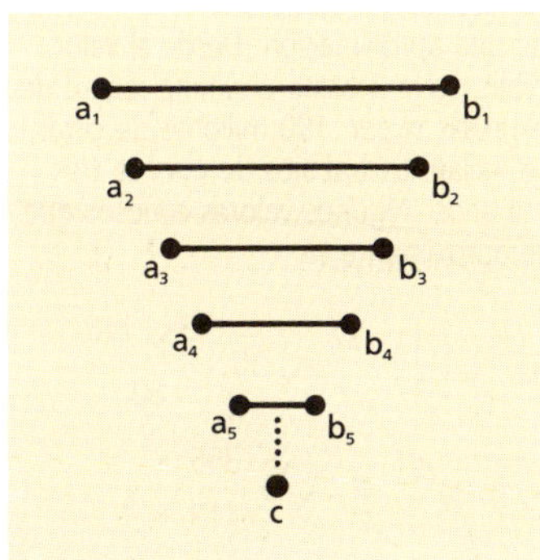

Intervalos encajados.

DOS NÚMEROS DISTINTOS

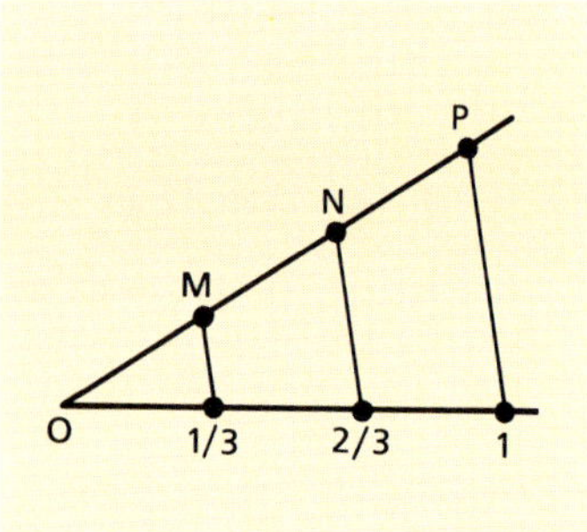

— El número $\frac{1}{3}$ se puede representar gráficamente con regla y compás.

— El número $\sqrt[3]{2}$ **no** se puede representar gráficamente con regla y compás. Este número está relacionado con la duplicación del cubo.

3. EXPRESIÓN Y REPRESENTACIÓN APROXIMADA DE NÚMEROS REALES

Algunas observaciones útiles:

— La **mayoría de los números racionales** se expresan en forma decimal con un número ilimitado de cifras:

$$\frac{1}{3} = 0{,}333\ 333\ 333\ \ldots$$

— Los **números irracionales** siempre se expresan en forma decimal con un número ilimitado de cifras:

$$\sqrt[3]{2} = 1{,}259\ 921\ 049\ \ldots$$

— Las operaciones aritméticas con números decimales dan siempre errores cuando no se utilizan todas las cifras decimales.

— Es imposible utilizar en los cálculos las ilimitadas cifras decimales de un número.

¿Qué hacer?

Cortar el número decimal por alguna parte y despreciar las cifras restantes. Las primeras cifras elegidas serán siempre una aproximación del número real.

Para el número real $\sqrt[3]{2}$ que has calculado antes se tiene:

	Aproximación por	
Error menor que	**Defecto**	**Exceso**
1 unidad	1	2
1 décima	1,2	1,3
1 centésima	1,25	1,26
1 milésima	1,259	1,260
...	...	...

Observa que estos valores son los extremos de los intervalos de la sucesión que determinan $\sqrt[3]{2}$.

Tomando decimales **suficientes** puede hacerse que el error cometido sea menor que cualquier unidad decimal por pequeña que sea; es decir, el error se aproxima a **0** al aumentar las cifras.

La representación de los números reales en la recta se hace siempre tomando números decimales aproximados.

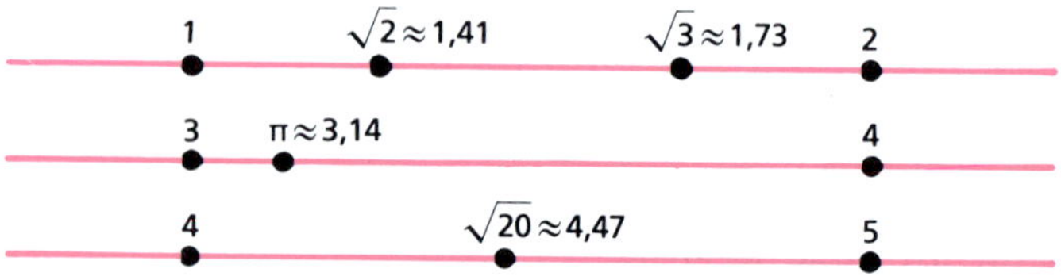

APROXIMANDO a π

La historia del número π es la historia de una aproximación. Desde el valor bíblico π = 3 hasta el último record de expresar π con 100 millones de cifras, se hallan los trabajos de más de tres mil años. Algunos valores curiosos que se aproximan a π:

$$\sqrt{10},\ \left(\frac{4}{3}\right)^4,\ \frac{22}{7},\ \sqrt[3]{30},\ \frac{13\sqrt{146}}{50},$$

$$\sqrt{g},\ \sqrt{2} + \sqrt{3},\ \frac{355}{113}$$

Utiliza la calculadora para hallar la aproximación.

4. RELACIÓN DE ORDEN

La representación de los números reales en una recta lleva implícito una relación de orden entre los mismos. Los símbolos que se utilizan son los siguientes:

$<$ **menor que** (más pequeño que) $\leqslant$ **menor o igual que**

$>$ **mayor que** (más grande que) $\geqslant$ **mayor o igual que**

La relación de orden $<$ entre números se define así:

$$\mathbf{a<b \quad \Leftrightarrow \quad b-a \text{ es positivo}}$$

Por ejemplo, decir que 7 es menor que 15 (escribimos $7<15$) equivale a decir que $15-7$ es positivo.

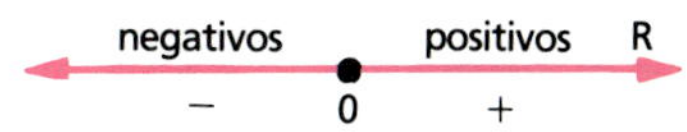

Una desigualdad lo mismo que una igualdad pueden ser **cierta** o **falsa**. Por ejemplo, la desigualdad $x<5$ es cierta para $x=2$, pero es falsa para $x=10$.

La relación de orden entre números reales verifica las siguientes propiedades:

1. $\mathbf{a \leqslant a}$ (propiedad reflexiva)

2. $\mathbf{a \leqslant b \ \text{y} \ b \leqslant c \ \Rightarrow \ a \leqslant c}$ (propiedad transitiva)

3. $\mathbf{a \leqslant b \ \text{y} \ b \leqslant a \ \Rightarrow \ a = b}$ (propiedad antisimétrica)

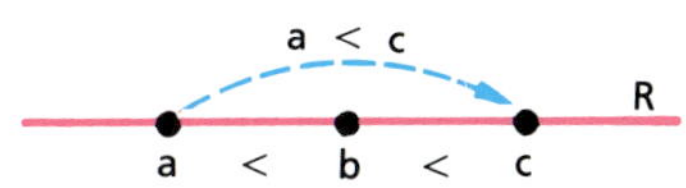

La siguiente propiedad expresa que el orden es total; es decir, que dos números siempre se pueden comparar.

4. $\mathbf{a<b}$ ó $\mathbf{b<a}$ ó $\mathbf{a=b}$.

Las propiedades **5** y **6** relacionan el orden con la suma y el producto.

5. Si a los dos miembros de una desigualdad se les suma o resta un mismo número o una misma expresión algebraica se obtiene otra desigualdad en el mismo sentido:

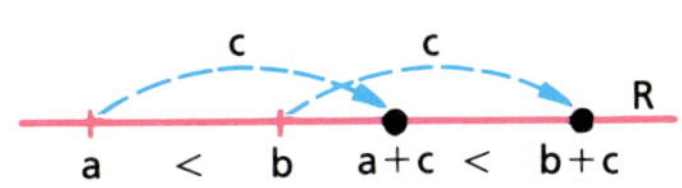

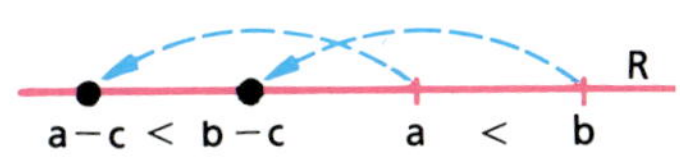

$$\mathbf{a<b \quad \Leftrightarrow \quad a \pm c < b \pm c}$$

6. Si los dos miembros de una desigualdad se multiplican o dividen por un número

— **mayor que cero,** se obtiene otra desigualdad en el mismo sentido, y si es

— **menor que cero,** se obtiene otra desigualdad en sentido contrario:

$$\mathbf{a<b \ \ \text{y} \ \ c>0 \quad \Leftrightarrow \quad a\,c < b\,c}$$

$$\mathbf{a<b \ \ \text{y} \ \ c<0 \quad \Leftrightarrow \quad a\,c > b\,c}$$

Intervalo cerrado

$[a, b] = \{x \in \mathbf{R},\ a \leqslant x \leqslant b\}$

Intervalo abierto

$]a, b[= \{x \in \mathbf{R},\ a < x < b\}$

Entorno simétrico

$E(a, r) = \{x \in \mathbf{R},\ a - r < x < a + r\}$

Entorno reducido

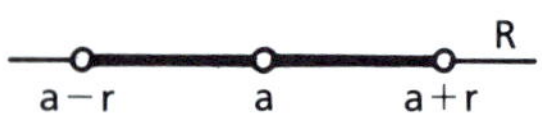

$E^*(a, r) = E(a, r) - \{a\}$

5. INTERVALOS, SEMIRRECTAS Y ENTORNOS

La relación de orden permite definir algunos subconjuntos de números reales que tienen interpretación sencilla en la recta real y que se utilizan en las inecuaciones y funciones.

▶ Intervalos

Observa las figuras siguientes:

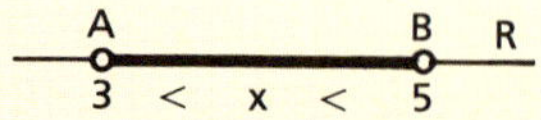

Fig. 1

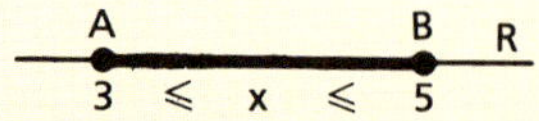

Fig. 2

Fig. 1: Los números comprendidos entre 3 y 5 (no entran ni el 3 ni el 5) determinan un conjunto de puntos que se llama **segmento** o **intervalo abierto** y se designa por]3,5[.

Fig. 2: Los números comprendidos entre 3 y 5 con el 3 y el 5 determinan un conjunto de puntos que se llama **segmento** o **intervalo cerrado** y se designa por [3,5].

▶ Semirrectas

Observa ahora las figuras siguientes:

Fig. 1

Fig. 2

Fig. 1: Los números mayores que 3 (no entra el 3) determinan un conjunto de puntos que se llama **semirrecta abierta** y se designa por]3, → [.

Fig. 2: Los números mayores o iguales que 3 (entra el 3) determinan un conjunto de puntos que se llama **semirrecta cerrada** y se designa por [3,→ [.

Análogamente:

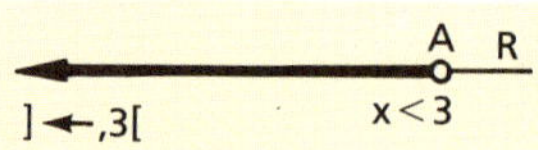

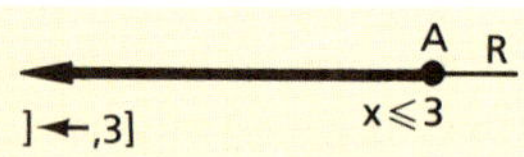

▶ Entornos

Observa las figuras siguientes:

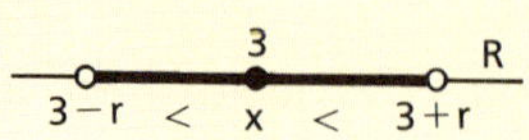

Fig. 1

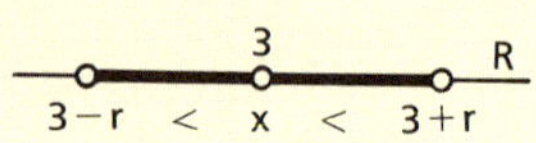

Fig. 2

Fig. 1: El conjunto de números pertenecientes al intervalo abierto $]3 - r, 3 + r[$, donde **r** es un número real positivo, se llama **entorno simétrico del punto 3 y radio r.**

Fig. 2: El conjunto $]3 - r, 3 + r[- \{3\}$ se llama **entorno reducido** del punto 3 y radio r.

6. VALOR ABSOLUTO

Un ejemplo: Unos cuadernos y lápices te han costado 750 pesetas. Entregas mil pesetas. Con relación a lo que te deben:

— si en el cambio te dan 260 pesetas se ha cometido un error positivo de 10 pesetas, y

— si te dan 240 el error es negativo en 10 pesetas.

Cuando el error se da **sin signo** se dice que está dado en **valor absoluto**. El valor absoluto de 10 y −10 es 10.

> El **valor absoluto** de un número a se designa |**a**| y **coincide** con el número si es **positivo** y con su **opuesto** si es **negativo.**

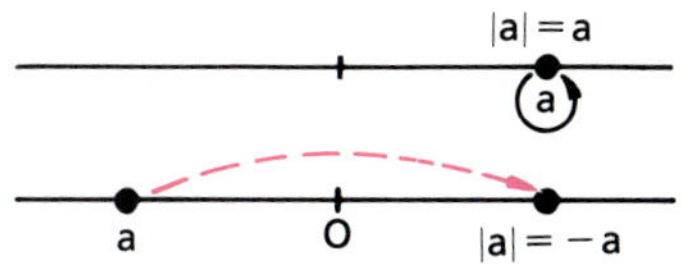

El valor absoluto es siempre un número mayor o igual que **0**.

1. |**x**| = **0** la solución es $x = 0$.

Un punto.

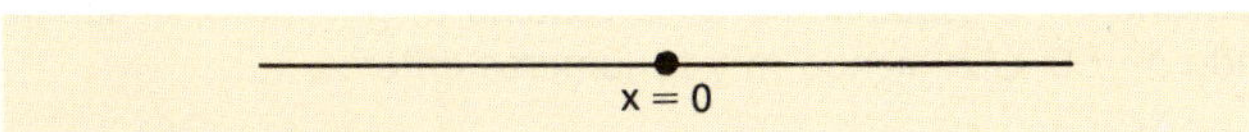

2. |**x**| = **2** la solución es $x = -2$, $x = 2$.

Dos puntos.

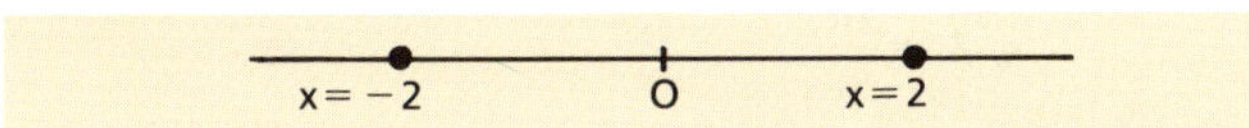

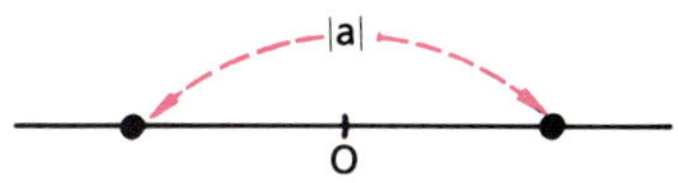

3. |**x**| < **2** la solución es $-2 < x < 2$.

Intervalo abierto.

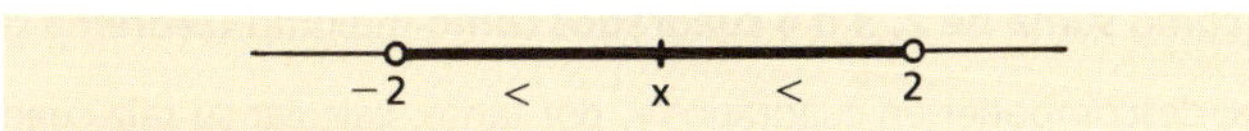

4. |**x**| ⩽ **2** la solución es $-2 \leqslant x \leqslant 2$.

Intervalo cerrado.

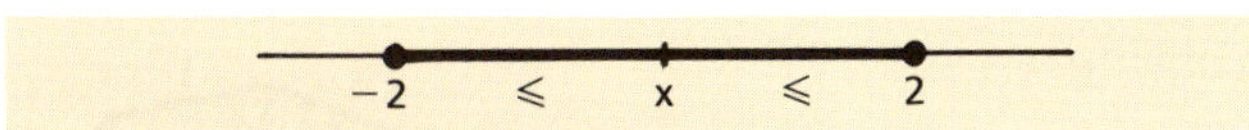

5. |**x**| > **2** la solución es $x < -2$ y $2 < x$.

Semirrectas.

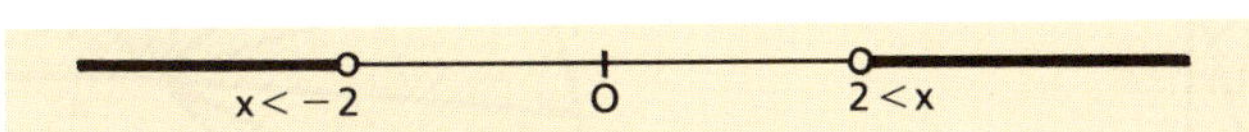

6. |**x**| ⩾ **2** la solución es $x \leqslant -2$ y $x \geqslant 2$.

Semirrectas.

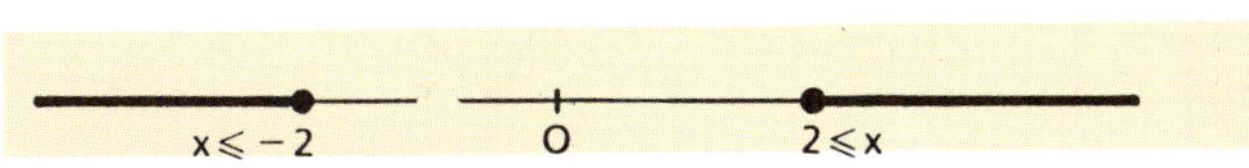

Dados dos números reales se cumplen las siguientes propiedades del valor absoluto con relación a las operaciones. Compruébalas con números:

1. $|x+y| \leqslant |x| + |y|$
2. $|x-y| \geqslant |x| - |y|$
3. $|x \cdot y| = |x| \cdot |y|$
4. $|x : y| = |x| : |y|$

UN NÚMERO IRRACIONAL FÁCIL DE ESCRIBIR

Los números π, $\sqrt{2}$, etc., son números irracionales, pero su escritura es imposible ya que no conocemos todas las cifras. Sin embargo hay números irracionales sencillos de escribir y de recordar. El más famoso de estos números fue inventado por **D. G. Champernowne** a comienzos de la decada de 1930. El número es

0,1234567890 11 12 13 14 15 16 17 18 19 20 21 22 23...

Para este número ridículamente sencillo, formado por la sucesión creciente de los números naturales en base 10, se ha podido probar no sólo que es irracional y normal (las cifras se distribuyen según la curva de Gauss en base 10), sino también que es trascendente.

1 **El patio de una cárcel es un cuadrado de 50 metros de lado. Un recluso pasea recorriendo el perímetro del cuadrado con una velocidad constante, y otro lo hace sobre la diagonal AB con la misma velocidad. Si parten simultáneamente del punto A, ¿volverán a encontrarse? Razona la respuesta.**

La diagonal del cuadrado mide $50\sqrt{2}$. Utiliza para ello el teorema de Pitágoras.

Si los reclusos se encuentran tienen que hacerlo en la esquina A o en la esquina B; por tanto, el camino recorrido por el primero será $m \cdot 50$ y por el segundo $n \cdot 50\sqrt{2}$, siendo m y n números enteros.

Si se encuentran los caminos recorridos serán iguales, luego:

$$m \cdot 50 = n \cdot 50\sqrt{2}$$

de donde

$$\sqrt{2} = \frac{m}{n}$$

Esto es imposible, ya que $\sqrt{2}$ es irracional y no puede expresarse como una fracción.

2 **Extracción de raíces de números enteros.**

Todo número entero puede expresarse como suma de 2, 3 ó 4 cuadrados como máximo (teorema de Fermat).

Dado un entero cualquiera se puede, pues, descomponer en cuadrados y, por tanto, calcular su raíz cuadrada como aplicación del teorema de Pitágoras. Por ejemplo, $35 = 1^2 + 3^2 + 5^2$; en la figura 1 se obtiene gráficamente la raíz cuadrada de 35, es decir, $\sqrt{35}$.

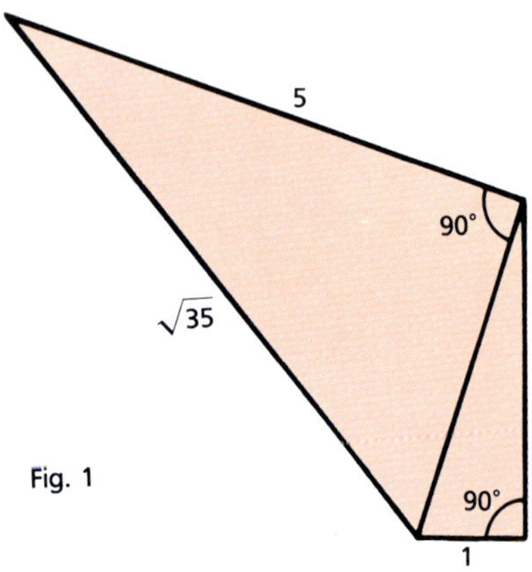

Fig. 1

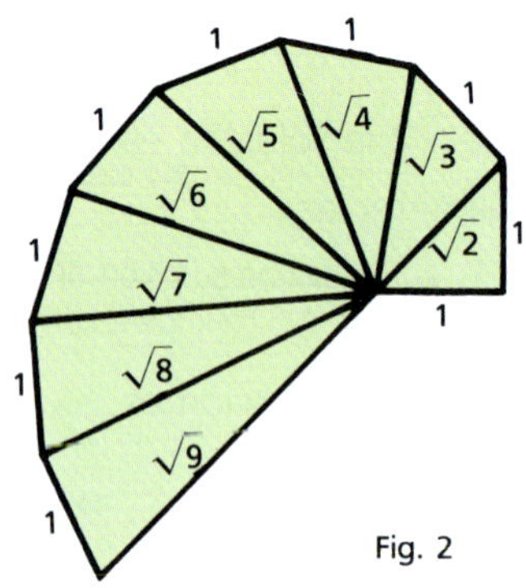

Fig. 2

En la figura 2 se han dibujado, en forma de caracol, las sucesivas raíces de los primeros números. Observa que este proceso puede extenderse indefinidamente.

Algunas veces también puede tomarse el número como diferencia de cuadrados. Por ejemplo, $28 = 8^2 - 6^2$; en este caso, $\sqrt{28}$ es uno de los catetos.

ACTIVIDADES

Ejercicios para repasar

1 Indica si el desarrollo decimal es periódico o no:

1. 3,2222... **3.** 0,101001000100001...

2. 0,43753753... **4.** 0,12112111211112...

2 De los números $\frac{3}{5}$, 0,494949..., $\sqrt{7}$, 3,75, 0,141144111444..., ¿cuáles son racionales y cuáles no? Justifica tu respuesta.

3 Indica cuál es el más grande de los siguientes números:

1. 1,41421365 y 1,41422365

2. 1,001000100001... y 0,100100001...

3. 3,1415925535... y 3,1415926535...

4. 1,121231234... y 1,121231235...

4 Halla la raíz cuadrada de los siguientes números:

1. 576 **3.** 1234321

2. 1024 **4.** 96786

5 Halla la raíz cuadrada de los siguientes números:

1. 1,21

2. 10,24

3. 123,456

4. 7 (con tres decimales)

6 Calcula la raíz cúbica de 10 con dos decimales utilizando sólo la tecla de la multiplicación de tu máquina de calcular.

Ejercicios para entrenarse

7 Escribe los números $\frac{1}{16}$, π, $\sqrt{3}$, $\frac{5}{9}$ en forma decimal y con las mínimas cifras para que el error sea menor que una centésima.

8 Escribe el número π en forma decimal y con las cifras mínimas para que el error sea menor que una décima, centésima, milésima y diezmilésima.

9 Expresa $\sqrt{8}$ por una sucesión de intervalos encajados (escribe los 4 ó 5 primeros intervalos).

10 Expresa $\sqrt{5}$ por una sucesión de números decimales:

1. Por defecto. ¿Qué error máximo se comete en cada término?

2. Por exceso. ¿Qué error máximo se comete en cada término?

11 Utilizando el compás representa en la recta real los siguientes números: 2, 5, 7, -2, -3, -5.

12 Utilizando el teorema de Thales representa en la recta real los siguientes números:

1. $\frac{1}{3}$

2. $\frac{2}{5}$

3. $\frac{3}{7}$

4. $\frac{5}{3}$

13 Representa en la recta real los siguientes números utilizando luego el teorema de Pitágoras:

1. $\sqrt{5}$ **3.** $\sqrt{17}$

2. $\sqrt{10}$ **4.** $\sqrt{26}$

A

14 Representa en la recta real los siguientes números descomponiéndolos en dos factores distintos de 1 y utilizando luego el teorema de la altura:

1. $\sqrt{6}$
2. $\sqrt{8}$
3. $\sqrt{10}$
4. $\sqrt{12}$

15 Escribe tres números reales (sin pasar a decimales) comprendidos entre:

1. $\frac{3}{17}$ y $\frac{4}{17}$
2. $\frac{3}{17}$ y $\frac{14}{77}$
3. $\frac{20}{27}$ y $\frac{23}{27}$
4. $\frac{1}{3}$ y $\frac{2}{5}$

16 Escribe un número real (sin pasar a decimales) comprendido entre:

1. $\sqrt{2}$ y $\sqrt{3}$
2. $\sqrt[3]{10}$ y $\sqrt[3]{11}$

17 Escribe cinco números reales comprendidos entre 0,005 712 751 y 0,005 712 752.

18 Representa en la recta real los siguientes intervalos:

1. Intervalo cerrado [2, 3]
2. Intervalo abierto $]-3, -1[$
3. Semirrecta $]2, \rightarrow[$
4. Semirrecta $]\leftarrow, 3[$

19 Representa en la recta real los siguientes intervalos:

1. Intervalo cerrado $|x| \leqslant 3$
2. Intervalo abierto $|x| < 3$
3. Semirrectas $|x| > 2$
4. Semirrectas $|x| \geqslant 2$

Problemas para resolver

20 El número $\pi = 3{,}141\ 592\ 653...$ se ha expresado clásicamente por las fracciones $\frac{22}{7}$ (Arquímedes) y $\frac{355}{113}$ (Adrián Métius). Compara estos valores con el valor verdadero de π y di cuál es el orden del error cometido.

21 Calcula el lado de un cuadrado inscrito en una circunferencia de radio 20 cm. El número que has obtenido, ¿es racional o irracional?

22 Calcula la altura de un triángulo equilátero de 20 cm de lado y expresa el resultado con dos decimales exactos.

23 Calcula el área de un círculo de 100 cm de radio y expresa el resultado con tres decimales exactos.

24 Calcula la diagonal de un rectángulo cuyos lados miden 10 y 12 cm. Expresa el resultado con dos decimales.

25 Calcula el área de un triángulo equilátero cuyo lado mide 10 cm. Expresa el resultado con tres decimales.

26 En el triángulo equilátero ABC dos puntos se mueven desde H con la misma velocidad constante. Un punto recorre el perímetro de dicho triángulo, y el otro el perímetro del triángulo CHB, los dos en sentido contrario a las agujas del reloj. ¿Volverán a encontrarse? Razona la respuesta.

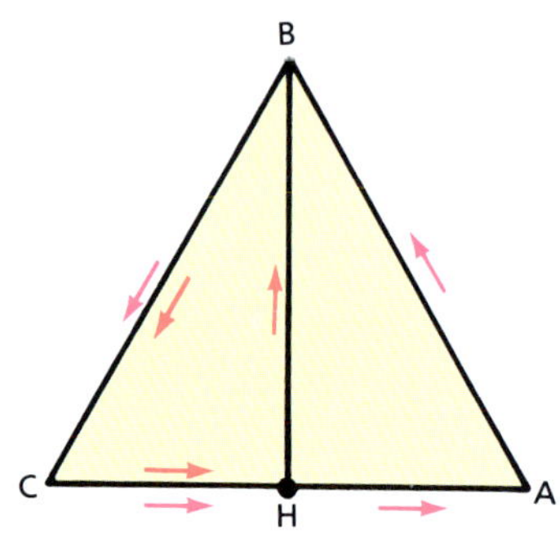

Cuestiones para aclararse

27 ¿Qué diferencia hay entre las expresiones decimales de un número racional y de un número irracional? Pon ejemplos.

28 ¿Podrás encontrar una fracción ordinaria que exprese exactamente el número $\sqrt{2}$? ¿Qué diferencia hay entre número racional e irracional? ¿Qué es $\sqrt{2}$?

29 ¿Podrás encontrar una fracción ordinaria que exprese exactamente el número π? ¿Qué diferencia hay entre número racional e irracional? ¿Qué es π?

30 Si la raíz cuadrada de un número es irracional, ¿el número ha de ser forzosamente irracional? Pon dos ejemplos que sirvan de comprobación.

31 Razona con ejemplos tus respuestas:

1. ¿Es lo mismo un número natural que un número entero?
2. ¿Es lo mismo un número racional que un entero?
3. ¿Conoces números que no sean enteros ni fraccionarios?
4. ¿Es lo mismo un número racional que irracional?

32 ¿Verdadero o falso? ¿Por qué?

a) Todo número real es racional.

b) Todo número natural es entero.

c) Todo número entero es racional.

d) Todo número real es irracional.

33 Razona con ejemplos las siguientes cuestiones:

1. La suma de dos números irracionales distintos, ¿es siempre un número irracional?
2. El producto de dos números irracionales distintos, ¿es siempre un número irracional?

34 ¿Cómo se llaman dos números que sumados dan 0? ¿Y dos que multiplicados dan 1? Pon ejemplos para aclarar tus respuestas.

35 ¿Cuántos números racionales hay entre $\frac{2}{5}$ y $\frac{3}{5}$? Razona tus respuestas.

de matemáticas

Historia del número π

El símbolo **π,** del que toma nombre la constante, se incorporó tardíamente a las matemáticas; lo introdujo en 1706 el escritor y matemático inglés **William Jones** y lo popularizó el matemático suizo **Leonardo Euler** en el siglo XVIII.

En el **papiro de Rhind** (1700 a.C.), aparecido en Egipto, se toma como valor de $\pi = \frac{256}{81} = 3{,}1604$.

El matemático chino **Tsu Chung-Chih** (430 a.C.) toma como valor de $\pi = \frac{355}{113} = 3{,}14\ 15\ 92\ 9$ que es una de las mejores aproximaciones. Esta fracción notable fue redescubierta más tarde por **Adrián de Metius.** Este valor es realmente sorprendente, ya que da el valor de **π** con un error menor que 1 diezmillonésima. Es, por tanto, un número ideal para su explicación en el caso de los engranajes.

Arquímedes valiéndose de polígonos de 96 lados (empezando por el triángulo se tiene la sucesión de polígonos 3, 6, 12, 24, 48, 96...) demostró que **π** está comprendido entre $3 + \frac{10}{70}$ y $3 + \frac{10}{71}$.

El método de Arquímedes resulta conceptualmente sencillo. Hasta el siglo XVII todos los intentos de calcular el número **π** realizados en Europa se fundaron de una u otra forma en este método.

Ludolph van Ceulen, matemático holandés del siglo XVI, dedicó gran parte de su vida al cálculo de **π.** Casi al final de su vida obtuvo una aproximación de 32 cifras calculando el perímetro de polígonos inscritos y circunscritos de 2^{62} lados. Se dice que el valor de **π** que obtuvo así, denominado ludolfiano en ciertas regiones de Europa, fue su epitafio.

Newton calculó el número **π** con 15 cifras decimales.

Leibniz dedujo en 1674 la fórmula:

$$\frac{\pi}{4} = 1 - \frac{1}{3} + \frac{1}{5} - \frac{1}{7} \ldots$$

llamada también serie de **James Gregory** (año 1671).

Machin en 1706 calculó 100 cifras decimales.

El matemático francés **Lambert** demuestra en 1761 que **π** es un número irracional; es decir, que no puede expresarse por medio de fracciones.

Johann Dase en 1844 computó en cosa de meses 205 cifras decimales utilizando una fórmula similar a la de **Machin**.

En 1853, **William Shanks** rebasó de largo a Dase con la publicación del cálculo de **π** hasta las 607 cifras, si bien las posteriores a las 527 resultaron ser erróneas. El trabajo de Shanks le llevó muchos años y fue fruto de una aplicación bastante rutinaria, aunque laboriosa, de la fórmula de **Machin**.

En 1873, el matemático francés **Hermite** prueba que **π** es un número trascendente; es decir, un número que no es solución de ninguna ecuación algebraica.

Más tarde, 1882, el matemático alemán **Lindemann** generaliza el método de **Hermite** y resuelve definitivamente que no es posible cuadrar el círculo; es decir, construir con regla y compás un cuadrado de área igual a la de un círculo.

En 1946, **D. F. Ferguson,** inglés, ayudándose de una calculadora mecánica halla 530 cifras decimales de **π,** comprobando que a partir de la 527 las cifras decimales obtenidas por **Shanks** son erróneas.

El advenimiento del ordenador trajo consigo un renacer de los esfuerzos para calcular **π.**

En junio de 1949, **John von Neumann** y sus colegas aplicaron a la tarea uno de los primeros ordenadores electrónicos, el ENIAC, que generó 2 037 cifras en setenta horas.

En 1957, **G. E. Felton** trató de calcular 10 000 cifras de **π,** pero por un error de la máquina sólo resultaron ser correctas las 7 480 primeras.

La meta de las 10 000 cifras la alcanzó al año siguiente **F. Genuys** con un ordenador IBM 704.

En 1961, **Daniel Shanks** y **John W. Wrench, Jr.,** calcularon 100 000 cifras de **π** en menos de nueve horas con un ordenador IBM 7090.

El millón de cifras se rebasó en 1973; **Jean Guilloud** y **M. Brouyer** realizaron la proeza que llevó un poco menos de un día a un CDC 7 600.

En 1987 se establece un nuevo récord por **Jonathan M. Borwein** y **Peter B. Borwein:** 100 millones de cifras. Los algoritmos para llegar a esta proeza se basan en los descubrimientos del matemático indio **Ramanujan.**

π = 3,14159265358979323846264338327950288419716939937510582097494459...

2 POTENCIAS

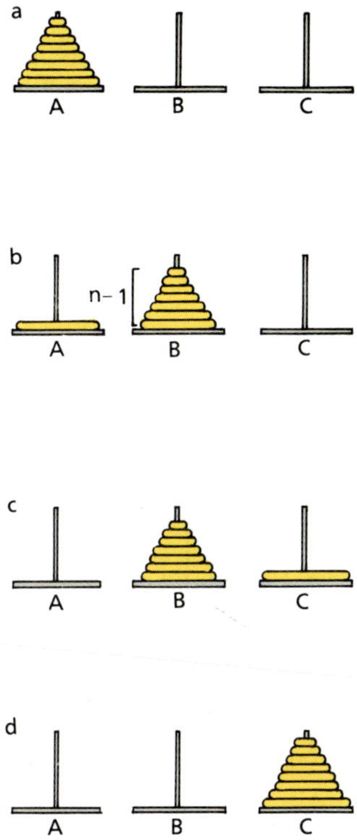

LAS TORRES DE HANOI Y EL FIN DEL MUNDO

De entre las muchas leyendas que la antigüedad nos ha legado sobre el fin del mundo, no es la menos curiosa la brahmánica:

En el gran templo de Benarés, bajo la cúpula que señala el centro del Mundo, reposa una bandeja de cobre en la que están plantadas tres agujas de diámetro más fino que el aguijón de una abeja. En el momento de la Creación, Dios colocó en una de las agujas 64 discos de oro puro ordenados por tamaño: desde el mayor que reposa sobre la bandeja hasta el más pequeño, en lo más alto del montón. Es la Torre de Brahma. Incansablemente, día tras día, los sacerdotes del templo mueven los discos haciéndolos pasar de una aguja a otra, de acuerdo con las leyes fijas e inmutables de Brahma que dictan que el sacerdote en ejercicio no mueva más de un disco al día ni lo sitúe encima de un disco de menor tamaño. El día en que los 64 discos hayan sido trasladados desde la aguja en que Dios los puso al crear el mundo a una cualquiera de las otras dos agujas, ese día la Torre, el Templo y, con gran estruendo, el Mundo desaparecerán

Trata de responder cuántos días han de pasar para que ello ocurra. Estudia el problema a partir de 1, 2, 3, 4, 5... discos y comprueba que el número de movimientos puedes expresarlo utilizando potencias de 2. Luego, generaliza.

1. POTENCIAS DE EXPONENTE RACIONAL

$$8 \cdot 8 \cdot 8 \cdot 8 \cdot 8 \cdot 8 \cdot 8 = 8^7$$
$$a \cdot a \cdot a \cdot a \cdot a \cdot a \cdot a = a^7$$

▶ Potencias de exponente entero

El producto $8 \cdot 8 \cdot 8 \cdot 8 \cdot 8 \cdot 8 \cdot 8$ tiene sus 7 factores iguales. Esta multiplicación repetida se indica en forma abreviada escribiendo 8^7; el factor 8 se llama **base** y 7, que es el número de veces que se repite el factor, se llama **exponente**.

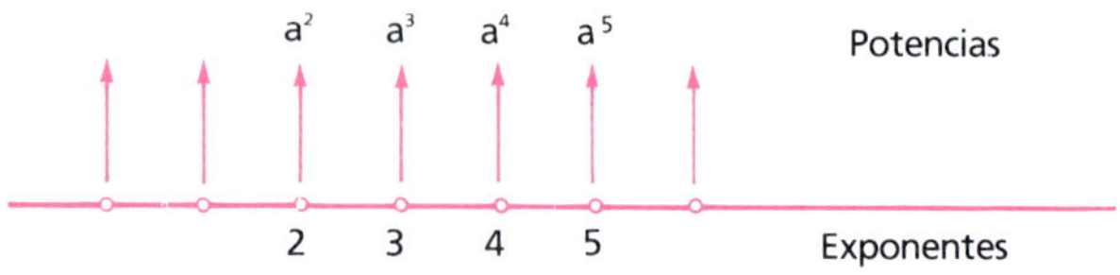

$$a^n = a \cdot a \cdot a \cdot \overset{n}{\cdots} \cdot a$$

La potencia de base a y exponente n ($n > 1$) **es el producto de n factores iguales a la base.**

Esta definición tiene sentido si el número de factores es **2** ó más. ¿Qué sucede entonces con las potencias de exponente **0, 1** ó negativo?

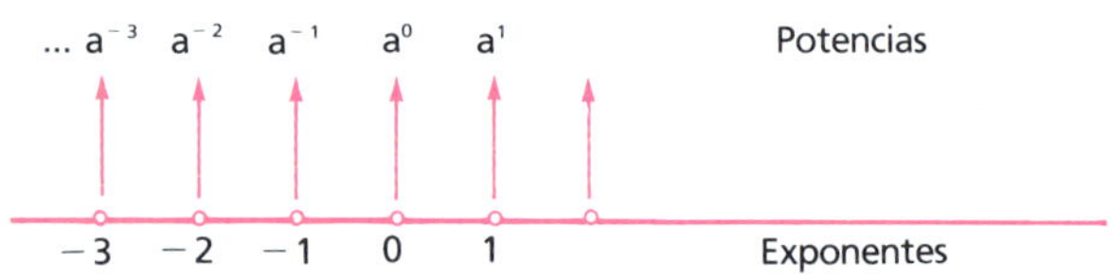

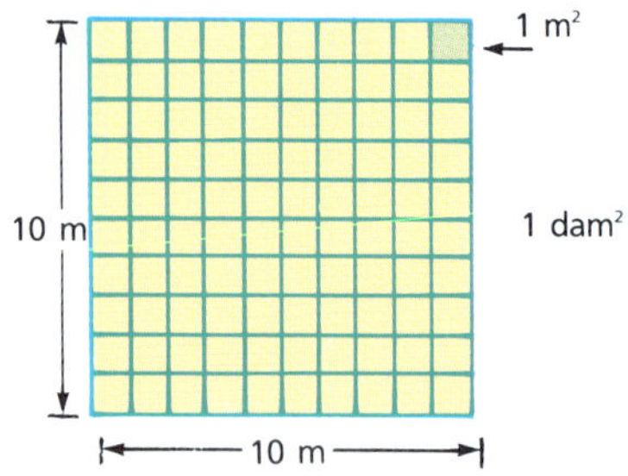

$1\ dam^2 = (10 \cdot 10)\ m^2 = 100\ m^2$

¿Se les puede dar algún significado de modo que sigan teniendo las mismas propiedades que las potencias de exponente natural mayor que 1? Las definiciones para estos casos son:

	Potencias
Exponente cero	$a^0 = 1$
Exponente uno	$a^1 = a$
Exponente negativo	$a^{-n} = \frac{1}{a^n}$

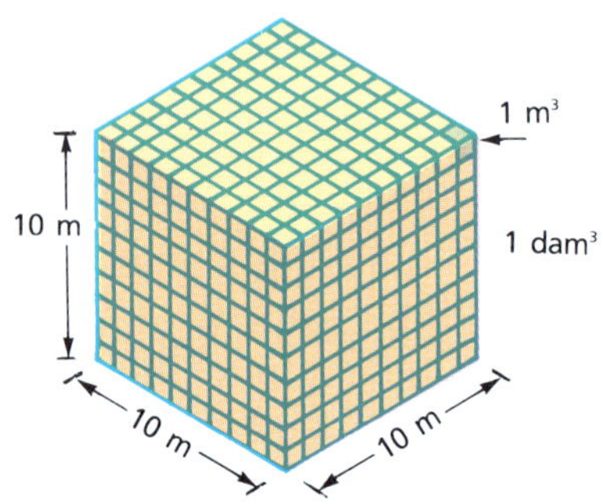

$1\ dam^3 = (10 \cdot 10 \cdot 10)\ m^3 = 1.000\ m^3$

En la siguiente tabla se recuerdan las propiedades con ejemplos numéricos y literales. Compruébalos:

	Propiedades de las potencias	
1.	$5^7 \cdot 5^3 = 5^{10}$	$a^m \cdot a^n = a^{m+n}$
2.	$5^7 : 5^3 = 5^4$	$a^m : a^n = a^{m-n}$
3.	$(5^7)^3 = 5^{21}$	$(a^m)^n = a^{mn}$
4.	$5^3 \cdot 7^3 = (5 \cdot 7)^3$	$a^m \cdot b^m = (a \cdot b)^m$
5.	$8^3 : 4^3 = (8 : 4)^3$	$a^m : b^m = (a : b)^m$

▶ Potencias de exponente fraccionario

Se trata ahora de extender la definición de potencias cuando el exponente es un número fraccionario. ¿Qué significado tienen las siguientes potencias?

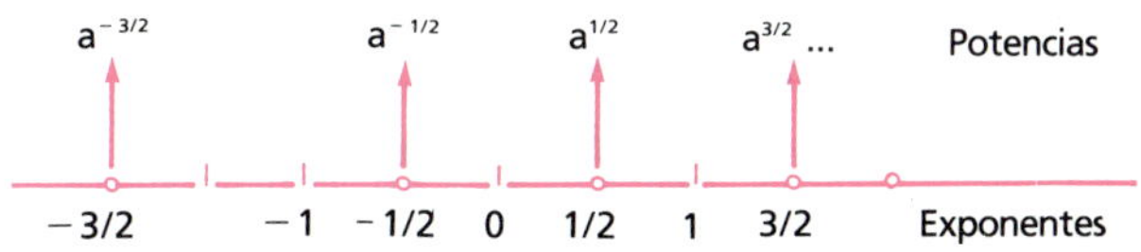

¿Se les puede dar algún significado de modo que sigan teniendo las mismas propiedades que las potencias de exponente entero? La definición se hace por medio de los números radicales, cuyo valor ya sabemos calcular, al menos aproximadamente.

La potencia de exponente fraccionario $a^{\frac{m}{n}}$ se define así:

$$a^{\frac{m}{n}} = \sqrt[n]{a^m}$$

Observa que es igual a una raíz que tiene por **índice** de radical el **denominador** de la fracción y por **exponente** de la base del radicando el **numerador** de la fracción.

El cálculo con radicales es más sencillo si se utilizan potencias de exponente fraccionario. En la siguiente tabla se recuerdan las propiedades de las potencias por medio de ejemplos numéricos y literales.

	Propiedades de las potencias	
1	$5^{\frac{2}{3}} \cdot 5^{\frac{1}{2}} = 5^{\frac{7}{6}}$	$a^{\frac{m}{p}} \cdot a^{\frac{n}{p}} = a^{\frac{m+n}{p}}$
2	$5^{\frac{2}{3}} : 5^{\frac{1}{2}} = 5^{\frac{1}{6}}$	$a^{\frac{m}{p}} : a^{\frac{n}{p}} = a^{\frac{m-n}{p}}$
3	$(5^{\frac{2}{7}})^{\frac{1}{3}} = 5^{\frac{2}{21}}$	$(a^{\frac{m}{p}})^{\frac{n}{q}} = a^{\frac{mn}{pq}}$
4	$5^{\frac{2}{3}} \cdot 7^{\frac{2}{3}} = (5 \cdot 7)^{\frac{2}{3}}$	$a^{\frac{m}{p}} \cdot b^{\frac{m}{p}} = (a \cdot b)^{\frac{m}{p}}$
5	$8^{\frac{2}{3}} : 4^{\frac{2}{3}} = (8 : 4)^{\frac{2}{3}}$	$a^{\frac{m}{p}} : b^{\frac{m}{p}} = (a : b)^{\frac{m}{p}}$

Trata de comprobarlas con tu calculadora siguiendo el esquema:

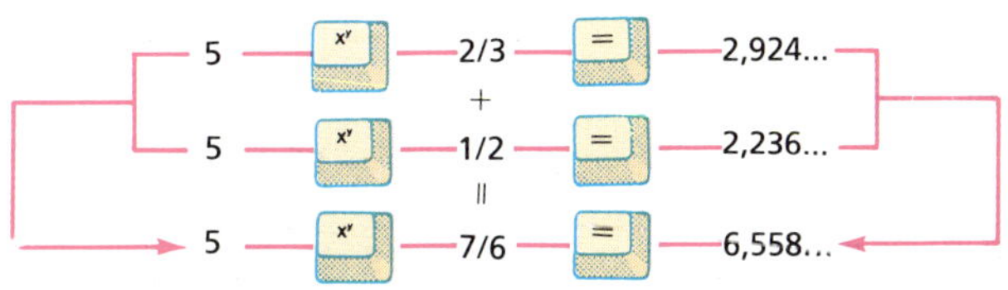

LA TECLA POTENCIAL

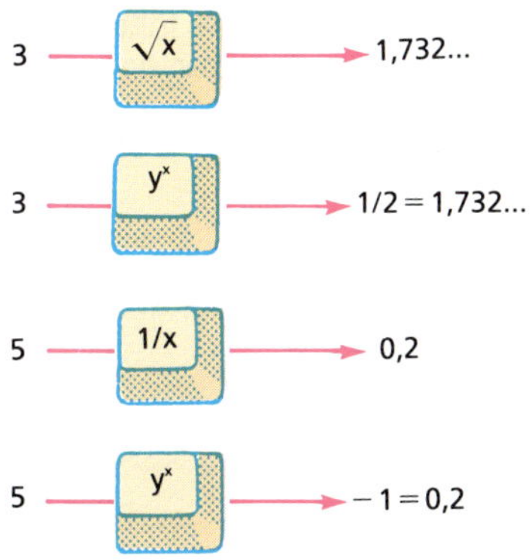

S. I. Y POTENCIAS

LONGITUD

Símbolo	Equivalencia
km	10^3 m
hm	10^2 m
dam	10 m
m	1 m
dm	10^{-1} m
cm	10^{-2} m
mm	10^{-3} m

SUPERFICIE

Símbolo	Equivalencia
km^2	10^6 m^2
hm^2	10^4 m^2
dam^2	10^2 m^2
m^2	1 m^2
dm^2	10^{-2} m^2
cm^2	10^{-4} m^2
mm^2	10^{-6} m^2

VOLUMEN

Símbolo	Equivalencia
km^3	10^9 m^3
hm^3	10^6 m^3
dam^3	10^3 m^3
m^3	1 m^3
dm^3	10^{-3} m^3
cm^3	10^{-6} m^3
mm^3	10^{-9} m^3

UN GRAN AVANCE

Las calculadoras permiten hallar las potencias de cualquier número utilizando la tecla

La base debe ser positiva; en caso contrario da error.

POTENCIAS FAMOSAS

— Quinielas: 3^{14}

— Quinielón: 3^{15}

— Número k: 2^{10}

2. POTENCIAS DE EXPONENTE IRRACIONAL

La determinación de una potencia de exponente irracional se hace por aproximaciones. Aquí tratamos de ver la existencia de la potencia. Para la utilización práctica de estas potencias se emplean las calculadoras o tablas.

Una observación: La base debe ser positiva.

Un modelo: ¿Cómo se calcula la potencia 2^π?

Razona cada uno de los siguientes pasos y utiliza la calculadora (tecla y^x) para comprobarlo. Observa cómo se opera.

POTENCIAS REALES		
Intervalos de π	**Interv. de potenc.**	**Interv. numéricos**
$3 < \pi < 4$	$\Leftrightarrow 2^3 < 2^\pi < 2^4$	$\Leftrightarrow 8 < 2^\pi < 16$
$3{,}1 < \pi < 3{,}2$	$\Leftrightarrow 2^{3.1} < 2^\pi < 2^{3.2}$	$\Leftrightarrow 8{,}57 < 2^\pi < 9{,}18$
$3{,}14 < \pi < 3{,}15$	$\Leftrightarrow 2^{3.14} < 2^\pi < 2^{3.15}$	$\Leftrightarrow 8{,}815 < 2^\pi < 8{,}876$
$3{,}141 < \pi < 3{,}142$	$\Leftrightarrow 2^{3.141} < 2^\pi < 2^{3.142}$	$\Leftrightarrow 8{,}8213 < 2^\pi < 8{,}8274$
$\ldots < \pi < \ldots$	$\Leftrightarrow \ldots < 2^\pi < \ldots$	$\Leftrightarrow \ldots < 2^\pi < \ldots$

Siguiendo este **proceso de tanteo** te acercas cada vez más al verdadero valor de $\mathbf{2^\pi}$. Al aumentar el número de cifras, el error que se comete es cada vez más pequeño y se aproxima a **0.**

— Cada uno de estos pasos determina un intervalo, dentro del cual se encuentra $\mathbf{2^\pi}$. Aquí se han determinado los extremos de los intervalos con una calculadora.

$$2^\pi \in [8,\ 16]$$
$$2^\pi \in [8{,}57,\ 9{,}18]$$
$$2^\pi \in [8{,}815,\ 8{,}876]$$
$$2^\pi \in [8{,}8213,\ 8{,}8274]$$
$$2^\pi \in [\ldots\quad ,\ \ldots\quad]$$

— Cada intervalo está contenido en el anterior.

— La diferencia entre los extremos del intervalo tiende a **0**.

Se tiene así una **sucesión de intervalos de aproximación** (o **encajados**). El número real que determina es $\mathbf{2^\pi}$.

Este proceso es válido para cualquier potencia cuya base sea positiva. Comprueba con tu calculadora las siguientes potencias:

1. **a)** $\mathbf{3^\pi} = 31{,}544\ldots$

b) $\mathbf{2^{\sqrt{2}}} = 2{,}665\ldots$

c) $\mathbf{3^{\sqrt{3}}} = 6{,}704\ldots$

d) $\boldsymbol{\pi^\pi} = 36{,}462\ldots$

e) $\mathbf{5^{\sqrt{3}}} = 16{,}241\ldots$

f) $\sqrt{\mathbf{3}}^{\sqrt{3}} = 2{,}589\ldots$

3. CALCULANDO CON POTENCIAS REALES

Las potencias de exponente irracional verifican las mismas propiedades que las de exponente racional. Su enunciado es el siguiente:

1. El **producto** de dos potencias de la **misma base** es otra potencia que tiene por base la misma y por exponente la suma de los exponentes.
2. El **cociente** de dos potencias de la **misma base** es otra potencia que tiene por base la misma y por exponente la diferencia de los exponentes.
3. La **potencia** de una potencia es otra potencia que tiene por base la misma y por exponente el producto de los exponentes.
4. El **producto** de dos potencias con el **mismo exponente** es otra potencia que tiene por base el producto de las bases y por exponente el mismo.
5. El **cociente** de dos potencias con el **mismo exponente** es otra potencia que tiene por base el cociente de las bases y por exponente el mismo.

Comprueba estas propiedades tomando los siguientes exponentes: $\pi = 3{,}141\ 592...$ y $\sqrt{2} = 1{,}414\ 213...$ Utiliza la calculadora siguiendo el esquema que empleamos para la primera propiedad.

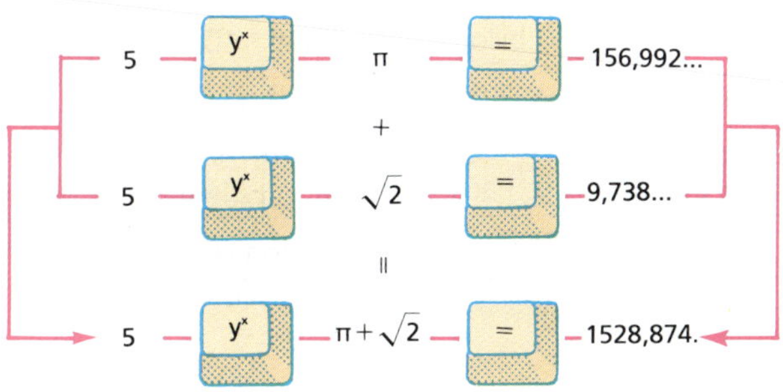

Justifica las igualdades en los siguientes ejercicios:

1. $\mathbf{3+5^2-5^3\cdot 2^3} = 3+25-(2\cdot 5)^3 = 28-1000 = -972$

2. $\mathbf{2^{32}+2^{33}} = 2^{32}+2\cdot 2^{32} = 3\cdot 2^{32}$

3. $\mathbf{2^{10}+4^5-3\cdot 2^{10}} = 2^{10}+(2^2)^5-3\cdot 2^{10} = -2^{10}$

4. $\mathbf{\dfrac{2}{\sqrt{2}}} = \dfrac{2}{2^{\frac{1}{2}}} = 2^{\frac{1}{2}} = \sqrt{2}$

5. $\mathbf{\sqrt[3]{5}\cdot\sqrt{5}} = 5^{\frac{1}{3}}\cdot 5^{\frac{1}{2}} = 5^{\frac{5}{6}} = \sqrt[6]{5^5}$

6. $\mathbf{\sqrt[3]{5} : \sqrt{5}} = 5^{\frac{1}{3}} : 5^{\frac{1}{2}} = 5^{\frac{-1}{6}} = \sqrt[6]{5^{-1}} = \sqrt[6]{0{,}2}$

7. $\mathbf{\dfrac{2^0\cdot 2^{-1}\cdot(-2)^3}{2^{-2}\cdot(-2)^2\cdot(-2)^{-2}}} = \dfrac{1\cdot\left(\frac{1}{2}\right)\cdot(-8)}{\frac{1}{4}\cdot(+4)\cdot\frac{1}{4}} = \dfrac{-4}{\frac{+1}{4}} = -16$

LOS EJEMPLOS

$5^r \cdot 5^s = 5^{r+s}$

$5^r : 5^s = 5^{r-s}$

$(5^r)^s = 5^{rs}$

$5^r \cdot 7^r = (5\cdot 7)^r$

$8^r : 4^r = (8 : 4)^r$

ORDENADORES Y POTENCIAS DE 2

Los ordenadores utilizan el sistema de numeración en base 2; por eso, la medida de la memoria o la capacidad de almacenamiento de los discos se da en potencias de 2. Se utilizan:

— K = 2^{10} bytes (kilo)
— M = 2^{20} bytes (mega)
— G = 2^{30} bytes (giga)

Así decimos que la capacidad de un disquete es 360 K o que la memoria de un disco duro es 40 megas.

Las calculadoras muestran los números en forma científica así:

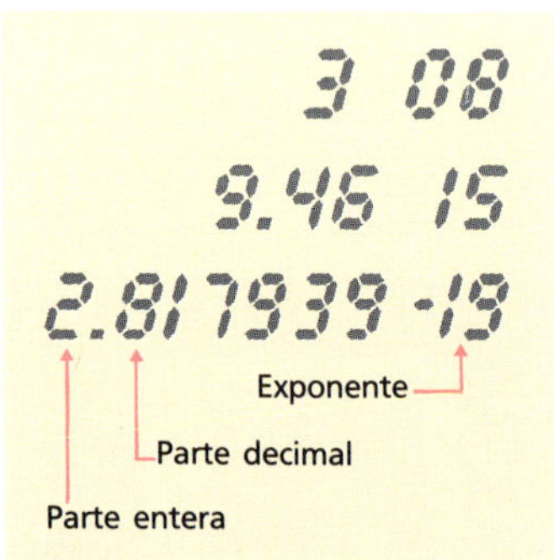

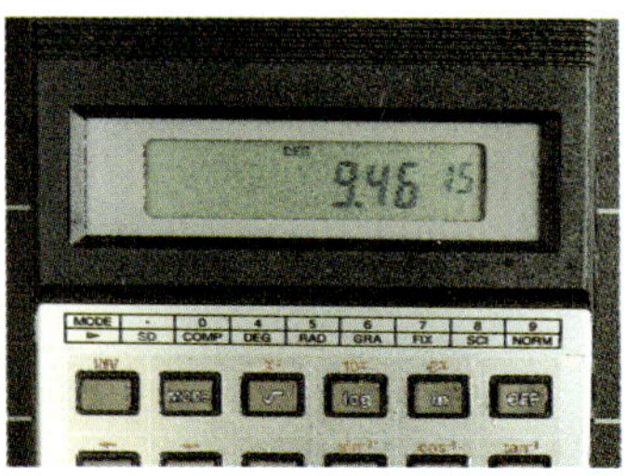

4. NOTACIÓN CIENTÍFICA Y POTENCIAL DE NÚMEROS

El manejo de números con muchas cifras es engorroso ya que ofrece dos dificultades:

— Las operaciones son largas y pesadas.

— Las muchas cifras dificultan hacernos una idea clara de lo grande o pequeño que es el número.

Las potencias de 10 ayudan a manejar estos números y a tener una idea aproximada de los mismos según el **orden de las potencias.**

Las dos notaciones fundamentales, tanto en matemáticas como en otras ciencias, son las siguientes:

▶ Notación científica

Todo número real se puede poner en la forma $\mathbf{a \times 10^n}$.

— **a es un número decimal cuya parte entera consta de una sola cifra no nula.**

— **n es un número entero (positivo, nulo o negativo).**

1. **Velocidad de la luz** = 300 000 km/s = $3 \cdot 10^5$ km/s = $3 \cdot 10^8$ m/s.

2. **Un año luz** = 9 460 billones m = $9{,}46 \cdot 10^{15}$ m

3. **Radio del electrón** = $2{,}817\,939 \cdot 10^{-15}$ m

Parte entera	Parte decimal	Potencia entera
2	, 817 939	$\cdot\ 10^{-15}$

▶ Notación potencial

Todo número real se puede poner en la forma:

$$\pm \mathbf{10^x} \quad ó \quad \pm \mathbf{a^x} \quad (a>0 \text{ y } a\neq 1)$$

Por ejemplo (compruébalo con la calculadora):

1. **2** = $10^{0{,}30103...}$

2. **4** = $10^{0{,}60206}$

3. **500** = $10^{2.69897...}$

4. **2 579** = $10^{3.40976...}$

En el próximo capítulo se enseña el manejo de las potencias de esta forma. En este caso, el exponente no es, en general, un número entero. Escrito el número así, cada número real queda determinado por su **signo** y **exponente**. Esta notación tiene la ventaja de su fácil manejo en las operaciones.

PROBLEMAS RESUELTOS

1 **Calculando la base y el exponente. Calcula por intervalos encajados el valor de x, con dos cifras, si $x^x = 2$. Utiliza la calculadora y en ella la tecla y^x.**

Sigue ahora el mismo proceso de aproximación que para las potencias de exponente real. Comprueba estos resultados.

Intervalo entero:	$1^1 = 1$	$< x^x < 2^2$	$= 4$
Intervalo decimal:	$1{,}5^{1{,}5} \approx 1{,}83$	$< x^x < 1{,}6^{1{,}6}$	$\approx 2{,}12$
Intervalo centesimal:	$1{,}55^{1{,}55} \approx 1{,}972$	$< x^x < 1{,}56^{1{,}56}$	$\approx 2{,}001$

Un valor con más cifras decimales es $x = 1{,}55961...$

Comprueba ahora si en $x^x = 3$ el valor de x es 1,82545...

2 **Si el cubo de un número es 13824, ¿cuánto vale el cubo del triplo de ese número? Resuelve el problema sin calcular el valor de dicho número.**

Sea x dicho número, entonces $x^3 = 13824$.

$(3x)^3 = 27\,x^3 = 27 \cdot 13824 = 373248$

Observa que aquí se ha aplicado la potencia de un producto.

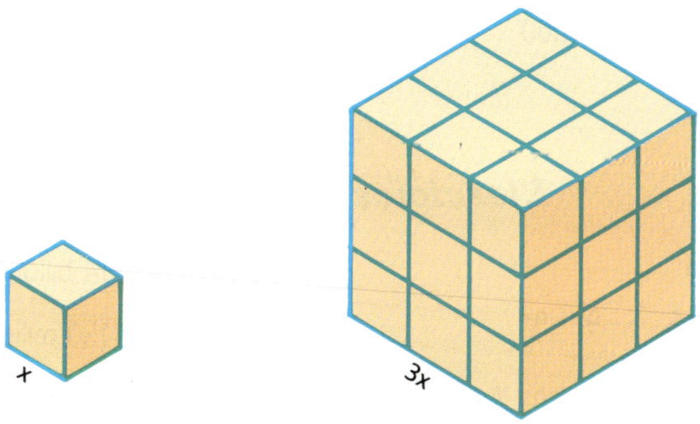

3 **El producto de dos números x e y es 234. ¿Cuánto vale el cuadrado del producto del doble de dichos números?**

Se tiene:

$(2x \cdot 2y)^2 = (4 \cdot xy)^2 = 16 \cdot (xy)^2 = 16 \cdot 234^2 = 876096$

Aquí se ha utilizado la regla del cuadrado de una potencia.

4 **El cociente de dos números es 9, ¿cuánto vale el cociente de sus cuadrados? Razona la respuesta.**

Sean x e y los números, entonces $\frac{x}{y} = 9$.

Teniendo esto en cuenta, resulta:

$$\frac{x^2}{y^2} = \left(\frac{x}{y}\right)^2 = 9^2 = 81$$

5 **El cociente de dos números es 9, ¿cuánto vale el cociente de sus cubos? Razona la respuesta.**

Sean x e y los números, entonces $\frac{x}{y} = 9$.

Teniendo en cuenta la regla del cociente de potencias del mismo exponente, resulta:

$$\frac{x^3}{y^3} = \left(\frac{x}{y}\right)^3 = 9^3 = 729$$

ACTIVIDADES

Ejercicios para repasar

1 Calcula las siguientes potencias:

1. $9^2, (-9)^2, 9^3, (-9)^3, 9^0$

2. $1^9, 1^{4569}, (-1)^{10}, (-1)^{523}, 1^0, (-1)^0$

2 Expresa en forma de fracción:

1. $2^{-1}, 2^{-2}, 2^{-3}$ $\quad 3^{-1}, 3^{-2}, 3^{-3}$

3 Escribe en forma de potencia:

1. $\frac{1}{3}, \frac{1}{4}, \frac{1}{5}$ $\quad \frac{1}{10}, \frac{1}{100}, \frac{1}{1000}$

4 Calcula las siguientes potencias:

$\left(\frac{3}{2}\right)^2, \left(\frac{5}{2}\right)^{-2}, \left(\frac{4}{7}\right)^3, \left(\frac{3}{2}\right)^{-3}, \left(\frac{-7}{2}\right)^3, \left(\frac{-9}{2}\right)^{-3}$

5 Escribe en forma de potencia:

1. 8, 32, 128, 256 **2.** 9, 27, 81, 729

6 Escribe los siguientes números como potencias de dos bases distintas y exponente distinto de 1:

1. 9, 25, 49 **2.** 16, 64, 256

3. 100, 10000, 1000000, $\frac{1}{100}, \frac{1}{10000}$

Ejercicios para entrenarse

7 Pasa a potencia única:

1. $7^{-2} \cdot 7^3,\ 6^{-2} \cdot 6^{-5},\ 9^0 \cdot 9^3$

2. $10^{20} \cdot 10^4,\ 10^{-20} \cdot 10^4,\ 10^{-20} \cdot 10^{-4}$

3. $7^{-2} : 7^3,\ 6^{-2} : 6^{-5},\ 9^0 : 9^3$

4. $10^{20} : 10^4,\ 10^{-20} : 10^4,\ 10^{-20} : 10^{-4}$

5. $(7^{-2})^3,\ (6^{-2})^{-5},\ (9^0)^3$

8 Escribe como producto de potencias:

1. $(7^{-2} \cdot 5^3)^4,\ (6^{-2} \cdot 8^{-5})^3$

2. $10^{20} \cdot 10^4,\ 10^{-20} \cdot 10^4,\ 10^{-20} \cdot 10^{-4}$

3. $(7^{-2} : 5^3)^{-2},\ (6^{-5} : 9^2)^3$

4. $10^{20} : 10^4,\ 10^{-20} : 10^4,\ 10^{-20} : 10^{-4}$

5. $(7^{-2})^3,\ (6^{-2})^{-5},\ (9^0)^3$

9 Escribe en notación científica los siguientes números:

1. 1230000000000000

2. 0,00000000000123

3. 14 billones de pesetas

4. 150 millones de dólares

10 Escribe en notación exponencial (o logarítmica) en base 2 los siguientes números:

1. 2, 4, 8, 32 **2.** $\frac{1}{2}, \frac{1}{4}, \frac{1}{1024}, \frac{64}{512}$

11 Escribe en notación exponencial de base 5 los siguientes números:

1. 5, 25, 125, 15625

2. $\frac{1}{5}, \frac{1}{25}, \frac{1}{125}, \frac{25}{3125}$

12 Utiliza calculadora para hallar (con tres cifras decimales) las siguientes potencias:

1. 7^{π} **2.** $7^{\sqrt{2}}$

13 Utiliza calculadora para hallar (por intervalos de aproximación o encajados) el valor de x en las siguientes relaciones:

1. $x^x = 3$ **2.** $x^x = 5$

Problemas para resolver

14 Una discoteca tiene 30 focos que pueden encenderse y apagarse independientemente. ¿Cuántas iluminaciones distintas pueden darse? Si cada iluminación dura 1 segundo, ¿cuántos días puede estar funcionando la iluminación sin que se repita el mismo juego de luces, suponiendo que la discoteca funciona 8 horas diarias?

15 Las masas del Sol y de la Tierra son $1{,}98 \cdot 10^{30}$ kg y $5{,}98 \cdot 10^{24}$ kg. ¿Cuántas veces es mayor la masa del Sol que la de la Tierra?

16 Calcula el volumen (en m^3) aproximado de la Tierra tomando como radio 6 500 km y $\pi = 3{,}14$. Calcula luego el peso de la Tierra sabiendo que la densidad media es 5,5 kg/dm^3. Expresa estos resultados en forma científica con dos cifras decimales.

17 Calcula los kilómetros que recorre la luz en un año. Escríbelo en forma científica con dos decimales. (Un año, 365 días; velocidad de la luz, 300 000 km/s.)

Cuestiones para aclararse

18 ¿Cuántos cuadrados perfectos enteros hay inferiores a un millón? Razona la respuesta.

19 Razona las siguientes cuestiones:

1. Tienes la potencia a^n. ¿En cuánto aumenta si añades a su exponente una unidad?
2. Tienes la potencia a^n. ¿En cuánto disminuye si restas a su exponente una unidad?

20 El cuadrado de un número, ¿es siempre mayor que dicho número? Razona la respuesta con ejemplos.

21 Teniendo en cuenta que 121 es cuadrado de 11, ¿el número 12,1 será cuadrado perfecto? ¿Y 1,21? ¿Por qué?

22 ¿Qué significa a^{-3}? ¿Cómo ha de ser a para que a^{-3} sea mayor que 1? Justifica la respuesta.

23 Las potencias de exponente negativo son siempre números fraccionarios ya que, por ejemplo, $a^{-2} = \frac{1}{a^2}$. ¿Es cierto esto en todos los casos? Razónalo con un ejemplo.

Actividades para profundizar

24 Responde las siguientes preguntas:

1. Si a un número le aumentamos una unidad, ¿cuánto aumenta su cuadrado?
2. Al añadir una unidad a un número éste aumenta 81 unidades. ¿De qué número se trata?

25 Responde las siguientes preguntas:

1. Si multiplicas un número por 2, ¿en cuánto aumenta su cuadrado? ¿Y su cubo?
2. Si divides un número por 2, ¿en cuánto disminuye su cuadrado? ¿Y su cubo?

26 Si la fracción $\frac{a}{b}$ es irreducible, la $\frac{a^3}{b^3}$ también lo es. Justifica la respuesta.

27 Si la fracción $\frac{a}{b}$ es el cuadrado de otra fracción, ¿será cuadrado perfecto el producto $a \cdot b$? ¿Por qué?

MURAL

de matemáticas

Algunas potencias del Universo

— La temperatura más alta que los científicos han podido estimar es la del Universo en los primeros instantes del Big Bang, y calcula que fue de 10^{32} K (grados Kelvin).

— Las explosiones de las supernovas desarrollan temperatura de 10^{10} K.

— La temperatura mayor alcanzada por medios humanos es la obtenida en la explosión de las bombas de hidrógeno: cuatrocientos millones de grados Kelvin; es decir, $4 \cdot 10^8$ K, bastante mayor que la temperatura en el centro del Sol, estimada en 15 millones de grados Kelvin; es decir, $15 \cdot 10^6$ K.

— La edad del Universo se estima en unos veinte mil millones de años, que expresado en segundos equivale a $6{,}32 \cdot 10^{16}$ s.

— Un año luz = 9 460 billones m = $9{,}46 \cdot 10^{15}$ m.

— El radio estimado del Universo se calcula multiplicando la edad del Universo por la velocidad de la luz 300 000 km/s. Equivale a $1{,}9 \cdot 10^{22}$ kilómetros = $1{,}9 \cdot 10^{25}$ m.

Datos básicos del sistema solar

En el siguiente cuadro se muestran los principales datos del sistema solar. Observa cómo la mayoría de ellos están expresados en forma potencial debido a la magnitud de los mismos. El cálculo exige manejar potencias de 10*.

Cuerpo	Distancia media, m	Masa, kg	Período de rotación, s	Radio medio de la órbita, m	Período del mov. orb., s
Sol	$6{,}96 \times 10^8$	$1{,}98 \times 10^{30}$	$2{,}3 \times 10^6$	—	—
Mercurio	$2{,}34 \times 10^6$	$3{,}28 \times 10^{23}$	$5{,}03 \times 10^6$	$5{,}79 \times 10^{10}$	$7{,}60 \times 10^6$
Venus	$6{,}26 \times 10^6$	$4{,}83 \times 10^{24}$	(?)	$1{,}08 \times 10^{11}$	$1{,}94 \times 10^7$
Tierra	$6{,}37 \times 10^6$	$5{,}98 \times 10^{24}$	$8{,}62 \times 10^4$	$1{,}49 \times 10^{11}$	$3{,}16 \times 10^7$
Marte	$3{,}32 \times 10^6$	$6{,}40 \times 10^{23}$	$8{,}86 \times 10^4$	$2{,}28 \times 10^{11}$	$5{,}94 \times 10^7$
Júpiter	$6{,}98 \times 10^7$	$1{,}90 \times 10^{27}$	$3{,}54 \times 10^4$	$7{,}78 \times 10^{11}$	$3{,}74 \times 10^8$
Saturno	$5{,}82 \times 10^7$	$5{,}68 \times 10^{26}$	$3{,}61 \times 10^4$	$1{,}43 \times 10^{12}$	$9{,}30 \times 10^8$
Urano	$2{,}37 \times 10^7$	$8{,}67 \times 10^{25}$	$3{,}85 \times 10^4$	$2{,}87 \times 10^{12}$	$2{,}66 \times 10^9$
Neptuno	$2{,}24 \times 10^7$	$1{,}05 \times 10^{26}$	$5{,}69 \times 10^4$	$4{,}50 \times 10^{12}$	$5{,}20 \times 10^9$
Plutón	$(3{,}00 \times 10^6)$	$(5{,}37 \times 10^{24})$	(?)	$5{,}91 \times 10^{12}$	$7{,}82 \times 10^9$
Luna	$1{,}74 \times 10^6$	$7{,}34 \times 10^{22}$	$2{,}36 \times 10^6$	$3{,}84 \times 10^8$	$2{,}36 \times 10^6$

* Las cantidades entre paréntesis son dudosas. Los datos orbitales de la Luna se dan con respecto a la Tierra.

MURAL

3 LOGARITMOS: SÉPTIMA OPERACIÓN

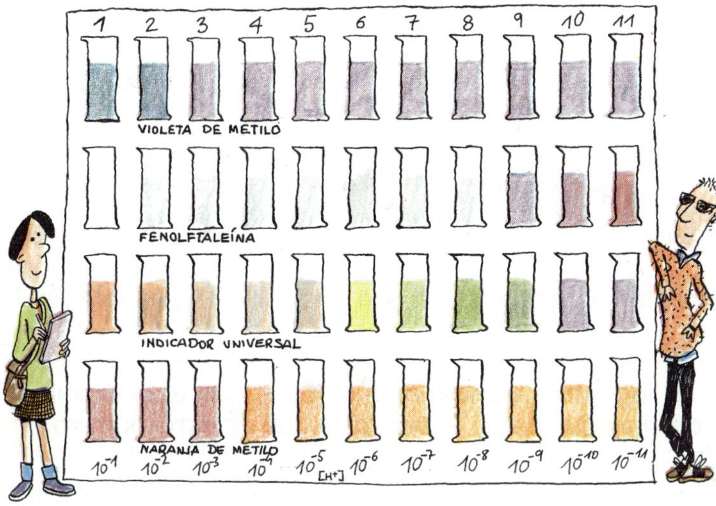

Hasta ahora has dedicado tus esfuerzos a dominar las seis primeras operaciones aritméticas: **suma, resta, multiplicación, división, potenciación** y **radicación.** La séptima y última operación está relacionada con las potencias de números. Observa nuevamente el siguiente diagrama:

$3^2 = 9$

$3^2 = x$	$x^2 = 9$	$3^x = 9$
Potenciación	Radicación	Exponenciación

A partir de la relación $3^2 = 9$ se obtienen tres operaciones según el número que queramos hallar:

— La **potenciación**, que tiene por objetivo hallar la potencia.

— La **radicación**, que tiene por objeto hallar la base.

— La **exponenciación**, que tiene por objeto hallar el **exponente.** El exponente recibe también el nombre de **logaritmo** y la operación correspondiente, **logaritmación.**

La potenciación tiene dos operaciones inversas; esto es así porque ésta operación no cumple la propiedad conmutativa, cosa que sucede en la suma y en el producto.

LOS LOGARITMOS TIENEN COLOR

En la figura se muestra la concentración de iones hidrógeno, H^+, en una disolución y la reacción según los indicadores utilizados. El número de iones de la concentración está dado en potencias de 10: 10^{-1}, 10^{-2}, ... 10^{-14}. El ***pH*** *es una medida de la concentración de estos iones, y como puedes observar es el* ***número opuesto del exponente,*** *o como luego verás, el opuesto del logaritmo. El pH mide el carácter ácido o básico de los jabones, lociones, champús, etc. El* ***pH****= 7 se dice que es neutro y suele recomendarse en los productos de belleza.*

1. NOTACIÓN LOGARÍTMICA DE LOS NÚMEROS

Las potencias de 10 ayudan a manejar los números y a tener una idea aproximada de los mismos según el orden de las potencias entre las que está comprendido. Es evidente que puede utilizarse otra base cualquiera.

Todo número real positivo puede escribirse en la forma:

$$2^x,\ 3^x,\ 5^x,\ 10^x,\ \left(\frac{1}{2}\right)^x,\ \ldots,\ a^x$$

siendo la base un número positivo (> 0) y distinto de 1.

Comprueba con tu calculadora que, por ejemplo,

$$2 = 10^{0{,}30103\ldots},\quad 4 = 10^{0{,}60206\ldots},\quad 500 = 10^{2{,}69897\ldots}$$

Observa que el exponente no es, en general, un número entero. Fijada la base, cada número real positivo queda determinado por su **exponente**. El exponente, en esta notación, se llama también **logaritmo**.

$N = a^x \Leftrightarrow x = \log_a N$

El logaritmo en base a de un número N es el exponente a que hay que elevar la base para que dé dicho número.

Por ejemplo, si $1\,000 = 10^3$, decimos que 3 es el logaritmo de 1000 en base 10. Se escribe así:

$$\log_{10} 1\,000 = 3 \text{ ya que } 10^3 = 1\,000$$

Potencias de base 2	Número	Logaritmo de base 2
...	...	...
2^4	16	4
2^3	8	3
2^2	4	2
2^1	2	1
$2^{\frac{1}{2}}$	1,41...	$\frac{1}{2}$
...	...	...
2^0	1	0
...	...	...
$2^{-\frac{1}{2}}$	0,70...	$-\frac{1}{2}$
2^{-1}	0,5	-1
$2^{-\frac{3}{2}}$	0,35...	$-\frac{3}{2}$
2^{-2}	0,25	-2
2^{-3}	0,125	-3
2^{-4}	0,0625	-4
...	...	...

Los logaritmos en base 10 se llaman **decimales.** En este caso no suele escribirse la base. La base 10 puede sustituirse por otro número cualquiera mayor que 0 y distinto de 1.

$$\log_3 81 = 4 \text{ ya que } 3^4 = 81$$

▶ Consecuencias inmediatas de la definición

1. **El logaritmo de 1 es 0 (en cualquier base).**
2. **El logaritmo de la base es 1.**
3. **Sólo tienen logaritmo los números positivos.**

Una observación que te ayudará:

Para calcular el logaritmo de un número en una base considera que vale x y pasa a la forma potencial expresando el número en dicha base. Razona los pasos de los siguientes ejercicios:

1. $\log_3 81 = x \quad \Leftrightarrow \quad 3^x = 81 = 3^4$ de donde $x = 4$.

2. $\log_2 128 = x \quad \Leftrightarrow \quad 2^x = 128 = 2^7$ de donde $x = 7$.

3. $\log_3 \sqrt{243} = x \quad \Leftrightarrow \quad 3^x = \sqrt{243} = (3^5)^{\frac{1}{2}} = 3^{\frac{5}{2}}$ de donde $x = \frac{5}{2}$.

4. $\log_5 625 = x \quad \Leftrightarrow \quad 5^x = 625 = 5^4$ de donde $x = 4$.

2. PROPIEDADES DE LOS LOGARITMOS

Las propiedades de los logaritmos son las propiedades de las potencias cuando los números se escriben en **forma logarítmica.**

Aquí se utiliza la base decimal, pero los resultados son válidos para cualquiera otra base.

▶ Logaritmo de un producto

Números	N	M	NM
En base 10	10^x	10^y	10^{x+y}
Logaritmo	x	y	x+y
	log N + log M = log NM		

El logaritmo de un producto es igual a la suma de los logaritmos de los factores.

▶ Logaritmo de un cociente

Números	N	M	N/M
En base 10	10^x	10^y	10^{x-y}
Logaritmo	x	y	x−y
	log N − log M = log N/M		

El logaritmo de un cociente es igual a la diferencia de los logaritmos del dividendo y del divisor.

▶ Logaritmo de una potencia

Números	N	M^m
En base 10	10^x	$(10^x)^m = 10^{mx}$
Logaritmo	x	m · x
	log N^m = m · log N	

El logaritmo de una potencia es igual al producto del exponente por el logaritmo de la base.

Una observación ociosa: Las raíces son potencias de exponente fraccionario.

1. $\log \sqrt{3} = \log 3^{\frac{1}{2}} = \frac{1}{2} \cdot \log 3$

2. $\log \sqrt[3]{7} = \frac{1}{3} \cdot \log 7$

RECUERDA

1	$a^m \cdot a^n = a^{m+n}$
2	$a^m : a^n = a^{m-n}$
3	$(a^m)^n = a^{mn}$

OPERANDO

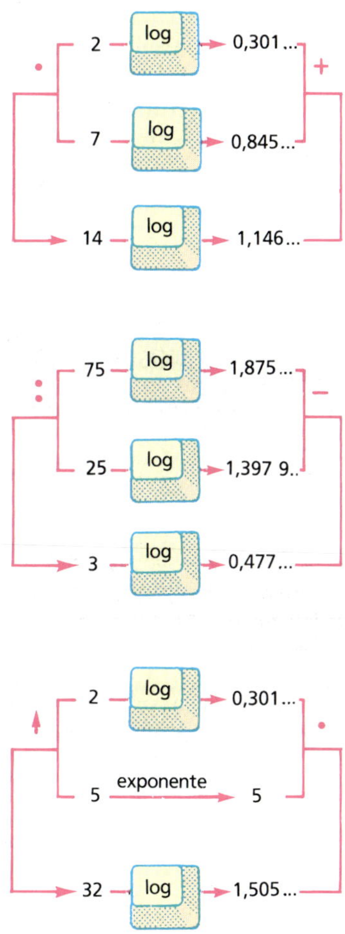

OTRA VEZ INTERVALOS ENCAJADOS

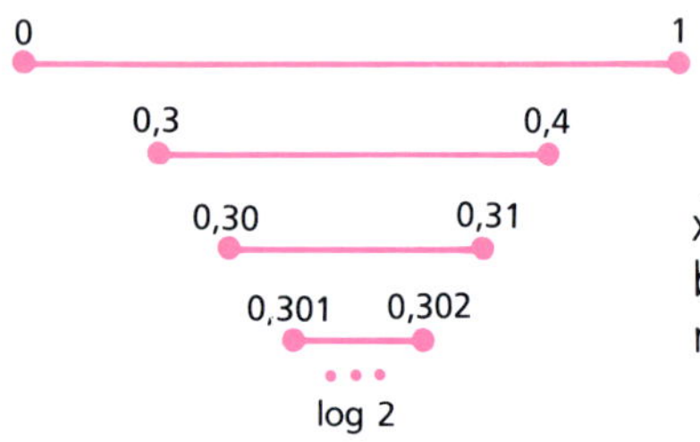

3. CALCULANDO LOGARITMOS

Piensa en las siguientes equivalencias:

$$100 < 500 < 1000 \Leftrightarrow 10^2 < 10^x < 10^3$$
$$\Leftrightarrow 2 < x < 3$$
$$\Leftrightarrow 2 < \log\ 500 < 3$$

La determinación del logaritmo de un número se hace por aproximaciones, lo mismo que en las potencias y raíces reales. Aquí probamos la existencia del logaritmo; el cálculo efectivo se hace por otros métodos que caen fuera de este curso.

La utilización práctica de los logaritmos exige el empleo de calculadoras o tablas, lo mismo que sucede cuando se manejan raíces o potencias no inmediatas.

Un modelo: ¿Cómo se calcula el logaritmo de 2 en base 10?

Razona cada uno de los siguientes pasos y utiliza la calculadora (tecla y^x) para comprobarlo. Por ejemplo:

LOGARITMOS DECIMALES

Interv. de potencias		Interv. numéricos		Interv. logarítmicos
$10^0 < 2 < 10^1$	$\Leftrightarrow$	$1 < 2 < 10$	$\Leftrightarrow$	$0 < \log 2 < 1$
$10^{0,3} < 2 < 10^{0,4}$	$\Leftrightarrow$	$1,99 < 2 < 2,51$	$\Leftrightarrow$	$0,3 < \log 2 < 0,4$
$10^{0,30} < 2 < 10^{0,31}$	$\Leftrightarrow$	$1,995 < 2 < 2,04$	$\Leftrightarrow$	$0,30 < \log 2 < 0,31$
$10^{0,301} < 2 < 10^{0,302}$	$\Leftrightarrow$	$1,9998 < 2 < 2,004$	$\Leftrightarrow$	$0.301 < \log 2 < 0,302$
$\ldots < 2 < \ldots$	$\Leftrightarrow$	$\ldots < 2 < \ldots$	$\Leftrightarrow$	$\ldots < \log 2 < \ldots$

Siguiendo este **proceso de tanteo** te acercas cada vez más al verdadero valor de log 2. Al aumentar el número de cifras, el error que se comete es cada vez más pequeño y se aproxima a 0.

— Cada uno de estos pasos determina un intervalo, dentro del cual se encuentra log 2:

$$\log 2 \in [0, 1]$$
$$\log 2 \in [0,3,\ 0,4]$$
$$\log 2 \in [0,30,\ 0,31]$$
$$\log 2 \in [0,301,\ 0,302]$$
$$\log 2 \in [\ldots, \ldots]$$

— Cada intervalo está contenido en el anterior.

— La diferencia entre los extremos del intervalo se aproxima a 0.

Se tiene así una **sucesión de intervalos de aproximación** (o **encajados**). El número real que determina es log 2.

Este proceso es válido para cualquier número y cualquier base.

Fijada una base positiva y distinta de 1, a cada número real positivo le corresponde un logaritmo, y recíprocamente.

¿SABÍAS QUE...?

Las palabras **característica** (parte entera del logaritmo) y **mantisa** (parte decimal del logaritmo), que todavía se utilizan hoy en muchos textos, se deben a Briggs y aparecen por primera vez en su libro *Arithmetica logarithmica,* publicado en 1624, en el que da los logaritmos de los números del 1 al 20 000 y del 90 000 al 100 000, siempre con 14 cifras decimales.

4. CAMBIO DE BASE

Conocidos los logaritmos en una base se pueden hallar fácilmente en cualquiera otra. La base que se utiliza en la práctica es 10: **logaritmos decimales**.

Por ejemplo, queremos hallar en base 2 el logaritmo de un número N; es decir:

$$x = \log_2 N \Leftrightarrow N = 2^x$$

Para calcular x tomamos logaritmos decimales en los dos miembros:

$$\log N = \log 2^x \Leftrightarrow \log N = x \log 2$$

de donde: $x = \dfrac{\log N}{\log 2}$ luego: $\log_2 N = \dfrac{\log N}{\log 2}$

Análogamente, los logaritmos en base 3 y 5 del número N (compruébalo) son:

$$\log_3 N = \frac{\log N}{\log 3} \qquad \log_5 N = \frac{\log N}{\log 5}$$

Si las bases son menores que 1, por ejemplo, $\frac{1}{2}, \frac{1}{3}$ y $\frac{1}{5}$, los logaritmos del número A son:

$$\log_{\frac{1}{2}} N = \frac{\log N}{\log \left(\frac{1}{2}\right)} = \frac{\log N}{(-\log 2)} = -\frac{\log N}{\log 2}$$

$$\log_{\frac{1}{3}} N = \frac{\log N}{\log \left(\frac{1}{3}\right)} = \frac{\log N}{(-\log 3)} = -\frac{\log N}{\log 3}$$

$$\log_{\frac{1}{5}} N = \frac{\log N}{\log \left(\frac{1}{5}\right)} = \frac{\log N}{(-\log 5)} = -\frac{\log N}{\log 5}$$

Y en general:

$$\log_a N = \frac{\log N}{\log a} \ (a > 1)$$

$$\log_{\frac{1}{a}} N = -\frac{\log N}{\log a} \ (a > 1)$$

Dos resultados importantes:

1. **Solamente se necesita conocer los logaritmos en una base; los demás se obtienen aplicando el proceso anterior.**
2. Los logaritmos de un número en bases inversas $\left(a, \frac{1}{a}\right)$ son opuestos.

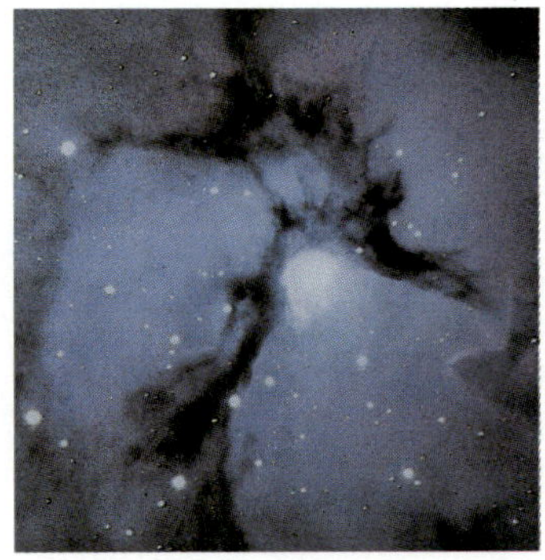

ESCALA LOGARÍTMICA

Las potencias de 10 que rigen el sistema decimal son, en esencia, una escala logarítmica cuando se utilizan únicamente los exponentes. Así, cuando se dice que el radio del Universo es de orden 25, se indica que su valor es $\approx 10^{25}$ m.

Con estos prefijos se puede medir hasta 42 órdenes de longitud, masa, tiempo, etc. Esto permite realizar un fantástico viaje desde las remotas galaxias hasta las profundidades del átomo.

LOGARITMOS — ÓRDENES

exa	10^{18}	18
peta	10^{15}	15
tera	10^{12}	12
giga	10^{9}	9
mega	10^{6}	6
miria	10^{4}	4
kilo	10^{3}	3
hecto	10^{2}	2
deca	10^{1}	1
	10^{0}	0
deci	10^{-1}	−1
centi	10^{-2}	−2
mili	10^{-3}	−3
micro	10^{-6}	−6
nano	10^{-9}	−9
pico	10^{-12}	−12
fento	10^{-15}	−15
ato	10^{-18}	−18

RECUERDA

1	$\log(MN) = \log M + \log N$	
2	$\log(M/N) = \log M - \log N$	
3	$\log N^m = m \log N$	

5. OPERANDO CON LOGARITMOS

Los logaritmos son números reales: log 2 es un número, lo mismo que 2, $\frac{2}{3}$, $\sqrt{2}$, etc., y debe dejarse así ya que se trata de un número irracional, a no ser que se pida una aproximación.

Las expresiones numéricas en las que aparecen logaritmos se pueden reducir utilizando las propiedades de las operaciones aritméticas y las tres propiedades de los logaritmos.

En relación con esta cuestión conviene saber también **lo que no se puede hacer,** ya que los errores son muy frecuentes.

— No se puede reducir $\log 2 + \log 3$ (sin operar previamente):

$\log 2 + \log 3 = \log (2 \cdot 3) = \log 6$
$\log 2 + \log 3 \neq \log 5$

— No se puede reducir $\log 6 - \log 2$ (sin operar previamente):

$\log 6 - \log 2 = \log (6 : 2) = \log 3$
$\log 6 - \log 2 \neq \log 4$

— Observa las siguientes desigualdades:

$$1 + \log 2 \neq \log 3$$
$$\|$$
$$\log 10 + \log 2 = \log (10 \cdot 2) = \log 20$$

$$3 - \log 2 \neq 1$$
$$\|$$
$$\log 1\,000 - \log 2 = \log (1\,000 : 2) = \log 500$$

— **Para reducir logaritmos por suma o diferencia tienen que ser homogéneos (semejantes), es decir, misma base y mismo número.**

Es correcta la siguiente suma en la que los sumandos son homogéneos:

$$3 \log 2 + 5 \log 2 = 8 \log 2$$

Lo mismo sucede con la siguiente diferencia:

$$5 \log 2 - 3 \log 2 = 2 \log 2$$

Justifica los pasos de los ejercicios siguientes:

1. $\mathbf{5 \log 2 - 3 \log 2} = 2 \log 2 = \log 2^2 = \log 4$

2. $\mathbf{\log x^3 - \log x^2} = 3 \log x - 2 \log x = \log x$

3. $\mathbf{\log 3 + \log 4 - \log 2} = \log 3 + 2 \log 2 - \log 2 = \log 3 + \log 2 = \log 6.$

4. $\mathbf{A = (\log 27 + \log 64) - (\log 8 - \log 9)}$

$= 3 \log 3 + 6 \log 2 - 3 \log 2 + 2 \log 3$
$= 5 \log 3 + 3 \log 2$
$= 5 \log 3 + \log 8$
$= \log 3^5 \cdot 8$

UN RESULTADO CURIOSO

¿Cómo se expresa cualquier número entero y positivo mediante tres doses y signos matemáticos?

Puesto que puede resultar difícil, te damos la solución para tres números. La generalización es fácil.

Comprueba que:

$3 = -\log_2 \log_2 \sqrt{\sqrt{\sqrt{2}}}$

$5 = -\log_2 \log_2 \sqrt{\sqrt{\sqrt{\sqrt{\sqrt{2}}}}}$

$7 = -\log_2 \log_2 \sqrt{\sqrt{\sqrt{\sqrt{\sqrt{\sqrt{\sqrt{2}}}}}}}$

PROBLEMAS RESUELTOS

1 **Demuestra que los números 2, 20, 200, 2 000... tienen logaritmos cuya parte decimal es la misma.**

Aplicando las propiedades de los logaritmos se tiene:

$\log 20 = \log(10 \cdot 2) = \log 10 + \log 2 = 1 + \log 2$

$\log 200 = \log(100 \cdot 2) = \log 100 + \log 2 = 2 + \log 2$

$\log 2\,000 = \log(1\,000 \cdot 2) = \log 1\,000 + \log 2 = 3 + \log 2$

$\log 20\,000 = \log(1\,0000 \cdot 2) = \log 10\,000 + \log 2 = 4 + \log 2$

Luego, todos los números tienen la parte decimal de log 2.

2 **Sabiendo que log 2 = 0,3, calcula:**

1. log 8 2. log 5 3. log 125 4. log 0,64

1. $\log 8 = \log (2^3 = 3 \log 2 = 0{,}9.$
2. $\log 5 = \log (10 : 2) = \log 10 - \log 2 = 1 - 0{,}3 = 0{,}7.$
3. $\log 125 = \log (1\,000 : 8) = \log 1\,000 - 3 \log 2 = 3 - 3 \cdot 0{,}3 = 3 - 0{,}9 = 2{,}1.$
4. $\log 0{,}64 = \log (64 : 100) = \log 64 - \log 100 = 6 \log 2 - 2 = 6 \cdot 0{,}3 - 2 = 1{,}8 - 2 = -0{,}2.$

3 **Toma logaritmos decimales en las siguientes expresiones:**

1. $A = xyz$

2. $B = x^2y^2z^2$

3. $C = \dfrac{x^3y}{x^5}$

4. $D = \sqrt{x^3yx^5}$

1. $\log A = \log xyz = \log x + \log y + \log z$
2. $\log B = \log x^2y^2z^2 = \log x^2 + \log y^2 + \log z^2 = 2 \log x + 2 \log y + 2 \log z$
3. $\log C = \log \dfrac{x^3y}{z^5} = \log x^3 + \log y - \log z^5 = 3 \log x + \log y - 5 \log z.$
4. $\log D = \log \sqrt{x^3yz^5} = \dfrac{1}{2} [\log x^3 + \log y + \log z^5] = \dfrac{3}{2} \log x + \dfrac{1}{2} \log y + \dfrac{5}{2} \log z$

4 **Calcula los logaritmos en base 5 de los siguientes números utilizando la calculadora:**

1. 123 2. 7 3. 500

Recuerda la fórmula del cambio de base.

1. $\log_5 123 = \dfrac{\log 123}{\log 5} = 2{,}99$
2. $\log_5 7 = \dfrac{\log 7}{\log 5} = 1{,}21$
3. $\log_5 500 = \dfrac{\log 500}{\log 5} = 3{,}86$

ACTIVIDADES

Ejercicios para entrenarse

1 Escribe en potencias de 2 los siguientes números:

1. 2, 4, 8, 32, 128 **2.** $1, \frac{1}{2}, \frac{1}{4}, \frac{1}{8}, \frac{1}{16}$

2 Escribe en potencias de 3 los siguientes números:

1. 3, 9, 27, 81, 243 **2.** $1, \frac{1}{3}, \frac{1}{9}, \frac{1}{27}, \frac{1}{81}$

3 Escribe en potencias de 10 los siguientes números:

1. 10, 100, 1 000, 10 000

2. $1, \frac{1}{10}, \frac{1}{100}, \frac{1}{1000}$

4 Escribe en forma de potencia de base 10:

1. 0,1; 0,01; 0,0001

2. 1 millón, 1 billón, 1 trillón.

3. 1 milésima, 1 millonésima, 1 trillonésima.

5 Escribe en potencias de $\frac{1}{2}$ los siguientes números:

1. 2, 4, 8, 32, 128 **2.** $1, \frac{1}{2}, \frac{1}{4}, \frac{1}{8}, \frac{1}{16}$

6 Escribe en potencias de $\frac{1}{3}$ los siguientes números:

1. 3, 9, 27, 81, 243 **2.** $1, \frac{1}{3}, \frac{1}{9}, \frac{1}{27}, \frac{1}{81}$

7 Escribe en notación logarítmica de base 5 los siguientes números:

1. 1, 5, 25, 125 **2.** $\frac{1}{5}, \frac{1}{25}, \frac{1}{125}, \frac{25}{3\,125}$

8 Calcula los siguientes logaritmos:

1. $\log_2 4,\quad \log_2 64,\quad \log_2 128$

2. $\log_2 \frac{1}{2},\quad \log_2 \frac{1}{4},\quad \log_2 \frac{1}{16}$

3. $\log_2 \sqrt{2},\quad \log_2 \sqrt{8},\quad \log_2 \sqrt[3]{2}$

9 Calcula los siguientes logaritmos:

1. $\log_3 3,\ \log_3 27,\ \log_3 81$

2. $\log_3 \frac{1}{3},\quad \log_3 \frac{1}{9},\quad \log_3 \frac{1}{27}$

3. $\log_3 \sqrt{3},\quad \log_3 \sqrt{27},\quad \log_3 \sqrt[3]{3}$

10 Calcula los siguientes logaritmos:

1. $\log 1,\quad \log 10,\quad \log 100$

2. $\log \frac{1}{10},\quad \log \frac{1}{100},\quad \log \frac{1}{1\,000}$

3. $\log 0{,}1,\quad \log 0{,}01,\quad \log 0{,}0000001$

4. $\log \sqrt{10},\quad \log \sqrt{100},\quad \log \sqrt[3]{10\,000}$

11 Calcula los siguientes logaritmos directamente o pasando a la base inversa:

1. $\log_{\frac{1}{2}} 4,\quad \log_{\frac{1}{2}} 64,\quad \log_{\frac{1}{2}} 128$

2. $\log_{\frac{1}{2}} \frac{1}{2},\quad \log_{\frac{1}{2}} \frac{1}{4},\quad \log_{\frac{1}{2}} \frac{1}{16}$

3. $\log_{\frac{1}{2}} \sqrt{2},\quad \log_{\frac{1}{2}} \sqrt{8},\quad \log_{\frac{1}{2}} \sqrt[3]{2}$

12 Calcula los siguientes logaritmos directamente o pasando a la base inversa:

1. $\log_{\frac{1}{3}} 3,\quad \log_{\frac{1}{3}} 27,\quad \log_{\frac{1}{3}} 81$

2. $\log_{\frac{1}{3}} \frac{1}{3},\quad \log_{\frac{1}{3}} \frac{1}{9},\quad \log_{\frac{1}{3}} \frac{1}{27}$

3. $\log_{\frac{1}{3}} \sqrt{3},\quad \log_{\frac{1}{3}} \sqrt{27},\quad \log_{\frac{1}{3}} \sqrt[3]{3}$

13 Calcula los siguientes logaritmos directamente o pasando a la base inversa:

1. $\log_{\frac{1}{10}} 1,\quad \log_{\frac{1}{10}} 10,\quad \log_{\frac{1}{10}} 10\,000$

2. $\log_{\frac{1}{10}} \frac{1}{10},\quad \log_{\frac{1}{10}} \frac{1}{100},\quad \log_{\frac{1}{10}} \frac{1}{1\,000}$

3. $\log_{\frac{1}{10}} 0{,}1$, $\log_{\frac{1}{10}} 0{,}01$, $\log_{\frac{1}{10}} 0{,}00001$

4. $\log_{\frac{1}{10}} \sqrt{10}$, $\log_{\frac{1}{10}} \sqrt{100}$, $\log_{\frac{1}{10}} \sqrt{10\,000}$

14 Indica entre qué potencias de 10 se encuentran los números cuyos logaritmos decimales son los siguientes:

1. 0,57, 2,36, 3,50, 4,349
2. −0,2, −0,03, −0,002, −0,0004

15 Indica el intervalo entero en que se encuentran los logaritmos decimales de los siguientes números:

1. 5, 23, 350, 2349, 234567
2. 0,2, 0,03, 0,23, 0,002, 0,0004

16 Halla la base en la cual el logaritmo de

1. 10000 es 2
2. 16 es 2
3. 125 es $\frac{3}{2}$
4. 729 es 3

17 Expresa los logaritmos de los siguientes números en función de log 2:

1. 4, 16, 32, 1024
2. $\frac{1}{2}$, $\frac{1}{16}$, $\frac{1}{32}$, $\frac{1}{1\,024}$
3. 0,5, 0,25, 0,125, 0,625
4. $\sqrt{2}$, $\sqrt{8}$, $\sqrt{\frac{1}{2}}$, $\sqrt{\frac{1}{64}}$
5. 5, 25, 125, 625

18 Expresa los logaritmos de los siguientes números en función de log 3:

1. 3, 9, 27, 59049
2. $\frac{1}{3}$, $\frac{1}{27}$, $\frac{1}{81}$, $\frac{1}{59\,049}$
3. $\sqrt{3}$, $\sqrt{9}$, $\sqrt{\frac{1}{3}}$, $\sqrt{\frac{1}{27}}$

19 Utiliza la calculadora y los logaritmos decimales para hallar:

1. El logaritmo en base 2 de 7, 27, 237
2. El logaritmo en base 5 de 7, 27, 237
3. El logaritmo en base 11 de 7, 27, 237

20 Utiliza la calculadora y en ella la tecla x^y para hallar los números cuyo logaritmo es:

1. 0,3
2. 1,3
3. 2,3
4. 3,3

¿Qué relación existe entre estos números?

21 Utiliza la calculadora y en ella la tecla x^y para hallar los números cuyo logaritmo en base 3 es:

1. 0,3
2. 1,3
3. 2,3
4. 3,3

¿Qué relación existe entre estos números?

Problemas para resolver

22 Determina los números cuyos logaritmos decimales están comprendidos entre −2 y 2.

23 Calcula:

1. $\log 2 + \log 4 + \log 8 + \log 16 + \ldots + \log 2^n$
2. Valor de dicha suma para $n = 50$.

24 Sabiendo que $\log_5 N = h$, determina el logaritmo en base 5 de $\frac{N}{125}$

25 Toma logaritmos en las siguientes expresiones:

1. $A = \frac{xyz}{t}$
2. $B = x^2t^3z^5t^7$
3. $C = \frac{4\pi r^3}{3}$
4. $D = x\sqrt{y}\ \sqrt{z}$

26 Halla el valor de:

1. $\log 1\,000 - \log 0{,}001 + \log \frac{1}{1\,000}$
2. $\log 7 + \log \left(\frac{1}{7}\right)$

A

27 Pasa a forma algebraica las siguientes expresiones:

1. $\log A = \log x + \log y - \log z$
2. $\log C = 2 \log x - 3 \log y + 5 \log z$
3. $\log B = 2 \log x - \log y + 3$
4. $\log D = 1 - \log x + 3 \log z$
5. $\log E = 3 - \log 1\,000 + 2 \log x$

28 La siguiente demostración parece que es falsa (!) ya que el resultado lo es. Si manejas bien los logaritmos puedes encontrar el fallo.

— Partimos de la desigualdad: $\frac{1}{4} > \frac{1}{8}$

— Expresamos la desigualdad así: $\left(\frac{1}{2}\right)^2 > \left(\frac{1}{2}\right)^3$

— Tomamos logaritmos: $\log\left(\frac{1}{2}\right)^2 > \log\left(\frac{1}{2}\right)^3$

— Transformación: $2 \log\left(\frac{1}{2}\right) > 3 \log\left(\frac{1}{2}\right)$

— Simplificación por $\log\left(\frac{1}{2}\right)$: $2 > 3$

Cuestiones para aclararse

29 ¿Puede ser 0 ó 1 la base de un sistema de logaritmos?

30 ¿Verdadero o falso? ¿Por qué?

1. $\log 2 + \log 3 = \log 5$
2. $\log 2 + \log 3 = \log 6$
3. $\log 15 - \log 5 = \log 10$
4. $\log 15 - \log 5 = \log 3$

31 ¿Verdadero o falso? ¿Por qué?

1. $\log 2x + \log 1 = \log (2x + 1)$
2. $\log x + \log 10 = 3 \Leftrightarrow x \cdot 10 = 3$
3. $\log x + \log 7 = \log y \Leftrightarrow x + y = 7$

32 ¿Por qué un número negativo no puede tener logaritmo real?

33 ¿Tienen algo en común los logaritmos decimales de 2,5 y 2 500? Razónalo.

34 Tu calculadora te da los logaritmos decimales de cualquier número. ¿Cómo calcularías el logaritmo en base 7 de 23? Razona el proceso seguido.

35 Verdadero o falso. ¿Por qué?

1. $\log 100 < \log 1000$
2. $\log 0{,}01 < \log 0{,}0001$
3. $\log_3 81 < \log_9 81$
4. $\log 10\,000 < 2 \cdot \log 100$

36 ¿Qué relación existe entre los números A y B si se verifica que $\log A + \log B = 0$? Razona la respuesta.

37 ¿Qué relación existe entre los números A y B si se verifica que $\log B = \log A + \log 5$? Razona la respuesta.

38 Si $\log_a N = 2$ y $\log_a 32 \cdot N = 5$, ¿cuánto vale a? ¿Qué propiedad utilizas? Razona la respuesta.

39 Si la base de logaritmos es $\frac{1}{2}$, ¿cómo son los logaritmos de los números mayores que 1? ¿Y entre 0 y 1?

40 ¿Qué números tienen logaritmo entero en base 5? Justifica la respuesta.

41 Escribe cinco números que tengan logaritmo fraccionario en base 3. Razona la respuesta.

Actividades para profundizar

42 Demuestra que $\log_a b \cdot \log_b a = 1$.

43 Siendo a y b dos números enteros positivos, calcula el valor de $\log_{\frac{1}{a}} a + \log_b \frac{1}{b}$.

44 Demuestra la siguiente relación:

$$\log(a^2 - b^2) = \log ab + \log\left(\frac{a}{b} - \frac{b}{a}\right)$$

Logaritmos y tamaños de animales

En la siguiente tabla se muestra la escala de los tamaños de diferentes animales y los logaritmos decimales de su peso en gramos. Los logaritmos permiten comparar de una manera fácil los tamaños de los animales. Esta comparación viene dada por el cociente entre los tamaños; utilizando logaritmos esto se reduce a una simple resta. La escala abarca unos 16 órdenes; de un orden a otro se pasa multiplicando o dividiendo por 10.

Observa que el hombre ocupa en esta escala el orden 4; es decir, en relación a los distintos animales tiene un peso relativamente grande.

Escalas logarítmicas

La escritura de los números en potencias de 10 permite determinarlos por su exponente o logaritmo. Si representas en una recta en vez de los números su logaritmo, se dice que utilizas la escala logarítmica. Por ejemplo, puedes representar en una recta los 16 órdenes (logaritmos) que hemos indicado para comparar los pesos de los distintos animales.

Animales	Características	Logaritmo	Orden
Ballena	El mayor de todos los animales	8,08	8
Cachalote	El mayor de todos los carnívoros	7,83	7
Braquiosaurio	El mayor animal terrestre (extinguido)	7,83	
Tiburón gigante	El mayor de los peces	7,61	
Alosaurio	El mayor carnívoro terrestre (extinguido)	7,26	
Beluchiterio	El mayor mamífero terrestre (extinguido)	7,26	
Tiburón blanco	El mayor pez carnívoro	7,03	
Elefante	El mayor animal terrestre (viviente)	6,99	6
Calamar gigante	El mayor invertebrado	6,26	
Cocodrilo	El mayor reptil (viviente)	6,25	
Pez rueda	El mayor pez de huesos grandes	6,13	
Tortuga marina	La mayor tortuga	5,93	5
Oso de Kodiak	El mayor carnívoro terrestre (viviente)	5,87	
Aepyornis	La mayor de las aves (extinguida)	5,66	
Almeja gigante	La mayor gasterópodo	5,50	
Galápago	El mayor reptil terrestre (viviente)	5,42	
Pitón reticulada	La mayor serpiente	5,32	
Avestruz	La mayor ave (viviente)	5,20	
Verano de Komodo	El mayor lagarto	5,05	
HOMBRE	(90 kilos = 90 000 g)	4,96	4
Salamandra gigante	El mayor batracio	4,60	
Albatros	La mayor ave voladora	4,26	
Langosta	El mayor artropodo	4,19	
Escarabajo gigante	El mayor insecto	2,00	2
Pájaro mosca	La menor ave	0,30	0
Musaraña	El menor mamífero	0,18	
Gobio	El menor entre los peces y vertebrados	–2,70	–2
Mosca duende	El menor de los insectos	–5,30	–5
Rotífero	El menor animal pluricelar	–8,22	–8

MURAL

de matemáticas

Si dividimos la escala en cinco partes que llamaremos:

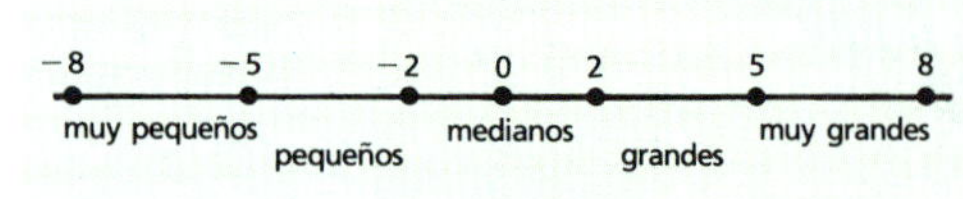

puedes ver en que parte de la gráfica cae cada animal de los estudiados en la tabla.

MURAL

4 ECUACIONES LOGARÍTMICAS Y EXPONENCIALES

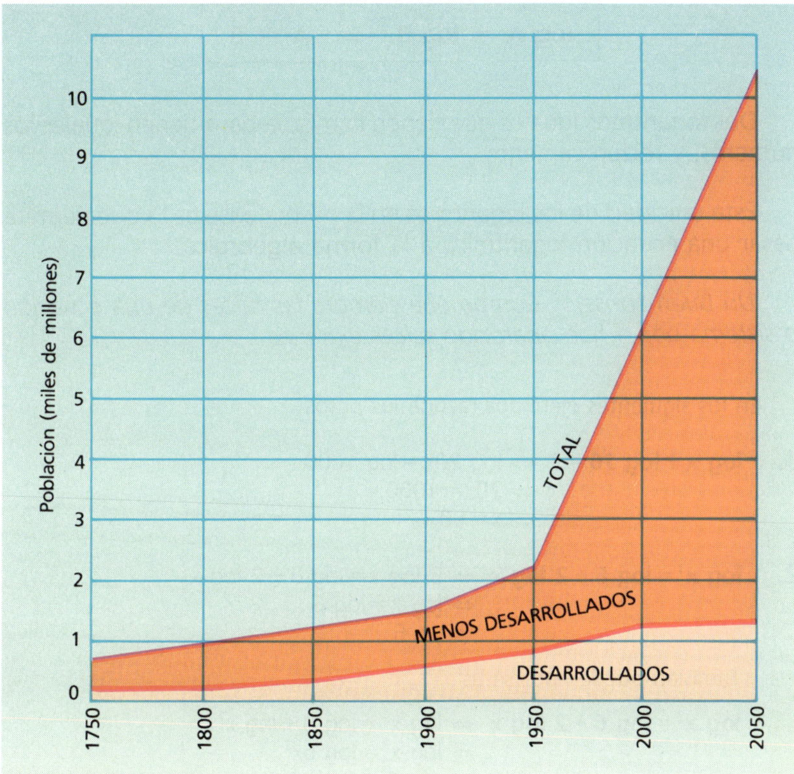

John Neper (1550-1617)

LA POBLACIÓN Y LOS LOGARITMOS

Robert Malthus *escribe en 1798 el libro* ***Essay on the Principle of Population****, en el que establece «que los recursos naturales crecen en progresión aritmética, mientras que las poblaciones vivas tienden a crecer en progresión geométrica».*

Basándose en este principio, la fórmula que da el crecimiento de la población es de la forma $F = P(1+i)^t$*, donde F es la población final, P la población en un momento dado, i la tasa de crecimiento y t el tiempo. Con esta fórmula se puede responder a cuestiones como las siguientes:*

— *¿Cuánto tiempo se tardará en duplicar la población?*

— *¿Depende de la población inicial P el tiempo que se emplea en duplicar la población?*

Estas y otras preguntas exigen resolver una ecuación exponencial. Para ello necesitas los logaritmos.

¿SABÍAS QUE...?

La definición de logaritmo fue dada por Neper geométricamente como razón entre dos magnitudes. Su definición es diferente de la nuestra. Al principio Neper llamó los índices de potencias o exponentes «números artificiales», pero más tarde se decidió por la palabra logaritmo (razón de números) compuesta de las dos palabras griegas *logos* (razón) y aritmos (número).

1. ECUACIONES LOGARÍTMICAS CON UNA INCÓGNITA

Ecuaciones **logarítmicas** son aquellas en las que aparece la incógnita sometida a la operación logaritmo.

En la resolución de ecuaciones se aplican las reglas logarítmicas y la relación:

$$\log A = \log B \iff A = B$$

Dos logaritmos iguales que tienen la misma base tienen iguales los números, y recíprocamente.

Esta **unicidad** de los logaritmos en la misma base es lo que permite pasar una ecuación logarítmica a la **forma algebraica.**

Un buen consejo: Comprueba siempre las raíces de una ecuación o sistema por si han aparecido raíces extrañas.

En los siguientes ejercicios razona los pasos:

1. $\mathbf{\log x + \log 20 = 3} \iff \log 20x = \log 1000$
$\iff 20x = 1000$
$\iff x = 50$

2. $\mathbf{\log x^3 = \log 6 + 2 \log x} \iff 3 \log x = \log 6 + 2 \log x$
$\iff \log x = \log 6$
$\iff x = 6$

También puede hacerse así:

$\mathbf{\log x^3 = \log 6 + 2 \log x} \iff \log x^3 = \log 6 + \log x^2$
$\Rightarrow \log x^3 = \log 6x^2$
$\iff x^3 = 6x^2$
$\iff x^2(x-6) = 0$
$\iff x = 0,\ x = 6$

Observa que en este proceso ha aparecido la raíz extraña $x=0$, que verifica la ecuación algebraica, pero no la logarítmica.

3. $\mathbf{2 \log x = \log(10-3x)} \Rightarrow \log x^2 = \log (10-3x)$
$\iff x^2 = 10-3x$
$\iff x^2 + 3x - 10 = 0$
$\iff x = 2,\ x = -5$

La raíz $x = -5$ es una raíz extraña ya que $\log(-5)$ no tiene sentido; la única solución es $x=2$.

4. $\mathbf{\log x^2 = \log (10-3x)} \iff x^2 = 10-3x$
$\iff x^2 + 3x - 10 = 0$
$\iff x = 2,\ x = -5$

En este ejemplo los dos valores tienen sentido.
Observa que $2 \log x = \log x^2$ es cierto si $x>0$, no lo es en caso de que x sea negativo, ya que $\log x$ no tiene sentido.

2. SISTEMAS DE ECUACIONES LOGARÍTMICAS

Los sistemas de ecuaciones logarítmicas están formados por un conjunto de ecuaciones, alguna de las cuales es logarítmica.

En la resolución de los sistemas logarítmicos se utilizan los métodos de igualación, sustitución y reducción ya conocidos.

Recuerda una vez más que en **log x**, el número **x** debe ser positivo ($x > 0$). Si haces transformaciones debes comprobar al final si existen o no raíces extrañas.

Razona los pasos dados en los siguientes sistemas:

1. $\begin{cases} \log x + \log y = 5 \\ \log x - \log y = 1 \end{cases}$

Utiliza el método de reducción. Sumando y restando las ecuaciones, resulta:

$$\begin{cases} 2 \log x = 6 \\ 2 \log y = 4 \end{cases} \Leftrightarrow \begin{cases} \log x = 3 \\ \log y = 2 \end{cases} \Leftrightarrow \begin{cases} x = 1000 \\ y = 100 \end{cases}$$

2. $\begin{cases} \log x + 3 \log y = 5 \\ \log \left(\frac{x}{y}\right) = 1 \end{cases}$

La segunda ecuación se transforma en una diferencia de logaritmos. Observa que x e y deben ser positivos:

$$\begin{cases} \log x + 3 \log y = 5 \\ \log x - \log y = 1 \end{cases} \Leftrightarrow \begin{cases} \log x + 3 \log y = 5 \\ 4 \log y = 4 \end{cases} \Leftrightarrow$$

$$\Leftrightarrow \begin{cases} \log x = 2 \\ \log y = 1 \end{cases} \Leftrightarrow \begin{cases} x = 100 \\ y = 10 \end{cases}$$

3. $\begin{cases} x - y = 21 \\ \log x + \log y = 2 \end{cases}$

Vamos a pasar la segunda ecuación a la forma algebraica:

$$\begin{cases} x - y = 21 \\ \log x + \log y = 2 \end{cases} \Leftrightarrow \begin{cases} x - y = 21 \\ \log xy = 2 \end{cases} \Leftrightarrow$$

$$\Leftrightarrow \begin{cases} x = 21 + y \\ xy = 100 \end{cases}$$

Sustituye ahora x en la segunda ecuación.

$$(21 + y)y = 100 \Leftrightarrow y^2 + 21y - 100 = 0 \Leftrightarrow y = 4, y = -25$$

La segunda solución es una raíz extraña. Para $y = 4$ se tiene que $x = 25$.

UNAS ECUACIONES ESPECIALES

El cálculo del valor de x en estas ecuaciones debe hacerse por intervalos de aproximación (= encajados). Utiliza para ello la calculadora. Te hemos puesto algunos resultados. Atrévete con los restantes.

$x^x = 1$	$x = 1$
$x^x = 2$	$x = 1{,}55961...$
$x^x = 3$	$x = 1{,}82545$
$x^x = 4$	$x = 2$
$x^x = 5$	$x = 2{,}1...$
$x^x = 6$	$x = 2,$
$x^x = 7$	$x = 2,$
$x^x = 8$	$x = 2,$
$x^x = 9$	$x = 3$

RECUERDA

1	$a^x \cdot a^y = a^{x+y}$
2	$a^x : a^y = a^{x-y}$
3	$(a^x)^y = a^{xy}$
4	$a^x \cdot b^x = (a \cdot b)^x$
5	$a^x : b^x = (a : b)^x$

3. ECUACIONES EXPONENCIALES CON UNA INCÓGNITA

Las ecuaciones exponenciales son aquellas en las que la incógnita se encuentra en el exponente.

Son ecuaciones exponenciales:

$$2^x = 8,\ 9^x - 2 \cdot 3^{x+2} + 81 = 0$$

En la resolución de estas ecuaciones se aplican las reglas de las potencias y la relación

$$\boxed{a^m = a^n \Leftrightarrow m = n}$$

Dos potencias iguales que tienen la misma base, tienen también iguales sus exponentes, y recíprocamente.

Esta **unicidad** de las potencias de la misma base permite pasar una ecuación a la **forma algebraica**.

Algunas ecuaciones exponenciales son difíciles de resolver al no poder expresar fácilmente un número como potencia de otro. Esta situación se resuelve utilizando logaritmos. Por ejemplo, la ecuación exponencial

$$2^x = 127$$

se resuelve tomando logaritmos decimales (el ideal sería logaritmos en base 2, ¿por qué?) en los dos miembros de la ecuación; luego se despeja la incógnita fácilmente:

$$x \log 2 = \log 127 \text{ de donde } x = \frac{\log 127}{\log 2}$$

Sigue los pasos en la resolución de las siguientes ecuaciones:

1. $\mathbf{2^{x+1} = 8} \Leftrightarrow 2^{x+1} = 2^3 \Leftrightarrow x + 1 = 3 \Leftrightarrow x = 2$

2. $\mathbf{4^{x+1} = 8} \Leftrightarrow (2^2)^{x+1} = 8 \Leftrightarrow 2^{2x+2} = 2^3 \Leftrightarrow 2x + 2 = 3 \Leftrightarrow x = \frac{1}{2}$

3. $\mathbf{2^{x+3} + 4^{x+1} - 320 = 0} \Leftrightarrow 2^3 \cdot 2^x + (2^2)^{x+1} - 320 = 0$

$$\Leftrightarrow 8 \cdot 2^x + 2^{2x+2} - 320 = 0$$

$$\Leftrightarrow 8 \cdot 2^x + 4 \cdot (2^x)^2 - 80 = 0$$

$$\Leftrightarrow (2^x)^2 + 2 \cdot (2^x) - 80 = 0$$

$$\Leftrightarrow y^2 + 2y - 80 = 0$$

Hemos llegado así a una ecuación de segundo grado cuya incógnita es $y = 2^x$. Resolviendo esta ecuación resulta:

$$y = 2^x = 8, \quad y = 2^x = -10$$

— La ecuación $2^x = 8$ tiene por solución $x = 3$.

— La ecuación $2^x = -10$ no tiene solución, ya que 2^x es siempre positivo.

4. SISTEMAS DE ECUACIONES EXPONENCIALES

Los sistemas de ecuaciones exponenciales están formados por un conjunto de ecuaciones, alguna de las cuales es exponencial.

En la resolución de los sistemas de ecuaciones exponenciales se utilizan los métodos de **igualación, sustitución** y **reducción** ya conocidos.

Recuerda una vez más que a^x es siempre positivo. Si haces transformaciones debes comprobar al final si existen o no raíces extrañas.

En la resolución de estos sistemas pueden sustituirse las potencias

$$2^x,\ 3^x,\ 5^x,\ 6^x\ \ldots$$

por las letras u, v, w... para facilitar los cálculos.

Recordando tres relaciones de las potencias de la misma base (se utilizan en los dos sentidos) con unos ejemplos:

1. $2^{x+1}=2\cdot 2^x$, $2^{x+2}=4\cdot 2^x$ (producto de potencias).
2. $5^{x-1}=\dfrac{5^x}{5}$, $5^{x-2}=\dfrac{5^x}{25}$ (cociente de potencias).
3. $(2^x)^2=2^{2x}$, $4^x=(2^2)^x=2^{2x}$ (potencia de potencia).

Razona los pasos dados en la resolución de los sistemas:

1. $$\begin{cases} \mathbf{2^x+5^y=9} \\ \mathbf{2^{x+2}-5^{y+1}=-9} \end{cases} \Leftrightarrow \begin{cases} 2^x+5^y=9 \\ 4\cdot 2^x-5\cdot 5^y=-9 \end{cases}$$

Llamando $u=2^x$ y $v=5^y$, se obtiene el sistema:

$$\begin{cases} u+v=9 \\ 4u-5v=-9 \end{cases} \Leftrightarrow \begin{cases} 5u+5v=45 \\ 4u-5v=-9 \end{cases} \Leftrightarrow$$

$$\Leftrightarrow \begin{cases} u+v=9 \\ 9u=36 \end{cases} \Leftrightarrow \begin{cases} v=5 \\ u=4 \end{cases}$$

Luego, $u=2^x=4 \Leftrightarrow x=2$

$v=5^y=5 \Leftrightarrow y=1$

2. $$\begin{cases} \mathbf{3\cdot 5^x+2\cdot 6^{y+1} = 807} \\ \mathbf{15\cdot 5^{x-1}-6^y = 339} \end{cases} \Leftrightarrow \begin{cases} 3\cdot 5^x+12\cdot 6^y = 807 \\ 3\cdot 5^x-6^y = 339 \end{cases}$$

Llamando $u=5^x$ y $v=6^y$, se obtiene el sistema

$$\begin{cases} 3u+12v = 807 \\ 3u-v = 339 \end{cases} \Leftrightarrow \begin{cases} 13v = 468 \\ 3u-v = 339 \end{cases} \Leftrightarrow \begin{cases} v = 36 \\ u = 125 \end{cases}$$

Luego, $u = 5^x = 125 \Leftrightarrow x=3$

$v = 6^y = 36 \Leftrightarrow y=2$

REPRODUCCIÓN DEL CONEJO

En el país del canguro, Australia, sucedió la más increíble aventura de los conejos. Corría el año 1859 cuando un terrateniente europeo, llevado de su afición a la caza, decidió importar unas parejas de conejos e introducirlas en las extensísimas praderas que ni siquiera los más grandes rebaños de ovejas eran capaces de esquilmar. ¿Qué pensaría este caballero al saber que una década más tarde la población de conejos se calculaba en 700 millones de ejemplares?

El crecimiento de los conejos fue estudiado por primera vez por **Leonardo de Pisa** (1202) interpretando este fenómeno por la siguiente sucesión:

1, 1, 2, 3, 5, 8, 13, 21, 34, 55...

La expresión del término general viene dada aproximadamente por

$$F_n = \frac{1}{\sqrt{5}}\,\Phi n \quad (\Phi = 1{,}618\ldots)$$

donde Φ es el número áureo. Leonardo suponía que una pareja de conejos puede reproducirse al cabo de dos o tres meses. Con este dato se puede calcular aproximadamente el tiempo para alcanzar la población un cierto número de individuos. Despeja n tomando logaritmos.

5. APLICACIONES A LAS PROGRESIONES GEOMÉTRICAS

RECUERDA

a_1 : primer término
a_n : último término
r : razón
n : número de términos

Al estudiar las progresiones geométricas quedaron dos cuestiones sin resolver: calcular el número de términos, n, cuando aparece como exponente en las fórmulas.

Recuerda:

1. El término general de una progresión geométrica es

$$\mathbf{a_n = a_1\, r^{n-1}} \qquad [1]$$

2. **El producto de los términos n** de una progresión geométrica es

$$\mathbf{P_n = \sqrt{(a_1 \cdot a_n)^n}} \qquad [2]$$

Si quieres calcular el número de términos de una progresión geométrica, tanto en la fórmula [1] como en la [2], debes despejar **n**; para ello tienes que utilizar logaritmos. Tomando logaritmos en los dos miembros de ecuación resulta:

1. $\log a_n = \log a_1 + (n-1) \log r$,

   de donde

$$n = \frac{\log a_n - \log a_1}{\log r} + 1$$

2. $\log P_n = \frac{n}{2} (\log a_1 + \log a_n)$,

   de donde

$$n = \frac{2 \log P_n}{\log a_1 + \log a_n}$$

Un consejo: No es necesario aprender estas fórmulas de memoria; en cada caso concreto, despeja la incógnita tomando logaritmos decimales en los dos miembros de la ecuación.

En la progresión geométrica 4, 8, 16, ..., 131 072, ¿cuál es el número de términos? Utilizando la ecuación [1] se tiene:

$$131\,072 = 4 \cdot 2^{n-1} \Leftrightarrow 32\,768 = 2^{n-1}$$

Tomando logaritmos (utiliza calculadora) se tiene:

$$\log 32\,768 = (n-1) \log 2 \Leftrightarrow n = \frac{\log 32\,768}{\log 2} + 1 = 16$$

UN PROBLEMA

Todo el mundo que va a Rusia trae como obligado recuerdo una de esas muñecas que en su interior contiene otra de igual forma, aunque no de igual tamaño, claro está; y así sucesivamente. El volumen de cada muñeca es $\frac{2}{3}$ del de aquella que la contiene inmediatamente. La cantidad de madera de la muñeca exterior es de 360 cm^3. ¿Cuántas muñecas hay si la más pequeña tiene 31,6 cm^3?

Utiliza los recursos de esta pregunta para resolverlo.

6. APLICACIONES A LA MATEMÁTICA FINANCIERA

En las ecuaciones del interés compuesto y anualidades aparece el tiempo como exponente. Las ecuaciones son:

Interés compuesto:	$F = C(1+i)^t$
Anualidades de capitalización	$F = \dfrac{C(1+i)\ [(1+i)^t - 1]}{i}$
Anualidades de amortización	$C = \dfrac{Di(1+i)^t}{(1+i)^t - 1}$

Si tienes que despejar **t** se toman logaritmos de estas fórmulas. Lo haremos para las tres fórmulas como un ejercicio útil que debes dominar. No es necesario que sepas de memoria el resultado.

1. **Interés compuesto.**

   Toma logaritmos decimales en los dos miembros. Se tiene:

   $$\log F = \log C + t \log(1+i)$$

   de donde:

   $$t = \frac{\log F - \log C}{\log(1+i)}$$

2. **Anualidades de capitalización.**

   Despeja primero $(1+i)^t$:

   $$\frac{Fi}{C(1+i)} + 1 = (1+i)^t$$

   Toma logaritmos decimales en los dos miembros. Se tiene:

   $$\log(Fi/C(1+i) + 1) = t \log(1+i)$$

   de donde

   $$t = \frac{\log\ (Fi/C(1+i) + 1)}{\log(1+i)}$$

3. **Anualidades de amortización.**

   Despeja primero $(1+i)^t$:

   $$C(1+i)^t - C = Di(1+i)^t \quad \Leftrightarrow \quad (C - Di)\ (1+i)^t = C$$

   Toma logaritmos decimales en los dos miembros. Se tiene:

   $$\log(C - Di) + t \log(1+i) = \log C$$

   de donde:

   $$t = \frac{\log C - \log(C - Di)}{\log(1+i)}$$

RECUERDA

C : capital inicial
F : capital final
D : deuda
i : tanto por 1, 12 % = 0,12 por 1.
t : tiempo

UN PROBLEMA DE INTERÉS

Muchas veces interesa conocer cuánto tiempo tiene que estar colocado el dinero en el banco para que se duplique el capital.

Es evidente que depende del tanto por ciento. ¿Podrías comprobar que la duplicación del dinero no depende del capital inicial?

Este mismo problema es válido cuando se trata de poblaciones, o incluso del crecimiento de un bosque.

En la siguiente tabla se indican los tiempos en años.

Compruébalo con la calculadora.

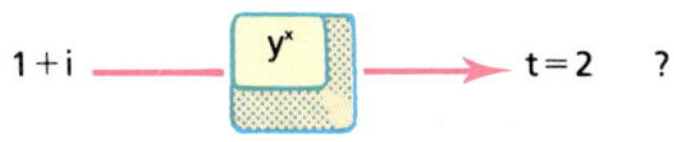

Tanto	1+i	t años
1 %	1,01	70
2 %	1,02	36
3 %	1,03	24
4 %	1,04	18
5 %	1,05	15
6 %	1,06	12
7 %	1,07	10
8 %	1,08	9
9 %	1,09	8
10 %	1,10	7

PROBLEMAS RESUELTOS

1 **El crecimiento de un bosque viene dado por la fórmula**

$$F = A(1+i)^t$$

donde F es la madera que habrá dentro de t años, A la madera actual, e i la tasa de crecimiento anual. Si esta tasa se mantiene, calcula el tiempo que tardará en duplicarse la madera del bosque. Aplicación: i = 0,02.

Si se duplica la madera F = 2A, luego:

$$2A = A(1+i)^t \quad \Leftrightarrow \quad 2 = (1+i)^t$$

Tomando logaritmos decimales en la última ecuación, resulta

$$\log 2 = t \log (1+i)$$

de donde,

$$t = \frac{\log 2}{\log (1+i)}$$

Si i = 0,02 se tiene que

$$t = \frac{\log 2}{\log 1{,}02} = 35 \text{ años}$$

2 **Se coloca un capital C a un interés compuesto del 12 %. Calcula el tiempo que tardará en duplicarse.**

El capital final a interés compuesto viene dado por la fórmula

$$F = C(1+i)^t$$

Si se duplica el capital F = 2C, luego

$$2C = C(1+i)^t \quad \Leftrightarrow \quad 2 = (1+i)^t$$

Tomando logaritmos decimales en la última ecuación, resulta

$$\log 2 = t \log (1+i)$$

de donde,

$$t = \frac{\log 2}{\log (1+i)}$$

Si i = 0,12 se tiene que

$$t = \frac{\log 2}{\log 1{,}12} \approx 6{,}12 \text{ años} \approx 6 \text{ años } 44 \text{ días}$$

ACTIVIDADES

Ejercicios para repasar

1 ¿Verdadero o falso? ¿Por qué?

1. $\log[(-2)(-5)] = \log(-2) + \log(-5)$

2. $\log[(-2)(-5)] = \log 2 + \log 5$

3. $\log[(-2):(-5)] = \log(-2) - \log(-5)$

4. $\log[(-2):(-5)] = \log 2 - \log 5$

2 ¿Verdadero o falso? ¿Por qué?

1. $\log 2^2 = 2 \log 2$

2. $\log(-2)^2 = 2 \log(-2)$

3. $\log(-2)^2 = 2 \log 2$

4. $\log x^2 = 2 \log x$

3 ¿Verdadero o falso? ¿Por qué?

1. $\log \sqrt{2} = \left(\frac{1}{2}\right) \log 2$

2. $\log \sqrt{(-2)} = \left(\frac{1}{2}\right) \log(-2)$

3. $\log \sqrt[3]{-27} = \left(\frac{1}{3}\right) \log 3$

4. $\log x^3 = 3 \log x$

4 Expresa las siguientes igualdades algebraicamente:

1. $\log x + \log y = 1$

2. $\log x - \log y = 1$

3. $3 \log x + 2 \log y = 2$

4. $3 \log x - 1 = \log y$

5 Expresa en forma logarítmica las siguientes relaciones:

1. $xy = 100$

2. $x^2y^3 = 1\,000$

3. $\frac{x^2}{y^3} = 10^6$

4. $7x^n = 100$

Ejercicios para entrenarse

6 Resuelve las siguientes ecuaciones descomponiendo el segundo miembro en factores:

1. $2^x = 8$ **3.** $2^{x+1} = 256$

2. $2^x = 64$ **4.** $2^x = 1\,024$

7 Resuelve las siguientes ecuaciones descomponiendo el segundo miembro en factores:

1. $3^x = 27$ **3.** $3^{x+1} = 729$

2. $3^x = 81$ **4.** $3^x = 6\,561$

8 Resuelve las siguientes ecuaciones descomponiendo el segundo miembro en factores:

1. $5^x = 125$ **3.** $5^{x+1} = 625$

2. $5^x = 15\,625$ **4.** $5^x = 390\,625$

9 Resuelve las siguientes ecuaciones utilizando logaritmos (emplea para ello la calculadora) y compara los resultados con los obtenidos en el ejercicio anterior:

1. $5^x = 125$ **3.** $5^{x+1} = 625$

2. $5^x = 15\,625$ **4.** $5^x = 390\,625$

10 Resuelve las siguientes ecuaciones utilizando logaritmos (emplea para ello la calculadora):

1. $5^x = 10$ **3.** $3^{x+1} = 80$

2. $2^x = 25$ **4.** $7^x = 39$

11 Resuelve las siguientes ecuaciones utilizando el camino más conveniente:

1. $2 \cdot 5^x = 250$ **3.** $3 \cdot 5^x = 75$

2. $3 \cdot 2^x = 24$ **4.** $7 \cdot 2^x = 224$

A

12 Resuelve las siguientes ecuaciones descomponiendo en factores el primer miembro:

1. $2^{x+1} = 16$
2. $2^{x-1} = 64$
3. $2^{x+2} = 256$
4. $2^{x-2} = 1\,024$

13 Resuelve las siguientes ecuaciones:

1. $\log x = 1$
2. $\log x = 3$
3. $\log x = -1$
4. $\log x = -3$

14 Resuelve las siguientes ecuaciones:

1. $\log_2 x = 1$
2. $\log_2 x = 3$
3. $\log_2 x = -1$
4. $\log_2 x = -3$

15 Resuelve las siguientes ecuaciones:

1. $\log_x 125 = 3$
2. $\log_x \frac{1}{3} = -\frac{1}{2}$
3. $\log_x 9 = 2$
4. $\log_x 0{,}001 = 3$

16 Resuelve las siguientes ecuaciones:

1. $3 \log x = 3$
2. $2 \log x = 10$
3. $3 \log x = -3$
4. $2 \log x = -10$

17 Resuelve las siguientes ecuaciones:

1. $\log x + \log 50 = \log 1000$
2. $\log x = 1 + \log(22 - x)$
3. $2 \log x - \log(x - 16) = 2$
4. $\log x^3 = \log 6 + 2 \log x$

18 Resuelve los siguientes sistemas de ecuaciones:

1. $\begin{cases} x + y = 70 \\ \log x + \log y = 3 \end{cases}$
2. $\begin{cases} x + y = 22 \\ \log x - \log y = 1 \end{cases}$
3. $\begin{cases} x - y = 15 \\ \log x + \log y = 2 \end{cases}$
4. $\begin{cases} x - y = 8 \\ \log_2 x + \log_2 y = 7 \end{cases}$

19 Resuelve los siguientes sistemas de ecuaciones:

1. $\begin{cases} \log x + \log y = 3 \\ \log x - \log y = 1 \end{cases}$
2. $\begin{cases} 2 \log x - 3 \log y = 7 \\ \log x + \log y = 1 \end{cases}$
3. $\begin{cases} \log x + \log y = 3 \\ 2 \log x - 2 \log y = -1 \end{cases}$
4. $\begin{cases} \log x + 3 \log y = 5 \\ \log x - \log y = 3 \end{cases}$

20 Resuelve los siguientes sistemas por el método más adecuado:

1. $\begin{cases} \log x + 3 \log y = 5 \\ \log \left(\frac{x}{y}\right) = 3 \end{cases}$
2. $\begin{cases} 2 \log x + \log y = 5 \\ \log xy = 4 \end{cases}$

21 Resuelve las siguientes ecuaciones:

1. $2^{x-1} + 2^x + 2^{x+1} = 7$
2. $3^{x-1} + 3^x + 3^{x+1} = 117$
3. $2^x + 2^{x+1} + 2^{x+2} + 2^{x+3} = 480$
4. $2^{x-1} + 2^{x-2} + 2^{x-3} + 2^{x-4} = 960$

22 Resuelve las siguientes ecuaciones exponenciales reduciéndolas a ecuaciones de segundo grado:

1. $3^{2x+2} - 28 \cdot 3^x + 3 = 0$
2. $9^x - 2 \cdot 3^{x+2} + 81 = 0$
3. $4^x - 3 \cdot 2^{x+1} + 8 = 0$
4. $7^{2x+3} - 8 \cdot 7^{x+1} + 1 = 0$

23 Resuelve las siguientes ecuaciones exponenciales reduciéndolas a ecuaciones de segundo grado:

1. $5^{2x} - 30 \cdot 5^x + 125 = 0$
2. $5^{2x} - 6 \cdot 5^x + 5 = 0$
3. $4^x - 5 \cdot 2^x + 4 = 0$
4. $9^x - 2 \cdot 3^x - 3 = 0$

Problemas para resolver

24 Encuentra la base del sistema de logaritmos en la que el logaritmo de 100 excede al logaritmo de 25 en 2 unidades.

25 Se sabe que la suma de dos números es 70 y que la suma de los logaritmos decimales de los mismos es 3. Halla dichos números.

26 Halla en cuantos años se duplicará el número de habitantes de una población que experimenta un crecimiento anual del 4 %?

27 ¿A qué interés compuesto anual hay que colocar un capital para que en 6 años produzca un beneficio del 50 %?

28 Dos capitales, uno doble de otro, se colocan a interés compuesto del 6 % y 10 %, respectivamente. ¿Al cabo de cuántos años los finales serán iguales?

29 ¿Durante cuánto tiempo habrá de estar colocando anualidades de 20 000 pesetas al 5 % para formar un capital de 453 600?

30 Una pareja de novios decide abrir una cuenta-vivienda por la que el banco paga el 10 %. Esta pareja puede ahorrar al año 300 000. ¿Cuánto tiempo tienen que esperar para comprar un piso cuyo coste será de 10 millones de pesetas?

Cuestiones para aclararse

31 Razona con ejemplos la veracidad o no de las siguientes proposiciones:

1. De $x^2 = y^2$ se sigue que $x = y$.
2. De $x^3 = y^3$ se sigue que $x = y$.
3. De $3^x = 3^y$ se sigue que $x = y$.
4. De $\log x = \log y$ se sigue que $x = y$.

32 Razona con ejemplos la veracidad o no de las siguientes proposiciones:

1. De $x^2 = y^2$ se sigue que $|x| = |y|$
2. De $x^3 = y^3$ se sigue que $|x| = |y|$

33 Razona con ejemplos la veracidad o no de las siguientes proposiciones:

1. De $\log x^3 = \log y^3$ se sigue que $x = y$.
2. De $2 \log x = \log y^2$ se sigue que $x = y$.
3. De $\log x^2 = \log y^2$ se sigue que $x = y$.

34 Razona con ejemplos la veracidad o no de las siguientes proposiciones: .

1. De $3^x = e^y$ se sigue que $x = y$.
2. De $3^{-x} = 3^{-y}$ se sigue que $x = y$.

Actividades para profundizar

35 Resuelve los sistemas siguientes:

1. $\begin{cases} \log(x+y) + \log(x-y) = \log 33 \\ e^x \cdot e^y = e^{11} \end{cases}$

2. $\begin{cases} x^2 - y^2 = 10\,000 \\ (x-y)^{\log(x+y)} = 1\,000 \end{cases}$

36 Demostrar que $\log(x + \sqrt{x^2 - 1}) + \log(x - \sqrt{x^2 - 1}) = 0$, para todo valor de $x \geqslant 0$.

37 Despeja y en la igualdad $\log x + \log y = \log(x+y)$.

MURAL de matemáticas

En nuestro caso la causa es la **intensidad** y la sensación es la **magnitud**. Se mantuvo la costumbre de llamar estrellas de primera magnitud a las más brillantes y se vio experimentalmente que la intensidad de las estrellas de primera magnitud era 100 veces mayor que la de sexta magnitud.

Intensidad	100	40	16	6,4	2,5	1
$\log_{2,5}$	5	4	3	2	1	0
Magnitud	1	2	3	4	5	6

Magnitud de las estrellas

Al observar las estrellas vemos que no todas son igualmente brillantes. Vamos a asociar a cada estrella un número que nos da idea de la cantidad de energía que recibimos de la estrella y a este número le llamaremos magnitud de la estrella. Para ello tenemos que fijar una escala y una unidad. Ya desde la antigüedad existía una escala que clasificaba a simple vista desde las estrellas más luminosas (primera magnitud) hasta las menos luminosas (sexta magnitud).

Cuando en el siglo pasado se intentó una clasificación racional se quiso adaptar lo más posible a la anterior. Para hacerlo se basaron en la ley Weber-Feschner: «Cuando una causa produce una sensación, si la causa varía en progresión geométrica la sensación lo hace en progresión geométrica».

Las intensidades forman una progresión geométrica de razón $\sqrt[5]{100} = 2{,}511\,886 \approx 2{,}5$. En la tabla se han aproximado los valores para las seis primeras magnitudes conocidas.

Las magnitudes de las estrellas están ligadas también a las intensidades o brillos de las mismas por la sencilla fórmula de **Pogson**:

$$\mathbf{m_b - m_a = 2{,}5 \log \left(\frac{I_a}{I_b}\right)}$$

siendo a y b dos estrellas de magnitudes m_a y m_b brillos, e I_a e I_b.

Es fácil comprender que la magnitud de una estrella no es otra cosa que el logaritmo de su luminosidad física. En otras palabras, el astrónomo al establecer la luminosidad visible de una estrella opera con logaritmos en base 2,5.

MURAL

5 RAZONES TRIGONOMÉTRICAS

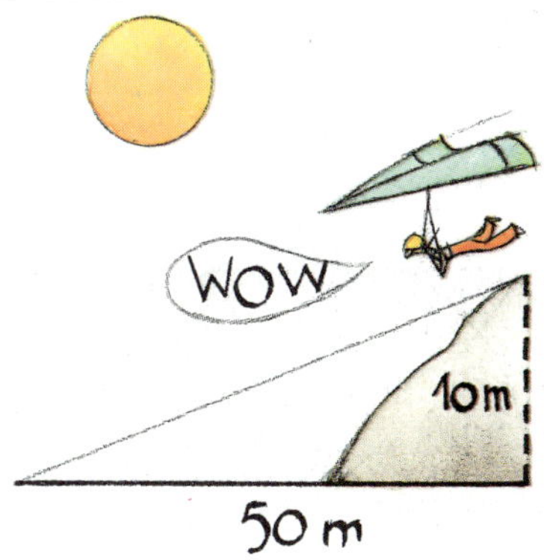

En el deporte del ala delta, el profesor aconseja al alumno que comience saltando desde una peña no muy alta; por ejemplo, 10 metros. Al llegar a tierra observan que la distancia horizontal recorrida es de 50 metros. A medida que el alumno es más experto va saltando desde peñas más altas.

Supuesto que el comportamiento del ala delta es siempre el mismo, ¿qué distancia horizontal recorrerá cuando se lance desde una altura de 20 metros?

En el margen tienes una tabla en la que expresamos la altura y la distancia de cada vuelo; completa los huecos.

Altura	Distancia horizontal
10 m	50 m
20 m	100 m
30 m	150 m
45 m	...
...	600 m
...	1 km
...	...

Está claro que con este aparato se consigue recorrer una distancia horizontal cinco veces mayor que la altura de la roca desde la que se lanza. Entonces diremos que la proporción del planeo es 1:5.

Observa en la tabla que la proporción 1:5 se conserva cualquiera que sea la distancia desde la que salte.

La **proporción de planeo** se llama en matemáticas **tangente del ángulo α** y para este ángulo viene expresada así:

$$\operatorname{tg} \alpha = \frac{\text{altura}}{\text{distancia horizontal}}$$

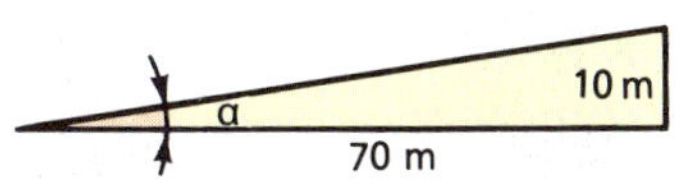

1. MEDIDA DE ÁNGULOS

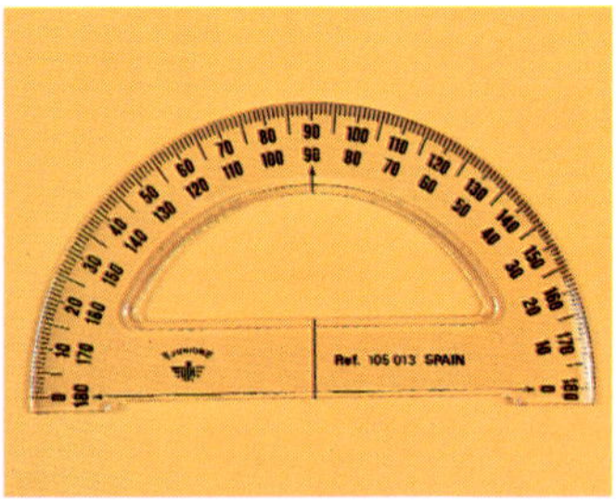

Transportador de ángulos.

Si te fijas en una calculadora científica observarás que para realizar cálculos con ángulos se pueden utilizar varios sistemas de medida. Los principales son los que aparecen en la pantalla con las abreviaturas:

DEG	RAD

A continuación vamos a estudiar estos dos sistemas. La definición se basa en la medida del arco que intercepta sobre una circunferencia un ángulo cuyo vértice es el centro.

▶ Medidas en grados (DEG)

El grado es el ángulo plano que teniendo su vértice en el centro de un círculo intercepta sobre la circunferencia de este círculo un arco de longitud $\frac{2\pi r}{360}$. Se simboliza por °.

Un **grado** es igual a 60 **minutos:** $1° = 60'$.

Un **minuto** es igual a 60 **segundos:** $1' = 60''$.

1. Un ángulo recto mide 90°.
2. Un ángulo llano mide 180°.
3. Un ángulo completo mide 360°.

▶ Medidas en radianes (RAD)

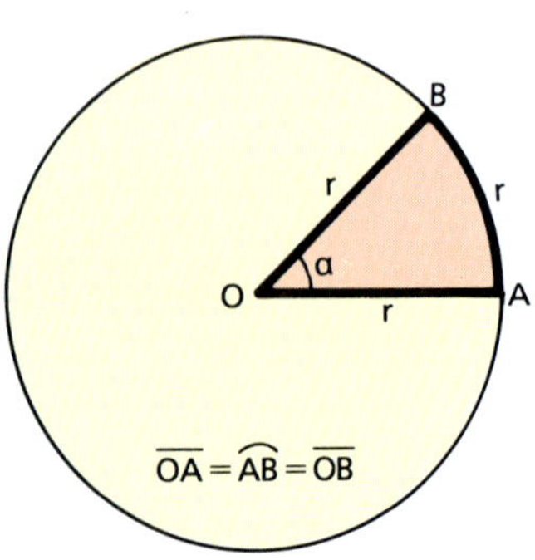

La unidad de medida es el radián. La definición de radián fue dada en la XI Conferencia General de Pesas y Medidas, de 1960, y es la siguiente:

El radián es el ángulo plano que teniendo su vértice en el centro de un círculo intercepta sobre la circunferencia de este círculo un arco de longitud igual al radio. Se simboliza por rad.

1. Un ángulo recto mide $\frac{\pi}{2}$ rad (=90°).
2. Un ángulo llano mide π rad (=180°).
3. Un ángulo completo mide 2π rad (=360°).

▶ Equivalencia entre grados y radianes

Como un ángulo llano mide 180° ó π rad, un radián equivale a $\frac{180°}{\pi}$, y expresado en grados, minutos y segundos:

1 radián = 57° 17′ 45″,71...

Como un ángulo llano mide 180° ó π rad, un grado equivale a $\frac{\pi}{180}$ rad; es decir:

1° = 0,017 453 ... rad

2. RAZONES TRIGONOMÉTRICAS EN UN TRIÁNGULO RECTÁNGULO

Observa la figura adjunta en la que se ha dibujado un triángulo rectángulo. Se trata de relacionar las seis posibles razones de los lados y los ángulos agudos correspondientes.

Las razones trigonométricas del ángulo α se definen del siguiente modo:

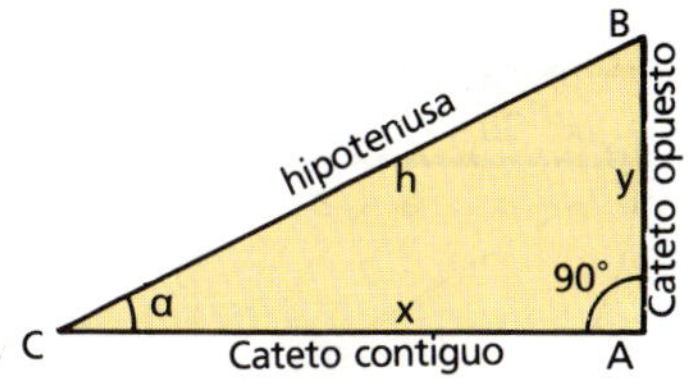

$$\text{sen } \alpha = \frac{y}{h}$$

$$\cos \alpha = \frac{x}{h}$$

$$\text{tg } \alpha = \frac{y}{x}$$

Seno del ángulo α es la razón entre el cateto opuesto y la hipotenusa. Se designa por **sen α**:

$$\text{sen } \alpha = \frac{\text{cateto opuesto}}{\text{hipotenusa}}$$

Coseno del ángulo α es la razón entre el cateto contiguo y la hipotenusa. Se designa por **cos α**:

$$\cos \alpha = \frac{\text{cateto contiguo}}{\text{hipotenusa}}$$

Tangente del ángulo α es la razón entre el cateto opuesto y la hipotenusa. Se designa por **tg α**:

$$\text{tg } \alpha = \frac{\text{cateto opuesto}}{\text{cateto contiguo}}$$

Las razones inversas del seno, coseno y tangente se llaman, respectivamente, **cosecante, secante** y **cotangente;** se designan por **cosec α, sec α, cotg α.**

$$\text{cosec } \alpha = \frac{\text{hipotenusa}}{\text{cateto opuesto}} \qquad \sec \alpha = \frac{\text{hipotenusa}}{\text{cateto contiguo}}$$

$$\text{cotg } \alpha = \frac{\text{cateto contiguo}}{\text{cateto opuesto}}$$

En la figura adjunta tienes el triángulo pitagórico de lados 3, 4 y 5. Las razones trigonométricas del ángulo α son:

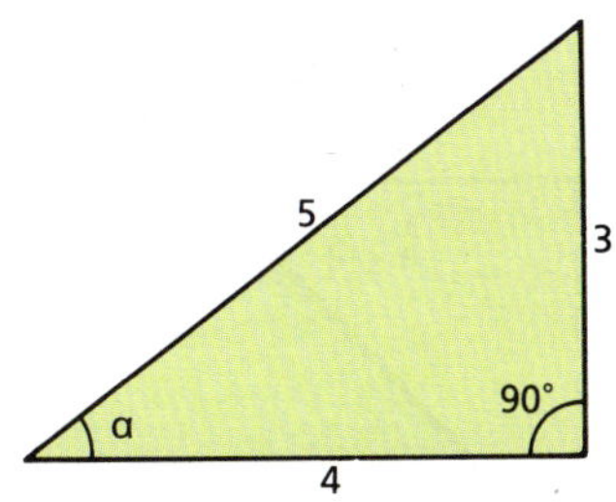

$$\text{sen } \alpha = \frac{3}{5} \qquad \cos \alpha = \frac{4}{5} \qquad \text{tg } \alpha = \frac{3}{4}$$

$$\text{cosec } \alpha = \frac{5}{3} \qquad \sec \alpha = \frac{5}{4} \qquad \text{cotg } \alpha = \frac{4}{3}$$

Utilizando la definición se obtienen las primeras relaciones entre las razones trigonométricas:

$$\text{cosec } \alpha = \frac{1}{\text{sen } \alpha} \qquad \sec \alpha = \frac{1}{\cos \alpha} \qquad \text{cotg } \alpha = \frac{1}{\text{tg } \alpha}$$

$$\text{tg } \alpha = \frac{\text{sen } \alpha}{\cos \alpha} \qquad \text{cotg } \alpha = \frac{\cos \alpha}{\text{sen } \alpha}$$

3. CALCULANDO LAS RAZONES DE ALGUNOS ÁNGULOS

El cálculo de las razones trigonométricas de un ángulo cualquiera es, en general, difícil; por eso se utiliza la calculadora científica. Existen, sin embargo, algunos ángulos cuyas razones pueden obtenerse por métodos elementales.

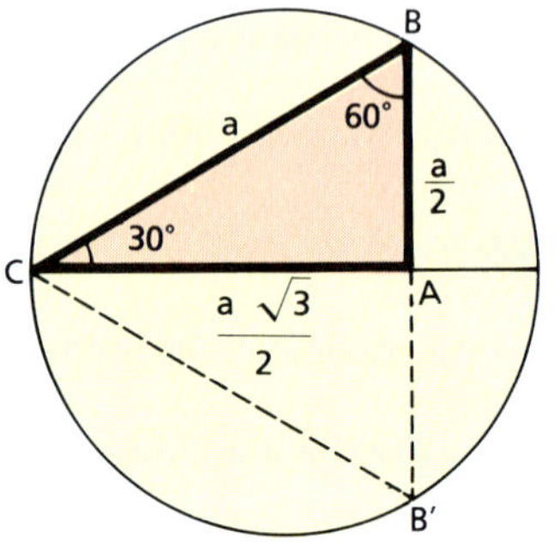

El triángulo CB′B es equilátero.

▶ Razones trigonométricas de los ángulos de 30° y 60°

Observa la figura adjunta. El triángulo rectángulo ABC en el que aparecen los ángulos complementarios de 30° y 60° es la mitad del triángulo equilátero de lado **a.** Entonces:

— $BC = a$, hipotenusa.

— $AB = \frac{a}{2}$ (mitad del lado del triángulo equilátero).

— AC es un cateto que puede calcularse aplicando el teorema de Pitágoras:

$$AC = \sqrt{a^2 - \left(\frac{a}{2}\right)^2} = \sqrt{\frac{3a^2}{4}} = \frac{a\sqrt{3}}{2}$$

Conocidos los lados del triángulo rectángulo ABC, los valores de las razones trigonométricas correspondientes a los ángulos de 30° y 60° se obtienen utilizando la definición de las mismas. Comprueba los siguientes resultados:

sen 30°	**cos 30°**	**tg 30°**
$\frac{1}{2}$	$\frac{\sqrt{3}}{2}$	$\frac{1}{\sqrt{3}}$
cos 60°	**sen 60°**	**cotg 60°**

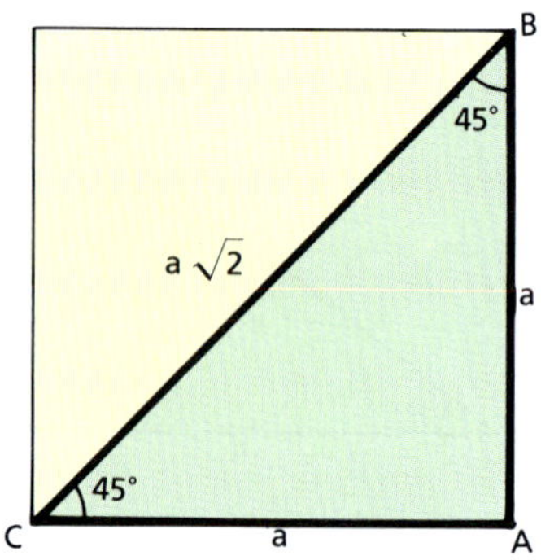

▶ Razones trigonométricas del ángulo de 45°

Observa la figura adjunta. El triángulo rectángulo ABC es isósceles, luego los ángulos agudos valen 45°. Entonces:

— $AC = AB = a$

— La hipotenusa CB que puede calcularse aplicando el teorema de Pitágoras:

$$AC = \sqrt{a^2 + a^2} = \sqrt{2a^2} = a\sqrt{2}$$

Comprueba los siguientes resultados:

sen 45°	**cos 45°**	**tg 45°**
$\frac{1}{\sqrt{2}} = \frac{\sqrt{2}}{2}$	$\frac{\sqrt{2}}{2}$	1

Un resultado importante: Las razones trigonométricas no dependen de los valores de los lados. Dos triángulos semejantes determinan las mismas razones.

4. AMPLIANDO EN CONCEPTO DE ÁNGULO

▶ Ángulos de giro positivos y negativos

La interpretación geométrica del ángulo como una región plana sólo permite expresar ángulos menores o iguales a 360°.

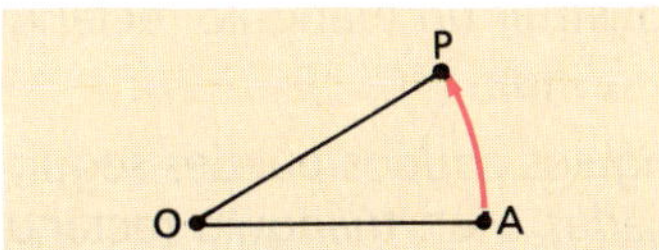

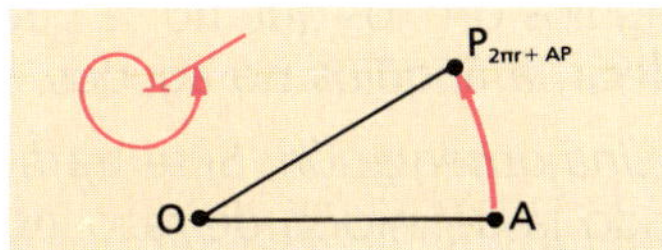

Supongamos que un móvil **M** se desplaza en una circunferencia de radio **r** partiendo de **A** y girando en sentido positivo. Imagínate el movimiento de una de las cestillas de una noria de feria.

— Si el móvil se para en **P**, el arco recorrido es **AP** y la región angular la determinada por **AOP**.

— Si el móvil no se detiene en **P**, sigue girando, pasando por **A** y parándose en el segundo paso por **P**, el camino recorrido es una vuelta entera más el arco **AP**; es decir, $\mathbf{2\pi r + \widehat{AP}}$.

— Si el móvil da **k** vueltas antes de detenerse en **P,** entonces el camino recorrido será $\mathbf{2k\pi r + \widehat{AP}}$.

En estos dos últimos casos ya no tiene sentido hablar de región angular. Sin embargo, sí podemos comparar este camino con el arco que determina un radián y considerar el **cociente** como la medida en **radianes** de dicho camino. Estos radianes se pueden expresar también en **grados.** Así, por ejemplo:

— dos vueltas equivalen a 4π rad ó 720°

— tres vueltas y cuarto equivalen a $6\pi + \frac{\pi}{2}$ rad $= \frac{13\pi}{2}$ rad ó 1170°.

Análogamente, se definen los ángulos de giro negativos cuando el sentido de giro es negativo y su medida será grados o radianes negativos.

▶ Determinación de un ángulo: las coordenadas

La determinación de la posición del móvil **M** en la circunferencia puede también hacerse por sus coordenadas, tomando como sistema de referencia dos diámetros perpendiculares, uno de ellos como eje de abscisas y otro como eje de ordenadas.

En la práctica se toma el semieje positivo como **origen de los ángulos** de giro; el **sentido** es:

— **positivo** si es contrario al de las agujas del reloj, y

— **negativo** si tiene el mismo sentido.

Por tanto, a un ángulo cualquiera le corresponde en la circunferencia un punto **P**; sus coordenadas **x** e **y** determinan también su posición. Para un ángulo agudo estos valores son los catetos. De este modo se generaliza el concepto de razón trigonométrica a cualquier ángulo tal como se hace a continuación.

LOS ÁNGULOS TIENEN SENTIDO

Sentido positivo, el contrario al movimiento de las agujas de un reloj.

Sentido negativo, el de las agujas de un reloj.

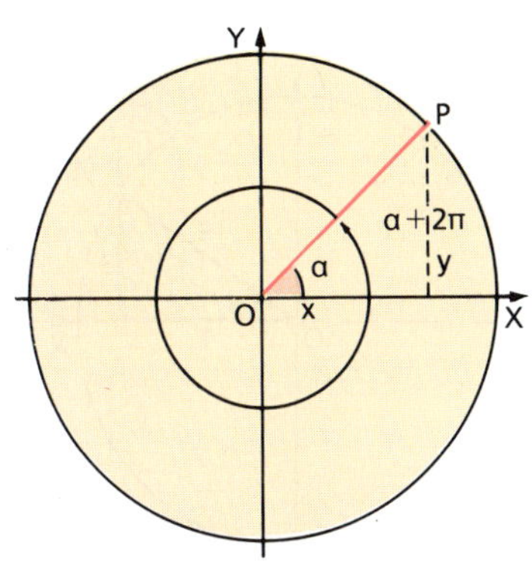

¿SABÍAS QUE...?

La palabra trigonometría significa medida de ángulos.

En los trabajos topográficos y de la construcción es necesario conocer cotas, desniveles de terreno, etc., para lo cual se hace imprescindible medir el valor de los ángulos que permiten calcular distancias.

El instrumento que se utiliza para medir ángulos en tierra firme es el teodolito, cuya imagen te reproducimos aquí, y que consiste, fundamentalmente, en un anteojo que puede girar en un plano vertical, apoyado en un soporte que puede girar, a su vez, en uno horizontal.

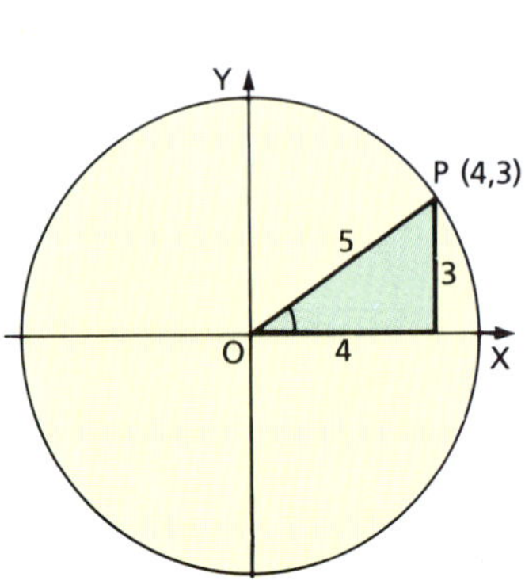

5. RAZONES TRIGONOMÉTRICAS DE UN ÁNGULO CUALQUIERA

▶ Ampliando las definiciones de razones trigonométricas

Se trata ahora de generalizar la definición de razón trigonométrica a ángulos con los que no se puede construir un triángulo rectángulo; es decir, a ángulos no agudos.

Una observación: Si se trata de ángulos agudos puedes seguir utilizando la definición de razones asociadas a un triángulo rectángulo, ya que tiene un sabor geométrico más fácil de recordar.

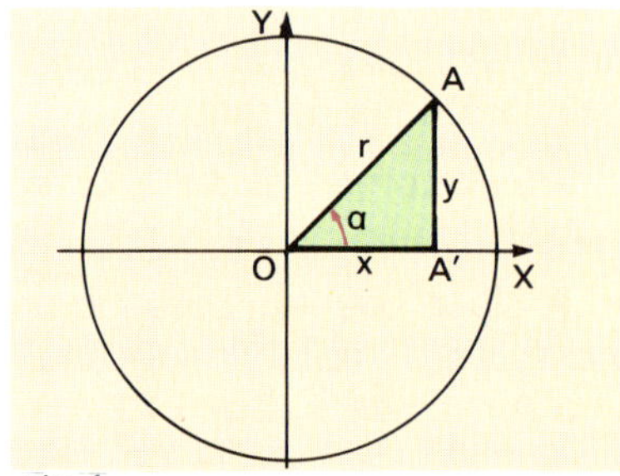

Fig. 1

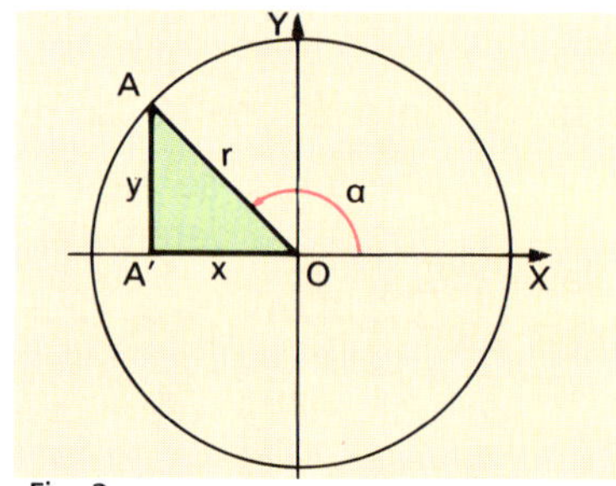

Fig. 2

Figura 1. El ángulo α es agudo. En el triángulo rectángulo **OA'A**:

— El cateto **A'A** es la **ordenada** del punto **A.**

— El cateto **OA'** es la **abscisa** del punto **A.**

— La hipotenusa es el **radio OA.**

Figura 2. El ángulo α no es agudo. En el triángulo rectángulo **OA'A**:

— La ordenada del punto **A** es **A'A**.

— La abscisa del punto **A** es **OA'**.

— El radio es **OA**.

Se tiene así una extensión de los elementos que determinan las razones trigonométricas de un ángulo agudo a un ángulo cualquiera, y, por tanto, la definición que vamos a dar abarca a la anterior.

Para un ángulo la definición de las razones es:

$$\text{sen } \alpha = \frac{\text{ordenada}}{\text{radio}} = \frac{y}{r}$$

$$\cos \alpha = \frac{\text{abscisa}}{\text{radio}} = \frac{x}{r}$$

$$\text{tg } \alpha = \frac{\text{ordenada}}{\text{abscisa}} = \frac{y}{x} = \frac{\text{sen } \alpha}{\cos \alpha}$$

Las razones cosec α, sec α y cotg α se definen como razones inversas de las anteriores tal como has visto en la primera pregunta.

1. Un móvil se para en el punto P(4,3) de una circunferencia de radio 5. ¿Cuáles son las razones trigonométricas del ángulo de giro?

$$\text{sen } \alpha = \frac{3}{5}, \quad \cos \alpha = \frac{4}{5}, \quad \text{tg } \alpha = \frac{3}{4}$$

Un resultado importante:

Las razones trigonométricas no dependen de la circunferencia elegida para definirla.

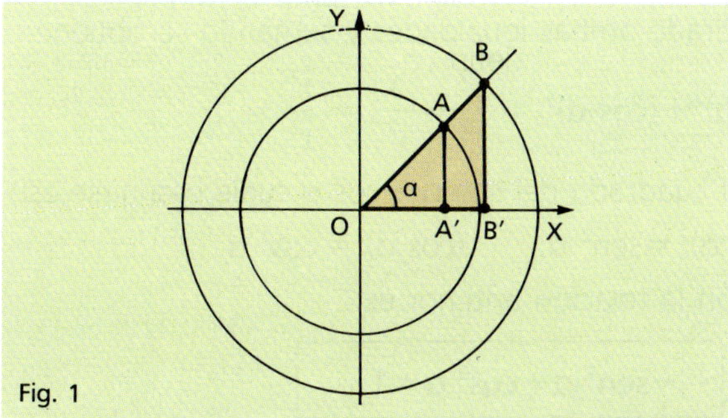

Fig. 1

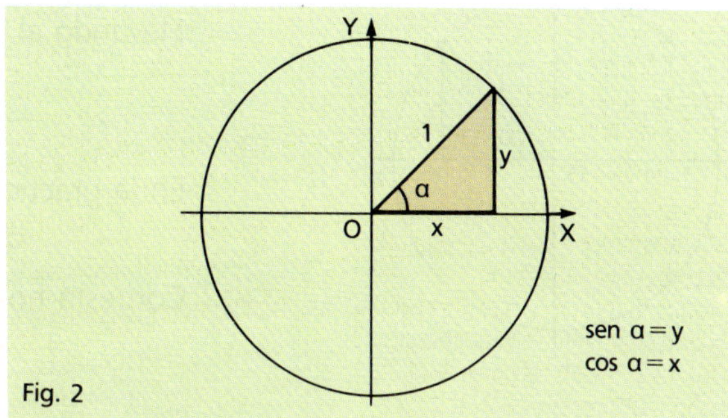

Fig. 2

$$\text{sen } \alpha = \frac{y}{r} = \frac{y'}{r'}$$

$$\cos \alpha = \frac{x}{r} = \frac{x'}{r'}$$

$$\text{tg } \alpha = \frac{y}{x} = \frac{y'}{x'}$$

Figura 1. Los triángulos **OA'A** y **OB'B** son semejantes, luego los lados son proporcionales y las razones trigonométricas que se obtienen a partir de ellos, iguales. Por tanto, las definiciones de las razones no dependen de valor del radio.

Figura 2. La circunferencia más sencilla es la que tiene por **radio 1.** Se llama circunferencia **goniométrica** o **círculo unitario.** Si el radio es 1, aplicando la definición de razones trigonométricas se tiene que:

sen α = y, es decir, el valor de la **ordenada.**

cos α = x, es decir, el valor de la **abscisa.**

El valor de la tangente se puede medir en la recta **t**, perpendicular al diámetro en el punto **T**. Observa en la figura del margen:

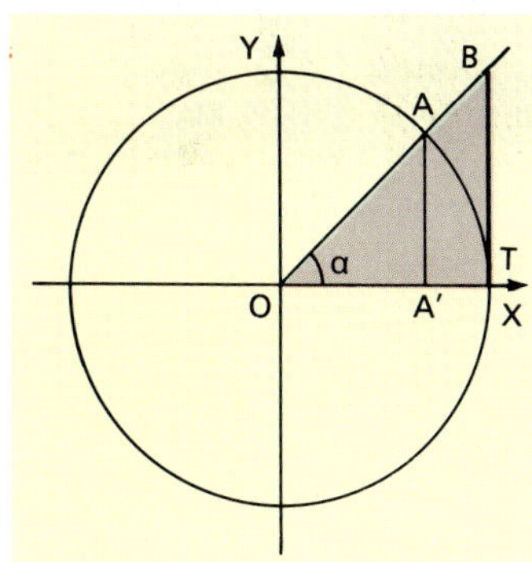

$$\textbf{tg } \alpha = \frac{TB}{OT} = \frac{TB}{1} = \mathbf{TB}$$

Cuando el ángulo no es agudo, el lado del ángulo o su prolongación cortan a la recta **t** en un punto; por ejemplo, **B**:

$$\textbf{tg } \beta = \pm \mathbf{TB}$$

Si el punto queda por encima de T, la tangente es positiva; si queda por debajo, es negativa.

▶ Signo de las razones trigonométricas

El signo de las razones trigonométricas se calcula fácilmente conociendo el cuadrante en que se encuentra el ángulo, ya que entonces conoces el signo de la ordenada y de la abscisa.

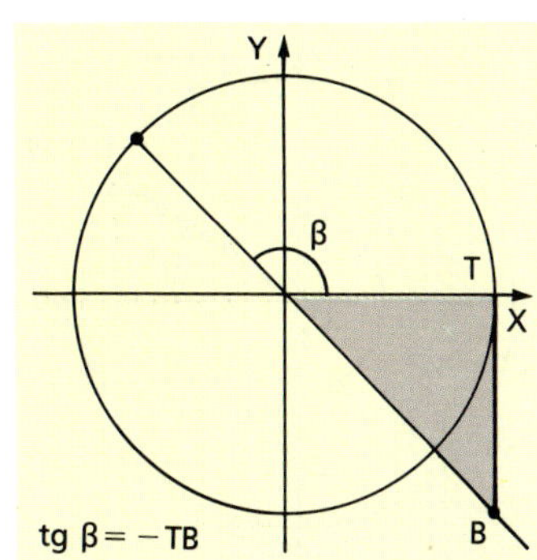

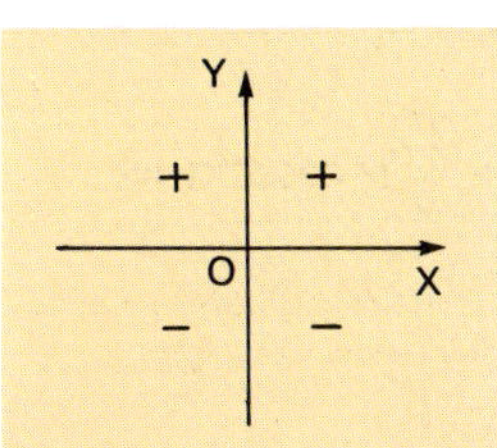

SENO

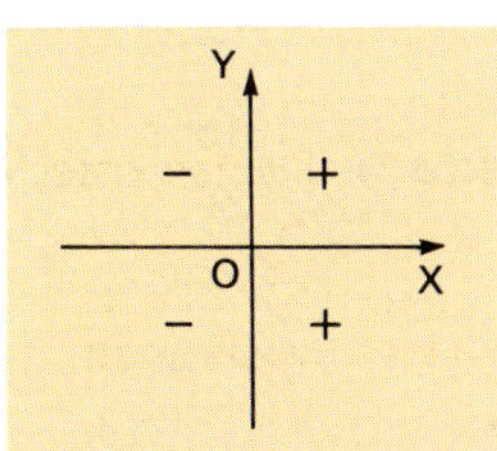

COSENO

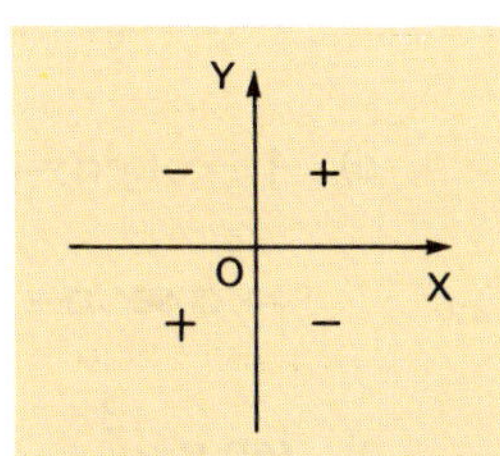

TANGENTE

6. RELACIONES ENTRE LAS RAZONES TRIGONOMÉTRICAS

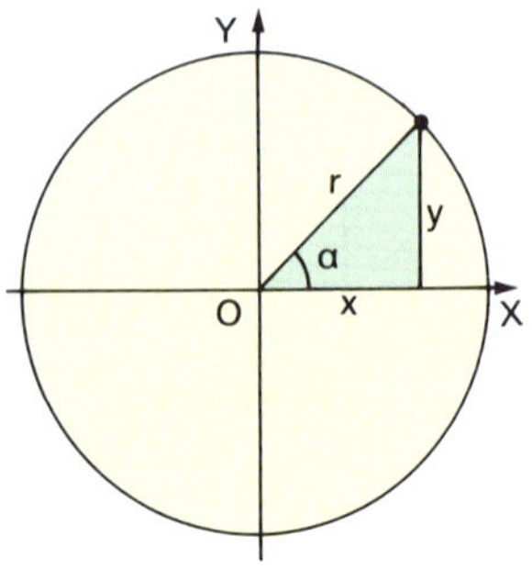

Observa la figura adjunta: $\text{sen } \alpha = \frac{y}{r}$, $\cos \alpha = \frac{x}{r}$.

Elevando al cuadrado ambas igualdades y sumando se obtiene:

$$(\text{sen } \alpha)^2 + (\cos \alpha)^2 = \frac{y^2}{r^2} + \frac{x^2}{r^2} = \frac{r^2}{r^2} = 1$$

En la práctica, el cuadrado del sen α y cos α suele escribirse así:

$$(\text{sen } \alpha)^2 = \text{sen}^2 \alpha, \qquad (\cos \alpha)^2 = \cos^2 \alpha$$

Con esta notación la relación anterior es:

$$\boxed{\text{sen}^2 \alpha + \cos^2 \alpha = 1}$$

que se denomina **relación fundamental.**

- Dividiendo la relación fundamental por $\text{sen}^2 \alpha \neq 0$, se tiene:

$$\frac{\text{sen}^2\alpha}{\text{sen}^2\alpha} + \frac{\cos^2\alpha}{\text{sen}^2\alpha} = \frac{1}{\text{sen}^2\alpha} \Rightarrow \boxed{1 + \text{cotg}^2 \alpha = \text{cosec}^2 \alpha}$$

- Dividiendo la relación fundamental por $\cos^2 \alpha \neq 0$, se tiene:

$$\frac{\text{sen}^2\alpha}{\cos^2\alpha} + \frac{\cos^2\alpha}{\cos^2\alpha} = \frac{1}{\cos^2\alpha} \Rightarrow \boxed{\text{tag}^2 \alpha + 1 = \sec^2 \alpha}$$

Utilizando estas relaciones, y las obtenidas a partir de las definiciones, puedes calcular las razones trigonométricas de un ángulo conociendo:

— Una razón trigonométrica cualquiera, y

— El cuadrante en que se encuentra el ángulo.

PARA NO EQUIVOCARTE

¿Cómo se calcula el ángulo menor que 360 correspondiente a 7 210°?

Al hacer el cálculo no conviene simplificar el dividendo y el divisor, pues aunque el cociente es el mismo, no ocurre lo mismo con el resto.

7210	360	721Ø	36Ø
10	20	1	20

resto: 10
BIEN

resto: 1
MAL

1. ¿Cuáles son las razones trigonométricas del ángulo α, sabiendo que $\text{tg } \alpha = \frac{3}{4}$ y que está en el primer cuadrante?

Utiliza las fórmulas anteriores. Las razones son positivas:

a) $\text{cotg } \alpha = \frac{4}{3}$

b) $1 + \text{tg}^2\alpha = \sec^2\alpha \Rightarrow 1 + \frac{9}{16} = \sec^2\alpha \Rightarrow \frac{25}{16} = \sec^2\alpha \Rightarrow \sec \alpha = \frac{5}{4}$

c) $\cos \alpha = \frac{4}{5}$

d) $1 + \text{cotg}^2\alpha = \text{cosec}^2\alpha \Rightarrow 1 + \frac{16}{9} = \text{cosec}^2\alpha \Rightarrow \frac{25}{9} = \text{cosec}^2\alpha \Rightarrow$

$\Rightarrow \text{cosec } \alpha = \frac{5}{3}$

e) $\text{sen } \alpha = \frac{3}{5}$

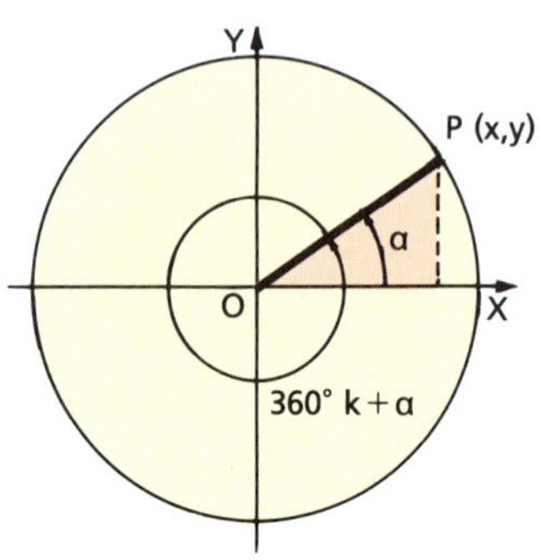

7. RELACIONES ENTRE LAS RAZONES DE CIERTOS ÁNGULOS

▶ Ángulos suplementarios: α y $180° - \alpha$

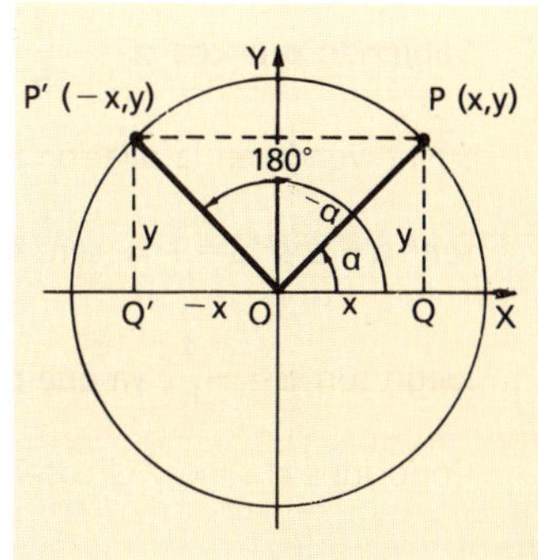

En la figura aparecen dos ángulos suplementarios. Observa que los puntos **P** y **P′** son simétricos respecto del eje de ordenadas.

— Las ordenadas (valores de los senos) **QP** y **Q′P′** son iguales.

— Las abscisas (valores de los cosenos) **OQ′** y **OQ** son opuestas.

— Los valores de las tangentes en la recta **t** son opuestos.

$$\text{sen } (180° - \alpha) = \text{sen } \alpha$$
$$\cos (180° - \alpha) = \cos \alpha$$
$$\text{tg } (180° - \alpha) = -\text{tg } \alpha$$

▶ Ángulos que difieren en 180°: α y $180° + \alpha$

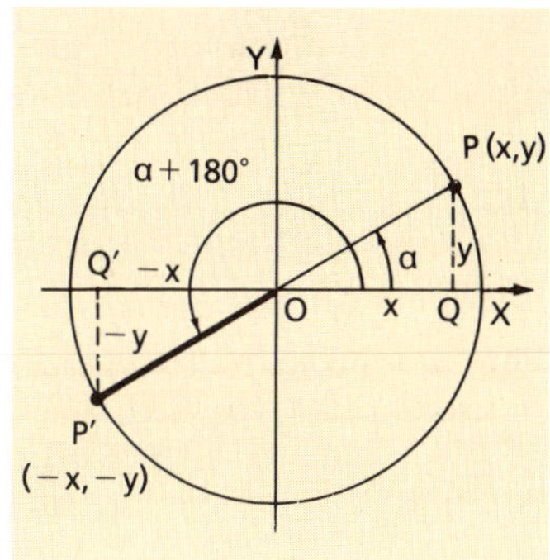

En la figura aparecen dos ángulos que difieren en 180°. Observa que los puntos **P** y **P′** son simétricos respecto del origen.

— Las ordenadas **QP** y **Q′P′** (valores de los senos) son opuestas.

— Las abscisas **OQ** y **OQ′** (valores de los cosenos) son opuestas.

— Los valores de las tangentes en la recta **t** son iguales:

$$\text{sen } (180° + \alpha) = -\text{sen } \alpha$$
$$\cos (180° + \alpha) = -\cos \alpha$$
$$\text{tg } (180° + \alpha) = \text{tg } \alpha$$

▶ Ángulos opuestos: α y $-\alpha$

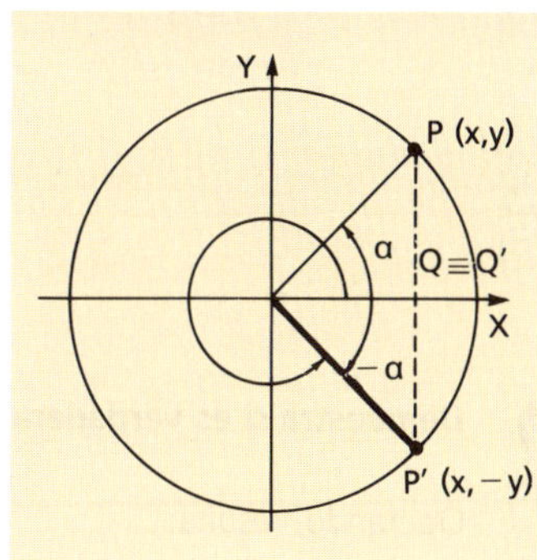

En la figura aparecen dos ángulos opuestos. Observa que los puntos **P** y **P′** son simétricos respecto al eje de abscisas.

— Las ordenadas **QP** y **QP′** (valores de los senos) son opuestos.

— Las abscisas **OQ** y **OQ′** (valores de los cosenos) son iguales.

— Los valores de las tangentes en la recta **t** son opuestos:

$$\text{sen } (-\alpha) = -\text{sen } \alpha$$
$$\cos (-\alpha) = \cos \alpha$$
$$\text{tg } (-\alpha) = -\text{tg } \alpha$$

Un ejercicio: Calcula las razones del ángulo $-30°$.

▶ Ángulos complementarios: α y $90° - \alpha$

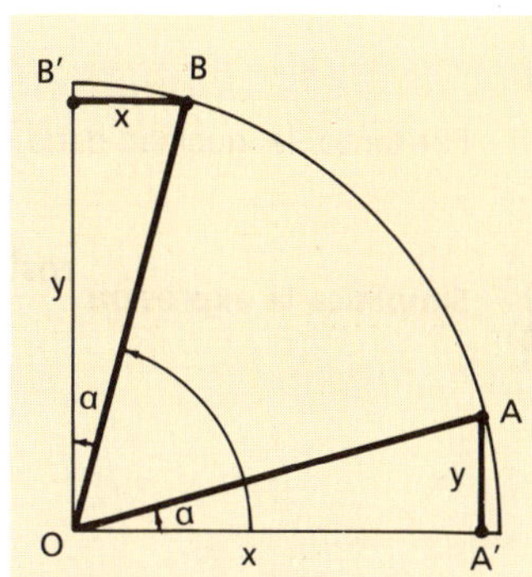

En la figura aparecen dos ángulos complementarios. Observa que los triángulos **OA′A** y **OB′B** son iguales.

— La ordenada **A′A** (valor del seno) es iguai a la abscisa **B′B** (valor del coseno):

— La abscisa **OA′** (valor del coseno) es igual a la ordenada **OB′** (valor del coseno).

$$\text{sen } (90° - \alpha) = \cos \alpha$$
$$\cos (90° - \alpha) = \text{sen } \alpha$$
$$\text{tg } (90° - \alpha) = \text{cotg } \alpha$$

Un ejercicio útil: Conocidas las razones 30°, 45° y 60°, calcula las de 120°, 135°, 150°, 210°, 225°, 240°, 300°, 315°, 330°, utilizando las relaciones anteriores.

1 **Sabiendo que $\cos \alpha = -\frac{3}{5}$ y que $180° \leqslant \alpha \leqslant 270°$ calcula las demás razones trigonométricas del ángulo α.**

Sustituyendo en la relación fundamental se tiene:

$$\text{sen}^2 \alpha + \cos^2 \alpha = 1 \Rightarrow \text{sen}^2 \alpha + \frac{9}{25} = 1 \Rightarrow \text{sen}\ \alpha = \pm\sqrt{\frac{16}{25}}$$

luego $\text{sen}\ \alpha = -\frac{4}{5}$, ya que α está situado en el tercer cuadrante.

Conocidos el seno y el coseno, las demás razones trigonométricas se obtienen fácilmente:

$$\text{tg}\ \alpha = \frac{\text{sen}\ \alpha}{\cos\ \alpha} = \frac{-\frac{4}{5}}{-\frac{3}{5}} = \frac{4}{3} \Rightarrow \text{cotg}\ \alpha = \frac{3}{4}$$

$$\sec \alpha = \frac{1}{\cos\ \alpha} = -\frac{5}{3}\ ;\ \text{cosec}\ \alpha = \frac{1}{\text{sen}\ \alpha} = -\frac{5}{4}$$

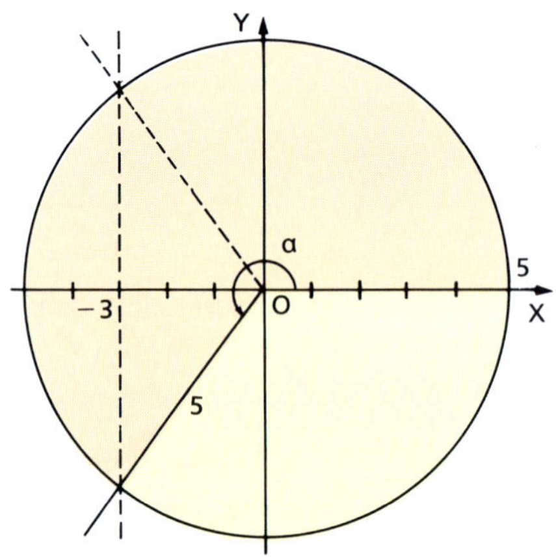

2 **Demuestra si es verdadera o falsa la siguiente igualdad: $\frac{\text{sen}\ \alpha + \text{cotg}\ \alpha}{\text{tg}\ \alpha + \text{cosec}\ \alpha} = \cos \alpha$**

Operando, resulta:

$$\begin{aligned} \text{sen}\ \alpha + \text{cotg}\ \alpha &= \cos\ \alpha\ \text{tg}\ \alpha + \cos\ \alpha\ \text{cosec}\ \alpha = \\ &= \cos\ \alpha \cdot \frac{\text{sen}\ \alpha}{\cos\ \alpha} + \cos\ \alpha \cdot \frac{1}{\text{sen}\ \alpha} \\ &= \text{sen}\ \alpha + \text{cotg}\ \alpha \end{aligned}$$

Por tanto, la igualdad dada es cierta.

3 **Simplifica la expresión $\frac{\cos^2 \alpha (1 + \text{tg}^2\ \alpha)}{\text{cotg}\ \alpha}$**

$$\frac{\cos^2 \alpha (1 + \text{tg}^2\ \alpha)}{\text{cotg}\ \alpha} = \frac{\cos^2 \alpha + \cos^2 \alpha\ \text{tg}^2\ \alpha}{\text{cotg}\ \alpha} =$$

$$= \frac{\cos^2 \alpha + \text{sen}^2\ \alpha}{\text{cotg}\ \alpha} = \frac{1}{\text{cotg}\ \alpha} = \text{tg}\ \alpha$$

ACTIVIDADES

Ejercicios para repasar

1 Define y dibuja un ángulo:

1. Agudo. **3.** Cóncavo.

2. Obtuso. **4.** Convexo.

2 Define y dibuja un ángulo:

1. Recto. **3.** Cero.

2. Llano. **4.** Completo.

3 Define y dibuja dos ángulos:

1. Complementarios. **4.** Adyacentes.

2. Suplementarios. **5.** Opuestos por el vértice.

3. Consecutivos.

4 Define y dibuja en una circunferencia un ángulo:

1. Central.

2. Inscrito.

Ejercicios para entrenarse

5 Expresa en radianes los siguientes ángulos dados en grados:

1. 0°, 30°, 45°, 60°

2. 90°, 120°, 135°, 150°

3. 180°, 210°, 225°, 240°

4. 270°, 300°, 315°, 330°

6 Expresa en grados los siguientes ángulos dados en radianes:

1. $\frac{3\pi}{4}, \frac{5\pi}{3}$ **2.** $\frac{3\pi}{2}, \frac{9\pi}{10}, \frac{4\pi}{3}$

7 Dado un radián, calcula su valor correspondiente en:

1. Grados. **3.** Segundos.

2. Minutos.

8 Expresa los siguientes ángulos como suma de un número entero de vueltas y un ángulo menor de 360°:

1. 720° **3.** −3 000°

2. 900° **4.** 7 200°

9 Expresa los siguientes ángulos como suma de un número entero de vueltas y un ángulo menor de 360°:

1. 10π radianes **2.** 20 radianes

3. $\frac{13\pi}{4}$ radianes **4.** 60π radianes

10 Dados los ángulos $\alpha = 30°56'50''$ y $\beta = 60°58'55''$ calcula:

1. $\alpha + \beta$ **3.** 3α

2. $\alpha - \beta$ **4.** $\alpha/3$

11 Halla las seis razones trigonométricas de los siguientes ángulos:

1. 135° **3.** 270°

2. $\pi/6$ radianes **4.** 11π radianes

12 Dibuja los ángulos menores cuyas razones trigonométricas son las siguientes:

1. $\text{sen}\ \alpha = \frac{3}{5}$ **4.** $\text{cotg}\ \alpha = 1$

2. $\cos \alpha = \frac{4}{5}$ **5.** $\sec \alpha = 1$

3. $\text{tg}\ \alpha = 1$ **6.** $\text{cosec}\ \alpha = 2$

13 Sabiendo que el sen $\alpha = \frac{3}{5}$, calcula las demás razones trigonométricas sabiendo que el ángulo α está situado en el segundo cuadrante.

A

14 Calcula las restantes razones trigonométricas sabiendo que:

1. $\cos \alpha = \frac{4}{5}$, $270° \leq \alpha \leq 360°$
2. $\text{sen } \alpha = \frac{3}{5}$, $90° \leq \alpha \leq 180°$
3. $\text{tg } \alpha = \frac{3}{4}$, $180° \leq \alpha \leq 270°$
4. $\text{cotg } \alpha = -2$, $90° \leq \alpha \leq 180°$

15 Calcula las restantes razones trigonométricas sabiendo que:

1. $\sec \alpha = 1$, $270° \leq \alpha \leq 360°$
2. $\text{cosec } \alpha = -2$, $180° \leq \alpha \leq 270°$
3. $\text{tg } \alpha = \frac{3}{4}$, $0° \leq \alpha \leq 90°$

16 Expresa las siguientes razones trigonométricas en función de un ángulo del primer cuadrante:

1. sen (− 120°)
2. cotg (− 150°)
3. sen 2 700°
4. sec (− 25°)
5. cos (− 30°)
6. cosec 4 420°
7. tg (− 275°)
8. cotg 4 500°

17 Si $\text{tg } \alpha = \frac{3}{4}$, y α está en el primer cuadrante, halla las siguientes razones trigonométricas:

1. $\text{tg } (90° - \alpha)$
2. $\text{tg } (270° - \alpha)$
3. $\text{tg } (90° + \alpha)$
4. $\text{tg } (270° + \alpha)$
5. $\text{tg } (180° - \alpha)$
6. $\text{tg } (-\alpha)$
7. $\text{tg } (180° + \alpha)$
8. $\text{tg } (720° + \alpha)$

Problemas para resolver

18 Expresa en radianes el ángulo que forman el horario y el minutero de un reloj cuando señalan las 4.

19 Un reloj señala las 12 en punto. Después de 30 minutos, ¿qué ángulo, medido en radianes, forman las agujas del horario y minutero?

20 En una circunferencia de 16 m de radio, un arco mide 2 m. Halla su ángulo central correspondiente en grados sexagesimales y en radianes.

21 ¿Cuántos radianes mide el ángulo central de un decágono regular? ¿Y de un pentágono?

22 Expresa en radianes los ángulos interiores de los siguientes polígonos regulares: triángulo, cuadrado, pentágono, octógono y dodecágono.

Cuestiones para pensar y razonar

23 Si un ángulo mide 1,5 radianes, ¿es mayor, menor o igual que un recto?

24 Verdadero o falso. ¿Por qué?

1. El seno de un ángulo puede ser mayor que 1.
2. El seno de un ángulo es siempre menor que 1.
3. El seno de un ángulo puede ser igual a 1.
4. El seno de un ángulo siempre es mayor que 0.

25 Verdadero o falso. ¿Por qué?

1. La tangente de un ángulo puede ser mayor que 1.
2. La tangente de un ángulo es siempre menor que 1.
3. La tangente de un ángulo puede ser igual a 1.
4. La tangente de un ángulo siempre es mayor que 0.

26 Verdadero o falso. ¿Por qué?

1. La cotangente de un ángulo puede ser mayor que 1.
2. La cotangente de un ángulo es siempre menor que 1.

3. La secante de un ángulo puede ser igual a 1.

4. La cosecante de un ángulo siempre es mayor que 0.

27 Al crecer un ángulo de 0° a 90°, ¿qué ocurre con el seno, el coseno y la tangente del ángulo, aumentan o disminuyen?

28 Razona las siguientes preguntas:

1. ¿Qué ángulos tienen iguales, en valor absoluto, el seno y el coseno?

2. Si los senos de dos ángulos son iguales, ¿cómo pueden ser entre sí estos ángulos, siendo menores que 360°?

29 ¿Queda determinado un ángulo menor de 360° conociendo su seno? Razona la contestación.

30 ¿Existe algún ángulo menor de 360° cuyo seno sea igual a la cosecante? ¿Y que tenga el coseno igual a la secante?

31 ¿Es posible que un ángulo tenga igual tangente que cotangente?

32 ¿Qué relación existe entre el seno de un ángulo y el coseno de su complementario? Compruébalo con tu calculadora para un ángulo cualquiera y su complementario.

33 Razona las siguientes preguntas:

1. ¿Entre qué valores puede variar el seno y el coseno de un ángulo?

2. ¿Puede la secante y la cosecante de un ángulo tomar cualquier valor real?

3. ¿Puede la tangente y la cotangente de un ángulo tomar cualquier valor real?

34 Verdadero o falso. ¿Por qué?

1. El seno de un ángulo está acotado entre -1 y $+1$.

2. El coseno de un ángulo puede tomar cualquier valor real.

3. La tangente de un ángulo sólo puede ser positiva.

4. La cosecante de un ángulo puede tomar cualquier valor real.

5. La secante de un ángulo puede tomar cualquier valor real, excepto los comprendidos en el intervalo $]-1,1[$.

6. La cotangente de un ángulo puede tomar cualquier valor real.

Actividades para profundizar

35 Simplifica las siguientes expresiones:

1. $\text{sen}\ \alpha \dfrac{1}{\text{tg}\ \alpha}$

2. $\dfrac{\cos^2\alpha}{1-\text{sen}\ \alpha}$

3. $\dfrac{\sec^2\alpha+\cos^2\alpha}{\sec^2\alpha-\cos^2\alpha}$

4. $\dfrac{\text{cosec}\ \alpha}{1+\text{cotg}^2\ \alpha}$

36 Simplifica las siguientes expresiones:

1. $\text{sen}^3\ \alpha+\text{sen}\ \alpha\cos^2\alpha$

2. $\cos^3\alpha+\cos^2\alpha\ \text{sen}\ \alpha+\cos\alpha\ \text{sen}^2\ \alpha+\text{sen}^3\ \alpha$

37 Demuestra que cualquiera que sea el ángulo α se verifica la relación:

$$\sec^2\alpha+\text{cosec}^2\ \alpha=\sec^2\alpha\cdot\text{cosec}^2\ \alpha$$

38 Comprueba si son verdaderas o falsas las siguientes igualdades:

1. $\dfrac{\text{tg}\ \alpha+\text{tg}\ \beta}{\text{cotg}\ \alpha+\text{cotg}\ \beta}=\text{tg}\ \alpha\ \text{tg}\ \beta$

2. $\text{tg}\ \alpha+\text{cotg}\ \alpha=\sec\alpha\cdot\text{cosec}\ \alpha$

3. $\text{sen}^2\ \alpha-\cos^2\beta=\text{sen}^2\ \beta-\cos^2\alpha$

5. $\dfrac{\text{sen}\ \alpha\cos\alpha}{\cos^2\alpha-\text{sen}^2\ \alpha}=\dfrac{\text{tg}\ \alpha}{1-\text{tg}^2\ \alpha}$

39 Comprueba si son verdaderas o falsas las siguientes igualdades:

1. $\text{cotg}^2\ \alpha-\cos^2\alpha=\text{cotg}^2\ \alpha\cdot\cos^2\alpha$

2. $\text{sen}\ \alpha\cdot\cos\alpha\cdot\text{tg}\ \alpha\cdot\text{cotg}\ \alpha\cdot\sec\alpha\cdot\text{cosec}\ \alpha=1$

3. $\dfrac{1+\text{tg}^2\ \alpha}{\text{cotg}\ \alpha}=\dfrac{\text{tg}\ \alpha}{\cos^2\alpha}$

4. $\dfrac{1-\text{sen}\ \alpha}{\cos\alpha}=\dfrac{\cos\alpha}{1+\text{sen}\ \alpha}$

40 Construye un ángulo cuyo seno sea el doble del coseno.

Interpretación geométrica de las razones trigonométricas

Las razones trigonométricas de un ángulo tienen una representación geométrica muy sencilla si se elige un círculo de radio unidad. Cada razón viene dada por la medida de un segmento orientado.

Las figuras adjuntas permiten calcular el **seno**, **coseno** y **tangente** de un ángulo. Puedes intentar construirte algún aparato similar que te permita calcular razones trigonométricas.

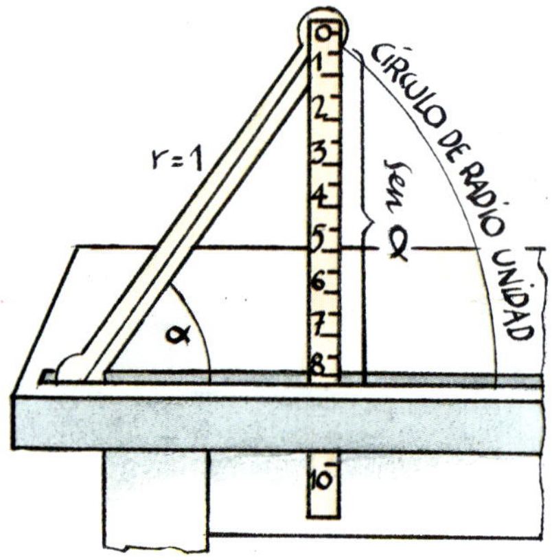

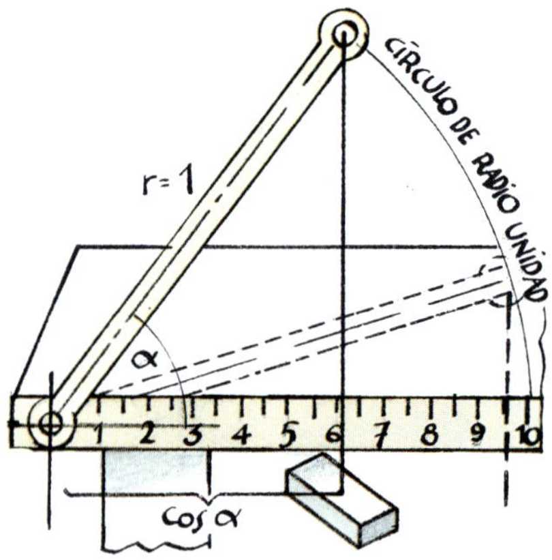

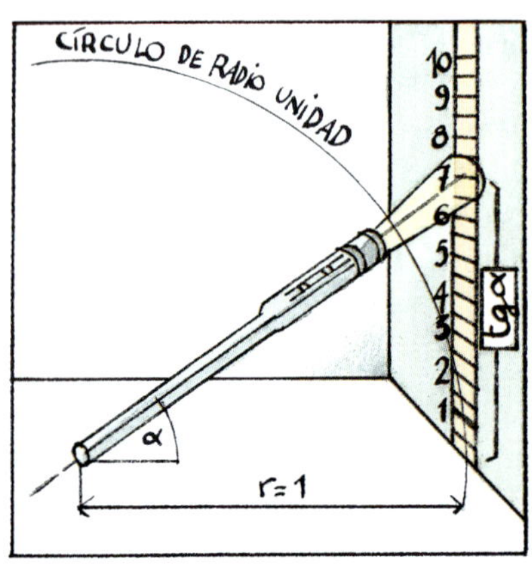

Euclides

«Euclides» *visto por* Marx Ernst.

Euclides (hacia el 300 a. C.). Matemático griego fundador de la Escuela de Alejandría y uno de los más grandes matemáticos de la historia. La geometría que fundamentó Euclides fue, hasta el segundo tercio del siglo pasado, la única geometría considerada posible.

Además de su obra principal, *Los Elementos*, se han observado *Los Datos* (complemento de *Los Elementos*) y algunas referencias a obras perdidas tituladas *Los Porismos*, *Las Crónicas* y *Las Divisiones de superficies*.

Aunque la mayoría de sus grandes tratados se ocupan de geometría, también prestó atención a problemas de razones y proporciones, y a lo que ahora se conoce como teoría numérica, así demostró que la raíz cuadrada de dos es irracional y que los números primos son infinitos.

6 RESOLUCIÓN DE TRIÁNGULOS

Para conocer la sabiduría de Thales de Mileto (646-546 a.C.) se cuenta que los sacerdotes de Egipto le sometieron a una dura prueba. Esta prueba consistía en averiguar la altura de la pirámide de Keops.

Cuentan que Thales se tendió en el suelo, donde marcó con dos estacas la longitud de su estatura. Cuando observó que su sombra era igual a la distancia marcada en el suelo, midió la sombra que proyectaba la famosa pirámide y dijo a los sacerdotes: «Ahora que mi sombra y mi altura son iguales, la longitud de la sombra de la pirámide tiene que coincidir con su altura».

¿Sabrías explicar las razones de Thales de Mileto para poder hacer la anterior afirmación?

En esta lección vamos a dar respuesta a éste y a otros muchos problemas análogos, tratando en último término de resolver triángulos rectángulos, o lo que es lo mismo, conocer todos los elementos del triángulo a partir de otros conocidos.

Los elementos de un triángulo son:

- los ángulos que denotaremos por **A**, **B** y **C**. En adelante supondremos que el ángulo **A** es recto; es decir, **A** = **90°**;
- los lados, que denotaremos por **a, b** y **c**, siendo **a** el lado opuesto al ángulo **A**, por tanto, la hipotenusa. Y **b** y **c** los lados opuestos a los ángulos **B** y **C**, respectivamente, por tanto, catetos.

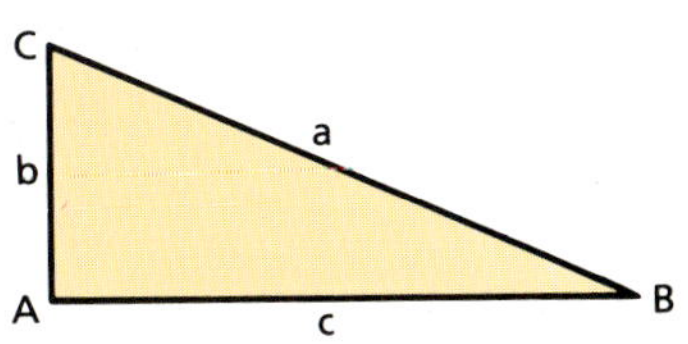

THALES DE MILETO

Thales de Mileto, filósofo griego, nació en Mileto (actualmente perteneciente a Turquía) hacia el año 646 a.C. y murió en el año 546 a.C.

Fue considerado el primero entre los «siete sabios de Grecia».

1. RELACIONES ENTRE LOS ELEMENTOS DE UN TRIÁNGULO RECTÁNGULO

Dado el triángulo rectángulo de la figura, que supondremos recto en A, las relaciones entre sus elementos son las siguientes:

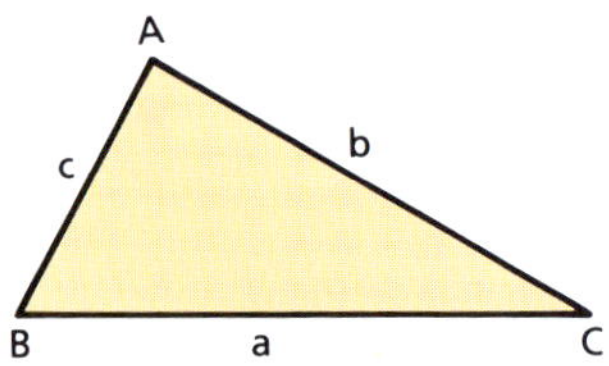

▶ Relaciones entre los lados. Teorema de Pitágoras

El cuadrado de la hipotenusa es igual a la suma de los cuadrados de los catetos:

$$a^2 = b^2 + c^2$$

▶ Relaciones entre los ángulos

La suma de los ángulos de un triángulo es igual a 180°:

$$A + B + C = 180°$$

▶ Relaciones entre lados y los ángulos. Relaciones trigonométricas

Teniendo en cuenta que B y C son complementarios y recordando las razones trigonométricas de los ángulos complementarios, se cumple:

$$\text{sen } B = \frac{b}{a} = \cos C \qquad \cos B = \frac{c}{a} = \text{sen } C \qquad \text{tg } B = \frac{b}{c} = \text{cotg } C$$

1. En un triángulo rectángulo isósceles la hipotenusa es igual a 7 cm. ¿Cuánto miden los catetos?

Por ser isósceles los catetos son iguales, entonces se tiene:

$7^2 = c^2 + c^2 \Rightarrow 49 = 2\,c^2 \Rightarrow c^2 = \frac{49}{2} = 24{,}5.$ $\qquad c = \sqrt{24{,}5} = 4{,}95$ cm.

2. Un triángulo rectángulo tiene un ángulo B = 37° 45′ 28″. Calcula el ángulo C.

Como $A + B + C = 180°$ y $A = 90°$, se deduce que $B + C = 90°$, por tanto, $C = 90° - 37°\,45'\,28'' = 52°\,14'\,32''$

3. En un triángulo rectángulo cuyos catetos miden 3 y 4. Calcula la hipotenusa, la altura relativa a la hipotenusa y las proyecciones de los catetos sobre la hipotenusa.

$a = \sqrt{3^2 + 4^2} = 5$, aplicando el teorema del cateto, resulta:

$3^2 = 5\,m \Rightarrow m = \frac{9}{5};\quad 4^2 = 5\,n \Rightarrow n = \frac{16}{5}$

Por el teorema de la altura se tiene: $h = \sqrt{\frac{9}{5} \cdot \frac{16}{5}} = 2{,}4$

DESPEJANDO

$b = a \text{ sen } B$

$c = a \cos B$

$b = c \text{ tg } B$

$b = a \cos C$

$c = a \text{ sen } C$

$b = \text{cotg } C$

RECUERDA

Teorema del cateto

$b^2 = a \cdot n$
$c^2 = a \cdot m$

Teorema de la altura

$h^2 = m \cdot n$

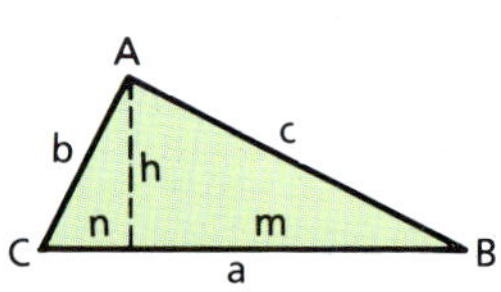

2. RESOLUCIÓN DE TRIÁNGULOS RECTÁNGULOS

De los seis elementos, tres lados y tres ángulos, de un triángulo rectángulo ABC, el ángulo recto A es el único de sus elementos que es siempre conocido.

Para resolver un triángulo rectángulo son necesarios, como mínimo, dos elementos distintos del ángulo recto A.

Veamos a continuación algunos ejemplos:

1. En un triángulo rectángulo ABC se conocen la hipotenusa a = 15 cm y el ángulo B = 20°. Halla los restantes elementos.

$C = 90° - 20° = 70°;$

$c = a \cos B = 15 \cos 20° = 14{,}09 \text{ cm}$
$b = a \text{ sen } B = 15 \text{ sen } 20° = 5{,}13 \text{ cm}$

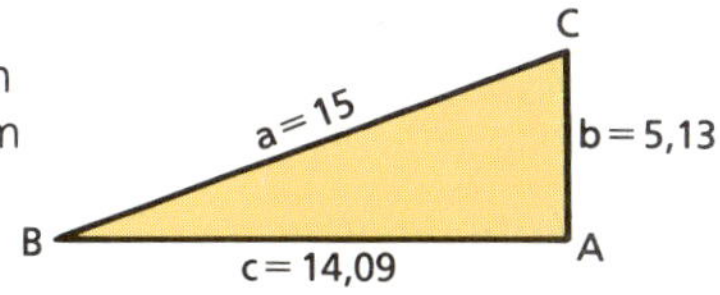

2. En un triángulo rectángulo ABC se conocen el lado b = 102,4 m y el ángulo B = 55°. Resuelve el triángulo.

$C = 90° - 55° = 35°;$

$$c = \frac{b}{\text{tg } B} = \frac{102{,}4}{\text{tg } 55°} = \frac{102{,}4}{1{,}428} = 71{,}7012 \text{ m}$$

$$a = \frac{b}{\text{sen } B} = \frac{102{,}4}{\text{sen } 55°} = \frac{102{,}4}{0{,}8191} = 125{,}0073 \text{ m}$$

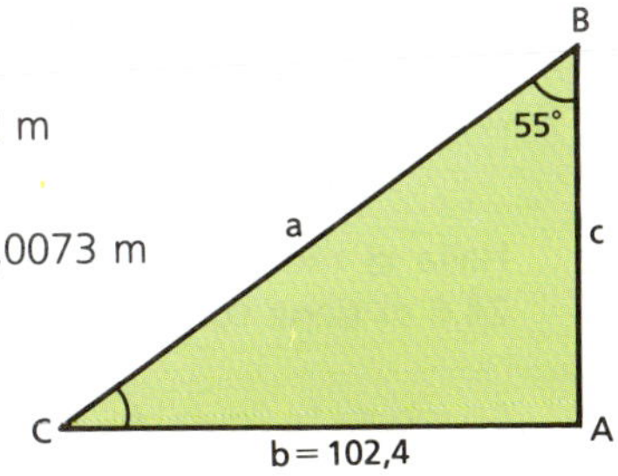

3. La hipotenusa de un triángulo rectángulo mide a = 25 m y el cateto b = 20 m. Resuelve el triángulo.

Aplicando el teorema de Pitágoras: $c = \sqrt{25^2 - 20^2} = 15 \text{ m}$

$$\cos C = \frac{20}{25} = \frac{4}{5} \quad \Rightarrow \quad C = 36°\ 52'\ 12''$$

$B = 90° - 36°\ 52'\ 12'' = 53°\ 7'\ 48''$

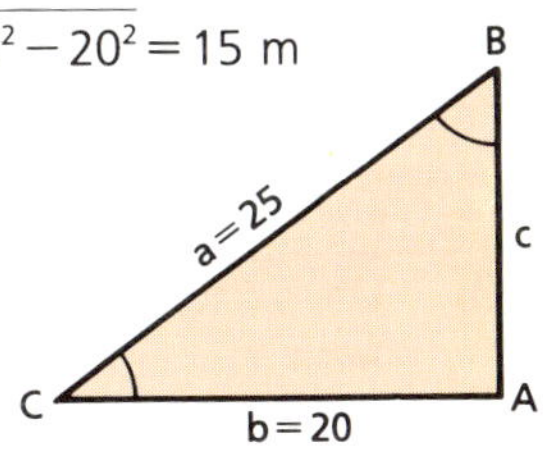

4. Los catetos de un triángulo miden b = 8 cm y c = 24 cm. Halla los restantes elementos del triángulo.

$a = \sqrt{8^2 + 24^2} = \sqrt{64 + 576} = \sqrt{640} = 25{,}2982 \text{ cm}.$

$$\text{tg } C = \frac{c}{b} = \frac{24}{8} \quad \Rightarrow \quad C = 71°\ 33'\ 54''$$

$B = 90° - 71°\ 33'\ 54'' = 18°\ 26'\ 6''$

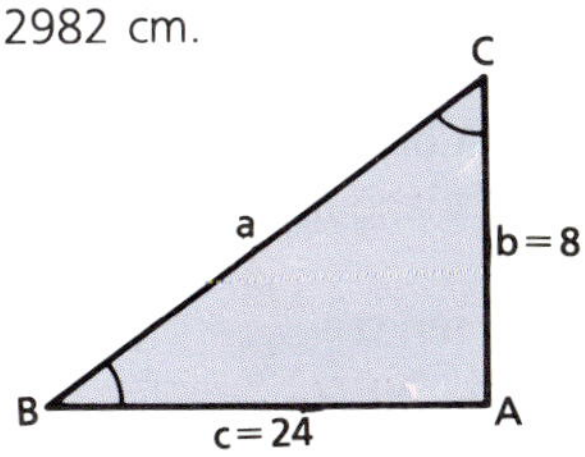

MUY IMPORTANTE

Para resolver un triángulo debes proceder del siguiente modo:

1. Representa cuidadosamente la figura (a ser posible, a escala).
2. Sitúa en la figura los datos que conoces.
3. Señala sobre la figura los elementos que has de hallar.
4. Utiliza las relaciones vistas en el apartado 1 de esta lección.

EL TRIÁNGULO RECTÁNGULO

Hay solamente cuatro formas de determinar un triángulo rectángulo, que son:

1. Conocida la hipotenusa y un ángulo agudo.
2. Conocidos un cateto y un ángulo agudo.
3. Conocidos la hipotenusa y un cateto.
4. Conocidos los dos catetos.

CON LA CALCULADORA CIENTÍFICA

Si $\cos C = \frac{4}{5}$ ¿cómo calculamos el valor de C?

Deberás introducir en tu calculadora la siguiente secuencia:

4 [÷] 5 [=] [INV] [cos]

obtienes: 36,869897 [INV] [°'']

resultado: 36° 52′ 11,63″

3. APLICACIONES A LA GEOMETRÍA

La trigonometría es un instrumento indispensable para el estudio de la Geometría elemental. Los siguientes ejemplos ponen de manifiesto dicha utilidad.

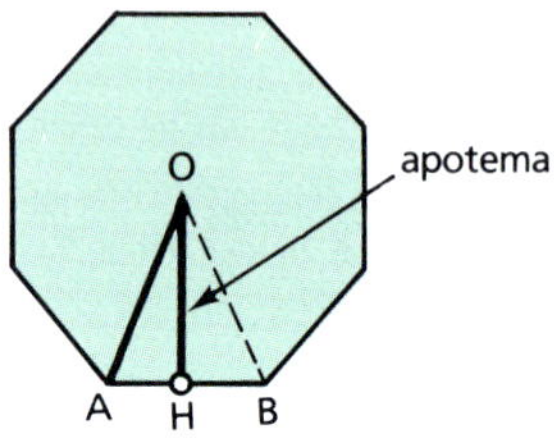

1. Calcula el radio y la apotema de un octógono de lado 10 cm.

El ángulo central de un octógono mide $\frac{360°}{8} = 45°$, y por tanto, el ángulo mitad del ángulo central mide: $\frac{45°}{2} = 22°\ 30'$.

En el triángulo OAH se tiene:

$$\text{radio} = OA = \frac{5}{\text{sen } 22°\ 30'} = 13{,}065 \text{ m}$$

$$\text{apotema} = OH = \frac{5}{\text{tg } 22°\ 30'} = 12{,}07 \text{ m}$$

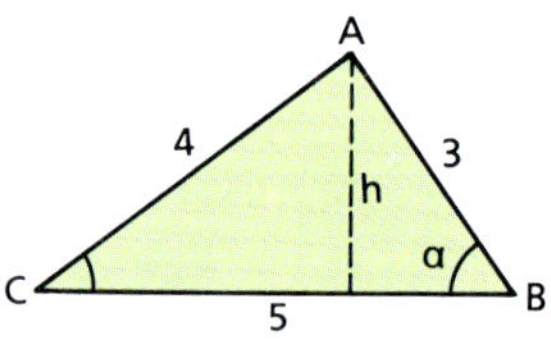

2. Los catetos de un triángulo rectángulo son 3 y 4 m. Halla la altura correspondiente a la hipotenusa.

$\text{sen } \alpha = \frac{4}{5}$, $h = 3 \text{ sen } \alpha$, sustituyendo el valor de sen α resulta: $h = \frac{3 \cdot 4}{5} = 2{,}4$ m.

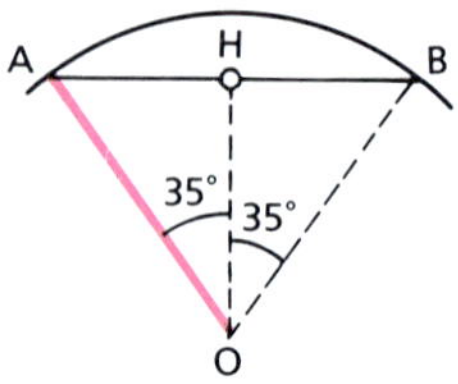

3. Halla el radio de una circunferencia sabiendo que una cuerda de 24,6 m tiene como arco correspondiente uno de 70°.

Considera la figura del margen $AH = \frac{24{,}6}{2} = 12{,}3$.

Aplicando la definición de seno del ángulo AOH, resulta:

$$\text{sen } 35° = \frac{AH}{OA} \text{ de donde } OA = \frac{AH}{\text{sen } 35°} = \frac{12{,}3}{0{,}5736} = 21{,}44 \text{ m.}$$

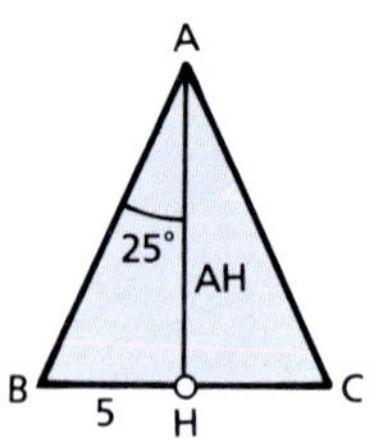

4. La base de un triángulo isósceles mide 10 m y el ángulo opuesto 50°. Halla el área.

Sea el triángulo ABC, utilizando la definición de tangente, resulta:

$$\text{tg } 25° = \frac{5}{AH} \quad \Rightarrow \quad AH = \frac{5}{\text{tg } 25°} = 10{,}7225$$

Área de ABC = BH. AH = 5.10,7225 = 53,6126 m^2

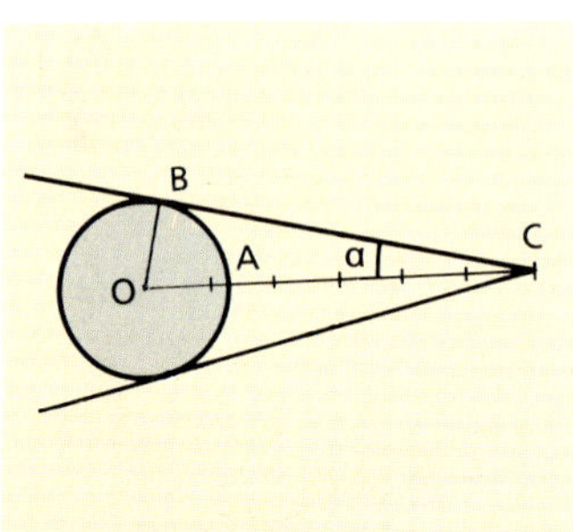

5. Una moneda de 25 PTA mide 2,5 cm de diámetro. Halla el ángulo que forman las tangentes a dicha moneda desde un punto situado a 6 cm del centro.

Observa la figura del margen OA = OB = 1,25; OC = 6.

Como OB es perpendicular a BC, calculando el seno del ángulo α en el triángulo COB, resulta:

$\text{sen } \alpha = \frac{OB}{OC} = \frac{1{,}25}{6} = 0{,}172413 \quad \Rightarrow \quad \alpha = 9°\ 55'\ 41''$. Luego, el ángulo formado por las tangentes es $2\alpha = 19°\ 51'\ 23''$

4. APLICACIONES A LA TOPOGRAFÍA

La Topografía tiene como objeto medir extensiones de tierra. Para ello el topógrafo mide con el teodolito ángulos sobre el terreno y por medio de cálculos matemáticos consigue obtener distancias horizontales y verticales, áreas y volúmenes.

Veamos a continuación algunos ejemplos:

1. El ángulo de elevación de la veleta de una torre es de 45° 15', a una distancia de 72 m de la torre. Si el observador se encuentra a 1,10 metros sobre el suelo, calcula la altura de la torre.

Considera la figura adjunta.

$h = 1{,}10 + b = 1{,}10 + 72 \text{ tg } 45° \ 15' = 1{,}10 + 72{,}63 = 73{,}73$ m

2. Se desea calcular la altura de una torre de lanzamiento de cohetes; para ello se hacen dos observaciones desde los puntos A y B, obteniendo como ángulos de elevación 30° y 45°, respectivamente. La distancia AB = 30 m. Halla la altura de la torre.

Observa la figura adjunta; de los datos se obtiene el siguiente sistema:

$$\left.\begin{array}{l} \text{tg } 30° = \dfrac{h}{30 + y} \\ \\ \text{tg } 45° = \dfrac{h}{y} \end{array}\right\} \quad \left.\begin{array}{r} 30 + y = h \text{ cotg } 30° \\ \\ y = h \text{ cotg } 45° \end{array}\right\} \ 30 = h(\text{cotg } 30° - \text{cotg } 45°)$$

$$\text{luego, } h = \frac{30}{\text{cotg } 30° - \text{cotg } 45°} = \frac{30}{\sqrt{3} - 1} = 40{,}98 \text{ m}$$

3. Pedro y Ana ven desde las puertas de sus casas una torre de televisión, bajo ángulos de 45° y 60°. La distancia entre sus casas es de 126 m y la antena está situada entre sus casas. Halla la altura de la torre.

Observa la figura del margen:

$$\left.\begin{array}{l} x + y = 126 \\ y = h \text{ cotg } 60° \\ x = h \text{ cotg } 45° \end{array}\right\} \Rightarrow 126 = h \ (\text{cotg } 60° + \text{cotg } 45°)$$

$$126 = h \cdot 1{,}577350 \quad \Rightarrow \quad h = 79{,}88 \text{ m}$$

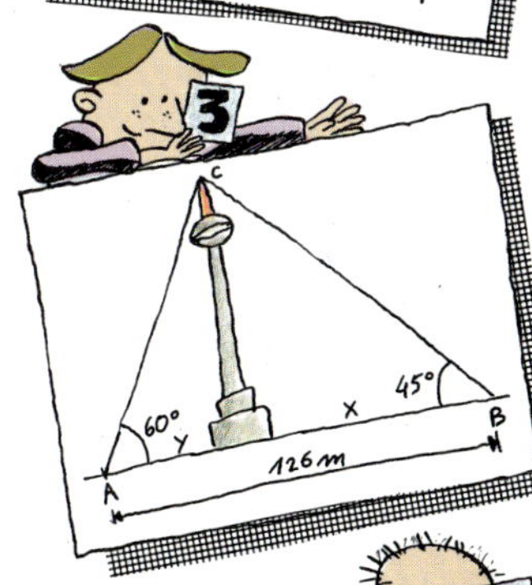

4. Dos amigos han creído ver un OVNI, desde dos puntos situados a 800 m, con ángulos de elevación 30° y 75°, respectivamente. ¿Sabrías hallar la altura a la que se encuentra el OVNI?

Observa la figura del margen:

$$\left.\begin{array}{l} x + y = 800 \\ x = h \text{ ctg } 30° \\ y = h \text{ ctg } 75° \end{array}\right\} \Rightarrow \begin{array}{l} h \text{ cotg } 30° + h \text{ cotg } 75° = 800 \\ h \ (\text{cotg } 30° + \text{cotg } 75°) = 800 \\ h \cdot 2{,}198358 = 800 \Rightarrow h = 363{,}9 \text{ m} \end{array}$$

ACTIVIDADES

Ejercicios para repasar

1 En un triángulo rectángulo el ángulo B = 27° 21′ 24″. Calcula el ángulo A.

2 La hipotenusa de un triángulo rectángulo es igual a 12 m y un cateto mide 8 m. ¿Cuánto mide el otro cateto?

3 ¿Cuánto miden los catetos de un triángulo rectángulo isósceles sabiendo que la hipotenusa mide 10 centímetros?

4 Los catetos de un triángulo rectángulo miden 12 y 16 m. Halla la hipotenusa y su área.

5 En un triángulo rectángulo la hipotenusa mide 25 m y uno de los catetos 15 m. Halla el otro cateto y el área del triángulo.

6 Calcula las razones trigonométricas de los ángulos agudos B y C de un triángulo rectángulo cuyos catetos son b = 3 y c = 4.

Ejercicios para resolver

7 Halla el área de un pentágono regular de lado 10 m.

8 Halla el área de un octógono regular de lado 10 m.

9 En un triángulo ABC se conoce el lado a = BC = 10 metros, el ángulo ABC que vale 105° y el ángulo ACB que vale 30°. Halla los lados y el área del triángulo.

10 Los catetos de un triángulo rectángulo son iguales y miden 10 m. Halla la altura sobre la hipotenusa.

11 Calcula el lado del pentágono regular inscrito en una circunferencia de radio 10 m.

12 En una circunferencia de 100 m de radio se unen dos puntos con una cuerda de 50 m. ¿Cuánto vale el ángulo central?

13 ¿Cuál es el área de un hexágono regular en función del lado a?

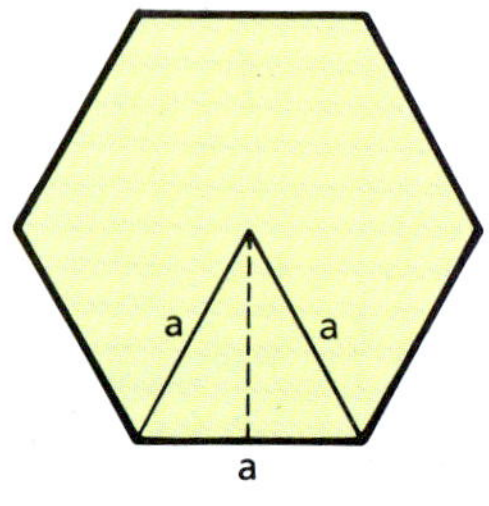

14 Dos fuerzas iguales forman un ángulo de 60°. ¿Cuánto mide la fuerza resultante R?

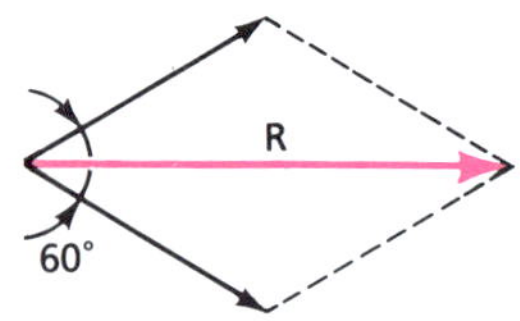

15 Expresa en función de la arista, **a**, el área de:

a) tetraedro regular b) hexaedro

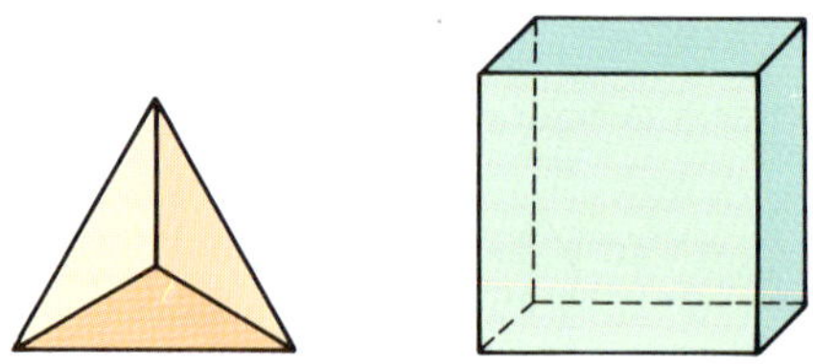

16 La longitud del lado de un octógono regular es 12 metros. Halla los radios de la circunferencia inscrita y circunscrita.

17 Calcula los ángulos de un rombo cuyas diagonales miden 12 y 6 m.

18 La base de un triángulo isósceles mide 20 m, y el ángulo opuesto 80°. Calcula los lados y el área del triángulo.

Para entretenerse pensando

19 Una cometa está unida al suelo por un hilo de 100 metros, que forma con la horizontal del terreno un ángulo de 60°. Suponiendo que el hilo esté tirante, halla la altura del globo.

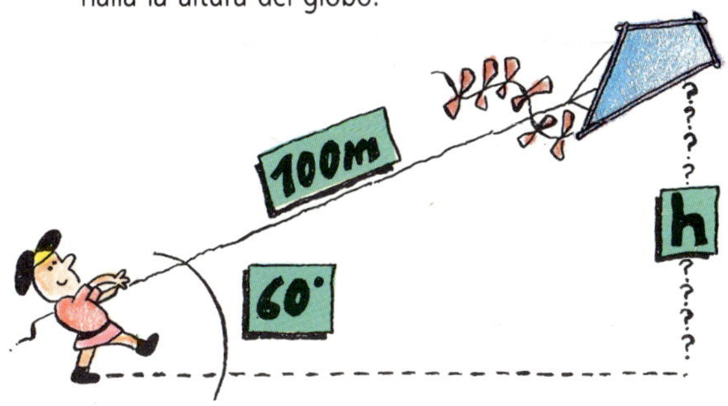

20 Las puntas de las ramas de un compás distan 7 cm y cada rama mide 12 cm. Halla el ángulo que forman las ramas del compás.

21 Si las dos ramas de un compás forman un ángulo de 60° y la rama tiene 12 cm de longitud, halla el radio de la circunferencia que puede trazarse.

22 Los tres cables que sujetan una torre de una emisora de radio tienen sus anclajes en una circunferencia de 100 m de radio y forman un triángulo equilátero. Cada cable forma con la horizontal un ángulo de 45°. Halla la altura de la torre.

23 Dos circunferencias coplanarias de radios 4 y 6 cm, respectivamente, tienen sus centros distantes 12 cm. Calcular la inclinación sobre la recta de los centros de: a) la tangente común exterior, b) la tangente común interior.

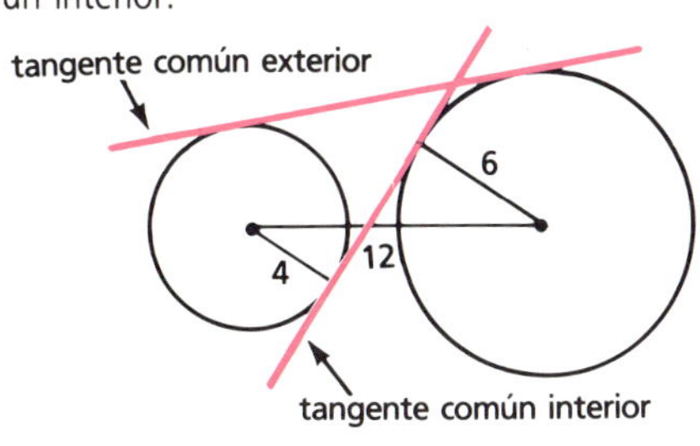

24 Desde cierto punto del suelo se ve el punto más alto de una torre formando un ángulo de 30° con la horizontal. Si nos acercamos 75 cm hacia el pie de la torre, ese ángulo mide 60°. Halla la altura de la torre.

25 Una barca puede navegar en agua tranquila a la velocidad de 8 km/h. Si la corriente del río lleva una velocidad de 6 km/h, ¿bajo qué ángulo cortará la barca a la corriente para que la dirección de su movimiento sea perpendicular a la corriente? ¿Cuál es la velocidad real de la barca?

26 Un hombre que está situado al oeste de una emisora de radio observa que su ángulo de elevación es de 45°. Camina 50 m hacia el sur y observa que el ángulo de elevación es ahora de 30°. Halla la altura de la antena.

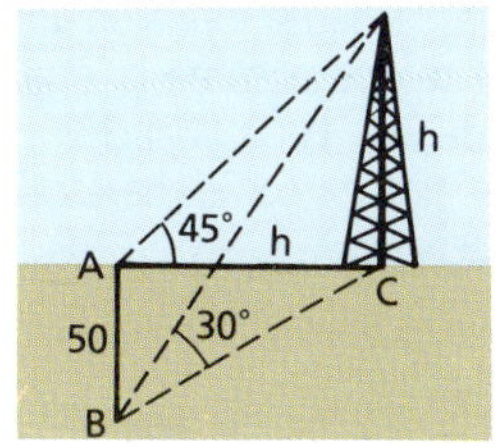

27 Desde una nave espacial se ve la Tierra bajo un ángulo de 20° 9′ 48″. Siendo el radio de la Tierra 6 366 kilómetros, halla la distancia de la nave a la superficie terrestre.

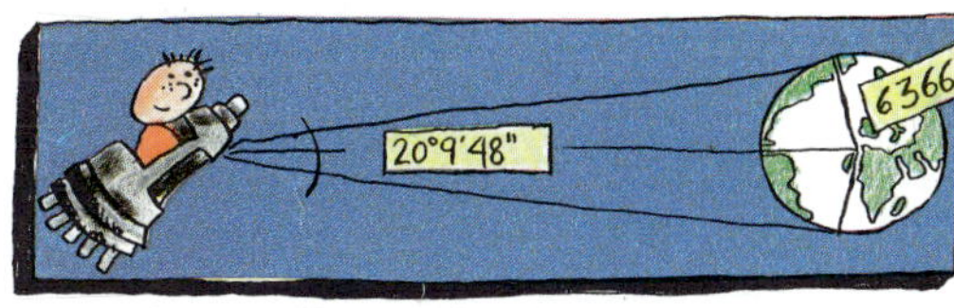

28 Desde un cierto punto del suelo se ve un árbol bajo un ángulo de 42°. ¿Bajo qué ángulo se verá colocándose a distancia doble? ¿Bajo qué ángulo a distancia triple?

29 Calcula la longitud de la sombra de la Torre Eiffel (altura, 300 m) cuando la inclinación de los rayos solares es de 14°.

30 Desde la orilla de un río se ve un árbol en la otra orilla bajo un ángulo de 45°, y si se retrocede 40 m, se ve bajo un ángulo de 30°. Halla la altura del árbol y el ancho del río.

31 Una escalera de bomberos de 10 m de longitud se ha fijado en un punto de la calzada. Si se apoya sobre una de las fachadas forma un ángulo con el suelo de 45° y si se apoya sobre la otra fachada forma un ángulo de 30°. Halla la anchura de la calle. ¿A qué altura se alcanza con dicha escalera sobre cada una de las fachadas?

Cuestiones para aclararse

32 Los egipcios utilizaban para construir un triángulo rectángulo una cuerda, la cual marcaban con nudos a igual distancia. Suponiendo que la cuerda empieza y termina en un nudo, ¿cuántos nudos serían necesarios como mínimo?

33 La terna (3,4,5) verifica el teorema de Pitágoras, por ello se llama terna pitagórica. ¿Podrías dar otra terna pitagórica?

34 Dado el triángulo ABC de la figura:

a) Expresa **a** en función de **b** y **C**.

b) Expresa **b** en función de **a** y **B**.

b) Expresa **c** en función de **b** y **B**.

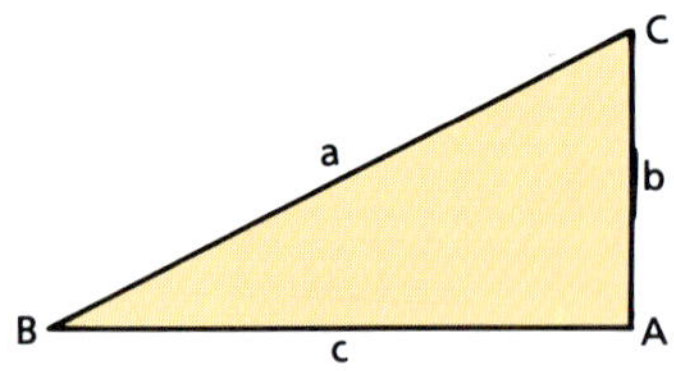

35 Halla la expresión que permite obtener la altura de un triángulo equilátero en función del lado, **a**.

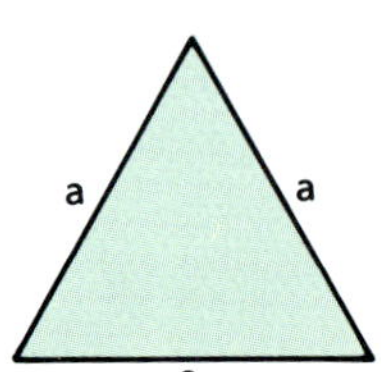

36 Halla la fórmula con la que se obtiene el área de un triángulo equilátero en función del lado, **a**.

37 Si los ángulos de un triángulo rectángulo miden **a** y **2a**, ¿la hipotenusa es doble del cateto? Razona la respuesta.

38 Si en un triángulo rectángulo conoces la hipotenusa y un cateto, ¿qué fórmulas emplearás para resolver el triángulo?

39 Imagínate un triángulo del que conoces los dos catetos, ¿qué expresiones emplearás para resolver el triángulo?

40 Desde un faro colocado a 40 m sobre el nivel del mar se ve un barco bajo un ángulo de 55°. ¿A qué distancia del faro se halla el barco?

A

Para ampliar

41 Demuestra que en un triángulo rectángulo se verifica la relación:

$$\text{sen } B \text{ tg } B = \frac{b^2}{ac}$$

42 Demuestra que en todo triángulo rectángulo se verifica:

$$\frac{\text{sen } B + \cos C}{\cos B + \text{sen } C} = \text{tg } B$$

43 En un triángulo cualquiera demuestra las siguientes relaciones:

1. $\text{sen } A = \text{sen } (B + C)$
2. $\cos A = -\cos (B + C)$
3. $\text{tg } A = -\text{tg } (B + C)$
4. $\text{sen } A = -\text{sen } (2A + B + C)$
5. $\text{sen } B = -\text{sen } (A + 2B + C)$

de matemáticas

Calculador trigonométrico

Con el círculo cuadriculado adjunto puedes calcular, con bastante aproximación, las razones trigonométricas de cualquier ángulo. Deberás proceder del siguiente modo:

1.º Dibuja el ángulo.

2.º Traza el cateto opuesto y el cateto contiguo y mide ambos catetos.

3.º El seno del ángulo en valor absoluto es igual a la medida del cateto opuesto.

4.º El coseno del ángulo en valor absoluto es igual a la medida del cateto contiguo.

5.º Las demás razones trigonométricas se obtienen conocidos el valor del seno y el coseno del ángulo.

Importante: No te olvides de los signos de las razones trigonométricas.

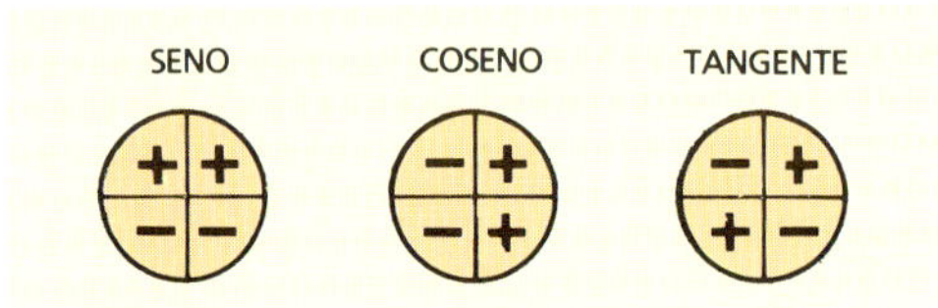

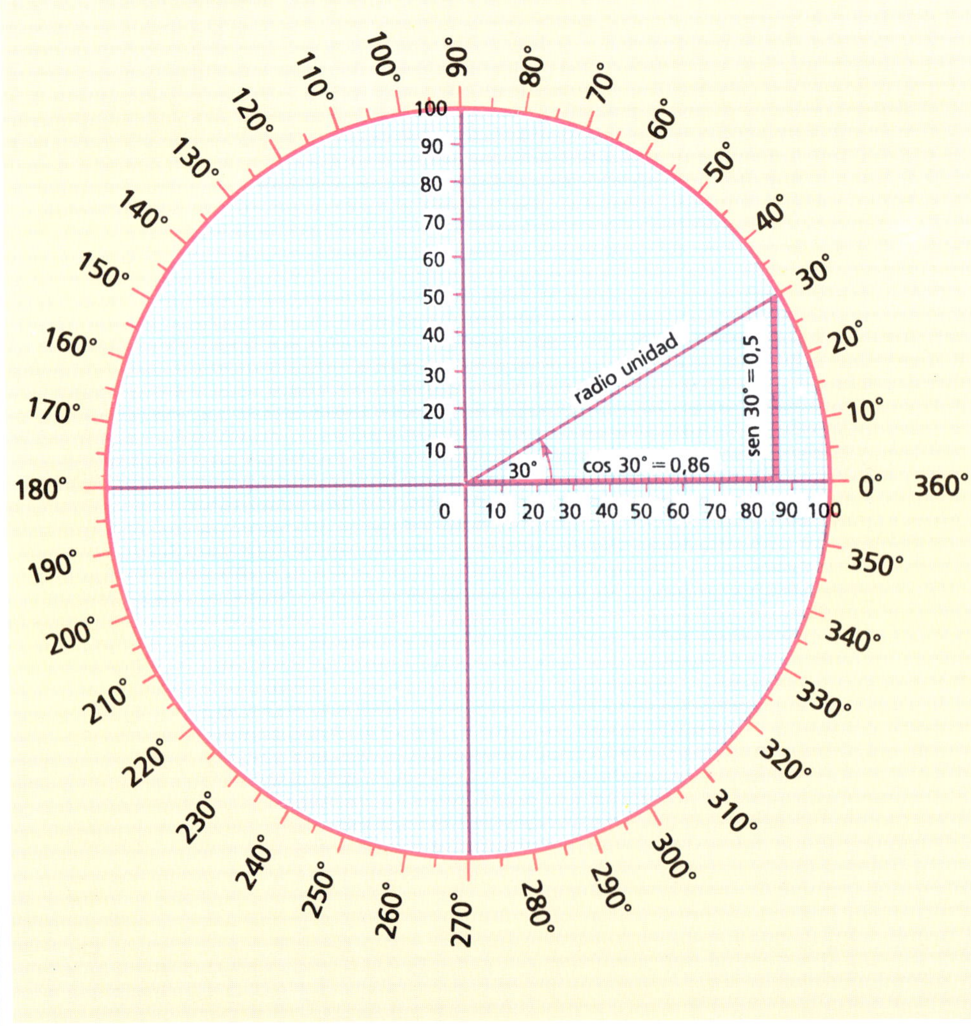

MURAL

7 VECTORES NUMÉRICOS

RESTOS ANTIGUOS

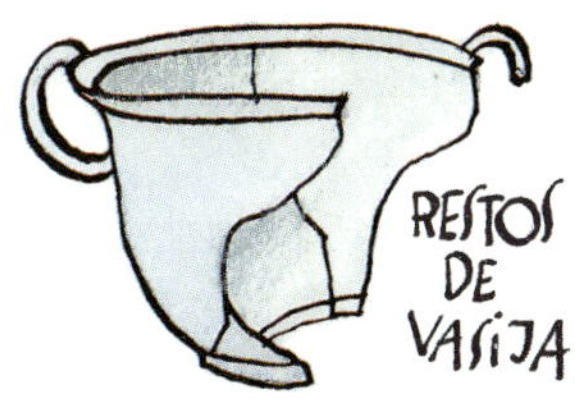

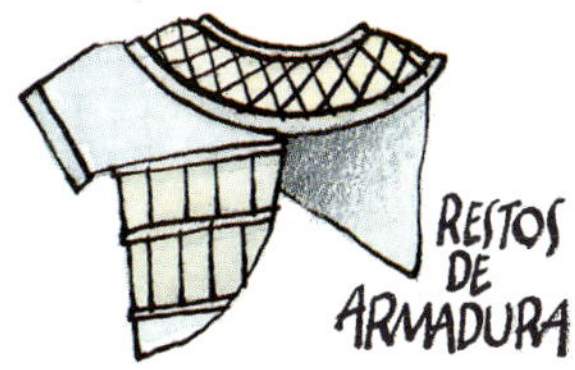

LOS RESTOS DE OTRAS CIVILIZACIONES

Al iniciar la excavación de un solar para la construcción de un edificio, los obreros han detectado un objeto reluciente que ha resultado ser una moneda de oro de casi dos mil años de antigüedad.

Avisado un arqueólogo, se presentó en el lugar con un equipo de colaboradores. Tomaban notas cuidadosamente cada vez que alguien encontraba algo. Posteriormente dibujaron el siguiente mapa.

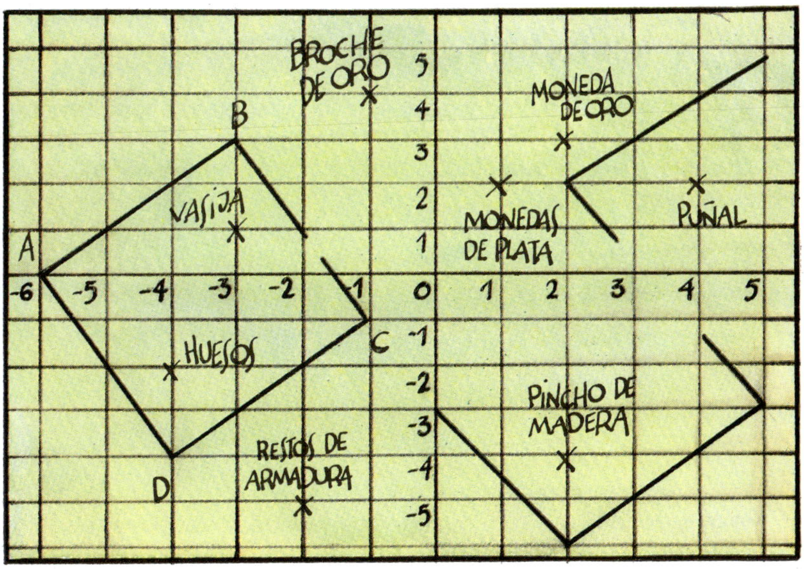

Como puedes ver en el mapa, encontraron restos de muros de las distintas habitaciones, así como algunos objetos, no muy bien conservados, de aquella época.

El arqueólogo fue marcando con un par de números las posiciones en que encontraba cada uno de dichos objetos.

Teniendo en cuenta que la posición de la moneda de oro quedó fijada con las coordenadas (2,3), observa el plano superior y da las coordenadas de las posiciones donde aparecieron los objetos reseñados al margen:

huesos, pincho de madera, restos de vasija, restos de armadura, broche de oro, monedas de plata, puñal.

Señala también las coordenadas de las esquinas de la única habitación que queda intacta y que hemos marcado con las letras A, B, C y D.

1. EL CONJUNTO R^2

En el curso anterior hemos estudiado el conjunto de los números reales que, como sabes, comprende a los naturales, enteros, racionales e irracionales. Vamos a formar el producto cartesiano de $\mathbf{R} \times \mathbf{R}$, que de ahora en adelante representaremos por $\mathbf{R}^2$.

El conjunto R^2 está formado por todas las parejas de números reales:

$$\mathbf{R}^2 = \mathbf{R} \times \mathbf{R} = \left\{ \ldots, (0\ ,\ 0), (-3\ ,\ 1), \left(\frac{1}{2}\ ,\ -5\right), (\sqrt{3}\ ,\ 6), \ldots \right\}$$

- A estas parejas también se les llama **pares de números reales.**
- Un par cualquiera de $\mathbf{R}^2$ lo designaremos por **(x , y).**
- El primer elemento x del par se llama **primera componente.**
- El segundo elemento y del par se llama **segunda componente.**

Observa que **el orden** en que se da el par es importantísimo, pues no es lo mismo el par (2 , 4) que el par (4 , 2).

En el ejemplo anterior, en la posición (2 , 4) apareció la moneda de oro, en cambio en la posición (4 , 2) apareció el puñal.

PARES ORDENADOS

Los pares están ordenados.

▶ Igualdad de pares de números reales

Dos pares de números reales (x , y) y (x′, y′) son iguales si las primeras componentes son iguales y las segundas componentes también son iguales; es decir:

$$(\mathbf{x}\ ,\ \mathbf{y}) = (\mathbf{x}',\ \mathbf{y}') \Leftrightarrow \begin{cases} \mathbf{x} = \mathbf{x}' \\ \mathbf{y} = \mathbf{y}' \end{cases}$$

1. **Calcula a y b para que se verifique la siguiente igualdad:**

$$(2a\ ,\ 5) = (-1\ ,\ b)$$

Para que ambos pares sean iguales se ha de verificar que:

$$\left.\begin{array}{r} 2\,a = -1 \\ 5 = \quad b \end{array}\right\} \Leftrightarrow \left.\begin{array}{l} a = \dfrac{-1}{2} \\ b = 5 \end{array}\right\}$$

2. OPERACIONES EN R^2

En el conjunto de pares de números reales R^2, vamos a definir dos operaciones del siguiente modo:

- **Suma en R^2 (suma de pares):**

$$(x , y) + (x' , y') = (x+x' , y+y')$$

- **Producto de un número real por un par de R^2:**

$$a(x , y) = (ax , ay)$$

Observa que la suma de dos pares de números reales es otro par de números reales. Por ello la operación **suma** de pares es **interna** en $\mathbf{R^2}$.

El **producto** de un número real por un par de $\mathbf{R^2}$ es una ley **externa,** ya que a cada número real **a** y a cada par **(x , y)** le asociamos un nuevo par de $\mathbf{R^2}$ el **(ax , ay).**

En el margen se expresan las propiedades de la suma de pares y del producto de un número real por un par. Trata de entenderlas y compruébalas con ejemplos.

El **conjunto R^2** con las **operaciones** que acabamos de definir, que cumplen las **propiedades** reseñadas al margen, tiene estructura de **espacio vectorial.** Por ello a los elementos de $\mathbf{R^2}$ les llamamos **vectores numéricos** de dos componentes.

1. Con los pares (3 , −2), (−1 , 0) y (1 , 7) comprueba la propiedad asociativa de la suma de pares.

$(3 , -2)+[(-1 , 0)+(1 , 7)]=[(3 , -2)+(-1 , 0)]+(1 , 7)$

$(3 , -2)+[(-1 , 0)+(1 , 7)]=(3 , -2)+(0 , 7)=(3 , 5)$

$[(3 , -2)+(-1 , 0)]+(1 , 7)=(2 , -2)+(1 , 7)=(3 , 5)$

2. Realiza las siguientes operaciones en R^2:

a) $-5(2 , -1)+3(2 , -1)$

b) $[2(1 , 2)+5(-3 , 0)]-\frac{1}{2}(3 , 4)+6(-1 , -8)$

a) $-5(2 , -1)+3(2 , -1)=(-10 , 5)+(6 , -3)=(-4 , 2)$

b) $[2(1 , 2)+5(-3 , 0)]-\frac{1}{2}(3 , 4)+6(-1 , -8)=$

$=(2 , 4)+(-15 , 0)-\left(\frac{3}{2} , 2\right)+(-6 , -48)=$

$=(2-15-\frac{3}{2}-6 , 4+0-2-48)=(-19-\frac{3}{2} , -46)=$

$=\left(\frac{-41}{2} , -46\right)$

EL TAXI Y LA SUMA EN R^2

Imagínate una ciudad en la que todas las calles son de una sola dirección y todos los recorridos entre calles son de la misma longitud.

Un taxista toma a un viajero en el punto A y le traslada al punto B por lo que recorre 2 tramos horizontales hacia la derecha y 3 verticales hacia arriba, lo que expresaremos (2 , 3). Posteriormente lleva a otro viajero desde el punto B al C recorriendo 4 tramos horizontales hacia la derecha y 1 tramo horizontal hacia arriba, que expresaremos (4 , 1).

¿Cuántos tramos horizontales y verticales ha recorrido desde A hacia C?

Es fácil ver que se han recorrido:

$(2 , 3)+(4 , 1)=(6 , 4)$

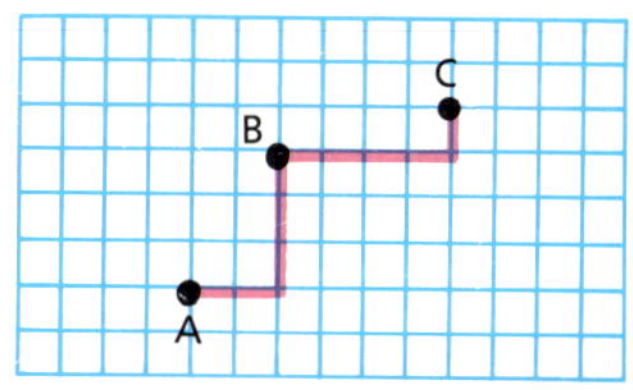

PROPIEDADES DE LA SUMA

1. Asociativa:
$(x , y)+[(x' , y')+(x'' , y'')]=$
$=[(x , y)+(x' , y')]+(x'' , y'')$
2. Conmutativa:
$(x , y)+(x' , y')=(x' , y')+(x , y)$
3. Elemento neutro:
Es el par (0,0), ya que
$(x , y)+(0 , 0)=(x , y)$
4. Elemento opuesto: Todo elemento (x , y) de R^2 posee opuesto $(-x , -y)$, ya que
$(x , y)+(-x , -y)=(0,0)$

PROPIEDADES DEL PRODUCTO

1. $a[(x , y)+(x' , y')]=a(x , y)+a(x' , y')$
2. $(a+b)(x , y)=a(x , y)+b(x , y)$
3. $a[b(x , y)]=(ab)(x , y)$
4. $1 \cdot (x , y)=(x , y)$

ALGO MÁS SENCILLO

Cuando se trate de dos vectores serán dependientes si sus componentes son proporcionales.

En caso contrario son independientes.

BASE CANÓNICA

De todas las bases que podemos elegir en $\mathbf{R}^2$ la más sencilla es la forma por los vectores:

$$\{(1, 0), (0, 1)\}$$

por ello, se la denomina **base canónica** de $\mathbf{R}^2$.

COMPONENTES

Un vector cualquiera (x, y) de $\mathbf{R}^2$ tiene por componentes x e y respecto de la base canónica, ya que:

$$(x, y) = x(1, 0) + y(0, 1)$$

El vector (x, y) tendrá otras componentes diferentes respecto de otra base distinta de la canónica.

3. COMBINACIÓN LINEAL DE VECTORES DE $\mathbf{R}^2$

Utilizando las dos operaciones que acabamos de definir en $\mathbf{R}^2$ podemos obtener a partir de unos determinados vectores otros sin más que sumarlos o multiplicarlos por números reales.

Por ejemplo, el vector $(5, -14)$ lo podemos obtener del siguiente modo:

$$(5, -14) = 2(1, 2) + 3(1, -6)$$

entonces diremos que el vector $(5, -14)$ es **combinación lineal** de los vectores $(1, 2)$ y $(1, -6)$.

▶ Dependencia e independencia lineal de vectores

Un conjunto de vectores es **linealmente dependiente** cuando uno de ellos puede expresarse como combinación lineal de los restantes. En caso contrario se dice que son **independientes.**

En el ejemplo anterior los vectores $(5, -14)$, $(1, 2)$ y $(1, -6)$ son linealmente dependientes, pues hemos visto que $(5, -14)$ se puede expresar como combinación lineal de $(1, 2)$ y $(1, -6)$.

Cualquier vector del espacio $\mathbf{R}^2$ se puede expresar como combinación lineal de dos vectores linealmente independientes, a los que llamaremos **base**.

Una **base** del espacio $\mathbf{R}^2$ está formada por dos vectores cualesquiera que sean linealmente independientes.

1. Comprueba si el vector (5 , 7) es combinación lineal de (1 , 1) y (2 , 3).

Hemos de ver si es posible expresar el vector $(5, 7)$ del siguiente modo:
$(5, 7) = a(1, 1) + b(2, 3) = (a, a) + (2b, 3b) = (a + 2b, a + 3b)$

$$\left.\begin{array}{l} 5 = a + 2b \\ 7 = a + 3b \end{array}\right\} \qquad \left.\begin{array}{l} a = 1 \\ b = 2 \end{array}\right\}$$

Luego el vector $(5, 7)$ es combinación lineal de $(1, 1)$ y $(2, 3)$.

2. Estudia la dependencia lineal de los conjuntos de vectores siguientes:

a) $\{(4, 12), (2, 6)\}$ *b)* $\{(1, 2), (3, 4)\}$ *c)* $\{(1, 0), (0, 1)\}$

a) Los vectores dados son dependientes pues $(4, 12) = 2(2, 6)$.

b) Los vectores dados son independientes, ya que la relación $(3, 4) = k(1, 2)$ no se verifica para ningún número real k.

c) Los vectores dados son independientes, ya que la relación $(1, 0) = k(0, 1)$ no se verifica para ningún número real k.

3. Comprueba si los vectores (2 , 1), (0 , 2) forman una base de $\mathbf{R}^2$

Dos vectores de $\mathbf{R}^2$ forman una base de dicho espacio si son linealmente independientes.

Estos vectores son linealmente independientes, pues la relación $(2, 1) = k(0, 2)$ no se verifica para ningún número real k. Por tanto, los vectores dados forman una base de $\mathbf{R}^2$.

4. EL CONJUNTO R^3

El conjunto $\mathbf{R}^3$ está formado por todas las ternas de números reales $\mathbf{R}^3 = \mathbf{R} \times \mathbf{R} \times \mathbf{R} = \{..., (2, -1, 3), (0,0,0), \left(\frac{1}{2}, -2, \sqrt{3}\right), (-1,0,11), ...\}$

- Una terna cualquiera la designaremos por **(x , y , z)**.
- El primer elemento x de la terna se llama **primera componente.**
- El segundo elemento y de la terna se llama **segunda componente.**
- El tercer elemento z de la terna se llama **tercera componente.**
- Dos **ternas** son **iguales** si tienen iguales sus componentes correspondientes.

▶ Operaciones en R^3

- **Suma en $\mathbf{R}^3$** (suma de ternas):

$$(x, y, z) + (x', y', z') = (x + x', y + y', z + z')$$

- **Producto de un número real por una terna de $\mathbf{R}^3$**:

$$a(x, y, z) = (ax, ay, az)$$

El conjunto $\mathbf{R}^3$ con las operaciones que acabamos de definir, que cumplen las propiedades reseñadas al margen, tiene estructura de **espacio vectorial.** Por ello, a los elementos de $\mathbf{R}^3$ les llamamos **vectores numéricos** de tres componentes.

1. Calcula a, b y c para que se verifique la igualdad:
$3(a, 1, 0) - 2(-1, 2b, 4) = (3, 0, 3c)$

Operamos el primer miembro de la igualdad y después identificamos, obteniendo:

$(3a, 3, 0) - (-2, 4b, 8) = (3a + 2, 3 - 4b, -8) = (3, 0, 3c)$

$$\left.\begin{array}{r} 3a + 2 = 3 \\ 3 - 4b = 0 \\ -8 = 3c \end{array}\right\} \Rightarrow a = \frac{1}{3}, \quad b = \frac{3}{4}, \quad c = \frac{-8}{3}$$

2. Realiza las siguientes operaciones con vectores de $\mathbf{R}^3$

a) $4\left(3, 1, \frac{1}{4}\right) - 1(5, 3, 4) + 2(-1, 3, -2)$

b) $\sqrt{2}(2, 1, 2) - \sqrt{2}(-1, 3, 2)$

a) $4\left(3, 1, \frac{1}{4}\right) - 1(5, 3, 4) + 2(-1, 3, -2) =$

$= (12, 4, 1) - (5, 3, 4) + (-2, 6, -4) =$
$= (5, 7, -7)$

b) $\sqrt{2}(2, 1, 2) - \sqrt{2}(-1, 3, 2) = (2\sqrt{2}, \sqrt{2}, 2\sqrt{2}) + (\sqrt{2}, -3\sqrt{2}, -2\sqrt{2}) = (3\sqrt{2}, -2\sqrt{2}, 0)$.

EXCAVAR MÁS

Imagínate que en el ejemplo de partida el arqueólogo observa que excavando varios metros de profundidad siguen apareciendo restos de civilizaciones anteriores. En este caso, ya no puede localizar cada punto con un par de números reales, pues necesitará indicar también el número de metros de profundidad en el que se encuentra el objeto. Por ello utilizará tres números reales para fijar la posición de cada punto.

PROPIEDADES DE LAS OPERACIONES CON TERNAS

Las propiedades de la suma de ternas y del producto de un número por una terna son las mismas que hemos visto para los pares de $\mathbf{R}^2$. Sólo hay que añadir ahora una componente más a cada vector.

5. COMBINACIÓN LINEAL DE VECTORES DE R^3

Utilizando las dos operaciones que acabamos de definir en $\mathbf{R}^3$, podemos obtener a partir de unos determinados vectores otros sin más que sumarlos o multiplicarlos por números reales.

Por ejemplo, el vector $(5\ ,\ -16\ ,\ 5)$ lo podemos obtener del siguiente modo:

$$(5\ ,\ -16\ ,\ 5)=2(1\ ,\ 2\ ,\ 1)+3(1\ ,\ -6\ ,\ 2)-1(0\ ,\ 2\ ,\ 3)$$

entonces diremos que el vector $(5\ ,\ -16\ ,\ 5)$ es **combinación lineal** de los vectores $(1\ ,\ 2\ ,\ 1)$, $(1\ ,\ -6\ ,\ 2)$ y $(0\ ,\ 2\ ,\ 3)$.

▶ Dependencia e independencia lineal de vectores

Un conjunto de vectores es **linealmente dependiente** cuando uno de ellos puede expresarse como combinación lineal de los restantes. En caso contrario se dice que son **independientes.**

En el ejemplo anterior los vectores $(5\ ,\ -16\ ,\ 5)$, $(1\ ,\ 2\ ,\ 1)$, $(1\ ,\ -6\ ,\ 2)$ y $(0\ ,\ 2\ ,\ 3)$ son linealmente dependientes, pues hemos visto que $(5\ ,\ -16\ ,\ 5)$ se puede expresar como combinación lineal de $(1\ ,\ 2\ ,\ 1)$, $(1\ ,\ -6\ ,\ 2)$ y $(0\ ,\ 2\ ,\ 3)$.

Cualquier vector del espacio $\mathbf{R}^3$ se puede expresar como combinación lineal de tres vectores linealmente independientes, a los que llamaremos **base**.

BASE CANÓNICA

De todas las bases que podemos elegir en $\mathbf{R}^3$ la más sencilla es la formada por los vectores $\{(1,0,0),\ (0,1,0),\ (0,0,1)\}$. Por ello se la denomina base canónica de R^3.

> Una **base** del espacio $\mathbf{R}^3$ está formada por tres vectores cualesquiera que sean linealmente independientes.

1. Comprueba si el vector (2 , 20 , 4) es combinación lineal de (1 , 2 , − 1), (3 , 4 , 0) y (− 1 , 4 , 2).

Hemos de ver si es posible expresar el vector $(2\ ,\ 20\ ,\ 4)$ del siguiente modo: $(2\ ,\ 20\ ,\ 4)=a(1\ ,\ 2\ ,\ -1)+b(3\ ,\ 4\ ,\ 0)+c(-1\ ,\ 4\ ,\ 2)=$ $=(a\ ,\ 2a\ ,\ -a)+(3b\ ,\ 4b\ ,\ 0)+(-c\ ,\ 4c\ ,\ 2c)=(a+3b-c\ ,\ 2a+$ $+4b+4c\ ,\ -a+2c)$

$$\left.\begin{aligned} 2&=a+3b-c\\ 20&=2a+4b+4c\\ 4&=-a+2c \end{aligned}\right\} \Rightarrow \left.\begin{aligned} a&=2\\ b&=1\\ c&=3 \end{aligned}\right\}$$

Luego el vector $(2\ ,\ 20\ ,\ 4)$ es combinación lineal de $(1\ ,\ 2\ ,\ -1)$, $(3\ ,\ 4\ ,\ 0)$ y $(-1\ ,\ 4\ ,\ 2)$.

UNA COMBINACIÓN FAMOSA

Tomando como **base** ron y cola se puede hacer un «cubata» **combinando** las proporciones adecuadas:

$$1(\text{cubata}) = \frac{1}{3}(\text{ron}) + \frac{2}{3}(\text{cola})$$

2. Estudia la dependencia lineal del conjunto de vectores {(3 , 3 , 2), (1 , 1 , − 1), (2 , 2 , 3)}

Tratemos de escribir un vector como combinación lineal de los restantes: $(3\ ,\ 3\ ,\ 2)=k(1\ ,\ 1\ ,\ -1)+h(2\ ,\ 2\ ,\ 3)=(k\ ,\ k\ ,\ -k)+(2h\ ,\ 2h\ ,\ 3h)=$ $=(k+2h\ ,\ k+2h\ ,\ -k+3h)$

Identificando las componentes, se obtiene el sistema

$$\left.\begin{aligned} 3&=k+2h\\ 3&=k+2h\\ 2&=-k+3h \end{aligned}\right\} \text{ cuya solución es } k=1,\ h=1$$

El vector $(3\ ,\ 3\ ,\ 2)$ es combinación lineal de los otros dos; luego, los vectores dados son linealmente independientes.

1 **Dados los vectores (1 , 2), (−3 , −6) y (0 , 2), se pide:**

a) **Estudia la dependencia e independencia lineal.**

b) **¿Forman una base de R^2? En caso negativo, elige de entre ellos una base.**

a) El vector (−3 , −6) es proporcional al vector (1 , 2) ya que

$$(-3\ ,\ -6) = -3(1\ ,\ 2)$$

Luego los tres vectores son linealmente dependientes.

b) Los vectores dados no pueden formar una base por no ser linealmente independientes.
En cambio el conjunto {(1 , 2), (0 , 2)} es una base de $\mathbf{R}^2$, ya que se trata de dos vectores linealmente independientes (pues no son proporcionales).

2 **Dados los vectores (1 , 0 , 0), (0 , 2 , 1) y (1 , 0 , 1), se pide:**

a) **Estudia la dependencia e independencia lineal.**

b) **¿Forman una base de R^3?**

c) **Expresa el vector (5 , 3 , 4) como combinación lineal de los vectores dados.**

a) Serán linealmente dependientes si uno de ellos se puede expresar como combinación lineal del resto.

$$\begin{aligned}(1\ ,\ 0\ ,\ 0) &= a(0\ ,\ 2\ ,\ 1) + b(1\ ,\ 0\ ,\ 1)\\ &= (0\ ,\ 2a\ ,\ a) + (b\ ,\ 0\ ,\ b) = (b\ ,\ 2a\ ,\ a+b)\end{aligned}$$

$$\left.\begin{array}{l}1 = b\\ 0 = 2a\\ 0 = a+b\end{array}\right\}\ \text{el sistema no tiene solución, por tanto, los vectores son linealmente independientes.}$$

b) Como se trata de tres vectores independientes, constituyen una base de $\mathbf{R}^3$.

c) Para obtener el vector (5 , 3 , 4) como combinación lineal de los vectores de la base, hemos de hallar los números reales a, b y c que satisfacen la relación:

$$\begin{aligned}(5\ ,\ 3\ ,\ 4) &= a(1\ ,\ 0\ ,\ 0) + b(0\ ,\ 2\ ,\ 1) + c(1\ ,\ 0\ ,\ 1)\\ &= (a\ ,\ 0\ ,\ 0) + (0\ ,\ 2b\ ,\ b) + (c\ ,\ 0\ ,\ c)\\ &= (a+c\ ,\ 2b\ ,\ b+c)\end{aligned}$$

Identificando y resolviendo el sistema, se tiene:

$$\left.\begin{array}{l}5 = a+c\\ 3 = 2b\\ 4 = b+c\end{array}\right\} \Rightarrow \left.\begin{array}{l}a = \dfrac{5}{2}\\ b = \dfrac{3}{2}\\ c = \dfrac{5}{2}\end{array}\right\}$$

Luego el vector (5 , 3 , 4) se puede expresar como combinación lineal de los vectores dados del siguiente modo:

$$(5\ ,\ 3\ ,\ 4) = \frac{5}{2}(1\ ,\ 0\ ,\ 0) + \frac{3}{2}(0\ ,\ 2\ ,\ 1) + \frac{5}{2}(1\ ,\ 0\ ,\ 1)$$

A los números $\left(\frac{5}{2}, \frac{3}{2}, \frac{5}{2}\right)$ se les llama coordenadas del vector (5 , 3 , 4) respecto de la base {(1 , 0 , 0), (0 , 2 , 1), (1 , 0 , 1)}

ACTIVIDADES

Ejercicios para entrenarse

1 Halla **x** e **y** para que se cumplan las siguientes igualdades:

a) $3(x, 2y) = (-1, 5)$

b) $-2(-1, y) = 6(x, x-y)$

c) $4(-3, x+2y) = -1(x, 6y-x)$

2 Halla x, y, z para que se cumplan las siguientes igualdades:

a) $(x, 2, 3z) = 2(-1, y, x-z)$

b) $-4(1, x-y, 2z) = 2(x, z, y-x)$

c) $3(2x, y, z+2x) = -4(x, -y+z, 2)$

3 Efectúa las siguientes operaciones:

a) $2(3, 2) - 5(-1, \sqrt{2}) + 3(6, 2) - (0, 1)$

b) $-3(x, 2y) + 3(2x, y) + 2(0, -1) - (3, -2)$

c) $\frac{-1}{4}(2, -1, 3) + \frac{1}{2}(-1, 0, 1) + 2(-1, -3, 2)$

d) $-3(1, -1, 3) + \sqrt{3}(-1, \sqrt{2}, 4) + 5(0, 0, 1)$

Problemas para resolver

4 Con los vectores $(3, -2)$ y $(-5, 1)$ comprueba la propiedad conmutativa de la suma en $\mathbf{R}^2$.

5 Con los vectores $(3, -2)$, $(-5, 1)$ y $(7, 0)$ comprueba la propiedad asociativa de la suma en $\mathbf{R}^2$.

6 Determina si el vector $(3, -1)$ es combinación lineal de los vectores $(-1, 2)$ y $(2, 1)$.

7 Determina para qué valor del parámetro **a** el vector $(3a, 2)$ es linealmente dependiente del vector $(2, 4)$.

8 Comprueba si los vectores $(1, 1)$ y $(0, 1)$ son linealmente independientes.

9 ¿Son los vectores $(1, 2)$ y $(4, 5)$ de $\mathbf{R}^2$ linealmente independientes?

10 ¿Forman los vectores $(1, 1)$ y $(3, 4)$ una base de $\mathbf{R}^2$?

11 Demuestra que los vectores (a, b) y (c, d) son linealmente dependientes si se verifica que $ad - bc = 0$.

12 Determina los valores de a y b para que el vector $(4, a, b)$ sea combinación lineal de los vectores $(2, -1, 2)$ y $(1, 2, 1)$.

13 Determina los valores de a y b para que el vector $(a, -2, b)$ sea linealmente dependiente de los vectores $(1, 2, 4)$ y $(-1, 0, 3)$.

14 Comprueba si los vectores $(1, 1, 0)$, $(0, 1, 1)$ y $(1, 1, 1)$ son linealmente independientes.

15 Comprueba si los vectores $(1, 2, 3)$, $(4, 5, 6)$ y $(7, 8, 9)$ de $\mathbf{R}^3$ son linealmente independientes.

16 ¿Forman los vectores $(1, 1, 0)$, $(1, 0, 1)$ y $(0, 1, 1)$ una base de $\mathbf{R}^3$?

Problemas para entretenerse pensando

17 A una ciudad rusa han llegado unos extraterrestres con pies de forma triangular, han dejado huellas de sus pisadas en un parque análogas a las que figuran en el diagrama adjunto.

Representamos por I_1, I_2, ... las huellas del pie izquierdo en cada paso.

Representamos por D_1, D_2, ... las huellas del pie derecho en cada paso.

¿Cuáles son las coordenadas de los tres vértices de la huella I_3 , D_3?

¿Cuál es la punta de la huella D_6? ¿Y el talón de la huella I_6? Trata de obtener las coordenadas de las huellas del pie derecho en el paso 10; es decir, D_{10} y del I_{10}.

18 Ana y Luis han inventado un procedimiento para enviarse mensajes sin que nadie se entere. La rejilla adjunta les sirve para codificar y decodificar sus mensajes.

Trata de decodificar el siguiente mensaje, que le han encontrado a Ana en su pupitre:

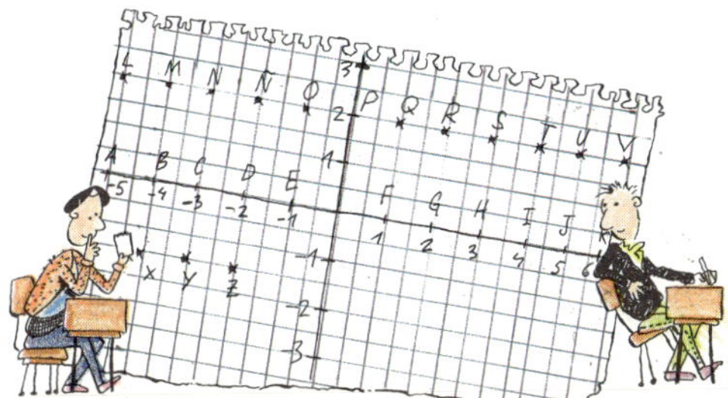

(4,2)(-1,0) (-1,0)(3,2)(0,2)(-1,0)(2,2)(-1,2) (-1,0)(-3,2)
(-5,2)(-5,0) (-3,0)(-5,0)(1,0)(-1,0)(4,2)(-1,0)(2,2)(4,0)(-5,0)

Cuestiones para aclararse

19 ¿Cuál es el elemento opuesto del vector (1 , − 2) en el espacio $\mathbf{R}^2$? ¿Y el elemento neutro?

20 ¿Cuál es el elemento opuesto del vector (2 , 0 , − 6) en el espacio $\mathbf{R}^3$? ¿Y el elemento neutro?

21 ¿Hay en $\mathbf{R}^2$ algún vector que sea igual a su opuesto? Razona la respuesta.

22 ¿Existe algún vector de $\mathbf{R}^2$ que sea combinación lineal de cualquier conjunto de vectores? Justifica tu contestación.

23 ¿Es cierto que un vector es siempre combinación lineal de sí mismo? Razona la respuesta.

24 Razona, con ejemplos, cuándo dos vectores de $\mathbf{R}^2$ son linealmente independientes o dependientes. ¿Qué relación tienen que verificar las componentes en cada caso?

25 En $\mathbf{R}^2$ dos vectores cualesquiera son siempre linealmente independientes, ¿es cierto?

26 ¿Es siempre cierto que un vector es linealmente independiente? ¿Y si se trata del vector nulo?

27 ¿Qué condiciones tienen que cumplir dos vectores del espacio $\mathbf{R}^2$ para que formen una base? ¿Forman los vectores (1 , 2) y (2 , 4) una base de R^2? ¿Y los vectores (1 , 2), (3 , 4)?

28 ¿Cuál es la base canónica del espacio $\mathbf{R}^2$? ¿Y la del espacio $\mathbf{R}^3$?

MURAL de matemáticas

La Olimpiada y los vectores numéricos

En la Olimpiada de Seúl (Corea) celebrada en el año 1988, el número de medallas de oro, plata y bronce obtenido por cada país participante es el que figura en el cuadro adjunto.

Si convenimos por representar en primer lugar el número de medallas de oro, en segundo lugar el número de medallas de plata y en tercer lugar el número de medallas de bronce, los resultados obtenidos por cada país los podemos identificar a vectores numéricos de tres coordenadas. Así, por ejemplo, el vector numérico medallas correspondiente a la Unión Soviética será:

$$(55, 31, 46)$$

Observa el medallero y contesta a las siguientes preguntas:

1. ¿Qué países obtuvieron igual número de medallas que Marruecos?
2. ¿Qué continente obtuvo mayor número de medallas?
3. ¿Qué país obtuvo el doble número de medallas que Argentina?

Medallero de la Olimpiada de Seúl

Países	Oro	Plata	Bronce
Unión Soviética	55	31	46
Rep. Democrática Alemana	37	35	30
Estados Unidos	36	31	27
Corea del Sur	12	10	11
República Federal Alemana	11	14	15
Hungría	11	6	6
Bulgaria	10	12	13
Rumanía	7	11	6
Francia	6	4	6
Italia	6	4	4
China	5	11	12
Gran Bretaña	5	10	9
Kenia	5	2	2
Japón	4	3	7
Australia	3	6	5
Yugoslavia	3	4	5
Checoslovaquia	3	3	2
Nueva Zelanda	3	2	8
Canadá	3	2	5
Polonia	2	5	9
Noruega	2	3	0
Holanda	2	2	5
Dinamarca	2	1	1
Brasil	1	2	3
Finlandia	1	1	2
España	**1**	**1**	**2**
Turquía	1	1	0
Marruecos	1	0	2
Surinam	1	0	0
Portugal	1	0	0
Austria	1	0	0
Suecia	0	4	7
Suiza	0	2	2
Jamaica	0	2	0
Argentina	0	1	1
Costa Rica	0	1	0
Chile	0	1	0
Senegal	0	1	0
Antillas Holandesas	0	1	0
Islas Vírgenes	0	1	0
Perú	0	1	0
Indonesia	0	1	0
Irán	0	1	0
Bélgica	0	0	2
Méjico	0	0	2
Grecia	0	0	1
Filipinas	0	0	1
Colombia	0	0	1
Tailandia	0	0	1
Mongolia	0	0	1
Pakistán	0	0	1
Djibuti	0	0	1
Totales	**241**	**234**	**264**

8 VECTORES GEOMÉTRICOS

EL WINDSURF Y LOS VECTORES

En el deporte del windsurf habrás observado que lo importante es saber colocar la vela de manera adecuada.

Piensa que personas con la misma tabla, la misma vela y navegando bajo el mismo viento consiguen velocidades muy superiores a las de otros. ¿A qué crees que se deben esas diferencias?

Imagínate que un windsurfista lleva una velocidad de 30 km/h con dirección perpendicular a la línea de la playa. A los diez minutos de plácida navegación se levanta un viento con una velocidad de 20 km/h, perpendicular a la línea de navegación y con sentido hacia el puerto.

Trata de reflexionar sobre el problema y contesta a las siguientes preguntas:

1. *Haz un gráfico de la trayectoria de la tabla durante los cuarenta primeros minutos.*
2. *¿Cuál será la dirección que sigue la tabla?*
3. *¿Cuál será la velocidad resultante despues de levantarse el viento?*

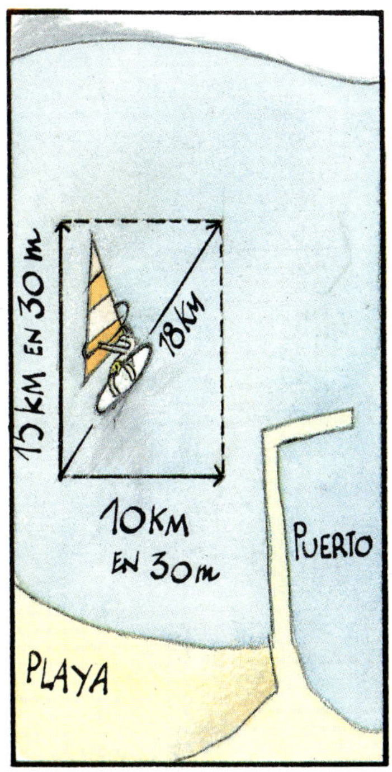

TRES FORMAS DE DETERMINAR UN VECTOR

1.° Dos puntos: origen y extremo:

2.° Módulo, dirección y sentido: modulo 2, dirección recta r y sentido OX.

3.° Módulo y ángulo que forman con una semirrecta orígenes de ángulos: modulo 3 y 120°.

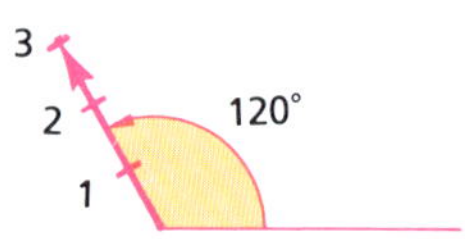

UN VECTOR ESPECIAL

El vector nulo tiene su origen y su extremo en el mismo punto.

Son vectores nulos:

$\vec{AA}$, $\vec{BB}$, $\vec{CC}$, $\vec{DD}$...

El módulo del vector nulo es 0.

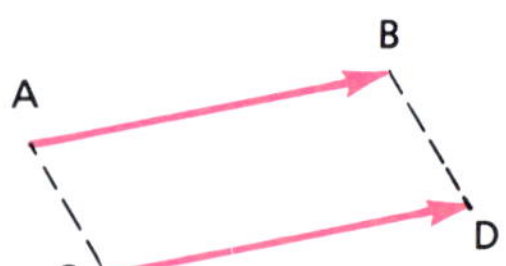

vectores equipolentes

1. LOS VECTORES GEOMÉTRICOS

Hay magnitudes que no quedan bien definidas mediante un número; necesitamos conocer además su dirección y su sentido. A estas magnitudes se les llama **magnitudes vectoriales** y las representamos mediante **vectores geométricos.**

> Un vector $\vec{AB}$ **es un segmento orientado que tiene su origen en el punto A y su extremo en el punto B.**

Para determinar un vector hemos de conocer su módulo, dirección y sentido.

- **Módulo del vector $\vec{AB}$** es la longitud del segmento $\overline{AB}$. El módulo del vector $\vec{AB}$ se representa por $|\vec{AB}|$
- **Dirección del vector $\vec{AB}$** es la dirección de la recta que pasa por A y B.
- **Sentido del vector $\vec{AB}$** es el de recorrido de la recta cuando nos trasladamos de A a B.
  Observa que en cada dirección hay dos sentidos, el que va de A hacia B y el que va de B hacia A.

Dos vectores no nulos tienen la misma dirección si se encuentran en rectas paralelas.

▶ Equipolencia de vectores

Los aviones de la figura se mueven en formación de escuadrilla; si observas los vectores que representan sus desplazamientos se verifica que tienen todos la **misma longitud, dirección y sentido.** A los vectores que cumplen estas condiciones se les llama **equipolentes.**

Todos los vectores equipolentes entre sí representan el mismo vector, que llamaremos **vector libre.**

Gráficamente dos vectores $\vec{AB}$ y $\vec{CD}$ son equipolentes si al unir los orígenes A y C y los extremos B y D se obtiene un paralelogramo.

1. **Determina qué vectores son equipolentes en el hexágono y el ortoedro adjuntos.**

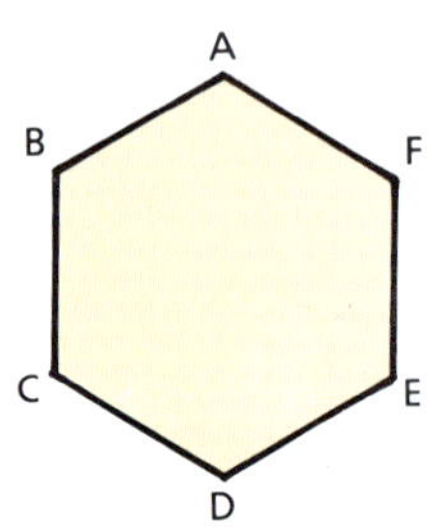

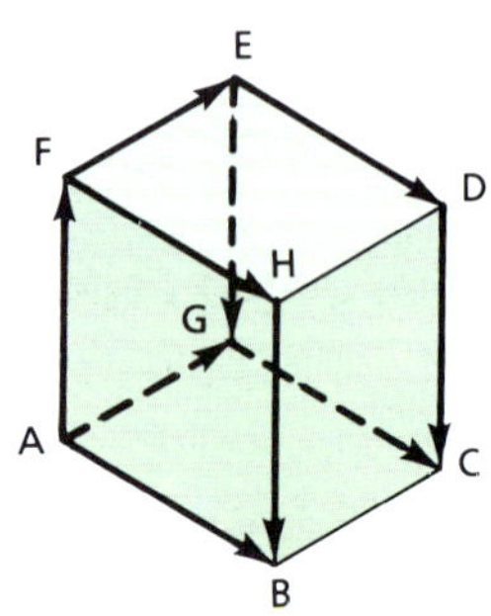

2. OPERACIONES CON VECTORES

▶ Adición de vectores

Un aficionado al ala delta está volando a una velocidad de 3 km/h según el vector $\vec{u}$ indicado en la figura. De repente se levanta un fuerte viento con una velocidad de 2 km/h con la dirección y sentido indicada en la figura mediante el vector $\vec{v}$.

¿Cuál será la dirección resultante del ala delta?

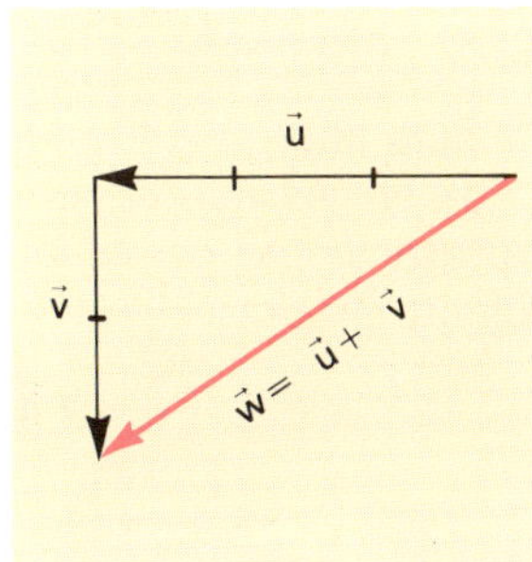

Habrás observado que la dirección resultante es la determinada por el vector $\vec{w}$, que llamaremos vector suma de $\vec{u}$ y $\vec{v}$.

Para sumar dos vectores $\vec{u}$ y $\vec{v}$ se representa uno de ellos $\vec{u}$, y con origen en el extremo de $\vec{u}$, se representa el otro vector $\vec{v}$. El vector suma de ambos es el que tiene el origen de $\vec{u}$ y el extremo de $\vec{v}$.

▶ Producto de un número por un vector

Imagínate que el aficionado al ala delta recibe un fuerte viento de cola que triplica su velocidad sin variar su dirección y su sentido. Si el vector que nos daba su velocidad inicial era $\vec{u}$, el vector que da su velocidad después de la aparición del viento es **3 · $\vec{u}$.**

Al multiplicar un vector $\vec{u}$ por un número **k** obtenemos un nuevo vector **k $\vec{u}$** que tiene:

- **módulo** igual al del vector $\vec{u}$ por el valor absoluto del número **k**.
- **dirección** la misma que el vector $\vec{u}$.
- **sentido** el mismo que $\vec{u}$ si **k** es positivo. El contrario que $\vec{u}$, si **k** es negativo.

El conjunto de los vectores libres con las operaciones que acabamos de definir que cumplen las propiedades reseñadas al margen tiene estructura de **espacio vectorial**.

El espacio vectorial de los vectores libres del plano se representa por $\mathbf{V^2}$.

El espacio vectorial de los vectores libres del espacio se representa por $\mathbf{V^3}$.

REGLA DEL PARALELOGRAMO

Otra forma de sumar dos vectores $\vec{u}$ y $\vec{v}$ consiste en representar ambos vectores con el mismo origen. El vector suma se obtiene como la diagonal del paralelogramo que tiene por lados los vectores $\vec{u}$ y $\vec{v}$.

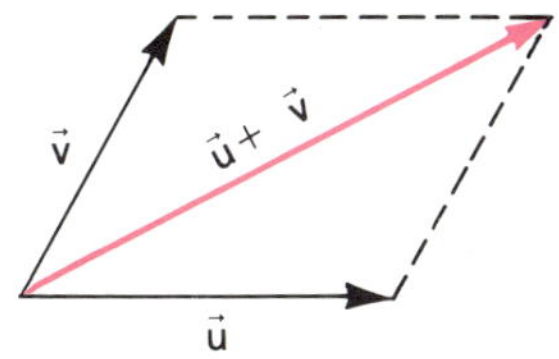

PROPIEDADES DE LA SUMA DE VECTORES

1. Asociativa: $\vec{u} + [\vec{v} + \vec{w}] = [\vec{u} + \vec{v}] + \vec{w}$.
2. Conmutativa: $\vec{u} + \vec{v} = \vec{v} + \vec{u}$.
3. Elemento neutro: el vector nulo $\vec{o}$, ya que $\vec{u} + \vec{o} = \vec{u}$.
4. Elemento opuesto: todo vector $\vec{u}$ posee un vector opuesto que representamos por $-\vec{u}$, que tiene el mismo módulo, la misma dirección y sentido opuesto y tal que $\vec{u} + (-\vec{u}) = \vec{o}$.

PROPIEDADES DEL PRODUCTO DE UN NÚMERO POR UN VECTOR

1. $a(\vec{u} + \vec{v}) = a\,\vec{u} + a\,\vec{v}$.
2. $(a + b)\,\vec{u} = a\,\vec{u} + b\,\vec{u}$
3. $a(b\,\vec{u}) = (ab)\,\vec{u}$.
4. $1\,\vec{u} = \vec{u}$, donde 1 es el elemento unidad de los números reales.

3. BASES DE LOS ESPACIOS VECTORIALES V^2 y V^3

LA BASE CANÓNICA DE V^2

La base más sencilla de V^2 es la formada por dos vectores perpendiculares y de módulo unidad, que representamos por

$$B = (\vec{i}, \vec{j})$$

Las coordenadas de $\vec{i}$ y $\vec{j}$ respecto de la base **B** son:

$\vec{i} = (1, 0)$ ya que $\vec{i} = 1\,\vec{i} + 0\,\vec{j}$

$\vec{j} = (0, 1)$ ya que $\vec{j} = 0\,\vec{i} + 1\,\vec{j}$

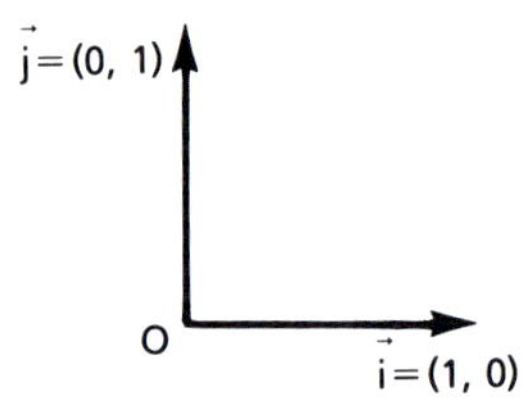

▶ Base del espacio vectorial de los vectores libres del plano V^2

> **Una base del espacio V^2 está formada por dos vectores cualesquiera que sean no nulos y no proporcionales.**

Veamos cómo se puede expresar, de modo único, cualquier vector como combinación lineal de los vectores de la base.

Si la base está formada por los vectores $\vec{i}$ y $\vec{j}$ o $\vec{u}_1$ y $\vec{u}_2$ representados en las figuras, entonces el vector $\vec{u}$ y el vector $\vec{v}$ se pueden expresar como combinación lineal de los vectores de la base del siguiente modo:

$$\vec{u} = 3\,\vec{i} + 2\,\vec{j} \qquad \vec{v} = 5\,\vec{u}_1 + 3\,\vec{u}_2$$

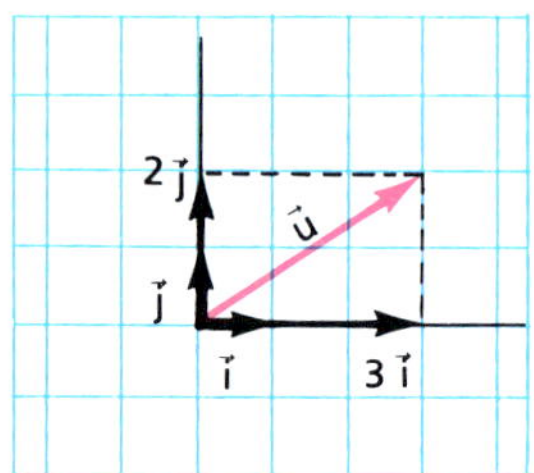

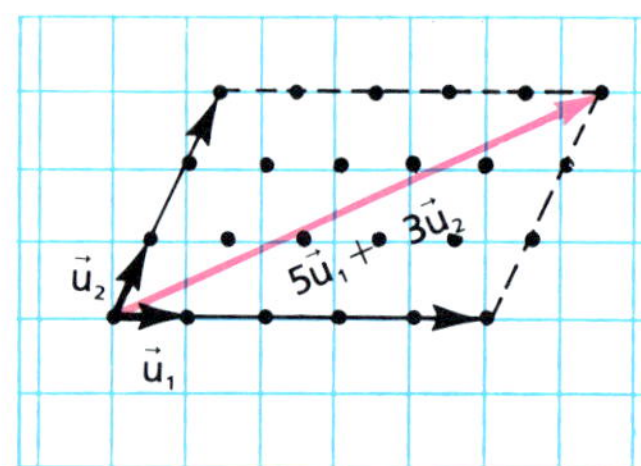

LA BASE CANÓNICA DE V^3

La base más sencilla de V^3 es la formada por tres vectores perpendiculares dos a dos, no coplanarios y de módulo unidad, que representamos por

$$B = (\vec{i}, \vec{j}, \vec{k})$$

Las coordenadas de $\vec{i}$, $\vec{j}$ y $\vec{k}$ respecto de la base **B** son:

$\vec{i} = (1,0,0)$ ya que $\vec{i} = 1\,\vec{i} + 0\,\vec{j} + 0\,\vec{k}$

$\vec{j} = (0,1,0)$ ya que $\vec{j} = 0\,\vec{i} + 1\,\vec{j} + 0\,\vec{k}$

$\vec{k} = (0,0,1)$ ya que $\vec{k} = 0\,\vec{i} + 0\,\vec{j} + 1\,\vec{k}$

▶ Base del espacio vectorial de los vectores libres del espacio V^3

> **Una base del espacio V^3 está formada por tres vectores cualesquiera que sean no nulos y no coplanarios.**

Veamos cómo se puede expresar, de modo único, cualquier vector como combinación lineal de los vectores de la base.

Si la base está formada por los vectores $\vec{i}$, $\vec{j}$ y $\vec{k}$ o $\vec{u}_1$, $\vec{u}_2$ y $\vec{u}_3$ representados en las figuras, entonces, el vector $\vec{u}$ y el vector $\vec{v}$ se pueden expresar como combinación lineal de los vectores de la base del siguiente modo:

$$\vec{u} = 4\,\vec{i} + 5\,\vec{j} + 4\vec{k} \qquad \vec{v} = 3\,\vec{u}_1 + 4\,\vec{u}_2 + 2\vec{u}_3$$

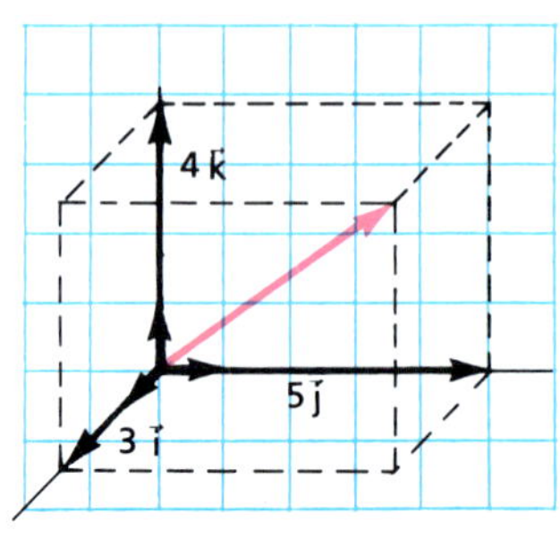

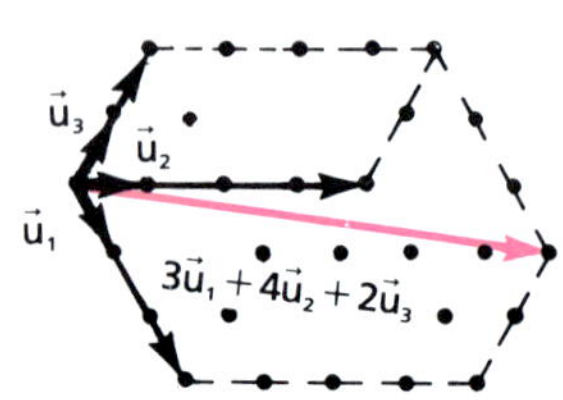

4. COORDENADAS CARTESIANAS DE LOS VECTORES GEOMÉTRICOS

▶ Coordenadas cartesianas de los vectores del plano

Consideremos la base canónica del plano $\mathbf{B}=\{\vec{\mathbf{i}}, \vec{\mathbf{j}}\}$ y sea $\vec{\mathbf{u}}$ el vector que tiene su origen en **O** y su extremo en **U.** Entonces

$$\vec{\mathbf{u}}=\mathbf{5}\,\vec{\mathbf{i}}+\mathbf{3}\,\vec{\mathbf{j}} \text{ (fig. 1).}$$

Al par de números reales (5, 3) le llamaremos coordenadas cartesianas del vector $\vec{\mathbf{u}}$.

> **Sea $\mathbf{B}=\{\vec{\mathbf{i}}, \vec{\mathbf{j}}\}$ una base del plano y $\vec{\mathbf{u}}$ un vector cualquiera de $\mathbf{V}^2$, se llama coordenadas cartesianas del vector $\vec{\mathbf{u}}$ al par de números reales (x, y), tales que permiten expresar el vector $\vec{\mathbf{u}}$ como combinación lineal de los vectores de la base del siguiente modo:**
>
> $$\vec{\mathbf{u}}=\mathbf{x}\,\vec{\mathbf{i}}+\mathbf{y}\,\vec{\mathbf{j}}$$

Así pues, **a cada vector geométrico $\vec{u}$ del plano le asociamos de modo único un par de números reales (x, y)** y **recíprocamente.**

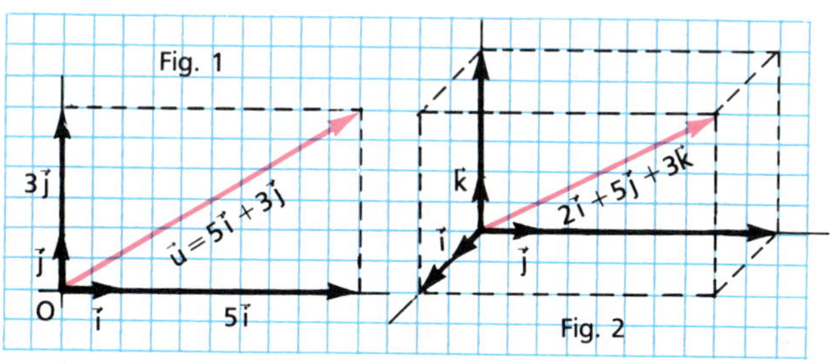

▶ Coordenadas cartesianas de los vectores del plano

Consideremos la base canónica del plano $\mathbf{B}=\{\vec{\mathbf{i}}, \vec{\mathbf{j}}\}$ y sea $\vec{\mathbf{u}}$ el vector que tiene su origen en **O** y su extremo en **U.** Entonces

$$\vec{\mathbf{u}}=\mathbf{5}\,\vec{\mathbf{i}}+\mathbf{3}\,\vec{\mathbf{j}} \text{ (fig. 1).}$$

Al par de números reales (5, 3) le llamaremos coordenadas cartesianas del vector $\vec{\mathbf{u}}$.

> **Sea $B=\{\vec{i}, \vec{j}, \vec{k}\}$ una base del espacio y $\vec{u}$ un vector cualquiera de V^3, se llama coordenadas cartesianas del vector $\vec{u}$ a la terma de números reales (x, y, z) tales que permiten expresar el vector $\vec{u}$ como combinación lineal de los vectores de la base del siguiente modo:**
>
> $$\vec{\mathbf{u}}=\mathbf{x}\,\vec{\mathbf{i}}+\mathbf{y}\,\vec{\mathbf{j}}+\mathbf{z}\,\vec{\mathbf{k}}$$

Así pues, **a cada vector geométrico $\vec{u}$ del espacio le asociamos de modo único una terna de números reales (x, y, z)** y **recíprocamente.**

COORDENADAS CARTESIANAS DE UN PUNTO

Sea A un punto cualquiera del plano o del espacio. El vector $\overrightarrow{OA}$ que une el origen O con punto A se llama **vector de posición** del punto A.

Las coordenadas cartesianas del punto A vienen dadas por las coordenadas cartesianas de su vector de posición $\overrightarrow{OA}$ y recíprocamente.

- **En el plano**

Sea $R=(O;\ \vec{i}, \vec{j})$ una referencia en el plano.

$\overrightarrow{OA}=x_1\,\vec{i}+y_1\,\vec{j} \Leftrightarrow A\,(x_1, y_1)$

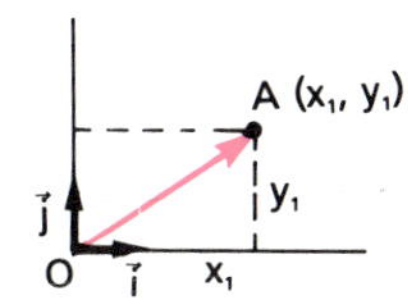

Referencia en el plano $R=\{O;\ \vec{i}, \vec{j}\}$

- **En el espacio**

Sea $R=(O;\ \vec{i}, \vec{j}, \vec{k})$ una referencia en el espacio.

$\overrightarrow{OA}=x_1\,\vec{i}+y_1\,\vec{j}+z_1\,\vec{k} \Leftrightarrow$
$A\,(x_1, y_1, z_1)$

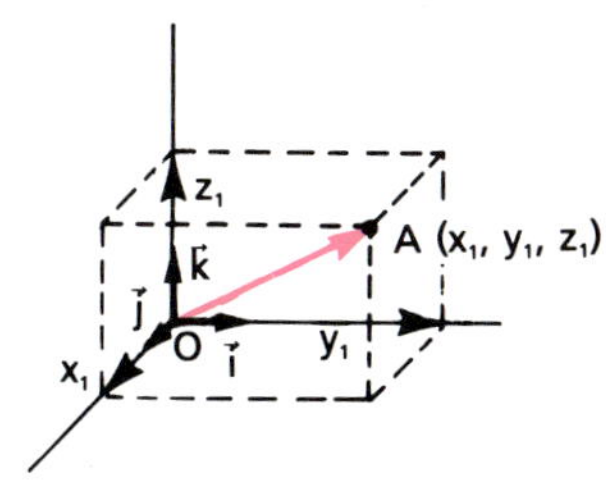

Referencia en el espacio $R=\{O;\ \vec{i}, \vec{j}, \vec{k}\}$

5. COORDENADAS DE UN VECTOR LIBRE DETERMINADO POR DOS PUNTOS

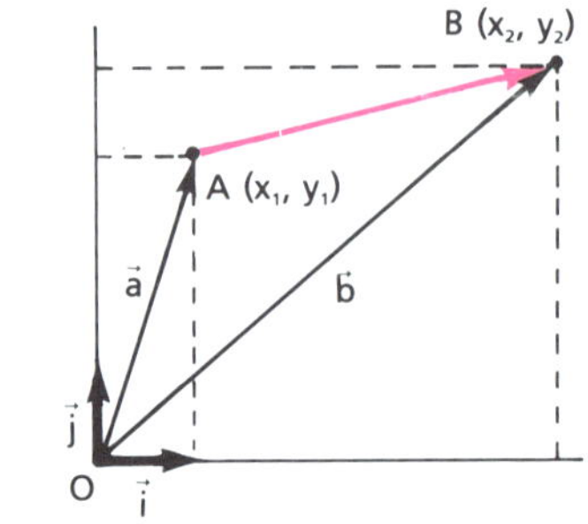

Observa la figura:

$$\vec{a} + \overrightarrow{AB} = \vec{b}, \text{ de donde } \quad \boxed{\overrightarrow{\mathbf{AB}} = \vec{\mathbf{b}} - \vec{\mathbf{a}}} \qquad [1]$$

▶ En el plano

Sea $R = (O;\ \vec{i},\ \vec{j})$ un sistema de referencia del plano respecto del cual los puntos A y B tienen coordenadas $A\,(x_1, y_1)$ y $B\,(x_2, y_2)$, respectivamente.

Sustituyendo estas coordenadas en la expresión [1], se tiene:

$$\overrightarrow{\mathbf{AB}} = (x_2, y_2) - (x_1, y_1) = \mathbf{(x_2 - x_1,\ y_2 - y_1)}$$

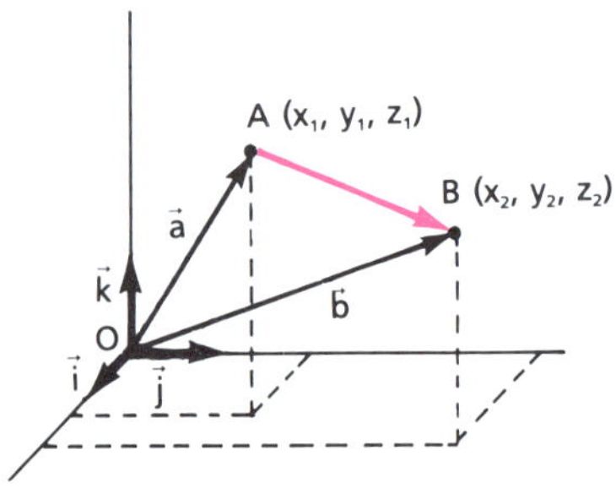

▶ En el espacio

Sea $R = (O;\ \vec{i},\ \vec{j},\ \vec{k})$ un sistema de referencia del espacio respecto del cual los puntos A y B tienen coordenadas $A\,(x_1, y_1, z_1)$ y $B\,(x_2, y_2, z_2)$, respectivamente.

Sustituyendo estas coordenadas en la expresión [1], se tiene:

$$\overrightarrow{\mathbf{AB}} = (x_2, y_2, z_2) - (x_1, y_1, z_1) = \mathbf{(x_2 - x_1,\ y_2 - y_1,\ z_2 - z_1)}$$

1. Dados los puntos A (3, 1) y B (5, 4), halla las coordenadas del vector $\overrightarrow{AB}$:

$$\overrightarrow{AB} = (5, 4) - (3, 1) = (2, 3)$$

2. Comprueba si los vectores $\overrightarrow{AB}$ y $\overrightarrow{CD}$ son equipolentes siendo A (3, 1), B (7, 2), C (−5, 2) y D (−1, 3).

Formemos los vectores $\overrightarrow{AB}$ y $\overrightarrow{CD}$; $\overrightarrow{AB} = (7, 2) - (3, 1) = (4, 1)$; $\overrightarrow{CD} = (-1, 3) - (-5, 2) = (4, 1)$.

Como los vectores $\overrightarrow{AB}$ y $\overrightarrow{CD}$ tienen las mismas componentes son equipolentes.

3. Las coordenadas del vector $\overrightarrow{AB}$ son (2, 0, 5) y las coordenadas del punto B son (0, 1, 2). Halla las coordenadas de A.

Sean las coordenadas de $A\,(x, y, z)$, entonces:

$$(2, 0, 5) = (0, 1, 2) - (x, y, z) = (-x,\ 1 - y,\ 2 - z), \text{ de donde}$$

$$(x, y, z) = (-2,\ 1,\ -3)$$

¿CÓMO LOCALIZAR LOS PUNTOS EN EL PLANO O EN EL ESPACIO?

Para poder situar los puntos en el plano o en el espacio necesitamos un sistema de referencia.

Un **sistema de referencia en el plano** está formado por:

- un punto origen O, y
- una base $(\vec{u}_1, \vec{u}_2)$

En lo sucesivo tomaremos como base la canónica y la referencia será:

$$R = (O;\ \vec{i},\ \vec{j})$$

Un **sistema de referencia en el espacio** está formada por:

- un punto origen O, y
- una base $(\vec{u}_1, \vec{u}_2, \vec{u}_3)$

En lo sucesivo tomaremos como base la canónica y la referencia será:

$$R = (O;\ \vec{i},\ \vec{j},\ \vec{k})$$

6. COORDENADAS DEL PUNTO MEDIO DE UN SEGMENTO

Consideremos el segmento determinado por los puntos A y B, y sea M su punto medio, entonces se verifica que:

$$\vec{AM} = \frac{1}{2}\vec{AB}$$

Observa la figura 1. Se tiene:

$$\vec{m} = \vec{a} + \vec{AM} = \vec{a} + \frac{1}{2}\vec{AB} = \vec{a} + \frac{1}{2}(\vec{b} - \vec{a}) = \frac{1}{2}(\vec{a} + \vec{b})$$

$$\vec{m} = \frac{1}{2}(\vec{a} + \vec{b}) \qquad [1]$$

▶ Coordenadas del punto medio de un segmento en el plano

Sea $R = (O;\ \vec{i},\ \vec{j})$ un sistema de referencia del plano respecto del cual los puntos A, B y M tienen coordenadas $A(x_1,\ y_1)$, $B(x_2,\ y_2)$ y $M(x_m,\ y_m)$, respectivamente, fig. 2. Sustituyendo estas coordenadas en la expresión [1], se tiene:

$$(x_m,\ y_m) = \frac{1}{2}[(x_1,\ y_1) + (x_2,\ y_2)] = \frac{1}{2}(x_1 + x_2,\ y_1 + y_2)$$

$$x_m = \frac{1}{2}(x_1 + x_2), y_m = \frac{1}{2}(y_1 + y_2)$$

▶ Coordenadas del punto medio de un segmento en el espacio

Sea $R = (O;\ \vec{i},\ \vec{j},\ \vec{k})$ un sistema de referencia del espacio respecto del cual los puntos A, B y M tienen coordenadas $A(x_1,\ y_1,\ z_1)$, $B(x_2,\ y_2,\ z_2)$ y $M(x_m,\ y_m,\ z_m)$, respectivamente, fig. 3. Sustituyendo estas coordenadas en la expresión [1], se tiene:

$$(x_m,\ y_m,\ z_m) = \frac{1}{2}[(x_1,\ y_1,\ z_1) + (x_2,\ y_2,\ z_2)] = \frac{1}{2}(x_1 + x_2,\ y_1 + y_2,\ z_1 + z_2)$$

$$x_m = \frac{1}{2}(x_1 + x_2),\ y_m = \frac{1}{2}(y_1 + y_2),\ z_m = \frac{1}{2}(z_1 + z_2)$$

1. Sean A(3, 1) y B(5, 2) dos puntos del plano; halla las coordenadas del punto medio del segmento AB.

Sea $M(x_m,\ y_m)$ el punto medio del segmento AB.

$$x_m = \frac{1}{2}(3 + 5) = 4;\ y_m = \frac{1}{2}(1 + 2) = \frac{3}{2} \Rightarrow M\left(4,\ \frac{3}{2}\right)$$

EN RESUMEN

Las coordenadas del punto medio de un segmento se obtienen como semisuma de las coordenadas de los extremos.

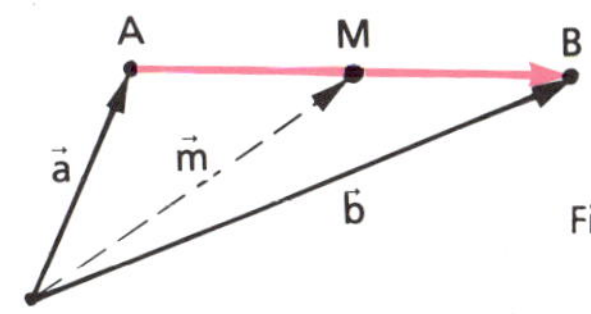

Fig. 1

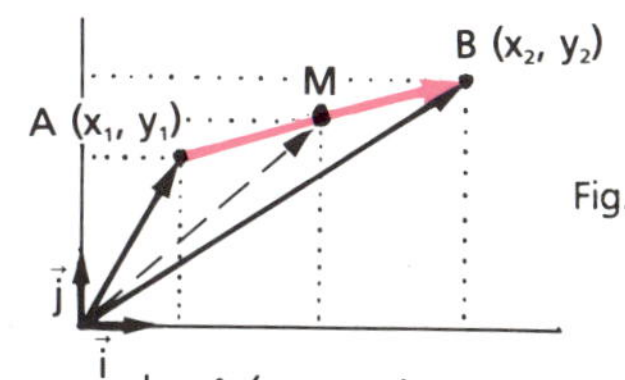

Fig. 2

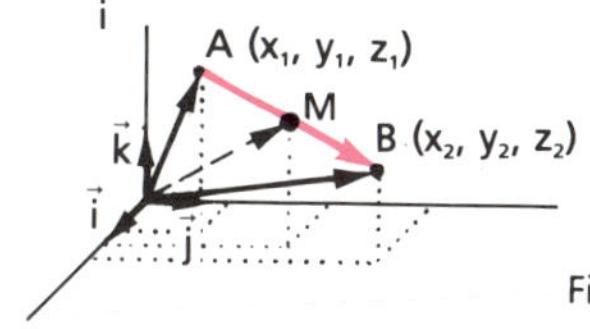

Fig. 3

COORDENADAS DEL BARICENTRO DE UN TRIÁNGULO

Se llama baricentro de un triángulo al punto donde se cortan las medianas.

Recuerda que mediana es una recta que une un vértice con el punto medio del lado opuesto.

Las coordenadas del baricentro $G(x_g,\ y_g)$ de un triángulo de vértices $A(x_1,\ y_1)$, $B(x_2,\ y_2)$ y $C(x_3,\ y_3)$ son:

$$x_g = \frac{1}{3}(x_1 + x_2 + x_3)$$

$$y_g = \frac{1}{3}(y_1 + y_2 + y_3)$$

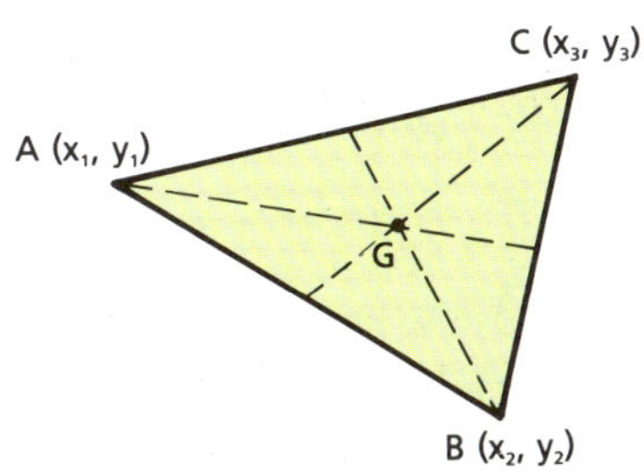

1 **Sean A, B, C, D, E y F los vértices de un hexágono regular. Expresa los vectores de las diagonales como combinación lineal de los vectores $\overrightarrow{AB}$ y $\overrightarrow{AF}$.**

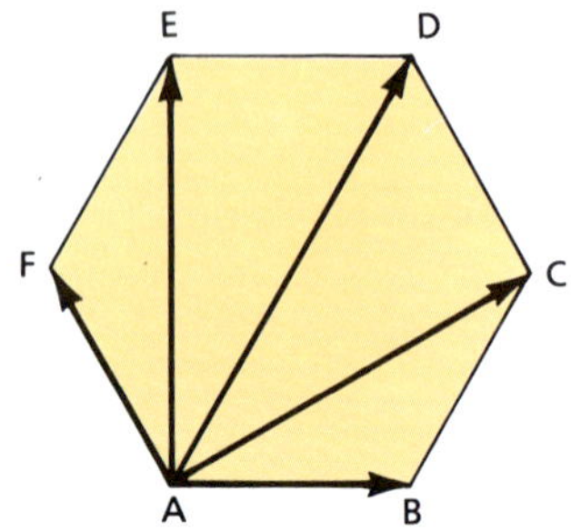

Observa la figura adjunta; los vectores de las diagonales son:

$\overrightarrow{AE} = \overrightarrow{AB} + 2\ \overrightarrow{AF}$

$\overrightarrow{AD} = 2\ \overrightarrow{AB} + 2\ \overrightarrow{AF}$

$\overrightarrow{AC} = 2\ \overrightarrow{AB} + \overrightarrow{AF}$

2 **Dados los puntos A(1, 0, 0), B(2, −1, 0) y C(0, 0, 1), halla el punto D(x, y, z) para que el vector $\overrightarrow{AB}$ sea equipolente al vector $\overrightarrow{CD}$.**

$$\left.\begin{array}{ll} \overrightarrow{AB} = (2, -1, 0) - (1, 0, 0) & = (1, -1, 0) \\ \overrightarrow{CD} = (x, y, z) - (0, 0, 1) & = (x, y, z-1) \end{array}\right\} \quad (1, -1, 0) = (x, y, z-1)$$

de donde (x, y, z) = (1, −1, 1); por tanto D(1, −1, 1).

3 **Un avión mantiene una orientación sur con una velocidad respecto del aire de 900 km/h. Vuela a través de una corriente que va hacia el este a 400 km/h. Halla gráficamente la dirección del movimiento del avión con respecto al suelo. ¿Cuál es la velocidad del avión con respecto al suelo?**

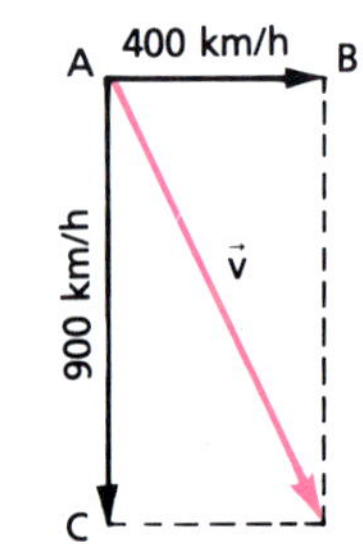

La dirección del movimiento del avión viene dado por el vector $\overrightarrow{AD}$.

La velocidad del avión se puede obtener mediante el teorema de Pitágoras.

$\vec{v} = \sqrt{900^2 + 400^2} = 984{,}89$ km/h

4 **La figura adjunta parece un paralelogramo. Comprueba si efectivamente lo es. Si no lo es debes rectificar las coordenadas del punto D para que lo sea.**

Para que sea un paralelogramo se tiene que cumplir que $\overrightarrow{AB}$ y $\overrightarrow{DC}$ sean equipolentes y también $\overrightarrow{BC}$ y $\overrightarrow{AD}$.

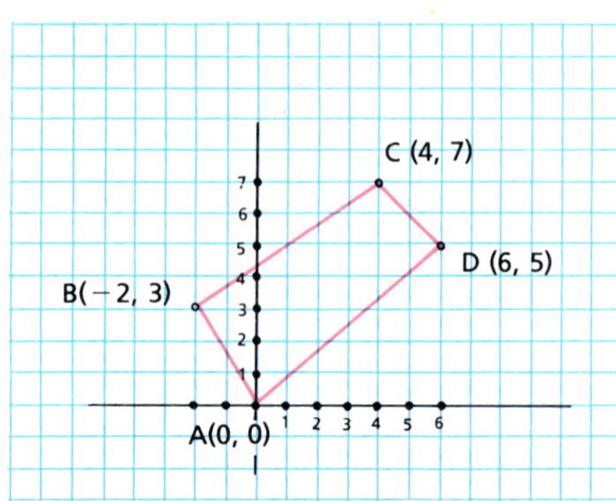

$$\left.\begin{array}{l} \overrightarrow{AB} = (-2, 3) \\ \overrightarrow{DC} = (4, 7) - (6, 5) = (-2, 2) \end{array}\right\} \ \overrightarrow{AB} \text{ y } \overrightarrow{DC} \text{ no son equipolentes}$$

$$\left.\begin{array}{l} \overrightarrow{BC} = (4, 7) - (-2, 3) = (6, 4) \\ \overrightarrow{AD} = (6, 5) \end{array}\right\} \ \overrightarrow{BC} \text{ y } \overrightarrow{AD} \text{ no son equipolentes}$$

Si D tiene de coordenadas (6, 4) se cumple que ABCD es un paralelogramo.

ACTIVIDADES

Ejercicios para entrenarse

1 Representa en el plano los vectores $\vec{a}=(3,\ 1)$; $\vec{b}=(-1,\ 5)$; $\vec{c}=(4,\ 0)$; $\vec{d}=(0,\ -7)$; $\vec{i}(1,\ 0)$; $\vec{j}=(0,\ 1)$.

2 Observa la figura adjunta y escribe las coordenadas de los vectores $\vec{a}$, $\vec{b}$, $\vec{c}$ y $\vec{d}$.

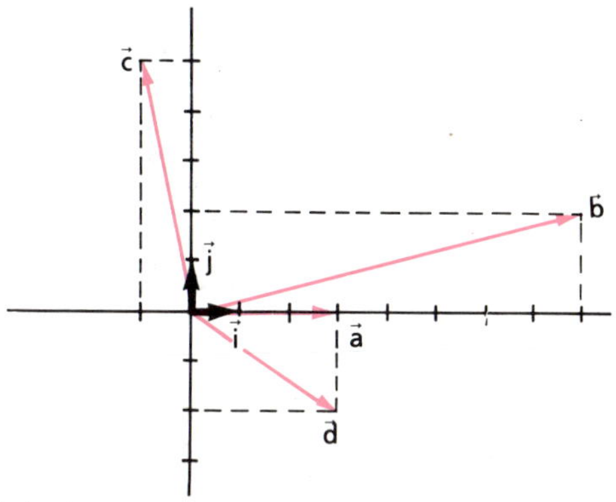

3 Dibuja dos vectores que tengan el origen común, de igual módulo y que formen un ángulo de 135°.

4 Dibuja dos vectores que tengan el origen común y los sentidos opuestos. ¿Qué ángulo forman dichos vectores?

5 ¿Son equipolentes los vectores $\overrightarrow{AB}$ y $\overrightarrow{CD}$ siendo A (3, 4), B (7, 2), C (− 1, 0) y D (3, − 2)?

6 Dados los vectores libres $\vec{a}$ y $\vec{b}$ de la figura, calcula:

1. $\vec{a}+\vec{b}$
2. $\vec{a}-\vec{b}$
3. $3\,\vec{a}$
4. $3\,\vec{a}-2\,\vec{b}$

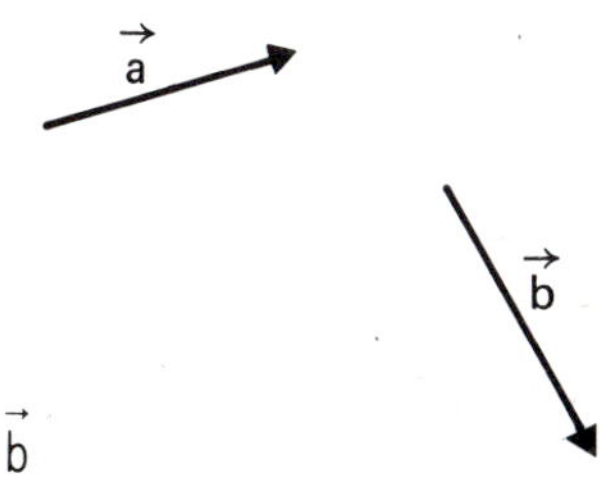

7 Halla las coordenadas de los vectores $\overrightarrow{AB}$ y $\overrightarrow{CD}$, siendo A (1, − 2), B (3, − 2), C (8, − 1) y D (3, 6).

8 Halla las coordenadas de los vectores $\overrightarrow{AB}$ y $\overrightarrow{CD}$ siendo A (1, − 1, 0), B (2, 0, 1), C (9, 2, 3) y D (5, 4, 3).

9 Comprueba si los vectores $\overrightarrow{AB}$ y $\overrightarrow{CD}$ son equipolentes, siendo A (1, 2, 3), B (3, 4, 5), C (− 2, 6, 9) y D (0, 8, 10).

10 Dados los puntos A (2, 3) y B (− 7, 2); halla las coordenadas del punto medio del segmento AB.

11 Sea A (1, − 2, 3) y M (− 2, 7, 8) el punto medio del segmento AB, calcula las coordenadas del punto B.

Problemas para resolver

12 El vector $\overrightarrow{AB}$ tiene de coordenadas (3, − 4) y las coordenadas del origen A son (3, − 1). ¿Cuáles son las coordenadas del punto B.

13 Halla las coordenadas del punto D para que los vectores $\overrightarrow{AB}$ y $\overrightarrow{CD}$ sean equipolentes, siendo A (2, − 1, 4), B (− 8, 3, 1) y C (2, 1, 3).

14 Dados los vectores $\vec{u}$, $\vec{v}$ y $\vec{w}$ representados en la figura adjunta; comprueba que se verifica:

1. $(\vec{u}+\vec{v})+\vec{w}=\vec{u}+(\vec{v}+\vec{w})$
2. $\vec{u}+\vec{v}=\vec{v}+\vec{u}$
3. $3\,(\vec{u}+\vec{v})=3\,\vec{u}+3\,\vec{v}$
4. $2\,(-3\,\vec{v})=-6\,\vec{v}$

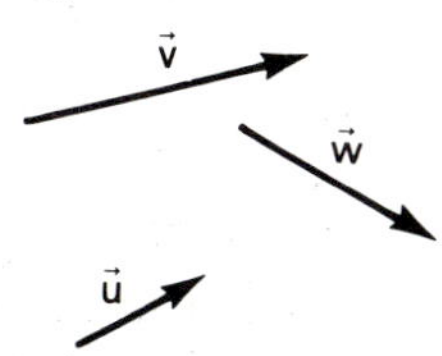

15 Dado el rectángulo de vértices ABCD. Completa las siguientes igualdades:

1. $\overrightarrow{AB} + \overrightarrow{BC} =$	**4.** $\overrightarrow{AD} + \quad = \overrightarrow{AC}$
2. $\overrightarrow{AC} + \overrightarrow{CB} =$	**5.** $\overrightarrow{CB} + \quad = \overrightarrow{AB}$
3. $\overrightarrow{AD} + \overrightarrow{DB} =$	**6.** $\overrightarrow{BC} + \quad = \overrightarrow{BA}$

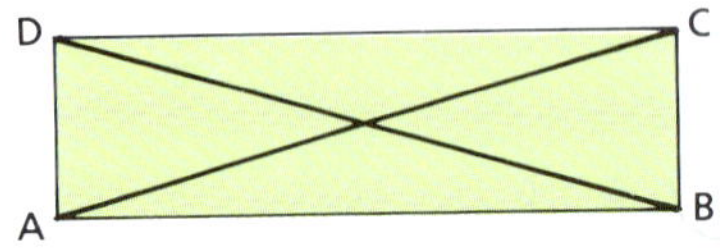

16 Sean A, B, C, D, E y F los vértices del hexágono regular de la figura. Expresa los vectores de los lados como combinación lineal de los vectores $\overrightarrow{AB}$ y $\overrightarrow{AF}$.

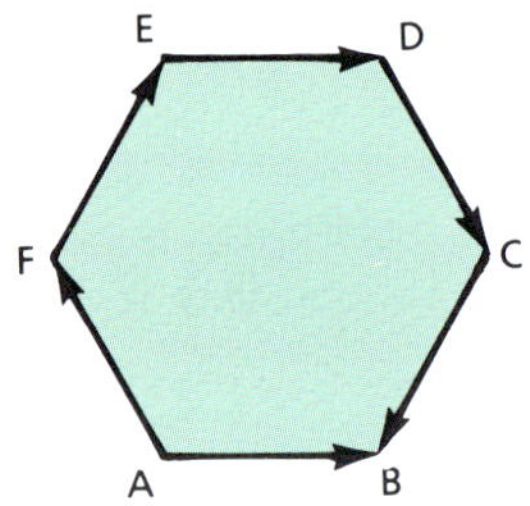

17 Dado el ortoedro de vértices ABCDEFGH representado en la figura. Indica qué vectores son equipolentes. Expresa las diagonales $\overrightarrow{EF}$ y $\overrightarrow{AG}$ en función de los vectores $\overrightarrow{AB}$, $\overrightarrow{AC}$ y $\overrightarrow{AD}$.

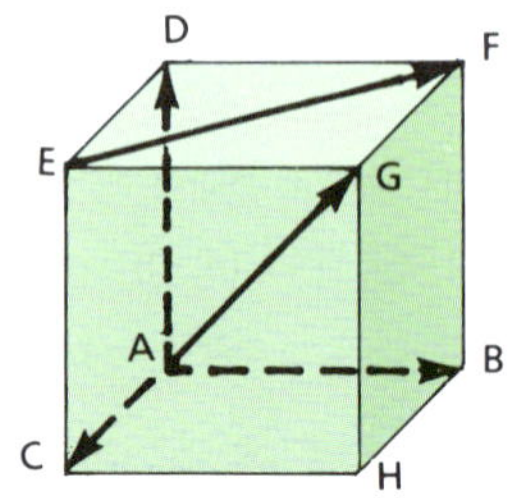

18 Carlos tira una chapa desde el punto A (3, 6) y sigue la dirección (− 3, − 1), supuesto que al llegar al eje OY se detiene, ¿en qué punto lo hace?

19 Dos fuerzas $\vec{f}_1$ y $\vec{f}_2$ de intensidades 20 y 30 N, respectivamente, actúan sobre el mismo cuerpo y forman entre ellas un ángulo de 90°. ¿Cuántos N tiene una fuerza $\vec{f}_3$ de manera que sirva para establecer un equilibrio?

20 Dado el triángulo de vértices A(2, 3), B(5, 1) y C(4, 7). Calcula las coordenadas del baricentro.

Problemas para entretenerse pensando

21 Dos barquitas ayudan a salir de un puerto a un gran barco tirando de él con el mismo ángulo y simétricamente, con una fuerza de 300 N. Haz una tabla variando el ángulo desde 10° hasta 80° de 10 en 10 y obteniendo en cada caso la fuerza resultante sobre el barco remolcado. ¿Cuál es el mejor ángulo para llevar a cabo el arrastre?

22 José Luis se lanza al agua desde el punto A con intención de llegar al embarcadero, que se encuentra situado al otro lado del río, a 200 m en perpendicular a la corriente desde el punto A. Observa que por muchos esfuerzos que hace, y nadando a una velocidad de 3 km/h, no puede llegar al embarcadero, sino a un árbol que se encuentra a 100 m del embarcadero. ¿Qué velocidad tiene la corriente del río? ¿Cuántos metros nadó en realidad? ¿Qué tendría que haber hecho para llegar con seguridad al embarcadero?

23 Dos amigos deciden ir de caza. Salen del refugio a las 6 de la mañana a una velocidad de 7 km/h en dirección norte. A las 10 de la mañana paran 15 minutos para reponer fuerzas y deciden variar su rumbo caminando a la misma velocidad en dirección este. A las 12 se encuentran a un guarda jurado con el que charlan 10 minutos, reanudando su camino con una velocidad de 6 km/h en dirección sur.

¿A qué distancia del refugio se encuentran a las 13 horas? ¿Cuántos kilómetros han recorrido?

24 Ana ha salido de la playa en una tabla de windsurfing arrastrada por un viento que tiene una velocidad de 15 km/h dirección norte, a los 5 minutos se ha caído y ha estado descansando sobre la tabla 10 minutos. Al levantar la vela observa que se ha levantado un fuerte viento de 30 km/h dirección oeste. Después de navegar 7 minutos, ¿a qué distancia se encuentra del punto de partida? ¿Qué distancia ha recorrido Ana?

Cuestiones para aclararse

25 ¿Hay algún vector que coincida con su opuesto? Razona la respuesta.

26 ¿Es posible que la suma de dos vectores no nulos sea el vector nulo? ¿Cómo serán los vectores?

27 Un nadador está nadando contra la corriente de un río con una velocidad de 3 km/h. La corriente del río tiene una velocidad de 2 km/h. ¿Cuánto tardará en recorrer un tramo del río de 1 000 m de longitud? Trata de resolverlo mentalmente; no necesitas hacer ninguna operación.

28 Un barquero rema con una velocidad de 8 km/h en dirección este; de pronto aparece una corriente que lleva una velocidad de 4 km/h hacia el sur. ¿Hacia dónde se desplazará la barca?

29 Dos amigos discuten por la posesión de una bicicleta tirando de ella. Uno de ellos lo hace hacia el este con una fuerza doble que el otro que tira hacia el sur. ¿Cuál de los siguientes diagramas describe con más exactitud la trayectoria de la bici?

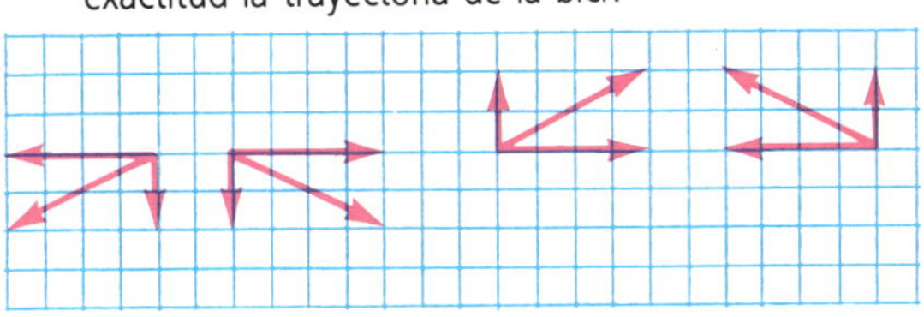

30 Un bombardero vuela a una velocidad de 900 km/h y lanza una bomba de 50 kg de peso. El vector velocidad de la bomba tendrá dos componentes, la horizontal que es constante e igual a 900 km/h y la vertical que viene dada por la gravedad según la ley $v_y = 9{,}8\ t$, siendo t el tiempo en segundos. ¿Puedes describir la trayectoria de la bomba? Justifica tu contestación.

31 Dos coches circulan por una carretera con velocidades 120 y 100 km/h, respectivamente. ¿Cuál será la velocidad del más veloz respecto del más lento?

32 Dos vectores que tienen origen común y módulo 5 forman un ángulo de 45°. ¿Cuál será el módulo del vector suma?

33 Es cierto que el módulo de la suma de dos vectores es igual a la suma de los módulos de dichos vectores. ¿Cómo tienen que ser los vectores para que se cumpla lo anterior?

34 Los módulos de tres vectores $\vec{a}$, $\vec{b}$ y $\vec{c}$ son 3, 4 y 7, respectivamente. ¿Cómo tienen que ser los vectores para que se cumpla: $\vec{a} + \vec{b} + \vec{c} = \vec{0}$

35 ¿Cuál es el ángulo que forman dos vectores opuestos?

Para ampliar

36 Un arriero tiene que ir de un pueblo A a otro B situados a un mismo lado de un arroyo rectilíneo, pero quiere que su caballería abreve en el citado arroyo. El pueblo A se encuentra a 5 km del arroyo y el pueblo B se encuentra a 20 km del arroyo y a 20 km del pueblo A. ¿En qué punto del arroyo deberá abrevar la caballería para que el camino sea mínimo?

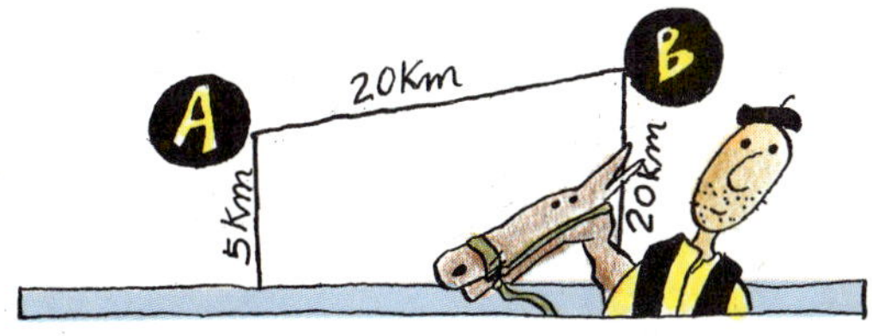

Galileo y el movimiento relativo

Hace más de tres siglos se planteó una fuerte controversia sobre el siguiente problema:

Si se deja caer una piedra desde lo alto de un mástil de un barco que navega a velocidad constante la piedra sale con la misma velocidad que circula el barco; ¿dónde caerá la piedra?

Algunos científicos de la época suponían que la piedra recorrería una parábola, con lo que se alejaba de la base del mástil.

En cambio, **Galileo** sostenía la teoría de que la piedra caería verticalmente junto al mástil. Para comprobar la tesis de Galileo otro científico llamado **Gassendi** realizó la experiencia en las proximidades del puerto de Marsella en el año 1640, confirmando la respuesta de Galileo.

¿Cómo sería el movimiento de la piedra para un observador situado en tierra?

La piedra describiría una parábola del siguiente modo:

¿Cómo sería el movimiento de la piedra para un observador situado en el barco?

La piedra caería verticalmente junto a la base del mástil. Observa que en este caso la velocidad horizontal de la piedra por coincidir con la velocidad del barco no se puede apreciar.

En el fondo de este problema reside la idea del movimiento relativo.

Sabías que...

***Galileo Galilei** (1564-1642) fue un astrónomo, físico y matemático italiano que revolucionó la física de Aristóteles. Debido a sus ideas sus oponentes persuadieron al papa Pío V para que obligara a Galileo a retractarse de gran parte de sus teorías.*

MURAL

9 ECUACIONES DE LA RECTA EN EL PLANO

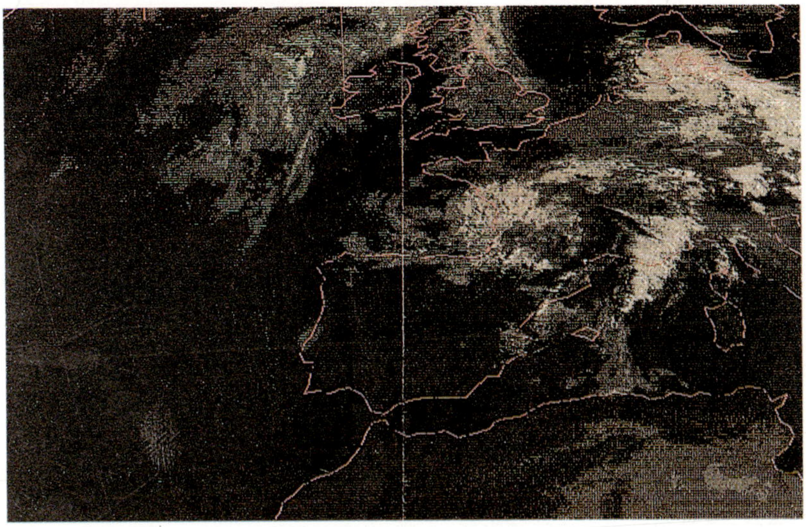

LA TEMPERATURA DE LA ATMÓSFERA

Para medir la temperatura a diferentes alturas de la atmósfera se utiliza, por el Servicio Meteorológico, globos sonda como el de la fotografía que entre los muchos aparatos de medida que llevan, lógicamente, incorporan un termómetro.

Después de muchas observaciones realizadas se ha llegado al convencimiento de que a cada 200 metros que asciende el globo, la temperatura desciende aproximadamente 1 °C.

Cuando el globo inició la ascensión, un día de invierno, la temperatura a nivel del suelo era de 15 °C.

a) Construye una tabla de altitudes y temperaturas.

b) Encuentra una fórmula que permita obtener la temperatura conocida la altitud del globo.

c) ¿Qué temperatura marcará el termómetro cuando el globo sonda se encuentra a 1 750 metros de altitud respecto del suelo?

d) ¿Cuál será la altitud respecto del suelo sabiendo que el termómetro marca −5 °C.

e) Representa sobre un diagrama los resultados obtenidos.

Habrás observado que al unir los puntos de la tabla se obtiene una recta. En esta lección vamos a estudiar distintas formas de la ecuación de una recta.

DETERMINACIÓN LINEAL DE UNA RECTA

A la recta que pasa por un punto A y lleva la dirección del vector no nulo u se la representa **r(A , $\vec{u}$)** y se llama **determinación lineal** de la recta r.

- **El punto A** se llama **punto base** de la recta r.
- **El vector $\vec{u}$** se llama vector direccional de la recta r, o también **vector director** de la recta r.

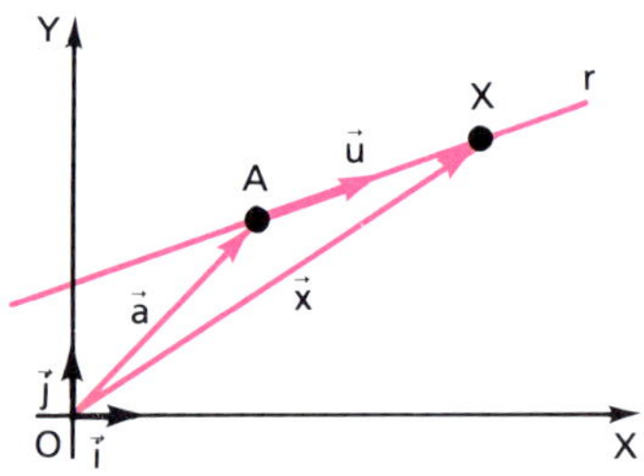

MUY IMPORTANTE

¿Es posible que dos determinaciones lineales distintas puedan representar la misma recta?

Representa las rectas:

r(A , $\vec{u}$) con A (1 , 5) y $\vec{u}$ = (2 , 1)
r'(A' , $\vec{u}$') con A' (3 , 6) y $\vec{u}$' = (8 , 4)

En resumen, **dos determinaciones lineales distintas de una recta pueden representar la misma recta.**

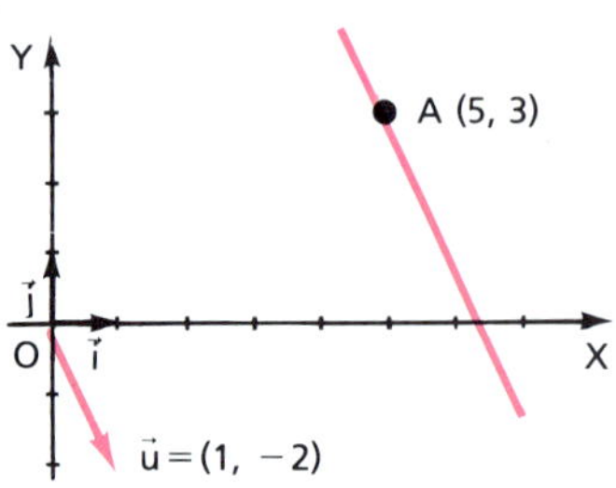

1. ECUACIÓN VECTORIAL DE LA RECTA

Vamos a representar la recta r que pasa por el punto A (2 , 5) y lleva la dirección indicada por el vector $\vec{u} = (-3, 1)$.

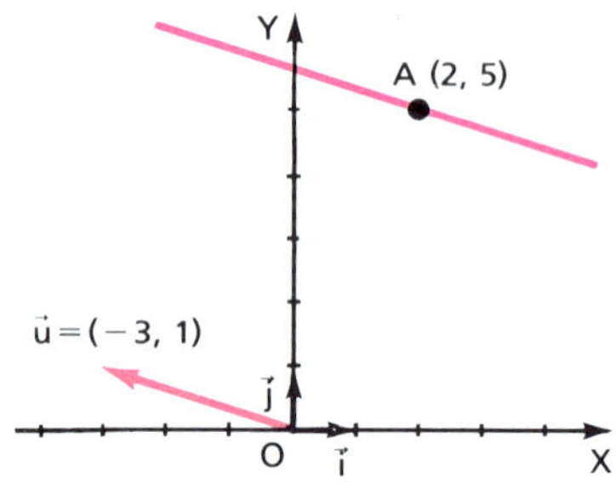

Como ves la recta r queda perfectamente determinada mediante un punto A y una dirección dada por un vector no nulo $\vec{u}$.

Consideremos el sistema de referencia **R = (0; $\vec{i}$, $\vec{j}$)** y **r** la recta que pasa por **A** y lleva la dirección **$\vec{u}$.**

Sea **X** un punto cualquiera de la recta **r,** entonces el vector **$\overrightarrow{AX}$** es proporcional al vector **$\vec{u}$** por estar en la misma dirección.

$\overrightarrow{AX} = t\,\vec{u}$, siendo **t** un número real cualquiera **(parámetro).** Sean **$\vec{a}$** y **$\vec{x}$** los **vectores de posición** de los puntos **A** y **X**, respectivamente. Observa la figura y obtendrás:

$$\vec{x} = \vec{a} + t\,\vec{u}, \text{ con } t \in R$$

La igualdad anterior se llama **ecuación vectorial de la recta r (A,$\vec{u}$).**

Si damos valores al parámetro t, en la ecuación vectorial de la recta se obtiene un conjunto de vectores de posición de puntos que pertenecen a la recta r.

¿Cómo será la ecuación vectorial de la recta r, representada en la parte superior, que pasa por el punto A (2 , 5) y lleva la dirección $\vec{u} = (-3, 1)$?

$$\vec{x} = (x , y) = (2 , 5) + t(-3 , 1) = (2-3t, 5+t)$$

1. Calcula la ecuación vectorial de la recta r que pasa por A(5 , 3) y lleva la dirección $\vec{u} = \vec{i} - 2\,\vec{j}$.

$$\vec{x} = (x,y) = \vec{a} + t\,\vec{u}$$
$$= (5,3) + t(1,-2)$$
$$= (5+t, 3-2t)$$

2. ¿Cuáles son las ecuaciones vectoriales de los ejes OX y OY?

El eje OX tiene por determinación lineal r (0, $\vec{i}$); por tanto, su ecuación vectorial será: $\vec{x} = (x , y) = t(1 , 0)$, con $t \in R$.

El eje OY tiene por determinación lineal r (0, $\vec{j}$); por tanto, su ecuación vectorial será: $\vec{x} = (x , y) = t(0 , 1)$, con $t \in R$.

2. ECUACIONES PARAMÉTRICAS DE LA RECTA

Acabamos de ver que la ecuación vectorial de la recta r que pasa por el punto A(2 , 5) y lleva la dirección del vector $\vec{u}=(-3\ ,\ 1)$ es:

$$(x\ ,\ y)=(2-3t,\ 5+t)$$

Igualando las componentes de ambos vectores, se obtiene:

$$\left.\begin{array}{l} x=2-3t \\ y=5+\ t \end{array}\right\}\ \text{con } t \in R$$

A estas ecuaciones las llamamos ecuaciones paramétricas de la recta r.

Veamos estas ecuaciones de una forma general:

Sean **(x , y), (x_1 , y_1)** y **(a , b)** las coordenadas de los vectores $\vec{\mathbf{x}}$, $\vec{\mathbf{a}}$ y $\vec{\mathbf{u}}$, respectivamente. Sustituyendo en la ecuación vectorial, resulta:

$$\vec{x}=\vec{a}+t\ \vec{u}$$

$$(x\ ,\ y)=(x_1\ ,\ y_1)+t(a\ ,\ b)=(x_1+ta,\ y_1+tb)$$

Igualando las componentes de ambos vectores, se obtiene:

$$\left.\begin{array}{l} \mathbf{x=x_1+t\ a} \\ \mathbf{y=y_1+t\ b} \end{array}\right\}\ \textbf{con } \mathbf{t \in R}$$

Estas ecuaciones reciben el nombre de **ecuaciones paramétricas de la recta.** Para cada valor del parámetro t se obtiene un punto de la recta r.

1. **Halla las ecuaciones paramétricas de la recta que pasa por el punto A(5 , 3) y lleva la dirección $\vec{u}=(1\ ,\ -2)$.**

Sustituyendo en las ecuaciones paramétricas de la recta, se obtiene:

$$\left.\begin{array}{l} x=5+\ t \\ y=3-2t \end{array}\right\}\ \text{con } t \in R$$

2. **Calcula las ecuaciones paramétricas de la recta que pasa por el punto A(2 , −1) y que tiene por vector director $\overrightarrow{PQ}$, siendo P(3 , 4) y Q(5 , 1).**

El vector $\overrightarrow{PQ}$ es: PQ=(5 , 1)−(3 , 4)=(2 , −3).

Las ecuaciones paramétricas de la recta pedida son:

$$\left.\begin{array}{l} x=\ \ 2+2\ t \\ y=-1-3\ t \end{array}\right\}\ \text{con } t \in R$$

BISECTRICES

¿Cómo son las ecuaciones paramétricas de la bisectriz del primer cuadrante?

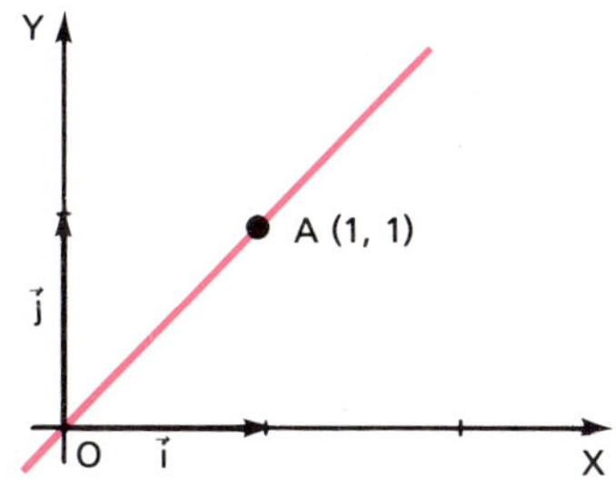

La bisectriz del primer cuadrante pasa por el origen 0(0,0) y lleva la dirección $\vec{u}=(1,1)$; por tanto,

$$\left.\begin{array}{l} x=0+1\cdot t=t \\ y=0+1\cdot t=t \end{array}\right\}$$

Calcula las ecuaciones paramétricas de la bisectriz del segundo cuadrante.

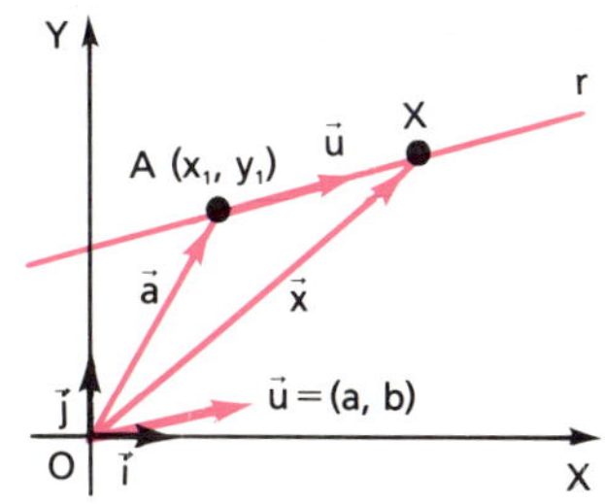

ALGO DE VOCABULARIO

A las coordenadas (a , b) del vector direccional $\vec{u}$ se les llama **coeficientes directores de la recta r**, ya que todo par (a , b) define siempre una dirección salvo si se trata del vector nulo.

El par (0 , 0) no define ninguna dirección.

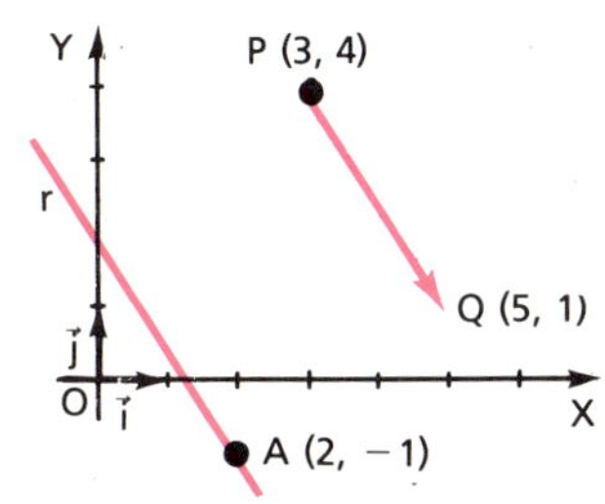

3. ECUACIÓN DE LA RECTA EN FORMA CONTINUA

Acabamos de ver que las ecuaciones paramétricas de la recta que pasa por el punto A(2 , 5) y lleva la dirección $\vec{u}=(-3\ ,\ 1)$ son

$$\left.\begin{array}{l} x=2-3t \\ y=5+\ t \end{array}\right\}$$

Si despejamos el parámetro t de cada ecuación e igualamos, resulta:

$$\left.\begin{array}{l} t=\dfrac{x-2}{-3} \\ t=\dfrac{y-5}{1} \end{array}\right\} \Leftrightarrow \frac{x-2}{-3}=\frac{y-5}{1}$$

La igualdad anterior se llama ecuación de la recta r en forma continua.

Hemos visto que **las ecuaciones paramétricas de la recta que pasa por el punto $A(x_1\ ,\ y_1)$ y lleva la dirección $\vec{u}=(a\ ,\ b)$ son:**

$$\left.\begin{array}{l} x=x_1+t\,a \\ y=y_1+t\,b \end{array}\right\} \text{ con } t \in R$$

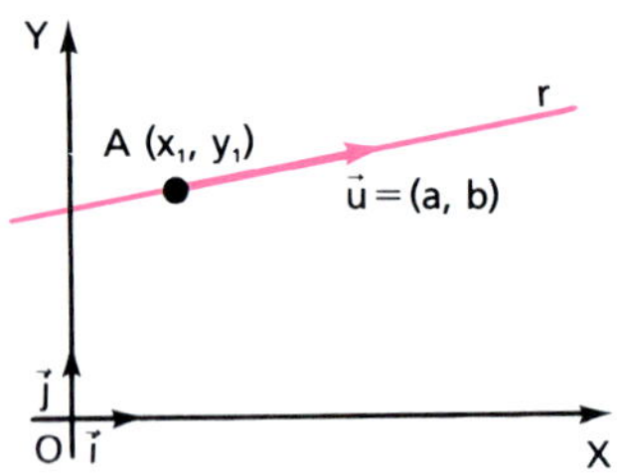

- **Si $a \neq 0$** y **$b \neq 0$** despejando **t** en ambas ecuaciones e igualando, resulta:

$$\left.\begin{array}{l} t=\dfrac{x-x_1}{a} \\ t=\dfrac{y-y_1}{b} \end{array}\right\} \Rightarrow \boxed{\frac{x-x_1}{a}=\frac{y-y_1}{b}}$$

La igualdad anterior recibe el nombre de **ecuación de la recta en forma continua.**

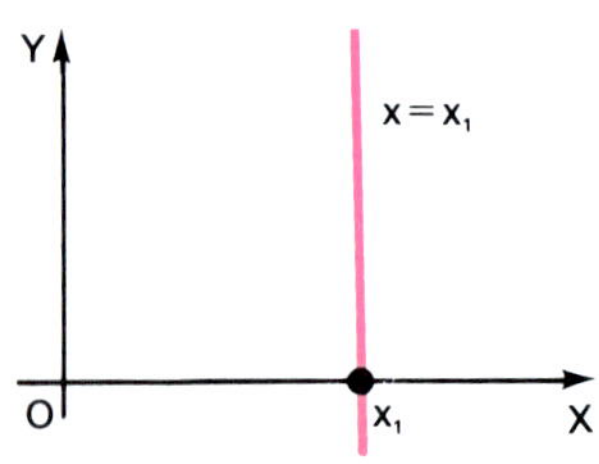

- Si **$a=0$** y **$b \neq 0$**, las ecuaciones paramétricas son:

$$\left.\begin{array}{l} x=x_1 \\ y=y_1+tb \end{array}\right\}$$

Puesto que **y** puede tomar **cualquier valor,** estas dos ecuaciones se reducen a: **$x=x_1$** que es la ecuación de una **recta paralela al eje OY.**

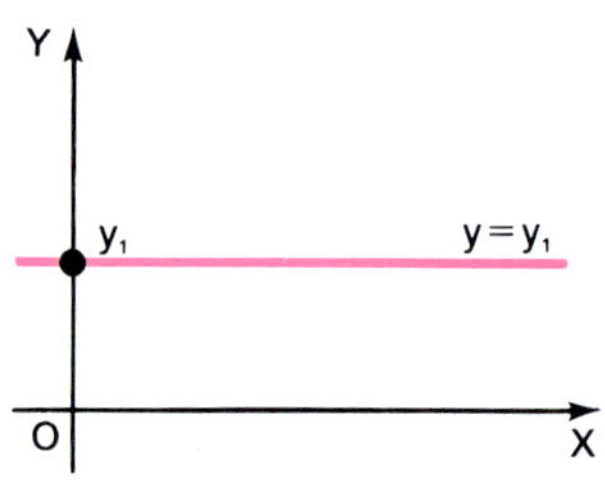

- Si **$b=0$** y **$a \neq 0$**, las ecuaciones paramétricas son:

$$\left.\begin{array}{l} x=x_1+ta \\ y=y_1 \end{array}\right\}$$

Puesto que **x** puede tomar **cualquier valor,** estas dos ecuaciones se reducen a: **$y=y_1$** que es la ecuación de una **recta paralela al eje OX.**

1. Halla la ecuación en forma continua de la recta que pasa por el punto A(6 , 3) y lleva la dirección del vector $\vec{u}=(2\ ,\ 1)$.

Sustituyendo en la ecuación de la recta en forma continua, resulta:

$$\frac{x-6}{2}=\frac{y-3}{1}$$

4. ECUACIÓN DE LA RECTA EN FORMA GENERAL

Acabamos de ver que la ecuación en form continua de la recta que pasa por el punto A(2 , 5) y lleva la dirección $\vec{u}=(-3\ ,\ 1)$ es:

$$\frac{x-2}{-3}=\frac{y-5}{1}$$

Operando y simplificando, se obtiene:

$$x-2=-3(y-5) \Leftrightarrow x-2=-3y+15 \Leftrightarrow x+3y-17=0$$

La igualdad anterior se llama ecuación general de la recta.

Hemos visto que:

La ecuación en forma continua de la recta que pasa por el punto A $(x_1\ ,\ y_1)$ y lleva la dirección $\vec{u}=(a\ ,\ b)$ es:

$$\frac{x-x_1}{a}=\frac{y-y_1}{b}$$

Operando, y simplificando se obtiene:

$$b(x-x_1)=a(y-y_1) \Leftrightarrow bx-bx_1=ay-ay_1 \Leftrightarrow bx-ay+ay_1-bx_1=0$$

Si hacemos $A=b$; $B=-a$; $C=ay_1-bx_1$, resulta:

$$\mathbf{Ax+By+C=0}$$

La igualdad anterior recibe el nombre de **ecuación general de la recta** o también ecuación en forma implícita.

Recíprocamente, **$Ax+By+C=0$ es la ecuación de una recta en el plano, determinada por:**

- **Punto base:** cualquier punto cuyas coordenadas $(x_1\ ,\ y_1)$ verifiquen la ecuación dada.
- **Vector direccional: $\vec{u}=(-B\ ,\ A)$,** ya que $a=-B$ y $b=A$.

1. Halla la ecuación de la recta que pasa por el punto A(3 , 1) y lleva la dirección $\vec{u}=(4\ ,\ -2)$ de todas las formas que conoces.

- Ecuación vectorial: $\vec{x}=(3\ ,\ 1)+t(4\ ,\ -2)$
- Ecuaciones paramétricas: $\left.\begin{array}{l} x=3-4t \\ y=1-2t \end{array}\right\}$
- Ecuación forma continua: $\dfrac{x-3}{4}=\dfrac{y-1}{-2}$
- Ecuación general: $-2x+6=4y-4 \Rightarrow 2x+4y-10=0$

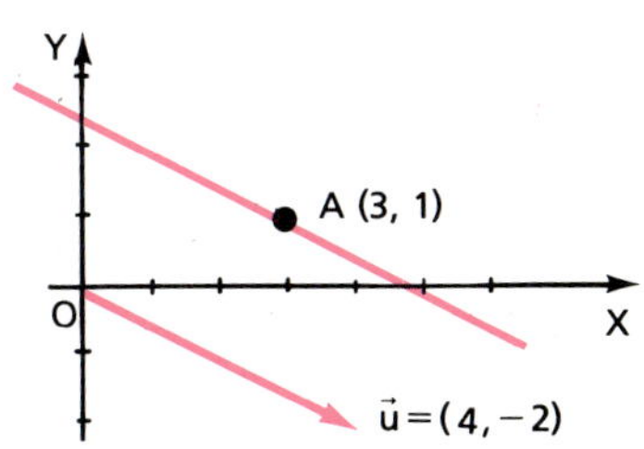

OBSERVA QUE...

- Si $A=0$, $By+C=0 \Rightarrow y=-\dfrac{C}{B}$

  que es la ecuación de una recta paralela al eje 0X.

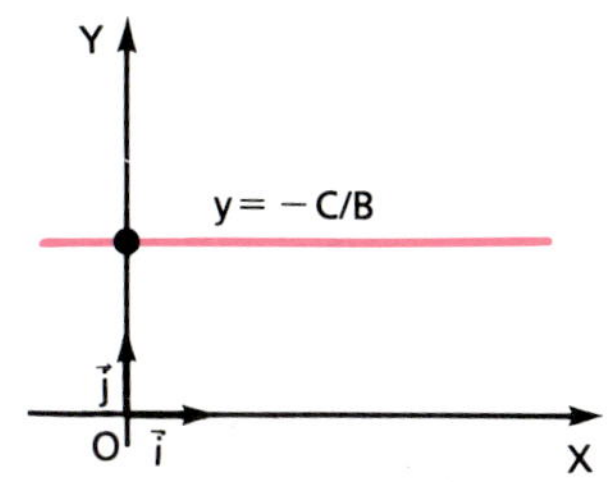

- Si $B=0$, $Ax+C=0 \Rightarrow x=-\dfrac{C}{A}$

  que es la ecuación de una recta paralela al eje 0Y.

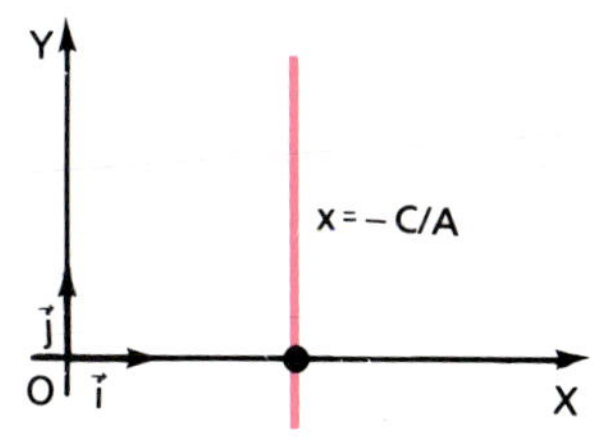

- A y B no pueden ser simultáneamente nulos, ya que al ser $A=b$ y $B=-a$, entonces el vector direccional de la recta $\vec{u}=(a,\ b)$ sería el vector nulo, y ya hemos dicho que el vector (0 , 0) no determina ninguna dirección.

MUY PRÁCTICO

Si te dieran la recta de ecuación general:

$$3x-2y+6=0$$

¿sabrías hallar un punto por el que pasa y la dirección que lleva?

- Para hallar un punto de la recta hagamos, por ejemplo, $y=0$, de donde $3x+6=0 \Rightarrow$ $\Rightarrow 3x=-6 \Rightarrow x=-2$.
- El vector director de la recta dada es:

  $$\vec{u}=(-B,A)=(2,3)$$

Por tanto, la recta dada pasa por el punto A $(-2,0)$ y lleva la dirección $\vec{u}=(2,3)$.

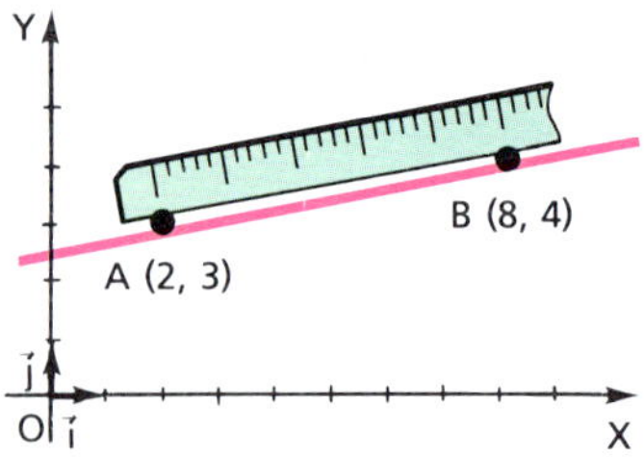

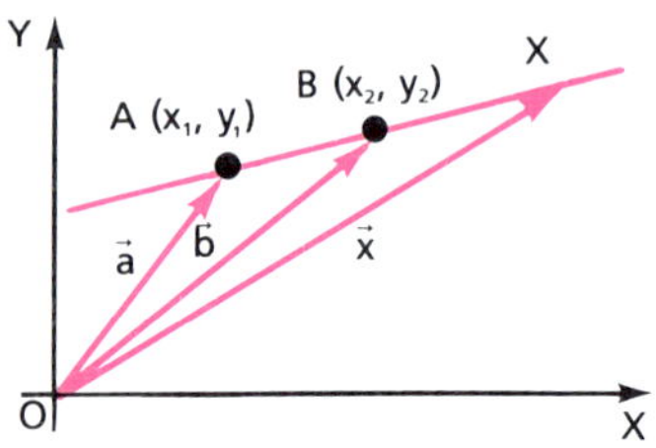

ECUACIÓN SEGMENTARIA DE LA RECTA

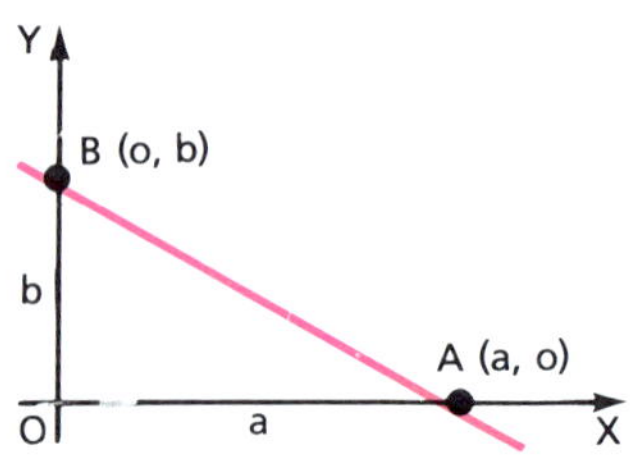

Sea r una recta que corta a los ejes en los puntos A(a,0) y B(0,b); la igualdad:

$$\frac{x}{a}+\frac{y}{b}=1$$

recibe el nombre de ecuación de la recta en forma segmentaria, ya que se obtiene en función de los segmentos orientados a y b.

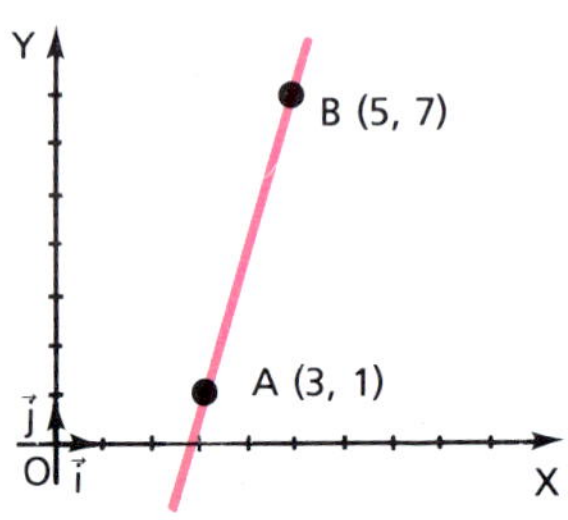

5. ECUACIÓN DE LA RECTA QUE PASA POR DOS PUNTOS

Representa sobre el plano dos puntos cualesquiera; por ejemplo, los puntos A(2 , 3) y B(8 , 4). Toma una regla y trata de ver si puedes trazar más de una recta que pase por dos puntos.

Habrás observado que hay una única recta que pasa por esos dos puntos, y que hemos representado en la figura. Éste es un importante resultado de la geometría euclidea que dice así: **Por dos puntos distintos del plano pasa una sola recta.**

¿Cuál será la dirección de la recta que pasa por los puntos A y B?

Tendremos que buscar un vector que nos proporcione dicha dirección; lo más sencillo será tomar el vector $\overrightarrow{AB}$:

$$\overrightarrow{AB}=(8\ ,\ 4)-(2\ ,\ 3)=(6\ ,\ 1)$$

Así pues, la recta que pasa por los puntos A y B queda también determinada sabiendo que pasa por el punto A(2 , 3) y lleva la dirección $\overrightarrow{AB}=(6\ ,\ 1)$.

De una manera general, **a la recta r que pasa por los puntos A y B la designamos mediante la determinación lineal $r(A\ ,\ \overrightarrow{AB})$.**

Sean $A(x_1\ ,\ y_1)$ y $B(x_2\ ,\ y_2)$, entonces $\overrightarrow{AB}=(x_2-x_1,\ y_2-y_1)$; sustituyendo en las ecuaciones obtenidas en los apartados anteriores, se tiene:

Ecuación vectorial:	$\vec{x}=\vec{a}+t\,\overrightarrow{AB}$, con $t \in R$
Ecuaciones paramétricas:	$\left.\begin{array}{l} x=x_1+t(x_2-x_1) \\ y=y_1+t(y_2-y_1) \end{array}\right\}$
Ecuación en forma continua:	$\dfrac{x-x_1}{x_2-x_1}=\dfrac{y-y_1}{y_2-y_1}$

1. **Calcula la ecuación de la recta r que pasa por los puntos A(3 , 1) y B(5 , 7), en todas las formas que conozcas.**

- Ecuación vectorial: $\vec{x}=(3\ ,\ 1)+t[(5\ ,\ 7)-(3\ ,\ 1)]$ $=(3\ ,\ 1)+t(2\ ,\ 6)$
- Ecuaciones paramétricas: $\left.\begin{array}{l} x=3+2t \\ y=1+6t \end{array}\right\}$
- Ecuación forma continua: $\dfrac{x-3}{2}=\dfrac{y-1}{6}$
- Ecuación general: $6x-2y-16=0$

6. ECUACIÓN DE LA RECTA EN LA FORMA PUNTO PENDIENTE

La ecuación en forma continua de la recta r que pasa por el punto A(2 , 5) y lleva la dirección $\vec{u}=(-3 , 1)$ es:

$$\frac{x-2}{-3}=\frac{y-5}{1}$$

de donde se obtiene: $$y-5=\frac{1}{-3}(x-2)$$

Al cociente $\frac{1}{-3}$ se le llama pendiente de la recta r y por ello a esta forma de la ecuación de la recta se la llama punto pendiente.

De manera general, **consideremos la recta r que pasa por el punto $A(x_1 , y_1)$ y lleva la dirección $\vec{u}=(a , b)$, la ecuación en forma continua de la recta r es:**

$$\frac{x-x_1}{a}=\frac{y-y_1}{b}$$

- Si $a \neq 0$, obtenemos $y-y_1=\frac{b}{a}(x-x_1)$. Al número $\frac{b}{a}$ se le llama **pendiente de la recta** y se representa por **m**; sustituyendo en la ecuación anterior, resulta:

$$y-y_1=m(x-x_1)$$

La igualdad anterior es la ecuación de la recta que pasa por el **punto $A(x_1 , y_1)$** y tiene por **pendiente m**, por ello recibe el nombre de **ecuación de la recta en la forma punto-pendiente.**

- Si $a=0$, **la recta no tiene pendiente y es paralela al eje OY.**

▶ ¿Qué significado geométrico tiene la pendiente?

Acabamos de ver que la recta que pasa por A y lleva la dirección $\vec{u}=(a , b)$ tiene pendiente $m=\frac{b}{a}$.

Ahora bien, $m=\frac{b}{a}=\text{tg } \alpha$, siendo α el ángulo que forma la parte positiva del eje de abscisas con el vector director de la recta. Como la recta $r(A , \vec{u})$ es paralela al vector director, se deduce que:

La pendiente de una recta es igual a la tangente del ángulo que forma la parte positiva del eje de abscisas con la recta.

1. Halla la ecuación de la recta que pasa por el punto A(5 , 2) y tiene pendiente igual a 3.

$$y-y_1=m(x-x_1) \Rightarrow y-2=3(x-5)$$

¿ES ÚNICA LA PENDIENTE DE UNA RECTA?

La recta que lleva la dirección (3 , 2) tiene pendiente:

$$a=\frac{b}{a}=\frac{2}{3}$$

¿Qué pasará con la pendiente si en lugar de tomar el vector director (3 , 2) tomamos otro distinto que represente la misma dirección?

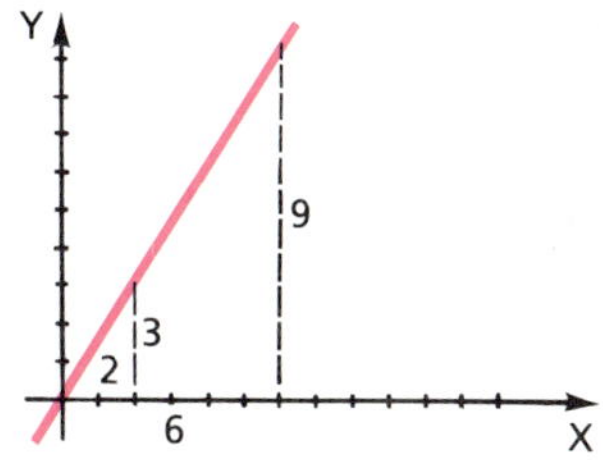

Si representa la misma dirección será proporcional al dado. Sea, por ejemplo, el vector (9 , 6); calculemos ahora la pendiente de la recta:

$$m=\frac{b'}{a'}=\frac{6}{9}=\frac{2}{3}$$

Las pendientes son iguales, luego **la pendiente de una recta no depende del vector director elegido para definirla.**

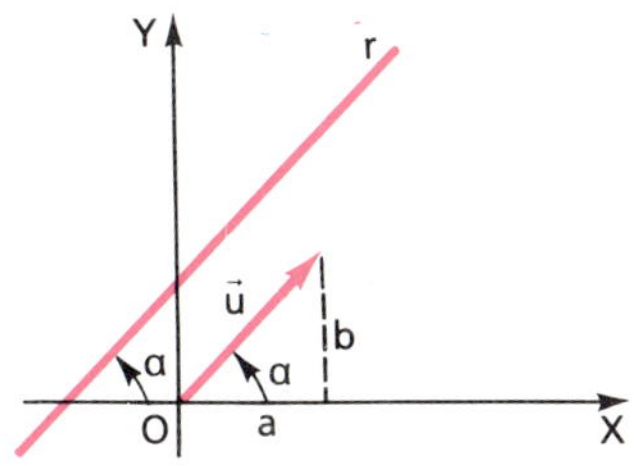

ECUACIÓN EXPLÍCITA DE LA RECTA

Si en la ecuación general de la recta

$$Ax+By+C=0$$

despejamos y, obtenemos la ecuación de la recta en forma explícita.

$$y=\frac{-A}{B}x+\frac{C}{A}$$

que se suele escribir:

$$y=mx+n$$

donde m representa la pendiente y n la ordenada en el origen.

1 **Halla la ecuación de la recta que forma un ángulo de 30° con la parte positiva del eje X y pasa por el punto A(3 , 1).**

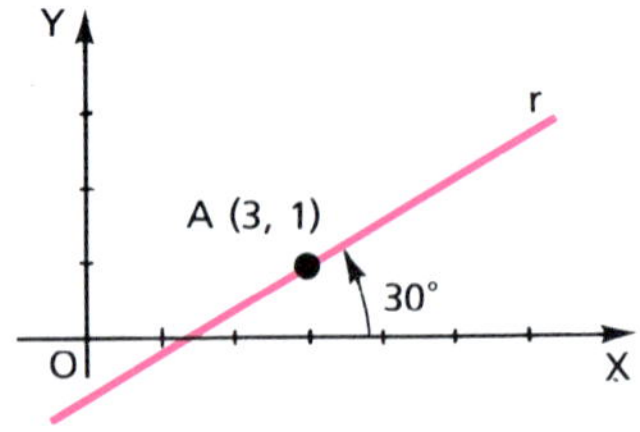

La pendiente será: $m = \text{tg } 30° = \frac{\sqrt{3}}{3}$

Por tanto, la ecuación de la recta será:

$$y - 1 = \frac{\sqrt{3}}{3}(x - 3)$$

2 **Dada la recta $6x + 3y = 5$, halla la longitud de los segmentos que determina sobre los ejes.**

Basta con pasar la ecuación de la recta a forma segmentaria; para ello primero dividimos la ecuación por 5:

$\frac{6}{5}x + \frac{3}{5}y = 1$ y después pasamos a la forma segmentaria:

$$\frac{x}{5/6} + \frac{y}{5/3} = 1$$

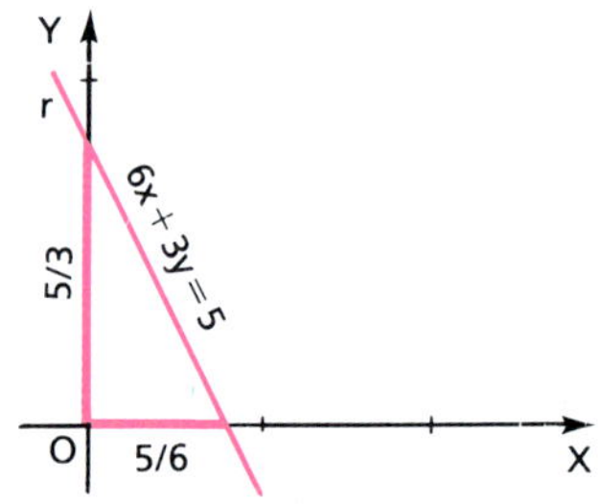

Las longitudes de los segmentos que determina la recta sobre los ejes son:

eje X: longitud del segmento $\frac{5}{6}$

eje Y: longitud del segmento $\frac{5}{3}$

3 **Dada las ecuaciones paramétricas de la recta r: $\left\{ \begin{array}{l} y = 3 - t \\ y = 2 + 4t \end{array} \right.$ calcula tres puntos de dicha recta.**

Basta dar tres valores cualesquiera al parámetro t y sustituir en las ecuaciones paramétricas obteniendo las coordenadas de un punto de la recta.

Para $t = 0$ se obtiene $A(3 , 2)$
Para $t = 1$ se obtiene $B(3 - 1 , 2 + 4) = B(2 , 6)$
Para $t = -1$ se obtiene $C(3 + 1 , 2 - 4) = C(4 , -2)$

4 **Los puntos medios de los lados de un triángulo son M(4 , 6), N(2 , 1) y P(5 , 1). Halla las ecuaciones de los lados del triángulo.**

Observa la figura adjunta; teniendo en cuenta las coordenadas del punto medio, se tiene:

$$\left. \begin{array}{l} \frac{1}{2}(x_1 + x_2) = 4 \\ \frac{1}{2}(y_1 + y_2) = 6 \\ \frac{1}{2}(x_2 + x_3) = 5 \\ \frac{1}{2}(y_2 + y_3) = 1 \\ \frac{1}{2}(x_1 + x_3) = 2 \\ \frac{1}{2}(y_1 + y_3) = 1 \end{array} \right\}$$

Resolviendo el sistema se tiene:

$A(1 , 6)$; $B(7 , 6)$ y $C(3 , -4)$

Las ecuaciones de los lados son:

lado AB: $(x , y) = (1 , 6) + t\,[(7 , 6) - (1 , 6)]$

lado BC: $(x , y) = (7 , 6) + t\,[(3 , -4) - (7 , 6)]$

lado CA: $(x , y) = (3 , -4) + t\,[(1 , 6) - (3 , -4)]$

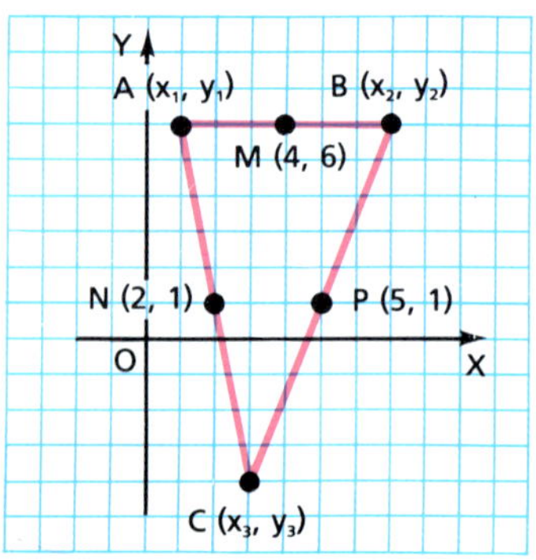

Operando y simplificando se obtiene:

lado AB: $y = 6$
lado BC: $5x - 2y - 23 = 0$
lado CA: $5x + y - 11 = 0$

ACTIVIDADES

Ejercicios para entrenarse

1 Halla la ecuación de la recta r que pasa por el punto A(3 , 5) y lleva la dirección del vector $\vec{u}=(2\ ,\ -4)$:

a) En forma vectorial.

b) En forma paramétrica.

c) En forma continua.

d) En forma general.

e) En forma explícita.

2 Dada la recta de ecuación vectorial $\vec{x}=(3\ ,\ 2)+$ $+t(9\ ,\ -1)$, halla las otras formas distintas de la ecuación de la recta.

3 Dada la recta de ecuaciones paramétricas:

$$\left.\begin{array}{l} x=-3+t \\ y=\ \ 2-5t \end{array}\right\}$$

halla las otras formas distintas de la ecuación de esta recta.

4 Dada la recta de ecuación en forma continua

$$\frac{x-2}{-1}=\frac{y+5}{4}$$

halla las otras formas distintas de la ecuación de esta recta.

5 Dada la recta de ecuación en forma general $5x-7\,y\ -2=0$, halla las otras formas distintas de la ecuación de esta recta.

6 Dada la recta de ecuación en forma explícita $y=2x-6$, halla las otras formas distintas de la ecuación de esta recta.

7 Representa las rectas dadas por las ecuaciones:

a) $y=2$ *c)* $y=\frac{-1}{3}$

b) $y=-3$ *d)* $y=0$

8 Representa las rectas dadas por las ecuaciones:

a) $x=5$ *c)* $x=\frac{-1}{2}$

b) $x=-4$ *d)* $x=0$

9 Representa las rectas dadas por las ecuaciones:

a) $2x+3y-7=0$

b) $5x-7=0$

c) $4y+3=0$

10 Representa las rectas dadas por las ecuaciones:

a) $y=-3x+2$

b) $y=6x-1$

c) $y=-5x+2$

11 Representa las rectas dadas por las ecuaciones:

a) $\left.\begin{array}{r} x=3-t \\ y=-5+2t \end{array}\right\}$ *c)* $\left.\begin{array}{r} x=-2-3t \\ y=2+3t \end{array}\right\}$

b) $\left.\begin{array}{r} x=-t \\ y=1+t \end{array}\right\}$

12 Representa las rectas dadas por las ecuaciones:

a) $\frac{x-1}{2}=\frac{y+3}{-1}$ *c)* $\frac{x+3}{-1}=\frac{y-7}{2}$

b) $\frac{x}{2}=\frac{y}{3}$

13 Halla la pendiente de la recta cuya ecuación general es $4x+6y-5=0$.

14 Calcula la pendiente de la recta que pasa por los puntos A(3 , 1), B(5 , −2).

15 Pasa a forma explícita las siguientes rectas y calcula sus pendientes:

a) $\frac{x-3}{2}=\frac{y+5}{-1}$ *c)* $\begin{array}{l} x=2+t \\ y=5-3t \end{array}$

b) $5x+3y+6=0$

16 Halla la ecuación de la recta que pasa por los puntos A (3 , 2) y B (1 , −4) de todas las formas posibles.

17 Halla la pendiente y la ordenada en el origen de la recta $3x+2y-4=0$.

Problemas para resolver

18 Determina si los puntos A (3 , 1), B (5 , 2) y C (1 , 0) están alineados.

19 Calcula tres puntos que pertenezcan a la recta de ecuación $2x + 3y - 4 = 0$.

20 Halla la ecuación de la recta que pasa por el punto A(1 , − 2) y tiene igual pendiente que la recta $-x + y + 3 = 0$.

21 Calcula la ecuación de la recta que pasa por el punto $A\left(-2\,,\,\frac{1}{3}\right)$ y tiene igual pendiente que la recta que pasa por los puntos P(2 , 1) y Q(3 , 4).

22 Calcula la pendiente y la ordenada en el origen de la recta que pasa por los puntos A(3 , 1) y B(2 , 4).

23 Halla las ecuaciones de las diagonales del cuadrilátero de vértices A(3 , 1), B(1 , 7), C(− 1 , 5) y D(− 1 , − 3).

24 Halla las ecuaciones de los lados del triángulo de vértices A(3 , 1), B(0 , 2) y C(1 , − 2).

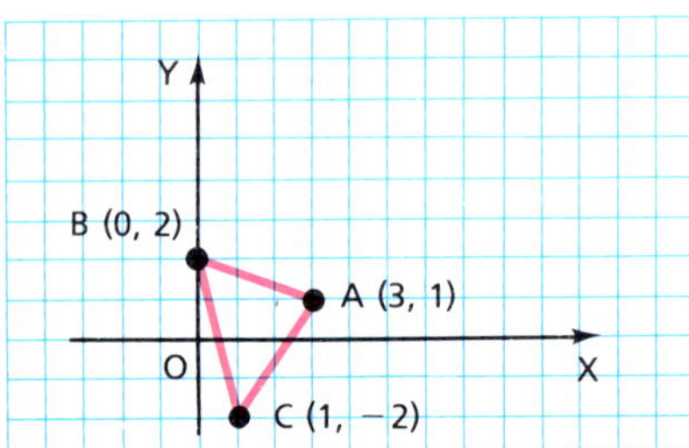

25 Halla las ecuaciones de las medianas del triángulo del ejercicio anterior.

26 Encuentra la ecuación de la recta cuyos puntos de intersección con los ejes son A(− 5 , 0) y B(0 , 3).

27 Halla dos determinaciones lineales distintas de la recta de ecuación $3x + 2y + 6 = 0$.

28 Sea el cuadrilátero de vértices A(2 , 1); B(4 , 3); C(3 , 7) y D(− 1 , 2). Halla las ecuaciones de los lados.

29 Halla las ecuaciones de las diagonales del cuadrilátero del ejercicio anterior.

30 Calcula la ecuación de la recta que pasa por el punto A(2 , 1) y forma un ángulo de 120° con la parte positiva del eje X.

31 Dada la recta $5x - 3y + 7 = 0$, halla la longitud de los segmentos que determina sobre los ejes.

32 ¿Cuánto tiene que valer el parámetro h para que el punto (h , 3) pertenezca a la recta de ecuación $2x + 3y - 7 = 0$.

33 Halla el área limitada por la recta de ecuación $5x + y - 5 = 0$, el eje de abscisas y el eje de ordenadas.

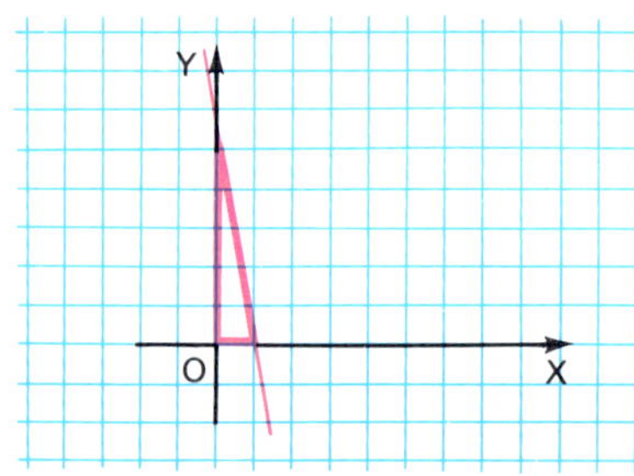

34 Calcula la ecuación de la recta que pasa por el punto P(0 , 4) y tal que la tangente del ángulo que forma dicha recta con el eje de abscisas sea 2.

Problemas para entretenerse pensando

35 Pilar tenía escrito en su cuaderno los vértices de un paralelogramo, pero se le ha caído un borrón de tinta y le ha tapado uno de los vértices.

a) ¿Podrías ayudarla a calcular las coordenadas del vértice C, sabiendo que A(2 , 2), B(12 , 8) y D(6 , 1)?

b) Si consigues encontrar las coordenadas del vértice C halla las ecuaciones de las diagonales.

c) Calcula el punto de corte de las diagonales.

d) Comprueba que las diagonales de un paralelogramo se cortan en sus respectivos puntos medios.

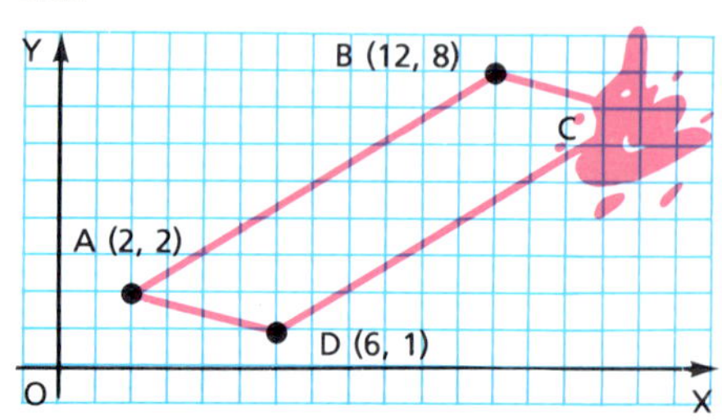

36 Un grupo de alumnos de 2.° de BUP ha ido de excursión a la montaña y ha montado en un tren cremallera que circulaba en sentido ascendente a 30 km/h. El desnivel del recorrido es del 70 % y el espacio recorrido es 45 km. Contesta a las siguientes preguntas:

a) ¿Cuánto tarda en el trayecto de subida?

b) ¿Cuál es la diferencia de nivel desde la estación de llegada a la estación de partida?

c) Supuesto que el tren circula a velocidad constante, ¿qué nivel habrá alcanzado a los 10 minutos con respecto a la estación de partida?

d) Con los datos que hay del problema, ¿puedes conocer cómo se llama el revisor?

Cuestiones para aclararse

37 Razona la certeza de la siguiente afirmación: «Un punto A y un vector determinan una recta».

38 ¿Es posible que una misma recta pueda tener dos determinaciones lineales distintas? Pon un ejemplo.

39 La expresión $Ax + By + C = 0$, ¿representa siempre una recta? Razona la contestación para el caso $A = B = 0$.

40 ¿Forman triángulo los puntos A(1 , 3), B(2 , 6) y C(3 , 9)? Razona tu contestación sin necesidad de efectuar cálculos.

41 Si te dicen que el vector director de una recta es (2 , 5), ¿puedes conocer la pendiente?

42 Si sabes que la pendiente de una recta es 3, ¿puedes conocer el vector director?

43 ¿Tiene pendiente la recta de ecuación $x = 5$? ¿Qué ángulo forma la recta con la parte positiva del eje X?

44 ¿La pendiente de una recta es única? ¿Y el vector director?

45 Dada la recta de ecuación en forma explícita $y = 2x - 7$, ¿cuál es el significado de 2 y de -7?

46 ¿Cómo harás para saber si el punto A(2 , 3) pertenece a la recta de ecuación $2x - y - 1 = 0$?

47 Si una recta tiene por vector director (4 , 2) y otra tiene por vector director (-2 , -2), ¿puede ser la misma?

48 Dada la recta de la forma $y - 4 = 3(x - 2)$, ¿cuál será la tangente del ángulo que forma la parte positiva del eje de abscisas con la recta dada?

49 ¿Sabes qué significa esta señal?

Si no conoces el significado de esta señal pregúntalo y después relaciónala con la idea de pendiente.

50 Un tramo de carretera une dos puntos cuyo desnivel es 54 m, siendo su distancia horizontal 870 m. Otro tramo de carretera tiene una pendiente del 6 %. ¿Qué tramo tiene mayor pendiente?

51 Dado el segmento de extremos A (3 , 5) y B (6 , 15), calcula las coordenadas de los puntos C, D y E que dividen el segmento AB en cuatro partes iguales.

de matemáticas

La falacia geométrica de Lewis Carroll

El cuadrado de la figura de 8 cm de lado se corta según las cuatro piezas indicadas. Colocadas de otra forma obtenemos un rectángulo de dimensiones 13 y 5. Ahora bien, el área del cuadrado es: $8^2 = 64$ y el área del rectángulo es: $13 \cdot 5 = 65$.

Entonces $64 = 65$. ¿Qué pasó?

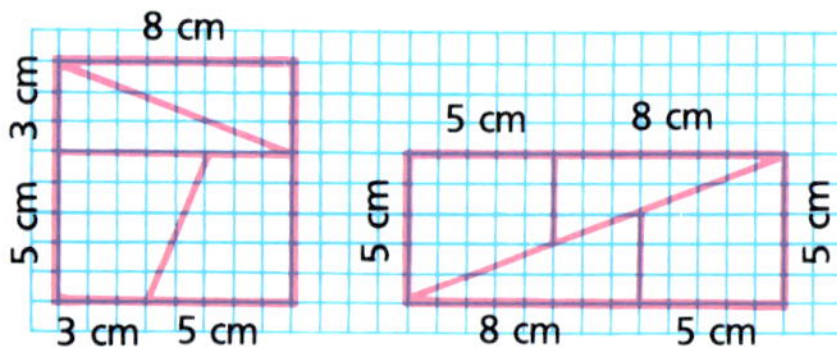

Te vamos a dejar que busques la solución, pero deberás estudiar las pendientes de las rectas de los lados oblicuos de las piezas del rectángulo.

Sabías que...

*Charles Lutwidge Dodgson (1832-1898), más conocido por el seudónimo de **Lewis Carroll**, autor de «Alicia en el país de las maravillas», fue un matemático inglés que propuso una gran cantidad de problemas interesantes.*

La ley de Gay-Lussac

A comienzo del siglo XIX, el físico y químico francés Louis-Joseph **Gay-Lussac** (1778-1858) estudió las transformaciones térmicas de los gases cuando se mantiene constante la presión. Observó que al aumentar la temperatura de un gas su volumen aumenta; es decir, se dilata.

Experimentando con varios gases, encontró en todos ellos el mismo comportamiento en la dilatación, por lo que enunció la siguiente ley, que se conoce con el nombre de ley de Gay-Lussac:

Para una misma masa de gas a presión constante, el aumento de su volumen es directamente proporcional al aumento de la temperatura y al volumen inicial.

Si representamos por $\mathbf{V_0}$ el volumen en el instante cero y por $\mathbf{V}$ el volumen en el instante $\mathbf{t}$, el volumen viene dado por la ecuación:

$$\mathbf{V = V_0 + \alpha V_0 t}$$

donde α es la constante de proporcionalidad, que es idéntica para todos los gases, y su valor es $\alpha = \frac{1}{273}$ °C^{-1}.

La ecuación anterior tiene por representación una recta que pasa por los puntos $(0, V_0)$ y $(-273, 0)$.

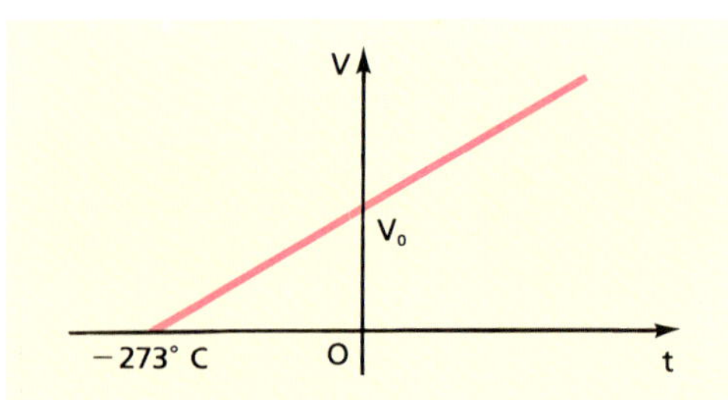

10 POSICIONES RELATIVAS DE DOS RECTAS EN EL PLANO

EL NEGOCIO DE DON COSME

En el parque de atracciones de una gran ciudad hay dos recorridos de paso casi obligado: uno que va desde la entrada de la llamada montaña rusa y otro que va desde los coches de choque al embarcadero del lago.

La dirección del parque ha concedido permiso a don Cosme para que instale un puesto de helados en el lugar que desee, pero que debe determinar con exactitud para que no existan ambigüedades. Por ello le han indicado que la entrada está situada en el punto E(4 , 2), la montaña rusa en el punto M(14 , 8), los coches de choque en el punto C(6 , 9) y el embarcadero del lago en el punto L(11 , 1).

Don Cosme ha decidido que el mejor sitio para instalar su negocio será en el cruce de los recorridos citados, de esta forma podrá tener una mayor clientela. Pero no sabe cómo expresar dicho sitio pues la dirección del parque le pide que lo defina mediante sus coordenadas. ¿Podrías ayudarle?

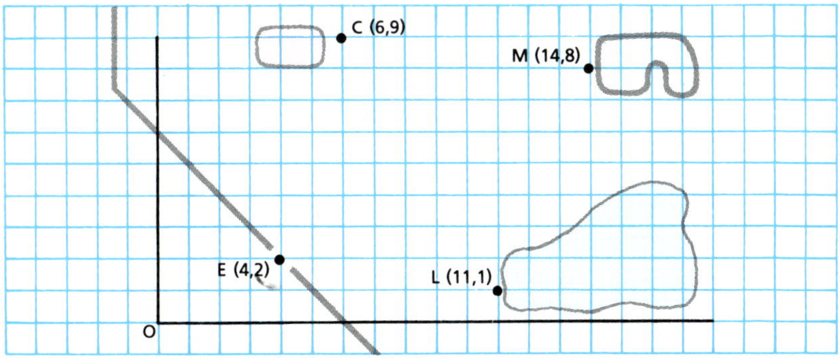

PARA AYUDAR A DON COSME

Podemos hallar la recta r que pasa por E y M, y la recta s que pasa por C y L. Posteriormente podemos hallar la intersección de las rectas r y s, obteniendo el punto H, donde don Cosme deberá instalar su puesto de helados.

¿Y cómo hallaremos la intersección de dichas rectas?

En esta lección vamos a ver cómo resolver estas situaciones.

1. POSICIONES RELATIVAS DE DOS RECTAS EN EL PLANO (I)

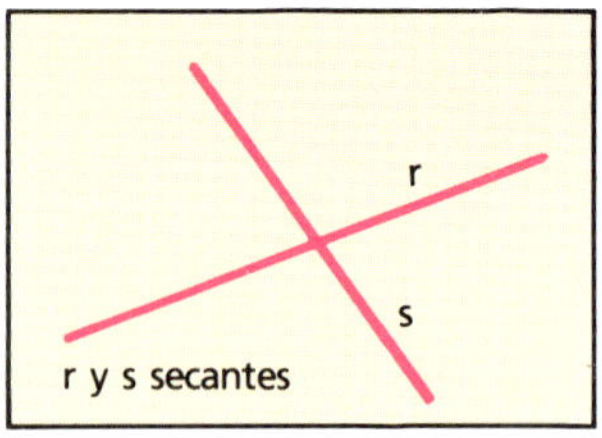

r y s secantes

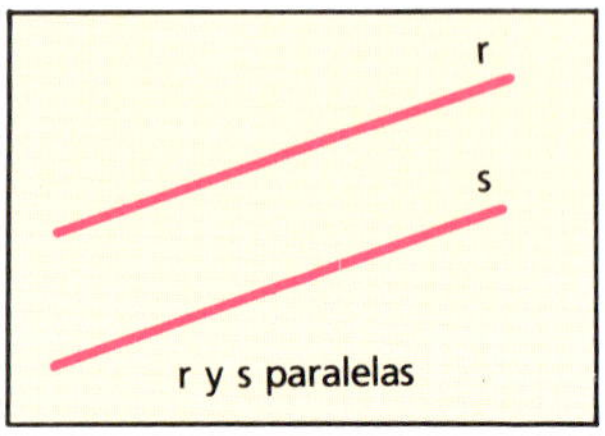

r y s paralelas

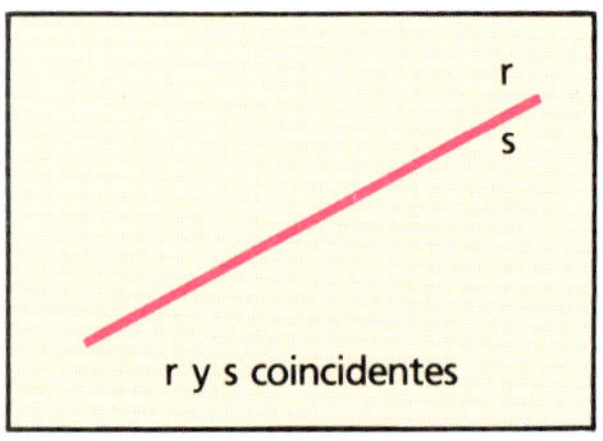

r y s coincidentes

Si trazas dos rectas cualesquiera en el plano, puede ocurrir que:

- Sean secantes; es decir, se cortan.
- Sean paralelas, o
- Sean coincidentes.

A la vista de las figuras del margen, está claro que:

- Dos rectas son **secantes** si sólo tienen **un punto común.**
- Dos rectas son **paralelas** si no tienen **ningún punto común.**
- Dos rectas son **coincidentes** si tienen **todos los puntos comunes.**

Para averiguar si las rectas son secantes, paralelas o coincidentes hallaremos su intersección resolviendo el sistema que forman sus ecuaciones, de manera que:

- **si tiene una solución las rectas se cortan,**
- **si no tiene solución las rectas son paralelas,**
- **si tiene infinitas soluciones las rectas son coincidentes.**

1. **Estudia las posiciones relativas de las rectas:**

a) $\mathbf{r \equiv 3x+2y-7=0}$ $\quad$ $\mathbf{s \equiv 2x-y=0}$

b) $\mathbf{r' \equiv x-2y-3=0}$ $\quad$ $\mathbf{s' \equiv 3x-6y+4=0}$

c) $\mathbf{r'' \equiv 2x+3y+1=0}$ $\quad$ $\mathbf{s'' \equiv 4x+6y+2=0}$

a) Resolvamos el sistema formado por las rectas r y s:

$$\left.\begin{aligned}3x+2y-7&=0\\2x-y&=0\end{aligned}\right\} \quad \left.\begin{aligned}3x+2y-7&=0\\4x-2y&=0\end{aligned}\right\}$$
$$7x-7=0 \Rightarrow x=1;\ y=2$$

Luego las rectas r y s tienen un punto común, el P(1 , 2); por tanto, las rectas se cortan.

b) Resolvamos el sistema formado por las rectas r′ y s′:

$$\left.\begin{aligned}x-2y-3&=0\\3x-6y+4&=0\end{aligned}\right\} \text{multiplic. por } -3 \quad \left.\begin{aligned}-3x+6y+9&=0\\3x-6y+4&=0\end{aligned}\right\}$$
$$13=0$$

Como 13 no puede ser igual a 0, el sistema no tiene solución; es decir, no tiene ningún punto común. Por tanto, las rectas r′ y s′ son paralelas.

c) Resolvamos el sistema formado por las rectas r″ y s″:

$$\left.\begin{aligned}2x+3y+1&=0\\4x+6y+2&=0\end{aligned}\right\} \text{multiplic. por } -2 \quad \left.\begin{aligned}-4x+6y-2&=0\\4x+6y+2&=0\end{aligned}\right\}$$
$$0=0$$

Como la identidad 0=0 se verifica siempre, cualquiera que sea el valor de x, entonces las rectas r″ y s″ tienen infinitos puntos comunes, por tanto, son coincidentes.

2. POSICIONES RELATIVAS DE DOS RECTAS EN EL PLANO (II)

¿Podríamos saber la posición relativa de dos rectas sin necesidad de resolver el sistema que forman?

Veamos esta cuestión únicamente cuando las rectas vienen dadas por sus ecuaciones en forma implícita. En los demás casos, bastaría pasar la ecuación a esta forma.

Sean las rectas **r** y **s** de ecuaciones: $\mathbf{Ax+By+C=O}$ y $\mathbf{A'x+B'x+C'=0}$.

Las pendientes y las ordenadas en el origen de ambas rectas son:

$$m=\frac{-A}{B} \qquad m'=\frac{-A'}{B'} \qquad n=\frac{-C}{B} \qquad n'=\frac{-C'}{B'}$$

1. **Las rectas r y s son coincidentes si sus pendientes y sus ordenadas en el origen son iguales; es decir:**

$$m=m' \Leftrightarrow \frac{-A}{B}=\frac{-A'}{B'} \Leftrightarrow \frac{A}{A'}=\frac{B}{B'}$$

$$n=n' \Leftrightarrow \frac{-C}{B}=\frac{-C'}{B'} \Leftrightarrow \frac{C}{C'}=\frac{B}{B'}$$

r y s coincidentes $\Leftrightarrow \dfrac{A}{A'}=\dfrac{B}{B'}=\dfrac{C}{C'}$

2. **Las rectas r y s son paralelas si sus pendientes son iguales, y sus ordenadas en el origen son distintas; es decir:**

$$m=m' \Leftrightarrow \frac{-A}{B}=\frac{-A'}{B'} \Leftrightarrow \frac{A}{A'}=\frac{B}{B'}$$

$$n\neq n' \Leftrightarrow \frac{-C}{B}\neq\frac{-C'}{B'} \Leftrightarrow \frac{C}{C'}\neq\frac{B}{B'}$$

r y s paralelas $\Leftrightarrow \dfrac{A}{A'}=\dfrac{B}{B'}\neq\dfrac{C}{C'}$

3. **Las rectas r y s son secantes si sus pendientes son distintas; es decir,** $m\neq m' \Leftrightarrow \dfrac{-A}{B}\neq\dfrac{-A'}{B'} \Leftrightarrow \dfrac{A}{A'}\neq\dfrac{B}{B'}$

r y s secantes $\Leftrightarrow \dfrac{A}{A'}\neq\dfrac{B}{B'}$

PARA RESOLVER MENTALMENTE

Dadas las rectas de ecuaciones:

a) $2x+3y-4=0$
b) $x-2y+1=0$
c) $3x-2y-9=0$
d) $4x+6y-8=0$
e) $2x-4y-6=0$
f) $2x+3y+9=0$
g) $x-2y+4=0$
h) $8x+12y-16=0$
i) $3x-2y=0$

¿Hay algunas que sean coincidentes?

Indica cuáles son paralelas.

Si dos rectas cualesquiera no son paralelas ni coincidentes, ¿cómo serán?

EN FORMA EXPLÍCITA

r: $y=mx+n$ s: $y=m'x+n'$
r y s secantes: $m\neq m'$
r y s paralelas: $m=m'$; $n\neq n'$
r y s coincidentes: $m=m'$; $n=n'$

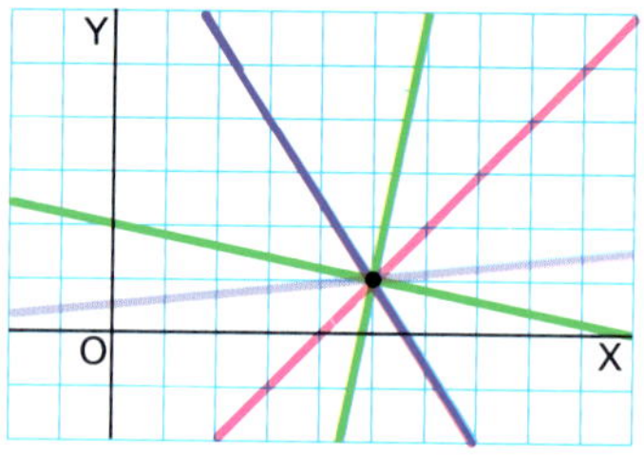

Haz de rectas de vértice P(5 , 1).

3. HAZ DE RECTAS SECANTES

Sea P(5 , 1) un punto cualquiera del plano: todas las rectas que pasan por P tendrán en común el punto y variará su pendiente m; por tanto, la ecuación en la forma punto-pendiente:

$$y-1=m(x-5)$$

representa a todas las rectas que pasan por P. Para cada valor de m se obtiene una recta distinta que pasa por P.

> Se llama **haz de rectas de vértice P (x_0 , y_0)** al conjunto de todas las rectas del plano que pasan por el punto P; su ecuación es:
>
> $$\mathbf{y-y_0=m(x-x_0)}, \text{ siendo } \mathbf{m} \text{ un número real}$$

Para cada valor de m se obtiene una recta que pasa por P (x_0 , y_0).

► ¿Y si el punto viene determinado mediante dos rectas que se cortan?

Podríamos hallar las coordenadas del punto de corte P y proceder como acabamos de ver, pero es más cómodo no resolver el sistema.

El haz de rectas que pasan por el punto de corte de las rectas r: $2x+y-3=0$; s: $x+3y+1=0$ viene dado por la ecuación:

$$\alpha(2x+y-3)+\beta(x+3y+1)=0$$

donde α y β son dos parámetros reales no simultáneamente nulos. Generalmente se acostumbra dividir por uno de los parámetros supuesto no nulo, por lo que se obtiene:

$$2x+y-3+\frac{\beta}{\alpha}(x+3y+1)=0$$

y llamando $k=\dfrac{\beta}{\alpha}$, resulta: $2x+y-3+k(x+3y+1)=0$.

Para cada valor de k se obtiene una recta que pasa por el punto de intersección de las rectas dadas.

1. Expresa el haz de rectas que pasa por el punto P (3 , − 2).

La ecuación del haz es: $y+2=m(x-3)$; para cada valor de m se obtiene una recta que pasa por P(3 , − 2).

2. Calcula la ecuación de la recta que pasa por el punto de intersección de las rectas r: $2x+3y-4=0$ y s: $x-y=0$ y por el punto A(2 , 1).

La ecuación del haz determinado por las rectas r y s es:

$$2x+3y-4+k(x-y)=0$$

Imponemos la condición de que el haz pase por el punto A, por lo que las coordenadas de A verificarán la ecuación del haz:

$$2\cdot 2+3\cdot 1-4+k(2-1)=0 \Leftrightarrow 3+k=0 \Leftrightarrow k=-3$$

Sustituyendo el valor de k en la ecuación del haz, resulta:

$$2x+3y-4-3(x-y)=0 \Leftrightarrow x-6y+4=0$$

DE UNA MANERA GENERAL

Sean las rectas de ecuaciones:

r: $Ax+By+C=0$
s: $A'x+B'y+C'=0$

que suponemos se cortan en el punto P(x_0 , y_0).

La ecuación:

$$\alpha(Ax+By+C)+\beta(A'x+B'y+C')=0$$

representa el haz de rectas de vértice P, ya que al variar α y β se obtienen rectas que pasan por el punto P(x_0 , y_0), pues sus coordenadas verifican la ecuación:

$$\alpha(Ax_0+By_0+C)+\beta(A'x_0+B'y_0+C')=\alpha\cdot 0+\beta\cdot 0=0$$

Si dividimos por uno de los parámetros que sea no nulo, se tiene:

$$Ax+By+C+\frac{\beta}{\alpha}(A'x+B'y+C')=0$$

y llamando $k=\dfrac{\beta}{\alpha}$ resulta:

$$\boxed{Ax+By+C+k(A'x+B'y+C')=0}$$

siendo k un número real.

4. HAZ DE RECTAS PARALELAS

¿Cómo podremos determinar las ecuaciones de todas las rectas que son paralelas a una dada?

Consideremos una recta cualquiera de ecuación $2x-3y+7=0$; queremos hallar la expresión general de todas las rectas paralelas a la dada. Como todas tienen que tener la misma pendiente, únicamente variará el término independiente. Por tanto, la expresión general de las rectas paralelas a la recta r será:

$$2x-3y+k=0$$

Para cada valor de k se obtiene una recta distinta y paralela a r.

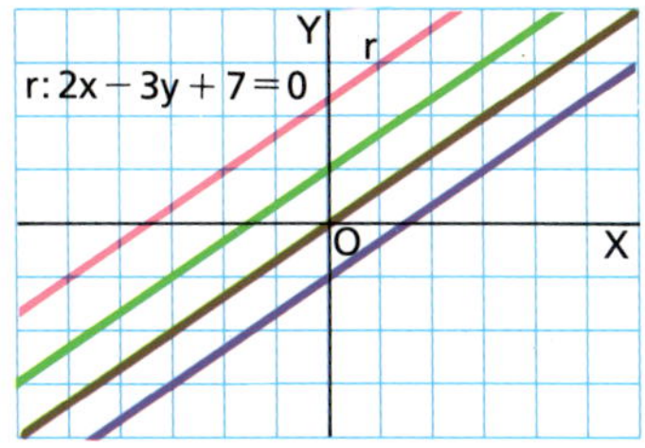

Haz de rectas paralelas a r: $2x-3y+7=0$.

$\mathbf{2x-3y+k=0}$

Se llama haz de rectas paralelas a la recta r: $Ax+By+C=0$ al conjunto de todas las rectas del plano que son paralelas a r; su ecuación es:

$Ax+By+k=0$, siendo k un número real

MUY IMPORTANTE

Los vectores directores de dos rectas paralelas son proporcionales.

Para cada valor de k se obtiene una recta paralela a r.

1. Calcula la ecuación del haz de rectas paralelas a las rectas: a) $3x-2y+4=0$; b) $y=5x+3$.

a) La ecuación del haz de rectas paralelas a la recta $3x-2y+4=0$ es:

$$3x-2y+k=0$$

Para cada valor de k se obtiene una recta paralela a la dada.

b) La ecuación del haz de rectas paralelas a la recta $y=5x+3$ es:

$$y=5x+k$$

Para cada valor de k se obtiene una recta paralela a la dada.

2. Halla la ecuación de la recta paralela a r: $3x+2y-4=0$ que pasa por el punto A(2 , 3).

La ecuación del haz de rectas paralelas a r es:

$$3x+2y+k=0$$

Seleccionaremos de estas infinitas rectas paralelas a r la que pasa por el punto A(2 , 3), exigiendo que dicho punto satisfaga la ecuación del haz:

$$3\cdot 2+2\cdot 3+k=0 \Rightarrow k=-12$$

Sustituyendo el valor de k en la ecuación del haz obtenemos la recta pedida:

$$3x+2y-12=0$$

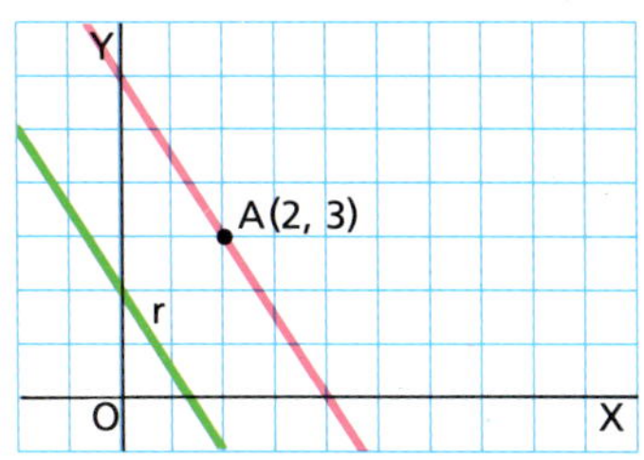

3. Determina el valor de a para que las rectas r y s sean paralelas, siendo r: $x+3y=6$; s: $ax-y=5$.

$$\left.\begin{array}{ll} r: & x+3y-6=0 \\ s: & ax-y-5=0 \end{array}\right\} \text{multiplicando por } -3 \quad \left.\begin{array}{ll} r: & x+3y-6=0 \\ s: & -3ax+3y+15=0 \end{array}\right\}$$

Para que r y s sean paralelas, o lo que es lo mismo, pertenezcan al mismo haz de rectas paralelas, se debe cumplir que:

$$1=-3a \quad \Rightarrow \quad a=-\frac{1}{3}$$

1 **Dadas las rectas r: $3x+y-11=0$ y s: $x+2y-7=0$, halla la ecuación de la recta que pasa por el punto de intersección de las rectas r y s y por el punto A(−1 , 2).**

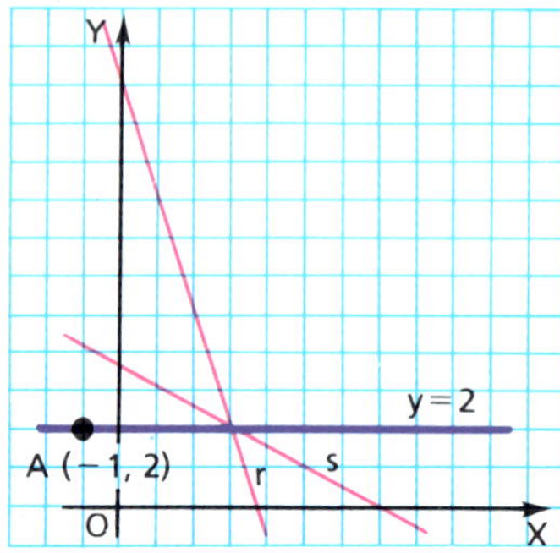

La ecuación del haz de rectas determinado por r y s es:

$$3x+y-11+k(x+2y-7)=0$$

La recta pedida pertenece al haz y pasa por el punto A (−1 , 2), luego las coordenadas del punto satisfacen la ecuación del haz:

$$3\cdot(-1)+2-11+k[(-1)+2\cdot 2-7]=0$$

$$4k+12=0 \Leftrightarrow k=-3$$

Sustituyendo este valor en la ecuación del haz y operando:

$$3x+y-11-3(x+2y-7)=0 \Leftrightarrow y=2$$

2 **La recta r: $3x+ny-7=0$ pasa por el punto A(3 , 2) y es paralela a la recta s: $mx+2y=13$. Calcula m y n.**

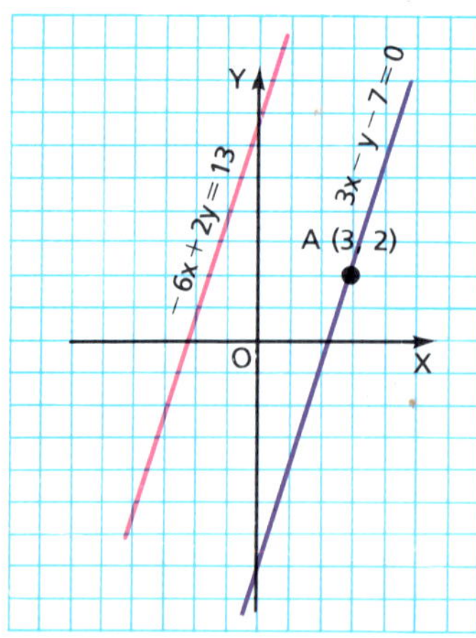

El coeficiente n lo hallamos sabiendo que el punto A pertenece a la recta r, por tanto verificará su ecuación:

$$3\cdot 3+n\cdot 2-7=0 \Rightarrow 2n=-1 \Rightarrow n=-1$$

Luego la ecuación de la recta r es: $3x-y-7=0$.

El coeficiente m lo hallamos haciendo que r y s pertenezcan al mismo haz de rectas paralelas:

$$\left.\begin{array}{ll} r: & 3x-y-7=0 \\ s: & mx+2y-13=0 \end{array}\right\} \text{ multiplicando por } -2 \quad \left.\begin{array}{ll} r: & -6x+2y+14=0 \\ s: & mx+2y-13=0 \end{array}\right\}$$

Luego $m=-6$.

ACTIVIDADES

Ejercicios para entrenarse

1 Halla el punto de intersección de las rectas:

a) $8x - 2y - 20 = 0$ y $3x + 2y - 13 = 0$

b) $x - y = 30$ y $x - y = 14$

c) $3x + 2y - 19 = 0$ y $5x + y - 20 = 0$

d) $5x + 6y - 7 = 0$ y $5x + 4y - 5 = 0$

2 Dadas las rectas de ecuaciones:

a) $y = 5x - 3$
b) $y = -x + 2$
c) $y = 2x - 1$
d) $y = -x + 2$
e) $y = 5x + 2$
f) $y = 3x - 2$
g) $y = 2x + 13$
h) $y = -x - 3$
i) $y = 5x - 7$
j) $y = 6x + 2$

¿Cuáles son coincidentes? ¿Cuáles paralelas?

3 Comprueba si las rectas son secantes, paralelas o coincidentes:

$$\left.\begin{array}{r} 3x + 2y - 5 = 0 \\ 3x + 2y + 7 = 0 \end{array}\right\} \qquad \left.\begin{array}{r} x + 3y - 4 = 0 \\ x + 2y - 5 = 0 \end{array}\right\}$$

$$\left.\begin{array}{r} x + y - 3 = 0 \\ 2x + 2y - 6 = 0 \end{array}\right\}$$

4 Halla la ecuación de la recta que pasa por (2 , 3) y es paralela a la recta $x + y - 3 = 0$.

5 Escribe la ecuación del haz de rectas que pasan por el punto P(2 , 5).

6 Halla la ecuación del haz de rectas que pasan por el punto de intersección de las rectas r: $2x + 4y - 5 = 0$; s: $x + y - 1 = 0$.

Problemas para resolver

7 Halla la ecuación de la recta que pasa por el punto de intersección de las rectas $3x + 4y - 10 = 0$; $4x - 3y - 5 = 0$, y por el punto P(− 3 , 2).

8 Conocidas las rectas r: $3x + by - 8 = 0$; s: $ax - 3y + 12 = 0$, determina a y b para que se corten en P(2 , − 3).

9 Halla la ecuación de la recta que pasa por el punto P(5 , 2) y tiene la misma pendiente que la recta $3x + 4y - 5 = 0$.

10 Halla las coordenadas de los vértices del triángulo cuyos lados son las rectas:
r: $x - y - 1 = 0$
s: $x + y + 2 = 0$
t: $y = 3x + 2$

11 Las ecuaciones de los lados de un cuadrilátero son:
r: $3x + 4y - 8 = 0$
s: $2x + y + 5 = 0$
t: $x - 2y + 12 = 0$
u: $2x + y + 2 = 0$

Halla las ecuaciones de sus diagonales y su punto de intersección.

12 Dadas las rectas $3x + my - 7 = 0$; $4x + y - 14 = 0$; $7x + 2y - 28 = 0$, determina m para que las tres sean rayos de un mismo haz.

13 Halla la ecuación de la recta que pertenece al haz determinado por las rectas $3x + 2y + 2 = 0$; $x - 2y + 8 = 0$, y pasa por el punto P (− 5 , 7).

14 Un haz de rectas tiene como rayos las rectas: $y - x = 0$; $y = 3x - 1$. Halla la recta del haz que pasa por P (6 , 2).

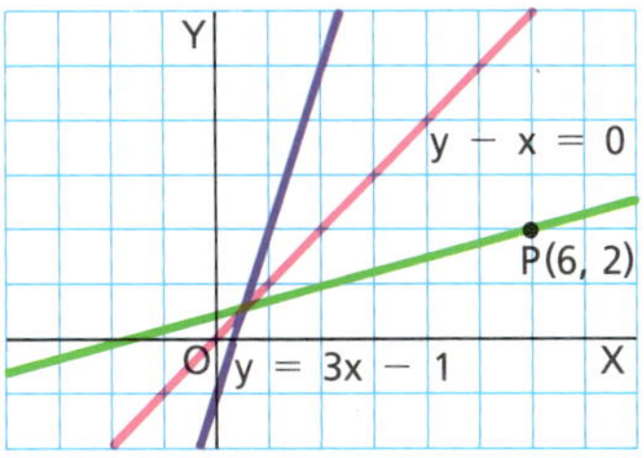

15 Las rectas $mx + 2y = 3$; $5x + ny = 7$ se cortan en el punto (− 1 , 3). Calcula m y n.

16 Halla la ecuación de la recta que pasa por el origen de coordenadas y es paralela a la recta que pasa por los puntos A (1 , 2), B (3 , − 4).

17 Halla la ecuación de la recta que pasa por (2 , 3) y es:

a) Paralela al eje X.

b) Paralela al eje Y.

c) Paralela a la bisectriz del primer cuadrante.

d) Que pase por el origen.

18 Calcula la ecuación de la recta paralela a la de ecuación $2x - y = 0$, sabiendo que su ordenada en el origen es 7.

19 Halla los valores de m y n para que las rectas $2x + 2y - 5 = 0$ y $mx - 7y + 7n = 0$ sean coincidentes.

20 Determina la ecuación de la recta que pasa por el punto de intersección de las rectas r y s de ecuaciones: r: $4x + 6y - 5 = 0$; s: $x - 2y - 3 = 0$, y es paralela a la recta t de ecuación t: $4x - 5y - 12 = 0$.

21 Averigua el valor de k para que las rectas $2x - 3y + 7 = 0$ y $kx + y - 2 = 0$ sean paralelas.

22 Halla las ecuaciones de las rectas que pasan por el punto P(1 , −2) y son respectivamente paralelas a los ejes de coordenadas.

23 Determina si son concurrentes las siguientes rectas:

$$\left.\begin{aligned} 2x - y - 7 &= 0 \\ x + 2y + 4 &= 0 \\ 3x + 3y + 3 &= 0 \end{aligned}\right\} \qquad \left.\begin{aligned} x + 2y &= 11 \\ 3x - y &= 5 \\ 2x + 3y &= 18 \end{aligned}\right\}$$

(Rectas concurrentes son aquellas que pasan por un punto.)

24 La recta $2x - ay = 7$ pasa por el punto A (2 , 1) y es paralela a la recta $bx - y + 2 = 0$. Calcula a y b.

25 *a)* Halla la ecuación del haz de rectas de vértice P(2 , 1).

b) Halla la ecuación de la recta del haz que pasa por el punto A(1 , 3).

c) Halla la ecuación de la recta del haz que es paralela a la recta de ecuación $y = 3x + 1$.

26 Determina la posición relativa de las rectas:

r: $2x + y - 1 = 0$

s: $3x - 2y = 0$

t: $3x + 2y - 5 = 0$

27 Encuentra la ecuación de la recta que pasa por el punto de corte de las rectas r y s de ecuaciones: r: $3x + 2y - 5 = 0$ y s: $5x - 7y + 2 = 0$, y es paralela a la recta $\frac{x-2}{5} = \frac{y+3}{5}$

28 Dadas las rectas $2x - y + 4 = 0$; $3x + 2y - 9 = 0$, halla su punto de intersección y las ecuaciones de las rectas que pasan por el punto (3 , 4) y son paralelas a cada una de las dadas.

29 Dadas las rectas $2x - y = 1$; $3x + 2y = 26$, halla la ecuación de la recta concurrente con ellas y que pasa por el punto (−8 , −3).

30 Halla la ecuación de la recta que pasa por el punto de intersección de r y r′ siendo r: $2x + 3y - 5 = 0$; r′: $x + y = 0$ y el punto de intersección de las rectas s y s′ siendo s: $x + 5y - 3 = 0$; s′: $-x + y - 3 = 0$.

31 Dadas las rectas: r determinada por el punto A(2 , 1) y el vector $\vec{u} = (a , 4)$ y s determinada por el punto B(−1 , 4) y el vector $\vec{v} = (5 , 3)$. Determina a para que r y s sean paralelas. ¿Para qué valores de a las rectas r y s son secantes? ¿Pueden ser coincidentes?

32 Encuentra el valor de a y b para que las rectas de ecuaciones: r: $ax + y = 3$ y s: $bx + 5y - 7 = 0$ sean paralelas, sabiendo que la recta s pasa por el punto A(2 , 1).

33 Halla las ecuaciones de las diagonales del cuadrilátero cuyos lados son las rectas: $x = 3$, $y - x = 0$, $y + x + 1 = 0$, $y + 2 = 0$.

34 La recta $y + 2 = m(x + 3)$ pasa por el punto de intersección de las rectas $2x + 3y + 5 = 0$ y $5x - 2y - 16 = 0$. Calcula m.

35 Dado el triángulo de vértices A(2 , 3), B(4 , 7) y C(7 , −1). Halla los puntos medios de los lados AB y BC. Halla la ecuación de la recta que une estos puntos medios. ¿Cuál es la posición relativa de dicha recta respecto de la recta que pasa por A y C?

36 Calcula el área del círculo circunscrito al triángulo que con los ejes determina la recta $4x + 3y - 24 = 0$.

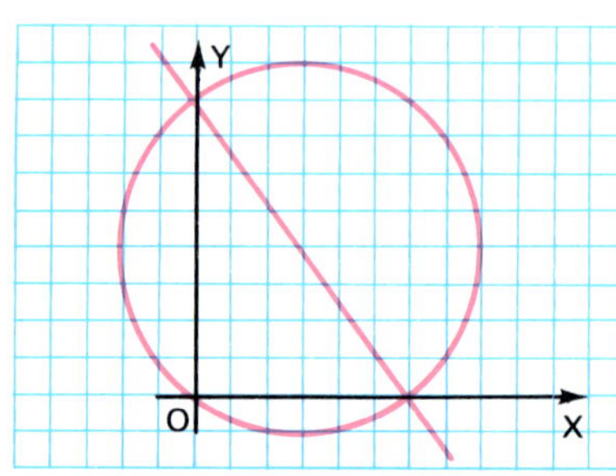

Problemas para entretenerse pensando

37 Tres rectas en el plano pueden dividirlo, a lo sumo, en siete zonas, como puedes ver en la figura adjunta.

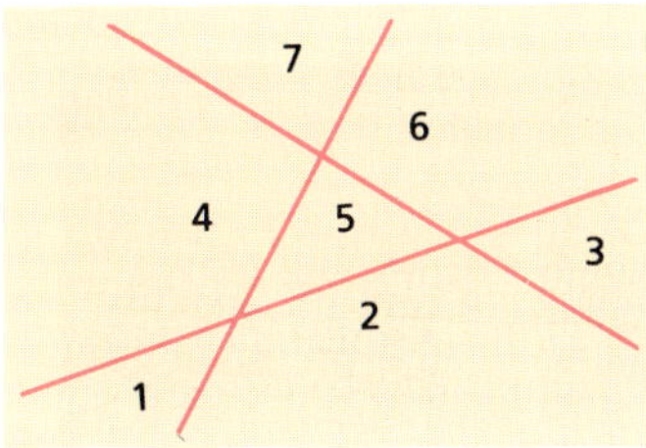

Completa la tabla indicando el número máximo de regiones que pueden formarse, según el número de rectas que se tengan.

N.º de rectas	2	3	4	5	6	7	...
N.º de regiones	...	7	...	...	...	...	...

¿Serías capaz de determinar cuántas regiones como máximo se forman con 10 rectas? ¿Y con 100 rectas?

38 El alcalde de un pueblo que vamos a llamar A le ha contado a su pariente Luis que se proyecta construir una carretera que una, mediante línea recta, su pueblo con otro B. Por otra parte se ha enterado en la Comunidad que se piensa también unir por carretera los pueblos C y D. Luis quiere construir una gasolinera que atienda a las dos carreteras. ¿Dónde deberá construirla? Halla las coordenadas del punto donde instalará la gasolinera.

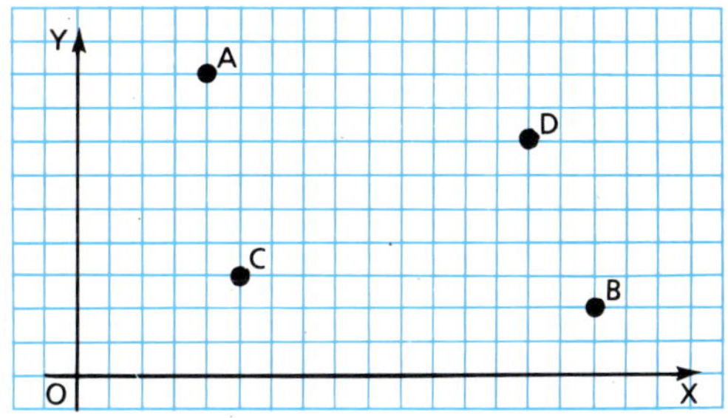

Cuestiones para aclararse

39 ¿Dos rectas en el plano determinan siempre un punto? Razona la contestación.

40 ¿Cuántas rectas hay paralelas a la recta $2x+3y-5=0$ que pasen por el punto A(2 , 3)? ¿Y por el punto B(1 , 1)?

41 ¿Cuál es la expresión general de las rectas paralelas al eje X? ¿Y la expresión general de las rectas paralelas al eje Y?

42 Dadas las rectas de ecuaciones: r: $2x-3y+4=0$ y s: $3x+2y-7=0$. ¿Cómo puedes saber si son coincidentes, paralelas o secantes, sin necesidad de hacer ningún cálculo?

43 Si r y s son dos rectas secantes y A un punto cualquiera del plano, ¿es cierto que existe una recta que pasa por el punto de intersección r y s y por el punto A? ¿Y si el punto A pertenece a cualquiera de las rectas?

44 ¿Es posible hallar la ecuación del haz de rectas que pasan por el punto de intersección de las rectas de ecuaciones: r: $2x-y+4=0$ y $y=3x-1$.

45 Dadas las rectas: r determinada por el punto A(2 , 1) y el vector $\vec{u}=(3\ ,\ 4)$ y s determinada por el punto B(− 1 , 4) y el vector $\vec{v}=(5\ ,\ 3)$. ¿Son secantes, paralelas o coincidentes?

46 Dadas las rectas: r determinada por el punto A y el vector $\vec{u}$ y s determinada por el punto B y el vector $\vec{v}$. ¿Cómo tendrán que ser los vectores $\overrightarrow{AB}$, $\vec{u}$ y $\vec{v}$ para que r y s sean coincidentes?

Para ampliar

47 Los concejales de la ciudad Siemprelimpia están preocupados por la basura que la gente arroja en un bonito parque. El concejal de limpieza ha decidido evitarlo instalando papeleras en lugares estratégicos. El parque está recorrido por catorce caminos rectos según la figura adjunta. ¿Cuál es el número mínimo de papeleras necesarias que se deberán instalar de manera que haya un mínimo de tres papeleras en cada camino? ¿Qué número de guardas serán necesarios de manera que cada camino esté siempre vigilado?

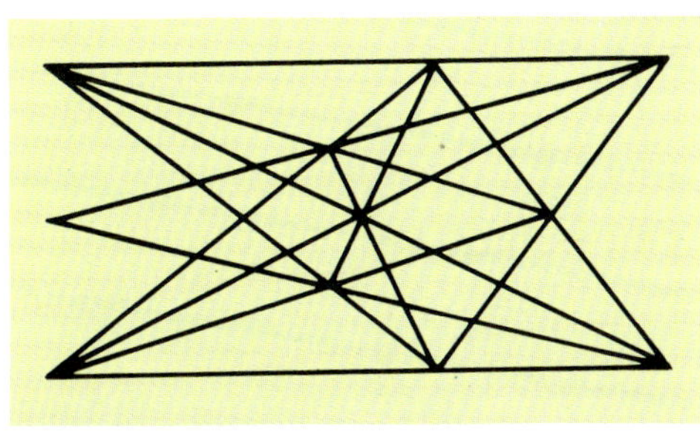

MURAL de matemáticas

Las hiedras que plantó María

Al pie del tronco de un árbol, a ras del suelo, María ha plantado dos hiedras, que brotan al mismo tiempo. Una se enrosca en el árbol a derechas dando cuatro vueltas completas en siete días. La otra se enrosca a izquierdas dando cinco vueltas en el mismo tiempo.

Sin contar el punto de encuentro del principio y el final, ¿cuántas veces se habrán cortado las dos hiedras en el transcurso de los siete días?

Este ejercicio es muy sencillo de simular. Pega una cartulina por uno de los bordes y construye un cilindro que será el tronco del árbol. Traza con un lápiz rojo las cuatro vueltas a derechas y con lápiz azul las cinco vueltas a izquierdas, teniendo cuidado en partir ambas del mismo punto A y llegar ambas ramas al mismo punto B. Despega el cilindro y cuenta los puntos de corte de las rectas.

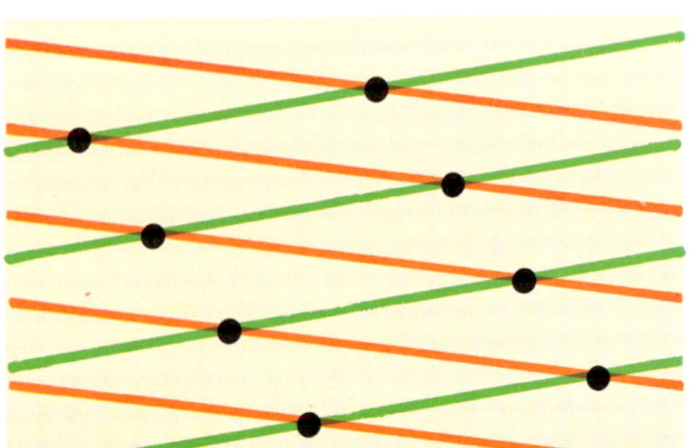

Jugando con palillos

¿Cuántas intersecciones se pueden hacer con dos palillos?

Fácil; pueden ocurrir estos dos casos:

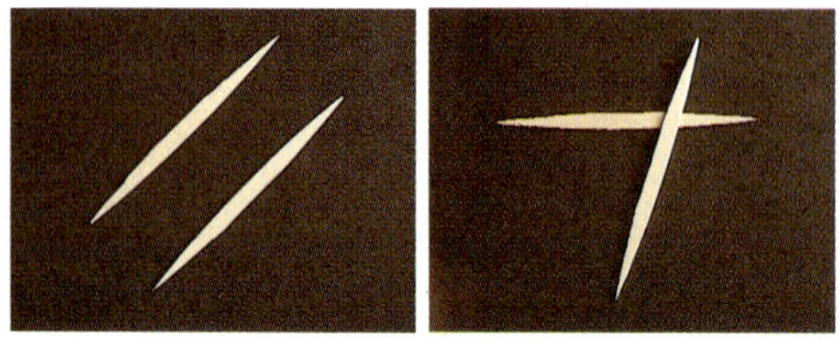

¿Y con tres palillos? ¿Cuál será el número máximo de intersecciones?

En este caso se pueden conseguir las siguientes intersecciones:

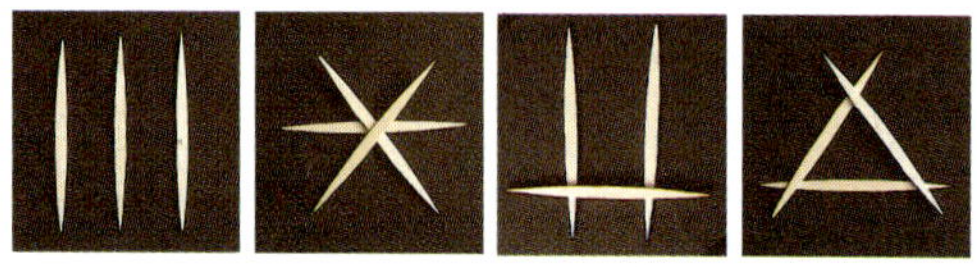

Piensa qué ocurrirá con cuatro palillos. Estudia los casos posibles. ¿Cuál será el número máximo de intersecciones? ¿Y con cinco?

Te vamos a dar la conjetura de una generalización. Con n palillos es imposible que se produzca cualquier número de intersecciones entre 2 y n−2.

Sabías que...

René Descartes *(1596-1650) fue un científico y filósofo francés, al que se considera hoy día como el creador de la Geometría Analítica.*

Una de sus mayores aportaciones fue el traducir el lenguaje geométrico, casi experimental, al lenguaje algebraico.

El desarrollo de la nueva geometría propició el descubrimiento del cálculo infinitesimal debido a Leibnitz y a Newton.

11 ECUACIONES DE LA RECTA Y EL PLANO EN EL ESPACIO

¿CÓMO DETERMINAR RECTAS Y PLANOS EN EL ESPACIO?

En la foto superior puedes ver dos carreteras que no tienen intersecciones y, por tanto, diremos que se cruzan en el espacio: ésta es una de las posiciones relativas que pueden adoptar dos rectas en el espacio.

En esta lección nos vamos a plantear dos importantes preguntas que son las siguientes:

¿Cómo queda determinada una recta en el espacio?

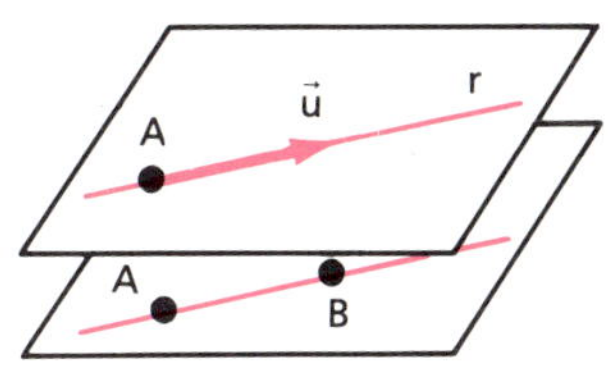

Una recta en el espacio queda determinada:

- **mediante un punto y una dirección;**
- **mediante dos puntos distintos.**

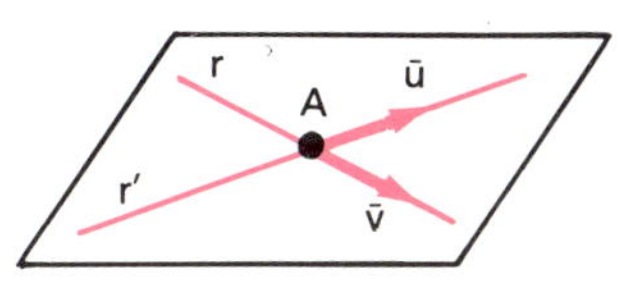

Y un plano, ¿cómo queda determinado en el espacio?

Para determinar un plano necesitamos dos rectas que se corten; es decir:

- **mediante un punto y dos direcciones distintas, o**
- **mediante tres puntos distintos y no alineados.**

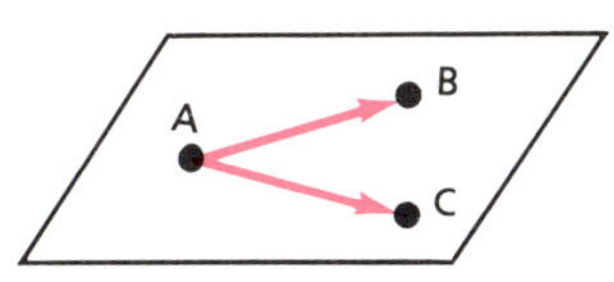

1. ECUACIÓN VECTORIAL DE LA RECTA

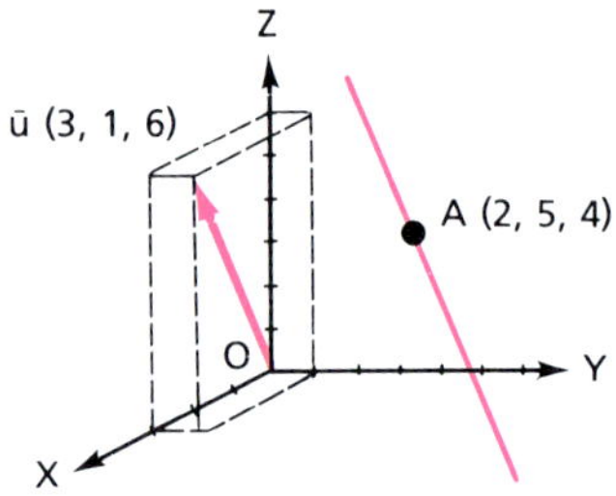

Vamos a representar la recta r que pasa por el punto A(2 , 5 , 4) y lleva la dirección indicada por el vector $\vec{u}=(3\ ,\ 1\ ,\ 6)$.

Como ves la recta r queda perfectamente determinada mediante un punto A y una dirección dada por un vector no nulo $\vec{u}$.

Consideremos el sistema de referencia **R = (0; $\vec{i}$, $\vec{j}$, $\vec{k}$)** y **r** la recta que pasa por **A** y lleva la dirección **$\vec{u}$.**

Sea **X** un punto cualquiera de la recta **r**; entonces el vector $\overrightarrow{\mathbf{AX}}$ es proporcional al vector **$\vec{u}$** por estar en la misma dirección.

$\overrightarrow{\mathbf{AX}} = \mathbf{t}\,\vec{\mathbf{u}}$, siendo **t** un número real cualquiera **(parámetro).**

Sean **$\vec{a}$** y **$\vec{x}$** los **vectores de posición** de los puntos **A** y **X**, respectivamente. Observa la figura y obtendrás:

$$\vec{x}=\vec{a}+\overrightarrow{AX}=\vec{a}+t\,\vec{u}$$

$$\boxed{\vec{\mathbf{x}}=\vec{\mathbf{a}}+\mathbf{t}\,\vec{\mathbf{u}},\ \text{con } \mathbf{t}\in\mathbf{R}}$$

La igualdad anterior se llama **ecuación vectorial de la recta r (A , $\vec{u}$).**

Si damos valores al parámetro t, en la ecuación vectorial de la recta se obtiene un conjunto de vectores de posición de puntos que pertenecen a la recta r.

¿Cómo será la ecuación vectorial de la recta r representada en la parte superior, que pasa por el punto A(2 , 5 , 4) y lleva la dirección $\vec{u}=(3\ ,\ 1\ ,\ 6)$?

$$\vec{x} = (x, y, z) = (2, 5, 4) + t(3, 1, 6) = (2+3t,\ 5+t,\ 4+6t)$$

1. Calcula la ecuación vectorial de la recta r que pasa por A(5 , 3 , 4) y lleva la dirección $\vec{u}=\vec{i}-2\,\vec{j}+6\,\vec{k}$.

$$\vec{x}=(x\ ,\ y\ ,\ z)=\vec{a}+t\,\vec{u}$$
$$=(5\ ,\ 3\ ,\ 4)+t(1\ ,\ -2\ ,\ 6)$$
$$=(5+t\ ,\ 3-2t\ ,\ 4+6t)$$

2. ¿Cuáles son las ecuaciones vectoriales de los ejes OX, OY y OZ?

El eje OX tiene por determinación lineal r(0, $\vec{i}$), por tanto su ecuación vectorial será: $\vec{x}=(x, y, z)=t\,(1, 0, 0)$, con $t\in R$.

El eje OY tiene por determinación lineal r(0 , $\vec{j}$), por tanto su ecuación vectorial será: $\vec{x}=(x\ ,\ y\ ,\ z)=t(0\ ,\ 1\ ,\ 0)$, con $t\in R$.

El eje OZ tiene por determinación lineal r(0 , $\vec{k}$), por tanto su ecuación vectorial será: $\vec{x}=(x\ ,\ y\ ,\ z)=t(0\ ,\ 0\ ,\ 1)$, con $t\in R$.

DETERMINACIÓN LINEAL DE UNA RECTA

A la recta que pasa por un punto A y lleva la dirección del vector no nulo $\vec{u}$ se la representa **r(A,$\vec{u}$)** y se llama **determinación lineal** de la recta r.

- **El punto A** se llama **punto base** de la recta r.
- **El vector** $\vec{u}$ se llama vector direccional de la recta r, o también **vector director** de la recta r.

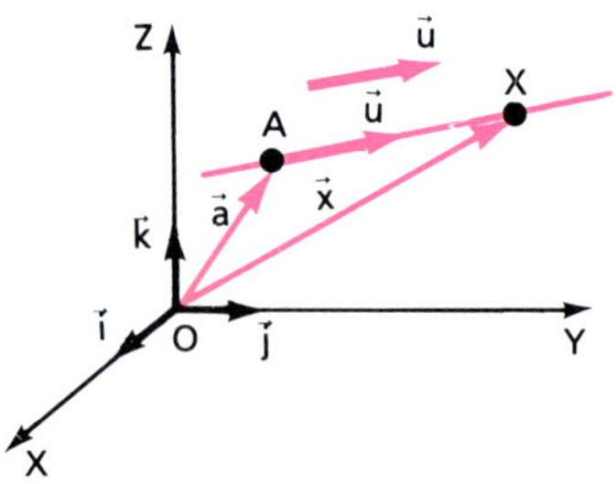

MUY IMPORTANTE

¿Es posible que dos determinaciones lineales distintas puedan representar la misma recta?

Razona con las rectas:

r(A,$\vec{u}$) con A(1,5,0) y $\vec{u}=(2,1,1)$
r' (A',$\vec{u}$') con A'(3,6,1) y $\vec{u}'=(8,4,4)$.

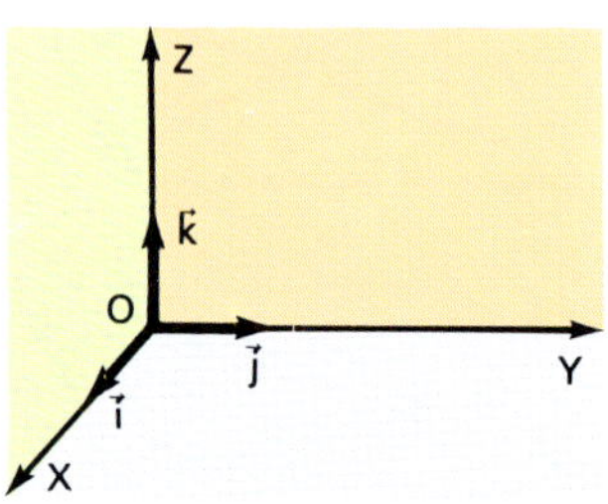

2. ECUACIONES PARAMÉTRICAS DE LA RECTA

Acabamos de ver que la ecuación vectorial de la recta r que pasa por el punto A(2 , 5 , 4) y lleva la dirección del vector $\vec{u}=(3\ ,\ 1\ ,\ 6)$ es:

$$(x,\ y,\ z)=(2+3t,\ 5+t,\ 4+6t)$$

Igualando las componentes de ambos vectores, se obtiene:

$$\left.\begin{array}{l} x=2+3t \\ y=5+\ \ t \\ z=4+6t \end{array}\right\} \text{con } t \in R$$

A estas ecuaciones les llamamos ecuaciones paramétricas de la recta r.

Veamos estas ecuaciones de una forma general.

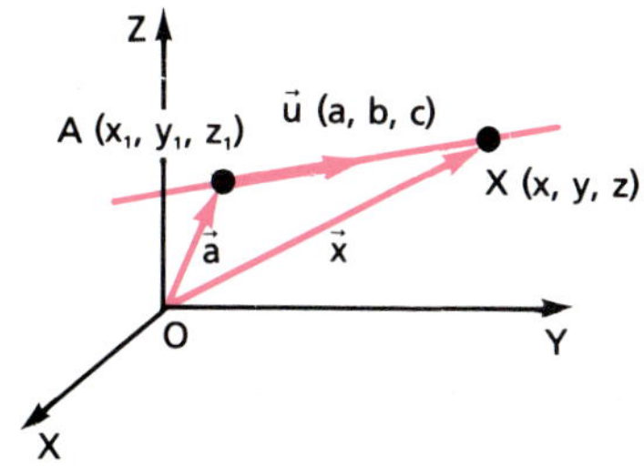

Sean **(x, y, z)**, **(x_1, y_1, z_1)** y **(a, b, c)** las coordenadas de los vectores $\vec{\mathbf{x}}$, $\vec{\mathbf{a}}$ y $\vec{\mathbf{u}}$, respectivamente. Sustituyendo en la ecuación vectorial:

$$\vec{x}=\vec{a}+t\ \vec{u}$$

resulta:

$$\mathbf{(x,\ y,\ z)}=(x_1,\ y_1,\ z_1)+t(a,\ b,\ c)=\mathbf{(x_1+ta,\ y_1+tb,\ z_1+tc)}$$

Igualando las componentes de ambos vectores, se obtiene:

$$\left.\begin{array}{l} \mathbf{x=y_1+t\ a} \\ \mathbf{y=y_1+t\ b} \\ \mathbf{z=z_1+t\ \ c} \end{array}\right\} \mathbf{t \in R}$$

Estas ecuaciones reciben el nombre de **ecuaciones paramétricas de la recta. Para cada valor del parámetro t se obtiene un punto de la recta r.**

ALGO DE VOCABULARIO

A las coordenadas (a, b, c) del vector director $\vec{u}$ se les llama coeficientes directores de la recta r, ya que toda terna (a, b, c) define siempre una dirección, salvo si se trata del vector nulo.

La terna (0 , 0 , 0) no define ninguna dirección.

1. **Halla las ecuaciones paramétricas de la recta que pasa por el punto A(5 , 3 , 4) y lleva la dirección $\vec{u}=(1\ ,\ -2\ ,\ 6)$.**

Sustituyendo en las ecuaciones paramétricas de la recta, se obtiene:

$$\left.\begin{array}{l} x=5+\ \ \ t \\ y=3-2\ t \\ z=4+6\ t \end{array}\right\} \text{con } t \in R$$

2. **Calcula las ecuaciones paramétricas de la recta que pasa por el punto A(2 , −1 , 0) y que tiene por vector director $\overrightarrow{PQ}$, siendo P(3 , 4 , 7) y Q(5 , 1 , 6).**

El vector $\overrightarrow{PQ}$ es: $\overrightarrow{PQ}=(5\ ,\ 1\ ,\ 6)-(3\ ,\ 4\ ,\ 7)=(2\ ,\ -3\ ,\ -1)$.

Las ecuaciones paramétricas de la recta pedida son:

$$\left.\begin{array}{l} x=\ \ \ 2+2\ t \\ y=-1-3\ t \\ z=\ \ \ \ \ \ \ \ -t \end{array}\right\} \text{con } t \in R$$

- Si $a = 0$, se tiene $x = x_1$ que es la ecuación de un plano paralelo al OYZ, que contiene a la recta.

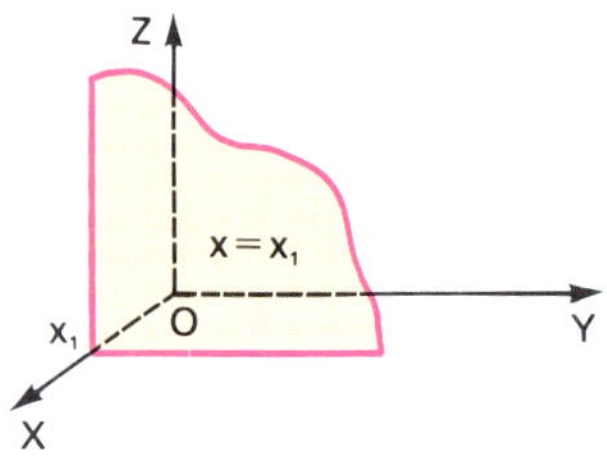

- Si $b = 0$, se tiene $y = y_1$ que es la ecuación de un plano paralelo al OXZ, que contiene a la recta.

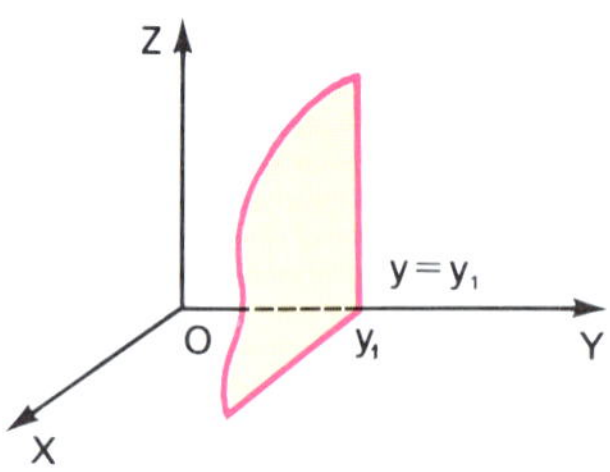

- Si $c = 0$, se tiene $z = z_1$ que es la ecuación de un plano paralelo al OXY, que contiene a la recta.

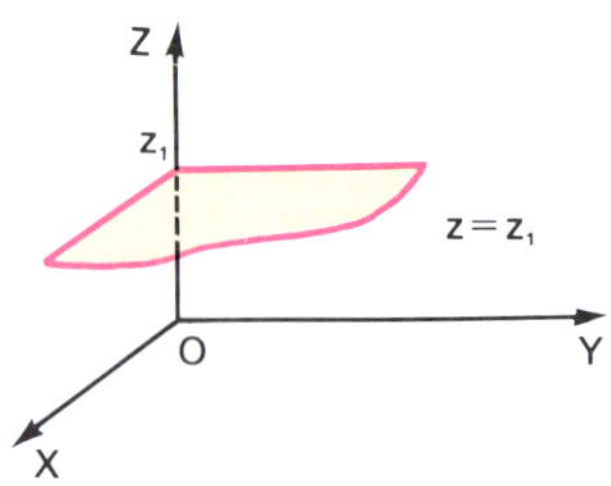

- Si $a = b = 0$, se obtiene la recta intersección de los planos:

$$\left.\begin{array}{l} x = x_1 \\ y = y_1 \end{array}\right\}$$

- Si $a = c = 0$, se obtiene la recta intersección de los planos:

$$\left.\begin{array}{l} x = x_1 \\ z = z_1 \end{array}\right\}$$

- Si $b = c = 0$, se obtiene en la recta intersección de los planos:

$$\left.\begin{array}{l} y = y_1 \\ z = z_1 \end{array}\right\}$$

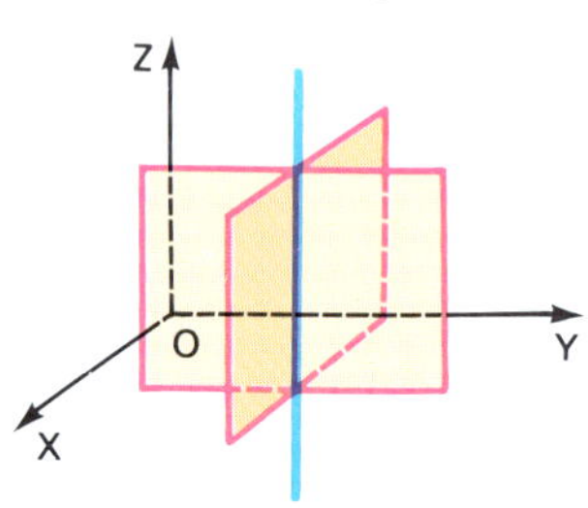

3. ECUACIÓN DE LA RECTA EN FORMA CONTINUA

Acabamos de ver que las ecuaciones paramétricas de la recta que pasa por el punto A (2 , 5 , 4) y lleva la dirección $\vec{u} = (3 , 1 , 6)$ son:

$$\begin{array}{l} x = 2 + 3t \\ y = 5 + \ t \\ z = 4 + 6t \end{array}$$

Si despejamos el parámetro t de cada ecuación e igualamos, resulta:

$$t = \frac{x-2}{3} ; \qquad t = \frac{y-5}{1} ; \qquad t = \frac{z-4}{6}$$

$$\frac{x-2}{3} = \frac{y-5}{1} = \frac{z-4}{6}$$

La igualdad anterior se llama ecuación de la recta r en forma continua.

De una manera general, sean las ecuaciones paramétricas de la recta que pasa por el punto A (x_1, y_1, z_1) y lleva la dirección $\vec{u} = (a , b , c)$, resulta:

$$\left.\begin{array}{l} x = x_1 + t\,a \\ y = y_1 + t\,b \\ z = z_1 + t\,c \end{array}\right\} \text{con } t \in R$$

Despejando t en ambas ecuaciones e igualando, resulta:

$$\boxed{\frac{x - x_1}{a} = \frac{y - y_1}{b} = \frac{z - z_1}{c}}$$

La igualdad anterior recibe el nombre de **ecuación de la recta en forma continua.**

1. Halla la ecuación en forma continua de la recta que pasa por el punto A(6 , 3 , 4) y lleva la dirección del vector $\vec{u} = (2 , 1 , 7)$.

Sustituyendo en la ecuación de la recta en forma continua, resulta:

$$\frac{x-6}{2} = \frac{y-3}{1} = \frac{z-4}{7}$$

2. Halla la ecuación de la recta que pasa por los puntos A(1 , 2 , 3) y B(7 , −9 , 2)

El vector director es $\vec{u} = \overrightarrow{AB} = (7 , -9 , 2) - (1 , 2 , 3) = (6 , -11 , -1)$.

Ecuación vectorial: $\vec{x} = (x , y , z) = (1 , 2 , 3) + t(6 , -11 , -1)$

Ecuaciones paramétricas: $\left\{\begin{array}{l} x = 1 + 6t \\ y = 2 - 11t \\ z = 3 - t \end{array}\right.$

Ecuación forma continua: $\dfrac{x-1}{6} = \dfrac{y-2}{-11} = \dfrac{z-3}{-1}$

4. ECUACIÓN VECTORIAL DEL PLANO

¿Cómo queda determinado un plano en el espacio?

Las dos formas más sencillas para determinar un plano en el espacio son:

- **Por tres puntos no alineados, o**
- **Por un punto y dos vectores no nulos y no proporcionales.**

Sea **α** el plano determinado por el punto **A** y los vectores $\vec{\mathbf{v}}$ y $\vec{\mathbf{w}}$, que supondremos no nulos y no proporcionales. Un punto cualquiera **X** del plano **α** queda determinado por su vector de posición $\vec{\mathbf{x}}$.

Observa la figura y comprenderás la igualdad siguiente:

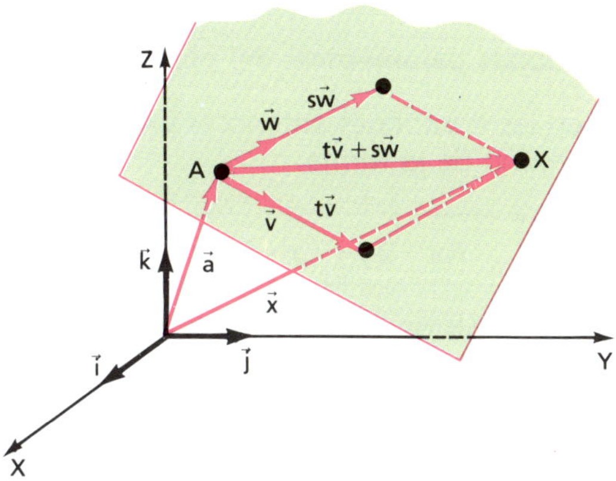

$$\vec{x} = \vec{a} + \overrightarrow{AX}$$
$$= \vec{a} + t\vec{v} + s\vec{w}$$

ya que $\overrightarrow{AX}$ es combinación lineal de $\vec{v}$ y $\vec{w}$.

$$\vec{\mathbf{x}} = \vec{\mathbf{a}} + \mathbf{t}\vec{\mathbf{v}} + \mathbf{s}\vec{\mathbf{w}}, \qquad \textbf{t, s números reales}$$

La igualdad anterior se llama **ecuación vectorial del plano.**

Dando valores a los parámetros t y s se obtienen puntos del plano α, determinados por sus vectores de posición.

DETERMINACIÓN LINEAL DE UN PLANO

Al plano **α** que pasa por un punto A y cuyos vectores direccionales son $\vec{v}$ y $\vec{w}$ se representa **α (A , $\vec{v}$, $\vec{w}$)** y se llama **determinación lineal** del plano **α**.

- El **punto A** se llama **punto base** del plano **α**.
- **Los vectores** $\vec{v}$ y $\vec{w}$ han de ser no nulos y no proporcionales para que puedan engendrar un **plano director**.

1. Halla las ecuaciones vectoriales de los planos coordenados.

Ecuación vectorial del plano OXY: $\vec{x} = t\vec{i} + s\vec{j}$, $\quad t, s \in R$

Ecuación vectorial del plano OXZ: $\vec{x} = t\vec{i} + x\vec{k}$, $\quad t, s \in R$

Ecuación vectorial del plano OYZ: $\vec{x} = t\vec{j} + s\vec{k}$, $\quad t, s \in R$

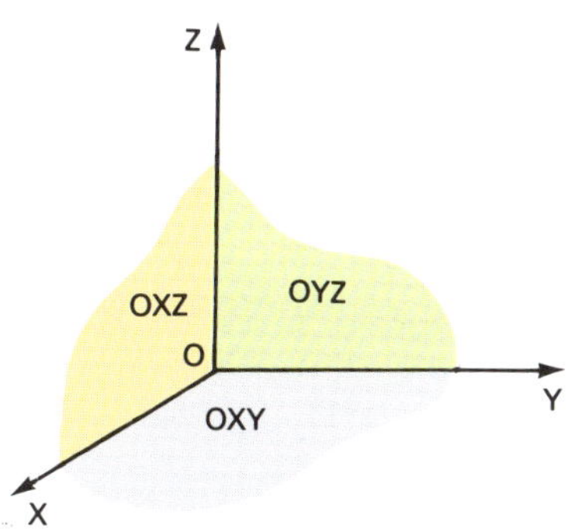

2. Halla la ecuación vectorial del plano α(A , $\vec{v}$, $\vec{w}$) siendo A(2 , 0 , 3), $\vec{v}$ = (4 , −5 , 7) + y $\vec{w}$ = (6 , 5 , 3).

$$\vec{x} = (x , y , z) = (2 , 0 , 3) + t(4 , -5 , 7) + s(6 , 5 , -3)$$

5. ECUACIONES PARAMÉTRICAS Y GENERAL DEL PLANO

Si **(x , y , z), (x_1 , y_1 , z_1), (a , b , c)** y **(a′, b′, c′)** son las coordenadas de $\vec{x}$, $\vec{a}$, $\vec{v}$ y $\vec{w}$, respectivamente, en la referencia $R=(0, \vec{i}, \vec{j}, \vec{k})$, sustituyendo en la ecuación vectorial:

$$\vec{x}=\vec{a}+t\vec{v}+s\vec{w}$$

se obtiene:

$$(x, y, z)=(x_1, y_1, z_1)+t\,(a, b, c)+s\,(a', b', c')$$
$$=(x_1+ta+sa', y_1+tb+sb', z_1+tc+sc')$$

Igualando las componentes, resulta:

$$\left.\begin{array}{l} \mathbf{x=x_1+ta+sa'} \\ \mathbf{y=y_1+tb+sb'} \\ \mathbf{z=z_1+tc+sc'} \end{array}\right\} \textbf{ t y s números reales}$$

que son las **ecuaciones paramétricas del plano.**

Eliminando en las ecuaciones anteriores los parámetros t y s se obtiene una expresión de la forma:

$$\mathbf{Ax+By+Cz+D=0}$$

que se llama **ecuación general o implícita del plano.**

1. **Dado el plano α(A , $\vec{v}$, $\vec{w}$), siendo A(1 , 2 , 3), v=(3 , 1 , 0) y w(0 , −2 , −1), halla las ecuaciones paramétricas y general de α.**

Ecuaciones paramétricas de α:

$$\left.\begin{array}{l} x=1+3t+0s \\ y=2+\ \ t-2s \\ z=3+0t-\ \ s \end{array}\right\} \Rightarrow \left.\begin{array}{l} x=1+3t \\ y=2+t-2s \\ z=3-\ \ s \end{array}\right\}$$

Ecuación general de α:

Para eliminar el parámetro s despejamos s de la 3.ª ecuación y sustituimos este valor en la 2.ª:

$$\left.\begin{array}{l} x=1+3t \\ y=2+t-2s \\ s=3-\ \ z \end{array}\right\} \Rightarrow \left.\begin{array}{l} x=1+3t \\ y=2+t-2\,(3-z) \end{array}\right\} \Rightarrow \left.\begin{array}{l} x=1+3t \\ y=-4+t+2z \end{array}\right\}$$

Para eliminar el parámetro t despejamos t de la 2.ª ecuación y sustituimos este valor en la 1.ª:

$$\left.\begin{array}{r} x=1+3t \\ y=-4+t+2z \end{array}\right\} \Rightarrow \left.\begin{array}{r} x=1+3t \\ t=y-2z+4 \end{array}\right\} \Rightarrow x=1+3\,(y-2z+4)$$

$$x=1+3y-6z+12 \Rightarrow x-3y+6z-13=0$$

2. **Escribe las ecuaciones de los planos coordenados en forma general.**

Ecuación general del plano OXY: $x=0$

Ecuación general del plano OYZ: $x=0$

Ecuación general del plano OXZ: $y=0$

PLANO QUE PASA POR TRES PUNTOS

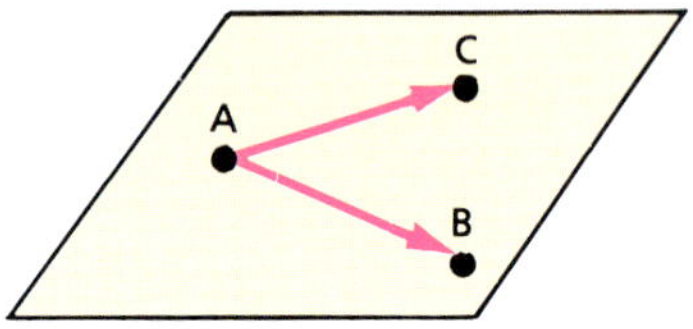

Si A, B y C son tres puntos no alineados determinan un plano α, cuya determinación lineal es:

$$\alpha\,(A, \overrightarrow{AB}, \overrightarrow{AC})$$

Calcula el plano que pasa por los puntos A(2,3,1), B(0,2,3) y C(1,3,6).

$\overrightarrow{AB}=(0,2,3)-(2,3,1)=(-2,-1,2)$

$\overrightarrow{AC}=(1,3,6)-(2,3,1)=(-1,0,5)$

- Ecuación vectorial del plano:

$\vec{x}=(2,3,1)+t\,(-2,-1,2)+s\,(-1,0,5)$

- Ecuaciones paramétricas del plano:

$$\left\{\begin{array}{l} x=2-2t-s \\ y=3-t \\ z=1+2t+5s \end{array}\right.$$

- Ecuación general:

Eliminamos el parámetro t despejando en la 2.ª ecuación y sustituyendo este valor en las otras dos:

$x=2-2\,(3-y)-s=2y-4-s$

$z=1+2\,(3-y)+5s=-2y+7+5s$

Eliminamos el parámetro s multiplicando la 1.ª ecuación por 5 y sumándole la 2.ª:

$$\begin{array}{l} 5x=10y-20-5s \\ \ \ z=-2y+\ \ 7+5s \\ \hline 5x+z=8y-13 \Leftrightarrow 5x-8y+z+13=0 \end{array}$$

PARA AMPLIAR

¿Cómo saber la posición que adoptan en el espacio dos planos, dos rectas o una recta y un plano? De una manera general, resolveremos el sistema que forman sus ecuaciones.

▶ Posiciones relativas de dos planos

Dos planos en el espacio pueden adoptar las siguientes posiciones si:

tienen una recta de puntos comunes.

Planos secantes

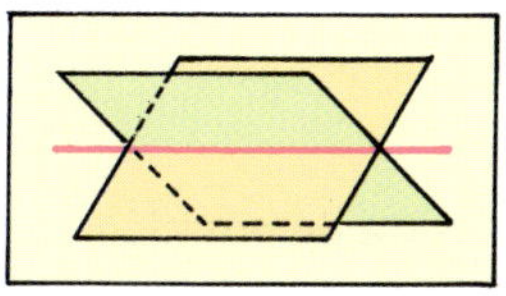

no tienen puntos comunes.

Planos paralelos

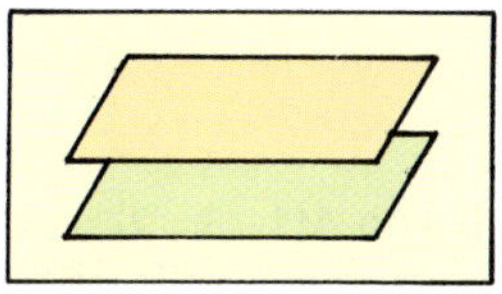

todos los puntos son comunes.

Planos coincidentes

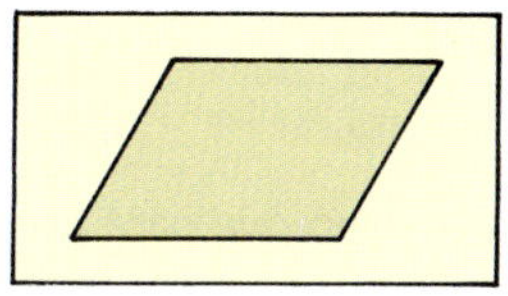

▶ Posiciones relativas de dos rectas

Dos rectas en el espacio pueden adoptar las siguientes posiciones si:

tienen un punto común.

Rectas secantes

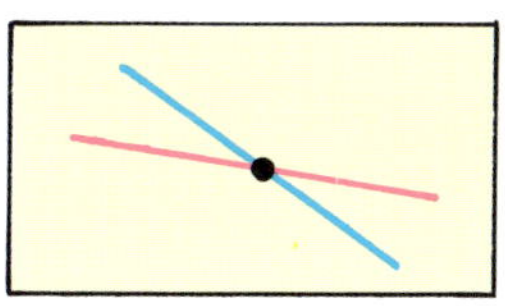

no tienen puntos comunes y los vectores directores son proporcionales.

Rectas paralelas

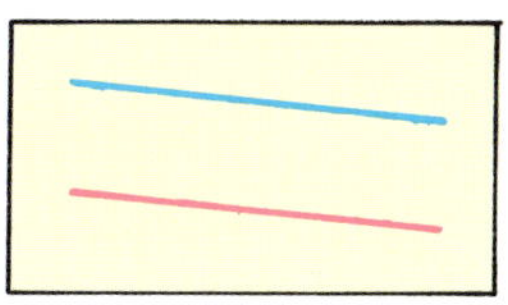

no tienen puntos comunes y los vectores directores no son proporcionales.

Rectas cruzadas

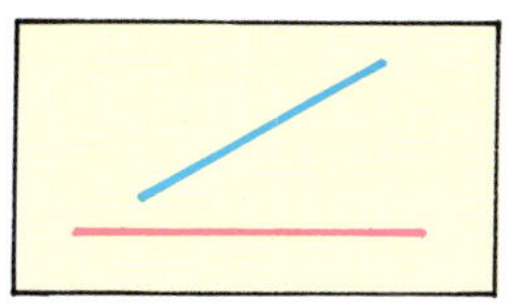

▶ Posiciones relativas de recta y plano

Una recta y un plano en el espacio pueden adoptar las siguientes posiciones si:

tienen un punto común.

Recta y plano secantes

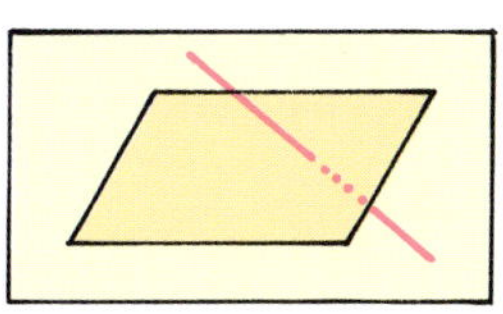

no tienen puntos comunes.

Recta y plano paralelos

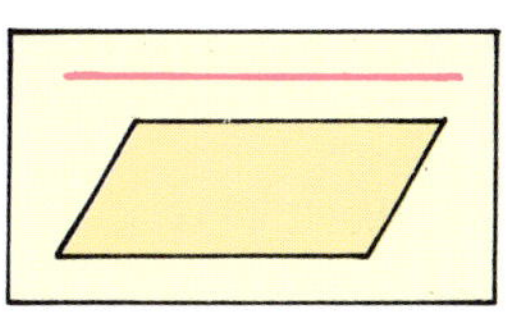

todos los puntos de la recta son comunes al plano.

Recta contenida en el plano

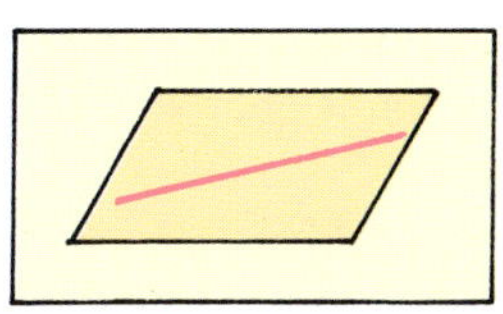

ECUACIÓN SEGMENTARIA DEL PLANO

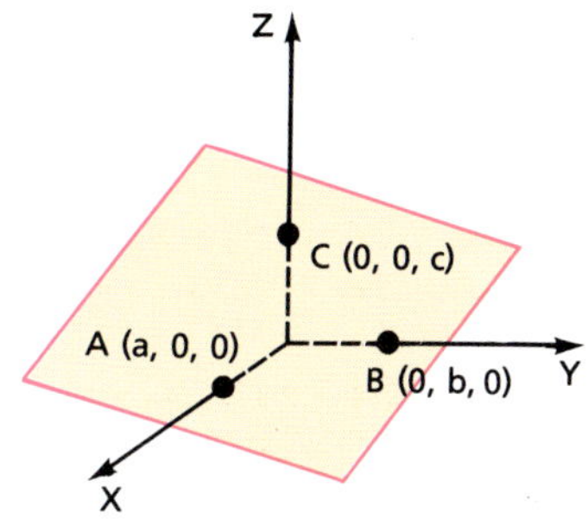

Sea α un plano que corta a los ejes en los puntos A(a,0,0), B(0,b,0) y C(0,0,c), la igualdad:

$$\frac{x}{a}+\frac{y}{b}+\frac{z}{c}=1$$

Recibe el nombre de ecuación del plano en forma segmentaria, ya que se obtiene en función de los segmentos orientados a, b y c.

PROBLEMAS RESUELTOS

1 **Calcula las ecuaciones paramétricas del plano α que pasa por los puntos A(0 , 1 , 2), B(1 , 2 , 1) y C(0 , 0 , 1).**

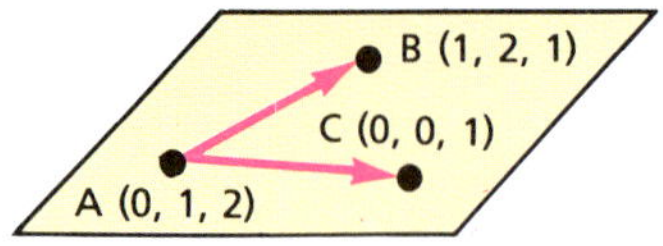

Una determinación lineal de α es:

$$\alpha(a\ ,\ \overrightarrow{AB}\ ,\ \overrightarrow{AC})$$

$$\overrightarrow{AB}=(1\ ,\ 2\ ,\ 1)-(0\ ,\ 1\ ,\ 2)=(1\ ,\ 1\ ,\ -1)$$

$$\overrightarrow{AC}=(0\ ,\ 0\ ,\ 1)-(0\ ,\ 1\ ,\ 2)=(0\ ,\ -1\ ,\ -1)$$

Sustituyendo en las ecuaciones paramétricas del plano, se obtiene:

$$\left.\begin{array}{l} x=0+t+0\cdot s \\ y=1+t-s \\ z=2-t-s \end{array}\right\} \Rightarrow \left.\begin{array}{l} x=t \\ y=1+t-s \\ z=2-t-s \end{array}\right\}$$

2 **Halla las ecuaciones paramétricas del plano que pasa por el punto A(1 , 3 , 2) y por la recta de ecuación:**

$$\frac{x-4}{2}=\frac{y+2}{1}=\frac{z-5}{3}$$

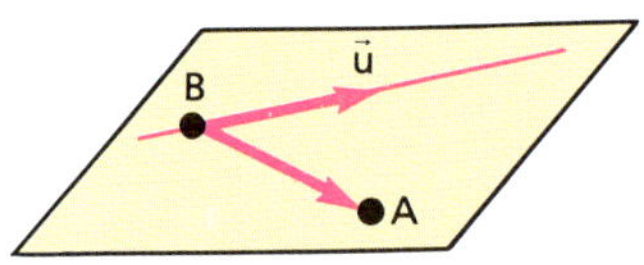

La recta dada pasa por el punto B(4 , −2 , 5) y lleva la dirección $\vec{u}=(2\ ,\ 1\ ,\ 3)$.

El plano pedido queda determinado linealmente del siguiente modo:

$$\alpha\,(B,\ \vec{u},\ \overrightarrow{AB})$$

Formemos el vector $\overrightarrow{AB}$: $\overrightarrow{AB}=(4\ ,\ -2\ ,\ 5)-(1\ ,\ 3\ ,\ 2)=(3\ ,\ -5\ ,\ 3)$.

Las ecuaciones paramétricas del plano α son:

$$\left\{\begin{array}{l} x=\ \ \ 4+2t+3s \\ y=-2+\ \ t-5s \\ z=\ \ \ 5+3t+3s \end{array}\right. \qquad t \text{ y } s \text{ números reales}$$

3 **Halla el punto de intersección de la recta x = 2t, y = 3t + 1, z = t, con el plano 3x + 2y − 11z − 5 = 0.**

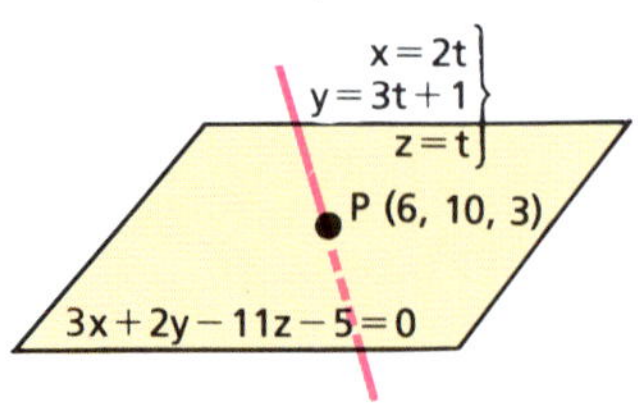

Sustituyendo las expresiones de x, y, z en la ecuación del plano se obtiene:

$$6t+2(3t+1)-11t-5=0 \Leftrightarrow t=3$$

Las coordenadas del punto de intersección se obtienen sustituyendo el valor de t en las ecuaciones paramétricas de la recta:

$$x=2\cdot 3=6; \qquad y=3\cdot 3+1=10; \qquad z=3$$

Luego P(6 , 10 , 3); en consecuencia la recta y el plano dados son secantes.

ACTIVIDADES

Ejercicios para entretenerse

1 Halla la ecuación de la recta r que pasa por el punto A(3 , 5 , 1) y lleva la dirección del vector $\vec{u} = (2 , -4 , 7)$.

a) En forma vectorial.

b) En forma paramétrica.

c) En forma continua.

2 Dada la recta de ecuación vectorial:

$$\vec{x} = (3 , 2 , -1) + t(9 , -1 , 6)$$

halla las otras formas distintas de la ecuación de la recta.

3 Dada la recta de ecuaciones paramétricas:

$$\left.\begin{array}{l} x = -3 + t \\ y = 2 - 5t \\ z = 4 + 3t \end{array}\right\}$$

halla las otras formas distintas de la ecuación de esta recta.

4 Dada la recta de ecuación en forma continua $\frac{x-2}{-1} = \frac{y+5}{4} = \frac{z-3}{7}$ halla las otras formas distintas de la ecuación de esta recta.

5 Halla la ecuación de la recta que pasa por los puntos A(3 , 2 , 4) y B(1 , −4 , 8) de todas las formas posibles.

6 Halla la ecuación vectorial del plano que pasa por el punto A(1 , −1 , 0), y está determinado por los vectores $\vec{u} = (1 , 2 , 1)$ y $\vec{v} = (3 , 2 , 4)$.

7 Calcula las ecuaciones paramétricas y general del plano del ejercicio anterior.

8 Dado el plano α cuyas ecuaciones paramétricas son:

$$\left.\begin{array}{l} x = 3 - 2t + s \\ y = 1 - t \\ z = 2 + t \end{array}\right\}$$

halla la ecuación general del plano α.

9 Halla la ecuación del plano, en todas las formas posibles, que pasa por los puntos A(1 , 2 , 3), B(4 , 5 , 6) y C(−1 , 3 , 4).

10 Halla la ecuación del plano en forma segmentaria que corta a los ejes en los puntos A(2 , 0 , 0), B(0 , 9 , 0) y C(0 , 0 , 6).

Problemas para resolver

11 Determina si los puntos A(3 , 1 , 0), B(5 , 2 , 4) y C(1 , 0 , −4) están alineados.

12 Calcula dos puntos que pertenezcan a la recta de ecuación:

$$\frac{x-2}{1} = \frac{y-4}{2} = \frac{z-3}{-3}$$

13 Halla las ecuaciones de los lados del triángulo de vértices A(3 , 1 , 2), B(0 , 2 , −1) y C(1 , −2 , 0).

14 Halla las ecuaciones de las medianas del triángulo del ejercicio anterior.

15 Halla dos determinaciones lineales distintas de la recta de ecuación:

$$\frac{x-2}{2} = \frac{y+5}{3} = \frac{z-1}{-1}$$

16 Encuentra la ecuación del plano cuyos puntos de intersección con los ejes son A(−5 , 0 , 0), B(0 , 3 , 0) y C(0 , 0 , 1).

17 Dado el plano de ecuación general:

$$5x - 3y - z + 7 = 0$$

halla la longitud de los segmentos que determina sobre los ejes.

18 ¿Cuánto tiene que valer el parámetro h para que el punto (h , 3 , 1) pertenezca al plano de ecuación general $2x + 3y + z - 7 = 0$?

19 Averigua si el punto A(2 , 0 , 1) y los vectores $\vec{v} = (-1 , 2 , 3)$ y $\vec{w} = (-3 , -6 , -9)$ determinan un plano.

20 Halla las ecuaciones paramétricas del plano que pasa por el punto A(2 , 0 , 3) y por la recta de ecuación:

$$\frac{x-1}{2} = \frac{y+3}{1} = \frac{z-2}{3}$$

A

Problemas para entretenerse pensando

21 Dos planos dividen al espacio a lo sumo en cuatro regiones. ¿En cuántas regiones a lo sumo dividen el espacio tres planos? ¿Y cuatro planos?

22 Una hormiga parte del punto A(2 , −1 , 3) con movimiento rectilíneo y uniforme en la dirección y sentido del vector $\vec{u}=(-3,6,1)$. Averigua si pasa por el punto B(11 , 17 , 6) o por C(4 , 5 , 6).

23 Calcula la diagonal del cubo de la figura, cuyo lado es igual a k metros.

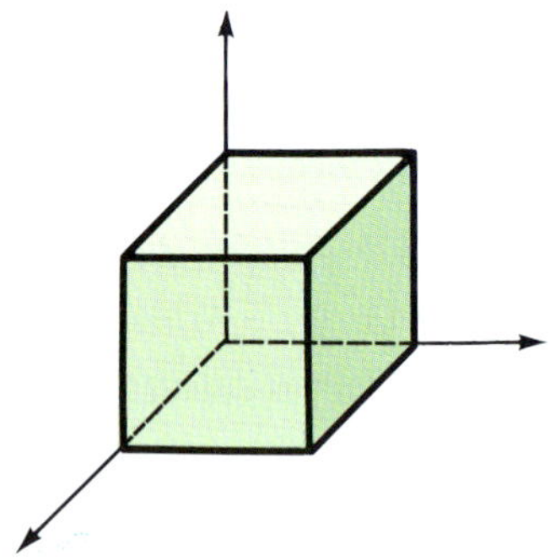

Cuestiones para aclararse

24 Razona la certeza de la siguiente afirmación, «Un punto A y un vector determinan una recta».

25 ¿Es posible que una misma recta pueda tener dos determinaciones lineales distintas? Pon un ejemplo.

26 Razona la certeza de la siguiente afirmación: «Un punto A y dos vectores no nulos determinan un plano? Razona la contestación siendo el punto A(1 , 2 , 4) y los vectores $\vec{u}=(1,-2,0)$ y $\vec{v}=(-2,4,0)$.

27 ¿Es posible que un mismo plano pueda tener dos determinaciones lineales distintas?

28 La expresión $Ax+By+Cz+D=0$, ¿representa siempre un plano? Razona la contestación para el caso $A=B=C=0$.

29 ¿Forman un triángulo los puntos A(1 , 3 , −1), B(2 , 6 , −2) y C(3 , 9 , −3)? Razona tu contestación sin necesidad de efectuar cálculos.

30 ¿Es el vector director de una recta único? ¿Hay algún vector que no define una dirección en el espacio?

31 ¿Cómo harás para saber si el punto A(2 , 3 , −1) pertenece al plano de ecuación $2x-y+2z-1=0$?

32 Si una recta tiene por vector director (4 , 2 , −6) y otra tiene por vector director (−2 , −1 , 3), ¿puede ser la misma?

33 ¿Cómo harás para saber si el punto A (1, 2, −3) pertenece a la recta de ecuación en forma paramétrica?

$$\left.\begin{aligned} x&=3-2t\\ y&=1+5t\\ z&=6-4t \end{aligned}\right\}$$

34 ¿Son más estables las banquetas de tres patas que las de cuatro patas? Razona la contestación.

Para ampliar

35 Dado el segmento de extremos A(3 , 5 , −3) y B(6 , 15 , 17), calcula las coordenadas de los puntos C, D y E que dividen al segmento AB en cuatro partes iguales.

36 Estudia la posición relativa de las siguientes rectas:

r: $x = 3t;\ y = 2t + 1;\ z = -4t + 3$

r': $\frac{x-1}{1} = \frac{y+3}{-2} = \frac{z+6}{4}$

37 Estudia la posición relativa de los siguientes planos:

α: $2x + 3y - 5z - 1 = 0;$
β: $4x + 6y - 10z - 2 - 0.$

38 Estudia la posición relativa de la recta r de ecuación

r: $\frac{x-1}{1} = \frac{y+3}{-2} = \frac{z+6}{4}$

y el plano α de ecuación $3x + 2y - z + 3 = 0$.

El láser, el holograma y la sensación espacial

Láser significa: light amplification by simulated emission of radiation. Emite un rayo de luz que se puede dirigir fácilmente a través de grandes extensiones sin que pierda su intensidad y pureza a diferencia de la naturaleza caótica de la luz.

El láser se perfeccionó en California en 1960 y atrajo pronto la atención de artistas que rápidamente lo aplicaron a la creación de imágenes tridimensionales, lo que se conoce con el nombre de holograma. Los hologramas son fotografías tridimensionales que permiten a la imagen crear en el espacio, ilusoriamente, el objeto real a que se refiere. Al tratar de reproducir por impresión dicha imagen se pierde la ilusión conseguida.

La fotografía adjunta es de Hans Hanimarskield y corresponde a un holograma realizado por el artista sueco Carl Frederick Reutersward en 1968 y titulado «El hombre y su nueva luz».

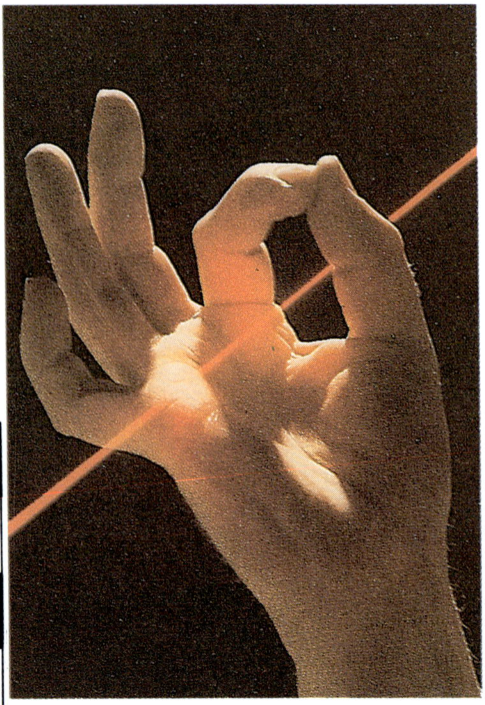

Escher y las ilusiones geométricas

El esquema adjunto representa la escalera en la que se basa la ilusión óptica de Escher: ¿Es posible una escalera por la que se sube y baja al infinito?

Existe en la actualidad gran número de impresionantes grabados, en los que se explotan magistralmente ilusiones geométricas.

En el dibujo adjunto, obra del gran artista holandés M. G. Escher (1898-1972) titulada «Subida y bajada», se pueden observar las ilusiones ópticas expresadas anteriormente. Fíjate en la fila exterior de monjes que parecen subir indefinidamente, mientras que en la fila interior parecen descender indefinidamente. ¿Cómo es posible?

MURAL

12 SUCESIONES DE NÚMEROS REALES

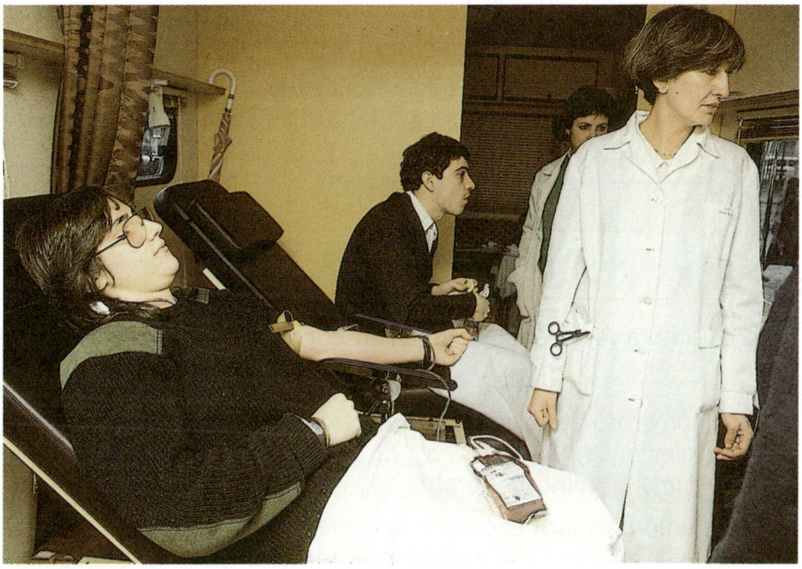

LOS ANTIBIÓTICOS NOS CURAN ALGUNAS ENFERMEDADES

Cuando Ana estuvo el verano pasado enferma, le hicieron un análisis de sangre y detectaron que padecía una enfermedad producida por una bacteria cuya proporción en sangre era de 4 194 304 unidades por cm³. Don Braulio, el médico de la familia, le aplicó un tratamiento que consistía en la administración diaria de un antibiótico que actúa reduciendo cada día a la mitad la proporción de bacterias existente en la sangre. En el prospecto del citado antibiótico se recomienda suspender el tratamiento cuando la proporción de bacterias en sangre es menor de 1 000 unidades por cm³.

¿Cuántos días crees que deberán administrarle el citado antibiótico?

Forma una tabla en la que se exprese el número de días transcurridos y la proporción de bacterias existente.

Formaremos en el margen la tabla pedida. La proporción de bacterias existente en sangre, a medida que pasan los días, será:

4 194 304, 2 097 152, 1 048 576, 524 288, 262 144, 131 072, 65 536, 32 768, 16 384, 8 192, 4 096, 2 048, 1 024, 512...

A la vista de la tabla se deberá suspender el tratamiento al decimocuarto día.

Días	Proporción de bacterias existente
1	4 194 804
2	2 097 152
3	1 048 576
4	524 288
5	262 144
6	131 072
7	65 536
8	32 768
9	16 384
10	8 192
11	4 096
12	2 048
13	1 024
14	512
...	...

A la cadena de números ordenados que acabamos de obtener la llamaremos **sucesión.**

RECUERDA

Las progresiones aritméticas y geométricas son sucesiones con unas características muy especiales. De todas ellas podemos conocer su término general y la suma de los n primeros términos.

Progresiones	Término general	Suma de n términos
Aritméticas	$a_n = a_1 + (n-1)d$	$S_n = \frac{(a_1 + a_n)n}{2}$
Geométricas	$a_n = a_1 \cdot r^{n-1}$	$S_n = \frac{a_n r - a_1}{r-1}$

Imagina que los atletas son los términos de una sucesión, y sus dorsales indican los índices de cada término.

1. SUCESIONES DE NÚMEROS REALES. CONCEPTO Y TERMINOLOGÍA

En el apartado anterior acabamos de ver algunos ejemplos de sucesiones; conviene definir con detalle el concepto de sucesión de números reales:

> Una sucesión de números reales es una ley (función) que hace corresponder a cada número natural (excluido el cero) un número real.

Las imágenes de los números naturales 1, 2, 3, 4, 5, ..., n, ..., se representan generalmente por una letra minúscula con el subíndice correspondiente del siguiente modo:

N* ↓ R	1	2	3	4	5	...	n	...
	a_1	a_2	a_3	a_4	a_5	...	a_n	...

Se acostumbra representar la sucesión por sus imágenes; es decir:

$$(a_1, a_2, a_3, a_4, a_5, ..., a_n, ...)$$

Los números naturales 1, 2, 3, 4, ..., n se llaman **índices.** Los números reales **a_1, a_2, a_3, a_4, ..., a_n, ...** se llaman **términos.** Al término **a_n** se le llama **término general.**

No siempre es fácil encontrar la expresión del término general de una sucesión. Ahora bien, conocido el término general resulta muy sencillo obtener cualquier término de la sucesión, pues basta con dar valores al índice **n**.

▶ Igualdad de sucesiones

Dos sucesiones de números reales son iguales si sus términos correspondientes son iguales.

1. **Dada la sucesión de término general $a_n = \frac{3n}{4n+2}$. Calcula los cuatro primeros términos.**

$a_1 = \frac{3}{6} = 0,5$ $a_2 = \frac{6}{10} = 0,6$ $a_3 = \frac{9}{14} = 0,642$ $a_4 = \frac{12}{18} = 0,666$

2. **Halla el término general de la sucesión 8, −8, 8, −8, 8...**

El término general es: $a_n = (-1)^{n+1} \cdot 8$

3. **Halla los términos generales de las sucesiones siguientes:**

a) **(1, 4, 9, 16, 25, 36, 49, ...)**
b) **(5, 7, 9, 11, 13, 15, 17, 19, 21, ...)**
c) **(2, 4, 6, 8, 10, 12, 14, 16, 18, ...)**
d) $\left(\frac{1}{2}, \frac{1}{3}, \frac{1}{4}, \frac{1}{5}, \frac{1}{6}, \frac{1}{7}, \frac{1}{8}, ...\right)$

a) $a_n = n^2$
b) $a_n = 2n + 3$
c) $a_n = 2n$
d) $a_n = \frac{1}{n}$

2. MONOTONÍA

Imagina que vamos a observar el crecimiento de un pequeño árbol que se ha plantado en el patio del colegio. Mediremos y anotaremos su altura en el momento de la plantación y cada mes que pasa. Si conseguimos que el árbol agarre, como resultado de las mediciones obtendremos una sucesión de números reales en la que cada término es menor o igual que el término siguiente. Cuando ocurre esto diremos que la sucesión que expresa las alturas del árbol es monótona creciente.

> Una sucesión (a_n) es **monótona creciente** cuando cada término es menor o igual que el término siguiente; es decir:
>
> $\mathbf{a_n \leqslant a_{n+1}}$ cualquiera que sea el número natural **n**.

Así, es monótona creciente la sucesión

$$1, 2, 2, 3, 3, 3, 4, 4, 4, 4, 5, 5, 5, 5, 5, \dots$$

> Una sucesión (a_n) es **estrictamente creciente** si es monótona creciente y todos sus términos son distintos; es decir:
>
> $\mathbf{a_n < a_{n+1}}$ cualquiera que sea el número natural **n**.

Así, es estrictamente creciente la sucesión

$$1, 3, 5, 7, 9, 11, \dots$$

> Una sucesión (a_n) es **monótona decreciente** cuando cada término es mayor o igual que el término siguiente; es decir:
>
> $\mathbf{a_n \geqslant a_{n+1}}$ cualquiera que sea el número natural **n**.

Así, es monótona decreciente la sucesión

$$1, 1, \frac{1}{2}, \frac{1}{2}, \frac{1}{3}, \frac{1}{3}, \frac{1}{4}, \dots$$

> Una sucesión (a_n) es **estrictamente decreciente** si es monótona decreciente y todos sus términos son distintos; es decir:
>
> $\mathbf{a_n > a_{n+1}}$ cualquiera que sea el número natural **n**.

Así, es estrictamente decreciente la sucesión

$$-1, -2, -3, -4, -5, -6, -7, \dots$$

Observa la sucesión constante 5, 5, 5, 5, 5, 5, 5, ... ¿Será creciente o decreciente? Con arreglo a las definiciones dadas, esta sucesión es creciente y decreciente al mismo tiempo.

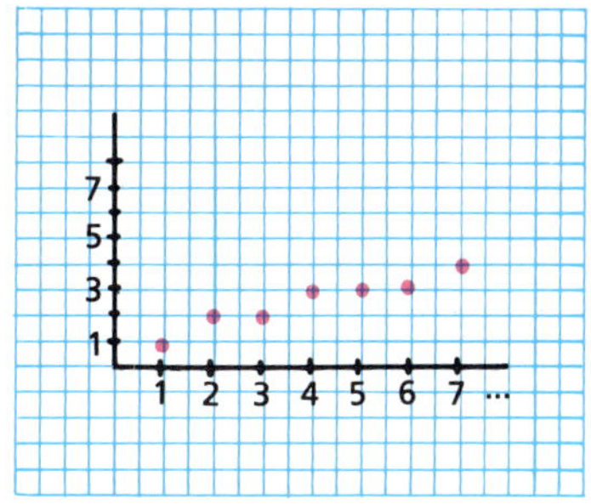

Representación gráfica de la sucesión

1, 2, 2, 3, 3, 3, 4, 4, ...

Es creciente.

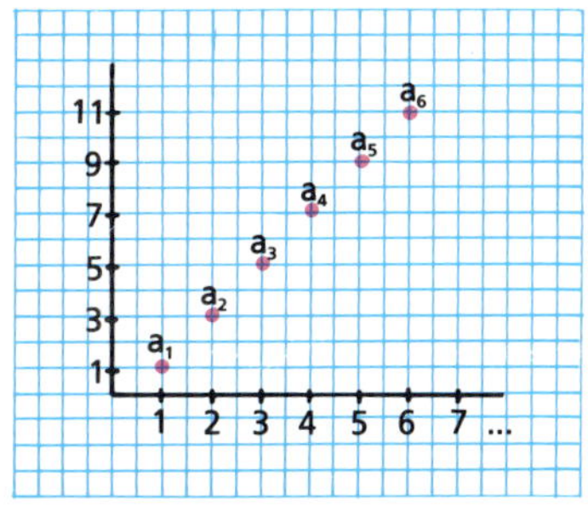

Representación gráfica de la sucesión

1, 3, 5, 7, 9, 11, ...

Es estrictamente creciente.

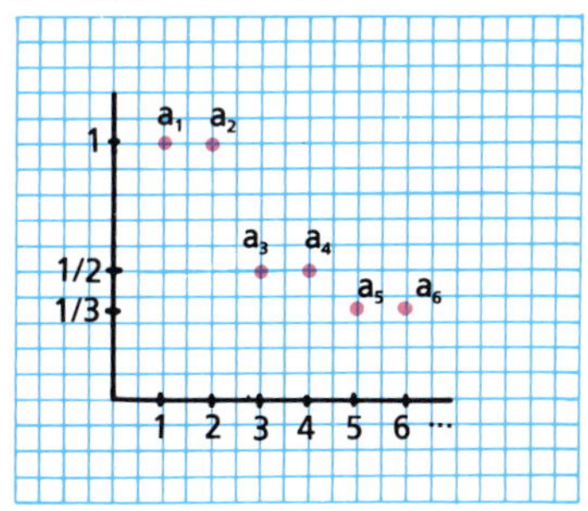

Representación gráfica de la sucesión

$1, 1, \frac{1}{2}, \frac{1}{2}, \frac{1}{3}, \frac{1}{3}, \frac{1}{4}, \dots$

Es decreciente.

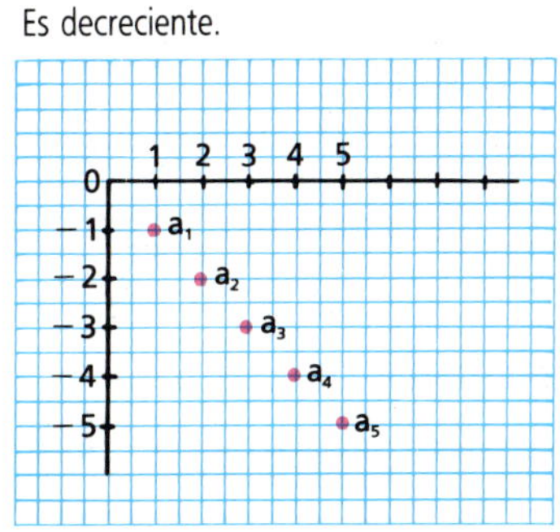

Representación gráfica de la sucesión

$-1, -2, -3, -4, -5, \dots$

Es estrictamente decreciente

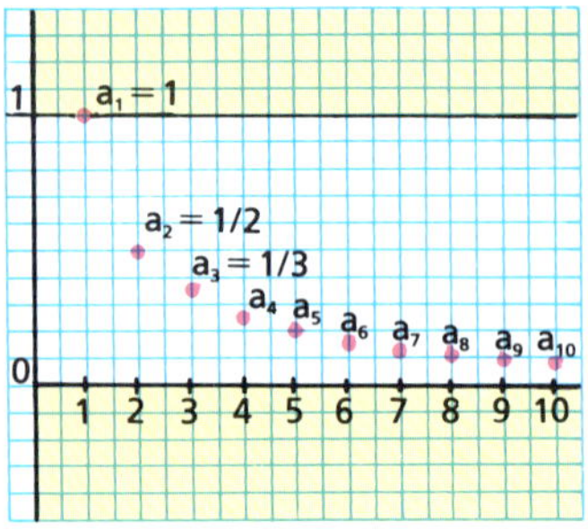

Representación gráfica de la sucesión $(^1/_n)$. Esta sucesión esta acotada entre 0 y 1, ya que $0 \leqslant \frac{1}{n} \leqslant 1$

3. ACOTACIÓN

Observa la sucesión $(1, \frac{1}{2}, \frac{1}{3}, \frac{1}{4}, \frac{1}{5}, ..., \frac{1}{n}, ...)$ cuya representación figura al margen. Fíjate que todos los términos son menores o iguales a 1, entonces se dice que la sucesión está acotada superiormente y que 1 es una cota superior. Todo número real mayor que 1 es también otra cota superior.

Una sucesión (a_n) está **acotada superiormente** si todos los términos son menores o iguales a un número real k; es decir:

$$a_n \leqslant k \text{ para todo número natural } n$$

k es una **cota superior** de la sucesión. Cualquier número real mayor que k es también cota superior de la sucesión.

También se verifica que en la sucesión $(1, \frac{1}{2}, \frac{1}{3}, ..., \frac{1}{n}, ...)$ todos los términos son mayores o iguales a 0, entonces se dice que la sucesión está acotada inferiormente y que 0 es una cota inferior. Todo número real menor que 0 es también otra cota inferior.

Una sucesión (a_n) está **acotada inferiormente** si todos los términos son mayores o iguales a un número real h; es decir:

$$a_n \geqslant h \text{ para todo número natural } n$$

h es una **cota inferior** de la sucesión. Cualquier número real menor que h es también cota inferior de la sucesión.

Como la sucesión $(1, \frac{1}{2}, \frac{1}{3}, \frac{1}{4}, ..., \frac{1}{n}, ...)$ está acotada superior e inferiormente diremos que la sucesión está acotada.

Una sucesión (a_n) está **acotada** si está acotada superior e inferiormente.

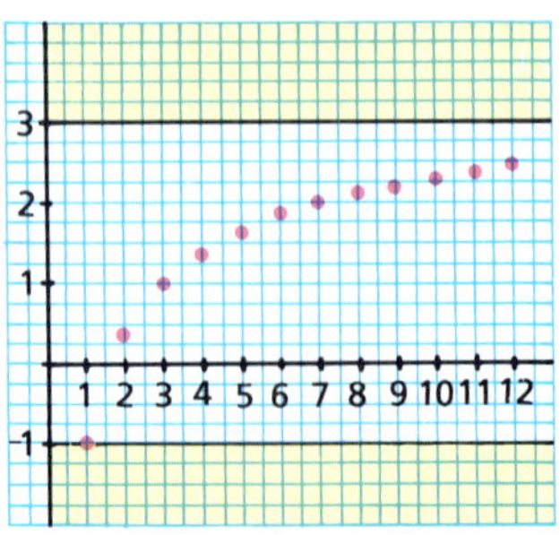

Representación gráfica de la sucesión de término general $a_n = \frac{3n-5}{n+1}$

Esta sucesión está acotada entre -1 y 3 ya que $-1 \leqslant \frac{3n-5}{n+1} \leqslant 3$, cualquiera que sea n.

1. ¿Está la sucesión de término general $a_n = \frac{(3n-5)}{(n+1)}$ acotada?

Observa la representación gráfica adjunta, una cota inferior es -1, pues $-1 \leqslant \frac{3n-5}{(n+1)} \Rightarrow -n-1 \leqslant 3n-5 \Rightarrow 4 \leqslant 4n$, cualquiera que sea el número natural n. Una cota superior es 3, pues $\frac{3n-5}{(n+1)} \leqslant 3 \Rightarrow 3n-5 \leqslant 3n+3 \Rightarrow -5 \leqslant 3$, entonces la sucesión está acotada inferior y superiormente. Por tanto, la sucesión está acotada.

4. OPERACIONES CON SUCESIONES

▶ Producto de una sucesión por un número

Consideremos la sucesión de término general $a_n = \frac{n^2}{n+1}$ · Vamos a formar los primeros términos de esta sucesión: si multiplicamos cada término por un número real cualquiera k, obtenemos los términos de la sucesión de término general $k \cdot a_n$.

$(a_n) = \left(\frac{n^2}{n+1}\right)$	$a_1 = \frac{1}{2}$	$a_2 = \frac{4}{3}$	$a_3 = \frac{9}{4}$	$a_4 = \frac{16}{5}$	...
$(k \cdot a_n)$	$k \cdot a_1 = \frac{k}{2}$	$k \cdot a_2 = \frac{4k}{3}$	$k \cdot a_3 = \frac{9k}{4}$	$k \cdot a_4 = \frac{16k}{5}$	...

La sucesión **$(k \cdot a_n)$** obtenida se llama **sucesión producto** de un número real **k** por la sucesión **(a_n)**. Su término general se obtiene multiplicando el término general de (a_n) por el número real k del siguiente modo:

$$k \cdot a_n = k \cdot \frac{n^2}{n+1} = \frac{k \cdot n^2}{n+1}$$

▶ Suma de sucesiones

Dadas las sucesiones de términos generales:

$$a_n = \frac{n^2}{(n+1)} \quad \text{y} \quad b_n = \frac{n}{(n+1)}$$

calculemos los primeros términos de ambas sucesiones y en otra columna la suma de dichos términos del siguiente modo:

$a_n = \frac{n^2}{(n+1)}$	$b_n = \frac{n}{(n+1)}$	s_n
$a_1 = \frac{1}{2}$	$b_1 = \frac{1}{2}$	$s_1 = \frac{1}{2} + \frac{1}{2} = 1$
$a_2 = \frac{4}{3}$	$b_2 = \frac{2}{3}$	$s_2 = \frac{4}{3} + \frac{2}{3} = 2$
...	...	...

La sucesión **(s_n)** obtenida se llama **sucesión suma** de las sucesiones **(a_n)** y **(b_n)**. Su término general se obtiene sumando los términos generales de (a_n) y (b_n) del siguiente modo:

$$s_n = a_n + b_n = \frac{n^2}{n+1} + \frac{n}{n+1} = \frac{n^2+n}{n+1} = \frac{n(n+1)}{n+1} = n$$

Análogamente se puede obtener la **sucesión diferencia (d_n):**

$$d_n = a_n - b_n = \frac{n^2}{n+1} - \frac{n}{n+1} = \frac{n^2-n}{n+1}$$

PRODUCTO DE UN NÚMERO POR UNA SUCESIÓN

$$k \cdot (a_n) = (k \cdot a_n)$$

Representación gráfica de la sucesión $(a_n) = \left(\frac{n^2}{n+1}\right)$ y de la sucesión $(2a_n)$.

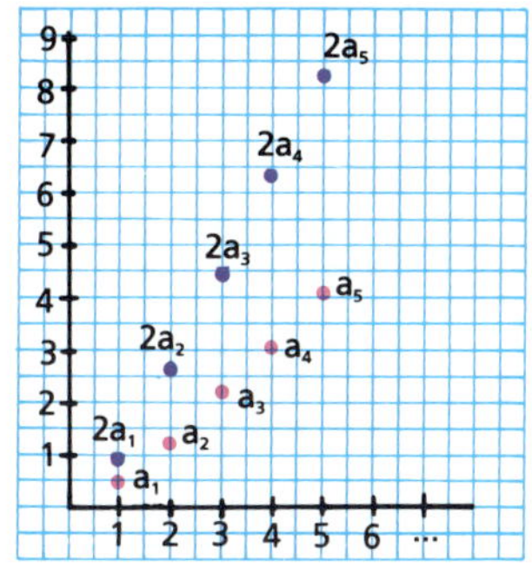

SUMA DE SUCESIONES

$$(a_n) + (b_n) = (a_n + b_n)$$

La suma de sucesiones es una operación interna que cumple las propiedades: asociativa, conmutativa, existe una sucesión nula (0, 0, 0, 0, ...), y para cada sucesión (a_n) existe una sucesión opuesta $(-a_n)$.

Representación gráfica de las sucesiones $(a_n) = \left(\frac{n^2}{n+1}\right)$, $(b_n) = \left(\frac{n}{n+1}\right)$ y $(s_n) = (a_n + b_n)$

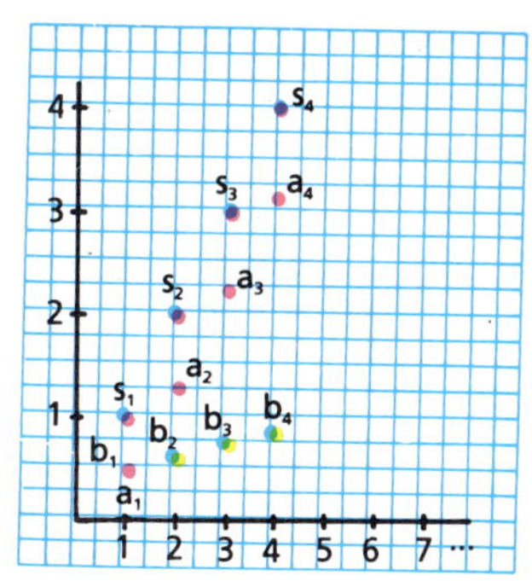

PIENSA UN POCO

Observa la figura adjunta en la que se representan los tres primeros cuadrados de una sucesión que empieza en un punto y crece desde ese punto hacia afuera.

De la sucesión de figuras se obtiene dos sucesiones de números:

1. La del número de puntos que hay en el perímetro de cada cuadrado.
2. La del número de puntos que hay en el interior de cada cuadrado.

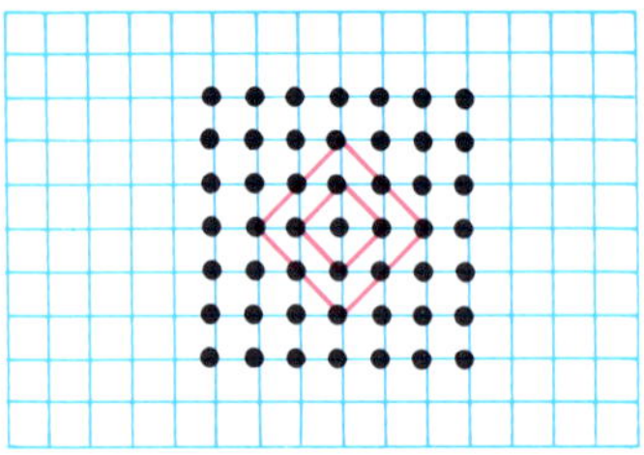

¿Cuál es el décimo término de cada sucesión? ¿Y el término general?

TRIÁNGULOS

Observa la figura: contando el número de puntos que hay en cada triángulo se obtiene la sucesión

1, 3, 6, 10, ...

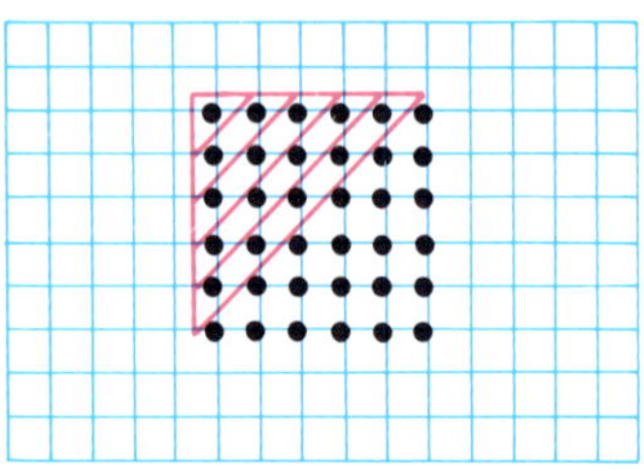

¿Cuántos puntos habrá en el decimocuarto triángulo? ¿Cuál será el término general?

▶ Producto de sucesiones

Con las sucesiones de términos generales:

$$a_n = \frac{n^2}{(n+1)} \quad \text{y} \quad b_n = \frac{n}{(n+1)}$$

Calculamos los primeros términos de ambas sucesiones y en otra columna el producto de dichos términos del siguiente modo:

$a_n = \frac{n^2}{(n+1)}$	$b_n = \frac{n}{(n+1)}$	p_n
$a_1 = \frac{1}{2}$	$b_1 = \frac{1}{2}$	$p_1 = \frac{1}{2} \cdot \frac{1}{2} = \frac{1}{4}$
$a_2 = \frac{4}{3}$	$b_2 = \frac{2}{3}$	$p_2 = \frac{4}{3} \cdot \frac{2}{3} = \frac{8}{9}$
$a_3 = \frac{9}{4}$	$b_3 = \frac{3}{4}$	$p_3 = \frac{9}{4} \cdot \frac{3}{4} = \frac{27}{16}$
$a_4 = \frac{16}{5}$	$b_4 = \frac{4}{5}$	$p_4 = \frac{16}{5} \cdot \frac{4}{5} = \frac{64}{35}$
...	...	...

La sucesión **(p_n)** obtenida se llama **sucesión producto** de las sucesiones **(a_n)** y **(b_n)**; su término general se obtiene multiplicando los términos generales de (a_n) y (b_n) del siguiente modo:

$$p_n = a_n \cdot b_n = \frac{n^2}{n+1} \cdot \frac{n}{n+1} = \frac{n^3}{(n+1)^2}$$

Análogamente se puede obtener la **sucesión cociente (c_n)**:

$$c_n = a_n : b_n = \frac{n^2}{n+1} : \frac{n}{n+1} = \frac{n^2}{n} = n$$

Fíjate que para poder realizar el cociente de dos sucesiones es imprescindible que la sucesión divisor tenga todos los términos distintos de cero, pues de esta forma los cocientes tienen sentido.

1. **La sucesión (0, 0, 0, 0, ...) se llama sucesión nula y es el elemento neutro de la suma de sucesiones.**
2. **La sucesión opuesta de (2, 4, 6, 8, 10, ...) es la sucesión (−2, −4, −6, −8, −10, ...).**
3. **La sucesión (1, 1, 1, 1, 1, ...) se llama sucesión unidad y es el elemento neutro del producto de sucesiones.**
4. **La sucesión inversa de (a_n) = (2, 4, 6, 8, 10, ...) es la sucesión** $\left(\frac{1}{a_n}\right) = \left(\frac{1}{2}, \frac{1}{4}, \frac{1}{6}, \frac{1}{8}, \frac{1}{10}, \ldots\right)$
5. **La sucesión (2, 0, 2, 0, 2, 0, ...) no tiene inversa ya que** $\frac{1}{0}$ **carece de sentido.**

1 **Forma la sucesión (c_n) dada por $c_1 = 2$ y $c_n = 3\, c_{n-1}$**

$c_2 = 3 \cdot c_1 = 3 \cdot 2 = 6;$
$c_3 = 3 \cdot c_2 = 3 \cdot 6 = 18;$
$c_4 = 3 \cdot c_3 = 3 \cdot 18 = 54.$
Luego $(c_n) = (2, 6, 18, 54, ..., c_n = 2 \cdot 3^{n-1}, ...)$.

2 **Forma la sucesión (a_n) dada por $a_1 = a_2 = 3$, sabiendo que los términos siguientes se obtienen sumando los dos anteriores. Estudia la monotonía y la acotación de dicha sucesión.**

La sucesión dada es: $(a_n) = (3, 3, 6, 9, 15, 24, 39, 63, ...)$.

Como cada término es menor o igual que su siguiente, entonces la sucesión es creciente.

La sucesión está acotada inferiormente pues 3 es una cota inferior; en cambio, la sucesión no está acotada superiormente, pues no encontramos un número real tal que todos los términos de la sucesión permanezcan constantemente inferiores a él.

Por tanto, la sucesión no está acotada.

3 **Estudia la acotación de las sucesiones de término general**

a) $a_n = 2n$

b) $b_n = -4n + 3$

c) $c_n = (-1)^n n^2$

a) La sucesión dada es: $(a_n) = (2, 4, 8, 16, ..., 2n, ...)$ está acotada inferiormente pues 2 es una cota inferior; en cambio, no está acotada superiormente.

b) La sucesión dada es: $(b_n) = (-1, -5, -9, -13, ..., -4n + 3, ...)$ está acotada superiormente pues -1 es una cota superior; en cambio, no está acotada inferiormente.

c) La sucesión dada es: $(c_n) = (-1, 4, -9, 16, -25, ...)$ no está acotada ni superior ni inferiormente.

4 **Se unen los puntos medios de los lados de un cuadrado de lado 10 cm, obteniendo otro cuadrado. Se repite indefinidamente el proceso. Calcula la sucesión formada por los lados y la de las áreas. Halla la suma de todas las áreas.**

Observa la figura adjunta; partimos del cuadrado ABCD de lado $l_1 = 10$ cm. El lado del segundo cuadrado es $MN = l_2 = \sqrt{5^2 + 5^2} = 5\sqrt{2}$. Así pues, obtenemos cada lado a partir del anterior multiplicando por $\frac{\sqrt{2}}{2}$. Análogamente obtendríamos los lados de los sucesivos cuadrados, por tanto:

la sucesión de los lados es: $(10, 5\sqrt{2}, 5, \frac{5\sqrt{2}}{2}, ...)$.

Teniendo en cuenta que el área del cuadrado es: $S = l^2$ se tiene que la sucesión de las áreas es: $(100, 50, 25, \frac{25}{2}, ...)$.

Esta sucesión es geométrica decreciente de razón $r = \frac{1}{2}$; su suma es: $S = \frac{a_1}{1 - r} = \frac{100}{1 - \frac{1}{2}} = 200 \text{ cm}^2$

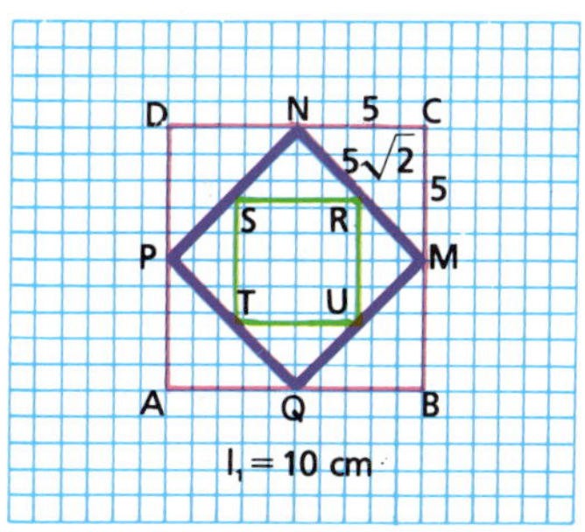

ACTIVIDADES

Ejercicios para repasar

1 Calcula el término general de las sucesiones aritméticas siguientes:

a) 1, 6, 11, 16, ...

b) 1, 5, 9, 13, ...

c) −8, −5, −2, 1, ...

d) 2, 0, −2, −4, ...

e) 3, 8, 13, 18, ...

f) $\frac{1}{2}$, $\frac{5}{8}$, $\frac{3}{4}$, ...

2 Calcula el término general de las sucesiones geométricas siguientes:

a) 3, 6, 12, 24, 48, ...

b) 27, 9, 3, 1, $\frac{1}{3}$, $\frac{1}{9}$, ...

c) 4, −4, 4, −4, 4, −4, ...

d) 0,1, 0,01, 0,001, 0,0001, ...

e) 2, 4, 8, 16, ...

f) $\frac{1}{2}$, $\frac{1}{4}$, $\frac{1}{8}$, ...

3 Halla la suma de los n primeros términos de las sucesiones de los dos ejercicios anteriores.

4 Calcula el término a_{20} de la sucesión 5, 10, 15, 20...

5 Calcula el término a_{18} de la sucesión 1, $\frac{3}{2}$, $\frac{4}{2}$, ...

6 Halla el término que ocupa el lugar diez de la sucesión 1, $1+\frac{1}{2}$, $1+\frac{1}{2}+\frac{1}{4}$, $1+\frac{1}{2}+\frac{1}{4}+\frac{1}{8}$, ...

7 Completa los términos que faltan en las siguientes sucesiones:

a) 7, 10, ..., 16, ..., 22, 25, ...

b) ..., −3, −5, −7, ..., −11, ...

c) $\frac{1}{3}$, ..., 3, 9, ..., 81, ...

d) −5, −3, ..., 1, ..., 5, ...

8 Averigua si las siguientes sucesiones son aritméticas, geométricas o de ninguno de los dos tipos:

a) 5, 7, 9, 11, ...

b) 2, 5, 10, 17, 26, 37, ...

c) 1, 4, 9, 16, 25, ...

d) 1, 2, 4, 8, 16, 32, ...

e) 1, $\frac{1}{3}$, $\frac{1}{9}$, $\frac{1}{27}$, ...

f) 0,1, 0,11, 0,111, ...

Ejercicios para entrenarse

9 Calcula los 10 primeros términos de la sucesión de término general $a_n = n^2 + 3$.

10 Dada la sucesión $a_n = \frac{2n^2+1}{n+3}$. Calcula a_1, a_5 y a_{11}.

11 Si $a_n = (-1)^n(n+1)$. Halla los términos a_2, a_7 y a_{10}.

12 Escribe los cuatro primeros términos de la sucesión de término general $a_n = \frac{(n+1)}{n}$.

13 Halla los seis primeros términos de las sucesiones dadas por el término general siguiente:

a) $a_n = \frac{(3+2n)}{n}$

b) $b_n = \frac{(n^2+1)}{n}$

c) $c_n = \frac{2^n}{2^{n+1}}$

d) $d_n = \frac{(n^2+2n-3)}{(n+1)}$

e) $e_n = \frac{n!}{n^2}$

f) $f_n = \frac{2^n}{n!}$

14 Calcula el término que ocupa el lugar quince de la sucesión cuyo término general es $a_n = \frac{2-n^2}{n^2-1}$

15 Halla la expresión del término general de las siguientes sucesiones:

a) 1, −3, 5, −7, 9, ...

b) 1, 4, 9, 16, 25, ...

c) 1, 2, 4, 8, 16, ...

d) 1, 4, 7, 10, ...

e) $\frac{1}{2}, \frac{2}{3}, \frac{3}{4}, \frac{4}{5}, \frac{5}{6}, \ldots$

f) $\frac{5}{3}, \frac{10}{9}, \frac{20}{27}, \frac{40}{81}, \ldots$

g) 2, 5, 10, 17, 26, 37, ...

h) $1, \frac{1}{2}, \frac{1}{4}, \frac{1}{9}, \frac{1}{16}, \ldots$

16 Escribe los diez primeros términos de las sucesiones cuyos términos generales son:

a) $a_n = 6-3n$

b) $a_n = \frac{2n+1}{n}$

c) $a_n = \frac{2n-4}{n+1}$

d) $a_n = n^2+3n+1$

e) $a_n = \frac{3n+1}{4n+5}$

17 Dada la siguiente sucesión de término general $a_n = \frac{(2n^2+n+3)}{(n+1)}$, halla h sabiendo que $a_h = \frac{108}{8}$.

18 Con las sucesiones de términos generales $a_n = 3n$, $b_n = \frac{1}{2n}$, $c_n = \frac{n+1}{2n}$, comprueba las propiedades asociativa y conmutativa de la suma de sucesiones de números reales.

19 Con las sucesiones del ejercicio 13 realiza las siguientes operaciones:

a) $(a_n)+(b_n)$

b) $(c_n)-(e_n)$

c) $(f_n)+(c_n)$

d) $(a_n)\cdot(c_n)$

e) $3\cdot(c_n)$

f) $(f_n):(a_n)$

20 Indica cuál o cuáles de las siguientes sucesiones, dadas por sus términos generales, tiene sucesión inversa:

a) $a_n = 6-3n$

b) $a_n = \frac{2n+1}{n}$

c) $a_n = \frac{2n-4}{(n+1)}$

d) $a_n = n^2+3n-1$

21 Dada la sucesión $(a_n) = (9, 11, 13, 15, 17, 19, \ldots)$. Calcula la sucesión $(3\cdot a_n)$.

22 Escribe dos sucesiones, una creciente y otra decreciente.

23 Invéntate tres ejemplos de sucesiones estrictamente decrecientes.

24 ¿Sabrías inventar dos sucesiones, una acotada superiormente y otra inferiormente? Inténtalo.

Problemas para resolver

25 Dadas las sucesiones de término general:

$$a_n = \left(\frac{3}{2}\right)^n \qquad b_n = \left(\frac{-3}{2}\right)^n$$

$$c_n = -\left(\frac{3}{2}\right)^n \qquad d_n = \left(\frac{2}{3}\right)^n$$

$$e_n = \left(\frac{-2}{3}\right)^n \qquad f_n = -\left(\frac{2}{3}\right)^n$$

a) ¿Cuáles están acotadas superiormente?

b) ¿Cuáles están acotadas inferiormente?

c) ¿Cuáles están acotadas?

26 Determina si las siguientes sucesiones siguientes, dadas por sus términos generales, están acotadas:

$$a_n = \frac{n+1}{n} \qquad c_n = \frac{n+1}{2n}$$

$$b_n = \frac{1-n}{2n} \qquad d_n = \frac{1-n}{5n}$$

27 Halla una cota superior de las sucesiones:

(5, 5,2, 5,23, 5,232, 5,2323...)
(1, 1,1, 1,01, 1,001, 1,0001...)

28 Calcula una cota inferior de las sucesiones:

(−1, −1,4, −1,43, −1,433, −1,4333...)
(2, 2,1, 2,01, 2,001, 2,0001...)

29 Estudia si la siguiente sucesión de término general $a_n = \frac{3n}{n+1}$ es creciente o decreciente.

30 Demuestra que la sucesión de término general $a_n = \frac{1}{n+2}$ está acotada.

31 Demuestra que 3 o cualquier número mayor que 3 es una cota de la sucesión de término general $a_n = \frac{3n-1}{n+1}$.

32 Demuestra que las sucesiones de términos generales $a_n = \frac{1}{n^2}$ y $a_n = \frac{1}{n^3}$ son estrictamente decrecientes.

33 Demuestra que las sucesiones de términos generales $a_n = n^2$ y $a_n = n^3$ son crecientes.

34 En el laboratorio de Ciencias Naturales se realiza un experimento para observar el crecimiento de las bacterias XY34 que se reproducen por bipartición (es decir, cada bacteria al cabo de 30 segundos se divide en dos nuevas bacterias). Partiendo a las doce del mediodía, de un cultivo de 100 bacterias, intenta escribir la cantidad de bacterias que debe haber al cabo de medio minuto, un minuto, cinco minutos... ¿Cuántas bacterias habrá aproximadamente a las doce y media?

35 Se abre una cartilla de ahorros con 1 000 pesetas, y el banco ofrece un interés compuesto del cinco por ciento anual. Escribe lo que tendrás en la cartilla al final del primer año, del segundo año, del tercer año, etc.

Problemas para entretenerse pensando

36 El camarero de cierto bar comienza a servir copas de vino de una botella recién comprada de la siguiente manera: sirve la primera copa, después rellena la botella con agua, sirve la segunda copa y vuelve a rellenar la botella con agua, y así sucesivamente. La capacidad de la copa es la décima parte de la capacidad de la botella. ¿Cuántas copas servirá antes de que en la botella quede la mitad del vino de partida?

A

37 Supuesta una hoja de papel de seda de una milésima de centímetro de espesor, si se doblase sobre sí misma de forma reiterada hasta haber realizado la operación 50 veces, ¿cuál sería el espesor final?

38 Con un grupo de 250 balas de cañón se quiere hacer una pirámide para exponer en la puerta del Museo del Ejército, de manera que haya una sola bala en su vértice superior y un número de balas igual al cuadrado de la capa en cada capa. ¿Cuántas capas pueden hacerse? ¿Cuántas balas sobran?

Cuestiones para aclararse

39 Una sucesión puede considerarse como una función. ¿Cuál será entonces el dominio?

40 Cuando escribes a_n, ¿qué quieres decir: término n-ésimo, o toda la sucesión? ¿Qué diferencia hay entre a_n y (a_n)?

41 ¿Qué nombre recibe la sucesión tal que cada término se obtiene del anterior sumándole una cantidad constante?

42 ¿Existe siempre la sucesión opuesta de una sucesión dada? Escribe la sucesión opuesta de

$$\left(1, \frac{1}{2}, \frac{1}{3}, \frac{1}{4}, \frac{1}{5}, \ldots\right).$$

43 ¿Puede ser una sucesión estrictamente creciente y decreciente a la vez? ¿Y creciente y decreciente a la vez? Pon un ejemplo.

44 Pon un ejemplo de sucesión monótona decreciente acotada inferiormente, y de una sucesión monótona creciente acotada superiormente.

45 ¿Es correcta la siguiente afirmación: Una sucesión es decreciente cuando sus términos se aproximan a cero? Razona la respuesta.

46 Si una sucesión verifica una condición como que $a_n = a_{n-1} + a_{n-2}$, ¿podrías decir cuánto vale el término cuarto? ¿Se necesita algún otro dato?

47 Si una sucesión dada por su término general del siguiente modo: $a_n = a_{n-1} - 3$, ¿qué se puede decir de la sucesión?

Para ampliar

48 A partir de un triángulo equilátero se puede generar el conocido «copo de nieve» del siguiente modo: primero divides en tres partes iguales cada uno de los lados del triángulo y construyes otros triángulos equiláteros más pequeños en el tercio central de cada lado. Cada nuevo elemento de la secuencia se crea construyendo nuevos triángulos equiláteros cada vez más pequeños, siempre en el tercio central de cada tramo recto.

Si el perímetro del primer triángulo es 3L, ¿cuáles serán los perímetros de las figuras sucesivas? Forma la sucesión de los perímetros.

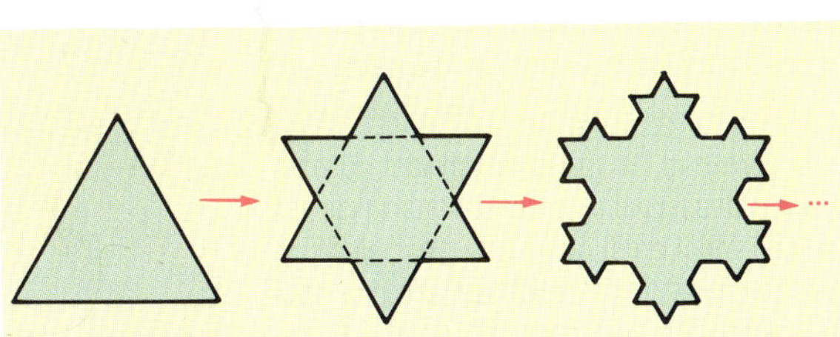

49 De forma muy parecida se obtiene el «anticopo de nieve». Observa la secuencia siguiente.

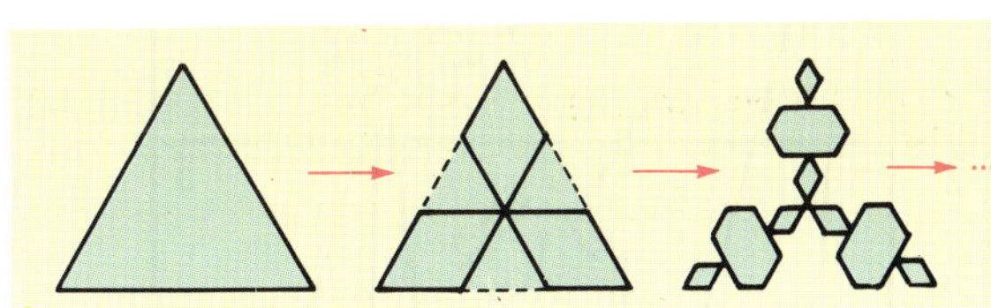

¿Cuáles serán los perímetros sucesivos de las figuras anticopo de nieve? Forma la sucesión de los perímetros.

50 Partiendo de un rectángulo de base dos unidades y altura una unidad, se construye otro rectángulo que tenga por base la media aritmética de la base y altura del rectángulo anterior, y por altura la necesaria para que el área de este nuevo rectángulo coincida con el área del anterior. Repite este proceso, y calcula las dimensiones del rectángulo que se obtiene después de repetir diez veces el proceso.

de matemáticas

La sucesión de Fibonachi y los conejos

Encerramos a un par de conejos adultos, macho y hembra. Los conejos empiezan a procrear a los dos meses de su nacimiento dando siempre un único par: macho y hembra, y a partir de ese momento cada uno de los meses siguientes un par más, de igual característica. Admitiendo que no se muere ninguno, ¿cuántas parejas habrá al cabo de un año?

Observa que el número de parejas viene dado por la siguiente sucesión:

1, 2, 3, 5, 8, 13...

Esta sucesión se conoce con el nombre de sucesión de Fibonachi, y viene dada por la siguiente ley de recurrencia: cada término, a partir del tercero, se obtiene sumando los dos anteriores.

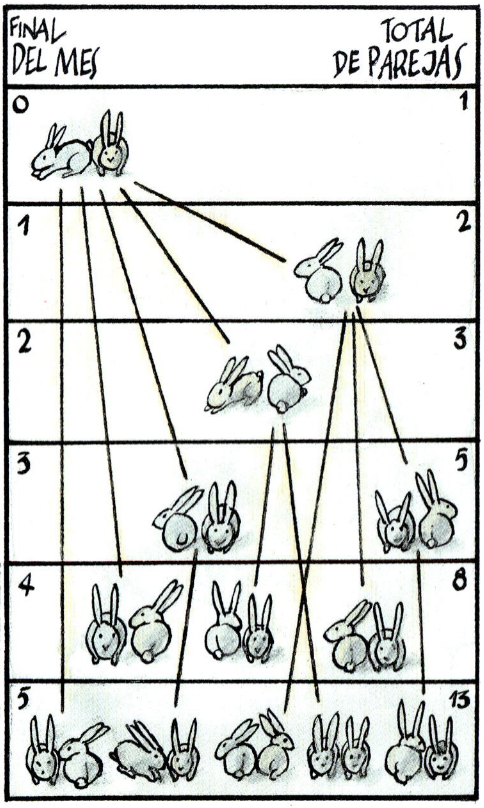

Sabías que...

El matemático italiano Leonardo de Pisa (1170-1240) se le conocía más por Fibonachi *o «hijo de Bonaccio», un conocido mercader de Pisa que tenía negocios en el norte de África. En 1202 publicó un libro titulado «Liber abaci», en el que incluye métodos y problemas algebraicos.*

Las piñas, los girasoles y Fibonachi

La sucesión de Fibonachi aparece constantemente en la naturaleza. Vamos a citar solamente dos casos muy concretos:

Si cuentas las escamas de una piña, observarás sorprendido que aparecen en espiral alrededor del vértice en número igual a los términos de la sucesión de Fibonachi.

Lo mismo ocurre con las piñas de girasol; forman una red de espirales, unas van en el sentido de las agujas del reloj y otras en el contrario, pero siempre las cantidades de unas y de otras son los términos consecutivos de la sucesión de Fibonachi.

13 LÍMITES DE SUCESIONES DE NÚMEROS REALES

LOS RÉCORDS DE ATLETISMO HACIA EL AÑO 2000

En la tabla se muestra la evolución del récord de las distintas especialidades de atletismo, tratando de hacer predicciones sobre algunos de estos récords para el año 2000.

	1970	1980	1988	1990	2000
100 metros	9.95	9.95	9.83	9.82	9.60
200 metros	19.83	19.72	19.72	19.70	19.40
400 metros	43.86	43.86	43.86	43.50	43.00
800 metros	1.44.30	1.42.40	1.41.73	1.41.50	1.40.90
1 500 metros	3.33.10	3.31.04	3.29.46	3.29.00	3.27.40
5 000 metros	13.16.60	13.08.40	12.58.39	12.55.00	12.50.00
10 000 metros	27.39.40	27.22.50	27.13.81	27.10.00	27.00.00
3 000 obstáculos	8.22.20	8.05.40	8.05.40	8.04.00	8.00.00
110 metros vallas	13.33	13.00	12.93	12.93	12.80
400 metros vallas	48.12	47.13	47.02	46.90	46.00
Salto de altura	2,28	2,36	2,42 (1)	2,45	2,50
Salto de longitud	8,90	8,90	8,90 (1)	8,90	9,15
Salto con pértiga	5,44	5,78	6,03 (2)	6,10	6,33
Triple salto	17,39	17,89	17,97	16,10	16,40
Lanzamiento de peso	21,78	22,15	22,91	23,30	24,08
Lanzamiento de disco	68,40	71,10	74,08	76,70	78,98
Lanzamiento de martillo	75,48	81,80	86,74	88,00	90,00

1. En estas pruebas las previsiones se han igualado antes de tiempo.
2. Se han superado. (La jabalina no se contempla al haber cambiado el aparato.)

¿DÓNDE ESTÁN LOS LÍMITES DEL DEPORTE?

Cuando en atletismo se produce una hazaña como la realizada por el canadiense Ben Johnson en el verano de 1987 al superar por 10 centésimas el récord mundial de 100 metros, estableciendo el nuevo récord en 9.83 segundos, la pregunta inicial planea sobre el futuro. A lo largo de la historia la contestación ha sido siempre la misma: no hay barreras cercanas. Simplemente, son más o menos difíciles, pero todas pueden ser superadas poco a poco. Ahora bien, no parece lógico que se puedan correr los 100 metros en 3 segundos. Entonces, ¿dónde está el límite? ¿Estará en 9.5 segundos?

La verdad es que no podemos afirmar nada, pero es un hecho histórico que el hombre ha ido rompiendo barreras constantemente; téngase en cuenta, por ejemplo, cuando Tarzán (Johnny Weismuller) consiguió hacer los 100 metros de natación en algo menos de un minuto: se consideró una barrera infranqueable. Al cabo de sesenta y cinco años se ronda ya el límite de los 48 segundos.

Esta idea de la consecución de distintos récords en los diferentes deportes superando, año tras año, los récords anteriores nos permite llegar, intuitivamente, a la idea de límite de sucesiones que vamos a desarrollar en la presente lección.

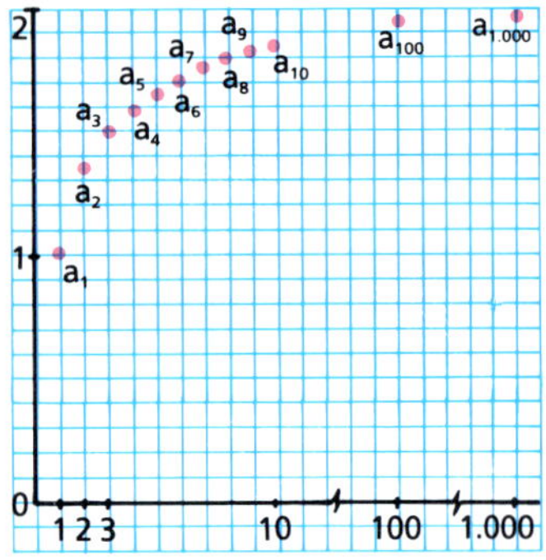

Representación de los términos de la sucesión $a_n = \dfrac{2n}{n+1}$

1. ACÉRCATE AL CONCEPTO DE LÍMITE CON LA CALCULADORA

A continuación vamos a acercarnos al concepto de límite con el estudio de algunas sucesiones hallando términos con la calculadora.

Estudia atentamente los siguientes ejemplos:

1. Sucesión de término general: $a_n = \dfrac{2n}{n+1}$

Vamos a dar valores a **n,** cada vez mayores, y veamos a qué número real se van aproximando los términos correspondientes de la sucesión:

n	a_n
1	$a_1 = 1$
2	$a_2 = 1{,}333333$
3	$a_3 = 1{,}5$
...	...
10	$a_{10} = 1{,}818181$
...	...
100	$a_{100} = 1{,}980198$
...	...
1 000	$a_{1\,000} = 1{,}998002$
...	...
10 000	$a_{10\,000} = 1{,}9998$
...	...
100 000	$a_{100\,000} = 1{,}99998$
...	...
1 000 000	$a_{1\,000\,000} = 1{,}999998$
...	...

Intuitivamente, parece que los términos de la sucesión se van acercando al número real 2. Si calculamos las diferencias entre los términos de la sucesión y el número 2, obtenemos:

$$d_n = a_n - 2 = \frac{2n}{n+1} - 2 = \frac{2n - 2n - 2}{n+1} = \frac{-2}{n+1}$$

A medida que n crece las diferencias se hacen cada vez menores. Por ello diremos que el **límite de esta sucesión es 2.**

2. Sucesión de término general $b_n = 2n$

Dando valores a **n** obtenemos en el margen algunos términos de la sucesión.

Algunos términos de la sucesión $b_n = 2n$

n	b_n
1	$b_1 = 2$
2	$b_2 = 4$
3	$b_3 = 6$
...	...
10	$b_{10} = 20$
...	...
100	$b_{100} = 200$
...	...
1 000	$b_{1\,000} = 2\,000$
...	...
10 000	$b_{10\,000} = 20\,000$
...	...
100 000	$b_{100\,000} = 200\,000$
...	...
1 000 000	$b_{1\,000\,000} = 2\,000\,000$
...	...

En la tabla del margen se observa que los términos se hacen cada vez mayores y sobrepasan cualquier número real, por grande que éste sea. En este caso **la sucesión no tiene límite real.**

3. Sucesión de término general $c_n = -2n$

Por ser la sucesión opuesta a la anterior, **la sucesión no tiene límite real.**

4. Sucesión de término general $d_n = \frac{1}{n}$

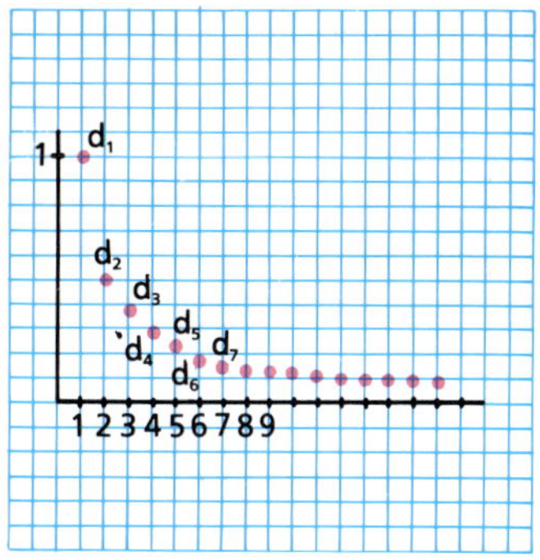

A medida que damos a **n** valores se obtienen términos cada vez más pequeños; basta observar que:

$a_{10} = 0{,}1;$ $\quad a_{100} = 0{,}01;$ $\quad a_{1\,000} = 0{,}001;$ $\quad a_{10\,000} = 0{,}0001$

Por tanto, para valores de **n** suficientemente grandes los términos se aproximan cada vez más a **0**.

Observa que a medida que **n** crece, las diferencias entre cada término y el límite se aproximan a **0**.

En consecuencia, **el límite de esta sucesión es 0.**

5. Las sucesiones de términos generales de la forma:

$$a_n = \frac{1}{n+2} \qquad b_n = \frac{1}{n+3} \qquad c_n = \frac{1}{n+4} \ \ldots$$

tienen todas límite 0.

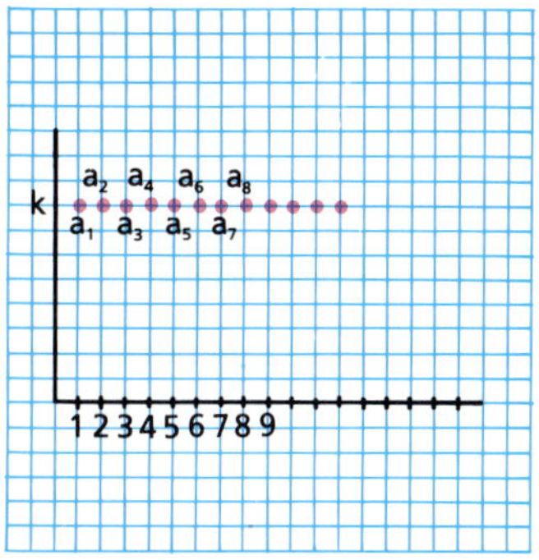

6. Sucesiones de términos generales:

$$a_n = \frac{k}{n^2} \qquad b_n = \frac{k}{n^3} \qquad c_n = \frac{k}{n^4} \ \ldots$$

Observa que a medida que vas dando valores a **n**, el denominador crece; en cambio, el numerador permanece constante, por tanto, el cociente se aproxima a **0. El límite de estas sucesiones es 0.**

7. ¿Cuál será el límite de la sucesión constante de término general $a_n = k$?

La sucesión es (k, k, k, k, ..., k, ...); al ser todos los términos iguales a k, **el límite de esta sucesión es k.**

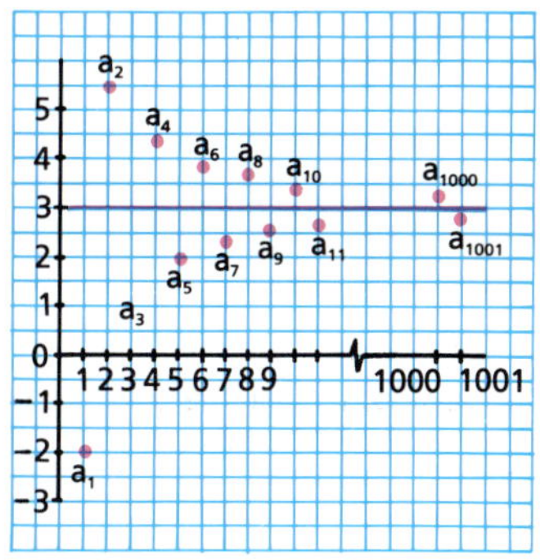

8. Sucesión de término general $a_n = \frac{(-1)^n 5 + 3n}{n}$

Hallemos algunos términos de esta sucesión con la calculadora:

$a_1 = -2$	$a_5 = 2$	$a_9 = 2{,}4444$	$a_{10\,000} = 3{,}0005$
$a_2 = 5{,}5$	$a_6 = 3{,}8333$	$a_{10} = 3{,}5$	$a_{10\,001} = 2{,}9995$
$a_3 = 1{,}333$	$a_7 = 2{,}28$	$a_{11} = 2{,}5454$	...
$a_4 = 4{,}25$	$a_8 = 3{,}625$	$a_{12} = 3{,}4166$	...

Observamos que los términos de la sucesión se aproximan a 3, de tal manera que las diferencias $|a_n - 3|$ se hacen tan pequeñas como queramos sin más que darle a n valores tan grandes como sea necesario.

▶ Una primera aproximación a la idea de límite

Una sucesión **(a_n)** tiene por límite el número real **a**: cuando a medida que **n** toma valores cada vez mayores, los términos de la sucesión se aproximan cada vez más al número **a**.

O también cuando las diferencias entre los términos y el límite se hacen tan pequeñas como queramos sin más que darle a **n** valores tan grandes como sea necesario.

2. LÍMITE DE UNA SUCESIÓN

Consideremos la sucesión del término general $a_n = \dfrac{2n+1}{n+1}$

¿A partir de qué término el valor absoluto de las diferencias entre a_n y el límite 2 es menor que una centésima?

Tratemos de calcular dichas diferencias:

$$\left|\frac{2n+1}{n+1} - 2\right| < \frac{1}{100} \Rightarrow \left|\frac{2n+1-2n-2}{n+1}\right| < \frac{1}{100} \Rightarrow \left|\frac{-1}{n+1}\right| < \frac{1}{100}$$

$$\frac{1}{n+1} < \frac{1}{100} \Rightarrow 100 < n+1 \Rightarrow 99 < n$$

Acabamos de ver que fijado $\epsilon = 0,01$, existe un número natural $n^* = 99$, tal que para todo $n > 99$ se verifica que:

$$|a_n - 2| < 0,01$$

¿A partir de qué término las diferencias $|a_n - 2|$ son menores que una milésima?

Haciendo lo mismo llegaríamos a:

$$\frac{1}{n+1} < \frac{1}{1\,000} \Rightarrow 1\,000 < n+1 \Rightarrow 999 < n$$

Acabamos de ver que fijado $\epsilon = 0,001$, existe un número natural $n^* = 999$, tal que para todo $n > 999$ se verifica que:

$$|a_n - 2| < 0,001$$

Observa que a medida que fijamos un ϵ más pequeño, necesitamos un n^* mayor, para que se verifique que $|a_n - 2| < \epsilon$.

Con ayuda del ejemplo anterior entenderás mejor la siguiente definición:

> **Una sucesión de números reales (a_n) tiene por límite el número real a, cuando para todo número real positivo ϵ existe un número natural n^*, tal que para todo $n > n^*$ se verifica que $|a_n - a| < \epsilon$.**
>
> **Se simboliza así: $\lim\limits_{n\to\infty} a_n = \lim a_n = a$**

Las sucesiones que tienen límite real se llaman **sucesiones convergentes.**

Observa que no importa que haya términos mayores o menores que el límite **a**; lo que tiene que ocurrir es que a partir de un índice $\mathbf{n^*}$ las diferencias entre los términos sucesivos y el límite sean menores que un valor previamente fijado ϵ.

SUCESIONES NULAS

Se llaman así a las sucesiones que tienen límite 0.

También se llaman infinitésimas.

Ejemplos: $\left(\frac{k}{n}\right)$; $\left(\frac{k}{n^2}\right)$; $\left(\frac{k}{n^3}\right)$; $\left(\frac{k}{\sqrt{n}}\right)$; $\left(\frac{k}{n+a}\right)$; $\left(\frac{k}{n^2+a}\right)$; $\left(\frac{k}{n^3+a}\right)$; ...

Si una sucesión tiene límite éste es único.

Éste es uno de los resultados más importantes que se derivan de la definición de límite.

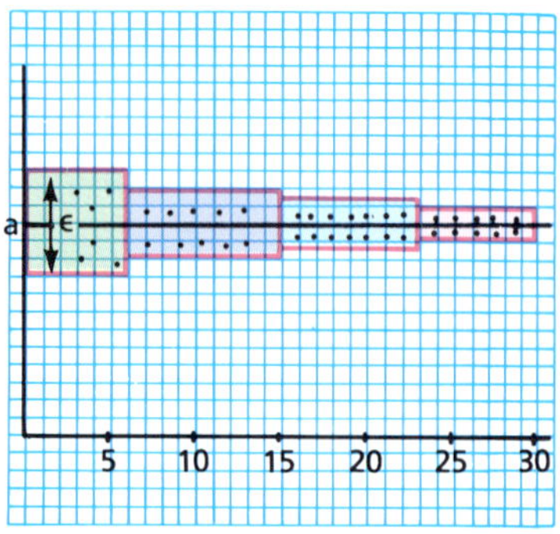

3. SUCESIONES QUE TIENDEN A INFINITO

a) ¿Qué quiere decir que una sucesión tiende a infinito?

Consideremos la sucesión de término general $a_n = n^3$; los términos se van haciendo cada vez mayores, pero de tal manera que por alto que sea el «listón» que pongamos podemos conseguir encontrar términos que lo superan. Supongamos que fijamos un valor muy alto; por ejemplo, K = 100 000 000, entonces para cualquier valor de n mayor que 1 000 se verifica que los términos consecutivos son mayores que el valor previamente fijado; es decir:

$$n^3 > 100\ 000\ 000 \text{ para todo } n > 1\ 000$$

Por grande que sea el valor **K** que fijemos, siempre encontrarás un valor del índice **n** a partir del cual los términos sucesivos serán mayores que **K.** Cuando se verifica esto se dice que la sucesión (n^3) tiende a más infinito. Se simboliza por $+\infty$.

La sucesión de números reales (a_n) tiende a infinito si para cualquier valor que fijemos K se puede conseguir que todos los términos a partir de uno dado sean mayores que K, sin más que dar valores a n tan grandes como sea necesario.

Se escribe: lim $a_n = +\infty$ o también $a_n \rightarrow +\infty$

Cuanto **mayor** sea el valor de **K, mayor** tendrá que ser el índice **n** a partir del cual se consigue que $a_n > K$.

SUCESIONES QUE TIENDEN A $+\infty$

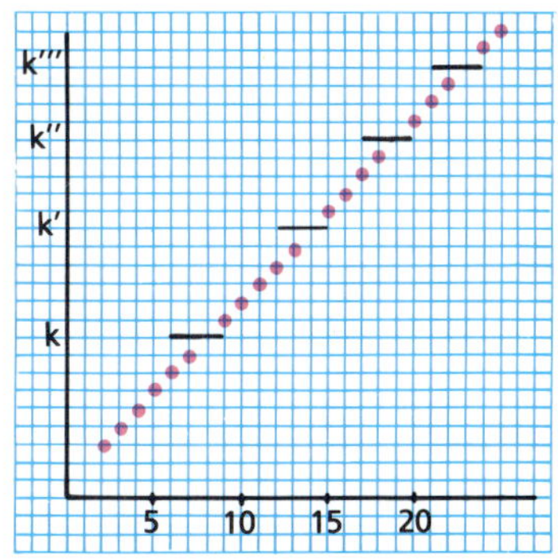

Si la sucesión tiende a infinito, cualquier listón que pongamos por alto que sea será superado por términos sin más que formar uno suficientemente grande.

a) ¿A qué tiende la sucesión de término general $a_n = -n^2$?

La sucesión es: $(a_n) = (-1, -4, -9, -16, -25, -36, -49...)$.

Los términos se van haciendo cada vez menores, pero de tal manera que por bajo que sea el «listón» que pongamos, podemos conseguir encontrar términos menores que él. Supongamos que fijamos un valor muy bajo, por ejemplo, K = −10 000, entonces para cualquier valor de n mayor que 100 se verifica que los términos consecutivos son menores que el valor previamente fijado; es decir:

$$-n^2 < -10\ 000 \text{ para todo } n > 100$$

Por pequeño que sea el valor **K** que fijemos siempre encontraremos un valor del índice **n** a partir del cual los términos sucesivos serán menores que **K.** Por ello decimos que la sucesión ($-n^2$) tiende a menos infinito. Se simboliza por $-\infty$.

La sucesión de números reales (a_n) tiende a menos infinito si para cualquier valor que fijemos K se puede conseguir que todos los términos a partir de uno dado sean menores que K, sin más que dar valores a n tan grandes como sea necesario.

Se escribe: lim $a_n = -\infty$ ó también $a_n \rightarrow -\infty$

¿CÓMO OPERAR?

SUMA

$+$	a	$+\infty$	$-\infty$
b	$a+b$	$+\infty$	$-\infty$
$+\infty$	$+\infty$	$+\infty$	
$-\infty$	$-\infty$		$-\infty$

DIFERENCIA

$-$	a	$+\infty$	$-\infty$
b	$a-b$	$+\infty$	$-\infty$
$+\infty$	$-\infty$		$-\infty$
$-\infty$	$+\infty$	$+\infty$	

PRODUCTO

x	a	0	$+\infty$	$-\infty$
b	ab	0	$+\infty$ si $b>0$ $-\infty$ si $b<0$	$-\infty$ si $b>0$ $+\infty$ si $b<0$
0	0	0		
$+\infty$	$+\infty$ si $a>0$ $-\infty$ si $a<0$		$+\infty$	$-\infty$
$-\infty$	$-\infty$ si $a>0$ $+\infty$ si $a<0$		$-\infty$	$+\infty$

COCIENTE

:	a	0	$+\infty$	$-\infty$
b	$\frac{a}{b}$	0	$+\infty$ si $b>0$ $-\infty$ si $b<0$	$-\infty$ si $b>0$ $+\infty$ si $b<0$
0			$\pm\infty$	$\pm\infty$
$+\infty$	0	0		
$-\infty$	0	0		

Observa que los espacios en rojo corresponden a expresiones carentes de sentido y que llamaremos expresiones indeterminadas.

4. DOS SÍMBOLOS ÚTILES: $+\infty$, $-\infty$

Con estos nuevos elementos se completa la recta real de modo que se conserva el orden. Una idea visual de este nuevo conjunto $\mathbf{R} \cup \{-\infty, +\infty\}$ es la siguiente:

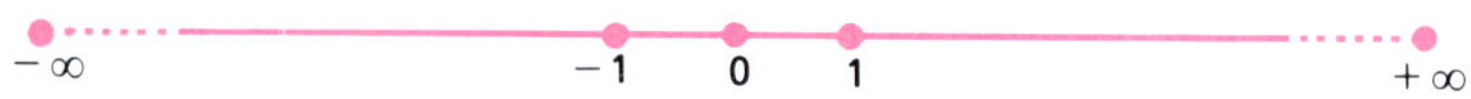

$+\infty$ es mayor que cualquier número real.
$-\infty$ es menor que cualquier número real.

Las operaciones aritméticas se pueden extender, no totalmente, al conjunto formado por los números reales y estos dos nuevos elementos. Cabe señalar desde ahora que hay casos en que no tiene sentido como no lo tiene la división por cero en los números reales.

En el margen se indican los resultados de las operaciones cuando intervienen números reales y los elementos $+\infty$ y $-\infty$.

Una observación: Cuando utilices los símbolos $+\infty$ y $-\infty$ piensa que son símbolos para indicar números cada vez mayores **($+\infty$)** y números cada vez menores **($-\infty$)**, de este modo se entiende fácilmente los resultados de las tablas. Razona los siguientes ejemplos:

$$2+(+\infty)=+\infty,\ 2-(+\infty)=-\infty,\ 2\cdot(+\infty)=+\infty,$$
$$2\cdot(-\infty)=-\infty$$
$$2:(+\infty)=0,\ 2:(-\infty)=0,\ (+\infty):2=+\infty,\ (-\infty):2=-\infty$$

Los casos donde no tiene sentido la operación se pueden resumir en el siguiente esquema:

Suma-diferencia	**Producto**	**Cociente**	
$(\pm\infty)\pm(\pm\infty)$	$0\cdot(\pm\infty)$	$\frac{x}{0}$	$\frac{\pm\infty}{\pm\infty}$

En el siguiente ejemplo se comprueba que el cociente $\frac{\infty}{\infty}$ carece de sentido. Con ejemplos similares, puede comprobarse para los restantes casos.

Si elegimos: 2, 4, 6, 8, 10, 12, 14, ..., $+\infty$
3, 6, 9, 12, 15, 18, 25, ..., $+\infty$
4, 8, 12, 16, 20, 24, 28, ..., $+\infty$
...

y las dividimos por la sucesión de los números naturales:

1, 2, 3, 4, 5, 6, 7..., $+\infty$

se obtienen las sucesiones: 2, 2, 2, 2, 2, 2, 2, ..., 2
3, 3, 3, 3, 3, 3, 3, ..., 3
4, 4, 4, 4, 4, 4, 4, ..., 4

Como ves, el cociente de números muy grandes puede ser cualquier número, por eso $\frac{(+\infty)}{(+\infty)}$ no está definido.

5. OPERANDO CON SUCESIONES CONVERGENTES

Considera las sucesiones de término general $a_n = \dfrac{2n}{n+1}$ y $b_n = \dfrac{3n}{n+1}$; si calculas términos en ambas sucesiones resulta fácil ver que:

$$\lim a_n = 2 \quad \text{y} \quad \lim b_n = 3$$

¿Cuál será el límite de la sucesión de término general $a_n + b_n$?

$$a_n + b_n = \frac{2n}{n+1} + \frac{3n}{n+1} = \frac{5n}{n+1}$$

Hallando términos de esta nueva sucesión, con tu calculadora obtendrás que su límite es 5. Así pues, en este caso se cumple que:

$$\lim (a_n + b_n) = \lim a_n + \lim b_n$$

Si las sucesiones de términos generales a_n y b_n tienen límite finito y las operaciones tienen sentido se verifica que:

Operaciones	Sucesión	Propiedades
Adición	suma	$\lim (a_n + b_n) = \lim a_n + \lim b_n$
	opuesta	$\lim (-a_n) = -\lim a_n$
	diferencia	$\lim (a_n - b_n) = \lim a_n - \lim b_n$
Multiplicación	producto	$\lim (a_n \cdot b_n) = \lim a_n \cdot \lim b_n$
	inversa	$\lim \dfrac{1}{b_n} = \dfrac{1}{\lim b_n}$
	cociente	$\lim \dfrac{a_n}{b_n} = \dfrac{\lim a_n}{\lim b_n}$
Multiplicación por un número	producto por k	$\lim (k \cdot a_n) = k \cdot \lim a_n$
Potenciación	potencia	$\lim (a_n^{b_n}) = (\lim a_n)^{\lim b_n}$

1. $\mathbf{\lim \dfrac{3n^2 - 2n - 5}{n^2}} = \lim \left(3 - \dfrac{2}{n} - \dfrac{5}{n^2}\right) =$

$\lim 3 - \lim \dfrac{2}{n} - \lim \dfrac{5}{n^2} = 3 - 0 - 0 = 3$

2. Si $\lim (b_n) = \lim\left(\dfrac{3n+1}{n}\right) = 3$, halla $\lim \left(\dfrac{1}{b_n}\right)$

$\lim \left(\dfrac{1}{b_n}\right) = \lim \dfrac{n}{3n+1} = \dfrac{1}{3}$

3. Halla $\lim \dfrac{a_n}{b_n}$ sabiendo que $a_n = \dfrac{n^2+1}{n^2}$ y $b_n = \dfrac{5n}{n+1}$

Como $\lim a_n = 1$ y $\lim b_n = 5$, se tiene que $\lim \dfrac{a_n}{b_n} = \dfrac{1}{5}$

MUCHO CUIDADO

La suma de sucesiones no convergentes puede ser una sucesión convergente.

Por ejemplo:

$a_n = (-1)^{n+1}$; $(1, -1, 1, -1, 1, \ldots)$
$b_n = (-1)^n$; $(-1, 1, -1, 1, -1, \ldots)$
$a_n + b_n = 0$; $(0, 0, 0, 0, 0, 0, \ldots)$

¿HAY MEJOR IDEA DE CONVERGENCIA?

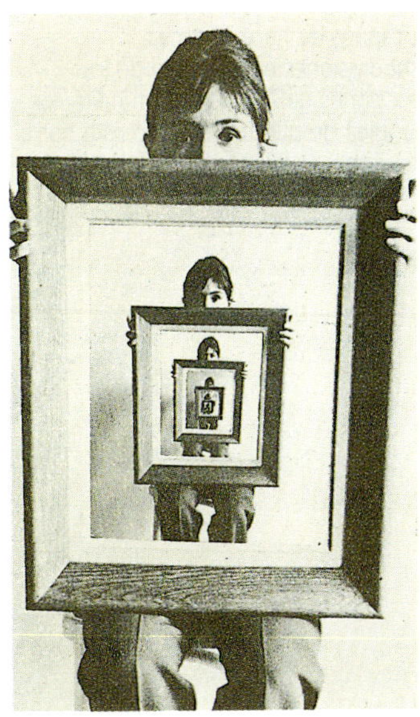

LA PARADOJA DE LA ESCALERA

Consideremos las siguientes escaleras que suben de A a B, siendo ABC un triángulo rectángulo isósceles.

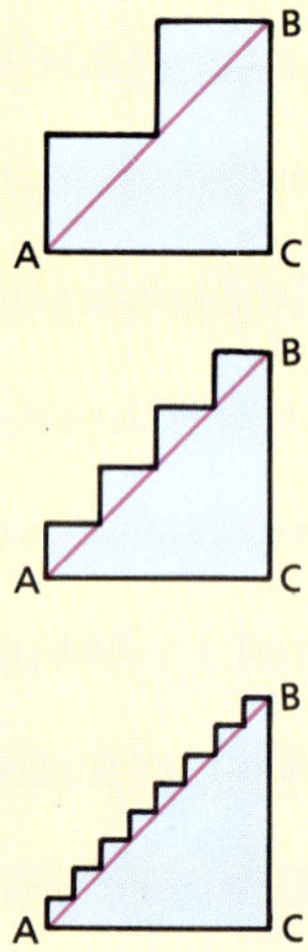

La primera escalera tiene dos escalones. La segunda, 2^2. La tercera, 2^3 escalones, y así sucesivamente. La décima escalera tendrá $2^{10} = 1\,024$ escalones, etc.

Si AC = BC = 1 m, el perímetro de los escalones que van de A a B mide 2 m.

Después de hacer muchas subdivisiones el perímetro de los escalones de A a B se confundirá con la línea de puntos AB, pero ésta por el teorema de Pitágoras mide:

$\sqrt{1^2 + 1^2} = \sqrt{2}$ m.

Por tanto, $2 = \sqrt{2}$.

¿Dónde está el error?

6. EXPRESIONES INDETERMINADAS

Dadas las sucesiones de términos generales $\mathbf{a_n = n + 1}$ y $\mathbf{b_n = n^2}$, ambas tienden a infinito; es decir, no son convergentes.

Si tratamos de hallar el límite de la sucesión cociente, $\left(\frac{a_n}{b_n}\right)$ observamos, en principio, que tiende a una expresión de la forma $\frac{\infty}{\infty}$ que llamamos **expresión indeterminada.**

En este caso podemos salvar la indeterminación calculando directamente el límite de la sucesión cociente:

$$\lim \frac{a_n}{b_n} = \lim \frac{n+1}{n^2} = \lim \left(\frac{n}{n^2} + \frac{1}{n^2}\right) = \lim \frac{1}{n} + \lim \frac{1}{n^2} = 0 + 0 = 0$$

Así pues, la sucesión cociente tiene límite y, por tanto, es convergente, sin serlo las sucesiones del numerador y del denominador.

Acabamos de ver cómo de forma natural ha surgido la expresión indeterminada $\frac{\infty}{\infty}$. A continuación enumeramos otros tipos de expresiones indeterminadas que aparecen en el estudio de los límites de sucesiones:

	Racionales				Exponenciales		
casos	1.º	2.º	3.º	4.º	5.º	6.º	7.º
símbolo	$\frac{0}{0}$	$\frac{\infty}{\infty}$	$0 \cdot \infty$	$\infty - \infty$	1^{∞}	∞^0	0^0

En todos los casos anteriores aparecen expresiones que, en principio, no sabemos cómo resolver. Por este motivo se llaman así: indeterminaciones o expresiones indeterminadas.

Si al tratar de calcular el límite de una sucesión utilizando las reglas de las operaciones aparece un caso de estos, hay que seguir otro camino para hallarlo, ya que directamente no podemos afirmar nada acerca del límite de la sucesión.

En la próxima pregunta veremos algunos procedimientos para salvar estas indeterminaciones.

1. Sean las sucesiones de término general $a_n = \frac{1}{n}$ y $b_n = \frac{1}{2n}$; calcula el límite de la sucesión cociente $\left(\frac{a_n}{b_n}\right)$

Como $\lim a_n = 0$ y $\lim b_n = 0$, aparece una expresión indeterminada de la forma $\frac{0}{0}$.

Sin embargo $\frac{a_n}{b_n} = \frac{1}{n} : \frac{1}{2n} = 2$, luego $\lim \left(\frac{a_n}{b_n}\right) = \lim (2) = 2$.

7. LÍMITE DE SUCESIONES POLINÓMICAS Y RADICALES

Veamos ahora procedimientos para calcular algunos tipos de límites.

a) El término general es un cociente de polinomios en n

La indeterminación $\frac{\infty}{\infty}$ de estas sucesiones desaparece dividiendo numerador y denominador por la potencia máxima de **n** que haya en el denominador.

1. $\lim \frac{2n+5}{3n+1} = \lim \frac{2+\frac{5}{n}}{3+\frac{1}{n}} = \frac{2}{3}$

2. $\lim \frac{3n+2}{n^2+1} = \lim \frac{\frac{3}{n}+\frac{2}{n^2}}{1+\frac{1}{n^2}} = \frac{0}{1} = 0$

3. $\lim \frac{6n^3+n^2}{n+5} = \lim \frac{6n^2+n}{1+\frac{5}{n}} = \frac{+\infty}{1} = +\infty$

b) El término general tiene expresiones radicales en n

La indeterminación $\frac{0}{0}$ ó $\infty - \infty$ de sucesiones con radicales desaparece multiplicando y dividiendo la función por la expresión radical conjugada.

La indeterminación $\frac{\infty}{\infty}$ de funciones con radicales desaparece dividiendo numerador y denominador por la potencia máxima de n que haya en el denominador.

Trataremos de calcular el límite de la sucesión $(\sqrt{n+a}-\sqrt{n})$; como las sucesiones $(\sqrt{n+a})$ y $(\sqrt{n})$ tienden ambas a infinito, aparece una expresión indeterminada de la forma $\infty - \infty$. Podemos eliminar dicha indeterminación multiplicando y dividiendo por la **expresión radical conjugada $\sqrt{n+a}+\sqrt{n}$.**

$$\lim (\sqrt{n+a}-\sqrt{n}) = \lim \frac{(\sqrt{n+a}-\sqrt{n})(\sqrt{n+a}+\sqrt{n})}{\sqrt{n+a}+\sqrt{n}} =$$

$$= \lim \frac{n+a-n}{\sqrt{n+a}+\sqrt{n}} = \lim \frac{a}{\sqrt{n+a}+\sqrt{n}} =$$

$$= \lim a \cdot \lim \frac{1}{\sqrt{n+a}+\sqrt{n}} = a \cdot 0 = 0$$

DE LOS NÚMEROS Y SU HISTORIA

Dice Asimov:

Una forma de acercarse a la idea de infinito es a partir de la operación de contar.

Observa las sucesivas formas de contar:

1, 2, 3, 4, 5, 6
1, 2, 3, ..., 50
1, 2, 3, ..., n
1, 2, 3, ... y así sucesivamente
1, 2, 3, ..., más infinito
1, 2, 3, ..., $+\infty$

Isaac Asimov (1920). Bioquímico y escritor científico ruso-americano. Desde 1928 es ciudadano estadounidense. En 1949 fue nombrado profesor en Boston University School of Medicine. Se considera uno de los más importantes divulgadores de temas científicos del siglo XX, consiguiendo hacer llegar al gran público temas de matemáticas, astronomía, física, química y biología, así como otros temas no científicos sobre mitología, geografía y la Biblia.

PROBLEMAS RESUELTOS

1 **¿A partir de qué término la sucesión de término general $a_n = \frac{1}{n}$ se encuentra próxima a cero con error menor que 0,001?**

$\left|\frac{1}{n} - 0\right| < \frac{1}{1\,000} \Rightarrow \frac{1}{n} < \frac{1}{1\,000} \Rightarrow 1\,000 < n$, luego para todo término posterior al que ocupa el lugar 1 000 se verifica la condición pedida. Observa que $a_{1\,001} = \frac{1}{1\,001}$

2 **¿Qué términos de la sucesión de término general $a_n = \frac{2n}{(n+1)}$ se aproximan a 2 con un error menor que $\epsilon = 10^{-4}$?**

Bastará tomar n de manera que $\left|2 - \frac{2n}{n+1}\right| < 10^{-4}$

Pero $\left|2 - \frac{2n}{n+1}\right| = \left|\frac{2n+2-2n}{n-1}\right| = \left|\frac{2}{n+1}\right| = \frac{2}{n+1} < 10^{-4}$

Es decir, $2 \cdot 10^4 < n+1$. Por tanto, $n > 19\,999$.

Luego para todo $n > 19\,999$ se verifica que la diferencia entre cualquier término a_n de la sucesión y el número 2 es menor que 10^{-4}.

3 **Demuestra que el límite de la sucesión de término general $a_n = \frac{(2n+1)}{n}$ es 2.**

Se trata de ver que para todo $\epsilon > 0$ existe un número natural n^* tal que para todo $n > n^*$, se verifica:

$$\left|\frac{2n+1}{n} - 2\right| < \epsilon$$

$$\left|\frac{2n+1}{n} - 2\right| = \left|\frac{2n+1-2n}{n}\right| = \frac{1}{n} < \epsilon \Rightarrow n > \frac{1}{\epsilon}$$

4 **Halla $\lim \frac{2n^2 - 5n + 7}{3n^2}$**

$$\lim \frac{2n^2 - 5n + 7}{3n^2} = \lim \frac{2n^2}{3n^2} = \lim \frac{2}{3} = \frac{2}{3}$$

5 **Calcula $\lim (\sqrt{n^2 - 3n + 2} - n)$**

$$\lim \sqrt{n^2 - 3n + 2} - n) = \lim \frac{(\sqrt{n^2 - 3n + 2} - n)(\sqrt{n^2 - 3n + 2} + n)}{\sqrt{n^2 - 3n + 2} + n} =$$

$$= \lim \frac{n^2 - 3n + 2 - n^2}{\sqrt{n^2 - 3n + 2} + n} = \lim \frac{-3n+2}{\sqrt{n^2 - 3n + 2} + n} = \lim \frac{-3 + \frac{2}{n}}{\sqrt{1 - \frac{3}{n} + \frac{2}{n^2}} + 1} = \frac{-3}{2}$$

ACTIVIDADES

Ejercicios para repasar

1 Si n es un número natural, calcula los siguientes valores absolutos para los primeros cinco números naturales:

$\left|\dfrac{2n}{n+3}\right|$ $\qquad$ $\left|3-\dfrac{3n}{n+1}\right|$

$\left|\dfrac{n-7}{2}\right|$ $\qquad$ $\left|\dfrac{2-n}{-n}\right|$

2 Dada la sucesión cuyos primeros términos son: $\frac{1}{4}$, $\frac{8}{8}, \frac{27}{12}, \frac{64}{16}, \frac{125}{20}, \ldots$, escribe el término general de esta sucesión. Averigua si es una sucesión monótona creciente o decreciente. ¿Está acotada superior o inferiormente?

3 Una progresión aritmética de diferencia 3, ¿es una sucesión acotada superiormente? ¿Es decreciente?

4 Una progresión geométrica de razón -2, ¿es una sucesión decreciente? ¿Está acotada inferiormente?

5 Escribe los diez primeros términos de la sucesión de números pares. Halla la expresión de su término general. ¿Se trata de una sucesión creciente? ¿Por qué? ¿Está acotada?

6 Escribe el término general de la progresión geométrica cuyo primer término es 2 y su razón es $\frac{1}{2}$. Calcula la suma de sus cien primeros términos. Calcula la suma de todos los términos. ¿Se trata de una sucesión acotada? La sucesión formada por las sumas parciales, ¿está acotada?

Ejercicios para entrenarse

7 En la sucesión de término general $a_n = 3 + \frac{1}{n}$, halla un término a partir del cual todos los siguientes disten de 3 menos de una milésima. Idem, en menos de $\frac{1}{170}$.

8 Dada la sucesión de término general $a_n = \dfrac{6n+1}{6n}$:

a) ¿Se puede encontrar un término a partir del cual todos los siguientes disten de 1 menos de 0,8?

b) ¿Eres capaz de hallar «algunos» términos que disten de 1 menos de $\frac{2}{3}$?

c) ¿A partir de qué término los siguientes distan de 1 menos de $\frac{2}{3}$?

9 Calcula los siguientes límites:

1. $\lim\,(7+n)$
2. $\lim\left(7-\dfrac{1}{n}\right)$
3. $\lim\,(7-n^2)$
4. $\lim\left(6+\dfrac{1}{n^3}\right)$
5. $\lim\dfrac{7}{n}$
6. $\lim\,7n$
7. $\lim\left(\dfrac{3}{n}\right)n$

A

8. $\lim \left(\frac{3}{n}\right) : n$

9. $\lim \left(\frac{1}{3}\right)^n$

10. $\lim 3^n$

11. $\lim 3n^2 (5 + n)$

12. $\lim [-5n^3 (n^2 - 100)]$

13. $\lim (2n^3)^2$

14. $\lim (2n^3)^{-2}$

15. $\lim \left(\frac{3-2}{n}\right) \left(\frac{7+5}{n^2}\right)$

16. $\lim (23 + 10^{-n})$

17. $\lim (8n^2 - 7n^3 - 500)$

18. $\lim (8n^{-2} - 7n^{-3} - 500)$

10 $\lim \frac{6n^3 - 2n^5 + 2n^4 - 7n + 8}{3n^6 - 5n^2 + 4n - 7n^2 + 8}$

$\lim \frac{(n+1)^2}{2n^2}$

11 $\lim \frac{(n+1)^2 - (n-1)^2}{5n+3}$

$\lim \frac{n+10}{n}$

12 $\lim \left(\frac{3+4n^2}{1-2n} \cdot \frac{5-3n}{5n^2+3}\right)$

$\lim \frac{n^3 - 75n^2 + 1}{400n^2 + 3n}$

13 $\lim \left(\frac{2}{n^3} : \frac{5}{n^2}\right)$

$\lim \frac{(n^2 + n + 1)}{n}$

14 $\lim \frac{(4n-3) \cdot (5n+2)}{3n^2 + 1}$

$\lim \frac{(n+1)^3 - (n-1)^3}{(n+1)^4 + (n-1)^4}$

15 $\lim \left(\frac{5-n}{2} - \frac{3-2n}{3}\right)$

$\lim \frac{n^3}{n(n+1)\ (n+2)}$

16 $\lim \left(n^3 + \frac{1}{2n}\right)^{37}$

$\lim (1 + 4 + 7 + ... + 3n - 2)$

17 $\lim 7^{n-3}$

$\lim \frac{2^n + (-2)^n}{3^n}$

18 $\lim \left(\frac{2n^3 - 3n + 7}{n+2}\right)^7$

$\lim \frac{(4n+5)(7-n^3)}{n^4+1}$

19 Demuestra que la sucesión $\frac{4n^2+1}{7n^2-3}$ tiene por límite $\frac{4}{7}$.

20 Demuestra que las sucesiones de término general $a_n = (-1)^n + 1$ y $b_n = \frac{2^n + (-2)^n}{2^n}$ carecen de límite.

Problemas para resolver

21 $\lim \left(\frac{n+3}{5n}\right)^4$

$\lim \sqrt[3]{\frac{n^2+3}{2n^2-7}}$

22 $\lim \dfrac{\sqrt[3]{n^3+2n-1}}{n+1}$

$\lim \dfrac{\sqrt[3]{n^2+n}}{n+1}$

23 $\lim \left(\dfrac{n^3+3}{n^2+1}\right)^{\frac{2n}{n+1}}$

$\lim \left(\dfrac{1-n^2}{n+1}\right)^{\frac{n+5}{n}}$

24 $\lim (\sqrt{n^2-n}-n)$

$\lim (n^3+2)^{-7n+55}$

25 $\lim \dfrac{2n-\sqrt{9n^2+2}}{7n+2}$

$\lim \dfrac{-5n}{\sqrt{3n^2-2n}+2n}$

26 $\lim \dfrac{\sqrt{n+1}+\sqrt{n+4}}{\sqrt{n+7}+\sqrt{n+6}}$

$\lim \dfrac{\sqrt{n^2+2}-\sqrt{4n^2-5}}{7n-1+\sqrt{9n^2+1}}$

27 $\lim \left(\dfrac{1}{\sqrt{n^2+5}} \quad \dfrac{\sqrt{3n^2+7}}{n}\right)$

$\lim \left(\dfrac{1}{n+1}\right) (3n^2+7)$

28 Encuentra dos sucesiones cuyo límite sea $+\infty$ y cuya diferencia tenga por límite 3.

29 Dadas las sucesiones cuyos términos generales son: $a_n = n^2+3$, $b_n = \dfrac{1}{n^2}$ y $c_n = \dfrac{(n^2+1)}{n}$. Calcular los siguientes límites:

a) $\lim (a_n + b_n)$

b) $\lim (a_n - b_n)$

c) $\lim (a_n + c_n)$

d) $\lim (a_n - c_n)$

e) $\lim (b_n + c_n)$

f) $\lim (b_n - c_n)$

g) $\lim (a_n : b_n)$

h) $\lim (a_n \cdot c_n)$

i) $\lim (b_n \cdot c_n)$

j) $\lim (b_n : a_n)$

k) $\lim (a_n : c_n)$

l) $\lim (a_n : b_n)$

30 Busca dos sucesiones que tengan por límite 0 y $+\infty$, respectivamente, y que la sucesión producto tenga límite 2.

31 Calcula el siguiente límite:

$$\lim \frac{\binom{n}{0}+\binom{n}{1}+\binom{n}{2}+\ldots+\binom{n}{n}}{3 \cdot 2^n}$$

32 Encuentra una sucesión creciente que tenga por límite $\dfrac{5}{3}$.

33 Escribe una sucesión cuyo límite sea 1 y cuyos términos sean todos mayores que uno.

Problemas para entretenerse pensando

34 Definimos la sucesión cuyo término general tiene la siguiente expresión:

$$a_n = \begin{cases} n+2 & \text{si n es impar} \\ \dfrac{1}{(n+2)} & \text{si n es par} \end{cases}$$

¿Es una sucesión monótona? ¿Converge?

35 Definimos la sucesión cuyo término general tiene la siguiente expresión:

$$a_n = \begin{cases} n+2 & \text{si } n < 1\,568 \\ \dfrac{1}{(n+2)} & \text{si } n > 1\,567 \end{cases}$$

Estudia la acotación de esta sucesión y calcula alguna cota superior. ¿Se trata de una sucesión convergente? En el caso de que esta sucesión sea convergente, calcula su límite.

A

36 La sucesión $a_n = \frac{5(-1)^n}{n}$. ¿Tiene límite? Si lo tiene calcúlalo. Calcula el límite de la sucesión opuesta y el de la sucesión inversa.

37 Si los términos de la sucesión a_n son siempre menores que los de la sucesión b_n, ¿qué les ocurre a sus límites? Si la sucesión a_n tiene límite infinito, ¿qué se puede decir sobre el límite de la sucesión b_n? ¿Y si $\lim b_n = -\infty$ se puede decir algo sobre la convergencia de a_n?

38 Calcula el límite, si existe, de la sucesión:

a) 1, 1, 3, 1, 3, 5, 1, 3, 5, 7, 1, 3, 5, 7, 9, ...

b) $1, \frac{1}{2}, 1, \frac{1}{3}, 1, \frac{1}{4}, 1, \frac{1}{5}, \ldots$

c) $a_n = \frac{2^n + 1}{2^n - 1}$

d) $a_n = \frac{2^n + 1}{5^n - 1}$

e) $a_n = \frac{2^n - 1}{3^n - 1}$

f) $a_n = \frac{2^{n+1} + 5}{2^n - 3}$

g) $a_n = \frac{2^n - 8}{2^{n+1}}$

h) $a_n = \frac{3^{n+1}}{2^n + 5}$

Cuestiones para aclararse

39 Si una sucesión es estrictamente creciente, su límite, ¿es siempre infinito?

40 ¿Puedes calcular el límite, si existe, de la sucesión $1, \frac{1}{2}, 2, \frac{1}{3}, 3, \frac{1}{4}, 4, \ldots$

41 Si una sucesión tiene todos sus términos positivos, ¿puede tener el mismo límite que otra sucesión cuyos términos sean todos negativos? Pon algún ejemplo.

42 ¿Puede ser convergente una sucesión que tiene solamente dos términos distintos?

43 ¿Puede suceder que exista una sucesión acotada superiormente y que a la vez sea divergente? ¿Y una sucesión acotada inferiormente y con límite infinito?

44 ¿Cuántas sucesiones distintas convergen al número 4? Escribe tres sucesiones que cumplan esta condición.

45 La sucesión de los números pares y la sucesión de los números impares, ¿qué límite tienen? ¿Qué se puede decir de la sucesión diferencia de ambas? ¿Y de la sucesión cociente de ambas? ¿Por qué?

Ejercicios de ampliación

46 Busca y escribe las fórmulas del área de un triángulo equilátero, de un cuadrado, de un pentágono regular, y en general de cualquier polígono convexo regular de n lados. Si aumentamos el número de lados, la figura que va apareciendo se asemeja cada vez más a una circunferencia. ¿Será posible que se pueda calcular el área de la circunferencia como límite de las áreas de los polígonos regulares? ¿Y el perímetro?

47 Calcula las áreas laterales de los prismas rectos cuya base sea un polígono regular de n lados. ¿La figura límite sería el cilindro? ¿Se puede decir lo mismo de los volúmenes de estas figuras?

48 ¿Podrías demostrar que toda sucesión convergente está acotada?

49 Demuestra que el límite de una sucesión es único.

50 Se llama regla del sandwich a la siguiente regla: Sean (a_n), (b_n) y (c_n) tres sucesiones tales que:

1.° $\lim a_n = \lim c_n = L$

2.° $a_n \leqslant b_n \leqslant c_n$

entonces se verifica que $\lim b_n = L$.
Aplica la regla del sandwich para hallar el límite de la sucesión de término general $\frac{1}{\sqrt{n+1}}$, teniendo en cuenta que $\frac{1}{n} \leqslant \frac{1}{\sqrt{n+1}} \leqslant \frac{1}{\sqrt{n}}$.

51 ¿Es cierta la siguiente afirmación: «La suma de dos sucesiones no convergentes puede ser una sucesión convergente»? Pon un ejemplo.

MURAL

de matemáticas

Paradojas del infinito

Supongamos que queremos calcular el valor numérico S de la suma de infinitos sumandos:

$$S = 1 + \frac{1}{2} + \frac{1}{4} + \frac{1}{8} + \frac{1}{16} + \ldots$$

Podemos hacer lo siguiente:

$$S = 1 + \frac{1}{2}\left(1 + \frac{1}{2} + \frac{1}{4} + \ldots\right) = 1 + \frac{1}{2}S$$

de donde $2S = 2 + S$; $S = 2$.

El resultado es correcto, pero la demostración no lo es, como puedes ver el aplicarla a este otro caso.

Calcula: $S = 1 + 2 + 4 + 8 + 16 + \ldots$

$$S = 1 + 2(1 + 2 + 4 + 8 + \ldots); \; S = 1 + 2S$$

$S = -1$, lo que evidentemente resulta incorrecto.

¿Dónde está el error?

Es muy fácil; en el primer caso existe el límite de la sucesión S, en cambio, en el segundo caso no existe el límite de la sucesión ya que (1, 2, 4, 8, 16, ...) es una sucesión divergente.

Por ello debes adquirir la costumbre de no aplicar los métodos de la aritmética finita para el cálculo de sumas infinitas.

Aquiles y la tortuga

El concepto de límite es un problema matemático delicado, que históricamente ha dado lugar incluso a paradojas famosas. La más antigua es la paradoja de «Aquiles y la tortuga», enunciada por **Zenon de Elea** en el siglo V a.C. Dice así:

Un día se acerca una tortuga a Aquiles y le propone una carrera, con la siguiente condición: «Si me das una ventaja ¡no lograrás alcanzarme!»

Hacemos el razonamiento con los siguientes datos: Aquiles da a la tortuga 100 m de ventaja, su velocidad es 10 m/s, y la velocidad de la tortuga 1 m/s. Según el esquema adjunto, el tiempo, en segundos, que tarda Aquiles en alcanzar a la tortuga es:

$$10 + 1 + \frac{1}{10} + \frac{1}{100} + \ldots$$

De ahí que Zenon, equivocadamente, concluye que Aquiles nunca alcanzará a la tortuga, ya que la suma de infinitos intervalos de tiempo es infinita.

¿Cuál es la contradicción? Aquiles tarda en recorrer los 100 m que le separan de la tortuga 10 s. En este tiempo la tortuga recorre 10 m. Aquiles tarda en recorrer los 10 m. que le separan de la tortuga 1 s. En ese tiempo la tortuga recorre 1 m. Y así sucesivamente.

La paradoja de Zenon está hoy en día totalmente aclarada gracias a la moderna teoría de límites, pues la sucesión de tiempos $(10, 1, \frac{1}{10}, \frac{1}{100}, \frac{1}{1\,000}, \ldots)$ tiene límite finito. Hállalo.

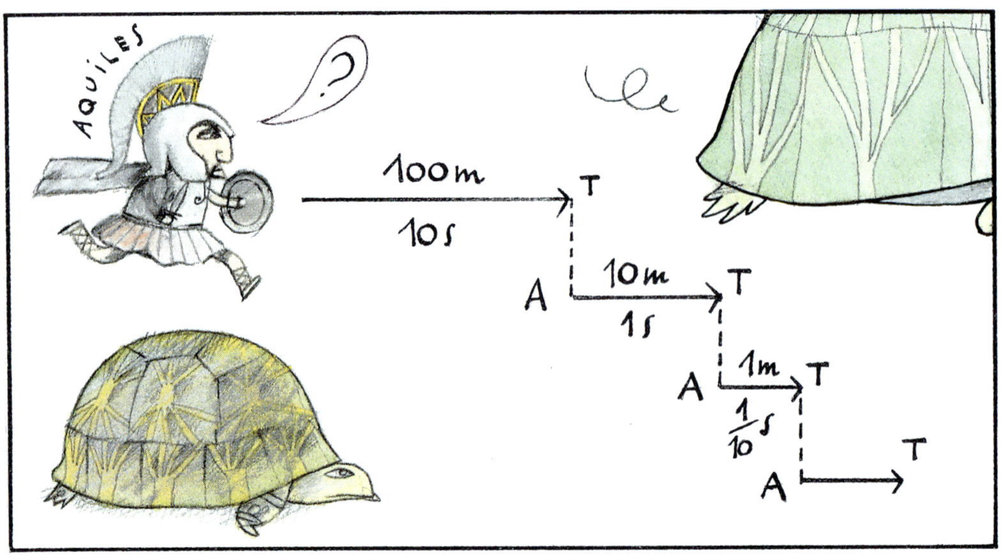

MURAL

14 EL NÚMERO e

LA AVARICIA DEL USURERO

Consideremos que ingresamos en un banco 1 PTA al 100 por 100 anual, al cabo de un año tendremos 1+ 1= 2 PTA.

Si el abono de intereses se realiza mensualmente, al cabo de un año tendremos $\left(1+\frac{1}{12}\right)^{12} = 2{,}61$ *PTA. Así pues, el capital ha aumentado un 161 por 100.*

Si el abono de intereses se realiza diariamente, al cabo de un año tendremos $\left(1+\frac{1}{365}\right)^{365} = 2{,}7145$ *PTA. Así pues, el capital ha aumentado un 171,45 por 100.*

Un usurero, muy avaro, plantea al banco su deseo de que le sean abonados los intereses cada hora, o mejor aún, cada minuto, pensando que de esta forma obtendrá unos beneficios muy suculentos. El director del banco accede a su petición, pero además le comunica que van a mejorar su propuesta, pues le abonarán los intereses cada segundo. ¿Podrías calcular en cuánto se convertirá una PTA al final del primer año?

Primero calcularemos cuántos segundos tiene un año. Un año tiene= 365× 24× 60× 60 segundos= 31 536 000 segundos.

Entonces una PTA se convertirá en

$$\left(1+\frac{1}{31\,536\,000}\right)^{31\,536\,000} = 2{,}7174 \text{ PTA.}$$

Así pues, el capital ha aumentado un 171,74 por 100, con lo cual el avaro nunca llegará a obtener 3 PTA, en contra de sus materialistas ilusiones.

En esta lección vamos a estudiar situaciones análogas a la que acabamos de exponer; más aún, suponiendo que el año se divide en n partes iguales, haciendo tender n a infinito, pues bien, nunca se conseguirá que una PTA se convierta en 3; todo lo más que conseguiremos es que se convierta en 2,718 PTA.

Grabado del libro *Aritmética*, de Johann Widman, publicado en Pforaheim en 1500. Se trata del primer compendio práctico para comerciantes utilizado en Alemania.

APRENDE A MANEJAR TU CALCULADORA

¿Cómo calcular, por ejemplo,

$$\left(1+\frac{1}{8}\right)^8?$$

Investiga tu calculadora, pues todas no funcionan igual, pero una secuencia generalmente aceptada por casi todas las calculadoras es:

[1] [:] [8] [=] 0,125

[+] [1] [=] 1,125

[INV] [X^y] [8] [=] 2,565784

1. UNA SUCESIÓN MUY PARTICULAR

Vamos a estudiar una sucesión muy particular de gran interés científico, cuyo término general es:

$$\mathbf{a_n}=\left(\mathbf{1}+\frac{\mathbf{1}}{\mathbf{n}}\right)^n$$

Coge tu calculadora científica y vamos a calcular los primeros términos de esta sucesión:

$a_1=(1+1)=2{,}000000$

$a_2=\left(1+\frac{1}{2}\right)^2=2{,}250000$

$a_3=\left(1+\frac{1}{3}\right)^3=2{,}370370$

$a_4=\left(1+\frac{1}{4}\right)^4=2{,}441406$

$a_5=\left(1+\frac{1}{5}\right)^5=2{,}488320$

...

$a_6=\left(1+\frac{1}{6}\right)^6=2{,}521626$

$a_7=\left(1+\frac{1}{7}\right)^7=2{,}546499$

$a_8=\left(1+\frac{1}{8}\right)^8=2{,}565784$

$a_9=\left(1+\frac{1}{9}\right)^9=2{,}581174$

$a_{10}=\left(1+\frac{1}{10}\right)^{10}=2{,}593742$

...

Si en lugar de sustituir el índice **n** para valores pequeños, sustituyéramos para valores grandes, ¿crees que crecerán mucho los términos de la sucesión?

Para hacernos idea de su crecimiento calculemos, cuidadosamente con la calculadora, los términos a_{100}, $a_{1\,000}$, $a_{1\,000\,000}$, $a_{10\,000\,000}$

$a_{100}=2{,}704813$ $\quad$ $a_{1\,000}=2{,}716924$

$a_{1\,000\,000}=2{,}718280$ $\quad$ $a_{10\,000\,000}=2{,}718281$

A la vista de los términos hallados resulta bastante claro que los términos crecen muy débilmente.

Representemos en un diagrama algunos de los términos de la sucesión.

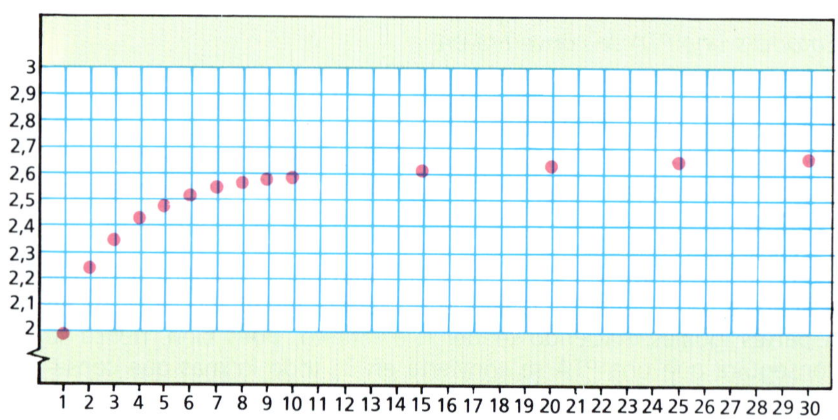

2. MONOTONÍA Y ACOTACIÓN DE SUCESIONES

Consideramos la sucesión de término general $a_n = \dfrac{2n+1}{n}$

a) Comprueba si (a_n) es una sucesión monótona decreciente.

b) ¿Está la sucesión (a_n) acotada inferiormente?

c) ¿Es convergente la sucesión (a_n)? Calcula su límite.

En primer lugar vamos a hallar, con la calculadora, algunos términos de esta sucesión:

$a_1 = 3$	$a_{10} = 2,1$	$a_{100\,000} = 2,00001$
$a_2 = 2,5$	$a_{100} = 2,01$	$a_{1\,000\,000} = 2,000001$
$a_3 = 2,33333$	$a_{1\,000} = 2,001$	...

— La sucesión es monótona decreciente, pues $a_n > a_{n+1}$. En efecto:

$$\frac{2n+1}{n} > \frac{2(n+1)+1}{n+1} \Rightarrow (2n+1)\,(n+1) > n(2n+3)$$

$$2n^2+3n+1 > 2n^2+3n \Rightarrow 1 > 0$$

— La sucesión está acotada inferiormente. Una cota es 2 ya que:

$$\frac{2n+1}{n} \geqslant 2 \Rightarrow 2n+1 \geqslant 2n \Rightarrow 1 \geqslant 0$$

— La sucesión es convergente y su límite es 2 ya que:

$$\lim \frac{2n+1}{n} = \lim \left(2+\frac{1}{n}\right) = 2 + \lim \frac{1}{n} = 2+0 = 2$$

Este resultado es una comprobación de este teorema:

Toda sucesión monótona decreciente y acotada inferiormente tiene límite; es decir, es convergente.

Del mismo modo, se tiene:

Toda sucesión monótona creciente y acotada superiormente tiene límite; es decir, es convergente.

1. Dada la sucesión de término general $b_n = \dfrac{n+1}{n+3}$

Estudia la monotonía, acotación y convergencia.

a) La sucesión (b_n) es monótona creciente ya que $b_n \leqslant b_{n+1}$:

$$\frac{n+1}{n+3} \leqslant \frac{(n+1)+1}{(n+1)+3} \Rightarrow (n+1)\,(n+4) \leqslant (n+3)\,(n+2) \Rightarrow$$

$$\Rightarrow n^2+5n+4 \leqslant n^2+5n+5 \Rightarrow 4 \leqslant 5$$

b) La sucesión (b_n) está acotada superiormente ya que $b_n \leqslant 1$.

c) La sucesión (b_n) es convergente y su límite es 1 ya que:

$$\lim \frac{n+1}{n+3} = \lim \frac{n+3-2}{n+3} = \lim \left(1-\frac{2}{n+3}\right) = 1 - $$

$$- \lim \frac{2}{n+3} = 1-0 = 1$$

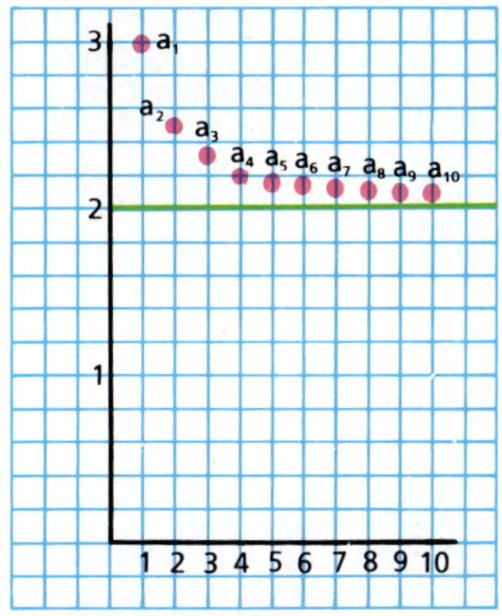

La sucesión de término general $a_n = \dfrac{2n+1}{n}$ es monótona decreciente y acotada inferiormente; por tanto, es convergente.

PIENSA UN POCO

Observa las siguientes figuras:

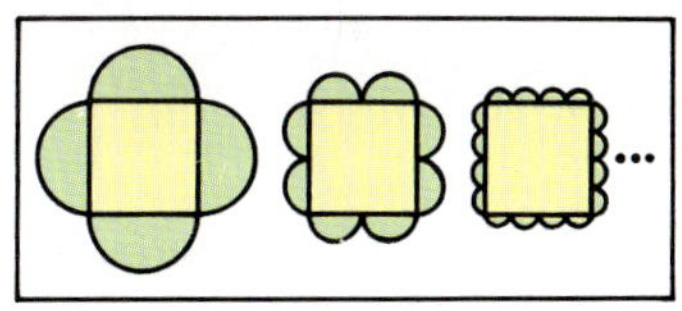

A partir de un recuadro lo vamos bordeando con semicircunferencias, y aparecen dos sucesiones:

1. Las áreas rayadas en verde.
2. Los perímetros de las semicircunferencias.

Estudia ambas sucesiones.

Leonar Euler (1707-1783), matemático suizo nacido en Basilea, fue discípulo de Jean Bernouilli, aunque muy pronto superó a su maestro.

Euler estudió la sucesión $\left(1+\frac{1}{n}\right)^n$. Al límite de esta sucesión se le llamó **número e**, inicial de su apellido.

3. LA SUCESIÓN DE TÉRMINO GENERAL $\left(1+\frac{1}{n}\right)^n$

Al estudiar la sucesión de término general:

$$a_n = \left(1+\frac{1}{n}\right)^n$$

surgen dos importantes preguntas:

1.ª ¿Es la sucesión monótona creciente?

Acabamos de ver con la calculadora que:

$a_1 = 2$	$a_2 = 2,25$	$a_3 = 2,370370$
$a_4 = 2,441406$	$a_5 = 2,488320$	$a_6 = 2,521626$
$a_7 = 2,546499$	$a_8 = 2,565784$	$a_9 = 2,581174$
$a_{10} = 1,593742$	...	$a_{100} = 2,704813$
...	$a_{1\,000} = 2,716924$	...
$a_{1\,000\,000} = 2,718220$	...	$a_{10\,000\,000} = 2,718281$

Por los términos que hemos calculado, parece claro que cada término es menor que su siguiente; por tanto, **la sucesión es monótona creciente.**

Para poder asegurar, sin ningún género de duda, que la sucesión es monótona creciente demostramos en la sección «Para ampliar» que:

$$a_n \leqslant a_{n+1}, \text{ cualquiera que sea } n$$

2.ª ¿Está la sucesión acotada?

a) La sucesión está acotada inferiormente:

Como la sucesión es creciente, encontrar una cota inferior resulta bastante sencillo; por ejemplo, el 2 es una cota inferior ya que cualquier término de la sucesión es mayor o igual a 2.

b) La sucesión está acotada superiormente:

A la vista de los términos que hemos hallado con la calculadora, habrás observado que el crecimiento de esta sucesión es muy lento. En la sección «Para ampliar» demostramos que todos los términos de la sucesión son menores que 3; por tanto, la sucesión está acotada superiormente.

Luego **la sucesión está acotada** por estarlo inferior y superiormente.

NO TE DEJES ENGAÑAR

¿Es lo mismo un interés del 100 por 100 anual que un interés del 50 por 100 semestral? ¿Qué es mejor?

Utiliza tu calculadora y calcula en qué se convierte una PTA al cabo de un año en cada uno de los dos casos.

Comprenderás ahora que es muy importante leer la letra pequeña de las condiciones que ofrecen los bancos, tanto en las imposiciones como en los préstamos.

4. EL NÚMERO e

Acabamos de ver que la sucesión de término general:

$$a_n = \left(1 + \frac{1}{n}\right)^n$$

es **monótona creciente y acotada.** Por tanto, podemos asegurar que es convergente; es decir, **tiene límite.**

Al límite de esta sucesión se le denomina número e y se le representa por la letra e.

$$e = \lim_{n \to \infty} \left(1 + \frac{1}{n}\right)^n$$

El número **e** es un número real, pero irracional. Es decir, es un número con infinitas cifras decimales no periódicas.

Sus primeras cifras son:

$$e = 2,71828182845904...$$

Para poder calcular una buena aproximación del número e basta con dar a n un valor suficientemente grande y sustituir este valor de n en la expresión del término general de la sucesión.

1. Calcula el límite de la sucesión de término general $a_n = \left(1 + \frac{1}{n}\right)^{n+3}$

$$\lim_{n \to \infty} \left(1 + \frac{1}{n}\right)^{n+3} = \lim_{n \to \infty} \left[\left(1 + \frac{1}{n}\right)^n \cdot \left(1 + \frac{1}{n}\right)^3\right] =$$

$$= \lim_{n \to \infty} \left(1 + \frac{1}{n}\right)^n \cdot \lim_{n \to \infty} \left(1 + \frac{1}{n}\right)^3 = e \cdot 1^3 = e$$

2. Halla el límite de la sucesión de término general:

$$a_n = \left(1 + \frac{1}{n+7}\right)^n$$

$$\lim_{n \to \infty} \left(1 + \frac{1}{n+7}\right)^n = \lim_{n \to \infty} \frac{\left(1 + \frac{1}{n+7}\right)^n \cdot \left(1 + \frac{1}{n+7}\right)^7}{\left(1 + \frac{1}{n+7}\right)^7} =$$

$$= \lim_{n \to \infty} \frac{\left(1 + \frac{1}{n+7}\right)^{n+7}}{\left(1 + \frac{1}{n+7}\right)^7} = \frac{e}{1} = e$$

MUY IMPORTANTE

Observa los siguientes límites:

$$\lim \left(1 + \frac{1}{n}\right)^n = e$$

$$\lim \left(1 + \frac{1}{n}\right)^{2n} = e^2$$

$$\lim \left(1 + \frac{1}{n}\right)^{5n} = e^5$$

En todas las sucesiones anteriores se cumple que:

- La base tiende a 1.
- El exponente tiende a ∞.

Por ello, la expresión 1^∞ es indeterminada.

MUY PRÁCTICO Y EFICAZ

Si tienes una sucesión de término general:

$$a_n = (b_n)^{c_n}$$

tal que: $\lim b_n = 1$
$\lim c_n = \infty$

Entonces se tiene:

$$\lim (b_n)^{c_n} = e^{\lim c_n (b_n - 1)}$$

e = 2,71828182845904523536028747135266249775724709369995957496696762772407663035354759945...

RECUERDA

- Factorial de un número:

$n! = n \cdot (n-1) \cdot (n-2)...3 \cdot 2 \cdot 1$

- Número combinatorio:

$$\binom{m}{n} = \frac{m!}{(m-n)!n!}$$

- Binomio de Newton:

$$(a+x)^n = \binom{n}{0} a^n + \binom{n}{1} a^{n-1}x + ...$$

$$... + \binom{n}{n-1} ax^{n-1} + \binom{n}{n} x^n$$

Acabamos de obtener una aproximación muy buena del número e:

$$e = 2 + \frac{1}{2!} + \frac{1}{3!} + \frac{1}{4!} + ... + \frac{1}{n!} + ...$$

PARA AMPLIAR

▶ La sucesión a_n es creciente

Para ello es necesario probar que $a_n \leqslant a_{n+1}$.

Calculemos a_n y a_{n+1} desarrollando la potencia por el binomio de Newton y comparemos ambos términos.

$$a_n = \left(1 + \frac{1}{n}\right)^n = 1 + \binom{n}{1}\frac{1}{n} + \binom{n}{2}\frac{1}{n^2} + \binom{n}{3}\frac{1}{n^3} + ...$$

$$= 1 + 1 + \frac{n(n-1)}{2!}\frac{1}{n^2} + \frac{n(n-1)(n-2)}{3!}\frac{1}{n^3} + ...$$

$$= 2 + \frac{1}{2!}\left(1 - \frac{1}{n}\right) + \frac{1}{3!}\left(1 - \frac{1}{n}\right)\left(1 - \frac{2}{n}\right) + ...$$

Análogamente, el desarrollo del término a_{n+1}

$$a_{n+1} = \left(1 + \frac{1}{n+1}\right)^{n+1}$$

$$= 2 + \frac{1}{2!}\left(1 - \frac{1}{n+1}\right) + \frac{1}{3!}\left(1 - \frac{1}{n+1}\right)\left(1 - \frac{1}{n+1}\right) + ...$$

Si comparamos ahora a_n y a_{n+1} se observa que los términos del desarrollo de a_n son menores que los correspondientes del desarrollo de a_{n+1}, luego la sucesión es creciente.

▶ La sucesión a_n está acotada superiormente:

$$a_n = 2 + \frac{1}{2!}\left(1 - \frac{1}{n}\right) + \frac{1}{3!}\left(1 - \frac{1}{n}\right)\left(1 - \frac{2}{n}\right) + ...$$

$$\leqslant 2 + \frac{1}{2!} + \frac{1}{3!} + \frac{1}{4!} + ... \leqslant 2 + \frac{1}{2} + \frac{1}{2^2} + \frac{1}{2^3} + ...$$

Estas desigualdades son inmediatas comparando término a término las expresiones.

Ahora bien, la última expresión a partir del segundo término es una progresión geométrica de razón $\frac{1}{2}$. Su suma es:

$$S = \frac{\frac{1}{2^{n-1}} \cdot \frac{1}{2} - \frac{1}{2}}{\frac{1}{2} - 1} = \frac{\frac{1}{2^n} - \frac{1}{2}}{-\frac{1}{2}} = 1 - \frac{1}{2^{n-1}}$$

Luego:

$$a_n = \left(1 + \frac{1}{n}\right)^n < 2 + 1 - \frac{1}{2^{n-1}} = 3 - \frac{1}{2^{n-1}} < 3$$

Por tanto, la sucesión a_n está acotada superiormente.

1 **Halla el límite de la sucesión de término general:**

$$a_n = \left(1 + \frac{1}{n}\right)^{5n}$$

Como la base tiende a 1 y el exponente a ∞, es una sucesión de la forma del número e.

$$\lim_{n\to\infty}\left(1+\frac{1}{n}\right)^{5n} = \lim_{n\to\infty}\left[\left(1+\frac{1}{n}\right)^{n}\right]^{5} = e^{5}$$

2 **Halla el límite de la sucesión de término general:**

$$a_n = \left(1 + \frac{1}{n}\right)^{-2n}$$

Como la base tiende a 1 y el exponente a ∞, es una sucesión de la forma del número e.

$$\lim_{n\to\infty}\left(1+\frac{1}{n}\right)^{-2n} =$$

$$= \lim_{n\to\infty}\left[\left(1+\frac{1}{n}\right)^{-n}\right]^{2} = [e^{-1}]^{2} = e^{-2}$$

3 **Calcula el límite de la sucesión de término general:**

$$a_n = \left(1 - \frac{1}{n}\right)^{n}$$

Como la base tiende a 1 y el exponente a ∞, es una sucesión de la forma del número e.

$$\lim_{n\to\infty}\left(1-\frac{1}{n}\right)^{n} = \lim_{n\to\infty}\left(\frac{n-1}{n}\right)^{n} =$$

$$= \lim_{n\to\infty}\frac{1}{\left(\frac{n}{n-1}\right)^{n}} = \frac{1}{\lim_{n\to\infty}\left(\frac{n-1+1}{n-1}\right)^{n-1+1}} =$$

$$= \frac{1}{\lim_{n\to\infty}\left(1+\frac{1}{n-1}\right)^{(n-1)+1}} = \frac{1}{e} = e^{-1}$$

4 **Calcula el límite de la sucesión de término general:**

$$a_n = \left(\frac{n^2-3n-1}{n^2+5n}\right)^{n}$$

Observa que: $\lim_{n\to\infty}\left(\frac{n^2-3n-1}{n^2+5n}\right) = 1$ y $n \to \infty$

Entonces la base tiende a 1 y el exponente a ∞, por tanto:

$$\lim_{n\to\infty}\left(\frac{n^2-3n-1}{n^2+5n}\right)^{n} =$$

$$= e^{\lim_{n\to\infty} n\left(\frac{n^2-3n-1}{n^2+5n}-1\right)} =$$

$$= e^{\lim_{n\to\infty}\left(\frac{-8n^2-n}{n^2-5n}\right)} = e^{-8}$$

Así pues: $\lim_{n\to\infty} a_n = e^{-8}$

ACTIVIDADES

Ejercicios para repasar

1 Escribe los diez primeros términos de la sucesión que tiene por término general:

a) $a_n = \left(1+\frac{1}{n}\right)^{n+3}$ *c)* $a_n = \left(1+\frac{1}{n}\right)^{3n}$

b) $a_n = \left(1+\frac{1}{n}\right)^{n-2}$ *d)* $a_n = \left(1+\frac{1}{n}\right)^{-2n}$

Calcula el límite de las sucesiones de término general:

2 $a_n = \left(\frac{n-2}{2n+1}\right)$

3 $a_n = \left(\frac{3n+5}{5+n}\right)$

4 $a_n = \left(\frac{n-2}{2n+1}\right)^{87}$

5 $a_n = \left(\frac{3n+5}{5+n}\right)^{n}$

6 $a_n = \left(\frac{n-2}{n+2}\right)^{23}$

7 $a_n = \left(\frac{n-2}{2n+1}\right)^{n}$

8 $a_n = \sqrt{\left(\frac{8n+2}{n-1}\right)}$

9 $a_n = \sqrt{\left(\frac{4n+3}{n+3}\right)}$

10 $a_n = \left(1+\frac{1}{n}\right)^{5}$

11 $a_n = \left(1+\frac{87}{n}\right)^{5}$

12 $a_n = (n+3)^5$

13 $a_n = (n-2)^{-3}$

14 $a_n = \left(\frac{3n^2-1}{n^2+1}\right)^{2n-3}$

15 $a_n = \left(\frac{n^2-3}{2n^2+3}\right)^{3n-5}$

Ejercicios para entrenarse

Calcula el límite de las sucesiones de término general:

16 $a_n = \left(1+\frac{2}{n}\right)^{3n}$

17 $a_n = \left(\frac{n^2+1}{n^2-1}\right)^{n^2+6}$

18 $a_n = \left(1+\frac{1}{7}\right)^{n+7}$

19 $a_n = \left(\frac{5n-4}{5n+2}\right)^{\frac{(n+1)}{3}}$

20 $a_n = \left(\frac{n+2}{n-2}\right)^{2n+3}$

21 $a_n = \left(\frac{n+2}{n-1}\right)^{1-n}$

22 $a_n = \left(\frac{n+1}{n-5}\right)^{6n-2}$

23 $a_n = \left(\frac{n^2-2n+1}{n^2-4n+2}\right)^{n}$

24 $a_n = \left(1+\frac{1}{n^2}\right)^{n}$

25 $a_n = \left(1 + \frac{1}{n}\right)^{n^2}$

26 $a_n = \left(1 + \frac{1}{n^2}\right)^{n^2}$

27 $a_n = \left(\frac{n^2 - 2n + 1}{n^2 - 4n + 2}\right)^{n}$

28 $a_n = \left(1 + \frac{1}{n^3}\right)^{n^5}$

29 $a_n = \left(\frac{3n + 2}{3n + 1}\right)^{3n}$

30 $a_n = \left(\frac{3n^2 - 1}{3n^2 + 1}\right)^{2n^2 - 3}$

31 $a_n = \left(\frac{n^3 - 1}{n^3}\right)^{2n^3 - 7}$

32 $a_n = \left(\frac{n - 3}{n}\right)^{n}$

33 $a_n = \left(\frac{n + 2}{n}\right)^{-3n}$

34 $a_n = \left(\frac{3n^2 - 1}{3n^2}\right)^{2n + 5}$

35 $a_n = \left(\frac{n + 1}{n}\right)^{200n - 3}$

36 $a_n = \left(\frac{n + 1}{n}\right)^{3n - 200}$

37 $a_n = \left(\frac{2n - 3}{2n + 3}\right)^{\left(\frac{2n - 1}{3n + 1}\right)}$

38 $a_n = \left(1 + \frac{1}{n} + \frac{2}{n^2}\right)^{n}$

39 $a_n = \left(\frac{2n - 3}{2n + 3}\right)^{\left(\frac{3n - 1}{3n + 1}\right)}$

40 $a_n = \left(1 + \frac{1}{n + 2}\right)^{n - 5}$

41 $a_n = \left[\frac{3n - 2}{5n + 2} \cdot \left(1 + \frac{1}{3n}\right)\right]^{2n}$

42 $a_n = \frac{3}{\left(\frac{3n - 1}{3n + 1}\right)^{7n}}$

43 $a_n = \left(\frac{n + k}{n + h}\right)^{n + p}$

44 Sabiendo que $a_n = \frac{n^n}{n!}$. Calcula el límite de $\frac{a_{n+1}}{a_n}$.

Cuestiones para aclararse

45 Escribe dos sucesiones diferentes que tengan como límite el número e. Explica razonadamente cómo y por qué las has elegido.

46 Dada la sucesión de término general:

$$a_n = \sqrt[3n+1]{\left(\frac{5n - 4}{2 + 5n}\right)^{2n - 5}}$$

¿Es de la forma del número e? Razona la contestación.

47 ¿Tiene límite la sucesión $a_n = \left(-1 - \frac{1}{n}\right)^{n}$?

48 ¿Podrías escribir una sucesión cuyo límite sea el número e y tenga todos sus términos mayores que el número e?

49 ¿Podrías escribir una sucesión cuyo límite sea el número e y tenga todos sus términos menores que el número e?

50 ¿Puede existir una sucesión sin cota superior cuyo límite sea el número e?

51 ¿Puede existir una sucesión sin cota inferior y cuyo límite sea el número e?

52 ¿Puede existir una sucesión no acotada y cuyo límite sea el número e?

de matemáticas

El camello sediento y el número e

Un beduino llamado Hassan Mohamed Said Said quiere transportar con su camello 100 bidones llenos de agua desde dos poblaciones del desierto, Whadus-Hassue y Tina-Ja, que se encuentran a una distancia de 100 km.

El camello de Hassan puede andar indefinidamente descargado, o de cargar con un solo bidón. En este caso, cada vez que finaliza los 100 km cargado necesita beber una cantidad de agua igual a la que ha transportado.

¿Cuántos bidones podrán transportar hasta Tina-Ja?

A Perogrullo quizá se le ocurriera transportar un bidón tras otro, y según los va llevando se los va bebiendo, pero ya comprendes que esto no es una buena solución.

Tratemos de hallar otra solución:

Si el camello lleva un bidón hasta la mitad del camino, vuelve a Whadus-Hassue y carga con otro hasta el mismo punto, se podría beber uno de los bidones, conservando intacto el otro.

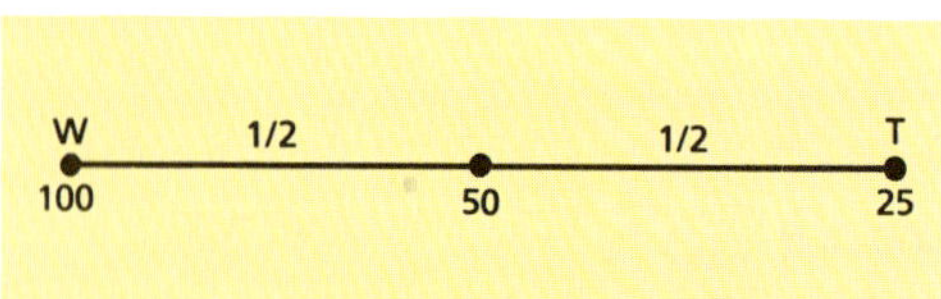

De esta forma conseguirá llevar 50 bidones hasta la mitad del trayecto. Repitiendo el proceso hasta Tina-Ja, conseguirá transportar 25 bidones.

N.° bidones que llegan: $100 \cdot \left(\frac{1}{2}\right)^2 = 25$

¿Puede conseguir que lleguen más bidones?

En efecto, bastaría con realizar el transporte en tres fases correspondientes a $\frac{1}{3}$ del camino.

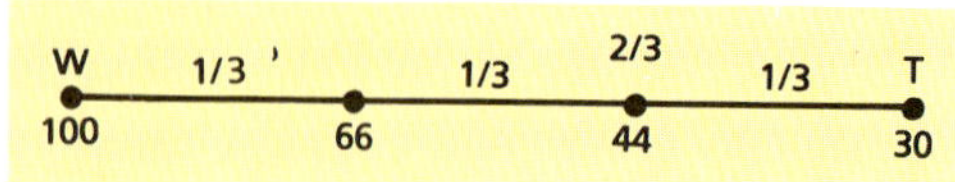

N.° bidones que llegan: $100 \cdot \left(\frac{2}{3}\right)^3 = 29{,}63$

Si lo hace en cuatro fases se tiene:

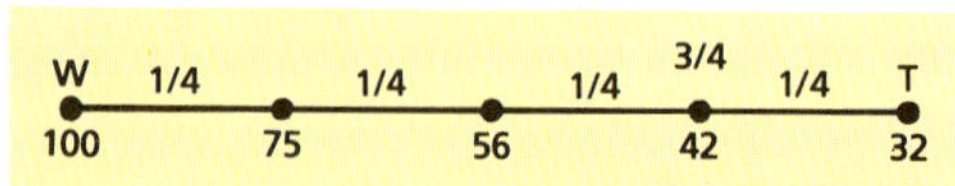

N.° bidones que llegan: $100 \cdot \left(\frac{3}{4}\right)^4 = 31{,}64$

Este proceso se puede repetir para etapas más cortas. Por ejemplo, si la etapa es de 1 km se tiene:

N.° bidones que llegan: $100 \cdot \left(\frac{99}{100}\right)^{100} = 36{,}6$

Finalmente si el número de etapas es n, el número de bidones que llegan es:

$$100 \cdot \left(1 - \frac{1}{n}\right)^n$$

El valor de $\lim \left(1 - \frac{1}{n}\right)^n = \frac{1}{e}$, siendo e = 2,718 281...

Por tanto, el número máximo de bidones que puede llevar es:

$$100 \cdot \frac{1}{e} = 36{,}79$$

15 FUNCIONES. OPERACIONES CON FUNCIONES

CARTAS
Servicio Nacional

Hasta 200 g	20 PTA
De más de 20 hasta 50 g ...	26 PTA
De más de 50 hasta 100 g ..	39 PTA
De más de 100 hasta 250 g..	85 PTA
De más de 250 hasta 500 g..	170 PTA
De más de 500 hasta 1000 g	235 PTA
De más de 1000 hasta 2000 g	320 PTA

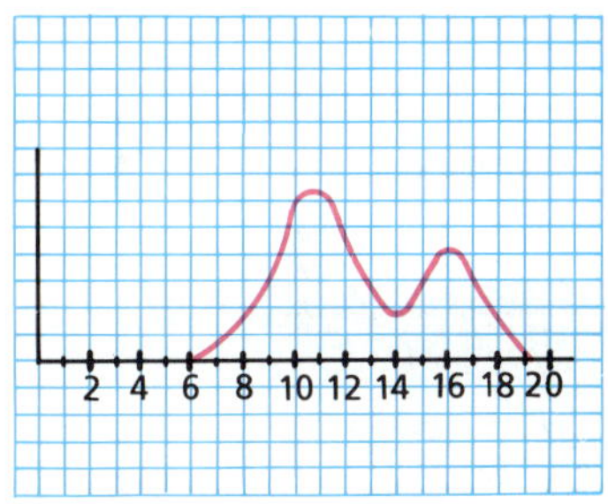

RECUERDA DEL CURSO ANTERIOR

1. Pedro y Ana han escrito varias cartas a algunos amigos en las que incluyen recortes de prensa. Al llegar a Correos para poner los sellos les han enseñado la tabla del margen por la que se rige el franqueo.

Observa que a cada carta le corresponde de modo único un franqueo. Por tanto, diremos que el franqueo depende del peso de la carta o que está en función del peso. Éste es un ejemplo de ***función dada por una tabla.***

2. La gráfica adjunta muestra el consumo de agua en un determinado instituto a lo largo de un día normal.

Observa que a cada hora del día le corresponde un número de litros de agua gastados. Por ello decimos que el número de litros de agua consumidos depende de la hora del día, o bien que está en función de la hora. Éste es un ejemplo de ***función dada por una gráfica.***

3. Gema quiere construir círculos de papel de plata y no sabe cuánto papel necesitará para cada círculo. Busca en un libro y ve que la expresión $A = \pi r^2$ *permite hallar el área del círculo para cada valor del radio. Por tanto, decimos que el área del círculo está en función del radio. Éste es un ejemplo de* ***función dada por una fórmula.***

UN POCO DE IMAGINACIÓN

Imagínate que una función **f** es una máquina en la que introduces un número **x** del dominio y expulsa el número **f(x)**.

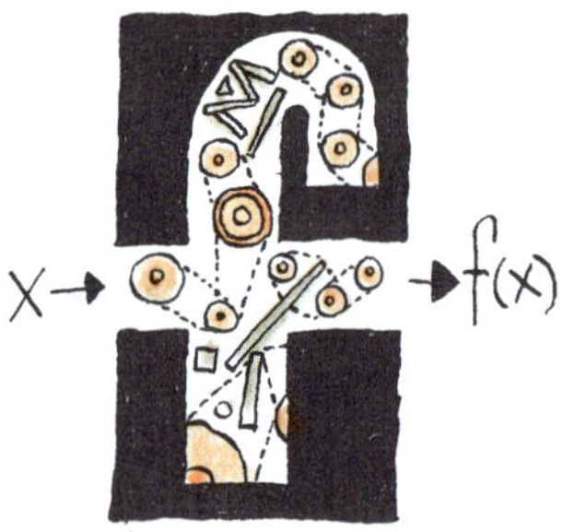

FUNCIONES EN TU CALCULADORA CIENTÍFICA

En la calculadora científica hay muchas funciones; por ejemplo, la tecla $\sqrt{\ }$ representa una función tal que cuando se introduce un número no negativo **x** y se presiona esta tecla, aparece en la pantalla una aproximación al número $\sqrt{x}$.

EN LAS GRÁFICAS DE LAS FUNCIONES

- La variable independiente se representa siempre sobre el eje horizontal (abscisas).
- La variable dependiente se representa siempre sobre el eje vertical (ordenadas).

1. CONCEPTO DE FUNCIÓN. TERMINOLOGÍA

A la vista de los ejemplos anteriores se tiene que:

> Una **función** es una relación (correspondencia) entre dos magnitudes, de tal manera que a cada valor de la primera le corresponde un único valor de la segunda.

A la variable que se deduce de la anterior se le llama **variable dependiente,** ya que esta última depende de los valores de la otra variable previamente fijados.

Para la determinación completa de una función es necesario conocer:

1. **El conjunto inicial,** donde toma valores la variable independiente.
2. **El conjunto final,** donde toma valores la variable dependiente.
3. **La regla** que permite asociar a cada elemento del conjunto inicial su correspondiente en el conjunto final, a este elemento le llamamos **imagen.** La regla puede venir dada por medio de una tabla de valores, una gráfica o una fórmula matemática.

Al conjunto de valores de la variable independiente se le llama **dominio de la función** o **campo de existencia** y se suele representar por D. El dominio de la función es un subconjunto del conjunto inicial.

Al conjunto de valores de la variable dependiente se le llama **recorrido** o **imagen de la función.** El recorrido de la función es un subconjunto del conjunto final.

> Si el conjunto inicial y final de una función es el de los números reales **R**, la **función** se llama **real de variable real.**

▶ Igualdad de funciones

Dos funciones f y g son iguales si:

— Tienen el mismo dominio.

— $f(x)=g(x)$ para cualquier x del dominio.

1. **¿Cuál es el dominio y el recorrido de la función $f(x)=x^2$?**

Como la función está definida para todo valor de x, el dominio es el conjunto de los números reales.

Puesto que todo número real no negativo tiene raíz cuadrada, el recorrido es el conjunto de los números reales no negativos.

2. **¿Cuál es el dominio de la función dada por $f(x)=\dfrac{2x}{x^2-4}$?**

La expresión f(x) tiene sentido para todo número real que no anule al denominador. Los valores que lo anulan son: -2 y 2. Por tanto, $D=\mathbf{R}-\{-2, 2\}$.

2. PRODUCTO DE UNA FUNCIÓN POR UN NÚMERO REAL

Serafín y Javier están recortando papel de plata para hacer círculos de distintos radios. ¿Qué papel de plata necesitará Serafín y qué papel de plata necesitarán los dos juntos para cada círculo conocido su radio?

El área del círculo viene dada por la expresión $\mathbf{A = \pi r^2}$. Vamos a formar una tabla en la que expresemos las áreas de los círculos recortados por Serafín y las áreas de los círculos recortados por los dos.

Radios r	Áreas de los círculos de Serafín: πr^2	Áreas de los círculos recortados por los dos: $2\pi r^2$
1	3,14	6,28
1,5	7,07	14,14
2	12,56	25,12
2,3	16,62	33,24
2,8	24,63	49,26
3	28,27	56,54
...	...	...

Observa que los valores de la tercera columna se obtienen multiplicando por 2 los valores de la segunda. De esta forma acabamos de obtener el producto del número real 2 por la función que da el área del círculo en función del radio.

El producto de un número real k por una función f es una nueva función, que representamos por kf, tal que a cada valor de x le asocia k veces el valor que le corresponde mediante f; es decir:

$$\mathbf{(kf)(x) = k \cdot f(x)}$$

1. Consideremos la función f de R en R dada por $f(x) = \dfrac{x-1}{x^2+1}$; expresa las funciones 5f, $\dfrac{1}{2}$f, −f.

a) La función 5f de R en R viene dada por:

$$(5f)(x) = 5 \cdot f(x) = 5\,\frac{x-1}{x^2+1} = \frac{5x-5}{x^2+1}$$

b) La función $\frac{1}{2}$f de R en R viene dada por:

$$\left(\frac{1}{2}f\right)(x) = \left(\frac{1}{2}\right) \cdot f(x) = \frac{1}{2}\,\frac{x-1}{x^2+1} = \frac{x-1}{2x^2+2}$$

c) La función −f de R en R viene dada por:

$$(-f)(x) = (-1f)(x) = -f(x) = -\frac{x-1}{x^2+1} = \frac{-x+1}{x^2+1}$$

INTERPRETACIÓN GEOMÉTRICA DEL PRODUCTO DE UN NÚMERO REAL POR UNA FUNCIÓN

Conocida la gráfica de la función f, la gráfica de la función k · f se obtiene multiplicando en cada punto x del dominio la ordenada de f en x, f(x), por el número real k.

Ejemplo:

La producción de una fábrica durante el año pasado viene dada por la gráfica representada en negro. ¿Cuál será la gráfica que represente la producción del año próximo si se tiene previsto duplicarla?

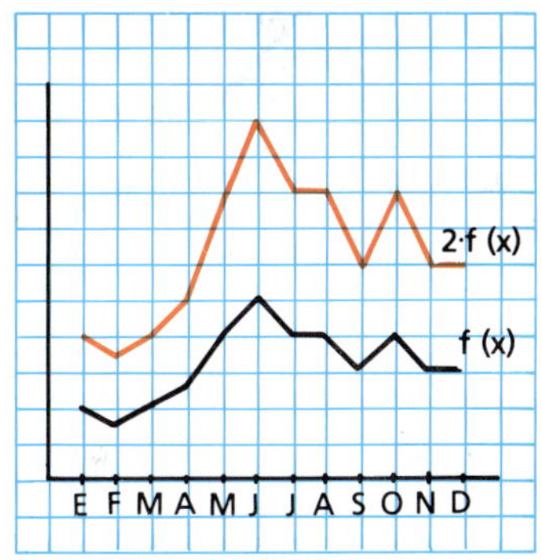

INTERPRETACIÓN GEOMÉTRICA DE LA SUMA DE FUNCIONES

Conocidas las gráficas de las funciones f y g, la gráfica de la función f + g se obtiene sumando en cada punto x del dominio común la ordenada de f en x, f(x), con la ordenada de g en x, g(x).

Ejemplo:

Dadas las funciones f y g definidas por: $f(x) = 2x + 2$ y $g(x) = -x - 1$

halla la función f + g y representa las funciones f, g y f + g.

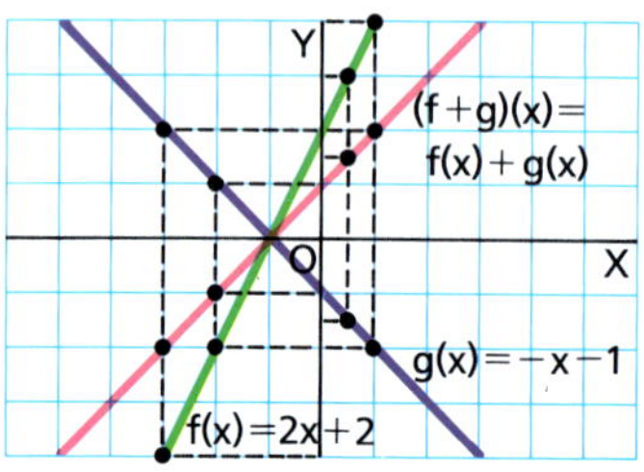

PROPIEDADES DE LA SUMA DE FUNCIONES

La suma de funciones es una operación interna que cumple las propiedades: asociativa, conmutativa, existencia de una función nula [$f(x) = 0$] y existencia de una función opuesta.

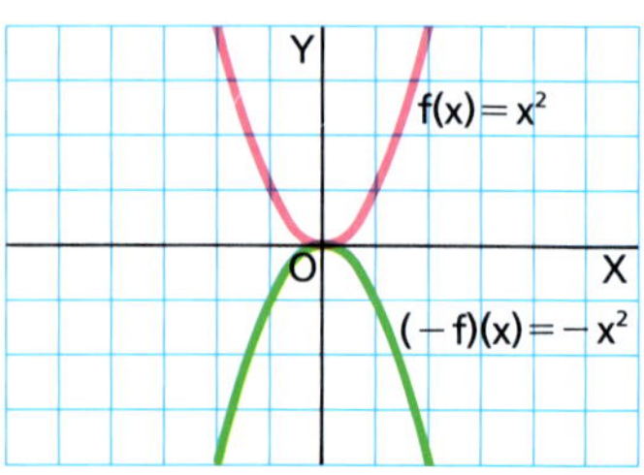

3. SUMA DE FUNCIONES

Imagínate ahora que los dos amigos anteriores quieren construir distintos cilindros de papel de plata variando únicamente el radio, siendo su altura constante e igual a 15 cm. ¿Cuál será el área total de cada cilindro para los distintos valores de r?

Primero calcularán la superficie lateral con arreglo a la expresión:

$$A_L = 2\pi rh = 2\pi r15 = 30\pi r$$

y, posteriormente, le sumarán las áreas de las bases con arreglo a la expresión:

$$2A_B = 2\pi r^2$$

Para verlo de una forma más clara construyen la siguiente tabla:

Radio	Área lateral	Área de las bases	Área total
1	94,24	6,28	100,52
1,5	141,37	14,14	155,51
2	188,49	25,12	214,05
2,3	216,76	33,24	250,00
...	...	...	...

Observa que los valores de la cuarta columna se obtienen sumando los valores de las columnas segunda y tercera. De esta forma acabamos de obtener la suma de la funciones área lateral A_L y área de las bases $2A_B$, obteniendo una nueva función que llamamos área total y representamos por A_T; es decir:

$$A_T = A_L + 2\,A_B = 2\pi r15 + 2\pi r^2$$

De una manera general se tiene que:

> **La suma de dos funciones f y g, que representaremos por f + g, es una nueva función tal que a cada x del dominio común de ambas funciones le hace corresponder la suma de los valores que le corresponden mediante f y mediante g; es decir:**
>
> $$(f+g)\,(x) = f(x) + g(x)$$

1. **Dadas las funciones f y g definidas por $f(x) = x^2 - x + 1$, y $g(x) = \dfrac{1}{(x^2-4)}$. ¿Cuál será su dominio?**

La función suma es: $(f+g)\,(x) = f(x) + g(x) = x^2 - x + 1 + \dfrac{1}{x^2-4}$

El dominio de la función f + g es el dominio común a f y g, por tanto, $D\,(f+g) = \mathbf{R} - \{-2,\ 2\}$, pues la función f + g se anula para $x = -2$ y $x = 2$.

2. **Dada la función f: R → R definida por $f(x) = x^2$. Halla la función opuesta. ¿Cuál es su dominio?**

La función opuesta de la función f es: $(-f)\,(x) = -x^2$.

El dominio de la función −f coincide con el de la función f; es decir, $D\,(-f) = D\,(f) = \mathbf{R}$.

4. PRODUCTO DE FUNCIONES

Tres amigos quieren comprobar la exactitud de sus respectivas calculadoras. Pedro va a practicar en su calculadora con la función $f(x)=x^2$, Juan va a practicar en su calculadora con la función $g(x)=\sqrt{x}$ y Santiago va a practicar en su calculadora con la función $x^{2,5}$. Para ello construyen la siguiente tabla:

x	x^2	$\sqrt{x}$	$x^{2,5}$
1	1	1	1
2	4	1,4142136	5,656854
3	9	...	15,588457
4	16	2	32
5	25	2,236068	...
6	...	2,4494897	88,1816
...	...	...	...

Trata de rellenar los huecos de la tabla. Observa que los valores de la cuarta columna se obtienen multiplicando los valores de las columnas segunda y tercera.

En efecto ya que: $x^2\sqrt{x}=x^2\,x^{\frac{1}{2}}=x^{2+\frac{1}{2}}=x^{\frac{5}{2}}=x^{2,5}$

Así pues, en la cuarta columna hemos obtenido la función producto de las funciones $f(x)=x^2$ y $g(x)=\sqrt{x}$.

De una manera general se tiene que:

El producto de dos funciones f y g, que representaremos por f · g, es una nueva función, tal que a cada x del dominio común de ambas funciones le hace corresponder el producto de los valores que le corresponden mediante f y mediante g; es decir:

$$(f\cdot g)\,(x)=f(x)\cdot g(x)$$

1. Dadas las funciones f y g definidas por:

$$f(x)=\frac{1}{x^2} \quad y \quad g(x)=\frac{1}{x^2-5x+6}$$

Halla la función producto f · g y los dominios de las funciones f, g y f · g.

La función producto es: $(f\cdot g)\,(x)=\frac{1}{x^2}\cdot\frac{1}{x^2-5x+6}=\frac{1}{x^2(x^2-5x+6)}$

Dominio de f: $D(f)=R-\{0\}$, pues $x=0$ anula al denominador.
Dominio de g: $D(g)=R-\{2, 3\}$.
Dominio de f · g: $D(f\cdot g)=R-\{0, 2, 3\}$.

2. Dada la función $g(x)=x^2+1$, calcula la función inversa.

Como la función g no se anula en ningún punto del dominio, existe la función inversa que representamos por $\frac{1}{g}$, definida del siguiente modo: $\left(\frac{1}{g}\right)(x)=\frac{1}{(x^2+1)}$.

INTERPRETACIÓN GEOMÉTRICA DEL PRODUCTO DE FUNCIONES

Conocidas las gráficas de las funciones f y g, la gráfica de la función f · g se obtiene multiplicando en cada punto x del dominio común la ordenada de f en x, f(x), por la ordenada de g en x, g(x).

Ejemplo:

Dadas las funciones f y g definidas por:

$f(x)=x$ y $g(x)=-x+2$.

Halla la función fg y representa las funciones f, g y f · g.

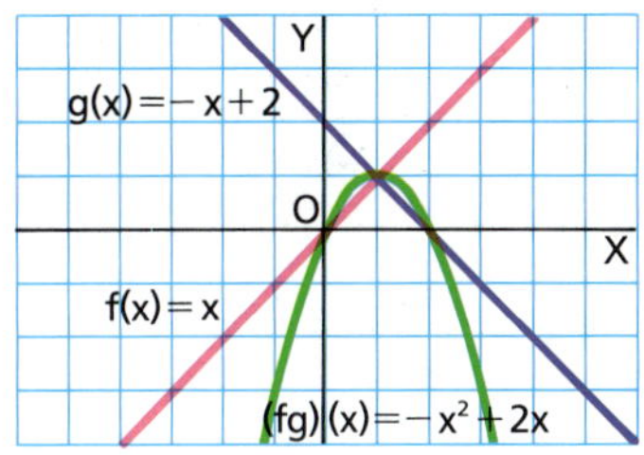

NO TODAS LAS FUNCIONES TIENEN INVERSA

Si una función g es tal que para todo x del dominio se verifica que $g(x)\neq 0$, entonces existe la función $\frac{1}{g}$ que llamamos inversa de la función g.

Ejemplo: la función $g(x)=x^2+1$ no se anula para ningún valor real de x; por tanto, tiene función inversa que será $\left(\frac{1}{g}\right)(x)=\frac{1}{x^2+1}$

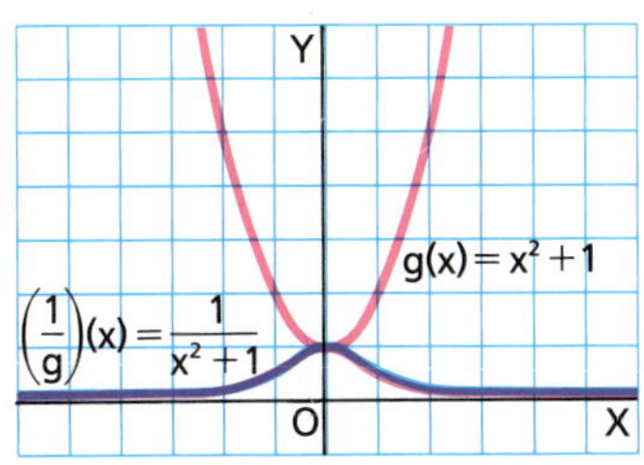

¡CUIDADO!

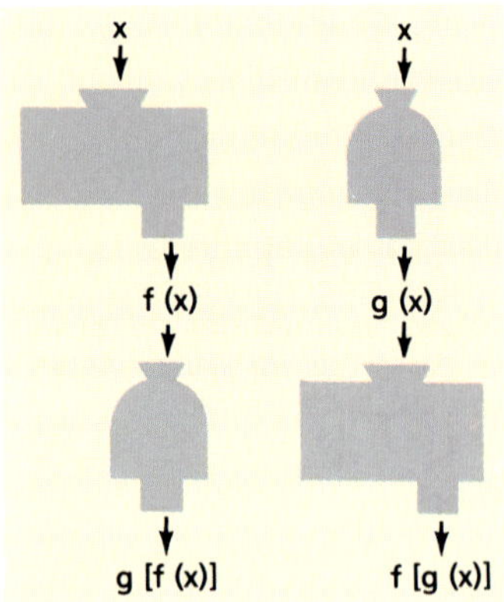

Composición de funciones: en general g[f(x)] es distinto de f[g(x)].

PROPIEDADES DE LA COMPOSICIÓN DE FUNCIONES

La composición de funciones es una operación interna que cumple las siguientes propiedades: asociativa; existe una función identidad [$i(x) = x$].

Gráfica de la función identidad i:

$i(x) = x$

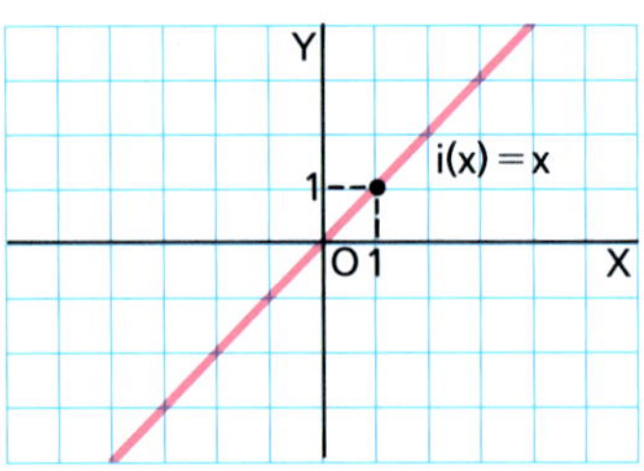

5. COMPOSICIÓN DE FUNCIONES

Juan está aprendiendo a manejar su calculadora científica haciendo un ejercicio que consiste en introducir un valor en su calculadora que llamaremos x; a continuación halla el logaritmo neperiano de ese valor pulsando la tecla **ln**, obteniendo en pantalla un determinado valor; seguidamente calcula la raíz cuadrada de ese valor pulsando la tecla $\sqrt{\ }$, con lo que obtiene en pantalla un nuevo número del siguiente modo:

x	**ln x**	$\sqrt{\ln x}$
1	0	0
2	0,6931472	0,8325546
3	1,0986123	1,0481471
4	1,3862944	1,17741
5	...	...
6	1,7917595	...
...	...	...

Trata de rellenar los huecos de la tabla.

Los valores de la tercera columna son obtenidos por una nueva función que llamamos función compuesta de las funciones $f(x) = \ln x$ y $g(x) = \sqrt{x}$. La función compuesta de f y g se representa (g o f) ya que primero actúa la función f sobre la variable x y a continuación la función g.

$$(g \circ f)(x) = g[f(x)] = g(\ln x) = \sqrt{\ln x}$$

De una manera general, se tiene que:

La composición de una función f con otra g es una nueva función que representamos por (g o f), definida del siguiente modo:

$$(g \circ f)(x) = g[f(x)]$$

1. **Juan ha pensado efectuar los cálculos en distinto orden, primero calcular la raíz cuadrada de un número y después el logaritmo neperiano del valor obtenido. ¿Se obtendrán los mismos valores? Compruébalo.**

Si lo has hecho habrás observado que no es lo mismo (g o f) que (f o g). Por tanto, la composición de funciones, en general, no es conmutativa.

2. **Dadas las funciones f y g definidas por $f(x) = 2x + 1$, y $g(x) = x^3$ halla las funciones (g o f) y (f o g).**

$(g \circ f)(x) = g[f(x)] = g(2x + 1) = (2x + 1)^3$

$(f \circ g)(x) = f[g(x)] = f(x^3) = 2x^3 + 1$

3. **Dadas las funciones f e i definidas por $f(x) = x^2 + 4$, y $i(x) = x$, halla las funciones (i o f) y (f o i).**

$(i \circ f)(x) = i[f(x)] = i(x^2 + 4) = x^2 + 4$

$(f \circ i)(x) = f[i(x)] = f(x) = x^2 + 4$

Así pues, $(i \cdot f) = (f \cdot i) = f$. La función $i(x) = x$ se llama función identidad.

PARA AMPLIAR: LA FUNCIÓN RECÍPROCA

Ya hemos visto que se llama **función identidad** a la función **i** tal que para todo **x** se verifica que **i(x) = x.** Es decir, la función identidad, transforma a cada **x** en sí mismo.

Juan sigue descubriendo su calculadora manejándola constantemente, para ello está haciendo un ejercicio que consiste en introducir un número cualquiera en la calculadora que llamaremos **x**, a continuación pulsa la tecla **ln** con lo que obtiene un número en pantalla que es **ln x**, seguidamente calcula $\mathbf{e^x}$ del número que tiene en pantalla, pulsando la tecla $\mathbf{e^x}$. ¿Qué número tiene?

Para que nos demos más cuenta vamos a construir la siguiente tabla:

x	ln x	e^x
1	0	1
2	0,6931471	2
3	1,0986123	3
4,7	1,5475625	4,7
6	...	...
7,2	...	...
...	...	...

Rellena los huecos de la tabla. Habrás observado que al componer estas dos funciones sobre cualquier **x**, obtenemos el mismo **x**. Es decir, si representamos por **f(x) = ln x** y por $\mathbf{g(x) = e^x}$, se verifica que:

$$(g \circ f) = i$$

Cuando la composición de dos funciones es la función identidad se dice que las **funciones son recíprocas**. Se acostumbra representar por $\mathbf{f^{-1}}$ a la función recíproca de la función **f**.

Las gráficas de dos funciones recíprocas **f** y $\mathbf{f^{-1}}$ referidas al mismo sistema de coordenadas **son simétricas** respecto de la bisectriz del primer cuadrante.

1. Comprueba si las funciones $f(x) = 2x$ y $g(x) = \frac{1}{2}x$ son recíprocas.

Para ello hallaremos la función compuesta:

$$(g \circ f)(x) = g[f(x)] = g(2x) = \frac{1}{2}2x = x = i(x)$$

Como la función compuesta es igual a la función identidad, las funciones son recíprocas.

2. Halla la función recíproca de la función $f(x) = y = 2x + 5$

1.° Se despeja la variable x: $x = \frac{y-5}{2}$

2.° Se intercambian las variables x e y: $y = \frac{x-5}{2}$

La función recíproca $f^{-1}(x) = \frac{x-5}{2}$

MÁS FUNCIONES RECÍPROCAS

Las funciones $f(x) = x^2$ y $g(x) = +\sqrt{x}$ son recíprocas; compruébalo con tu calculadora.

Las funciones $f(x) = 2x$ y $g(x) = \frac{1}{2}x$ también son recíprocas.

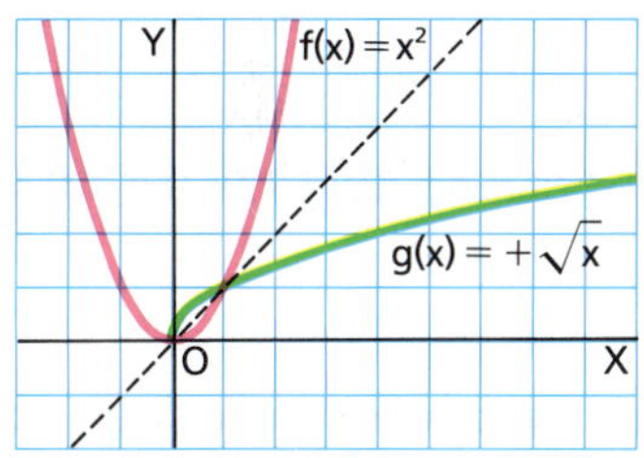

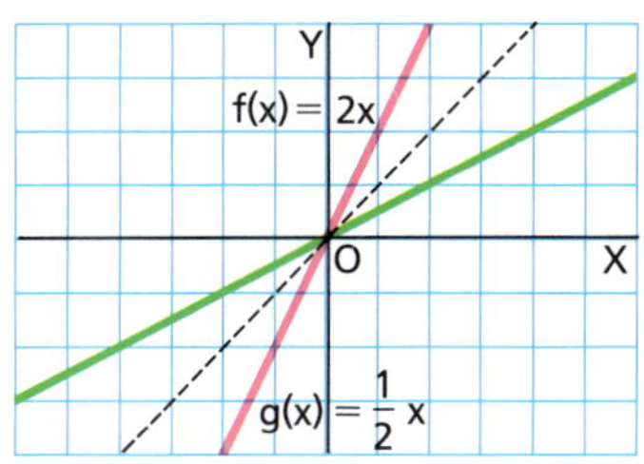

1

Dadas las funciones f y g definidas por:

$$f(x) = +\sqrt{x} \quad y \quad g(x) = \frac{1}{x^2 - 9}$$

a) Halla los dominios de las funciones f y g.

b) Calcula las funciones: $f+g$, $f-g$, $f \cdot g$, $\frac{f}{g}$, $(g \circ f)$ y sus dominios.

a) Dominio de f: $D(f) = R^+$, ya que el radicando debe ser positivo.
Dominio de g: $D(g) = R - \{-3, 3\}$, ya que para $x = -3$ y $x = 3$, el denominador de la función g se anula.

b) Función $f+g$: $(f+g)(x) = +\sqrt{x} + \frac{1}{x^2 - 9}$

Función $f-g$: $(f-g)(x) = +\sqrt{x} - \frac{1}{x^2 - 9}$

Función $f \cdot g$: $(f \cdot g)(x) = +\sqrt{x} \cdot \frac{1}{x^2 - 9}$

Función $\frac{f}{g}$: $\left(\frac{f}{g}\right)(x) = \frac{+\sqrt{x}}{x^2 - 9}$

Función $(g \circ f)$: $(g \circ f)(x) = g[f(x)] = g(+\sqrt{x}) = \frac{1}{(\sqrt{x})^2 - 9} = \frac{1}{x - 9}$

En este caso los dominios de las funciones $f+g$, $f-g$, $f \cdot g$, $\frac{f}{g}$ coinciden con la intersección de los dominios de f y g; es decir, $D(f+g) = D(f-g) = D(f \cdot g) = D\left(\frac{f}{g}\right) = R^+ - \{3\}$

Dominio de $(g \circ f)$: $D(g \circ f) = \mathbf{R}^+ \cup \{o\}$

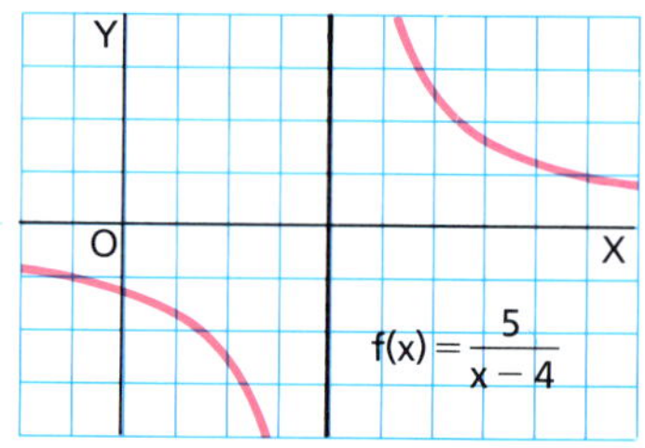

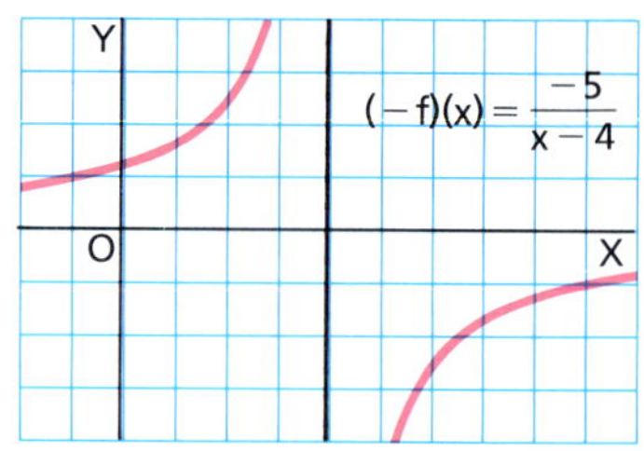

2

Dada la función f definida por $f(x) = \frac{5}{x - 4}$. Calcula las funciones opuestas, inversa y recíproca de la función f, y sus dominios.

Función opuesta: $(-f)(x) = -f(x) = \frac{-5}{x - 4}$; $D(-f) = R - \{4\}$

Función inversa: $\left(\frac{1}{f}\right)(x) = \frac{1}{f(x)} = \frac{x - 4}{5}$; $D\left(\frac{1}{f}\right) = \mathbf{R}$

Función recíproca: 1.°, despejamos x: $y = \frac{5}{x - 4} \Rightarrow$

$yx - 4y = 5 \Rightarrow x = \frac{5 + 4y}{y}$; 2.°, intercambiamos x e y

$(f^{-1})(x) = \frac{5 + 4x}{x}$; $D(f^{-1}) = \mathbf{R} - \{0\}$

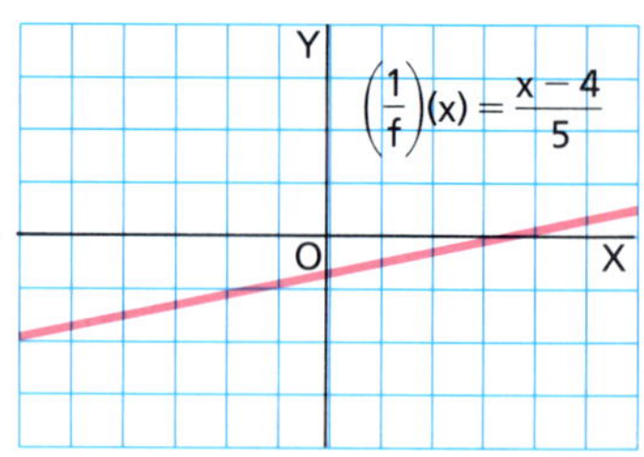

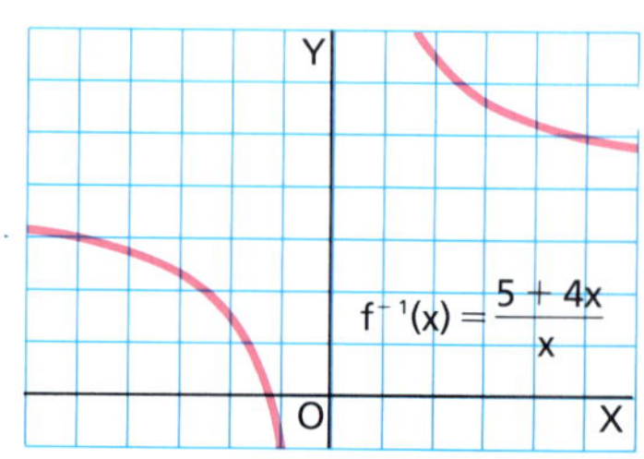

ACTIVIDADES

Ejercicios para repasar

1 Dada la función f de R en R definida por $f(x) = 2x + 3$ calcula las imágenes de 0, -1, 2, 3 y -4.

2 Representa las rectas de ecuaciones:

a) $y = x$;
b) $y = x + 1$;
c) $y = x - 3$;
d) $y = 0$;
e) $y = 3$;
f) $y = -2$;
g) $y = -x$;
h) $y = -x - 1$;
i) $y = -x + 3$;
j) $y = 3x$;
k) $y = 3x + 6$;
l) $y = 3x - 8$;
m) $y = \frac{1}{2}x$;
n) $y = \frac{1}{2}x + 3$;
ñ) $y = \frac{1}{2}x - 9$.

3 Representa las parábolas de ecuaciones:

a) $y = x^2$
b) $y = x^2 + 7$
c) $y = x^2 - 4$
d) $y = -x^2$
e) $y = -x^2 + 4$
f) $y = -x^2 - 8$
g) $y = x^2 - 4x + 1$
h) $y = x^2 + 4$
i) $y = x^2 + 9$

Ejercicios para entrenarse

4 Halla el dominio de cada una de las siguientes funciones:

a) $f(x) = x^2 + 2x + 1$
b) $f(x) = \frac{6}{(x^2 + 3)}$
c) $f(x) = \sqrt{x^2 - 6x + 8}$
d) $f(x) = \frac{(x^2 - 1)}{(x^2 - x - 2)}$
e) $f(x) = |x|$
g) $f(x) = \frac{1}{(x^2 - 1)}$
h) $f(x) = \sqrt{x^2 + 4}$
i) $i(x) = x$
j) $f(x) = |x + 3|$
k) $f(x) = \frac{2x}{(x^2 + 9)}$

5 Considera las funciones polinómicas f y g dadas por: $f(x) = x^2 + 1$, y $g(x) = x^3$, se pide:

a) fg
b) gf
c) $\frac{f}{g}$
d) $f \circ g$
e) $g \circ f$

6 Estudiar los dominios de las funciones del ejercicio anterior.

7 Se consideran las funciones f y g definidas por $f(x) = x^2$, y $g(x) = \frac{1}{x}$, se pide:

a) $f \circ f$;
b) $g \circ g$;
c) $f \circ g$;
d) $g \circ f$.

8 Estudia los dominios de las funciones del ejercicio número 7.

9 Expuesta la función f dada por $f(x) = \frac{2}{x - 1}$, halla las funciones opuesta $(-f)$ e inversa $\left(\frac{1}{f}\right)$, y sus dominios respectivos.

10 Sean las funciones f, g y h dadas por: $f(x) = x^2 + 3$; $g(x) = \frac{1}{x}$; y $h(x) = \frac{2x}{x^2+1}$. Calcula las funciones: $(f+g)+h$ y $f+(g+h)$. ¿Cómo son ambas funciones?

11 Con las funciones f y g del ejercicio anterior calcula las funciones $f+g$ y $g+f$. ¿Cómo son ambas funciones?

12 Dadas las funciones $f(x) = x+1$, y $g(x) = 2x+1$, se pide:

a) $(f \circ g)(1)$; $(g \circ f)(-1)$; $(f \circ g)(2)$; $(g \circ f)(-2)$.

b) $(f \circ g)(x)$.

c) Dominio de $g \circ f$.

13 Halla el dominio de existencia de la función $f(x) = \sqrt{\frac{x-4}{2x+3}}$

14 Si $f(x) = x^2 - x$, comprueba que $f(x+1) = f(-x)$.

15 Si $f(x) = \frac{x-1}{x+1}$, comprueba que $f\left(\frac{1}{x}\right) = -f(x)$.

16 En una circunferencia de radio 10 m se inscribe un rectángulo. Expresa el área del rectángulo en función del lado x de la base. Trata de representar dicha función.

17 Un fabricante quiere construir cajas prismáticas de base cuadrada y cuyo volumen debe ser 10 litros. Expresar la altura de la caja en función del lado x de la base. Expresa también el área total de la caja en función de x. Trata de representar ambas funciones.

18 Se desea construir barriles de forma cilíndrica de 100 litros de capacidad. Se pide:

a) Expresa la altura del barril en función del radio de la base.

b) Expresa el área total en función del radio de la base.

19 En un bloque de viviendas las ventanas son rectangulares y con una superficie de 2 m^2. Si x es la longitud del lado de la base, expresa la altura en función de x.

20 Sea h una función de **R** en **R** dada por $h(x) = x^2 - 8x + 6$. Halla otras dos funciones f y g de **R** en **R**, tal que $h = fg$.

21 Consideremos la función polinómica $k(x) = x^3 - 3x^2 - 2x + 2$. Halla otras tres funciones polinómicas f, g y h, tales que $k = fgh$.

22 Cada paso de una llamada telefónica cuesta 5 pesetas y dura un minuto. Dibuja la gráfica que indica el coste de una llamada de 5 minutos.

23 Representa la función $y = |x^2 - 5x + 6|$, dibujando previamente la función $f(x) = x^2 - 5x + 6$ y teniendo en cuenta la definición de valor absoluto.

24 Se quiere construir un pozo de forma cilíndrica de 2 metros de diámetro. Expresa el volumen del agua que cabe en el pozo en función de su profundidad.

25 Sabiendo que el cambio actual del dólar está en 110 pesetas y que el banco cobra de comisión 0,5 por 100, escribe las funciones que permiten pasar del valor actual de una moneda a otra.

26 Se sabe que 180 grados Fahrenheit equivalen a 100 grados centígrados y que 0 grados centígrados equivalen a 32 Fahrenheit. Halla las funciones que dan la equivalencia de los dos tipos de grados.

27 Expresa en función del radio r del círculo el área de un rectángulo inscrito en el mismo.

28 Halla la función que expresa el área de un triángulo isósceles inscrito en un círculo en función del radio.

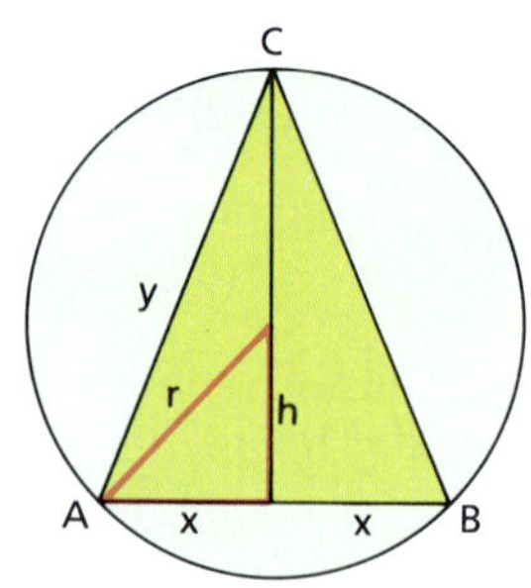

29 Un rectángulo tiene de perímetro 40 m. Expresa la altura del rectángulo en función del lado x de la base y lo mismo para el área.

30 Expresa el área de un triángulo equilátero en función del lado. ¿Qué tipo de función se obtiene? Halla el valor de esa función si el lado mide 10 unidades.

Para entretenerse pensando

31 En un monte hay dispersas x casetas de guardas, cada una está unida a las restantes por un camino distinto. Expresa el número de caminos en función de las casetas. Halla el número de caminos existentes si hay 10 casetas.

32 Se dispone de una cartulina de 100 por 40 cm y se quiere construir una caja con tapadera cortando un cuadrado en dos esquinas y dos rectángulos en las otras dos. Halla la expresión del volumen en función del lado x del cuadrado cortado.

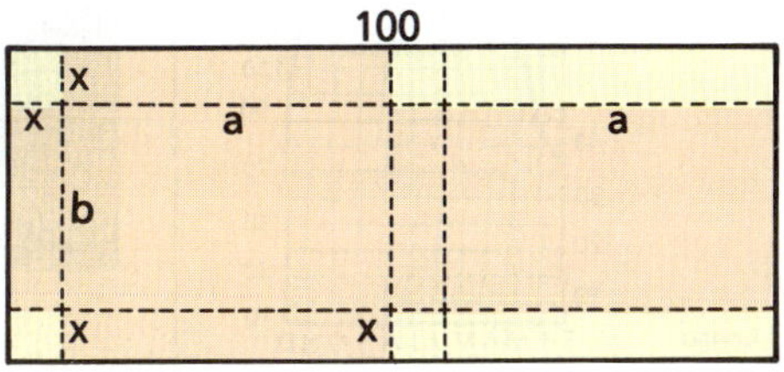

33 Una empresa de alquiler ofrece dos contratos diferentes al contratar un determinado modelo de coche:

a) Contrato A: 5 000 PTA/día y kilometraje ilimitado.

b) Contrato B: 1 000 PTA/día y 10 PTA por kilómetro.

Un turista quiere hacer un viaje de 10 días, pero no sabe exactamente cuántos kilómetros va a recorrer. Se pide:

1. Determina cuál de los dos contratos es más económico en función de los kilómetros recorridos. Halla los intervalos en que se da esta situación.

2. Calcula cuántos kilómetros ha de recorrer el viajero para que los dos contratos sean igual de económicos.

3. Haz una representación gráfica y comprueba geométricamente los resultados anteriores.

Cuestiones para aclararse

34 A un valor fijo $x=a$ del dominio de una función, ¿cuántos valores le puede hacer corresponder la función? Pon un ejemplo sencillo de una correspondencia que no sea función.

35 ¿Qué funciones tiene por recorrido un único punto? Pon un ejemplo que aclare la respuesta.

36 ¿Qué diferencias hay entre estos términos: funciones opuestas, funciones inversas y funciones recíprocas? ¿En qué operaciones aparecen estas funciones? Pon un ejemplo.

37 Dos funciones opuestas son simétricas respecto de una recta, ¿cuál es? ¿Y si son recíprocas? Dibuja dos funciones de cada tipo que aclaren la respuesta.

38 ¿Cómo se pasa de una función a su opuesta? ¿Y a su inversa? ¿Y a su recíproca?

39 Una función y su inversa, ¿tienen siempre el mismo dominio? ¿Y si las funciones son opuestas? Razona la contestación.

40 El producto de dos funciones f y g es la función cero. Se sigue de aquí necesariamente que f o g es la función cero. Razona la respuesta.

Para ampliar

41 Llamamos E(x) a la función que da la parte entera de cualquier número real. Por ejemplo, $E(3,\ 2)=3$, $E(-2,\ 3)=-3$. Representa dicha función en el intervalo $[-4,\ 4]$.

42 Se designa por D(x) a la función que da la parte decimal de cualquier número real. Por ejemplo, $D(3,\ 2)=0,\ 2$, $D(-2,\ 3)=0,\ 3$. Representa la función en el intervalo $[-4,\ 4]$.

43 Representa la función f de R en R definida por $f(x)=x-E(x)$ en el intervalo $[-4,\ 4]$.

44 Representa la función f dada por $f(x)=\frac{|x|}{x}$ en el intervalo $[-5,\ 5]$.

45 ¿Es siempre posible encontrar la función recíproca de una función dada? Halla si es posible la función recíproca de la función $f(x)=+\sqrt{x-7}$.

MURAL de matemáticas

Leyendo gráficas

Se llama climograma a un gráfico que representa la evolución de la temperatura y las precipitaciones de un determinado lugar a lo largo del año.

El climograma fue utilizado por primera vez por J. Ball en su obra *Climatological Diagrams* (1910).

Observa los climogramas representados en esta página y trata de interpretarlos.

Precipitaciones ——— Temperaturas - - - - -

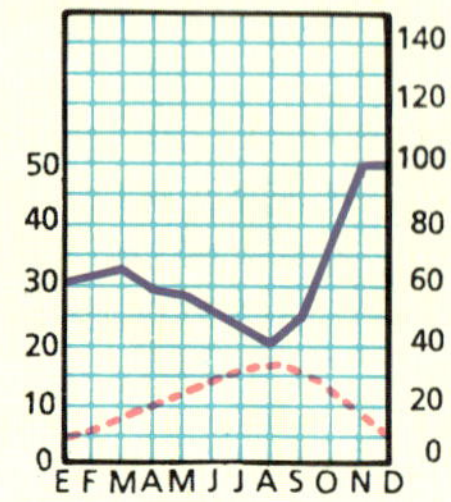

Oceánico
Burdeos. Francia

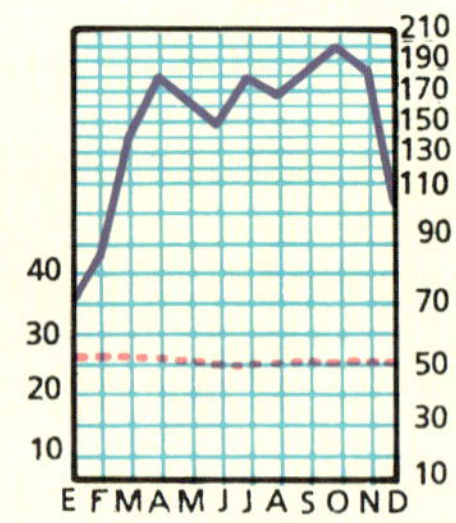

Ecuatorial
República del Congo

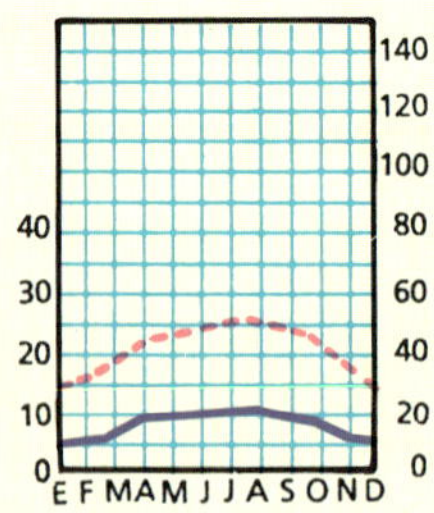

Estepa
Monterrey. Méjico

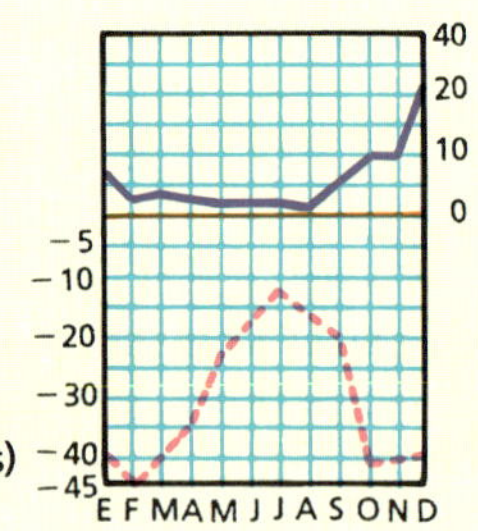

Polar
(de hielos perpetuos)
Groenlandia

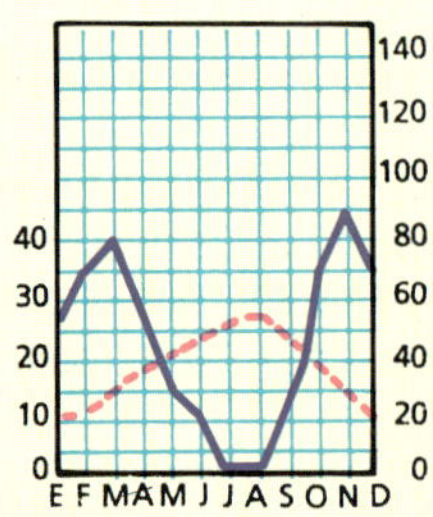

Mediterráneo
Sevilla. España

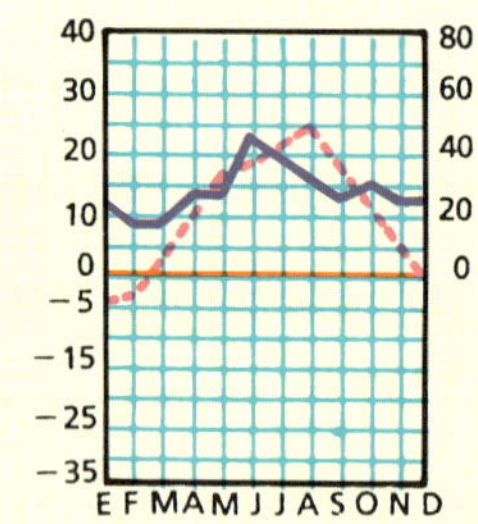

Continental
(de pradera)
Ucrania. U.R.S.S.

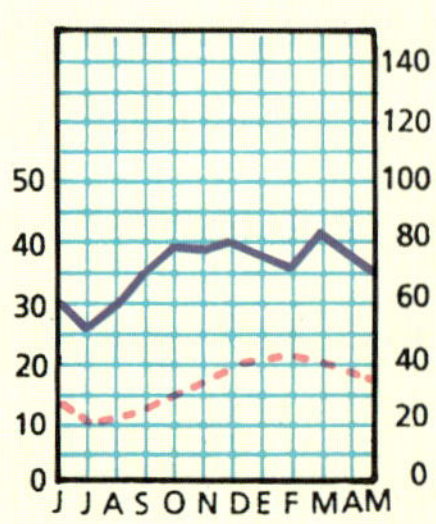

«Chino»
Buenos Aires. Argentina

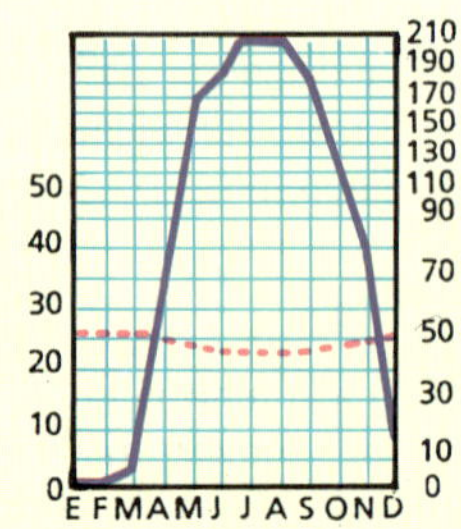

Tropical
Calahore. Venezuela

16 FUNCIONES. PRIMERAS PROPIEDADES

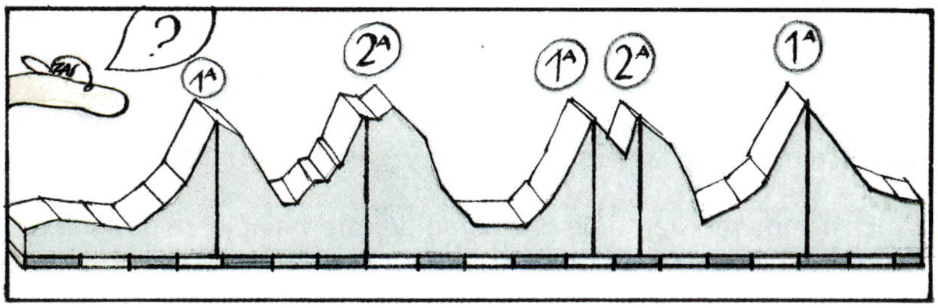

LA VUELTA CICLISTA

El perfil de una etapa de la vuelta ciclista muestra gráficamente las características de la misma. El ciclista Pocopeso observa detenidamente el perfil. Ve tramos de subida o bajada con más o menos pendiente, tramos llanos que preceden a los puertos de primera, segunda o tercera categoría (cotas máximas o mínimas respecto del nivel del terreno), recorridos similares, etc.

DE IZQUIERDA A DERECHA

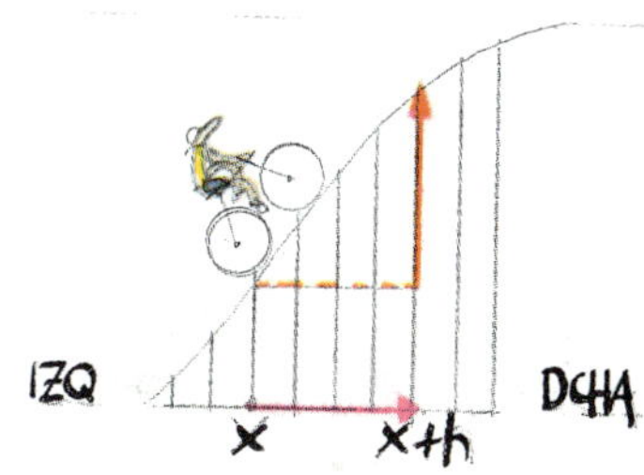

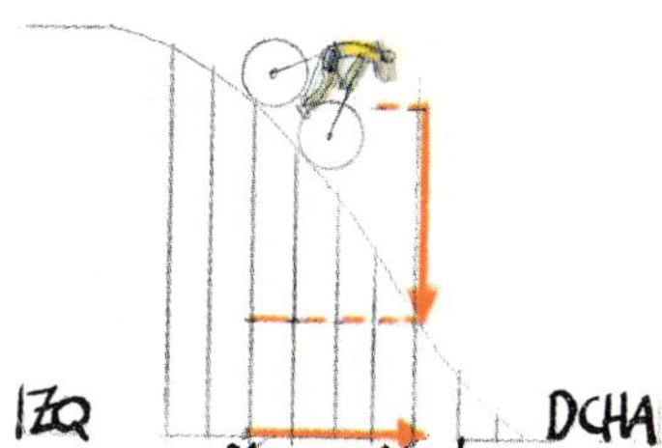

De forma análoga, la contemplación de la gráfica de una función permite captar las principales propiedades de la misma.

La primera información que da una gráfica es la variación que experimenta la función cuando la variable x recorre el eje de abscisa de izquierda a derecha.

Dada una función $\mathbf{y=f(x)}$, si la variable $\mathbf{x}$ experimenta un incremento arbitrario, positivo o negativo, pasando de $\mathbf{x}$ a $\mathbf{x+h}$, la variable dependiente $\mathbf{y}$ experimentará también un incremento positivo, nulo o negativo, ya que pasa de $\mathbf{f(x)}$ a $\mathbf{f(x+h)}$. Estos incrementos miden la **variación de la función** al pasar de un punto a otro. Observa las siguientes funciones:

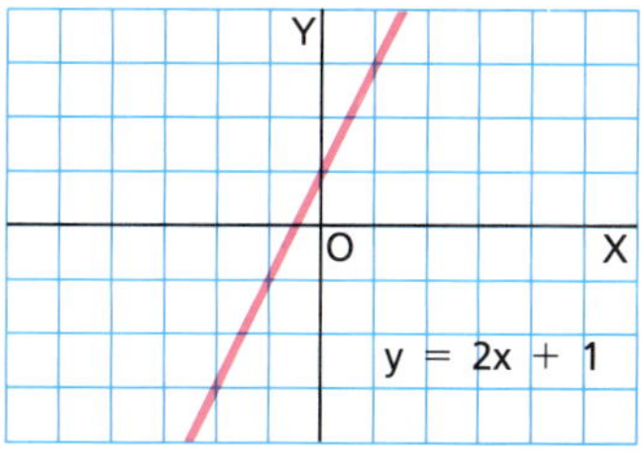

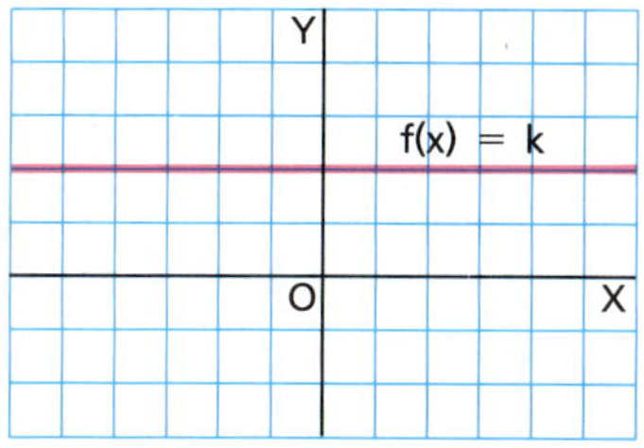

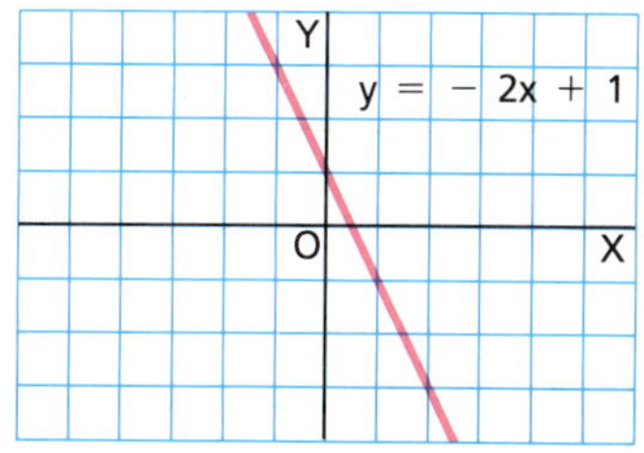

Al variar **x** de izquierda a derecha, la variable **y** crece en la primera función, se mantiene constante en la segunda y decrece en la tercera. Para distinguir estos tres casos se introduce el concepto de **tasa de variación** o **incremento.**

EL I.P.C.

Variación del Índice de Precios al Consumo a lo largo de 1989.

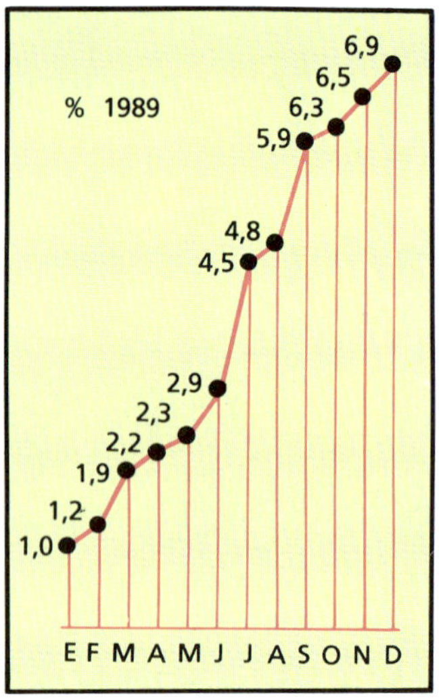

DILATACIÓN

El aumento que experimenta una chapa cuadrada al calentarse es

$$\triangle f = (x+\triangle x)^2 - x^2$$
$$= 2x \cdot \triangle x + (\triangle x)^2$$

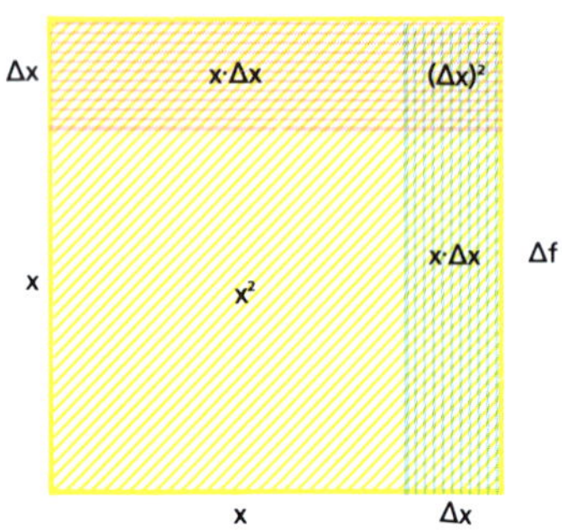

LAS CIFRAS DEL REEMPLAZO

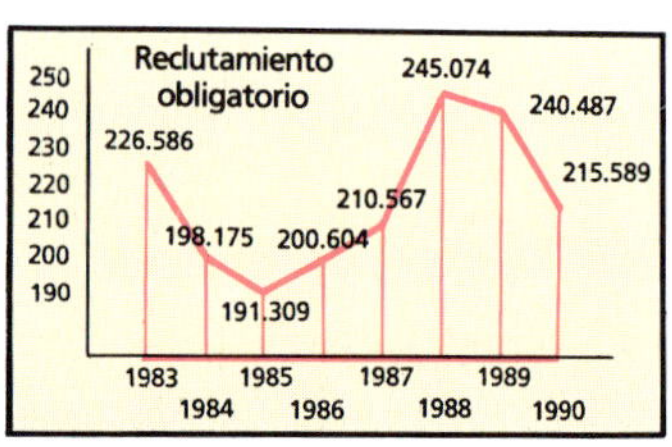

1. TASA DE VARIACIÓN

En la figura adjunta se muestra la variación del IPC a lo largo del año 1989. Observa la figura y contesta a las preguntas:

¿Cuánto ha variado el IPC a lo largo del año?

¿Cuánto en el primer semestre?

¿Cuánto en el tercer trimestre?

¿Cuánto en el mes de mayo?

Dada una función $\mathbf{y=f(x)}$ si la variable $\mathbf{x}$ pasa de $\mathbf{x}$ a $\mathbf{x+h}$, siendo **h** el incremento, entonces la variable **y** pasa de $\mathbf{f(x)}$ a $\mathbf{f(x+h)}$.

El incremento, tanto de una como de otra variable, se designa con el símbolo $\triangle$, de modo que:

$$\triangle x = h$$
$$\triangle y = f(x+h) - f(x)$$

> **El incremento de la función se llama tasa de variación; mide el cambio de la función al pasar de un punto a otro. Su valor depende del punto x y del incremento h.**

La tasa de variación de una función tiene múltiples interpretaciones, dependiendo del fenómeno a que se refiera.

— Si la función representa el espacio recorrido por un móvil, la tasa de variación es el espacio recorrido entre dos tiempos.

— Si f es la función del crecimiento de una población, entonces la tasa de variación es el aumento o disminución de la población entre dos tiempos determinados.

— La tasa de variación también puede interpretarse como el incremento que se experimenta al pasar de un estado a otro, tal como sucede en la dilatación, expansión de gases, cambio de salario, cambios de la bolsa, etc.

1. **La función $f(x)=x^2+1$ experimenta un incremento al pasar de $x=1$ a $x=2$ dado por:**

$$\triangle \mathbf{f} = f(2) - f(1) = 5 - 2 = 3$$

2. **La función $f(x)=x^2+5$, tiene una tasa de variación en el punto x para un incremento h dada por:**

$$\triangle \mathbf{f} = f(x+h) - f(x)$$
$$= (x+h)^2 + 5 - (x^2+5)$$
$$= x^2 + 2xh + h^2 + 5 - x^2 - 5 = 2xh + h^2$$

3. **La figura adjunta muestra el número de mozos de los distintos reemplazos desde el año 1983 a 1990. Calcula la tasa de variación (positiva o negativa) en cada año. ¿Cuál es la máxima? ¿Y la mínima?**

2. FUNCIONES CRECIENTES

Observa la gráfica de la función $\mathbf{f(x)=x^3}$, dibujada en la figura a).

Los valores que toma la función son cada vez mayores a medida que aumentan los valores de la variable **x.**

Si esta gráfica fuera el perfil de una etapa de la vuelta, el ciclista Pocopeso ascendería siempre. En este caso decimos que la función es **estrictamente creciente.**

Una función es estrictamente creciente en un intervalo si para dos valores cualesquiera del mismo x y x':

$$x < x' \Rightarrow f(x) < f(x')$$

Esta relación puede expresarse también en función de la tasa de variación (figura b):

$$x' - x > 0 \Rightarrow f(x') - f(x) > 0$$

Una función es estrictamente creciente en un intervalo si la tasa de variación es positiva.

Tomamos ahora la función f dada por:

$$f(x) = \begin{cases} -x^2+1 & \text{si} \quad x < -1 \\ 0 & \text{si} \quad -1 \leqslant x \leqslant 0 \\ x^2 & \text{si} \quad x > 0 \end{cases}$$

cuya gráfica está representada al margen (figura c).

Los valores que toma la función f(x) son cada vez mayores o iguales a medida que aumentan los valores de la variable x.

En este perfil de etapa nuestro ciclista Pocopeso ascendería, pero encontraría un intervalo, $[-1, 0]$ donde el camino es llano.

Una función es *creciente* en un intervalo si para dos valores cualesquiera del mismo x y x'

$$x < x' \Rightarrow f(x) \leqslant f(x')$$

o también si la tasa de variación entre esos puntos es mayor o igual que 0:

$$x' - x > 0 \Rightarrow f(x') - f(x) \geqslant 0$$

Si tomamos $\mathbf{x=a}$ y se verifican las relaciones anteriores en un entorno del mismo, se dice que la función es estrictamente creciente o creciente en dicho punto.

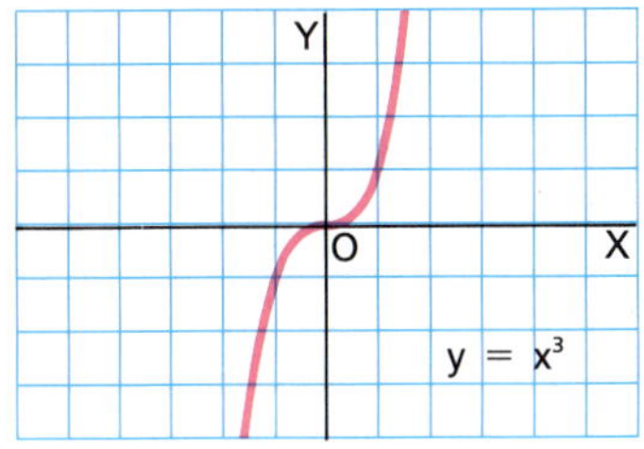

Figura a.

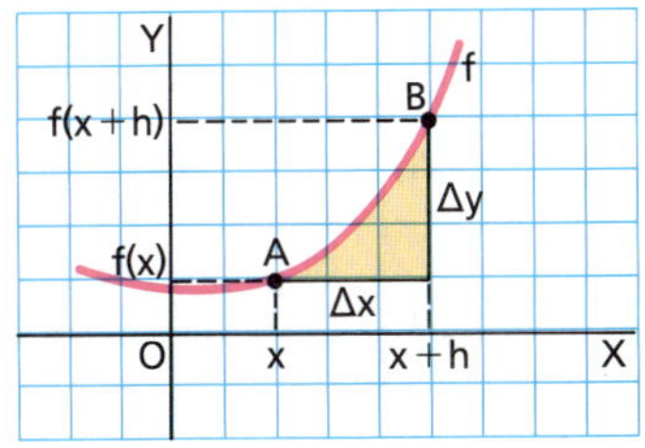

Figura b.

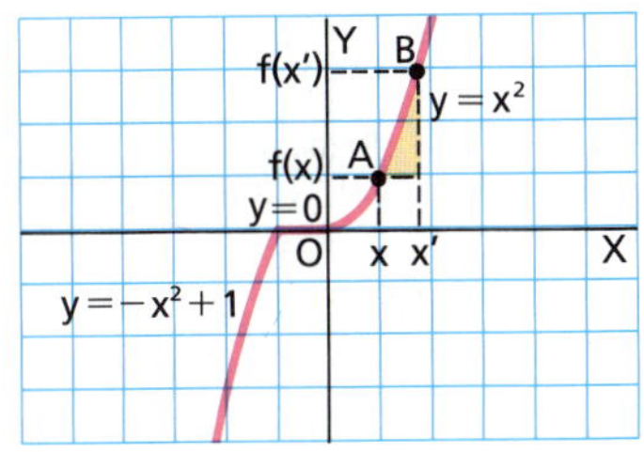

Figura c.

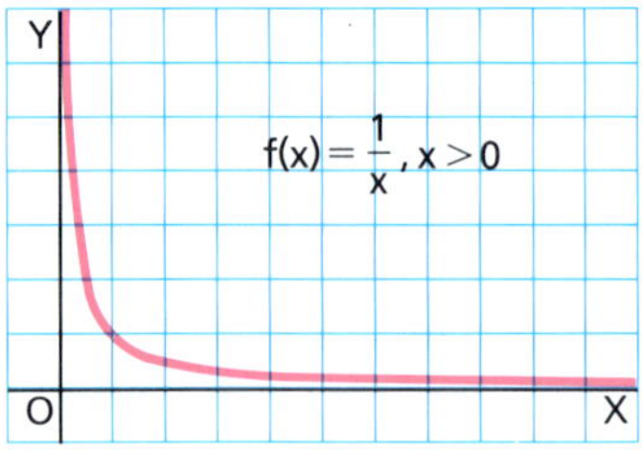

Figura a.

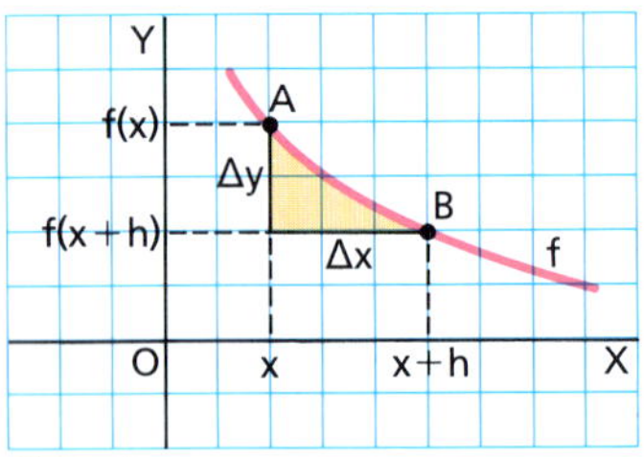

Figura b.

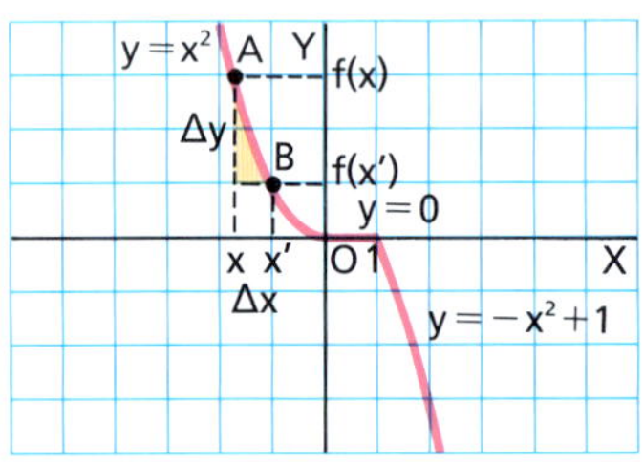

Figura c.

3. FUNCIONES DECRECIENTES

Observa la función $\mathbf{f(x)}=\dfrac{\mathbf{1}}{\mathbf{x}}$, $x>0$, cuya gráfica está dibujada en la figura a).

Los valores que toma la función son cada vez menores a medida que aumentan los valores de la variable **x.**

Si esta gráfica fuera el perfil de una etapa de la Vuelta, el ciclista Pocopeso descendería siempre. En este caso decimos que la función es **estrictamente decreciente.**

Una función es *estrictamente decreciente* en un intervalo si para dos valores cualesquiera del mismo x y x':

$$\mathbf{x < x' \Rightarrow f(x) > f(x')}$$

Esta relación puede expresarse también en función de la tasa de variación (figura b):

$$\mathbf{x' - x > 0 \Rightarrow f(x') - f(x) < 0}$$

Una función es *estrictamente decreciente* en un intervalo si la tasa de variación entre dos puntos cualesquiera del mismo es negativa.

Observa ahora la función f dada por:

$$f(x)=\begin{cases} x^2 & \text{si } x<0 \\ 0 & \text{si } 0\leqslant x\leqslant 1 \\ -x^2+1 & \text{si } x>1 \end{cases}$$

cuya gráfica está representada en la figura c).

Los valores que toma la función f(x) son cada vez menores o iguales a medida que aumentan los valores de la variable x.

En este perfil de etapa nuestro ciclista Pocopeso descendería, pero encontraría un intervalo, $[-0, 1]$, donde el camino es llano.

Una función es *decreciente* en un intervalo si para dos puntos cualesquiera del mismo x y x':

$$\mathbf{x < x' \Rightarrow f(x) \geqslant f(x')}$$

o también si la tasa de variación entre esos puntos es menor o igual que 0:

$$\mathbf{x' - x > 0 \Rightarrow f(x') - f(x) \leqslant 0}$$

Si tomamos **x = a** y se verifican las relaciones anteriores en un entorno del mismo se dice que la función es estrictamente decreciente o decreciente en dicho punto.

Una trayectoria **decreciente**, pero **no estrictamente**, ya que hay un trozo donde la bola no desciende.

4. SIMETRÍA EN LAS GRÁFICAS DE FUNCIONES

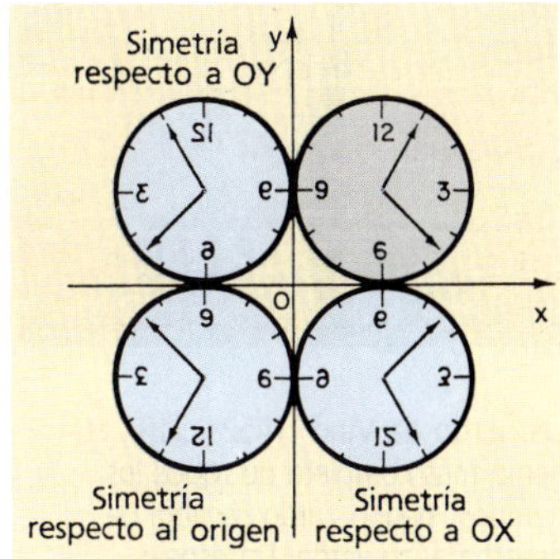

La simetría en las gráficas de funciones permite reducir el estudio de éstas a valores positivos. Ahora bien, no todas las gráficas tienen esta propiedad. La simetría puede estudiarse respecto a cualquier punto o recta del plano; por sencillez y utilidad solamente lo haremos para la simetría respecto del origen o de los ejes de coordenadas.

▶ Simetría respecto del origen. Funciones impares

Observa la gráfica de la hipérbola equilátera $\mathbf{f(x)=\frac{1}{x}}$. Si eliges un punto **P** cualquiera de la misma, su simétrico **P'** respecto del **origen** pertenece también a la gráfica. Cuando sucede esto la gráfica es simétrica respecto del origen.

¿Cómo se caracteriza esta propiedad utilizando las coordenadas de los puntos? Los valores de la función correspondientes a los puntos de abscisas **x** y **−x** cumplen la relación

Este hecho indica que si el punto **P(x, f(x))** pertenece a la gráfica de la función $\mathbf{f(x) = \frac{1}{x}}$, también pertenece a la misma el punto **P'(−x, −f(x))** simétrico de **P** respecto del origen.

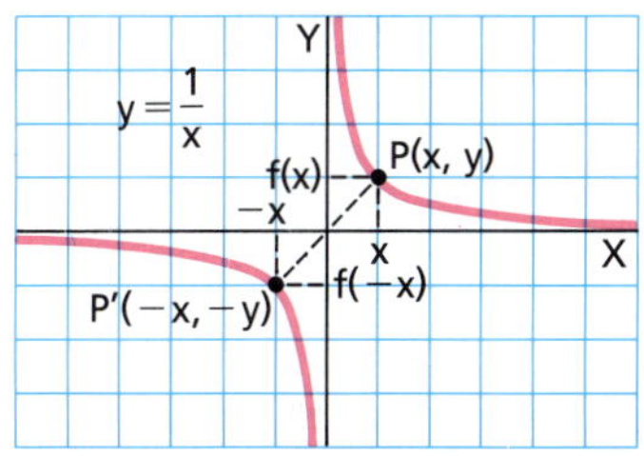

> **Una función f es simétrica respecto del origen cuando para todo x del dominio se verifica que:**
>
> $$f(-x) = -f(x)$$
>
> **Las funciones simétricas respecto del origen reciben el nombre de funciones impares.**

La gráfica de una función impar queda determinada si conoces su forma para valores positivos de x, ya que la parte de la gráfica correspondiente a valores negativos de x se construye por simetría respecto del origen de coordenadas.

Observa detenidamente las gráficas siguientes:

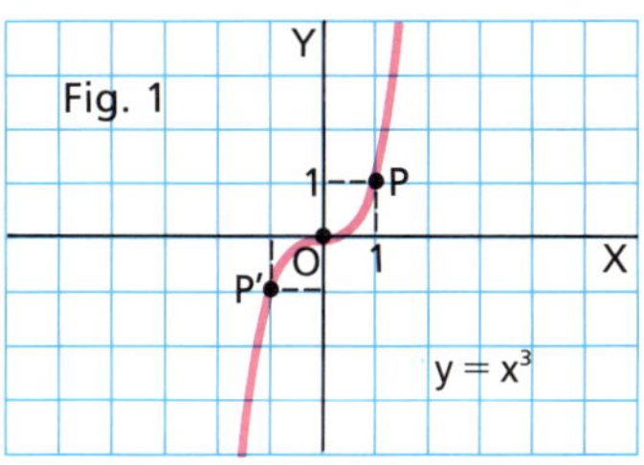

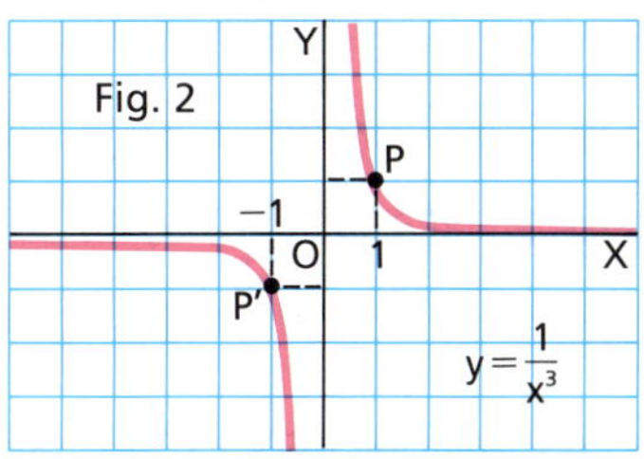

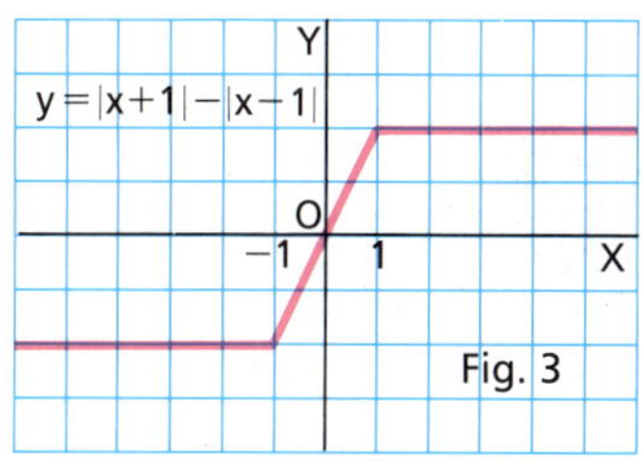

Fig. 1 $(f-x) = (-x)^3 = -x^3 = -f(x)$, luego es impar.

Fig. 2 $f(-x) = \frac{1}{(-x)^3} = -\frac{1}{x^3} = -f(x)$, luego es impar.

Fig. 3 $f(-x) = |-x+1| - |-x-1| = |x-1| - |x+1| = -f(x)$, luego la función es impar.

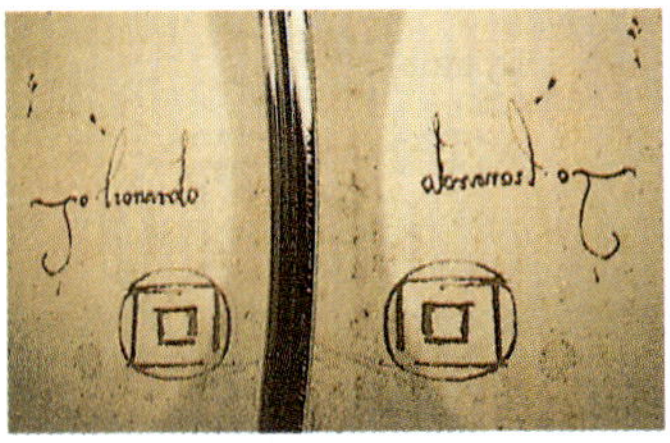

Leonardo da Vinci (1452-1519), el genio más completo de todos los tiempos, siendo zurdo escribía de derecha a izquierda. Un espejo devuelve su firma «Yo, Leonardo».

FUNCIÓN PAR

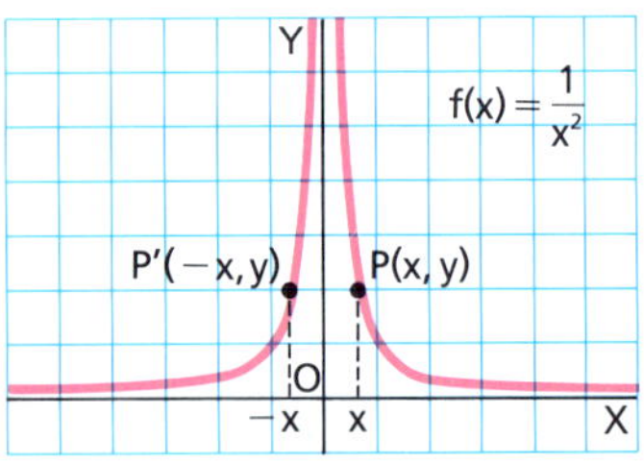

▶ Simetría respecto del eje de ordenadas. Funciones pares

Observa ahora la gráfica de la función $\mathbf{f(x)=\frac{1}{x^2}}$. Si eliges un punto **P** cualquiera de la misma, su simétrico **P'** respecto del **eje de ordenadas** pertenece también a la gráfica. Cuando sucede esto la gráfica es simétrica respecto del eje de ordenadas.

¿Cómo se caracteriza esta propiedad utilizando las coordenadas de los puntos? Los valores de la función correspondientes a los puntos de abscisas **x** y **−x** cumplen la relación

$$\mathbf{f(-x) = f(x)}$$

Este hecho indica que si el punto **P(x, f(x))** pertenece a la gráfica de la función $\mathbf{f(x) = \frac{1}{x^2}}$, también pertenece a la misma el punto **P'(−x, f(−x))** simétrico de **P** respecto del eje de ordenadas.

> Una función f es **simétrica** respecto del eje de ordenadas cuando para todo x del dominio se verifica que:
>
> $$f(-x) = f(x)$$
>
> Las funciones simétricas respecto del eje de ordenadas reciben el nombre de funciones **pares.**

La gráfica de una función par queda determinada si conoces su forma para valores positivos de x, ya que la parte de la gráfica correspondiente a valores negativos de x se construye por simetría respecto del eje de ordenadas.

Observa detenidamente las gráficas siguientes:

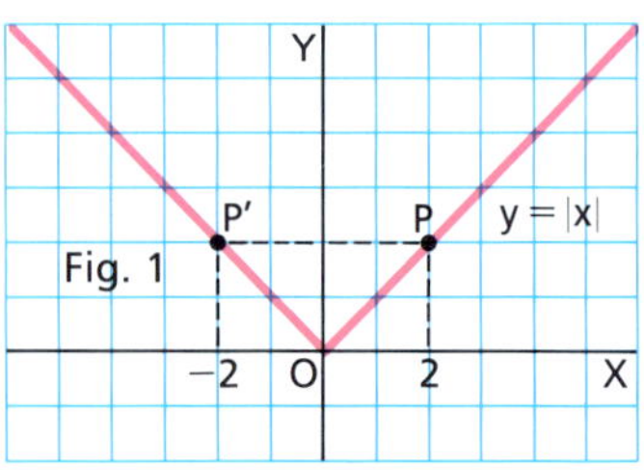

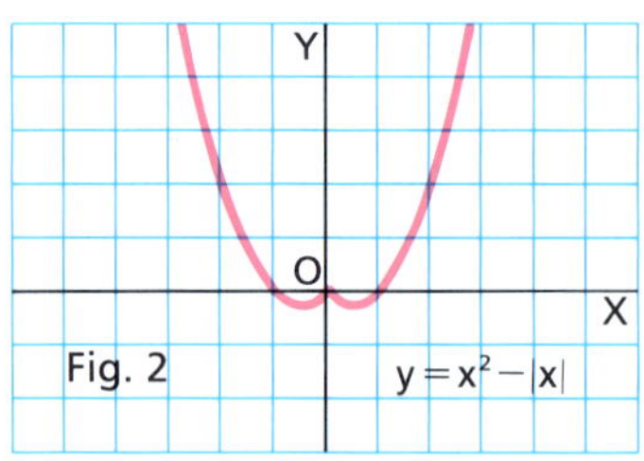

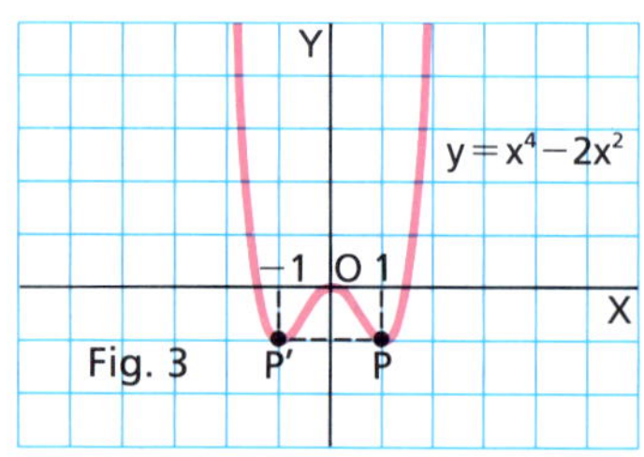

Fig. 1 $f(-x) = |-x| = |x| = f(x)$, luego es par.

Fig. 2 $f(-x) = (-x)^2 - |-x| = x^2 - |x| = f(x)$, luego es par.

Fig. 3 $f(-x) = (-x)^4 - 2(-x)^2 = x^4 - 2x^2 = f(x)$, luego es par.

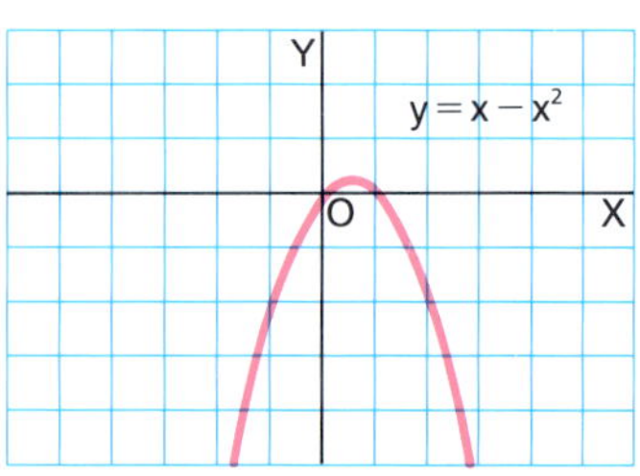

Hay funciones como $f(x)=x-x^2$ que no son ni pares ni impares. Comprueba si se cumplen las condiciones de simetría.

Se tiene

$$f(-x) = -x-(-x)^2 = -x-x^2$$

luego no es impar ya que $f(-x) \neq -f(x)$, ni tampoco par ya que $f(-x) \neq f(x)$.

5. FUNCIONES PERIÓDICAS

En la naturaleza hay muchísimos fenómenos que se repiten periódicamente.

Observa la fotografía de una noria de feria; la altura (con relación al suelo) de una persona que va montada en una cestilla varía a lo largo de una vuelta, pero en la siguiente vuelta vuelve a tener exactamente las mismas posiciones que en la anterior.

Si suponemos que la noria da una vuelta completa cada 40 segundos y se comienza a contar la altura cuando la cestilla está abajo, la gráfica aproximada de la situación descrita es la siguiente:

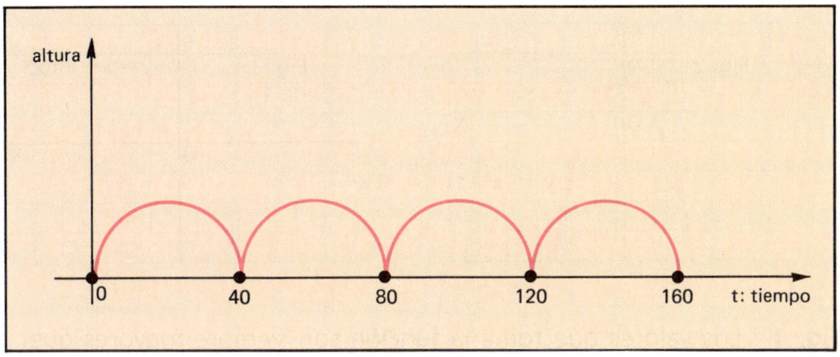

Las funciones que tienen este comportamiento se llaman periódicas.

Una función f(x) es periódica de período T si

$$f(x+T)=f(x)$$

para todo x perteneciente al dominio de definición.

El período del movimiento de la noria es el tiempo que tarda en volver a la misma posición, suponiendo que el movimiento sea constante.

Las funciones periódicas más importantes son las circulares, seno, coseno y tangente (asociadas a las razones trigonométricas), ya que muchos fenómenos naturales son periódicos y vienen expresados matemáticamente por ellas.

Ejemplos:

— El movimiento de un émbolo en un motor de explosión es un movimiento periódico.

— La posición de las agujas de un reloj con relación al origen (las 12) viene dado por una función periódica.

— La distancia desde la posición de equilibrio de un péndulo hasta las distintas posiciones del mismo se expresa mediante una función periódica.

— La actividad eléctrica del cerebro se puede medir y da lugar a un encefalograma cuya gráfica es aproximadamente periódica.

RELOJ DE PÉNDULO

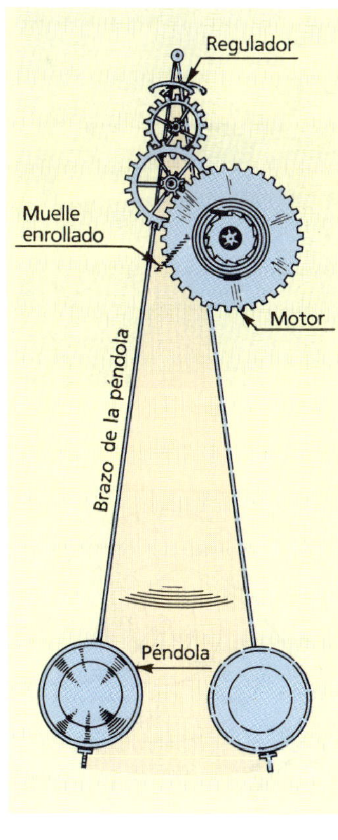

6. FUNCIONES ACOTADAS

Observa nuevamente el perfil de la etapa de la vuelta ciclista. Se trata ahora de caracterizar los puertos y las hondonadas por los que discurre la carrera; es decir, los puntos donde se alcanza la máxima o mínima altura o cota. Estos conceptos se extienden fácilmente a la gráfica de una función cualquiera.

▶ Cotas superiores e inferiores

Contempla las gráficas de las siguientes funciones:

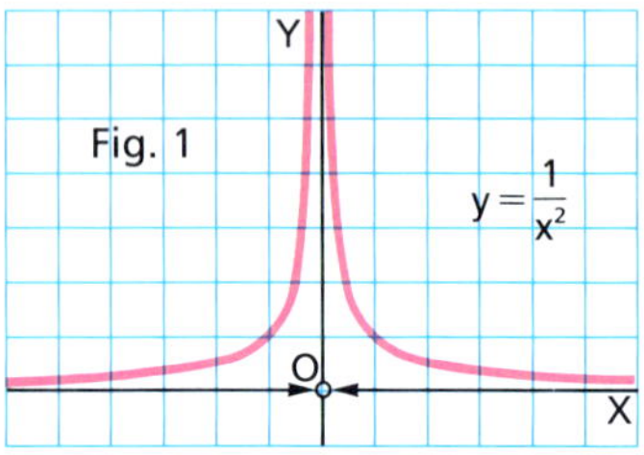

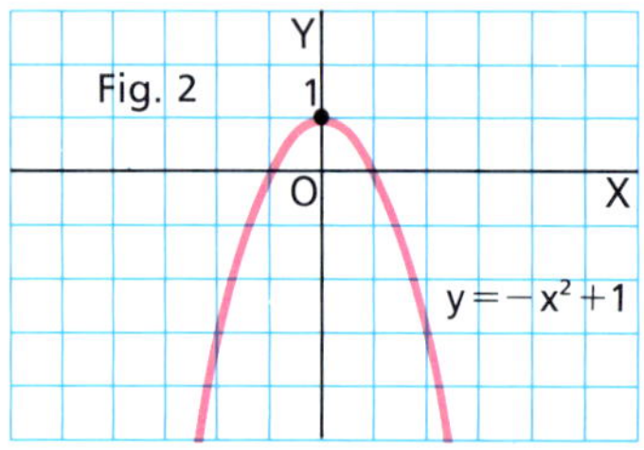

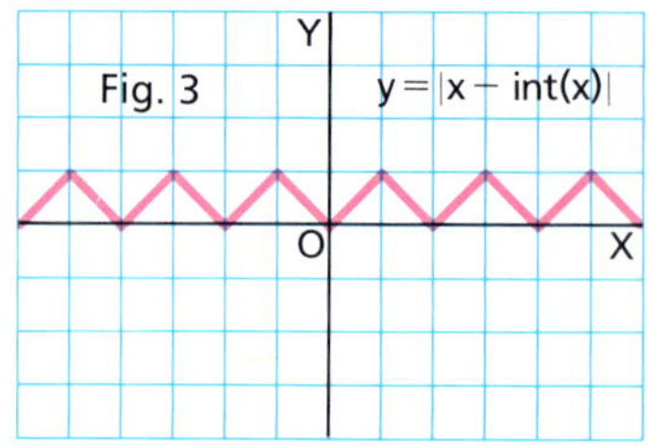

SUPERANDO UNA COTA

Fig. 1 Los valores que toma la función son siempre mayores que... -3, -2, -1, 0.

Se dice entonces que la función está **acotada inferiormente.** Los números... -3, -2, -1, 0 son cotas inferiores.

Fig. 2 Los valores que toma la función en este caso son menores o iguales que... 5, 4, 3, 2, 1.

En este caso la función está **acotada superiormente.** Los números... 5, 4, 3, 2, 1 son cotas superiores.

Fig. 3 Los valores que toma la función están comprendidos, por ejemplo, entre -2 y 2.

Se dice entonces que la función está **acotada**.

> Una función está **acotada inferiormente** cuando existe un número real K tal que todos los valores que toma la función son mayores que K.
>
> El número real K se llama **cota inferior**.
>
> Una función está acotada superiormente cuando existe un número real K' tal que todos los valores que toma la función son menores que K'.
>
> El número real K' se llama **cota superior**.
>
> Una función está **acotada** si lo está inferior y superiormente.

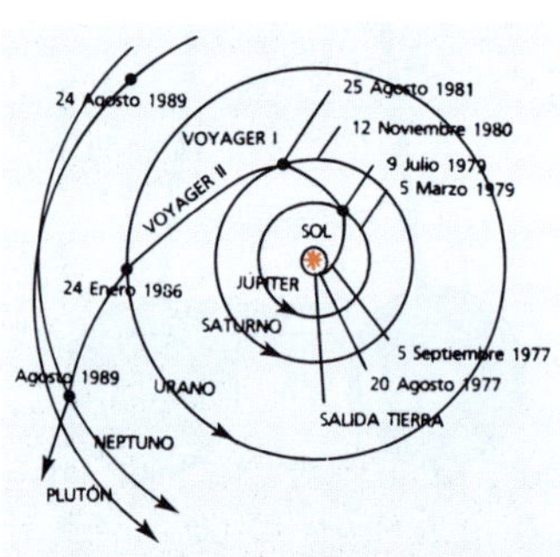

La distancia de la sonda *Voyager* a la Tierra da idea de una función no acotada superiormente.

► Extremos. Máximos y mínimos absolutos

Observa ahora las gráficas de las siguientes funciones:

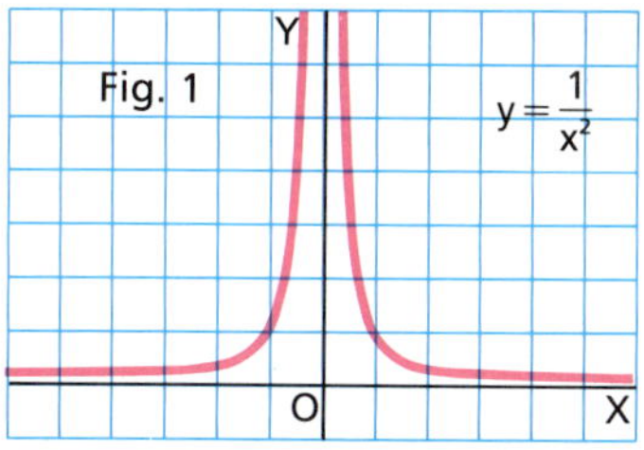

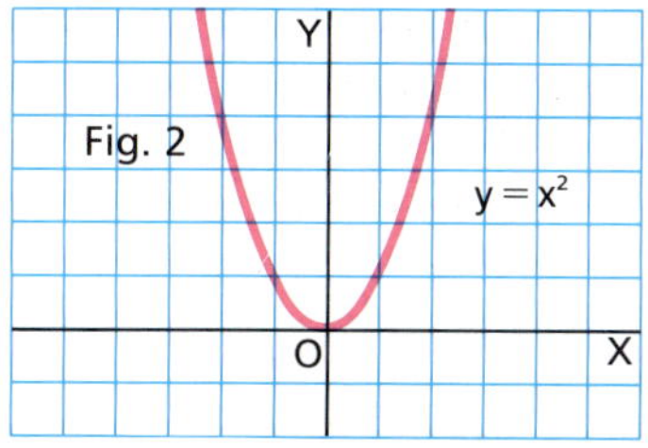

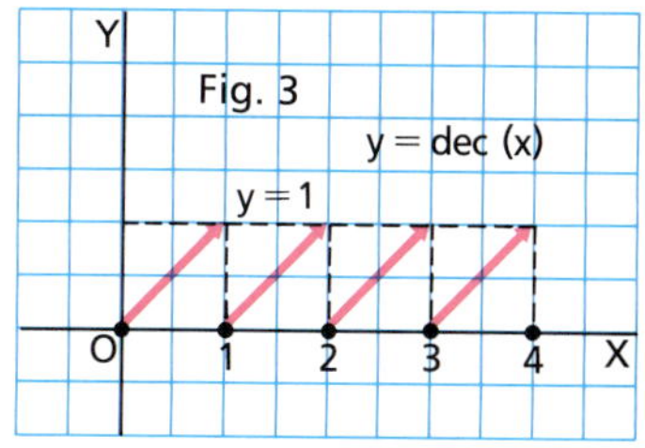

Fig. 1 Los números -3, -2, -1, ..., 0 son cotas inferiores de la función. La máxima de las cotas inferiores es el cero. Esta cota se llama **extremo inferior** de la función.

Fig. 2 Los números -3, -2, -1, ..., 0 son también cotas inferiores de la función. El extremo inferior es el cero que lo alcanza la función en $x = 0$.

En este caso el extremo inferior se llama **mínimo absoluto** o simplemente **mínimo.**

Fig. 3 La función **y = dec(x)** tiene como **mínimo absoluto 0** y lo alcanza en infinitos puntos: los de abscisa entera.

Contempla ahora las gráficas de las siguientes funciones:

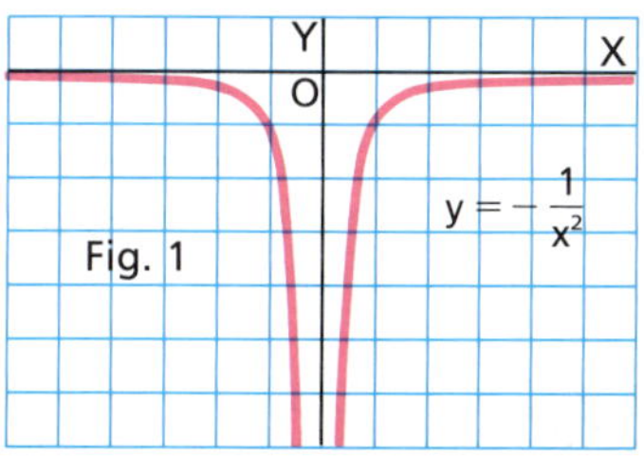

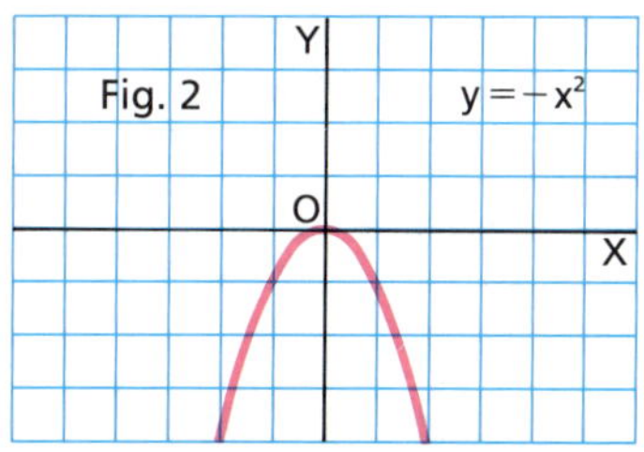

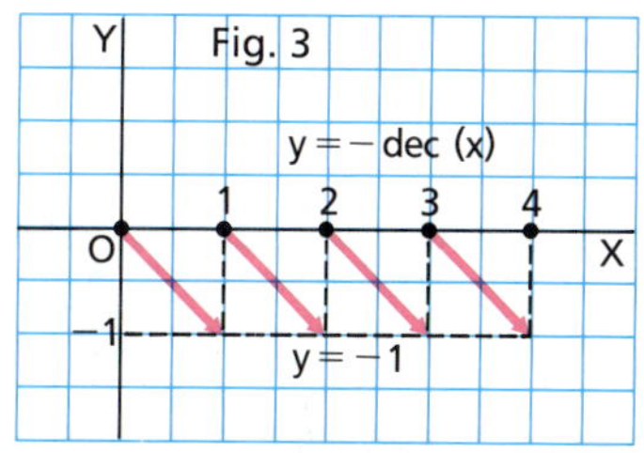

Fig. 1 Los números 3, 2, 1, ..., 0 son cotas superiores de la función. La mínima de las cotas superiores es el cero. Esta cota se llama **extremo superior** de la función.

Fig. 2 Los números 3, 2, 1, ..., 0 son también cotas superiores de la función. El extremo superior es el cero que lo alcanza la función en $x = 0$.

En este caso el extremo superior se llama **máximo absoluto** o simplemente **máximo.**

Fig. 3 La función **y = − dec(x)** tiene como **máximo absoluto 0** y lo alcanza en infinitos puntos: los de abscisa entera.

Se llama **extremo superior** de una función a la mínima de las cotas superiores.

Si este valor lo alcanza la función se llama **máximo absoluto**.

Se llama **extremo inferior** de una función a la máxima de las cotas inferiores.

Si este valor lo alcanza la función se llama **mínimo absoluto.**

ALTITUD MÁXIMA

Monte Everest, máximo absoluto de las alturas de los montes de la Tierra.

1 **Se sabe que el radio de un círculo es 10 cm. Un alumno ha medido 10,1 cm. ¿Qué error ha cometido al calcular el área?**

El área de un círculo de radio r es $f(r) = \pi r^2$.

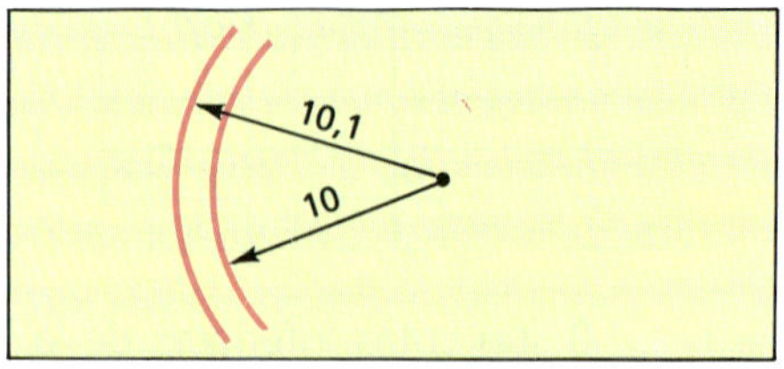

El error cometido es la tasa de variación al tomar 10,1 cm en vez de 10 cm. Su valor es:

$$f(10{,}1) - f(10) = \pi\ 10{,}1^2 - \pi\ 10^2 = 2{,}01\ \pi\ cm^2$$

2 **Un cubo de cobre se calienta de modo que el lado x pasa a valer x + h. Halla el incremento de volumen que experimenta el cubo.**

La función volumen es $V(x) = x^3$; por tanto, la tasa de variación es

$$\triangle V = (x+h)^3 - x^3 = x^3 + 3x^2h + 3xh^2 + h^3 - x^3 = 3x^2h + 3xh^2 + h^3$$

En la siguiente figura se muestran los cubos y los ortoedros que se forman al pasar el lado de x a x + h. Observa detenidamente la figura. Se trata en esencia del cubo de un binomio.

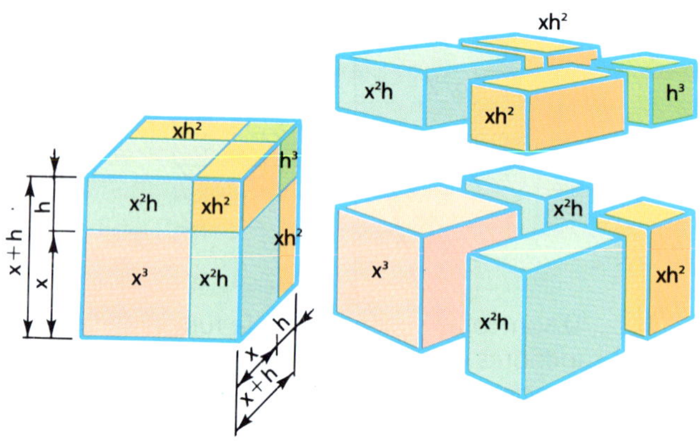

3 **Leyendo una gráfica: Dada la gráfica de la función $f(x) = \dfrac{1}{(x^2+1)}$ responde a tu manera las siguientes cuestiones:**

1. **¿Cuál es el máximo y en caso contrario su extremo superior?**
2. **¿Cuál es el mínimo y en caso contrario su extremo inferior?**
3. **¿En qué intervalo es creciente y en qué intervalo es decreciente?**
4. **¿Está acotada?**
5. **¿Es simétrica? Si lo es, ¿respecto de quién?**

Te damos las respuestas. Razónalas:

1. El máximo de la función es 1: Punto (0,1).
2. No tiene mínimo; extremo inferior 0.
3. Crece en el intervalo $]-\infty, 0]$, decrece en $[0, +\infty[$.
4. Un intervalo de acotación es [0,1].
5. Es simétrica respecto del eje de ordenadas. Función par.

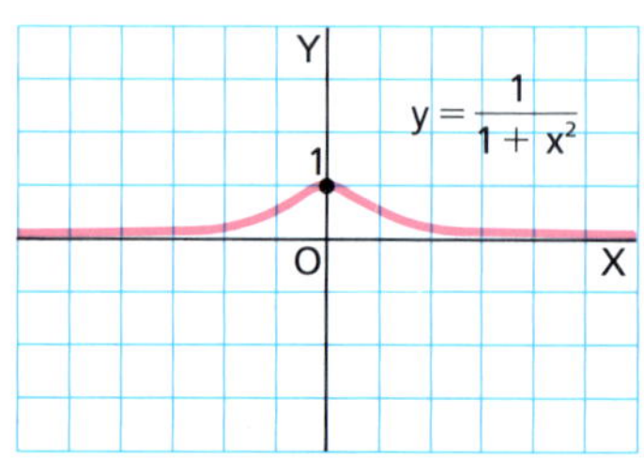

ACTIVIDADES

Ejercicios para entrenarse

1 Calcula la tasa de variación de la función $f(x) = x$ en los intervalos que se indican y observa cómo son las tasas obtenidas:

1. $[2, 3]$
2. $[3, 4]$
3. $[-3, -2]$
4. $[-9, -8]$

2 Calcula la tasa de variación de la función $f(x) = x^2$ en los intervalos que se indican y observa cómo son las tasas obtenidas:

1. $[2, 3]$
2. $[3, 4]$
3. $[-3, -2]$
4. $[-9, -8]$

3 Indica a tu manera en qué intervalos son crecientes o decrecientes las siguientes funciones que ya conoces:

1. $f(x) = x$
2. $f(x) = -x$
3. $f(x) = x^2$
4. $f(x) = -x^2$

4 Dibuja los siguientes puntos y di si son simétricos respecto de algún punto o recta:

1. $A(1, 2)$, $B(-1, -2)$
2. $A(1, 2)$, $B(1, -2)$
3. $A(1, 2)$, $B(2, 1)$
4. $A(1, 2)$, $B(-1, 2)$

5 Halla los puntos simétricos de $A(1, 1)$, $B(0, 2)$ y $C(-2, -3)$ respecto de:

1. El origen de coordenadas.
2. El eje de abscisas.
3. El eje de ordenadas.

6 Comprueba si las siguientes funciones son pares o impares:

1. $f(x) = x$
2. $f(x) = -x$
3. $f(x) = x^3 + x$
4. $f(x) = x^5 + x^3 + x$

7 Comprueba si las siguientes funciones son pares o impares:

1. $f(x) = x^2$
2. $f(x) = -x^2$
3. $f(x) = x^4 + x^2$
4. $f(x) = x^6 + x^4 + x^2$

8 Comprueba si las siguientes funciones son pares o impares:

1. $f(x) = x\,|x|$
2. $f(x) = \dfrac{6}{x}$
3. $f(x) = x\,|x^3|$
4. $f(x) = x^6 - x^4 + x^2$

9 Para cada una de las siguientes funciones, decide cuáles están acotadas superior o inferiormente en el intervalo indicado y cuáles de ellas alcanzan su máximo o mínimo:

1. $f(x) = x^2$ en $]-1, 1[$
2. $f(x) = x^2$ en $[-1, 1]$
3. $f(x) = \begin{cases} x^2 & \text{si } x \leq 0 \\ 2 & \text{si } x > 0 \end{cases}$ en $]-1, 1[$

A

10 Halla razonadamente el máximo de las siguientes funciones:

1. $f(x) = \frac{1}{(x^2+1)}$
2. $f(x) = \frac{1}{(x^4+3)}$
3. $f(x) = -|x|$
4. $f(x) = -|x+1|$

Problemas para resolver

11 Halla la función $y = ax^2 + bx + c$ sabiendo que el vértice es V(1 , 1) y pasa por el punto P(0 , 2). Dibuja previamente el eje de simetría de la parábola y halla el punto simétrico de P respecto de dicho eje.

12 Dibuja la función $f(x) = \text{dec}(x)$, razona si:

1. Es periódica o no.
2. Tiene extremo superior y extremo inferior.
3. Tiene máximo y mínimo.
4. Está acotada superior e inferiormente.

13 Demuestra que la función $f(x) = x^2$ es:

1. Decreciente en el intervalo $]-\infty, 0]$
2. Creciente en el intervalo $[0, +\infty[$

14 Demuestra que la función lineal $f(x) = ax$ es:

1. Estrictamente creciente si $a > 0$.
2. Estrictamente decreciente si $a < 0$.

Recuerda que **a** es la pendiente de la recta.

15 Demuestra que la función lineal $f(x) = ax + b$ es:

1. Estrictamente creciente si $a > 0$.
2. Estrictamente decreciente si $a < 0$.

Recuerda que **a** es la pendiente de la recta.

16 Demuestra que si f(x) es creciente, también lo es $f(x) + k$, siendo k una constante. Aplícalo a las funciones $g(x) = x^2 + 1$ y $h(x) = x^2 - 1$ construyendo sus gráficas a partir de $f(x) = x^2$.

Cuestiones para aclararse

17 La función $f(x) = x$ es creciente, ¿qué se puede decir del crecimiento o decrecimiento de la función inversa definida por $g(x) = \frac{1}{x}$? Dibuja las gráficas de las dos funciones y razona sobre las mismas.

18 ¿Qué son funciones pares? ¿Y funciones impares? ¿Hay alguna función que pueda ser par e impar a la vez? Si es así di alguna.

19 ¿Qué son funciones periódicas? Pon un ejemplo de una función periódica que no sea trigonométrica. Si es posible dibújala.

20 Una función periódica está acotada en un período. ¿Está acotada en todo su dominio?

21 ¿Cuándo se dice que una función está acotada superiormente? ¿E inferiormente? ¿Y acotada simplemente? Pon un ejemplo de cada clase y si es posible dibújala.

22 ¿Qué diferencia existe entre extremo superior y máximo absoluto de una función? Pon un ejemplo que aclare la respuesta. ¿Pueden coincidir?

23 ¿Qué diferencia existe entre extremo inferior y mínimo absoluto de una función? Pon un ejemplo que aclare la respuesta. ¿Pueden coincidir?

24 Una función es tal que el máximo y el mínimo coinciden, ¿qué puedes decir de ella? Si existe alguna represéntala.

Actividades para profundizar

A

25 Demuestra la veracidad o no de las siguientes proposiciones:

1. Si f y g son dos funciones crecientes, también lo es $f+g$.

2. Si f y g son dos funciones crecientes, también lo es fg.

26 Demuestra la veracidad o no de las siguientes proposiciones:

1. La suma de dos funciones pares es una función par.

2. El producto de dos funciones pares es una función par.

27 Demuestra la veracidad o no de las siguientes proposiciones:

1. La suma de dos funciones impares es una función impar.

2. El producto de dos funciones impares es una función impar.

28 Sea F una función cuyo dominio contenga a $-x$ siempre que contenga a x. Demuestra lo siguiente:

1. $F(x)-F(-x)$ determina una función impar.

2. $F(x)+F(-x)$ determina una función par.

3. F siempre puede ser expresada como suma de una función par y de una función impar.

Ludwig van Beethoven (1770-1827). Antes de los treinta años empezó a acusar síntomas de sordera. Su gran voluntad y energía le permitieron elevarse a la cima de la música de todos los tiempos.

Leyendo gráficas: perfil de las composiciones musicales

Hemos iniciado el capítulo con una idea intuitiva de lo que es una gráfica: el perfil de una etapa de la vuelta ciclista. Se extiende ahora esta idea a la ejecución de una obra musical.

Los siguientes perfiles muestran las variaciones de intensidad de algunas composiciones conocidísimas a lo largo de su ejecución. Estos perfiles caracterizan no solamente a la pieza, sino también al autor.

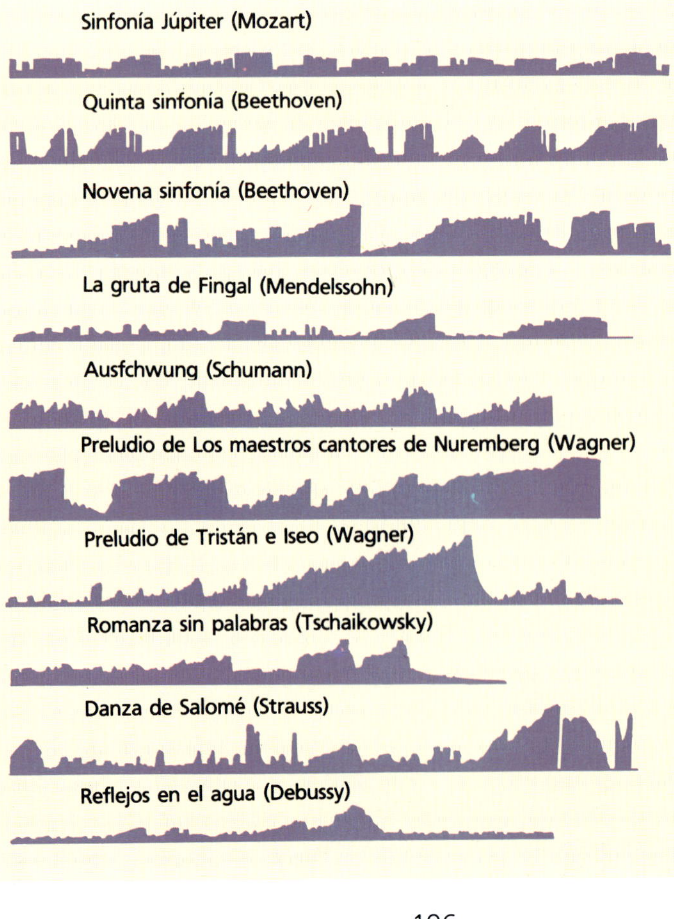

17 LÍMITE DE FUNCIONES

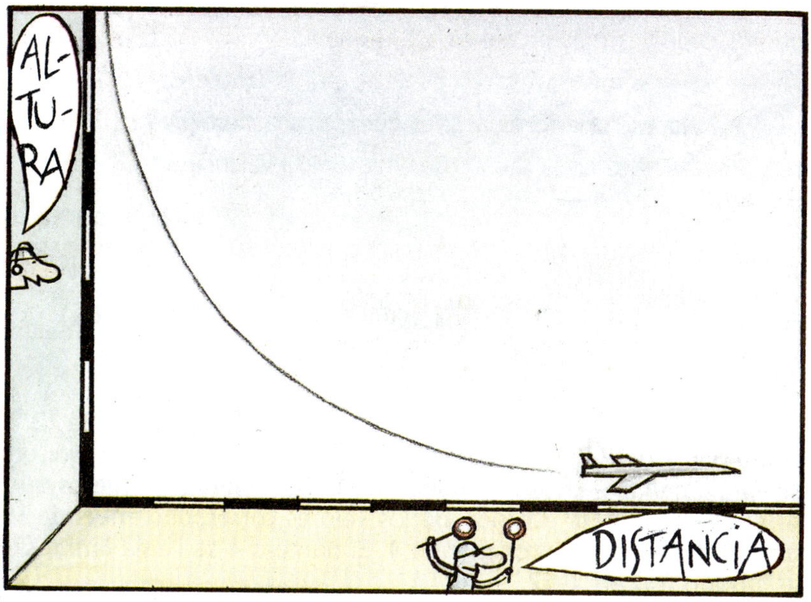

ATERRIZANDO...

Un aterrizaje de un avión proporciona una visión intuitiva del concepto de límite de una función. El avión sobrevuela a lo largo de la pista (variable x), mientras que su altura (variable y) va disminuyendo hasta hacerse 0. La pista es en este caso asíntota horizontal de la trayectoria del avión.

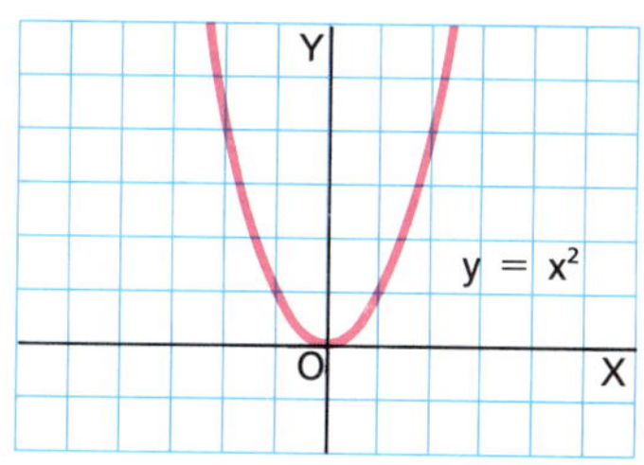

Dada una función **f(x)**, la pregunta que hacemos es:

«Si los valores de x se aproximan hacia un número a, ¿a qué número se aproximan los valores correspondientes de f(x)?»

El concepto de límite de una sucesión de números reales se corresponde con otro similar en funciones. La definición de límite de una función generaliza al concepto de límites de sucesiones.

Observando las gráficas del margen, responde a las siguientes preguntas:

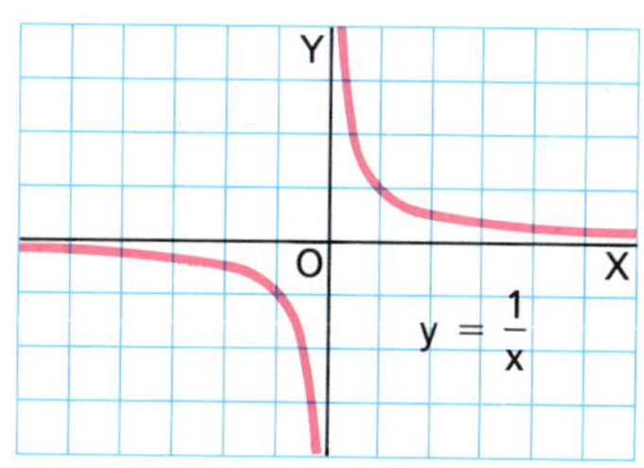

1. Si **x** se hace muy grande, ¿qué sucede con los valores **y**?
2. Si **x** se aproxima a 0, ¿qué sucede con los valores **y**?
3. Si **x** toma valores muy próximos a **2**, ¿qué sucede con los valores correspondientes que toma **y**?

1. LÍMITES DE FUNCIONES

La idea intuitiva de límite se hace a partir de tres ejemplos concretos. Estúdialos detenidamente.

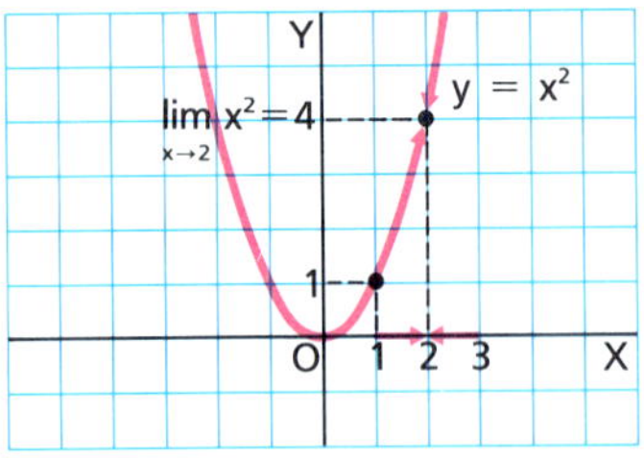

1. La función $f(x) = x^2$ cuya gráfica es una parábola

La pregunta que hacemos es:

«Si x se aproxima a 2, ¿a qué valor se aproxima f(x)?»

Para tener una idea de la respuesta basta evaluar la función en puntos cada vez más próximos a 2, tomando:

— **valores inferiores** a **2**, es decir, por la **izquierda** (2^-) ó

— **valores superiores** a **2**, es decir, por la **derecha** (2^+)

tal como se hace en la tabla siguiente (utiliza calculadora):

Por la izquierda: 2^- | **2^+: por la derecha**

$x \to 2^-$	**1**	**1,9**	**1,99**	**1,999**	**...**	**2**		**...**	**2,001**	**2,01**	**2,1**	**3**	**$2^+ \leftarrow x$**
$f(x) \to ?$	**1**	**3,6**	**3,96**	**3,996**	**...**	**?**	**?**	**...**	**4,004**	**4,04**	**4,4**	**9**	**$? \leftarrow f(x)$**

aproximación por la izquierda → **4 = 4** **← aproximación por la derecha**

Observa que al aproximarse **x** a **2**, tanto por la izquierda (2^-) como por la derecha (2^+), los valores correspondientes de la función se aproximan a **4**. En general, si eliges una sucesión de números que se aproxime a **2**, la sucesión de los valores correspondientes de la función **$f(x) = x^2$** se aproximará a **4**. El número **4** se llama **límite** de la función **f(x)** en **x = 2**.

2. La función escalonada f(x) = ent(x)

«Si x se aproxima hacia 2, ¿a qué valor se aproxima f(x)?»

Repitiendo el proceso del ejemplo anterior se tiene:

Por la izquierda: 2^- | **2^+: por la derecha**

$x \to 2^-$	**1**	**1,9**	**1,99**	**1,999**	**...**	**2**		**...**	**2,001**	**2,01**	**2,1**	**3**	**$2^+ \leftarrow x$**
$f(x) \to ?$	**1**	**1**	**1**	**1**	**...**	**?**	**?**	**...**	**2**	**2**	**2**	**3**	**$? \leftarrow f(x)$**

aproximación por la izquierda → **1 ≠ 2** **← aproximación por la derecha**

Observa ahora que los valores de la función f(x) no se aproximan a ningún valor fijo:

— por la **izquierda** (2^-) son iguales a 1 y

— por la **derecha** (2^+) son iguales a 2.

En este caso decimos que la función **no tiene límite en x = 2.**

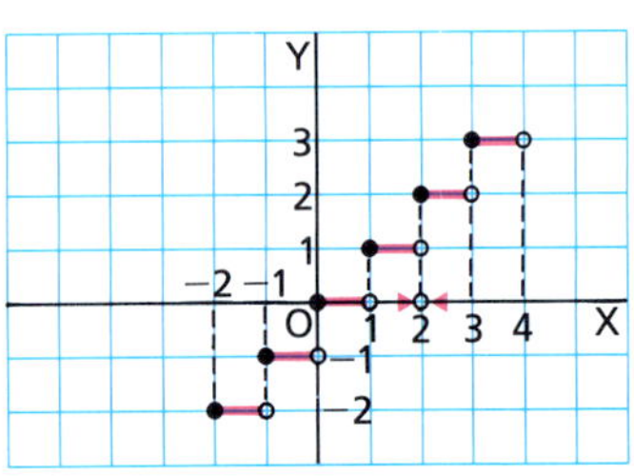

Sin embargo, si eliges una sucesión cualquiera de números situados a la izquierda de **2** (2^-), los valores de la función se aproximan a **1**, mientras que si los números están a la derecha de **2** (2^+) el resultado es **2**. Estos valores que se obtienen al estudiar, separadamente, la tendencia de la función a la izquierda y a la derecha de un punto dado reciben el nombre de **límites laterales.**

3. La función racional $f(x)=\dfrac{x+1}{x}$

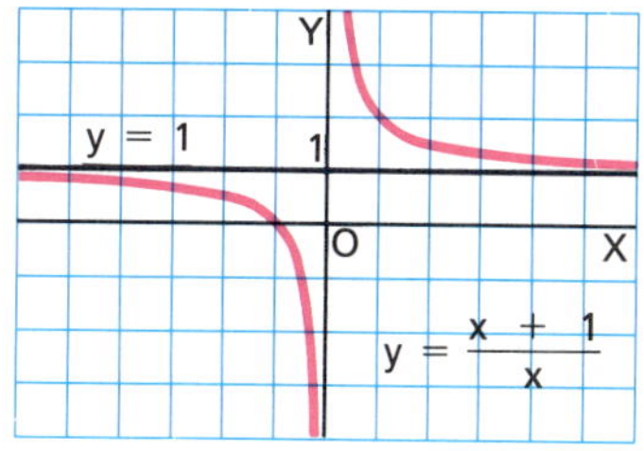

Utilizando sucesiones numéricas, es posible estudiar también a qué valor se aproxima la función si la variable **x** tiende a $+\infty$ o bien a $-\infty$.

Límite en $+\infty$

$x \to +\infty$	**1**	**10**	**100**	**1 000**	**...**	**$+\infty$**
$f(x) \to ?$	**2**	**1,1**	**1,01**	**1,001**	**...**	**?**
					límite	**1**

Límite en $-\infty$

$-\infty$	**...**	**$-1\ 000$**	**-100**	**-10**	**-1**	**$-\infty \leftarrow x$**
?	**...**	**0,999**	**0,99**	**0,9**	**0**	**$? \leftarrow f(x)$**
1	**límite**					

Las sucesiones de los valores que toma la función se aproximan en ambos casos a **1**; la primera tomando valores superiores (1^+) y la segunda inferiores (1^-).

Observa también en la gráfica que los límites en $\mathbf{0^+}$ y $\mathbf{0^-}$ son $+\infty$ y $-\infty$, respectivamente; puedes comprobarlo tomando sucesiones numéricas a la derecha $\mathbf{(0^+)}$ y a la izquierda $\mathbf{(0^-)}$ de $\mathbf{x=0}$.

Los ejemplos anteriores fundamentan la siguiente definición:

> **Una función f(x) tiene límite L en el punto x = u, cuando para toda sucesión de valores x_n que tenga por límite u, la sucesión de los valores correspondientes $f(x_n)$ tiene por límite L.**
>
> **Se indica así:**
>
> $$\lim_{x \to u} f(x) = L$$
>
> $$u = a,\ a^-,\ a^+,\ +\infty,\ -\infty,\ L = R,\ +\infty,\ -\infty$$

No olvides que en la definición de límite sólo intervienen los valores que toma la función en la **proximidad de x = u,** pero no en el punto **u**, en el que la función puede tomar un valor cualquiera e incluso no estar definida.

La notación para límites laterales y para límites en el infinito es:

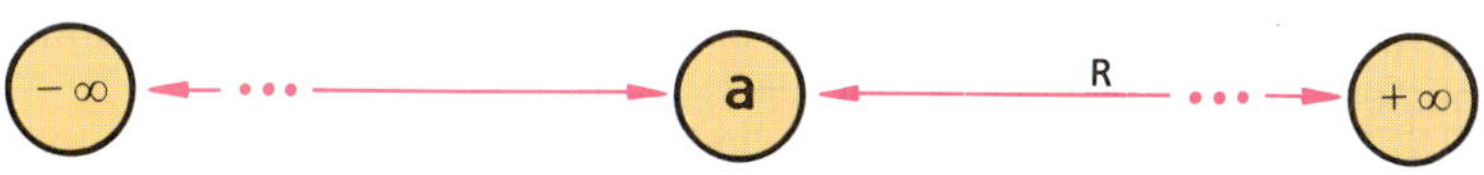

$\lim\limits_{x \to -\infty} f(x)$ $\lim\limits_{x \to a-} f(x)$ $\lim\limits_{x \to a+} f(x)$ $\lim\limits_{x \to +\infty} f(x)$

Razona ahora cada paso dado en los siguientes ejercicios. Para no perder tiempo en las operaciones utiliza calculadora.

PUNTO DE ENCUENTRO

OTRA DEFINICIÓN DE LÍMITE

Una función **f(x)** tiene límite **L** en el punto **x = a** si a todo número real positivo ϵ se puede asociar otro número real positivo $\boldsymbol{\delta}$, tal que para $\mathbf{x \neq a}$:

$$|x-a| < \delta \Rightarrow |f(x)-L| < \epsilon$$

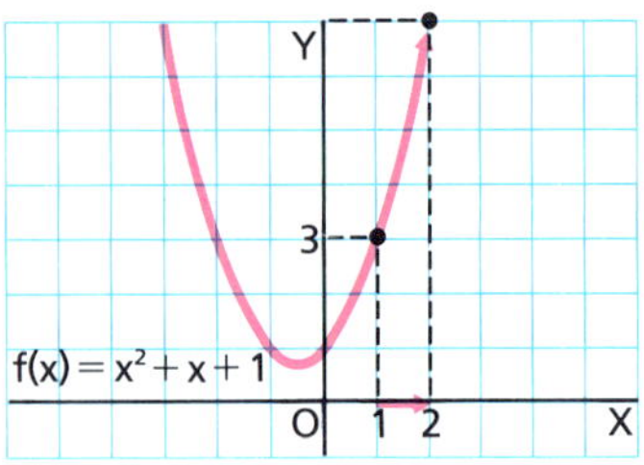

1. Límite de $f(x) = x^2+x+1$ cuando x tiende a 2.

$x \to 2-$	1	1,9	1,99	1,999	...	2
$f(x) \to ?$	3	6,5	6,95	6,995	...	?
					límite	7

Este mismo resultado es válido para cualquier otra sucesión que tienda hacia 2, tanto por la derecha como por la izquierda. Luego:

$$\lim_{x \to 2}(x^2+x+1)=7$$

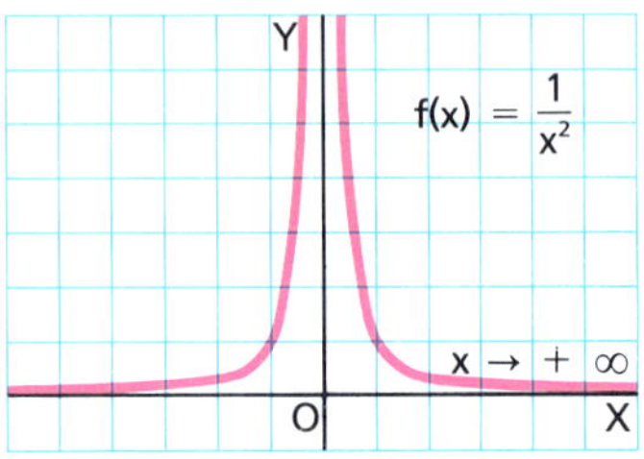

2. Límite de $f(x)=\frac{1}{x^2}$ cuando x tiende a $+\infty$.

$x \to +\infty$	1	10	100	1 000	...	$+\infty$
$\frac{1}{x^2} \to ?$	1	0,01	0,0001	0,000001	...	?
					límite	0

La sucesión de los valores que toma la función tiende hacia 0. Lo mismo ocurre para cualquier otra sucesión que tienda a $+\infty$. Por tanto:

$$\lim_{x \to +\infty} \frac{1}{x^2} = 0$$

3. Límite de $f(x) = \frac{x^2-1}{x-1}$ en $x = 1$.

Observa que tanto el límite del numerador como el límite del denominador es 0.

Por la izquierda: 1^-

1^+: por la derecha

$x \to 1^-$	0	0,9	0,99	0,999	...	1		...	1,001	1,01	1,1	2	$1^+ \leftarrow x$
$f(x) \to ?$	1	1,9	1,99	1,999	...	?	?	...	2,001	2,01	2,1	3	$? \leftarrow f(x)$
	aproximación por la izquierda →					2 = 2		← aproximación por la derecha					

Este mismo resultado es válido para cualquier otra sucesión de números que elijas cuyo límite sea 1.

La función f(x) puede expresarse de una forma más sencilla simplificando numerador y denominador por $x-1$:

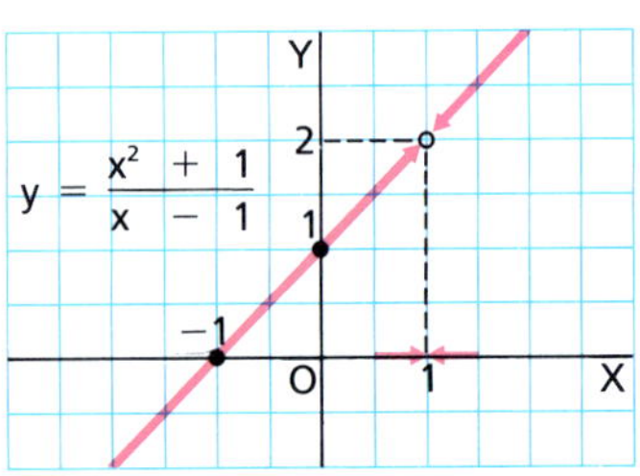

$$\lim_{x \to 1} \frac{x^2-1}{x-1} = \lim_{x \to 1} \frac{(x+1)\ (x-1)}{x-1} = \lim_{x \to 1}(x+1)=2$$

Estas igualdades son ciertas ya que los valores que toma x son próximos a 1, pero distintos de 1; por tanto, la función dada $g(x)=x+1$ toma los mismos valores en el entorno de 1.

2. PROPIEDADES DE LOS LÍMITES

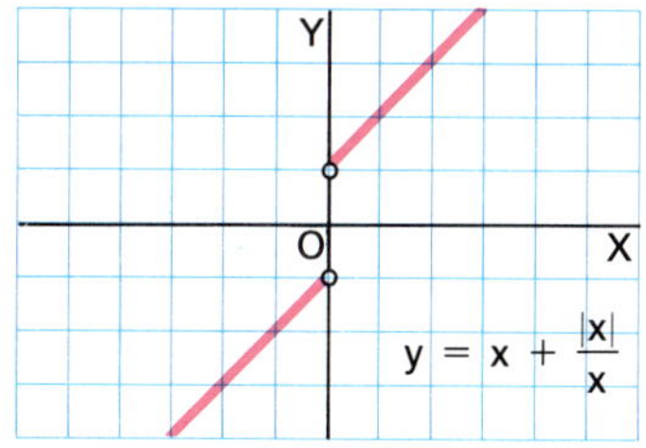

Límites laterales en X = O distintos.

Las propiedades de los límites de funciones son análogas a las propiedades de los límites de sucesiones numéricas:

1. **Si una función tiene límite en un punto, éste es único.**

2. **Si los límites laterales de una función en un punto son distintos, entonces la función no tiene límite en él.**

   El recíproco es cierto; es decir, si tiene límites laterales iguales, la función tiene límite.

3. **Sean f y g dos funciones tales que existan $\lim_{x \to a} f(x)$ y $\lim_{x \to a} g(x)$ y c un número real, entonces:**

OPERACIONES	FUNCIÓN	PROPIEDADES
Adición	suma	$\lim_{x \to a} (f+g)(x) = \lim_{x \to a} f(x) + \lim_{x \to a} g(x)$
	opuesta	$\lim_{x \to a} (-f)(x) = -\lim_{x \to a} f(x)$
	diferencia	$\lim_{x \to a} (f-g)(x) = \lim_{x \to a} f(x) - \lim_{x \to a} g(x)$
Multiplicación	producto	$\lim_{x \to a} (fg)(x) = \lim_{x \to a} f(x) \cdot \lim_{x \to a} g(x)$
	inversa	$\lim_{x \to a} \left(\frac{1}{f}\right)(x) = \frac{1}{\lim_{x \to a} f(x)}$
	cociente	$\lim_{x \to a} \left(\frac{f}{g}\right)(x) = \frac{\lim_{x \to a} f(x)}{\lim_{x \to a} g(x)}$
Multiplicación por un número	producto por un número	$\lim_{x \to a} (c \cdot g)(x) = c \cdot \lim_{x \to a} g(x)$
	constante	$\lim_{x \to a} c = c$
Composición	compuesta	$\lim_{x \to a} g[f(x)] = g[\lim_{x \to a} f(x)]$ g = raíz, log, sen, cos, tg
	identidad	$\lim_{x \to a} x = a$
Potenciación	potencia	$\lim_{x \to a} f(x)^{g(x)} = [\lim_{x \to a} f(x)]^{\lim_{x \to a} g(x)}$

Estas relaciones son ciertas siempre que tengan sentido las operaciones definidas con números reales o las definidas al añadir los elementos $+\infty$ y $-\infty$. En caso contrario no es posible obtener el límite del primer miembro a partir de los límites del segundo.

Cuando esto ocurre se dice que el cálculo del límite no está determinado o es **indeterminado.** Esta expresión, poco adecuada, no significa que el límite no exista o no se pueda determinar, sino que la aplicación directa de los teoremas tal y como están enunciados es imposible. Los casos de indeterminación son los siguientes:

	Racionales				**Exponenciales**		
Casos	1.°	2.°	3.°	4.°	5.°	6.°	7.°
Símbolo	$\frac{k}{0}$	$\frac{\infty}{\infty}$	$0 \cdot \infty$	$\infty - \infty$	1^{∞}	∞^0	0^0

Si al calcular un límite se presenta alguno de estos casos, conviene transformar la expresión de la función en otra equivalente (que tome los mismos valores en un entorno de **x** = **a**) a la que sí pueden aplicarse los teoremas de límites. Como regla general, la descomposición de la función en términos más sencillos facilita el cálculo del límite deseado. En esta lección se estudian solamente los límites racionales.

El caso $\frac{\mathbf{k}}{\mathbf{0}}$, $k \neq 0$, no suele tomarse como indeterminado ya que el límite, si existe, es siempre $+\infty$ ó $-\infty$.

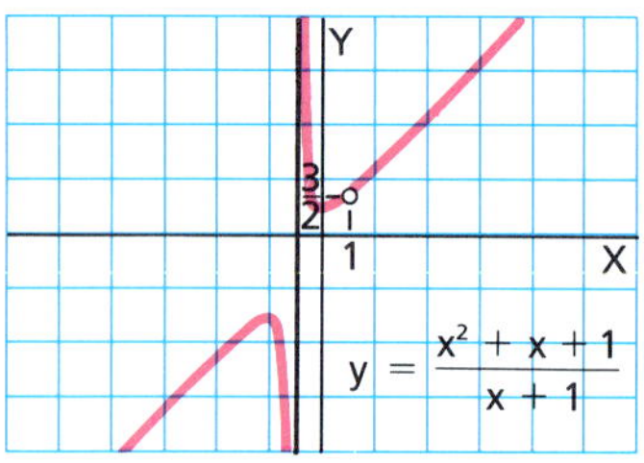

1. **Límite de** $\mathbf{f(x) = \frac{x^2+x+1}{x+1}}$ **en** $\mathbf{x = 1}$**.**

Aplicando el teorema del límite de un cociente, se tiene:

$$\lim_{x \to a} \frac{x^2+x+1}{x+1} = \frac{\lim_{x \to 1} (x^2+x+1)}{\lim_{x \to 1} (x+1)} = \frac{3}{2}$$

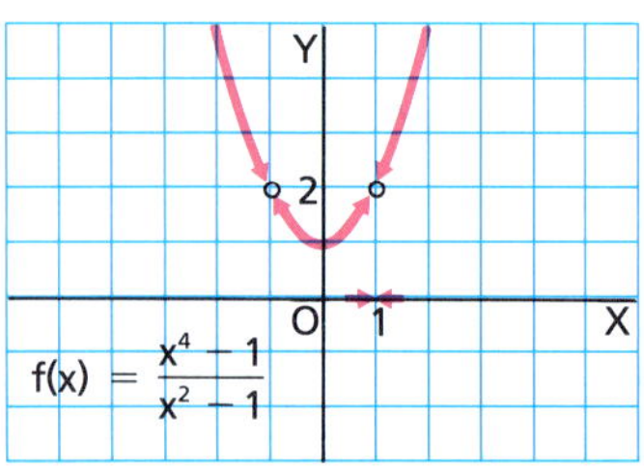

2. **Límite de** $\mathbf{f(x) = \frac{x^4-1}{x^2-1}}$ **en** $\mathbf{x = 1}$**.**

La aplicación directa del teorema del cociente de límites no es posible ya que da $\frac{0}{0}$. Sin embargo, factorizando numerador y denominador y simplificando luego, se obtiene otra expresión equivalente en el entorno de $x = 1$ que tiene límite:

$$\lim_{x \to 1} \frac{x^4-1}{x^2-1} = \lim_{x \to 1} \frac{(x^2+1)(x^2-1)}{x^2-1} = \lim_{x \to 1} (x^2+1) = 2$$

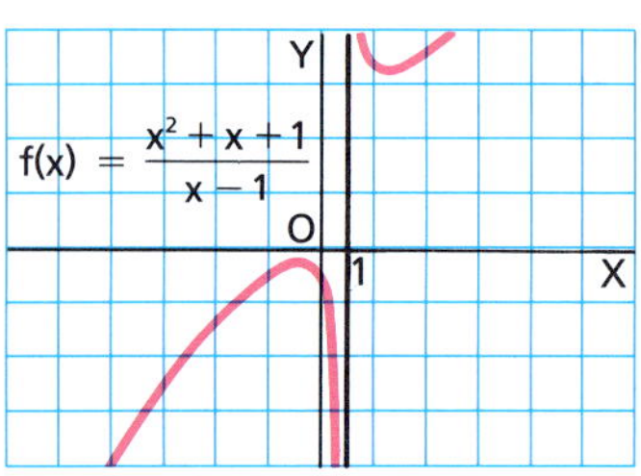

3. **Calcula** $\mathbf{\lim_{x \to 1} \frac{x^2+x+1}{x-1}}$

A este límite tampoco se le puede aplicar el cociente de límites, ya que aparece la expresión $\frac{3}{0}$ que carece de sentido. Es fácil comprobar tomando sucesiones numéricas adecuadas que:

$$\lim_{x \to 1^-} \frac{x^2+x+1}{x-1} = -\infty \text{ y } \lim_{x \to 1^+} \frac{x^2+x+1}{x-1} = +\infty$$

Por tanto, la función no tiene límite en el punto $x = 1$ ya que los dos límites laterales son diferentes.

3. LÍMITES DE FUNCIONES RACIONALES

En las funciones racionales aparecen tres casos donde no pueden aplicarse directamente los teoremas sobre límites.

a) Indeterminación $\frac{k}{0}$ ($k \neq 0$)

Para resolver esta indeterminación se calculan los límites laterales; si son iguales, la función tiene límite $+\infty$ o $-\infty$; en caso contrario no existe límite.

La aplicación del teorema del límite de un cociente a la función $f(x) = \frac{1}{x-1}$ en $x = 1$, da $\frac{1}{0}$ que carece de sentido. Comprueba que los límites laterales son:

$$\lim_{x \to 1^-} \frac{1}{x-1} = -\infty, \qquad \lim_{x \to 1^+} \frac{1}{x-1} = +\infty$$

Puesto que son distintos, la función no tiene límite en $x = 1$.

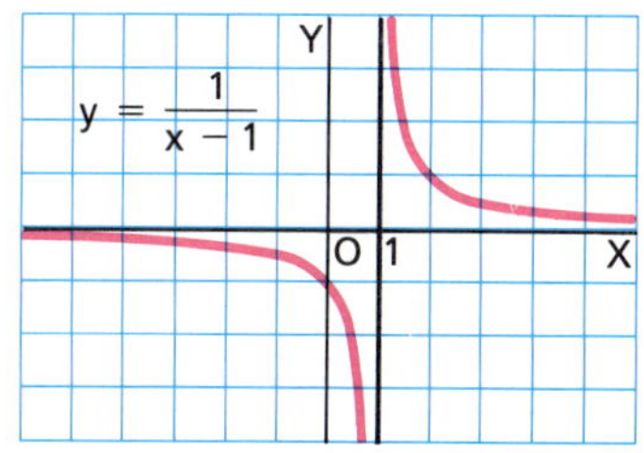

b) Indeterminación $\frac{0}{0}$

La indeterminación $\frac{0}{0}$ de funciones racionales desaparece descomponiendo en factores el numerador y el denominador y simplificando.

La aplicación del teorema del cociente al $\lim_{x \to 1} \frac{x^3-1}{x-1}$ da $\frac{0}{0}$ que carece de sentido. Descomponiendo en factores el numerador y el denominador y simplificando, se tiene:

$$\lim_{x \to 1} \frac{x^3-1}{x-1} = \lim_{x \to 1} \frac{(x-1)\,(x^2+x+1)}{x-1} = \lim_{x \to 1} (x^2+x+1) = 3$$

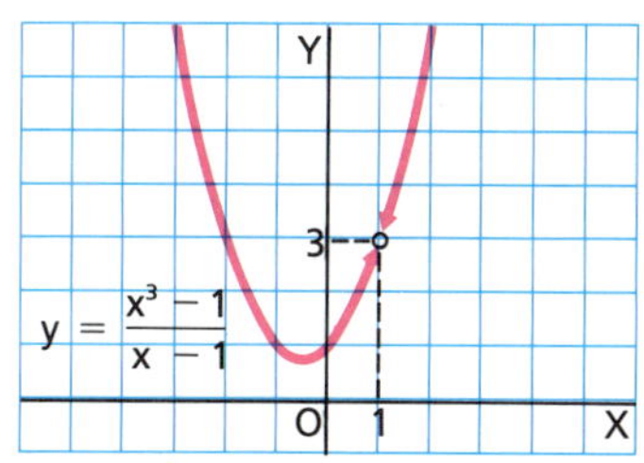

c) Indeterminación $\frac{\infty}{\infty}$

La indeterminación $\frac{\infty}{\infty}$ de funciones racionales desaparece dividiendo numerador y denominador por la potencia máxima de x que haya en el denominador.

Al aplicar el teorema del cociente al $\lim_{x \to +\infty} \frac{4x^2+x-1}{x^2+1}$ da $\frac{\infty}{\infty}$ que carece de sentido. Dividiendo numerador y denominador por la potencia máxima del denominador, x^2, se tiene:

$$\lim_{x \to +\infty} \frac{4x^2+x-1}{x^2+1} = \lim_{x \to +\infty} \frac{4 + \frac{1}{x} - \frac{1}{x^2}}{1 + \frac{1}{x^2}} = 4$$

Este proceso es válido también cuando $x \to -\infty$.

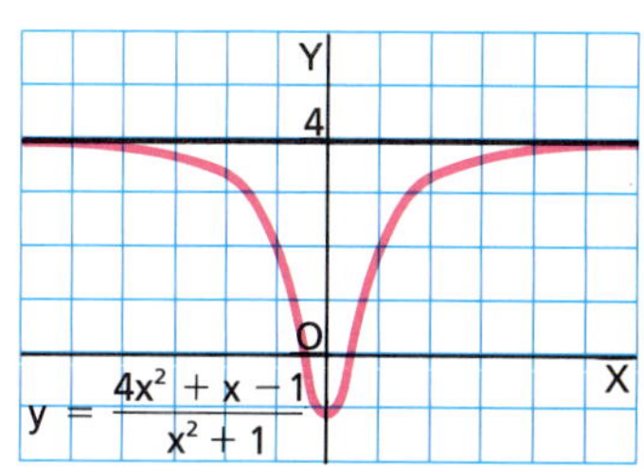

4. LÍMITES DE FUNCIONES IRRACIONALES

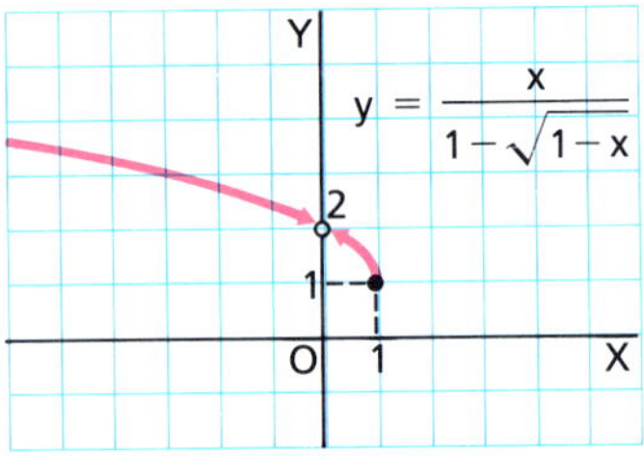

a) **La indeterminación $\frac{0}{0}$ y $\infty - \infty$ de funciones con radicales desaparece multiplicando y dividiendo la función por la expresión radical conjugada.**

¿Cuál es el valor de $\lim\limits_{x \to 0} \dfrac{x}{1-\sqrt{1-x}}$?

No puede aplicarse el teorema del cociente de límites ya que da $\frac{0}{0}$ y carece de sentido en matemáticas.

Estudiemos directamente a qué valor tiende la función tomando sucesiones numéricas, una por la izquierda y otra por la derecha, que se aproximen a **0.** Comprueba con tu calculadora estos resultados.

Por la izquierda: 0^- **0^+: por la derecha**

$x \to 0^-$	−1	−0,1	−0,01	−0,001	...	0		...	0,001	0,01	0,1	1	$0^+ \to x$
f(x) ← ?	2,4	2,04	2,004	2,0004	...	?	?	...	1,999	1,99	1,9	1	? ← f(x)

aproximación por la izquierda → 2 = 2 ← aproximación por la derecha

Esta tabla sugiere que el límite es 2. Este mismo límite se obtiene con cualquier otra sucesión de números que elijas y cuyo límite sea 0.

Otro camino más sencillo para hallar el límite es aplicar la regla que hemos dado. Multiplica y divide la función por la expresión conjugada del denominador: $1+\sqrt{1-x}$; de este modo desaparece la indeterminación $\frac{0}{0}$. Observa el proceso seguido:

$$\lim_{x\to 0} \frac{x}{1-\sqrt{1-x}} = \lim_{x\to 0} \frac{x(1+\sqrt{1-x})}{(1-\sqrt{1-x})\,(1+\sqrt{1-x})} =$$

$$\lim_{x\to 0} \frac{x(1+\sqrt{1-x})}{1-(1-x)} = \lim_{x\to 0} (1+\sqrt{1-x}) = 2$$

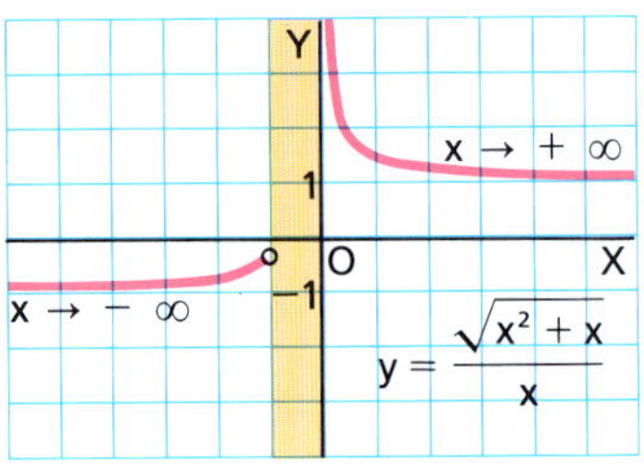

b) **La indeterminación $\frac{\infty}{\infty}$ de funciones con radicales desaparece dividiendo numerador y denominador por la potencia máxima de x que haya en el denominador.**

Razona las siguientes igualdades:

$$\lim_{x\to +\infty} \frac{\sqrt{x^2+x}}{x} = \lim_{x\to +\infty} \frac{\sqrt{1+\frac{1}{x}}}{1} = 1$$

$$\lim_{x\to -\infty} \frac{\sqrt{x^2+x}}{x} = \lim_{x\to +\infty} \frac{\sqrt{x^2-x}}{-x} = \lim_{x\to +\infty} \frac{\sqrt{1-\frac{1}{x}}}{-1} = -1$$

5. ASÍNTOTAS HORIZONTALES

Observa las siguientes gráficas:

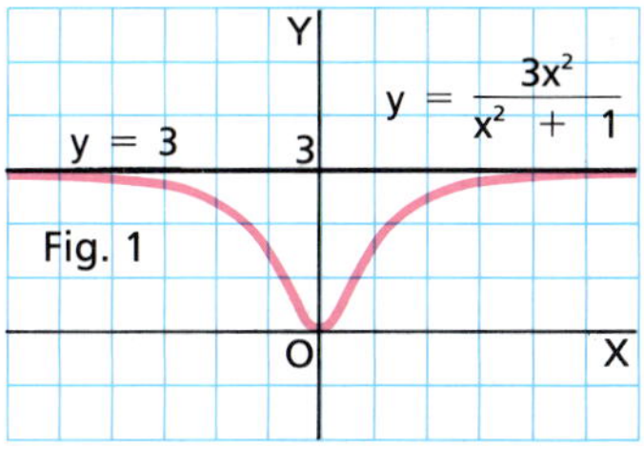

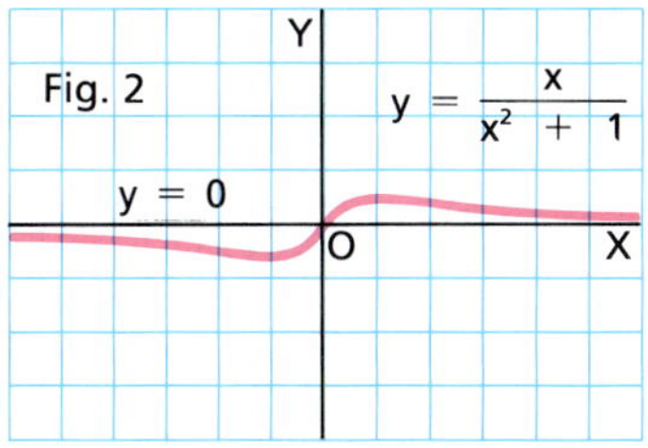

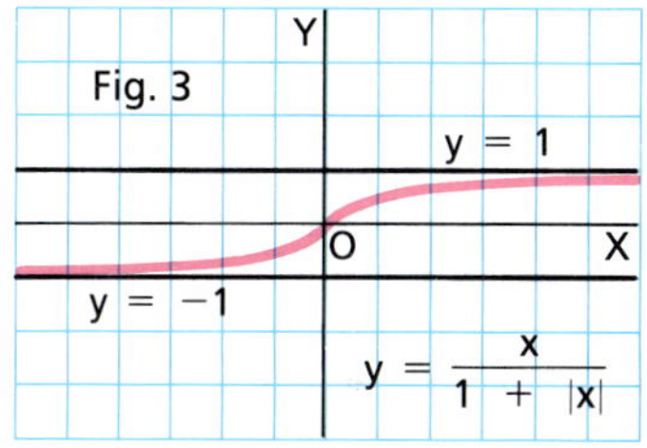

Fig. 1 Al tender **x** a $\pm\infty$ la variable **y** se aproxima a $\mathbf{3}^-$.
Se dice entonces que la recta **y = 3** es una **asíntota horizontal.**

Fig. 2 Al tender **x** a $+\infty$ la variable **y** se aproxima a $\mathbf{0}^+$.
Al tender **x** a $-\infty$ la variable **y** se aproxima a $\mathbf{0}^-$.
Se dice entonces que la recta **y = 0** es una **asíntota horizontal.**

Fig. 3 Al tender **x** a $+\infty$ la variable **y** se aproxima a $\mathbf{1}^-$.
Al tender **x** a $-\infty$ la variable **y** se aproxima a $-\mathbf{1}^+$.
La recta **y = 1** es **asíntota horizontal** hacia la **derecha** $(+\infty)$ e **y = −1** hacia la **izquierda** $(-\infty)$.

Las asíntotas horizontales son rectas a las cuales se aproximan algunas funciones cuando x tiende hacia un valor real a, o hacia $+\infty$ o hacia $-\infty$.

> **La recta y = k es una asíntota horizontal de la función f si existe alguno de los siguientes límites:**
>
> **1.** $\lim_{x \to -\infty} f(x) = k$ **2.** $\lim_{x \to +\infty} f(x) = k$

Las asíntotas horizontales de una función (si es que tiene) se calculan hallando el límite en $+\infty$ ó $-\infty$; si este límite es finito e igual a k, la asíntota es y = k.

Tres observaciones:

— Una función tiene como **máximo dos asíntotas horizontales,** correspondientes a cada uno de los límites en $+\infty$ y $-\infty$.

— La gráfica de la función **puede cortar** a la síntota horizontal en uno o varios puntos. No obstante, en la mayoría de las funciones elementales la gráfica permanece por encima o por debajo de la asíntota considerada a partir de un punto.

— El conocimiento de la situación de la gráfica con relación a las asíntotas es esencial para la representación de funciones. En el caso de la asíntota horizontal y = k es conveniente estudiar si la función **se aproxima** a la asíntota **por encima** o **por debajo**.

6. ASÍNTOTAS VERTICALES

Observa las siguientes gráficas:

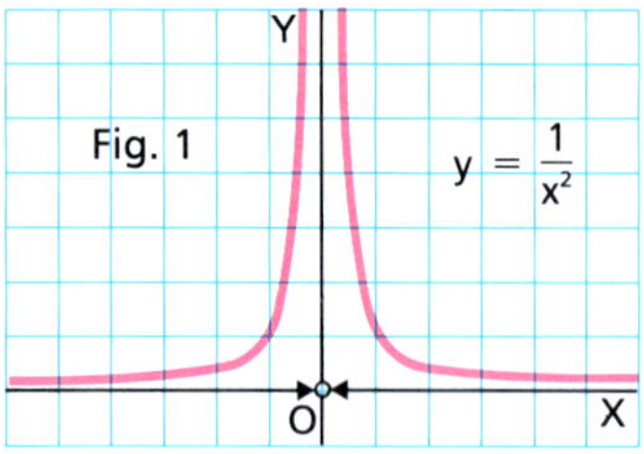

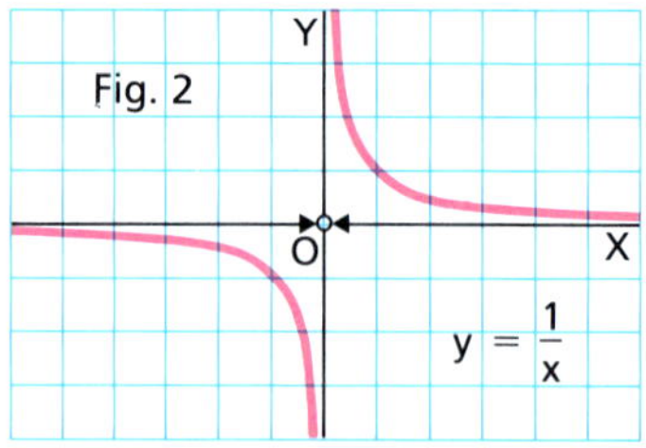

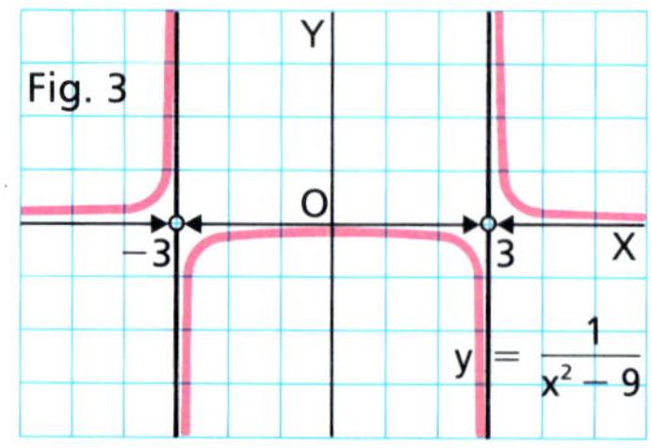

Fig. 1 Al aproximarse **x** a **0**, el valor que toma **y** tiende a $+\infty$.
Se dice entonces que la recta **x = 0** es una **asíntota vertical.**

Fig. 2 Al aproximarse **x** a $\mathbf{0^+}$, la variable **y** tiende a $+\infty$.
Al aproximarse **x** a $\mathbf{0^-}$, la variable **y** tiende a $-\infty$.
Se dice entonces que la recta **x = 0** es una **asíntota vertical.**

Fig. 3 En los puntos $\mathbf{x = \pm 3}$ que anulan el denominador se tiene:

$$\lim_{x \to -3^-} \frac{1}{x^2-9} = +\infty \qquad \lim_{x \to -3^+} \frac{1}{x^2-9} = -\infty$$

$$\lim_{x \to 3^-} \frac{1}{x^2-9} = -\infty \qquad \lim_{x \to 3^+} \frac{1}{x^2-9} = +\infty$$

Las rectas $\mathbf{x = -3}$ y **x = 3** son **asíntotas verticales.**

Las asíntotas verticales son rectas, a las cuales se aproximan algunas funciones cuando x tiende hacia un valor real a, a^+ o a^-.

La recta x = a es una asíntota vertical de la función f si existe alguno de los siguientes límites:

1. $\lim_{x \to a} f(x) = +\infty \; (-\infty)$
2. $\lim_{x \to a^+} f(x) = +\infty \; (-\infty)$
3. $\lim_{x \to a^-} f(x) = +\infty \; (-\infty)$

Las asíntotas verticales de una función (si es que tiene) se calculan hallando los valores de x, a, a^+ o a^-, que hacen tender la variable y hacia $+\infty$ o $-\infty$; si se verifica esto, la asíntota es x = a.

— Una función puede tener **infinitas asíntotas** verticales; por ejemplo, la función tangente.

— En las **funciones racionales,** las asíntotas verticales se hallan en los valores de **x** que anulan al denominador pero no al numerador.

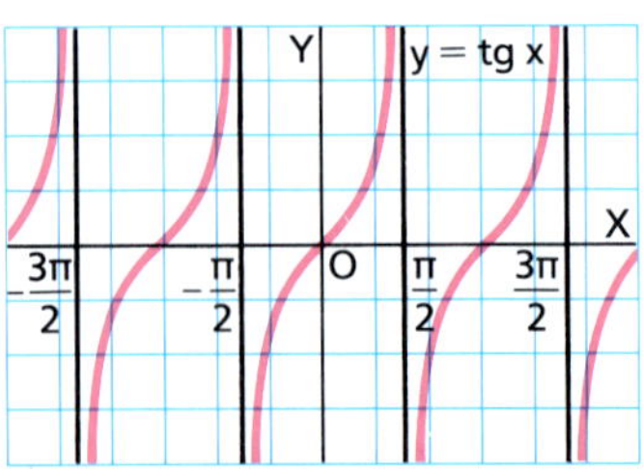

La función tangente tiene infinitas asíntotas verticales en los puntos:

$$x = n \cdot \frac{\pi}{2}, \; n \in Z$$

PROBLEMAS RESUELTOS

1 **Calcula el límite de $f(x) = \dfrac{2x^2+x+2}{x^2}$ si $x \to +\infty$**

La aplicación directa del teorema del cociente da $\dfrac{\infty}{\infty}$, que carece de sentido. Divide numerador y denominador por x^2 y obtendrás una nueva expresión de la función en la que ya puede calcularse el límite.

$$\lim_{x \to +\infty} \frac{2x^2+x+2}{x^2} = \lim_{x \to +\infty} \left(2+\frac{1}{x}+\frac{2}{x^2}\right) = 2$$

Observa que los sumandos segundo y tercero se aproximan a 0.

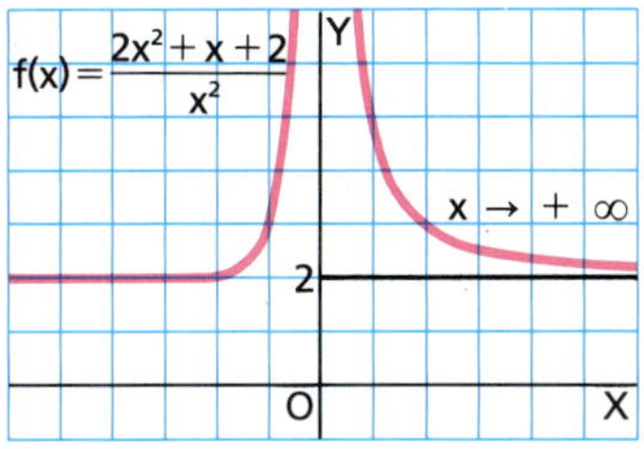

2 **Calcula el límite de $f(x) = \sqrt{x^2+x} - x$ en $x = +\infty$**

La aplicación directa del teorema de la diferencia da $\infty - \infty$, que carece de sentido. Multiplica y divide la función por la expresión conjugada de la misma y obtendrás una nueva expresión de la función que es indeterminada del tipo $\dfrac{\infty}{\infty}$ que se elimina en este caso, dividiendo numerador y denominador por x.

$$\lim_{x \to +\infty} \sqrt{x^2+x} - x = \lim_{x \to +\infty} \frac{(\sqrt{x^2+2x}-x)\ (\sqrt{x^2+2x}+x)}{\sqrt{x^2+2x}+x}$$

$$= \lim_{x \to +\infty} \frac{(x^2+2x)-x^2}{\sqrt{x^2+2x}\ +x} = \lim_{x \to +\infty} \frac{2x}{\sqrt{x^2+2x}+x}$$

$$= \lim_{x \to +\infty} \frac{2}{\sqrt{1+\dfrac{2}{x}}+1} = 1$$

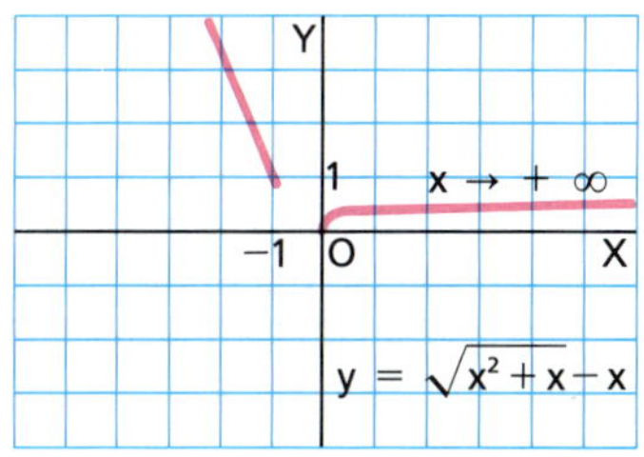

3 **Halla las asíntotas horizontales y verticales de la función $f(x) = \dfrac{x^2+1}{x^2-1}$**

Asíntotas horizontales:

$$\lim_{x \to \pm\infty} f(x) = \lim_{x \to \pm\infty} \frac{x^2+1}{x^2-1} = 1$$

Sólo existe una asíntota horizontal y es la recta $y=1$.

Los límites laterales en $x=1$ y $x=-1$, donde se anula el denominador, son

$$\lim_{x \to -1^-} \frac{x^2+1}{x^2-1} = +\infty \qquad \lim_{x \to -1^+} \frac{x^2+1}{x^2-1} = -\infty$$

$$\lim_{x \to 1^-} \frac{x^2+1}{x^2-1} = -\infty \qquad \lim_{x \to 1^+} \frac{x^2+1}{x^2-1} = +\infty$$

Las asíntotas verticales son las rectas $x=1$, $x=-1$.

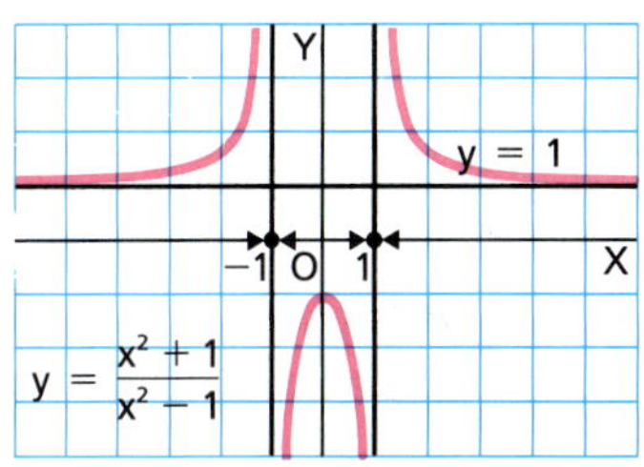

ACTIVIDADES

Ejercicios para entrenarse

1 La sucesión 2, 2,9, 2,99, 2,999, 2,9999, ... se aproxima a 3. Si x toma estos valores, comprueba (con calculadora) hacia qué valores se aproximan los correspondientes de las funciones:

1. $f(x) = x^2$

2. $f(x) = x^2 + x + 1$

3. $f(x) = x^3$

4. $f(x) = x^3 + x^2 + x + 1$

2 La sucesión 4, 3,1, 3,01, 3,001, 3,0001, ... se aproxima a 3. Si x toma estos valores, comprueba (con calculadora) hacia qué valores se aproximan los correspondientes de las funciones:

1. $f(x) = x^2$

2. $f(x) = x^2 + x + 1$

3. $f(x) = x^3$

4. $f(x) = x^3 + x^2 + x + 1$

3 La sucesión 1, 10, 100, 1 000, 10 000, 100 000, ... se aproxima a $+\infty$. Si x toma estos valores, comprueba (con calculadora) hacia qué valores se aproximan los correspondientes de las funciones:

1. $f(x) = x^2$

2. $f(x) = x^2 - x + 1$

3. $f(x) = x^3$

4. $f(x) = x^3 - x^2 + x + 1$

4 La sucesión 2, 2,9, 2,99, 2,999, 2,9999, ... se aproxima a 3. Si x toma estos valores, comprueba (con calculadora) hacia qué valores se aproximan los correspondientes de las funciones:

1. $f(x) = \dfrac{x^2 - 9}{x - 3}$

2. $f(x) = \dfrac{x^2 - 5x + 6}{x - 3}$

Simplifica ahora estas funciones por $x - 3$ y comprueba que las funciones obtenidas tienen el mismo límite.

5 La sucesión -1, -10, -100, $-1\,000$, $-10\,000$, $-100\,000$, ... se aproxima a $-\infty$. Si x toma estos valores, comprueba (con calculadora) hacia qué valores se aproximan los correspondientes de las funciones:

1. $f(x) = x^2$

2. $f(x) = x^2 - x + 1$

3. $f(x) = x^3$

4. $f(x) = x^3 + x^2 - x + 1$

6 Calcula los siguientes límites de funciones polinómicas:

1. $\lim\limits_{x \to 2} (x^2 - 5x + 6)$

2. $\lim\limits_{x \to 2} (x - 1)^7$

3. $\lim\limits_{x \to 2} (x^3 - x^2 + x + 1)$

7 Calcula los siguientes límites de funciones polinómicas:

1. $\lim\limits_{x \to +\infty} (x^2 - x + 1)$

2. $\lim\limits_{x \to +\infty} (-x^2 + x + 25)$

3. $\lim\limits_{x \to +\infty} (x^3 + x^2 + 1)$

4. $\lim\limits_{x \to +\infty} (-x^3 + x^2 + 1)$

8 Calcula los siguientes límites de funciones polinómicas:

1. $\lim\limits_{x \to -\infty} (x^2 - x + 1)$

2. $\lim\limits_{x \to -\infty} (-x^2 + x + 7)$

3. $\lim\limits_{x \to -\infty} (x^3 + x^2 + 10)$

4. $\lim\limits_{x \to -\infty} (-x^3 + x^2 + 10)$

9 Calcula los siguientes límites de funciones racionales:

1. $\lim\limits_{x\to 1} \dfrac{x^2+1}{x+1}$

2. $\lim\limits_{x\to 1} \dfrac{x-1}{x+1}$

3. $\lim\limits_{x\to 4} \dfrac{x^2+1}{x+1}$

4. $\lim\limits_{x\to 6} \dfrac{x-1}{x+1}$

10 Calcula los siguientes límites de funciones racionales, si existen; en caso contrario halla los límites laterales:

1. $\lim\limits_{x\to 1} \dfrac{1}{x-1}$

2. $\lim\limits_{x\to 1} \dfrac{x+1}{x^2-1}$

3. $\lim\limits_{x\to 3} \dfrac{3}{x-3}$

4. $\lim\limits_{x\to -1} \dfrac{2x+1}{x+1}$

11 Calcula los siguientes límites de funciones racionales simplificando previamente los factores comunes para los que se anula:

1. $\lim\limits_{x\to 4} \dfrac{x^2-6x+8}{x-4}$

2. $\lim\limits_{x\to 1} \dfrac{x^4-1}{x-1}$

3. $\lim\limits_{x\to 1} \dfrac{x^3-1}{x^2-1}$

4. $\lim\limits_{x\to 1} \dfrac{x^4-1}{x^2-1}$

5. $\lim\limits_{x\to 0} \dfrac{(1+x)^2-1}{x}$

6. $\lim\limits_{x\to 1} \dfrac{x^5-1}{x^2-1}$

12 Calcula los siguientes límites de funciones racionales, si existen; en caso contrario halla los límites laterales:

1. $\lim\limits_{x\to 2} \dfrac{x^2-x-2}{x^2-4x+4}$

2. $\lim\limits_{x\to -1} \dfrac{x^2+2x+1}{x^3+3x^2+3x+1}$

13 Calcula los siguientes límites de funciones racionales y luego sustituye $+\infty$ por $-\infty$. Compara los resultados:

1. $\lim\limits_{x\to +\infty} \dfrac{x^2-6x+6}{x^2-2}$

2. $\lim\limits_{x\to +\infty} \dfrac{x^4-1}{x^2-1}$

3. $\lim\limits_{x\to +\infty} \dfrac{(1+x)^2-1}{x^2}$

4. $\lim\limits_{x\to +\infty} \dfrac{x^5-1}{x^7-1}$

14 Calcula los siguientes límites de funciones irracionales:

1. $\lim\limits_{x\to 0} \dfrac{x}{1-\sqrt{x+1}}$

2. $\lim\limits_{x\to 3} \dfrac{\sqrt{x+1}-2}{x-3}$

3. $\lim\limits_{x\to 1} \dfrac{\sqrt{x}-1}{x-1}$

4. $\lim\limits_{x\to 0} \dfrac{\sqrt{1-x}-1}{x}$

15 Calcula los siguientes límites de funciones irracionales:

1. $\lim\limits_{x\to 0} \dfrac{\sqrt{1-x}-\sqrt{1+x}}{x}$

2. $\lim\limits_{x\to 0} \dfrac{1-\sqrt{1-x^2}}{x}$

3. $\lim\limits_{x\to 0} \dfrac{\sqrt{x+9}-3}{\sqrt{x+16}-4}$

A

4. $\lim\limits_{x \to 1} \dfrac{\sqrt{x-1}+\sqrt{x+1}}{\sqrt{x+1}-\sqrt{x-1}}$

16 Calcula los siguientes límites de funciones irracionales:

1. $\lim\limits_{x \to +\infty} \sqrt{x+1}-x$

2. $\lim\limits_{x \to +\infty} \sqrt{1+x}-\sqrt{x}$

3. $\lim\limits_{x \to +\infty} \sqrt{x^2+x}-x$

4. $\lim\limits_{x \to +\infty} \sqrt{x+2}-\sqrt{x-2}$

5. $\lim\limits_{x \to +\infty} \sqrt{x^2+1}-\sqrt{x^2-1}$

6. $\lim\limits_{x \to +\infty} \sqrt{(x+2)(x-3)}-x$

17 Halla las asíntotas horizontales y verticales de las siguientes funciones (si existen):

1. $f(x) = \dfrac{1}{x^2}$

2. $f(x) = \dfrac{1}{x^3}$

3. $f(x) = \dfrac{x^2+1}{x^2-1}$

4. $f(x) = \dfrac{x^2-x}{2x^2-5}$

5. $f(x) = \dfrac{x^3-1}{x^2-1}$

6. $f(x) = \dfrac{3x^2-x}{2x^2-5}$

Cuestiones para pensar y razonar

18 El límite de una función se calcula en el punto $x=a$, ¿es necesario que este punto pertenezca al dominio de definición? ¿Por qué?

19 Si una sucesión (x_n) de números tiende hacia $x=a$ y la sucesión de los valores $f(x_n)$ que toma la función tiende hacia L, ¿se puede afirmar que la función tiene límite? Si la respuesta es negativa, pon un ejemplo.

20 Si una función toma siempre valores positivos y otra toma solo valores negativos, ¿pueden tener el mismo límite en un punto? Si es así di cuál es el límite.

21 Una función tiene límite en un punto y en cualquier entorno suyo la función toma valores positivos y negativos, ¿cuánto vale en este caso el límite?

22 Escribe una función cuyo límite en $x=0$ es 1 y que tome sólo valores mayores que 1. Si es posible, dibuja la gráfica para aclarar la respuesta.

23 Escribe una función cuyo límite en $x=0$ es 1 y que todos los valores que tome sean menores que 1. Dibuja la gráfica de la función para aclarar la respuesta.

24 Una función definida en toda la recta real es estrictamente creciente. ¿Puede deducirse de esto que su límite en $+\infty$ es $+\infty$? Si la respuesta es negativa, da un ejemplo que lo aclare.

25 Da dos funciones f y g cuyo límite en $+\infty$ sea $+\infty$ y tal que la diferencia $f-g$ tenga en $+\infty$ límite 2.

26 ¿Puede tener una función más de dos asíntotas horizontales? Razona la respuesta gráficamente.

27 ¿Qué condición tienen que cumplir los grados del numerador y denominador de una función racional para que tenga asíntotas horizontales? Pon un ejemplo particular.

de matemáticas

La naturaleza también tiene límites

Muchos fenómenos de la naturaleza tienen un punto límite que es imposible traspasar, por lo menos con los conocimientos actuales. Los científicos emplean todos sus esfuerzos para aproximarse cada vez más a ese punto. Uno de esos puntos es la

Velocidad de la luz en el vacío: 299 792,5 km/s

La velocidad de la luz es un dato que todo el mundo conoce. Una pregunta obvia: ¿Se puede traspasar esa velocidad? La respuesta según nuestros conocimientos es negativa. Sin embargo, el hombre con los más variados artilugios e ingenios trata de acercarse a ese límite. La carrera del hombre es una carrera de velocidad en la tierra, el mar y el aire.

La mayor velocidad alcanzada en tierra la consiguió en 1979 S. Barret (USA) que con su vehículo de tres ruedas, propulsado por cohetes, «Budweiser Rocket», superó la velocidad de 1 190 km/h (1,1 Mach).

Sobre el agua, K. P. Warby obtuvo en 1977 el récord de velocidad a bordo del hidroplano «Spirit of Australia», que sobrepasó los 550 km/h (300 nudos).

En vuelo la velocidad más alta la consiguió en 1967 la tripulación del vehículo espacial «Apolo X», que alcanzó los 39 897 km/h.

Para uso en carretera el coche más rápido es el Porsche 959 (Alemania) con velocidad de 317 km/h, y la motocicleta más rápida es la Honda V65 Magna (Japón), que ha superado los 278 km/h.

Para transporte de viajeros el tren más rápido es el Maglev ML 500 (Japón) que supera los 400 km/h, y el avión más rápido el Concorde (Gran Bretaña-Francia) que ha conseguido la velocidad de 2 333 km/h (2,2 Mach).

Velocidad que pueden alcanzar ciertos animales

Nombre	Km/ hora
Leopardo	113
Antílope berrendo	98
Gacela de Thompson	80
León	80
Alce	72
Perro cazador del Cabo	72
Coyote	69
Zorro gris	68
Asno salvaje de Mongolia	64
Cebra	64
Hiena	64
Galgo	63
Conejo doméstico	56
Chacal	56
Ciervo	51
Jirafa	51
Gato doméstico	48
Oso pardo	48
Ser humano	45*
Elefante	40
Serpiente mamba negra	32
Pavo salvaje	24
Ardilla	19
Cerdo doméstico	18
Pollo	14
Araña (Tegerania atrica)	1.8
Galápago gigante	0.3
Caracol de jardín	0.05

NOTA: No es velocidad sostenida.
* Se ofrece como referencia.

MURAL

de matemáticas

Algunos hitos de la aviación

En menos de ochenta años los aviones han pasado de ser curiosidades frágiles a máquinas esenciales en la comunicación, el transporte y la defensa.

Algunos aviones como los que se muestran aquí fueron hitos de la aviación y la tecnología. Cientos de los DC-3s, modelos de utilidad y fiabilidad, están siendo utilizados todavía.

Wright Flyer (1903) dio nombre al primer vuelo a motor sostenido y controlado.

Ryan «Spirit of St. Louis» (1927) llevó a Charles Lindberg en vuelo solitario a través del Atlántico y centró el interés del mundo en la aviación.

Boeing 707 (1957), con sus motores y la forma especial de sus alas llevó al transporte a reacción a la edad madura.

Lockheed YF-12C (SR-71) (1964), debido a sus innovaciones en aerodinámica, materiales y motores puede volar a más de Mach-3, tres veces la velocidad del sonido.

Concorde Anglo-Francés (1969) demostró que el transporte supersónico puede cruzar el Atlántico con seguridad, pero no económicamente, a Mach-2.

General Dynamics F-16 XL Scamp (1980), una variante propuesta del caza F16 que usaría un ala muy eficiente para permitir velocidad supersónica sostenida. El alto consumo de combustible mantiene a los cazas actuales por debajo de la velocidad del sonido para tramos cortos.

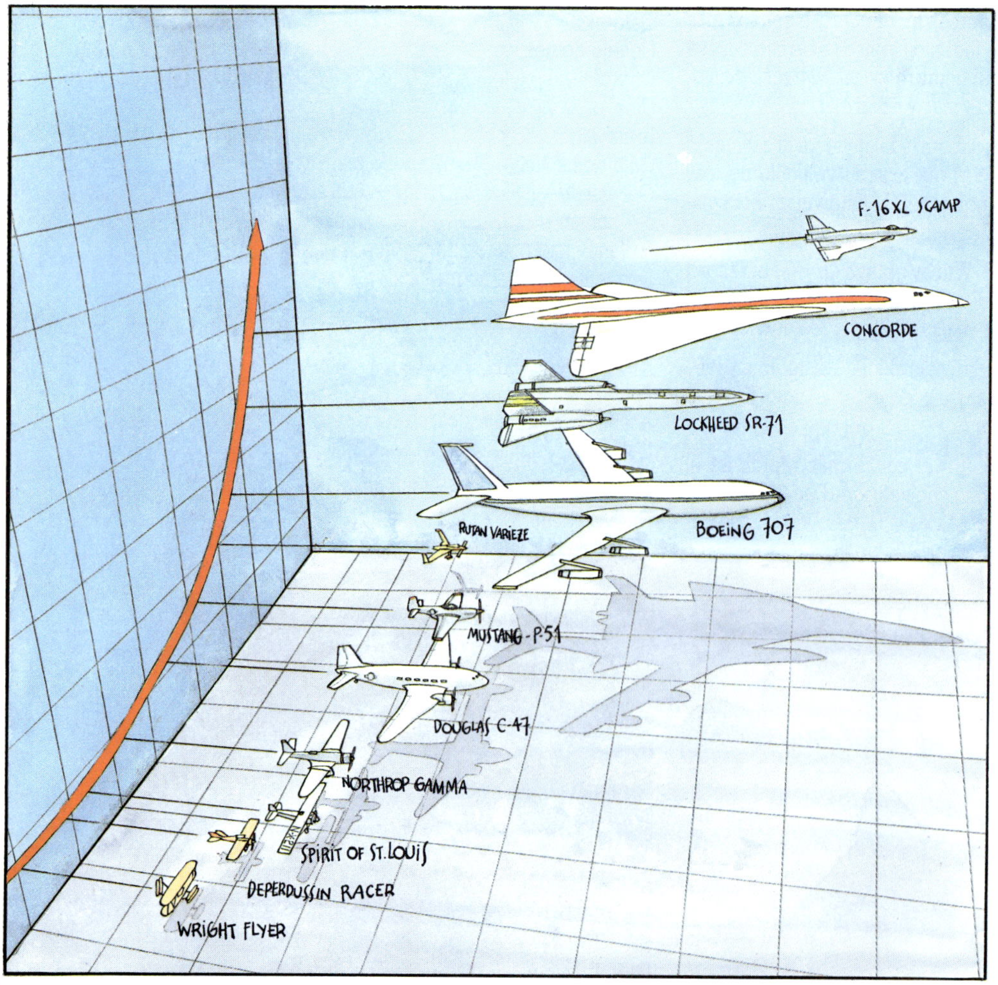

MURAL

18 CONTINUIDAD

CRECIMIENTO DE UN NIÑO Y CONTINUIDAD

Observa la figura.

— Si se representa gráficamente el crecimiento de una persona en función del tiempo, midiendo su estatura cada año, se obtiene una gráfica como la del dibujo con pequeños «saltos» entre un punto y el siguiente.

— Si la gráfica se realiza midiendo la estatura cada cinco años, el incremento entre cada punto y el siguiente (y) será mayor, como lo es también el incremento de tiempo (x).

— Finalmente, si consideras el crecimiento en cada instante, la gráfica que mide las alturas no sufre ningún salto brusco. Se dice que la función es continua.

Para resolver a tu manera: Utilizando tu idea intuitiva de continuidad razona en qué puntos las funciones siguientes son continuas y en qué puntos dejan de serlo.

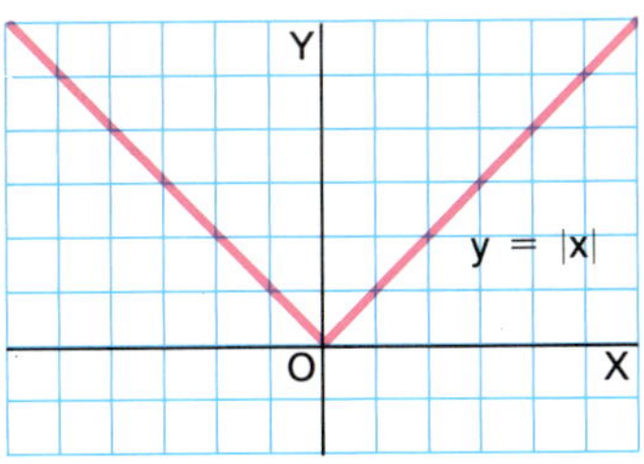

Fig. 1

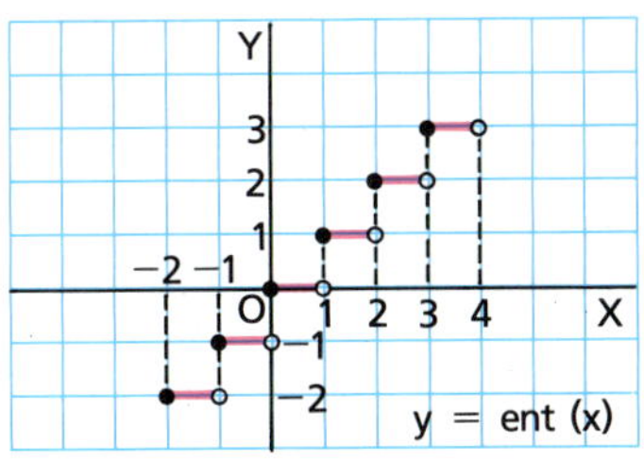

Fig. 2

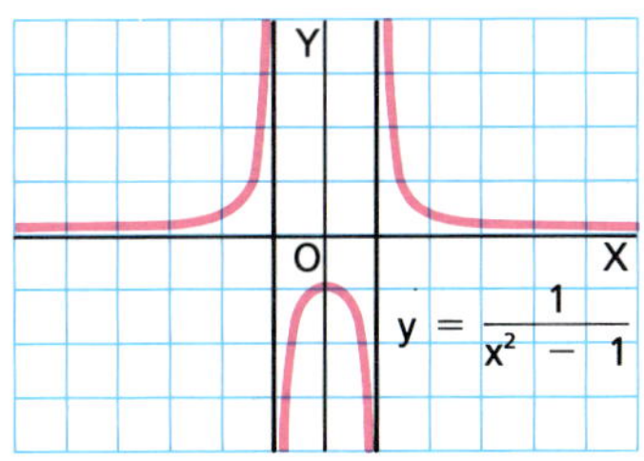

Fig. 3

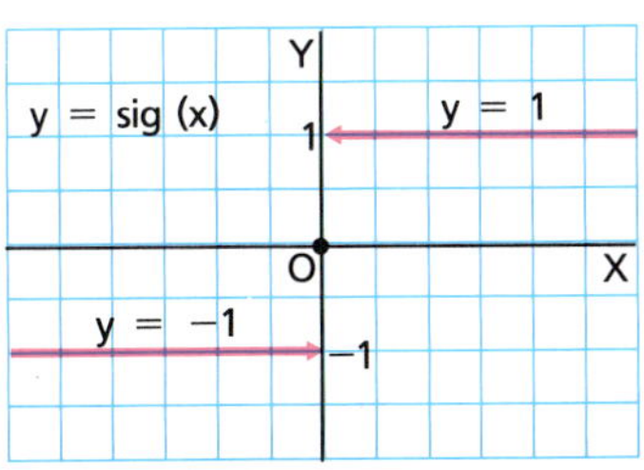

Fig. 4

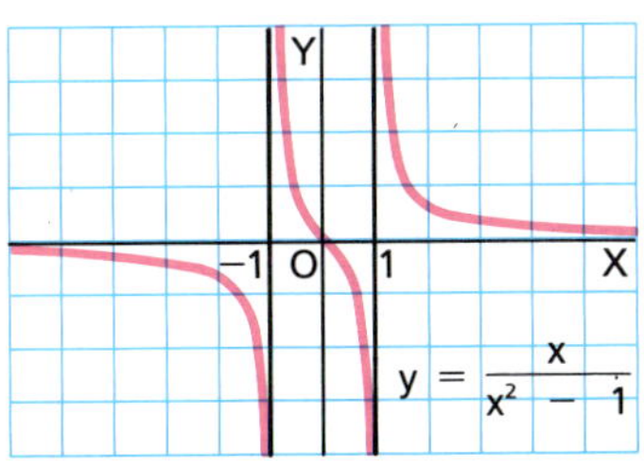

Fig. 5

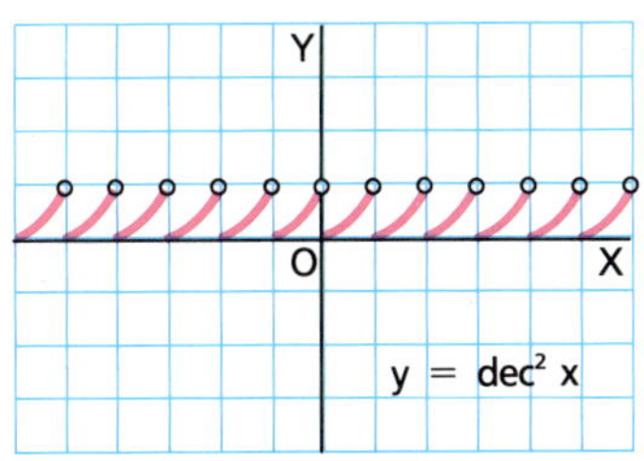

Fig. 6

1. CONTINUIDAD DE FUNCIONES

▶ Idea intuitiva de continuidad

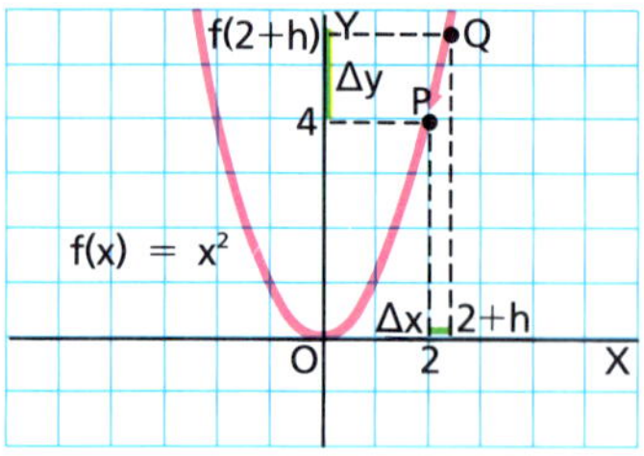

La idea intuitiva de continuidad implica una variación suave de la función, sin saltos bruscos que rompan la gráfica de la misma.

Dos ejemplos:

1. Observa la gráfica de la función $\mathbf{f(x)=x^2}$ en el entorno del punto **P(2 , 4).** El punto variable **Q[2+h, f(2+h)]** se aproxima al punto **P** cuando **h** se aproxima a **0**. La continuidad de la función **f(x)** en el punto **P** significa que a un incremento pequeño $\triangle \mathbf{x}=\mathbf{h}$ le corresponden una tasa de variación pequeña $\triangle \mathbf{y}=\mathbf{f(a+h)-f(a)}$.

Si h→0 entonces la tasa de variación △y tiende también a 0

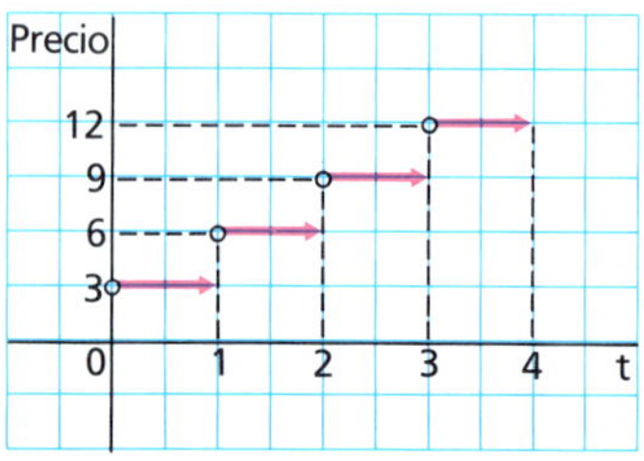

2. Te presentamos ahora la gráfica que muestra el coste telefónico de una llamada en función del tiempo empleado. El precio por minuto es de **3** pesetas.

Estudiemos esta función en el entorno del punto **P** de abscisa **t=2.** Si tomamos un incremento de **h** positivo, por muy pequeño que sea le corresponderá una tasa de variación de **3** pesetas; dicho de otra manera, si hablamos por teléfono algo más de dos minutos, automáticamente el precio se incrementa en **3** pesetas. En tal caso diremos que la función no es continua en **t=2.** Esta situación se corresponde geométricamente con el salto que muestra la gráfica en **t=2.**

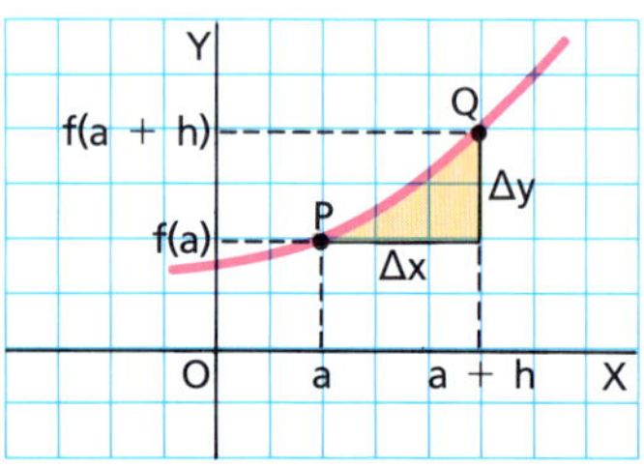

$\triangle x \to 0 \Leftrightarrow \triangle y \to 0$

> Una función f(x) es **continua en el punto x=a** cuando la **tasa de variación se aproxima a 0 al aproximarse a 0 el incremento de la variable x:**
>
> $$\lim_{h\to 0} [f(a+h)-f(a)]=0$$

▶ Definición de continuidad basada en el límite

Haciendo **x=a+h**, la expresión:

$$\lim_{h\to 0} [f(a+h)-f(a)]=0$$

puede escribirse así:

$$\lim_{x\to a} f(x)=f(a)$$

ya que si h→0 entonces x→a.

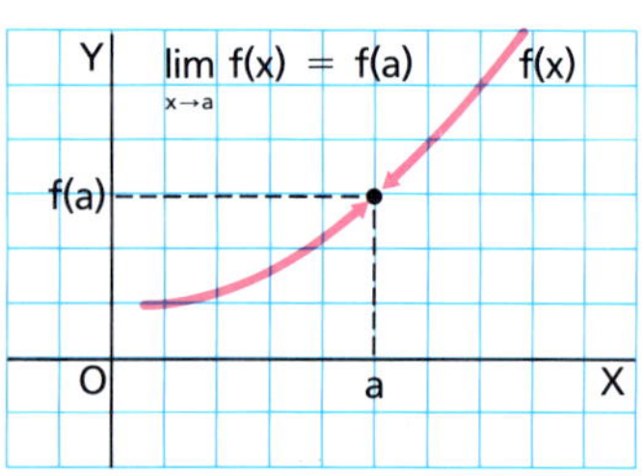

Función continua en x=a.

Utilizando esta expresión puede darse la definición de continuidad en un punto a partir del concepto de límite; este resultado es interesante ya que permite relacionar ambos conceptos.

Una función es **continua en un punto** si existe límite en él y coincide con el valor que toma la función en ese punto.

$$f \text{ continua en } x=a \Leftrightarrow \lim_{x \to a} f(x)=f(a)$$

La continuidad de f en $x=a$ implica que se cumplan estas tres condiciones:

a) Existe el límite de la función f(x) en $x=a$.

b) La función está definida en $x=a$; es decir, existe f(a).

c) Los dos valores anteriores coinciden.

Si una función no es continua en un punto $x=a$ se dice que es discontinua en dicho punto.

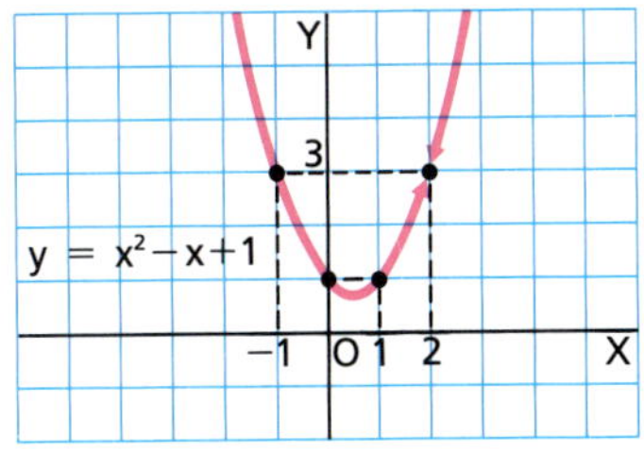

$\lim_{x \to 2} f(x)=f(2)=3$

Función continua en $x=2$.

OTRA DEFINICIÓN

Una función f es continua en el punto $x=a$ si a todo número real positivo ϵ se puede asociar otro número real positivo δ, tal que

$$|x-a| < \delta \Rightarrow |f(x)-f(a)| < \epsilon$$
$$||$$
$$|\triangle x| < \delta \Rightarrow |\triangle y| < \epsilon$$

Una observación:

La continuidad o discontinuidad de una función en un punto exige estar **definida la función en él.**

Por ejemplo, la función $f(x)=\frac{1}{x}$ no es continua ni discontinua en $x=0$ ya que no está definida.

▶ Continuidad lateral

Si nos restringimos a los valores que toma una función a la derecha del punto $\mathbf{x=a}$ o a la izquierda, se habla de continuidad por la derecha o continuidad por la izquierda según la siguiente definición:

Una función es **continua por la derecha** en un punto si existe límite por la derecha en él y coincide con el valor que toma la función en ese punto:

$$f \text{ continua en } a^+ \Leftrightarrow \lim_{x \to a^+} f(x)=f(a)$$

Una función es **continua por la izquierda** en un punto si existe límite por la izquierda en él y coincide con el valor que toma la función en ese punto:

$$f \text{ continua en } a^- \Leftrightarrow \lim_{x \to a^-} f(x)=f(a)$$

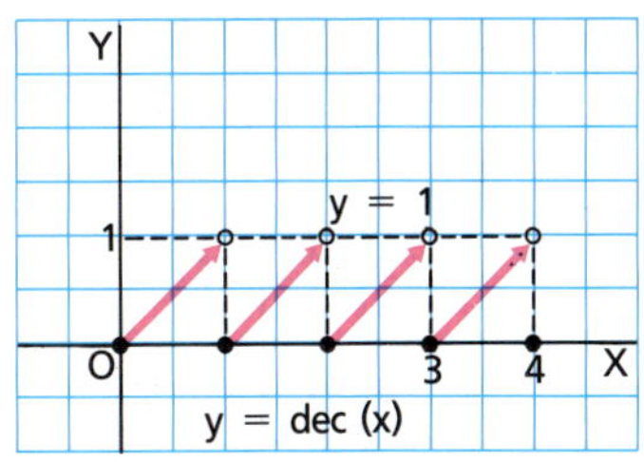

Es evidente que **si una función es continua por la derecha y por la izquierda en un punto es continua en él.**

1. Para dibujar y pensar:

Representa las funciones

— **f(x) = dec(x)** (dec designa la parte decimal de x) y

— **f(x) = ent(x)** (ent designa la parte entera de x)

e indica razonadamente los puntos donde es discontinua.

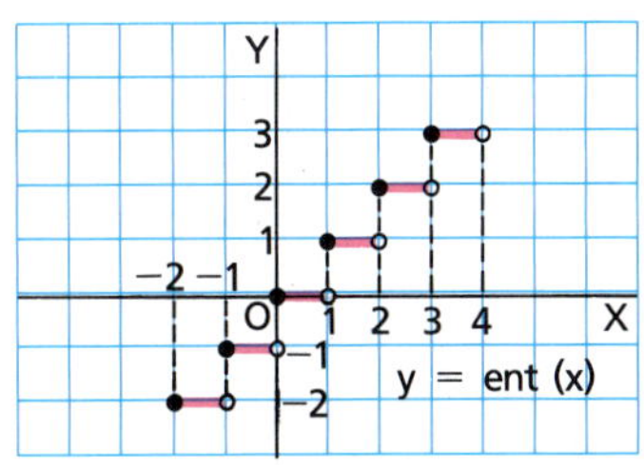

2. PROPIEDADES DE LA CONTINUIDAD LOCAL

1. Unicidad del límite

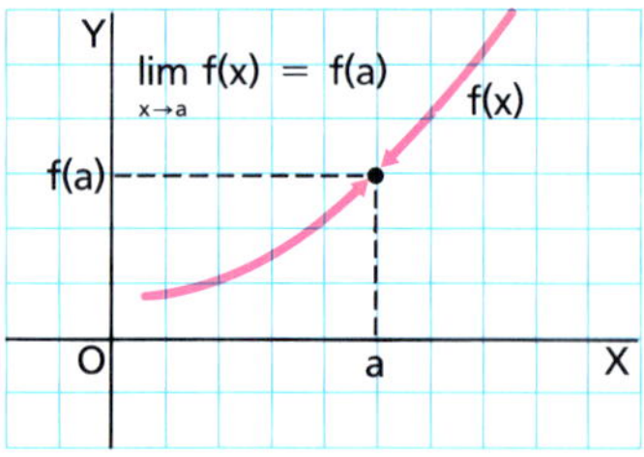

Función continua en $x = a$.

Si una función es continua en un punto, entonces tiene límite en ese punto.

Esta propiedad es consecuencia inmediata de la definición y permite calcular el límite de una función continua en un punto hallando el valor de la función en dicho punto. Así:

$$\lim_{x \to 2} \frac{x^2+1}{x^2-1} = \frac{4+1}{4-1} = \frac{5}{3}$$

2. Signo de la función en el entorno de un punto

Si una función es continua en un punto $x = a$ y $f(a) \neq 0$, entonces existe un entorno de $x = a$ en el que los valores que toma f tienen el mismo signo que f(a).

La idea intuitiva de esta propiedad viene dada en las figuras siguientes:

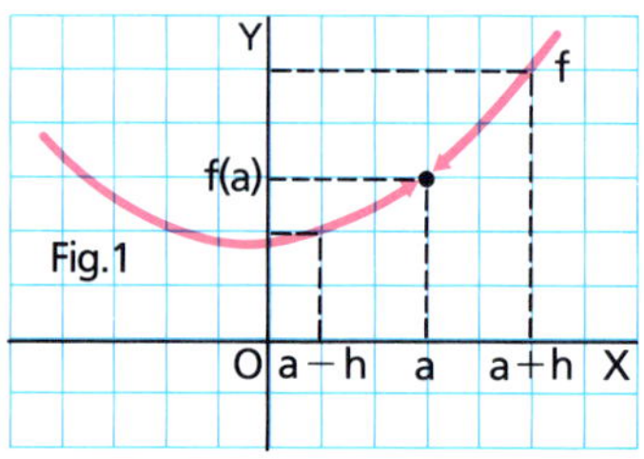

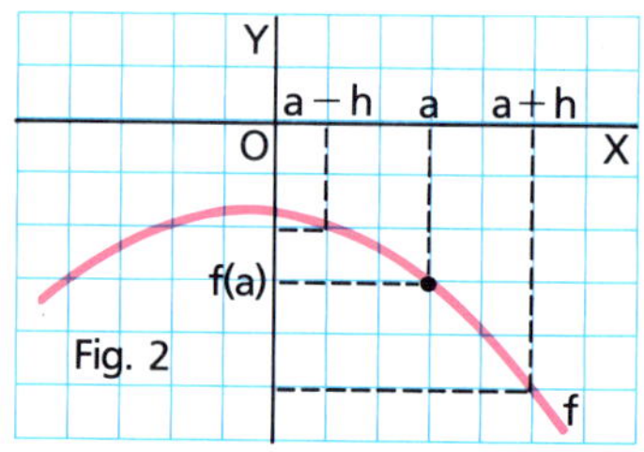

Fig. 1 El valor de la función en **x = a** es positivo: **f(a) > 0**

Fig. 2 El valor de la función en **x = a** es negativo: **f(a) < 0**.

Conviene señalar la importancia de esta propiedad ya que si una función es continua en el punto **x = a** y **f(a) ≠ 0**, existe la **función inversa** en un entorno del mismo en donde no se anula. Lo mismo puede decirse de un cociente de funciones continuas.

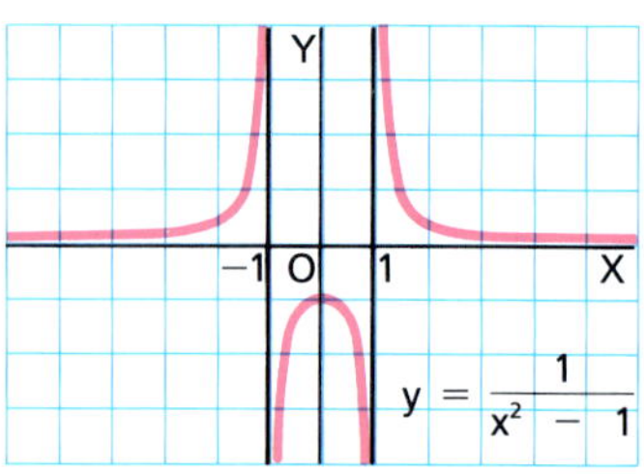

La función $y = x^2 - 1$ tiene como inversa $y = \frac{1}{x^2 - 1}$ que no está definida en $x = -1$, $x = 1$ ya que en estos puntos se anula la función $y = x^2 - 1$.

Las dos siguientes propiedades son consecuencia inmediata del teorema del signo.

3. Anulación de la función

Si una función toma valores positivos y negativos en cualquier entorno del punto $x = a$, la función se anula en él.

4. Acotación de la función

Si una función es continua en el punto $x = a$, entonces existe un entorno de $x = a$ en el que la función está acotada.

3. CONTINUIDAD Y OPERACIONES

Las operaciones con funciones continuas en $x=a$ da como resultado otra función continua en él siempre que tenga sentido la operación.

Esto es consecuencia de las operaciones con límites de funciones.

Un resultado importante:

Todas las funciones elementales (polinómicas, racionales, exponenciales y trigonométricas) son continuas en todos los puntos donde están definidas.

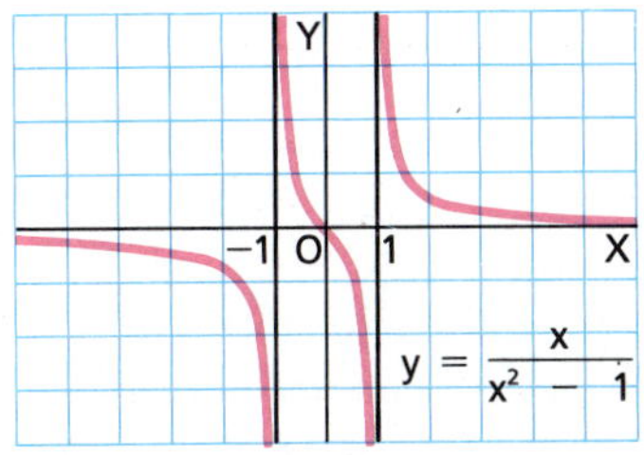

Función no definida en los puntos $x=-1$ y $x=1$.

Por ejemplo, la función $\mathbf{f(x)} = \dfrac{\mathbf{x}}{\mathbf{x^2-1}}$ es continua en todos los puntos donde está definida. En $x=-1$ y $x=1$ la función no es continua ni discontinua ya que no está definida.

1. Las funciones $\mathbf{f(x)=x^2}$ y $\mathbf{g(x)=2x+1}$ son continuas en la recta real, luego:

$$\begin{aligned} f(x)+g(x) &= x^2+2x+1 \\ f(x)\cdot g(x) &= x^2\,(2x+1) \\ f(g[x]) &= (2x+1)^2 \end{aligned}$$

también lo son.

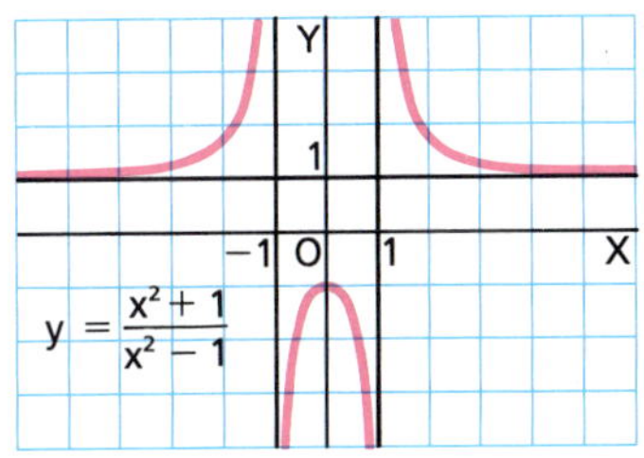

2. Las funciones $\mathbf{f(x)} = \mathbf{x^2+1}$ y $\mathbf{g(x)} = \mathbf{x^2-1}$ son continuas en todos los puntos; sin embargo, su cociente:

$$\left(\frac{f}{g}\right)(x) = \frac{x^2+1}{x^2-1}$$

no es continua en toda la recta real ya que en $x=-1$ y $x=1$ la función no está definida. La función $\dfrac{f(x)}{g(x)}$ es continua en su dominio $\mathbf{R}-\{-1,\ 1\}$.

3. La función racional $\mathbf{f(x)} = \dfrac{\mathbf{x^2-1}}{\mathbf{x-1}}$ está definida para todo número real $x \neq 1$.

Como $\dfrac{x^2-1}{x-1} = \dfrac{(x+1)\ (x-1)}{x-1} = x+1$

resulta que $f(x) = x+1$, $x \neq 1$.

La gráfica de la función f(x) es una recta **«agujereada»** en el punto $x=1$; es decir, una recta a la que le falta el punto P(1 , 2). La función es continua en todo el dominio.

Observa que esta función puede completarse de modo que sea continua en toda la recta real; para ello basta definir la función en $x=1$. El valor que debe tomar la función es $f(1)=2$ y de este modo la gráfica es la recta $y=x+1$.

Esto se desarrolla en la siguiente pregunta.

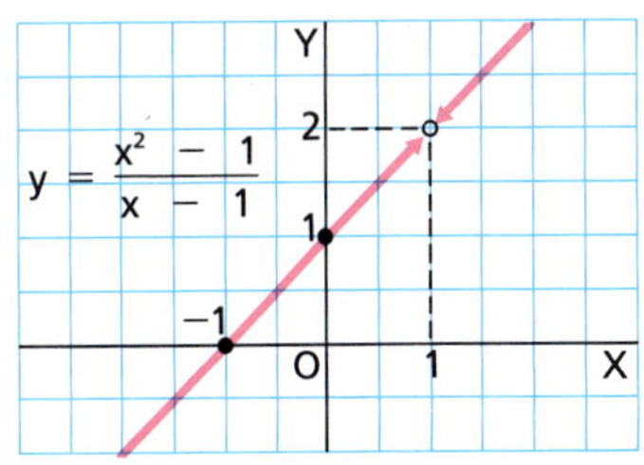

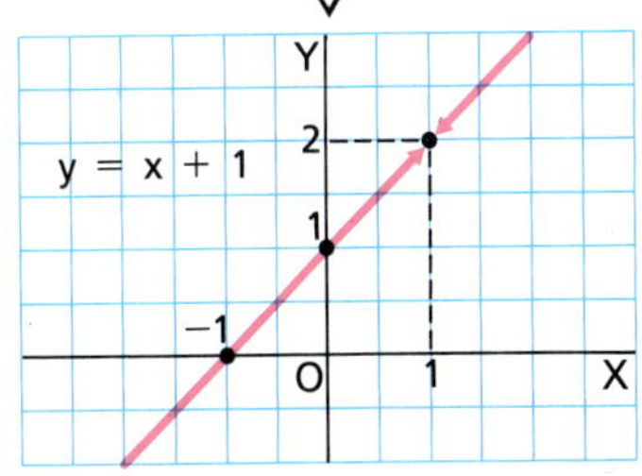

UNA DISCONTINUIDAD EVITABLE

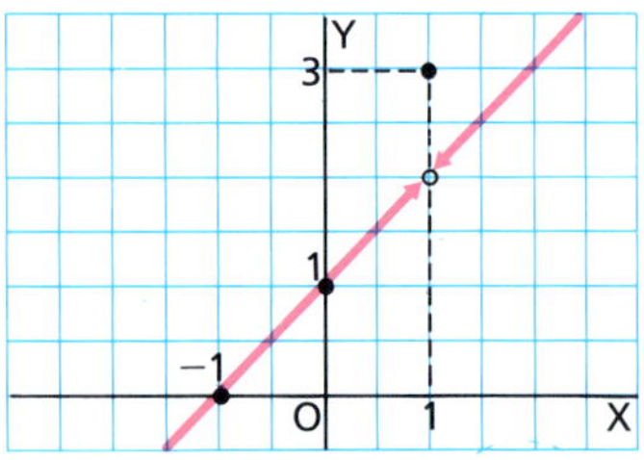

f discontinua en $x=1$.

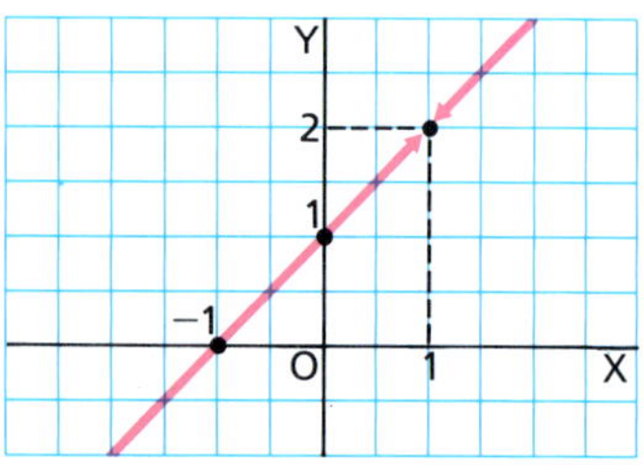

f continua en $x=1$.

$f(1)=2$ es el verdadero valor de la función en el punto $x=1$.

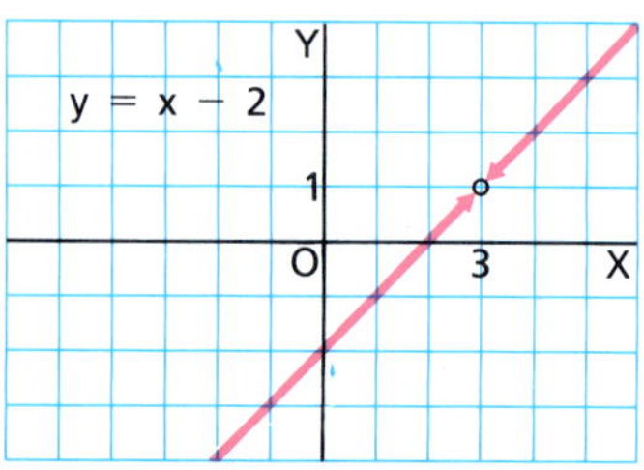

Recta agujereada. $f(x)$ es continua si se toma $f(3)=1$.

4. DISCONTINUIDADES

Recuerda: Si una función **f** está definida en un entorno de un punto, entonces

$$\textbf{f es continua en } x=a \iff \lim_{x\to a} f(x)=f(a)$$

Una función es discontinua en un punto cuando no existe límite en él o, existiendo, no coincide con el valor de la función en el mismo.

La clasificación de las discontinuidades en un punto se basa en la existencia o no de los **límites laterales** en el mismo.

▶ Discontinuidad evitable

Consideremos la función definida de la siguiente forma:

$$f(x)=\begin{cases} \dfrac{x^2-1}{x-1} & \text{si } x\neq 1 \\ 3 & \text{si } x=1 \end{cases}$$

Esta función es continua en todos los puntos distintos de $x=1$. Veamos qué sucede en $x=1$.

$$\lim_{x\to 1}\frac{x^2-1}{x-1}=\lim_{x\to 1}\frac{(x+1)\ (x-1)}{x-1}=\lim_{x\to 1}(x+1)=2$$

Puesto que $f(1)=3$ y el límite en ese punto es 2, la función es discontinua. Ahora bien si en vez de $f(1)=3$ hubiéramos tomado $f(1)=2$, la función f sería continua en toda la recta real. En este sentido decimos que la **discontinuidad es evitable.**

Una función tiene una **discontinuidad evitable** en un punto cuando existe límite en él y no coincide con el valor de la función en el mismo o no está definida.

El valor que deberíamos dar a la función en dicho punto para que fuera continua en él se llama **verdadero valor** de la función en el mismo.

1. ¿Cuál es el verdadero valor de la función $f(x)=\dfrac{x^2-5x+6}{x-3}$ en $x=3$?

El verdadero valor es el límite de la función $f(x)$ en $x=3$.

$$\lim_{x\to 3}\frac{x^2-5x+6}{x-3}=\lim_{x\to 3}\frac{(x-2)\ (x-3)}{x-3}=\lim_{x\to 3}(x-2)=1$$

Por tanto, el valor que debe tomar la función en el punto $x=3$ es $f(3)=1$, ya que de ese modo es continua en él.

▶ Discontinuidad inevitable

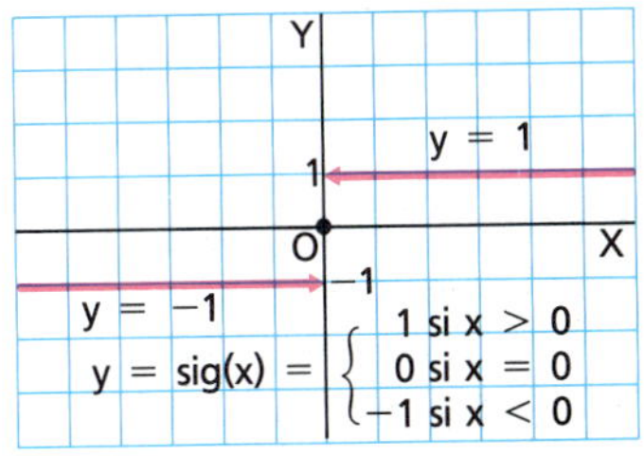

Consideremos la función signo de **x** definida por:

$$\text{sig}\,(x) = \begin{cases} 1 & \text{si } x > 0 \\ 0 & \text{si } x = 0 \\ -1 & \text{si } x < 0 \end{cases}$$

La función es continua en los puntos $x < 0$ y $x > 0$ ya que la gráfica se compone de dos semirrectas. ¿Qué sucede en $x = 0$? Los límites laterales son

$$\lim_{x \to 0^+} f(x) = 1 \quad \text{y} \quad \lim_{x \to 0^-} f(x) = -1$$

Puesto que estos límites son distintos no puede atribuirse a la función ningún valor en $x = 0$ para que sea continua. Diremos que se trata de una discontinuidad inevitable.

> Una función tiene una **discontinuidad inevitable** en un punto cuando existen los límites laterales en él y son distintos.
>
> Si f es discontinua en el punto $x = a$, el valor
>
> $$\left| \lim_{x \to a^+} f(x) - \lim_{x \to a^-} f(x) \right|$$
>
> se llama **salto de la función** en ese punto, y puede ser finito, si es un número real, o infinito.

Observa las siguientes funciones:

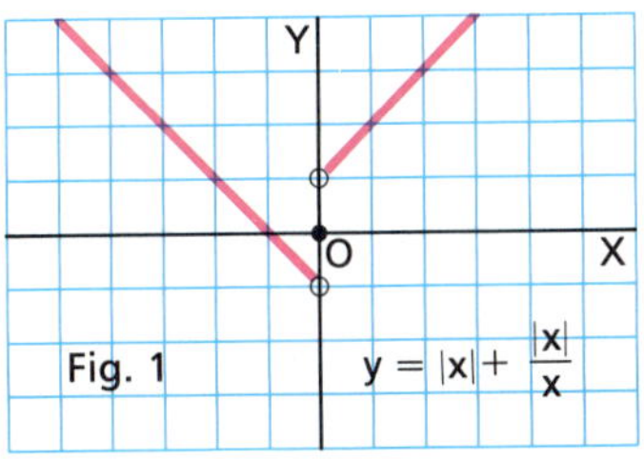

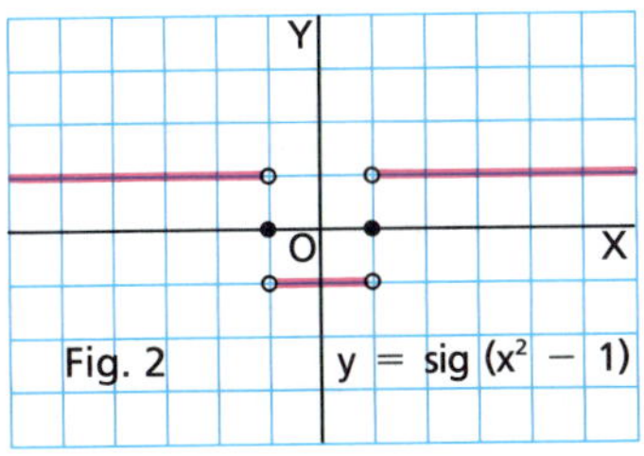

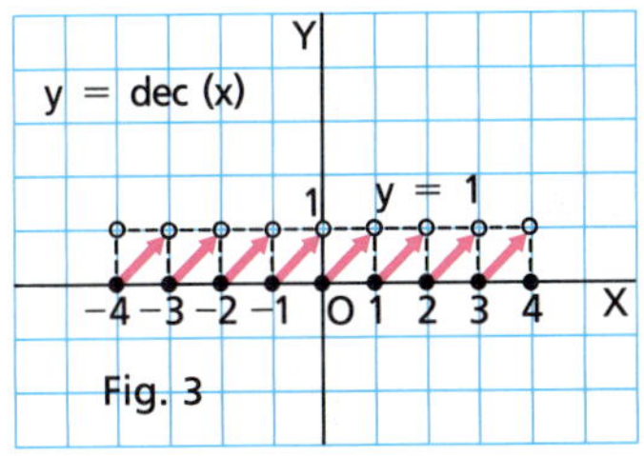

Fig. 1 Discontinuidad inevitable en $x = 0$. Salto 2.

Fig. 2 Discontinuidades inevitables en $x = -1$ y $x = 1$. Salto 2.

Fig. 3 Discontinuidad inevitable en todos los puntos de abscisa entera. Salto 1 en cada punto.

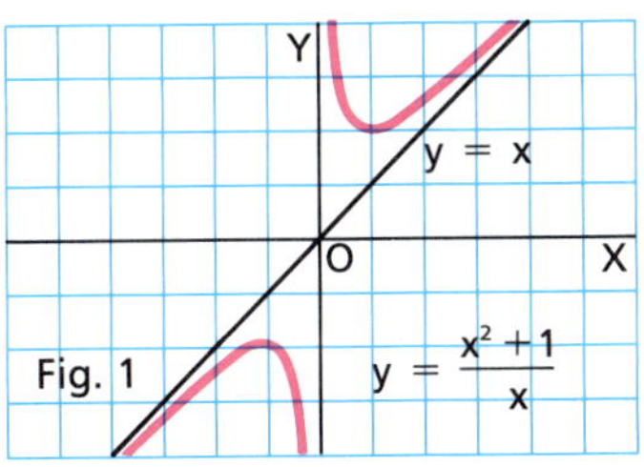

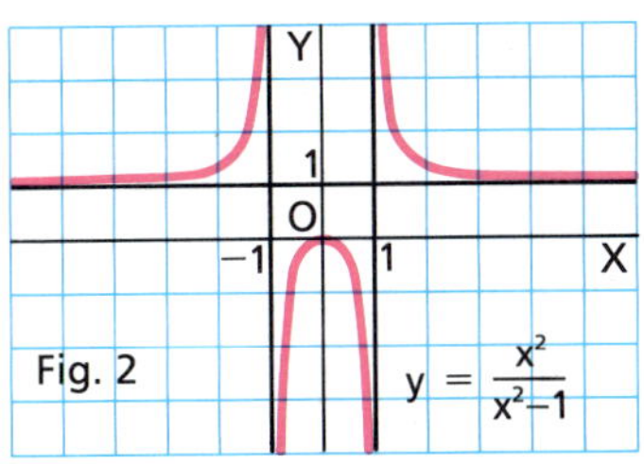

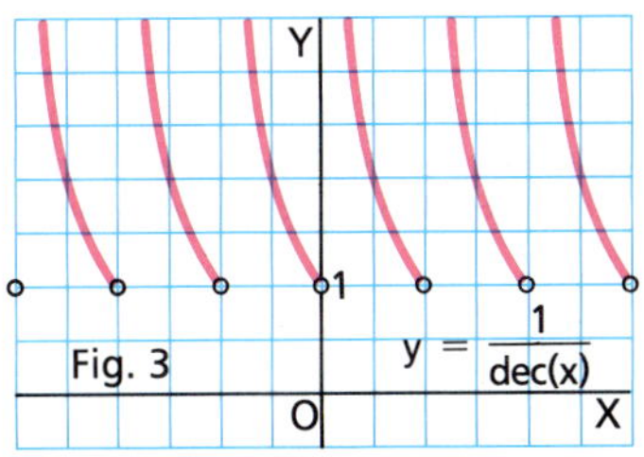

Fig. 1 Discontinuidad inevitable en $x = 0$. Salto infinito.

Fig. 2 Discontinuidades inevitables en $x = -1$ y $x = 1$. Salto infinito.

Fig. 3 Discontinuidades inevitables en todos los puntos de abscisa entera. Salto infinito.

PROBLEMAS RESUELTOS

1 **Estudia la continuidad de la función**

$$f(x) = \begin{cases} 2 & \text{si } x < 1 \\ 1 & \text{si } x = 1 \\ x+2 & \text{si } x > 1 \end{cases}$$

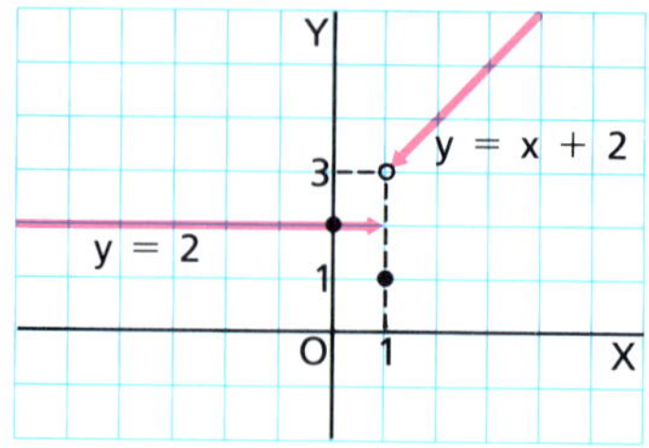

La gráfica está dada en la figura adjunta. La función es continua en todos los puntos menos en $x = 1$ donde los límites laterales son distintos:

$$\lim_{x \to 1^-} f(x) = 2 \qquad \lim_{x \to 1^+} f(x) = 3$$

2 **La función $f(x) = \dfrac{x^3 + x^2 + x + a}{x - 1}$ no está definida en $x = 1$. Halla el valor de a para que sea posible definir el valor de f(1), resultando así una función continua.**

Si la función f(x) es continua en $x = 1$, debe tener límite finito en dicho punto y ser igual a f(1). Ahora bien, puesto que para $x = 1$ se anula el denominador, lo mismo tiene que suceder con el numerador. Sustituyendo $x = 1$ en $x^3 + x^2 + x + a$, resulta:

$$1 + 1 + 1 + a = 0 \quad \Leftrightarrow \quad a = -3$$

Factorizando numerador y denominador y simplificando, se tiene:

$$\lim_{x \to 1} \frac{x^3 + x^2 + x - 3}{x - 1} = \lim_{x \to 1} \frac{(x-1)\ (x^2 + 2x + 3)}{x - 1} = \lim_{x \to 1} (x^2 + 2x + 3) = 6$$

Observa que este límite es el verdadero valor de la función en el punto $x = 1$, luego $f(1) = 6$.

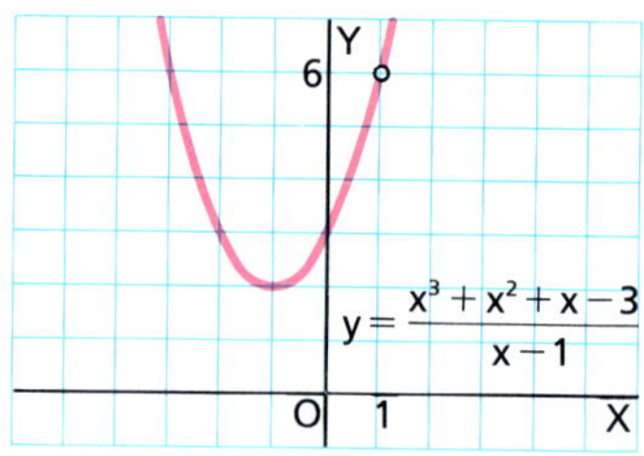

3 **La función $f(x) = \dfrac{x^2 - 1}{x^3 + 7x - 8}$ no está definida en $x = 1$. Indica si es posible dar a f(x) un valor en $x = 1$ de modo que sea continua.**

Factorizando numerador y denominador y simplificando, se tiene:

$$\lim_{x \to 1} \frac{x^2 - 1}{x^3 + 7x - 8} = \lim_{x \to 1} \frac{(x-1)\ (x+1)}{(x-1)\ (x^2 + x + 8)} = \lim_{x \to 1} \frac{x+1}{x^2 + x + 8} = \frac{2}{10} = \frac{1}{5}$$

Este límite es el verdadero valor de la función en el punto $x = 1$; luego $f(1) = \dfrac{1}{5}$ y la función así definida es continua en R.

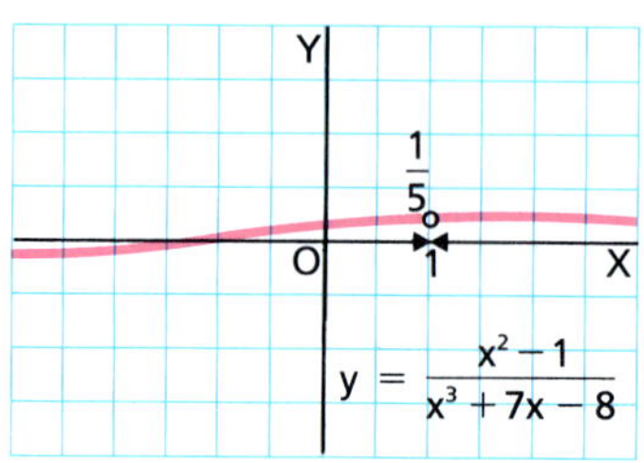

ACTIVIDADES

Ejercicios para entrenarse

1 Halla los puntos de discontinuidad de las siguientes funciones:

1. $f(x) = \begin{cases} x+1 & \text{si } x \geqslant 0 \\ x-1 & \text{si } x<0 \end{cases}$

2. $f(x) = \begin{cases} x+1 & \text{si } x \geqslant 0 \\ -x-1 & \text{si } x<0 \end{cases}$

3. $f(x) = \begin{cases} x+1 & \text{si } x \leqslant 2 \\ 2x-1 & \text{si } x>2 \end{cases}$

2 Halla los puntos de discontinuidad de las siguientes funciones:

1. $f(x) = \begin{cases} x^2-1 & \text{si } x \leqslant 0 \\ 2x-3 & \text{si } x>0 \end{cases}$

2. $f(x) = \begin{cases} 2-x^2 & \text{si } x \leqslant 2 \\ 2x-6 & \text{si } x>2 \end{cases}$

3. $f(x) = \begin{cases} \dfrac{3-x^2}{2} & \text{si } x \leqslant 1 \\ \dfrac{1}{x} & \text{si } x>1 \end{cases}$

3 Representa la siguiente función e indica si tiene algún punto de discontinuidad:

$$f(x) = \begin{cases} x+1 & \text{si } x<3 \\ x^2 & \text{si } 3 \leqslant x<4 \\ 0 & \text{si } x \geqslant 4 \end{cases}$$

4 Representa la siguiente función e indica si tiene algún punto de discontinuidad:

$$f(x) = \begin{cases} x-1 & \text{si } x \leqslant 1 \\ x^2-1 & \text{si } 1<x \leqslant 2 \\ x^2 & \text{si } x>2 \end{cases}$$

5 Calcula el verdadero valor de las siguientes funciones racionales en los puntos que se indican:

1. $f(x) = \dfrac{x-1}{x^2-1}$ en $x=1$

2. $f(x) = \dfrac{x^2-5x+6}{x-2}$ en $x=2$

3. $f(x) = \dfrac{x^2-6x+8}{x-4}$ en $x=4$

4. $f(x) = \dfrac{x^2-6x+8}{x-2}$ en $x=2$

6 Calcula el verdadero valor de las siguientes funciones racionales en los puntos que se indican:

1. $f(x) = \dfrac{x^4-1}{x-1}$ en $x=1$

2. $f(x) = \dfrac{x^3-1}{x^2-1}$ en $x=1$

3. $f(x) = \dfrac{x^4-1}{x^2-1}$ en $x=1$

7 Calcula el verdadero valor de las siguientes funciones irracionales en los puntos que se indican:

1. $f(x) = \dfrac{x}{1-\sqrt{x+1}}$ en $x=0$

2. $f(x) = \dfrac{\sqrt{x+1}-2}{x-3}$ en $x=3$

3. $f(x) = \dfrac{\sqrt{x}-1}{x-1}$ en $x=1$

4. $f(x) = \dfrac{\sqrt{1-x}-1}{x}$ en $x=0$

8 Comprueba si las siguientes funciones pueden ser continuas en los puntos que se indican:

1. $f(x) = \dfrac{x^2-x-2}{x^2-4x+4}$ en $x=2$

2. $f(x) = \dfrac{x^2+2x+1}{x^3+3x^2+3x+1}$ en $x=-1$

9 Calcula el verdadero valor de las siguientes funciones irracionales en los puntos que se indican:

1. $f(x) = \dfrac{\sqrt{1-x}-\sqrt{1+x}}{x}$ en $x=0$

2. $f(x) = \dfrac{1-\sqrt{1-x^2}}{x}$ en $x=0$

3. $f(x) = \dfrac{\sqrt{x+9}-3}{\sqrt{x+16}-4}$ en $x=0$

10 Estudia la continuidad de la siguiente función:

$$f(x)=\begin{cases} \dfrac{2x^2+3x-2}{2x^2-5x+2} & \text{si } x\neq\dfrac{1}{2} \\ -\dfrac{5}{3} & \text{si } x=\dfrac{1}{2} \end{cases}$$

11 Prueba que la función:

$$f(x) = \frac{x^2-1}{x^2+7x-8}$$

no es continua en $x=1$ e indica qué tipo de discontinuidad presenta en dicho punto.

12 Calcula cuánto debe valer a para que la siguiente función sea continua:

$$f(x)=\begin{cases} x+1 & \text{si } x\leqslant 1 \\ 3-ax^2 & \text{si } x>1 \end{cases}$$

13 Dada la función:

$$f(x)=\begin{cases} x^2+2x-1 & \text{si } x<0 \\ ax+b & \text{si } 0\leqslant x<1 \\ 2 & \text{si } x\geqslant 1 \end{cases}$$

halla a y b para que la función sea continua y dibuja la gráfica de la función.

14 Calcula el valor de k para que las siguientes funciones sean continuas en $x=0$.

1. $f(x) = \begin{cases} \dfrac{kx^4-3x^3}{7x^5+3x^3} & \text{si } x\neq 0 \\ -1 & \text{si } x=0 \end{cases}$

2. $f(x) = \begin{cases} \dfrac{5x^4-3x^3}{7x^5+3x^3} & \text{si } x\neq 0 \\ \dfrac{2}{5} & \text{si } x=0 \end{cases}$

Problemas para resolver

15 Se define una función de la siguiente forma:

$$f(x) = \begin{cases} 0 \text{ si x es un número entero} \\ 1 \text{ si x no es un número entero} \end{cases}$$

Representa la función y señala en qué puntos es discontinua.

16 Se considera la función racional $f(x)=\dfrac{x^2-1}{x-1}$, se pide:

1. Dominio de definición de f.
2. ¿Es discontinua en algún punto? ¿Por qué?
3. En $x=1$ la función no está definida; amplía esta función de modo que fuera continua en todo **R**.

17 ¿Se puede extender la definición de la función $f(x)=\dfrac{x}{|x|}$ a toda la recta de modo que sea continua? Para responder estudia los límites laterales en $x=0$.

18 Sea f una función de la que se sabe que:

$f\left(\dfrac{1}{2}\right) = \dfrac{1}{4}$, $f\left(\dfrac{1}{3}\right) = \dfrac{1}{9}$, y en general, $f\left(\dfrac{1}{n}\right) = \dfrac{1}{n^2}$

para todo número natural n.

Si f es continua en el origen, ¿qué se puede asegurar del valor de f en el origen, f(0)?

Cuestiones para aclararse

19 Sabemos que para calcular el límite en un punto $x=a$ no es necesario que el punto pertenezca al dominio de definición. ¿Es necesario, sin embargo, que $x=a$ pertenezca al dominio para que la función sea continua en dicho punto? Razona la respuesta.

20 ¿Es correcto decir que la función $f(x)=\dfrac{1}{x}$, no es continua en $x=0$? ¿Por qué?

21 Las funciones polinómicas son continuas en toda la recta real. Las funciones racionales, ¿son continuas en todo su dominio? ¿Coincide este dominio con **R**? Pon ejemplos que aclaren tu respuesta.

22 La función $f(x)=\dfrac{x}{x^2+x}$ no está definida en $x=0$, ¿puede definirse f(0) de modo que sea continua en ese punto?

23 ¿Es continua la función $f(x)=\frac{2}{x}$ en el intervalo [0, 1]?

¿Está acotada en dicho intervalo? ¿Tiene máximo en él?

24 Dibuja la función $f(x)=\text{dec}(x)$ (parte decimal de x). ¿En qué puntos es discontinua? ¿Qué tipo de discontinuidad tiene?

25 ¿Son ciertas las siguientes proposiciones?

a) Toda función acotada en **R** es continua en **R**.

b) Toda función continua en **R** es acotada en **R**.

Razona las respuestas; en caso negativo pon un ejemplo.

26 Da la gráfica y la expresión analítica de una función continua en todo **R** salvo en el punto $x=3$, en el que tiene:

1. Una discontinuidad de salto igual a 3.

2. Una discontinuidad evitable.

A

Actividades para profundizar

27 Una función definida en **R** toma solamente los valores 1 y -1. ¿Puede ser continua en todos los puntos? Si es así, pon un ejemplo, y si es factible, represéntala.

28 Una función definida en **R** toma solamente los valores 1 y -1. ¿Puede ser continua en todos los puntos? Si no es así, escribe una función que tome solamente estos dos valores, y que sea discontinua en infinitos puntos.

29 Se sabe que la suma de dos funciones continuas es una función continua. Si dos funciones no son continuas en $x=a$, ¿puede serlo la suma de ambas? Si la respuesta es afirmativa pon un ejemplo.

30 Si $f(x)$ es continua en $x=5$ y $f(5)=3$ entonces podemos asegurar que:

a) $f(x)$ está acotada en su dominio.

b) Existe un entorno $E(5\ ,\ r)$ en el que $f(x)>0$.

c) Existe un entorno $E(5\ ,\ r)$ en el que $f(x)<0$.

d) No podemos asegurar nada ya que desconocemos la expresión de la función $f(x)$.

Razona la respuesta correcta.

31 Si $g(x)$ es una función continua en **R**, ¿qué podemos afirmar de la continuidad de

$$f(x)=\frac{x^4-1}{g(x)}\ ?$$

MURAL de matemáticas

Funciones discontinuas en el ordenador

El ordenador permite obtener funciones curiosas utilizando cuatro funciones que lleva incorporadas y que no son muy familiares en las matemáticas.

1. La función sig(x)

sig(x) hace corresponder a cada número real:

1 si el número es mayor que 0
0 si el número es igual a 0
− 1 si el número es menor que 0

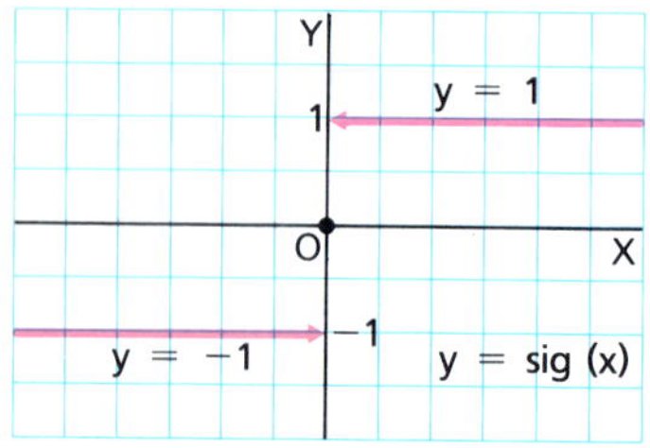

2. La función fix(x)

fix(x) hace corresponder a cada número real la parte entera del mismo; es decir, el número entero que resulta de quitar la parte decimal:

fix(3,25) = 3
fix(− 3,25) = − 3
fix(0,25) = 0
fix(− 0,25) = 0

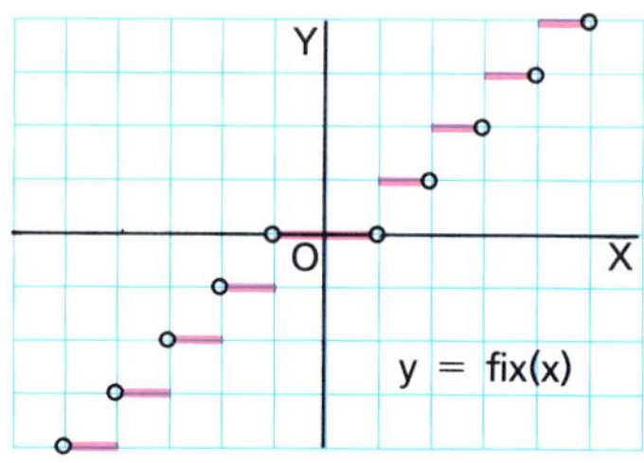

3. La función int(x) = ent(x)

int(x) hace corresponder a cada número real el menor número entero que sea menor o igual que x:

int(3,25) = 3
int(− 3,25) = − 4
int(0,25) = 0
int(− 0,25) = − 1

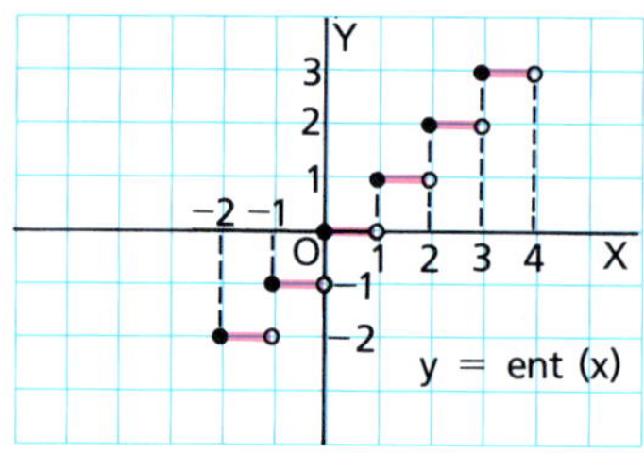

4. La función cint(x)

cint(x) hace corresponder a cada número real el menor número entero que resulta al redondear el número:

cint(3,25) = 3
cint(3,75) = 4
cint(− 3,25) = − 3
cint(− 3,75) = − 4

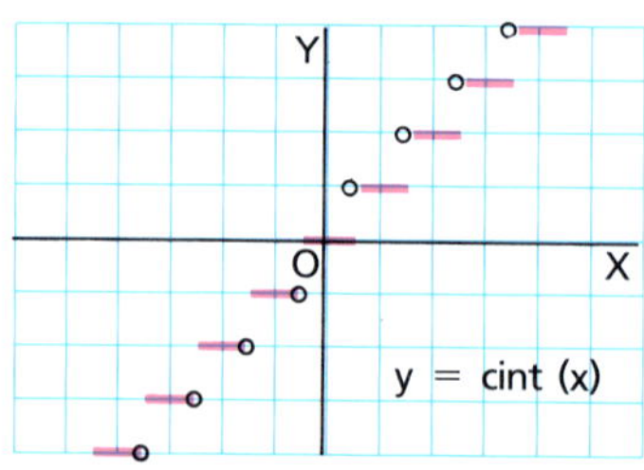

5. La función dec(x)

La función **dec(x)** = x − int(x) hace corresponder a cada número real la parte decimal del mismo:

dec(3,25) = 0,25
dec(− 3,25) = 0,75
dec(0,25) = 0,25
dec(− 0,25) = 0,75

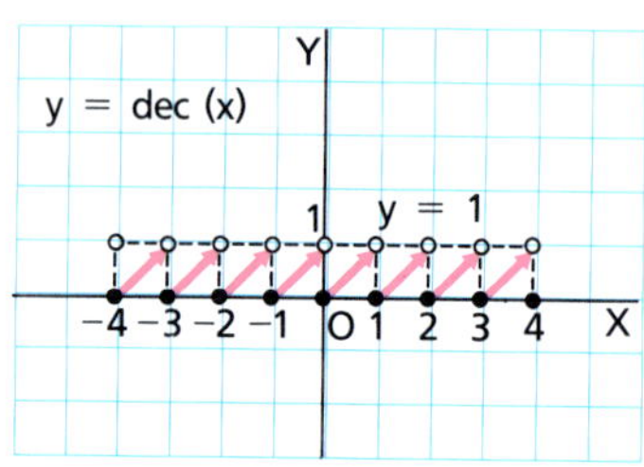

MURAL

19 FUNCIONES POTENCIALES

¡MANTENGA LA DISTANCIA DE SEGURIDAD!

Una de las recomendaciones que se hace siempre a los conductores desde los medios de comunicación es guardar la distancia de seguridad con relación al coche que le precede; es decir, la distancia necesaria para frenar el coche sin chocar. ¿Cómo viene dada esta distancia de seguridad? No existe fórmula exacta que dé esta distancia, ya que depende de muchos factores, como de la carretera, neumáticos, pastillas de freno... Ahora bien, en la práctica suele utilizarse la función

$$D=\frac{v^2}{2}$$

donde **D** *es la distancia medida en metros y* **v** *la velocidad del coche en el momento de aplicar el freno, medida en miriámetros por hora. Así, un automóvil que marche a 80 km/h, o sea 8 Mm/h, deberá normalmente pararse en:*

$$D=\frac{64}{2}=32\ m$$

La función que da la distancia de seguridad es una función potencial.

SI LOS COCHES VOLARAN...

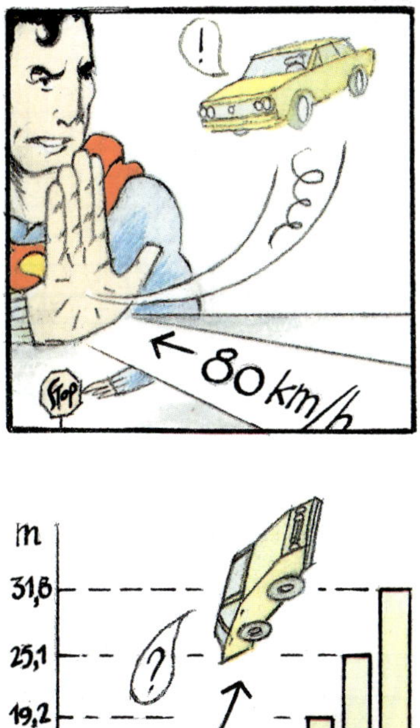

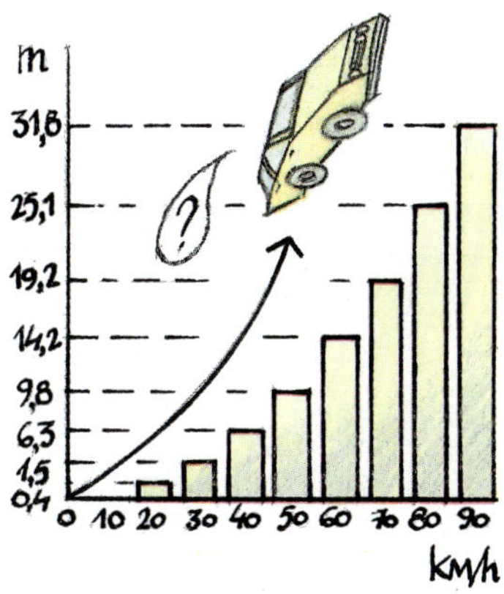

Diagrama de las alturas a las que podría ser elevado un coche en marcha si fuese detenido de repente.

1. PRIMER TIPO DE FUNCIÓN POTENCIAL: $y = x^2$

En la siguiente tabla se escriben los cuadrados de algunos números negativos y positivos:

Base	...	-5	-4	-3	-2	-1	0	1	2	3	4	5	...
Potencias	...	$(-5)^2$	$(-4)^2$	$(-3)^2$	$(-2)^2$	$(-1)^2$	0^2	1^2	2^2	3^2	4^2	5^2	...
Números	...	25	16	9	4	1	0	1	4	9	16	25	...

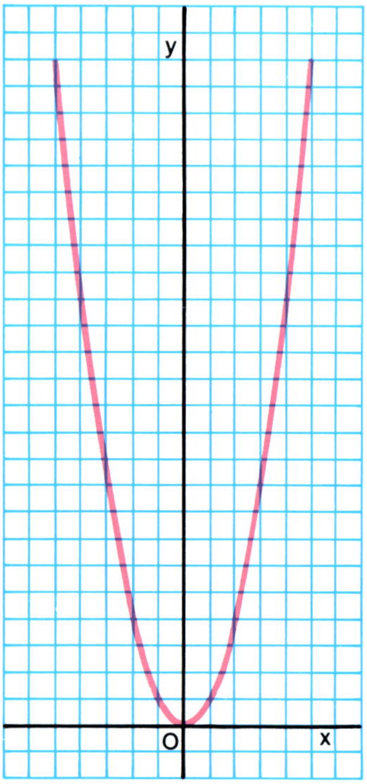

Fijado el exponente, a cada número real **x (base)** le corresponde otro número dado por **x^2 (potencia).** Se tiene así la **función potencial cuadrática $y = x^2$.**

Dibuja ahora en papel cuadriculado los puntos de esta función determinados por la tabla. Con la calculadora puedes obtener otros valores intermedios de la función.

▶ Leyendo en la gráfica algunas propiedades

1. El **dominio** de la función es la recta real: **R.**
2. El **recorrido** es el semieje positivo ya que el cuadrado de un número es positivo, luego está acotada inferiormente, pero no superiormente.
3. La función es **par** ya que para valores opuestos de **x** la función **f(x)** toma los mismos valores.
4. Es **continua** en todo el dominio.
5. La función es:
   — **creciente** en el semieje positivo, y
   — **decreciente** en el negativo.
6. Si **x** tiende a $-\infty$ o $+\infty$, la función tiende a $+\infty$.

▶ Funciones que tienen por modelo $y = x^2$

Las gráficas de las funciones $y = x^4$, $y = x^6$... son similares a las de $y = x^2$.

A partir de estas funciones (ver página siguiente) se obtienen:

— Por **simetría** respecto del **eje de abscisas**, las funciones **opuestas.**

— Por **inversión** las que tienen **exponente negativo**.

— Por **simetría** respecto de la **bisectriz**, las funciones **recíprocas.**

FUNCIÓN ÁREA

La función potencial $y = x^2$ expresa el área de un cuadrado.

Toda **función potencial** de exponente entero par o de exponente fraccionario de numerador par son simétricas respecto al eje de ordenadas; es decir, son funciones pares.

Las gráficas de estas funciones pasan todas por los puntos (1 , 1) y (-1 , 1).

Las funciones pares tienen dos funciones recíprocas y sólo están definidas para valores mayores o iguales a cero.

En la siguiente página están representadas las funciones asociadas a $y = x^2$, que pueden construirse unas a partir de otras. (Razónalo.)

2. FUNCIONES DE EXPONENTE O ÍNDICE PAR

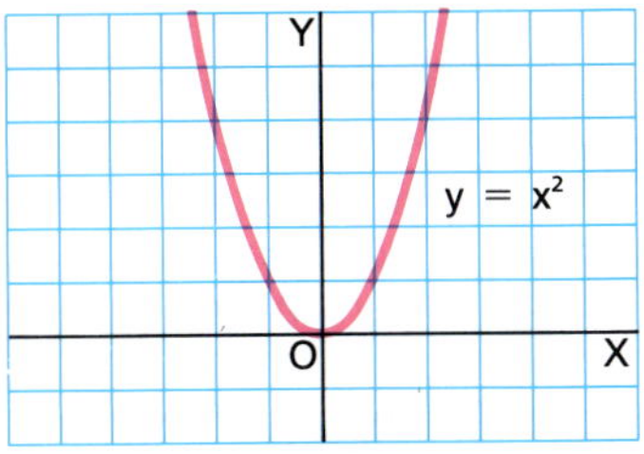

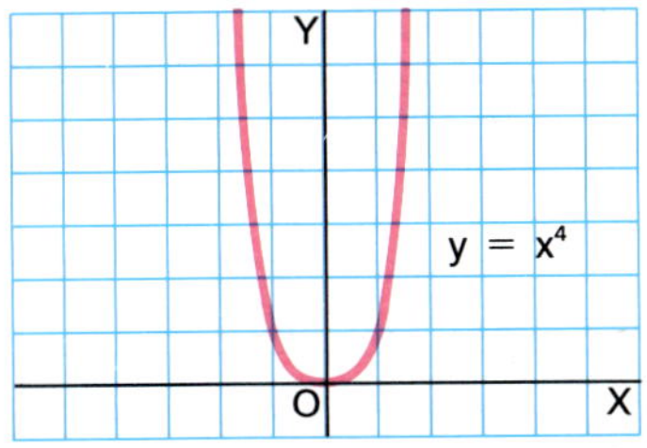

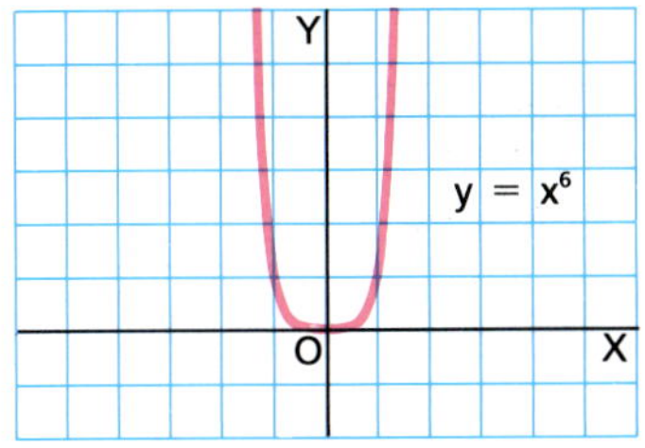

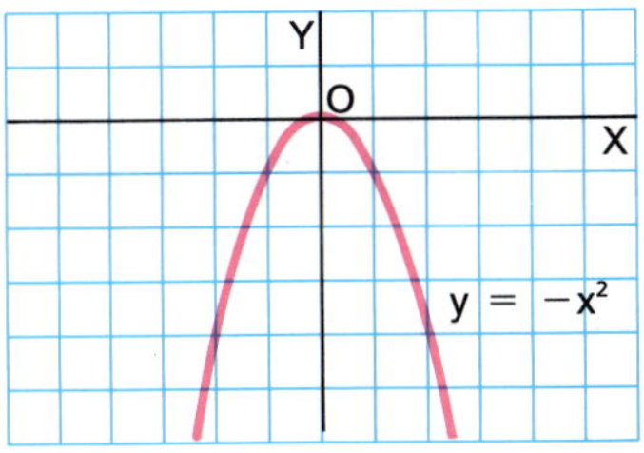

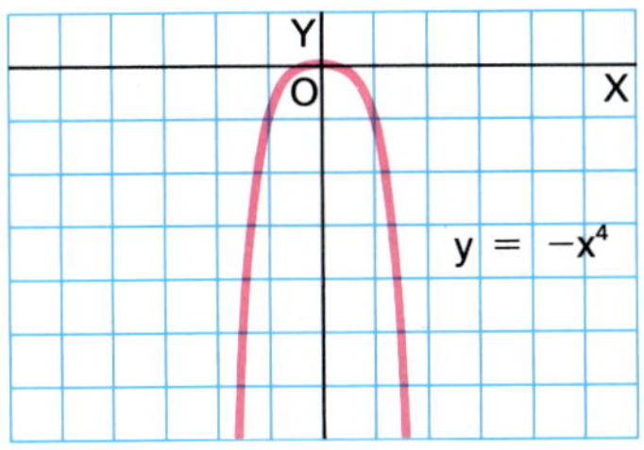

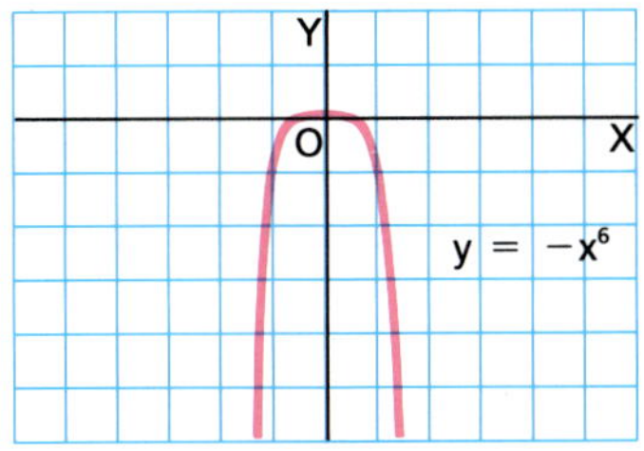

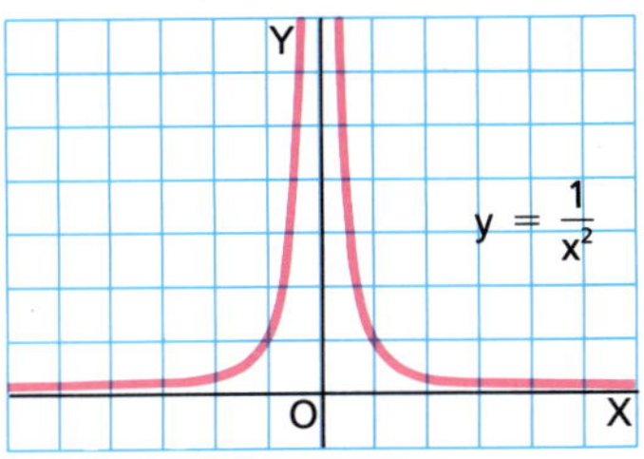

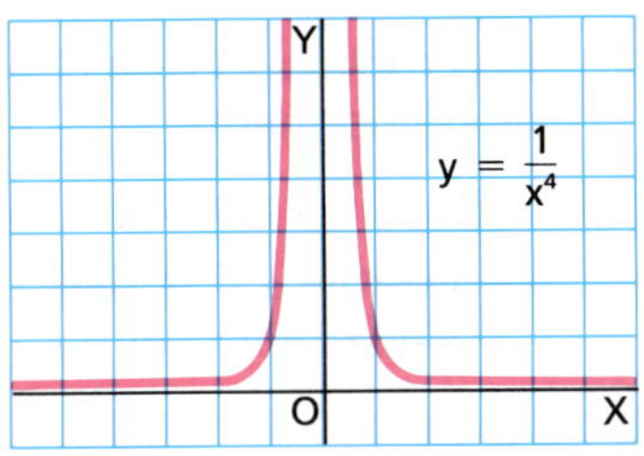

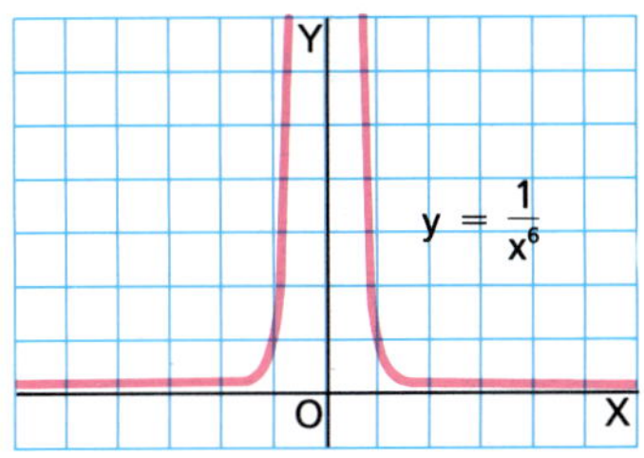

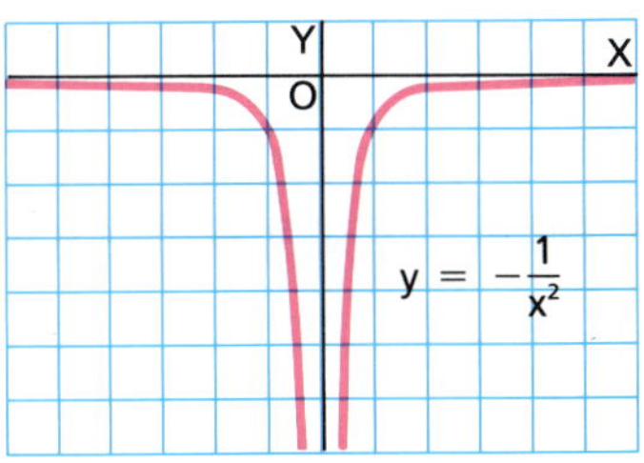

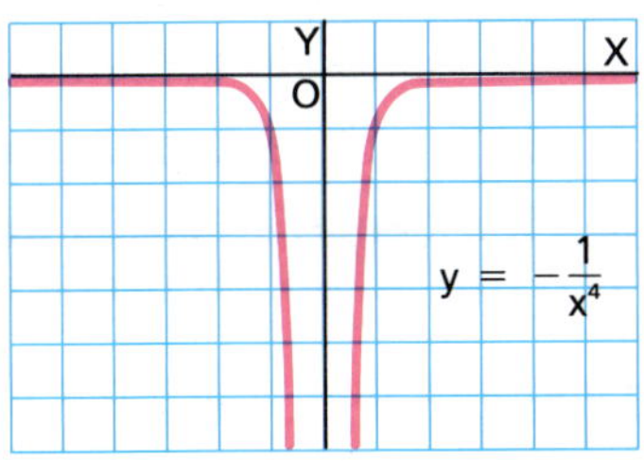

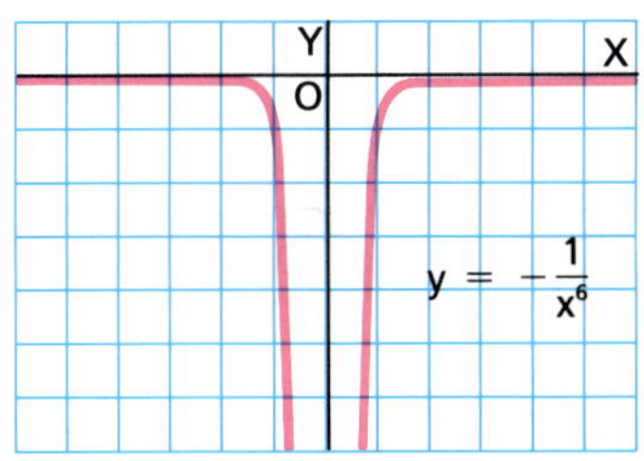

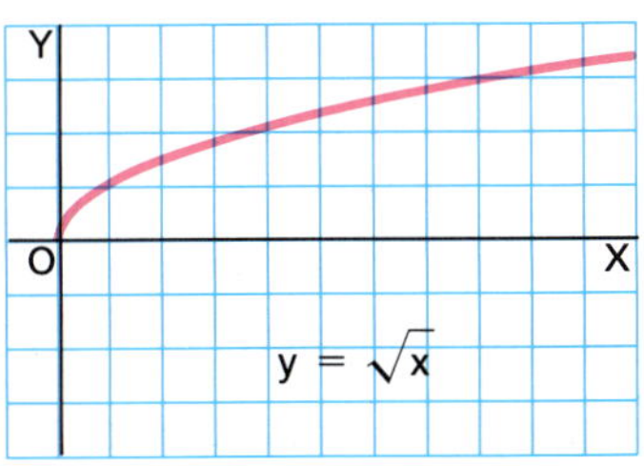

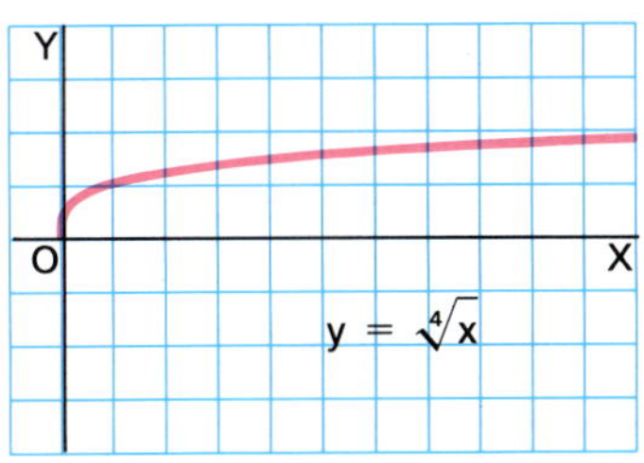

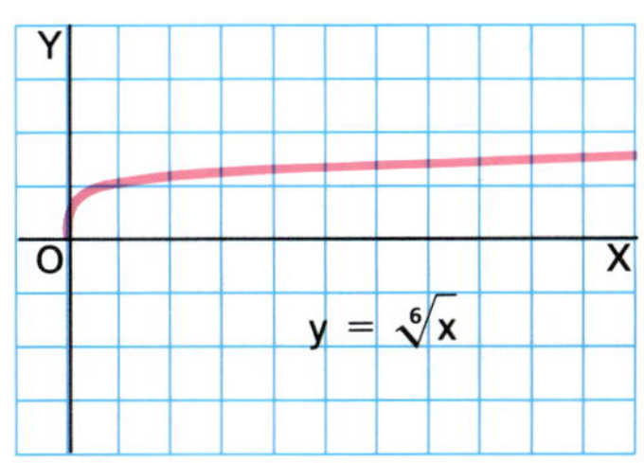

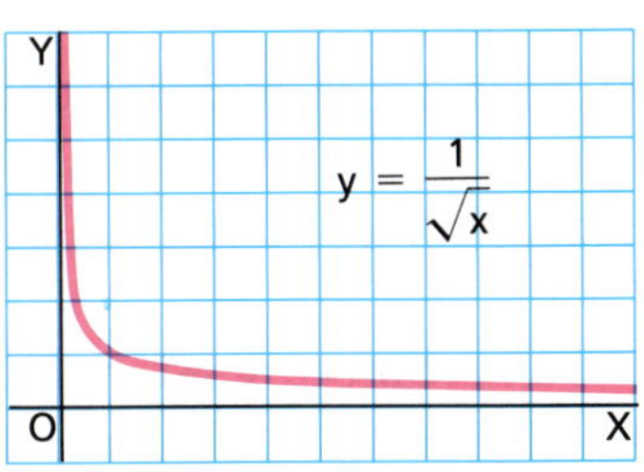

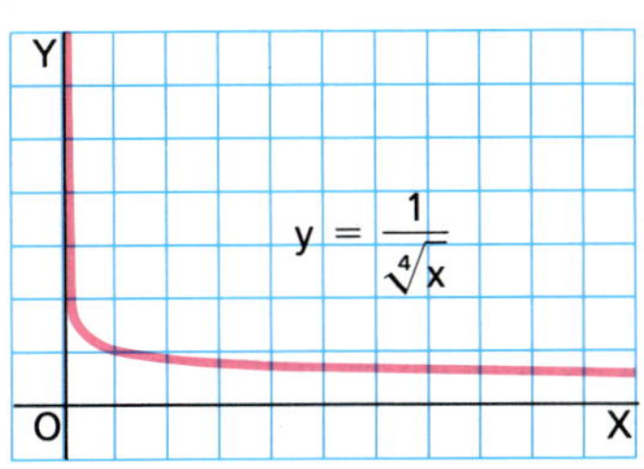

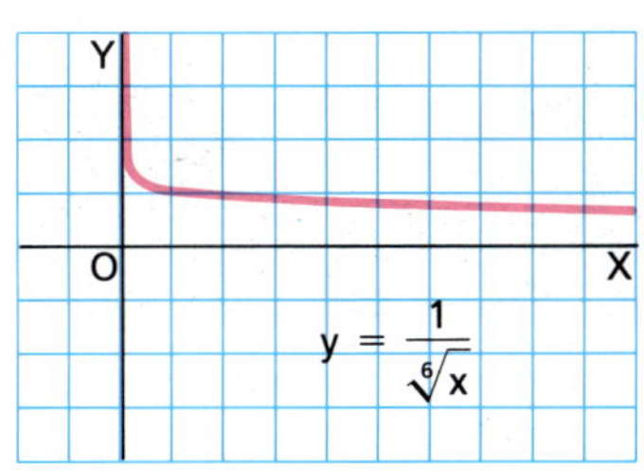

3. SEGUNDO TIPO DE FUNCIÓN POTENCIAL: $y = x^3$

En la siguiente tabla se escriben los cubos de algunos números negativos y positivos.

Base	...	-5	-4	-3	-2	-1	0	1	2	3	4	5	...
Potencias	...	$(-5)^3$	$(-4)^3$	$(-3)^3$	$(-2)^3$	$(-1)^3$	0^3	1^3	2^3	3^3	4^3	5^3	...
Números	...	-125	-64	-27	-8	-1	0	1	8	27	64	125	...

Fijado el exponente, a cada número real **x (base)** le corresponde otro número dado por **x^3 (potencia).** Se tiene así la **función potencial cúbica $y = x^3$.**

Dibuja ahora en papel cuadriculado los puntos de esta función determinados por la tabla. Con la calculadora puedes obtener otros valores intermedios de la función.

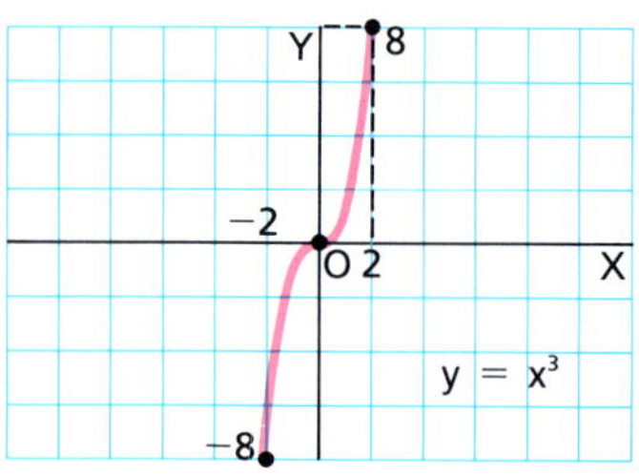

▶ Leyendo en la gráfica algunas propiedades

1. El **dominio** de la función es la recta real: **R.**
2. El **recorrido** es la recta, luego no está acotada ni superior, ni inferiormente.

   Los valores que toma la función son:

   — **Positivos** si la base es **positiva.**
   — **Negativos** si la base es **negativa** (índice impar).
3. La función es **impar** ya que para valores opuestos de **x** la función **f(x)** toma valores opuestos.
4. La función es **continua.**
5. La función es **estrictamente creciente.**
6. Si **x** tiende a $-\infty$ la función tiende a $-\infty$ y si **x** tiende a $+\infty$ la función tiende a $+\infty$.

▶ Funciones que tienen por modelo $y = x^3$

FUNCIÓN VOLUMEN

Las gráficas de las funciones **$y = x^5$, $y = x^7$**... son similares a las de **$y = x^3$.**

A partir de estas funciones (ver página siguiente) se obtienen:

— Por **simetría** respecto del **eje de abscisas**, las funciones **opuestas.**

— Por **inversión**, las que tienen **exponente negativo.**

— **Por** simetría respecto de la **bisectriz**, las funciones **recíprocas.**

La función potencial $y = x^3$ expresa el volumen de un cubo.

Toda función potencial de exponente entero impar o de exponente fraccionario de numerador impar es simétrica respecto del origen; es decir, es una función impar.

Las gráficas de estas funciones pasan todas por los puntos (1 , 1) y (−1 , −1).

Las funciones impares tienen una función recíproca y están definidas para todos los valores reales.

4. FUNCIONES DE EXPONENTE O ÍNDICE IMPAR

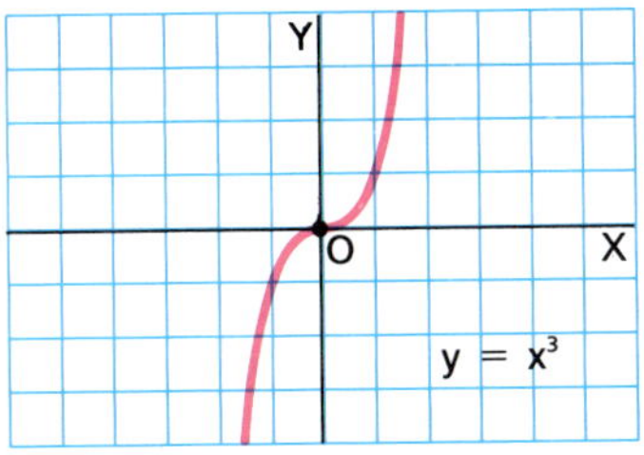

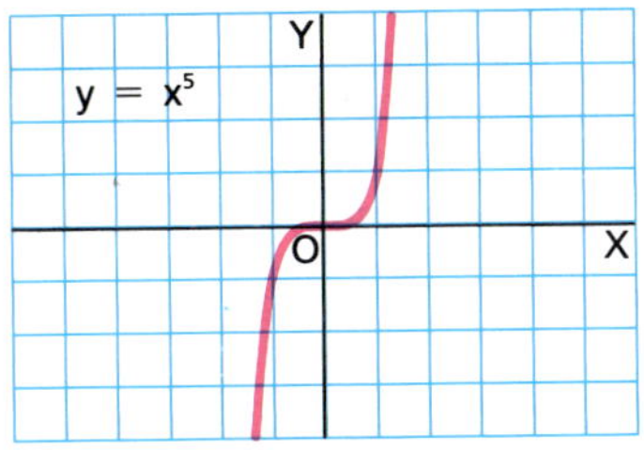

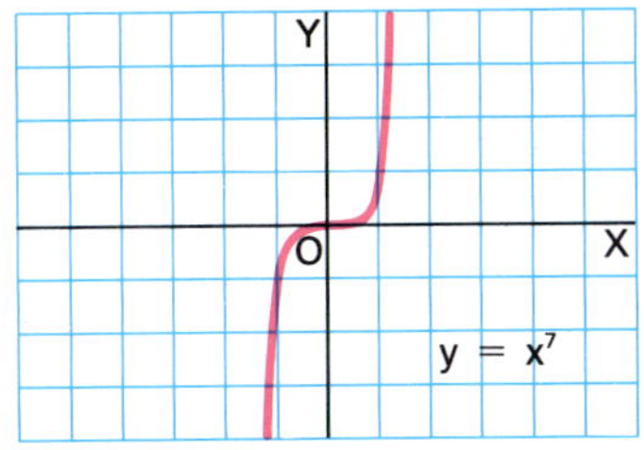

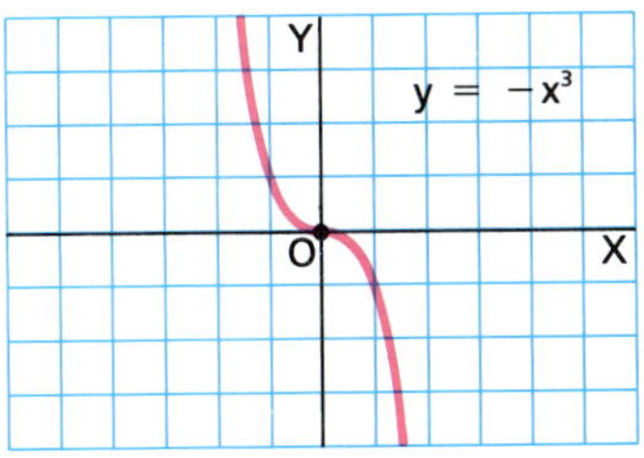

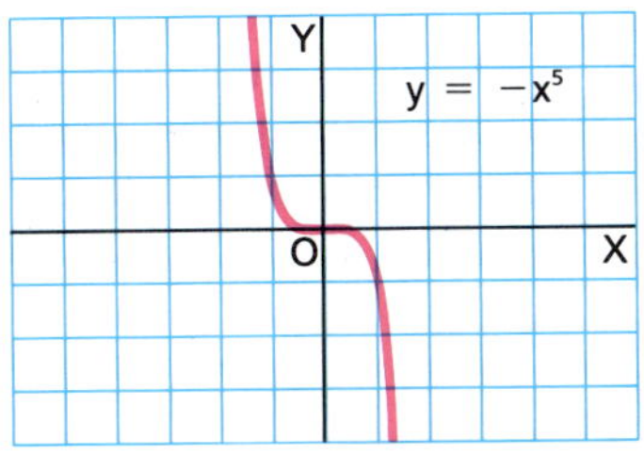

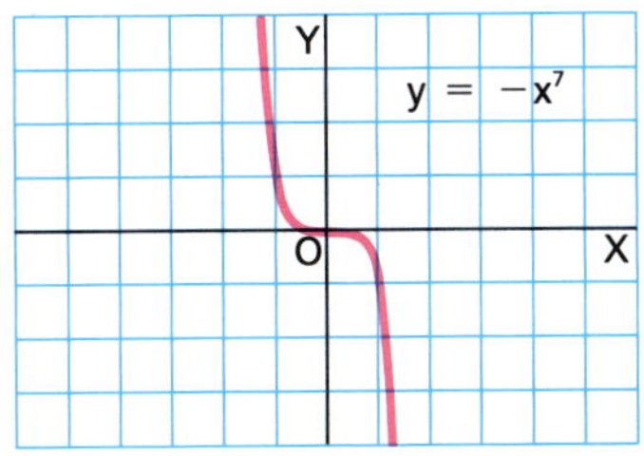

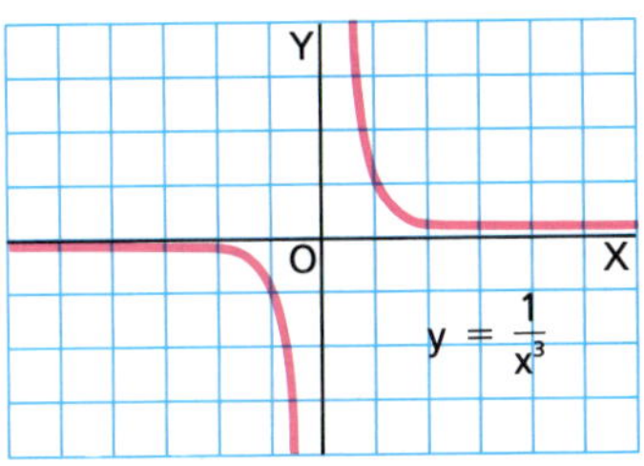

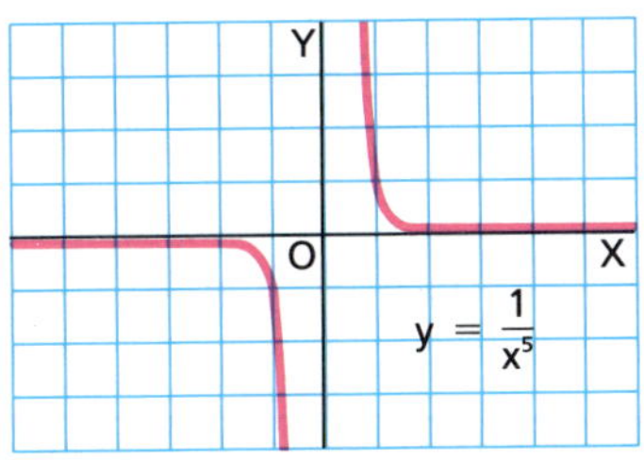

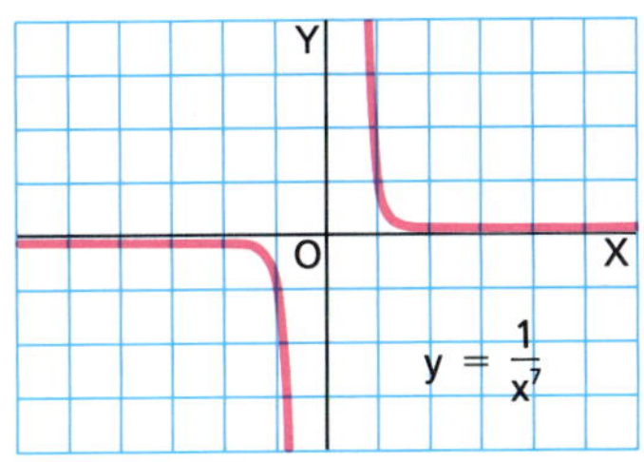

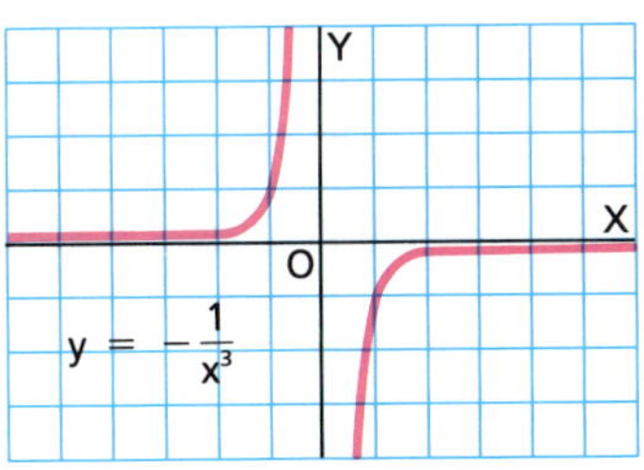

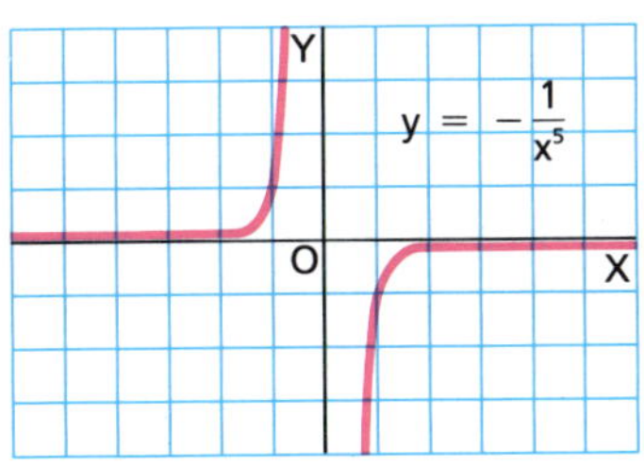

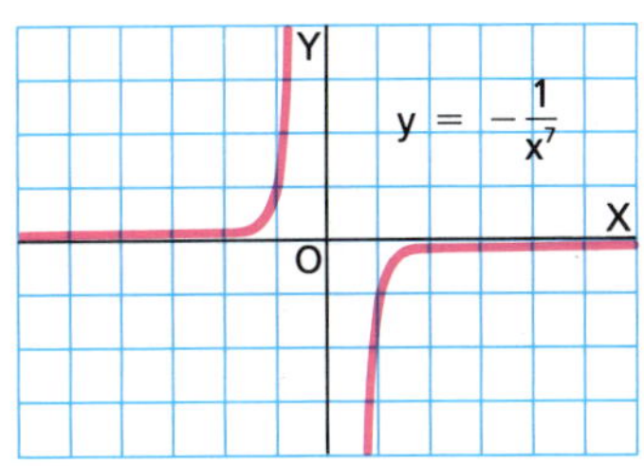

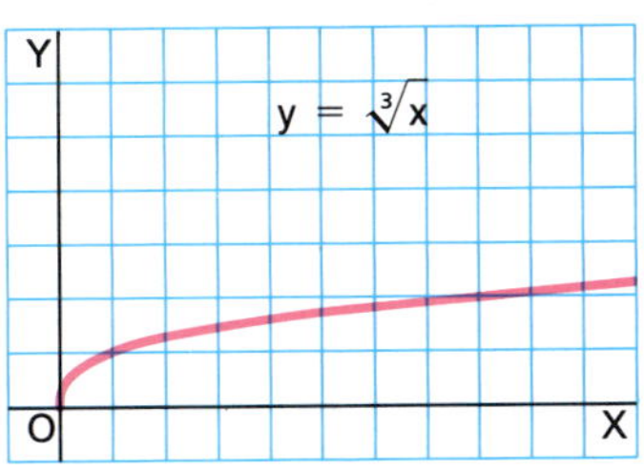

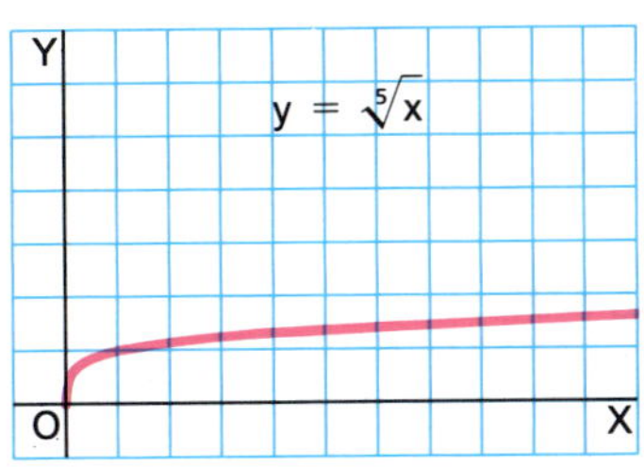

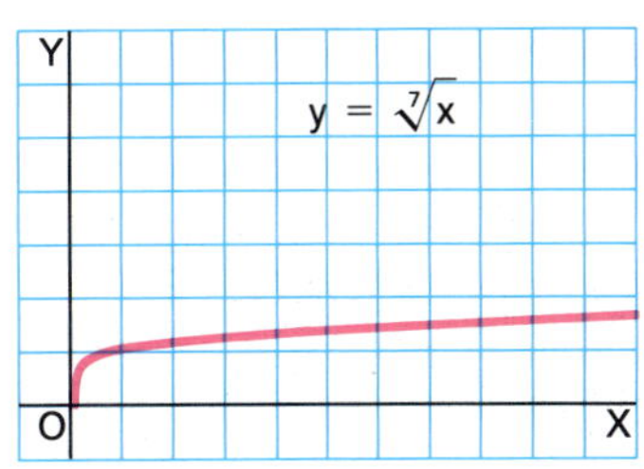

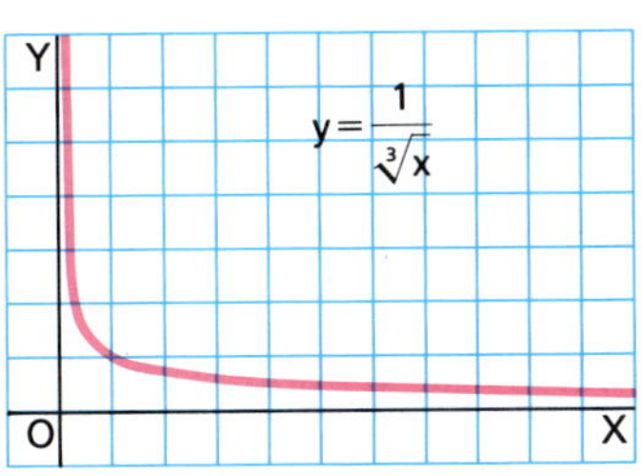

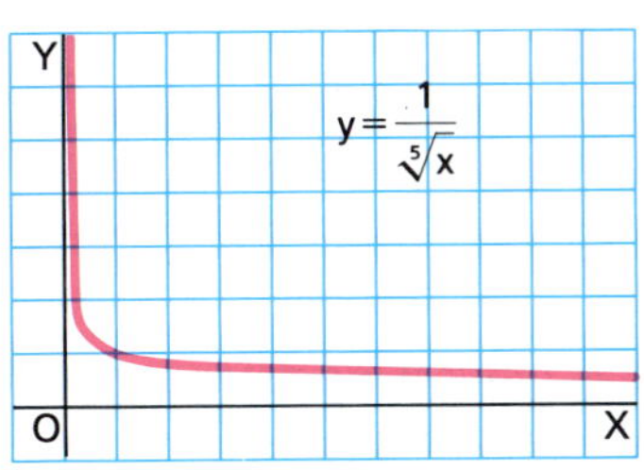

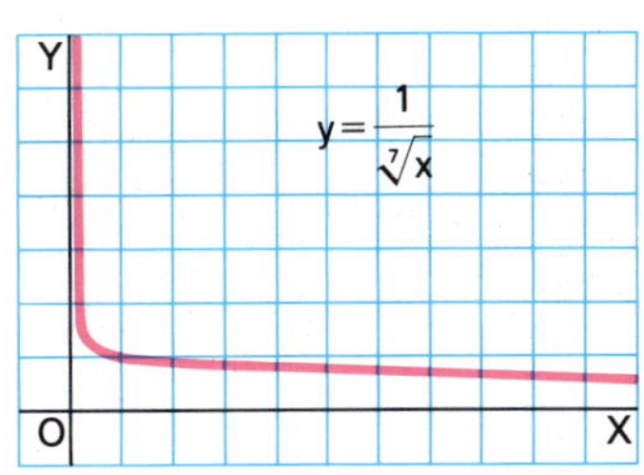

5. FUNCIONES POTENCIALES REALES

Las funciones **potenciales reales**, definidas por $f(x) = x^a$ donde **a** es un número real, son una generalización de las anteriores, definidas para exponente entero y fraccionario, y las propiedades son similares.

Dos observaciones:

1. Las funciones potenciales, en general, no están definidas en toda la recta real; si el dominio es **R** o **R*** las funciones son simétricas respecto del origen (funciones impares) o del eje de ordenadas (funciones pares).
2. La posible ampliación de una función potencial a **R** o **R*** no aporta nada nuevo, ya que la parte de gráfica en $\mathbf{R}^-$ puede obtenerse por simetría.

Estas dos observaciones aconsejan estudiar las funciones potenciales para $\mathbf{x \geqslant 0}$.

a) $\mathbf{a > 1}$

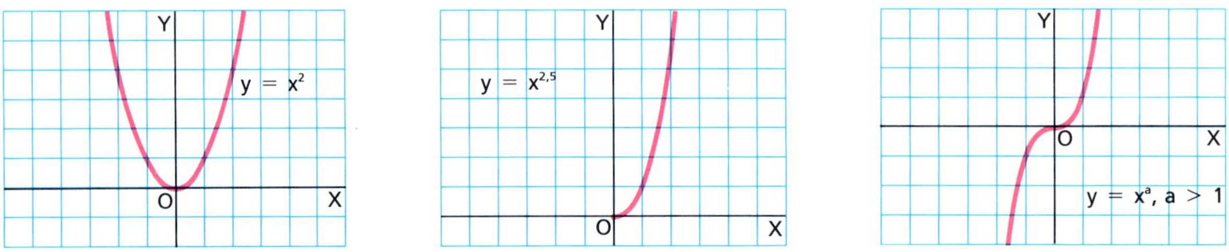

b) $\mathbf{0 < a < 1}$

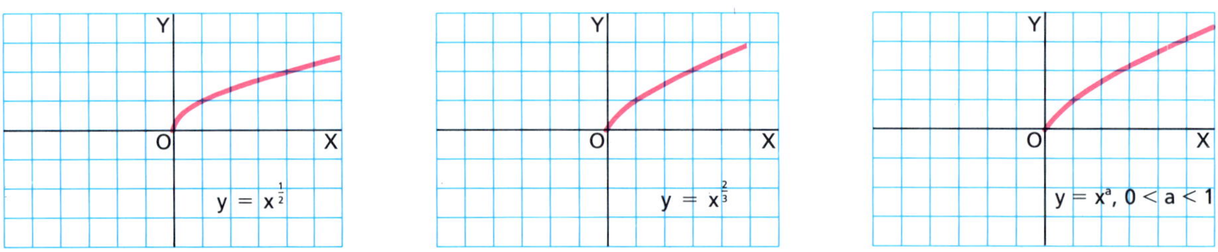

La gráfica de la función $f(x) = x^a$ es una generalización de las dos anteriores. Las propiedades son las mismas.

c) $\mathbf{a < 0}$

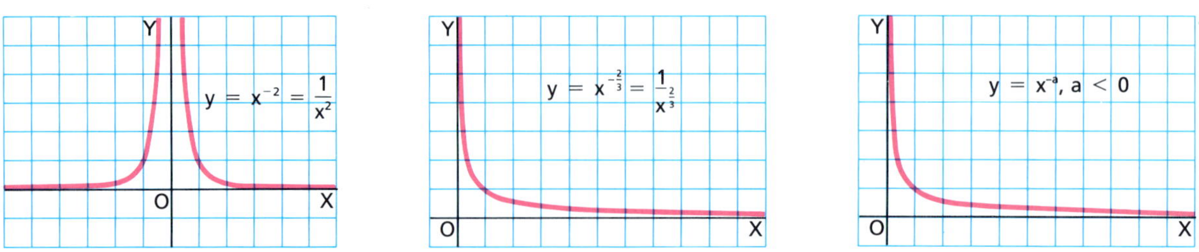

Las gráficas de estas funciones son inversas de las anteriores. De ahí su construcción.

1 **La función de la distancia de seguridad viene dada por $D=\frac{v^2}{2}$. Si v está dado en Mm/h, la función D da la distancia en metros. Calcula las distancias de seguridad cuando la velocidad que lleva el coche es:**

a) **30 km/h.**
b) **60 km/h.**
c) **120 km/h.**
d) **240 km/h.**

¿Se duplica la distancia de frenado al duplicarse la velocidad del coche?

a) $D=3\cdot\frac{3}{2}=4{,}5$ m.

b) $D=6\cdot\frac{6}{2}=18$ m.

c) $D=12\cdot\frac{12}{2}=72$ m.

d) $D=24\cdot\frac{24}{2}=288$ m.

La respuesta es negativa. Si un coche va a doble velocidad necesita cuatro veces más espacio para pararse.

2 **La torre Picasso de Madrid tiene 150 m de altura. Se deja caer una bola de acero desde la azotea. Halla el tiempo que tarda en llegar al suelo. Se supone que el rozamiento del aire es nulo. Toma como valor de la aceleración de la gravedad $g=10$ m/s^2.**

La función potencial que da el espacio es $e=\frac{1}{2}gt^2$. Sustituyendo se tiene:

$$150=\frac{1}{2}\cdot 10\cdot t^2 \Leftrightarrow 30=t^2 \Leftrightarrow t=5{,}48 \text{ s}$$

3 **Observa la siguiente figura. Trazando rectas paralelas a los lados del cuadrado se pueden construir otros cuadrados cuyas áreas vienen dadas por la ecuación $A(x)=x^2$, donde x es el lado del cuadrado que tenga por área:**

1. **Cuatro veces el cuadrado dado.**
2. **El doble del cuadrado dado.**
3. **La mitad del cuadrado dado.**

Sea y el lado del nuevo cuadrado.

1. Si el área es 4 veces se tiene:

$$y^2=4x^2 \quad\Leftrightarrow\quad y=2x$$

2. Si el área es 2 veces se tiene:

$$y^2=2x^2 \quad\Leftrightarrow\quad y=\sqrt{2}\,x$$

3. Si el área es la mitad se tiene:

$$y^2=\frac{x^2}{2} \quad\Leftrightarrow\quad y=\frac{x}{\sqrt{2}}$$

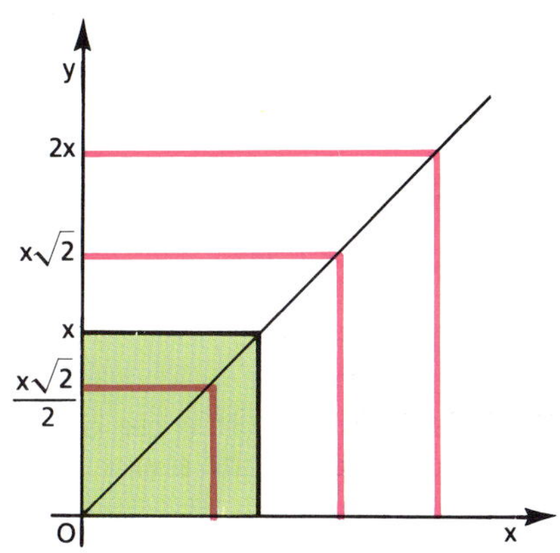

Observa que en la función potencial $A(x)=x^2$, al duplicarse el lado se cuadruplica el área.

ACTIVIDADES

Ejercicios para entrenarse

1 El área de un cuadrado viene dado por la función $f(x)=x^2$, siendo x el valor del lado. Calcula:

1. $f(3)$
2. $f(2{,}5)$
3. $f(6{,}5)$
4. $f(10{,}1)$

2 El volumen de un cubo viene dado por la función $f(x)=x^3$, siendo x el valor de la arista. Calcula:

1. $f(3)$
2. $f(2{,}5)$
3. $f(6{,}5)$
4. $f(10{,}1)$

3 El área de un cuadrado viene dado por la función $f(x)=x^2$, siendo x el valor del lado. Calcula x si:

1. $f(x) = 25$
2. $f(x) = 1{,}21$
3. $f(x) = 625$
4. $f(x) = 10{,}24$

4 El volumen de un cubo viene dado por la función $f(x)=x^3$, siendo x el valor del lado. Calcula x si:

1. $f(x) = 125$
2. $f(x) = 1{,}331$
3. $f(x) = 0{,}343$
4. $f(x) = 15\,625$

5 Escribe el punto en el que las siguientes funciones potenciales alcanzan el valor mínimo:

1. $f(x) = x^2$
2. $f(x) = x^4$
3. $f(x) = (x-1)^2$
4. $f(x) = (x+1)^4$

6 Escribe tres funciones potenciales que tengan por dominio:

1. La recta real: **R**
2. La recta real menos el 0: **R** $-[0]=$ **R***
3. La recta real positiva: $\mathbf{R}^+$

7 Escribe tres funciones potenciales que tengan por recorrido:

1. La recta real: **R**
2. La recta real menos el 0: **R** $-[0]=$ **R***
3. La recta real positiva: $\mathbf{R}^+$

8 Halla los límites en 0^+, 0^-, $+\infty$ y $-\infty$ de las funciones:

1. $f(x) = \frac{1}{x}$
2. $f(x) = \frac{1}{x^2}$

9 Indica cuáles son las asíntotas horizontales de:

1. $f(x) = \frac{1}{x}$
2. $f(x) = \frac{1}{x^2}$
3. $f(x) = \frac{1}{x^3}$
4. $f(x) = \frac{1}{x^4}$

10 Indica cuáles son las asíntotas verticales de:

1. $f(x) = \frac{1}{x}$

2. $f(x) = \frac{1}{x^2}$

3. $f(x) = \frac{1}{x^3}$

4. $f(x) = \frac{1}{x^4}$

11 Dibuja dos funciones potenciales que sean pares.

12 Dibuja dos funciones potenciales que sean impares.

13 Dibuja la gráfica de las siguientes funciones y halla su campo de continuidad:

1. $f(x) = \frac{1}{x}$

2. $f(x) = \frac{1}{x^2}$

3. $f(x) = \frac{1}{x^3}$

4. $f(x) = \frac{1}{x^4}$

14 Estudia el comportamiento de los siguientes pares de funciones inversas con relación al crecimiento:

1. $f(x) = x, \quad g(x) = \frac{1}{x}$

2. $f(x) = x^2, \quad g(x) = \frac{1}{x^2}$

3. $f(x) = x^3, \quad g(x) = \frac{1}{x^3}$

4. $f(x) = x^4, \quad g(x) = \frac{1}{x^4}$

15 Dibuja por traslación las siguientes funciones:

1. $f(x) = x^2 + 1$

2. $f(x) = x^2 - 1$

3. $f(x) = (x + 1)^2$

4. $f(x) = (x - 1)^2$

16 Dibuja por traslación las siguientes funciones:

1. $f(x) = x^3 + 1$

2. $f(x) = x^3 - 1$

3. $f(x) = (x + 1)^3$

4. $f(x) = (x - 1)^3$

17 Unas funciones fáciles de dibujar. ¿Por qué?

1. $f(x) = x^2 + 2x + 1$

2. $f(x) = x^2 - 2x + 1$

3. $f(x) = x^3 + 3x^2 + 3x + 1$

4. $f(x) = x^3 - 3x^2 + 3x - 1$

18 Calcula la tasa de variación en el intervalo $[x, x + 1]$ de las funciones:

1. $f(x) = x$

2. $f(x) = x^2$

3. $f(x) = x^3$

4. $f(x) = x^4$

Problemas para resolver

19 Se deja caer una bola de acero desde la azotea de una torre de 200 metros de altura. Halla el tiempo que tarda en llegar al suelo. Se supone que el rozamiento del aire es nulo. Toma como valor de la aceleración de la gravedad $g = 10$ m/s^2.

20 La suma de los números impares viene dada por la función potencial $f(x) = x^2$, tomando $x = 1, 2, 3...$

1. Compruébalo para varios números.

2. Calcula la suma de los números impares menores que 100.

21 El número de baldosas cuadradas de lado uno necesarias para solar una sala cuadrada viene dada por la función $f(x) = x^2$. Se ha pagado por las baldosas de una sala 20 000 pesetas. ¿Cuánto habrá que pagar por otra sala también cuadrada cuyo lado es el doble? ¿Y si el lado es triple?

A

22 El señor García tiene una parcela cuadrada cuya valla de piedra vista le ha costado 1 millón de pesetas. Su vecino ha tenido que pagar dos millones por la valla de su parcela también cuadrada. El precio por m^2 de las dos parcelas es el mismo. Si el señor García ha pagado 5 millones, ¿cuánto ha pagado su vecino? Deduce de aquí cómo varía la función potencial $f(x) = x^2$ al duplicarse el valor de la variable x.

23 Los vecinos de Orejilla de Abajo han construido un aljibe cúbico para el suministro de agua. Los de Orejilla de Arriba, para no ser menos, han hecho otro de lado doble. Así, piensan ellos, tienen agua para el doble de tiempo. ¿Es correcto este modo de pensar? Deduce de aquí cómo varía la función potencial $f(x) = x^3$ al duplicarse el valor de la variable x.

24 En una clase de 20 alumnos el profesor ha mandado construir a cada uno de ellos una circunferencia. El radio es el número de orden en la clase medido en centímetros. Se pide:

1. La función que expresa las longitudes de las circunferencias.
2. La función que expresa las áreas de los círculos.
3. Una sucesión de alumnos cuyos radios formen una progresión geométrica de razón 2.
4. La razón de las áreas de los círculos correspondientes.

Cuestiones para aclararse

25 Todas las funciones potenciales pasan por un punto fijo, ¿podrías decir cuál es? Razona el porqué.

26 Las funciones recíprocas son simétricas respecto de una recta, ¿cuál es? Dibuja dos funciones potenciales que sean recíprocas.

27 ¿Cuántas funciones recíprocas tiene la función $f(x) = x^2$? ¿Por qué? Razona la contestación dibujando la o las funciones recíprocas.

28 ¿Cuántas funciones recíprocas tiene la función $f(x) = x^3$? ¿Por qué? Razona la contestación dibujando la o las funciones recíprocas.

29 Verdadero o falso. ¿Por qué?

1. Si una función potencial es creciente su inversa es decreciente.
2. Si una función potencial es decreciente su inversa es decreciente.
3. Si una función potencial es creciente su recíproca es creciente.
4. Si una función potencial es decreciente su recíproca es decreciente.

30 Verdadero o falso. ¿Por qué?

1. Toda función potencial está acotada inferiormente.
2. Toda función potencial está acotada superiormente.
3. Existen funciones potenciales acotadas inferiormente.
4. Existen funciones potenciales acotadas superiormente.

Actividades para profundizar

31 ¿Verdadero o falso? Dada la función $f(x) = x^2$.

1. $f(x + x') = f(x) + f(x')$
2. $f(x + x') = f(x)\, f(x')$
3. $f(xx') = f(x) + f(x')$
4. $f(xx') = f(x)\, f(x')$

32 Demuestra que la función potencial $f(x) = x^3$ es estrictamente creciente.

33 Demuestra que si $0 < x < 1$, entonces:

1. $x^2 < x$
2. $x^3 < x^2$
3. $x^4 < x^3$

34 Demuestra que si $0 < x < 1$, entonces:

1. $x < \sqrt{x}$

2. $\sqrt{x} < \sqrt[3]{x}$

3. $\sqrt[3]{x} < \sqrt[4]{x}$

35 Una función verifica la relación $f(xx') = f(x)\, f(x')$. Demuestra que:

1. $f(0) = 0$ ó $f(0) = 1$

2. $f(1) = 1$ ó $f(1) = 0$

36 Halla el dominio de definición de las funciones $f(x) = x^{\frac{3}{5}}$ y de $g(x) = x^{\frac{6}{10}}$. ¿Son iguales? Razona la contestación.

37 De las siguientes funciones di cuáles son inyectivas y cuáles no:

1. $f(x) = x^2$

2. $f(x) = x^3$

3. $f(x) = \sqrt{x}$

4. $f(x) = \sqrt[3]{x}$

38 De las siguientes funciones di cuáles son biyectivas y cuáles no:

1. $f(x) = x^2$

2. $f(x) = x^3$

3. $f(x) = x^4$

4. $f(x) = \sqrt[3]{x}$

39 De las siguientes funciones di cuáles tiene una función recíproca y cuáles dos:

1. $f(x) = x^2$

2. $f(x) = x^3$

3. $f(x) = x^4$

4. $f(x) = x^5$

A

POTENCIAS, TAMAÑO Y FORMA

Las figuras de abajo muestran la evolución del caballo a lo largo de 60 millones de años, en cuyo transcurso se produjo un incremento del tamaño corporal y la modificación de la estructura del pie.

Si esos equipos geométricamente semejantes fuesen caballos reales, y no simples imagenes fotográficas, un aumento de 10 veces en la altura o longitud (a) comportaría un aumento de 100 veces en su área superficial (a^2) y de mil veces en su volumen (a^3). Este hecho matemático, relacionado con las funciones potenciales, hace que la semejanza de figuras no pueda extenderse en la naturaleza más allá de ciertos límites.

Además, al aumentar las dimensiones, aunque se conserve la forma, las características de los animales varían y en ello influye tanto la longitud como la superficie y el volumen.

Así, la masa es una consecuencia inmediata del volumen. Cuanto mayor sea un animal o planta, mayor importancia adquiere la gravedad y más decisivo el papel que adquieren los mecanismos de soporte y locomoción que ayudan a compensar los efectos de la gravedad y de la inercia. Esto hace que los mayores animales vivan en el agua donde la agilidad es mayor que en tierra puesto que la gravedad y la inercia quedan compensadas por el empuje del agua. Una ballena fuera del agua muere asfixiada al aplastarse los pulmones por el peso.

Fue Galileo quien, hace trescientos años, hizo las primeras observaciones acerca de las consecuencias que supone aumentar las dimensiones indefinidamente. La Naturaleza, según él, tampoco puede hacer crecer un árbol ni producir un animal por encima de ciertos límites.

Las aventuras de Alicia en el País de las Maravillas y de otros cuentos infantiles son preciosas para soñar tamaños y formas, donde los personajes se convierten en gigantes o enanos sin pensar en las leyes que rigen la naturaleza.

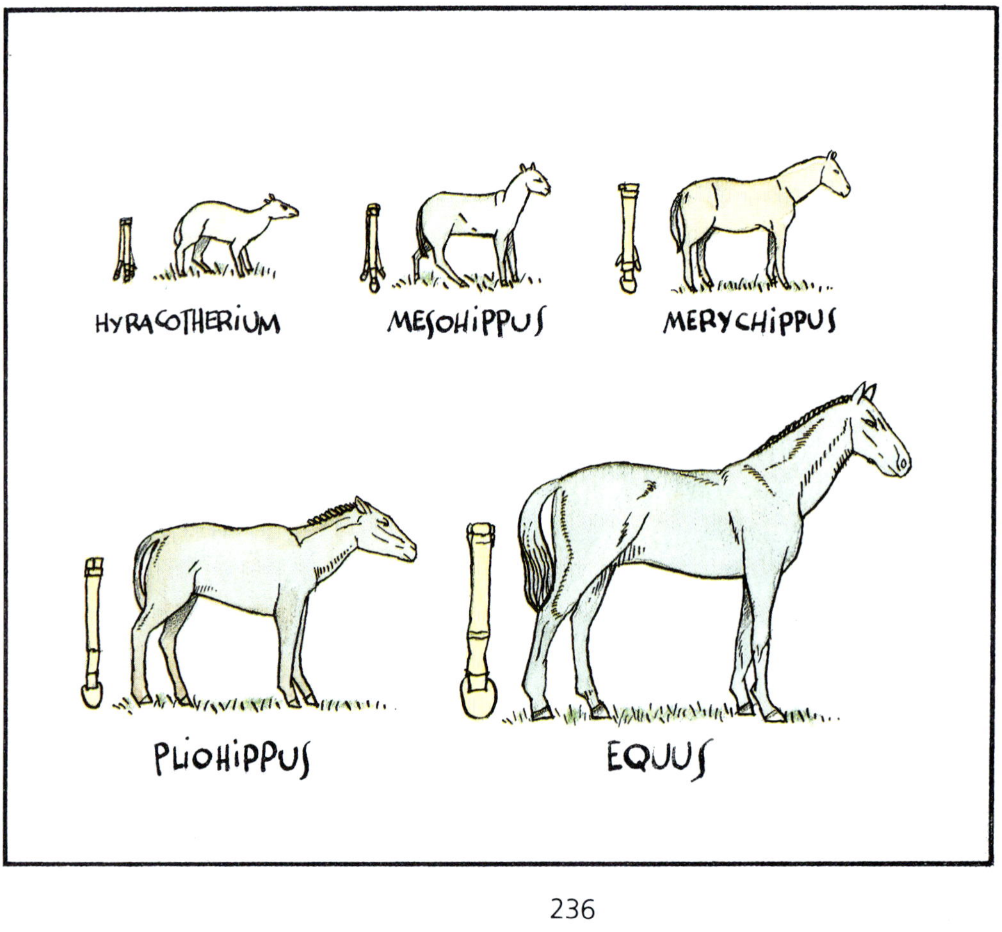

20 FUNCIONES EXPONENCIALES

LOS BULOS Y LAS FUNCIONES EXPONENCIALES

La vieja, sentada junto al fuego, escucha atentamente a su comadre las noticias y bulos del pueblo. Poco tarda la vieja en contar, como cosa cierta, los bulos a otras tres mujeres. Al cabo de una hora cada una de éstas se lo ha contado a otras tres, quienes a su vez en el mismo espacio de tiempo se lo cuentan a otras tres. Y así sucesivamente.

¿Cuál es la expresión matemática de la propagación del bulo?

Otros ejemplos

1. Todo el mundo ha recibido en su casa una carta prometiendo augurios si mandamos una fotocopia de la misma a otras cuatro personas, y en caso contrario amenazando con calamidades si se rompe la cadena. ¿Qué función expresa el número de personas que la recibe sucesivamente si no se rompe la cadena?
2. Una persona ingresa en el banco un millón de pesetas a interés compuesto del 10 %. ¿Qué dinero tiene al finalizar el quinto año?
3. Se calcula que un bosque tiene 24 000 m^3 de madera y que aumenta un 3,5 % al año. ¿Cuánta madera tendrá al cabo de 12 años si sigue creciendo en estas condiciones?

Estos hechos y otros muchos similares se expresan por funciones exponenciales definidas por:

$$\mathbf{f(x) = a^x} \quad \text{o bien} \quad \mathbf{f(x) = k\ a^x}$$

siendo **a** positivo y distinto de 1, y **k** una constante.

1. DOS FUNCIONES EXPONENCIALES: $y=2^x$, $y=2^{-x}$

La siguiente tabla muestra algunas potencias de 2 tomando como exponentes números negativos y positivos. Observa que esta tabla sirve para las dos funciones ya que para valores opuestos de x, por ejemplo, 3 y -3, las funciones alcanzan los mismos valores.

Exponentes	...	-6	-5	-4	-3	-2	-1	0	1	2	3	4	5	6	...
Potencias	...	2^{-6}	2^{-5}	2^{-4}	2^{-3}	2^{-2}	2^{-1}	2^0	2^1	2^2	2^3	2^4	2^5	2^6	...
Números	...	$\frac{1}{64}$	$\frac{1}{32}$	$\frac{1}{16}$	$\frac{1}{8}$	$\frac{1}{4}$	$\frac{1}{2}$	1	2	4	8	16	32	64	...

Con una calculadora puedes obtener todos los valores de las potencias de 2, sean o no los exponentes enteros. Para ello utiliza la tecla potencial-exponencial y procede así:

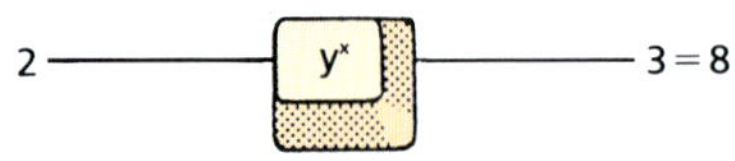

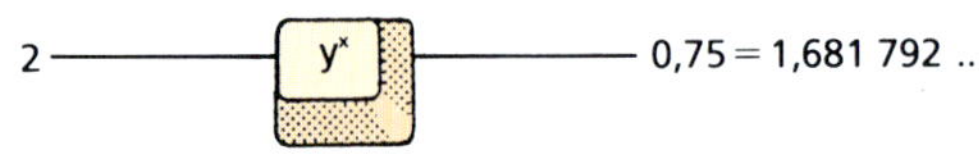

De esta forma a cada número real **x (exponente)** le corresponde otro número **y (potencia).** Se tienen así las **funciones exponenciales en base 2: $y=2^x$, $y=2^{-x}$.**

Representa estas dos funciones exponenciales. Utiliza para ello un papel cuadriculado dibujando los puntos de la tabla y otros que puedas obtener con la calculadora.

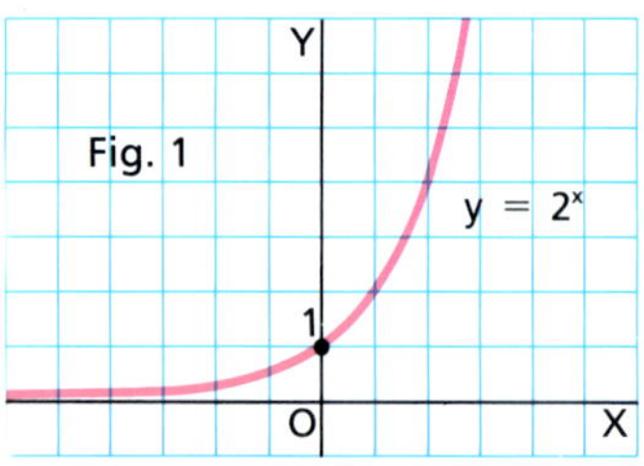

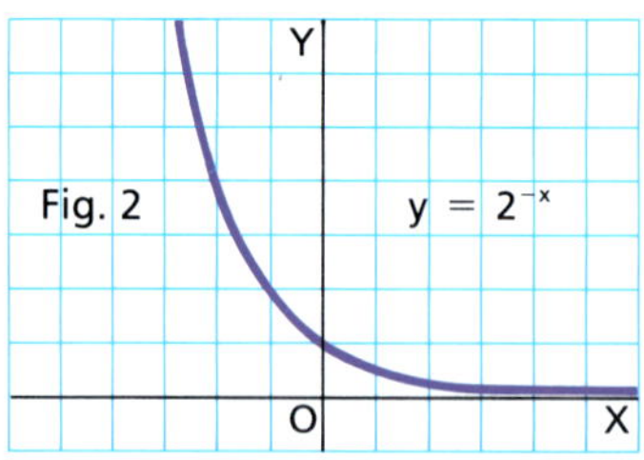

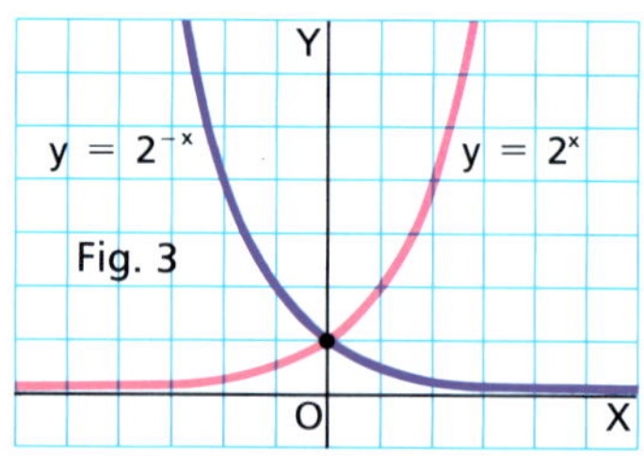

En la figura 3 se representan juntas las dos funciones para ver la simetría de las mismas respecto del eje de ordenadas. Observa que $y=2^{-x}=\frac{1}{2^x}$ es la función **inversa** de $y=2^x$.

Leyendo en las gráficas de las funciones $y=2^x$ e $y=2^{-x}$ responde las siguientes preguntas para cada una de ellas:

1. ¿Cuál es el **dominio** de la función?
2. ¿Cuál es el **recorrido**?
3. ¿Es **creciente** o **decreciente** en todo el dominio?
4. ¿Está **acotada inferiormente**? ¿Y **superiormente**?
5. ¿Es **continua**?
6. ¿Cuáles son los **límites** en $-\infty$ y $+\infty$?

Los resultados de tirar **n** monedas vienen dados en número por la función exponencial $y=2^n$.

2. DOS FUNCIONES ESTÁNDAR: $y = e^x$, $y = 10^x$

Para hallar valores de estas funciones utiliza la calculadora. Si aparecen las teclas funcionales: e^x 10^x

el cálculo es directo; basta introducir el exponente. En caso contrario, debes utilizar la tecla potencial-exponencial:

10 —— y^x —— 0,75 = 5,623 413...

introduciendo la base y el exponente.

Dibuja en papel cuadriculado estas funciones y comprueba que sus gráficas son similares a la gráfica de la función $\mathbf{y = 2^x}$ tal como se pone de manifiesto en las siguientes figuras:

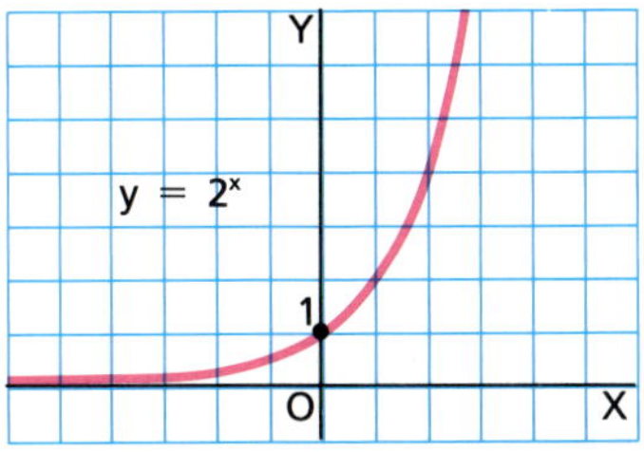

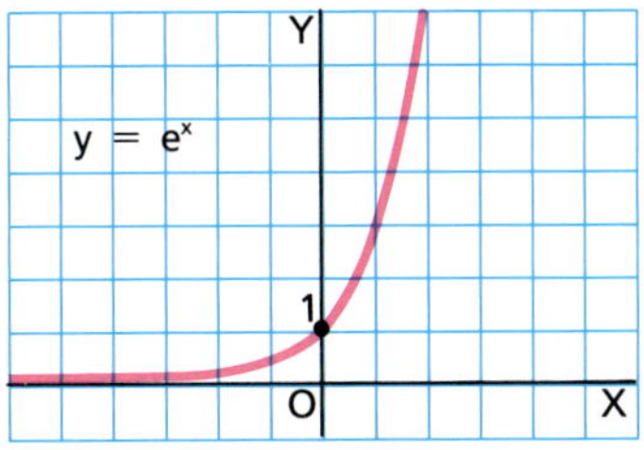

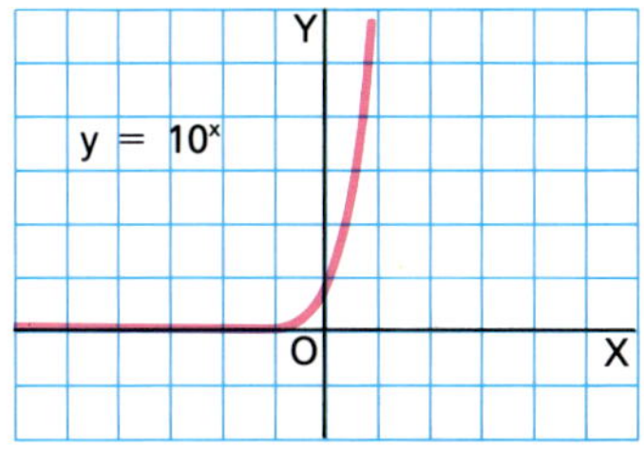

▶ Las funciones inversas $y = \left(\frac{1}{e}\right)^x$, $y = \left(\frac{1}{10}\right)^x$

Las funciones exponenciales que tienen **bases inversas** son **simétricas** respecto del **eje de ordenadas.** Este resultado permite dibujar por simetría estas funciones cuyas gráficas son similares a la de $y = \left(\frac{1}{2}\right)^x$.

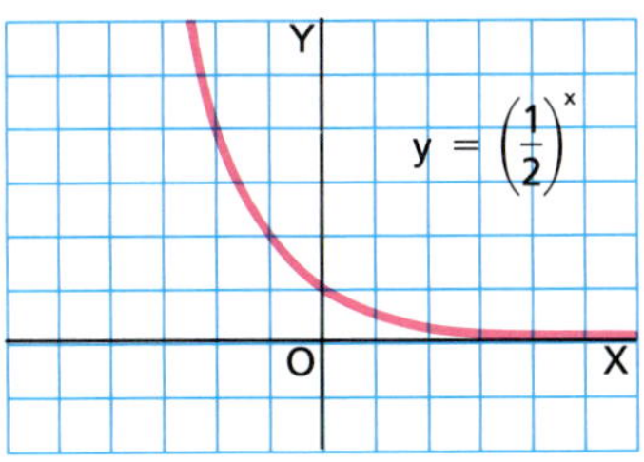

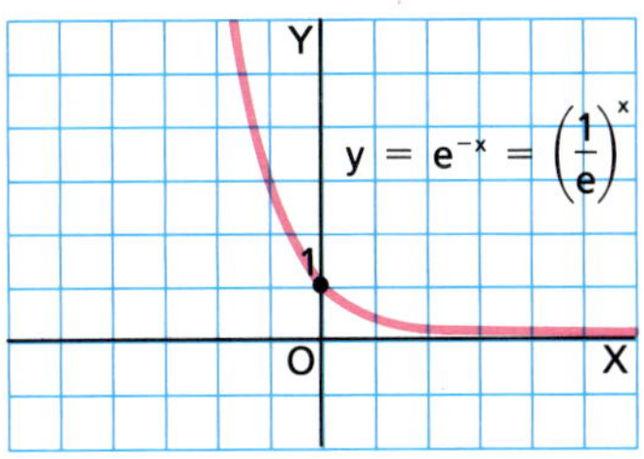

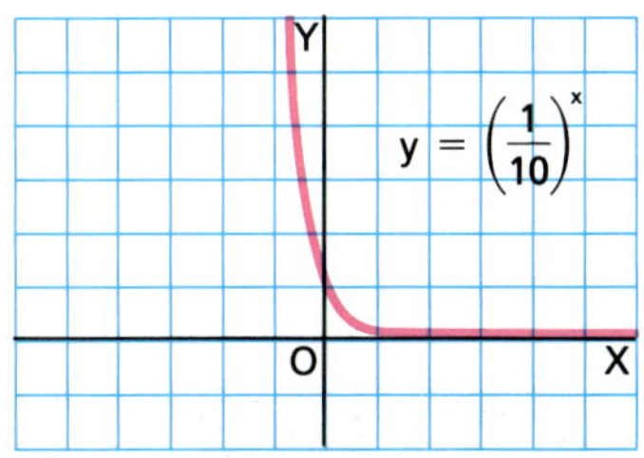

Leyendo en las gráficas de las funciones $y = e^x$, $y = 10^x$, $y = \left(\frac{1}{e}\right)^x$ e $y = \left(\frac{1}{10}\right)^x$ responde a las siguientes preguntas:

1. ¿Cuál es el **dominio** de la función? ¿Y el **recorrido**?
2. ¿Es **creciente** o **decreciente** en todo el dominio?
3. ¿Está **acotada inferiormente**? ¿Y **superiormente**?
4. ¿Es **continua**?
5. ¿Cuáles son los **límites** en $-\infty$ y $+\infty$?
6. ¿Por qué **punto común** pasan estas funciones?

3. FUNCIONES EXPONENCIALES

En esta pregunta se estudian las funciones exponenciales cuando la **base** es un número real cualquiera **positivo** y **distinto de 1.** En esencia, se generalizan los resultados anteriores para los dos casos: la base mayor que 1 y menor que 1.

Observa que la expresión $\mathbf{y=a^x}$ determina una función por la **unicidad** de las potencias de exponente real (capítulo 2).

▶ Base mayor que 1: a > 1

Las gráficas de estas funciones son similares a la de la función $\mathbf{y=2^x}$. Aquí representamos dos modelos particulares y la gráfica de la expresión general.

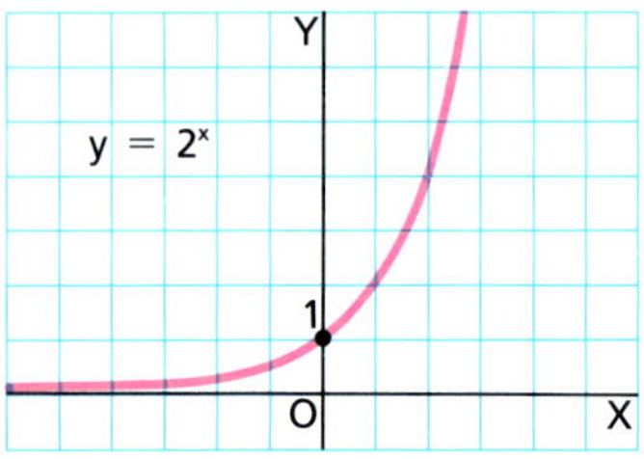

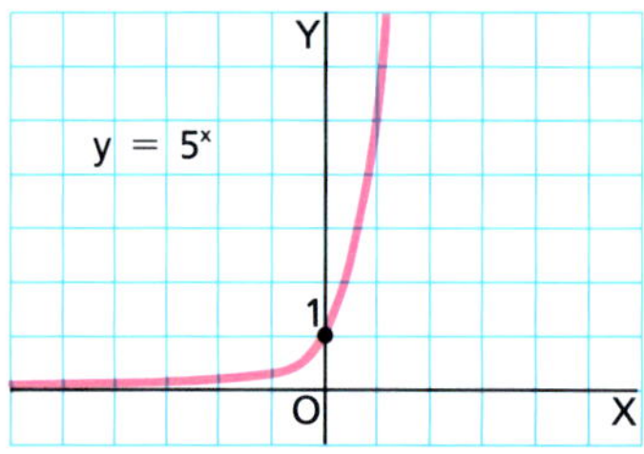

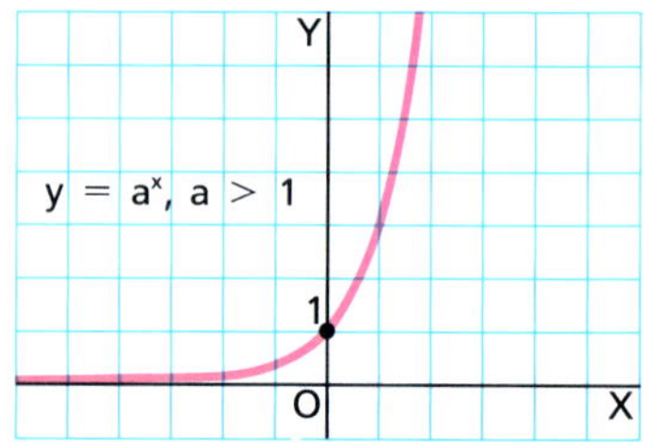

Observa que todas pasan por el punto **A (0, 1)** ya que $a^0=1$.

▶ Base menor que 1: $\frac{1}{a} < 1$ (a > 1)

Las gráficas de estas funciones son similares a la de la función $\mathbf{y=2^{-x}=\frac{1}{2^x}}$.

Observa que $2^{-x}=\frac{1}{2^x}=\left(\frac{1}{2}\right)^x$, y recuerda a continuación que las funciones exponenciales $y=2^x$ e $y=2^{-x}$ son simétricas respecto del eje de ordenadas.

Las relaciones $\left(\frac{1}{a}\right)^x=\frac{1}{a^x}=a^{-x}$ permiten construir las gráficas de las funciones exponenciales cuya base es menor que 1 a partir de la función exponencial que tiene por base su inversa, ya que ambas son simétricas respecto del eje de ordenadas.

En las siguientes figuras se representan funciones cuyas bases son menores que 1, construyendo previamente las funciones simétricas que tienen por base la inversa:

$y=\left(\frac{1}{2}\right)^x = \frac{1}{2^x}=2^{-x}$ simétrica respecto de OY de $y=2^x$

$y=\left(\frac{1}{3}\right)^x = \frac{1}{3^x}=3^{-x}$ simétrica respecto de OY de $y=3^x$

$y=\left(\frac{1}{a}\right)^x = \frac{1}{a^x}= a^{-x}$ simétrica respecto de OY de $y=a^x$

El número de resultados al tirar **n** dados es:

$\mathbf{y=6^n}$

que es una función exponencial.

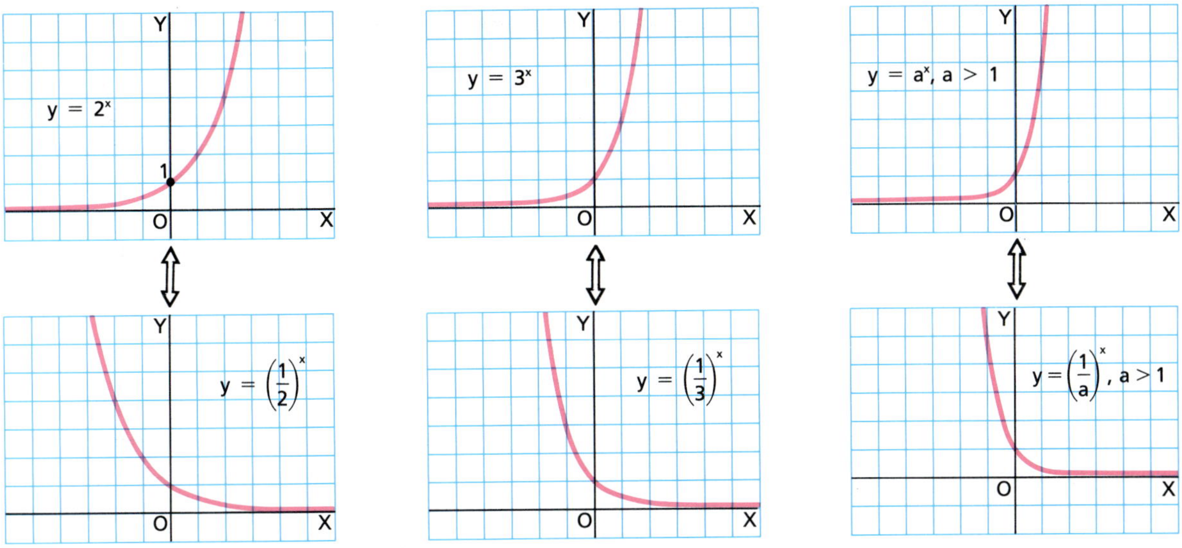

▶ Leyendo las gráficas

Propiedades comunes a estas funciones exponenciales y que se deducen de las propiedades de las potencias (y sobre todo leyendo en las gráficas) son:

a) Propiedades comunes a todas las funciones exponenciales:

1. El **dominio** de la función es la recta real: **R.**
2. El **recorrido** es el conjunto de los números reales positivos.
3. **f(0) = 1** ya que $a^0 = 1$. Todas las funciones pasan por el punto A(0 , 1).
4. **f(1) = a** ya que $a^1 = a$.
5. $f(x + x') = f(x) \cdot f(x')$, es decir,

$$\mathbf{a^{x+x'} = a^x \cdot a^{x'}}$$

6. La función es **continua** en su dominio.

b) Propiedades que dependen de la base:

7. La función es:
   — **Estrictamente creciente** si la base es **mayor que 1.**
   — **Estrictamente decreciente** si la base es **menor que 1.**
8. El comportamiento de estas funciones en $-\infty$ y $+\infty$ viene dado por
   — Si la base es mayor que 1:

$$\lim_{x \to -\infty} a^x = 0, \quad \lim_{x \to +\infty} a^x = +\infty$$

   — Si la base es menor que 1:

$$\lim_{x \to -\infty} a^x = +\infty, \quad \lim_{x \to +\infty} a^x = 0$$

¿TE HAS FIJADO...?

¿Te has fijado en la forma que tienen los cables del tendido eléctrico entre dos postes consecutivos? A primera vista parece que es un arco de parábola, pero no es cierto. Se trata de otra curva conocida en matemáticas con el nombre de catenaria. La expresión de esta curva está relacionada con la función exponencial creciente (e^x) y decreciente (e^{-x}) de la siguiente forma:

$$y = e^x + e^{-x}$$

5. PARA IR CONOCIENDO FUNCIONES EXPONENCIALES

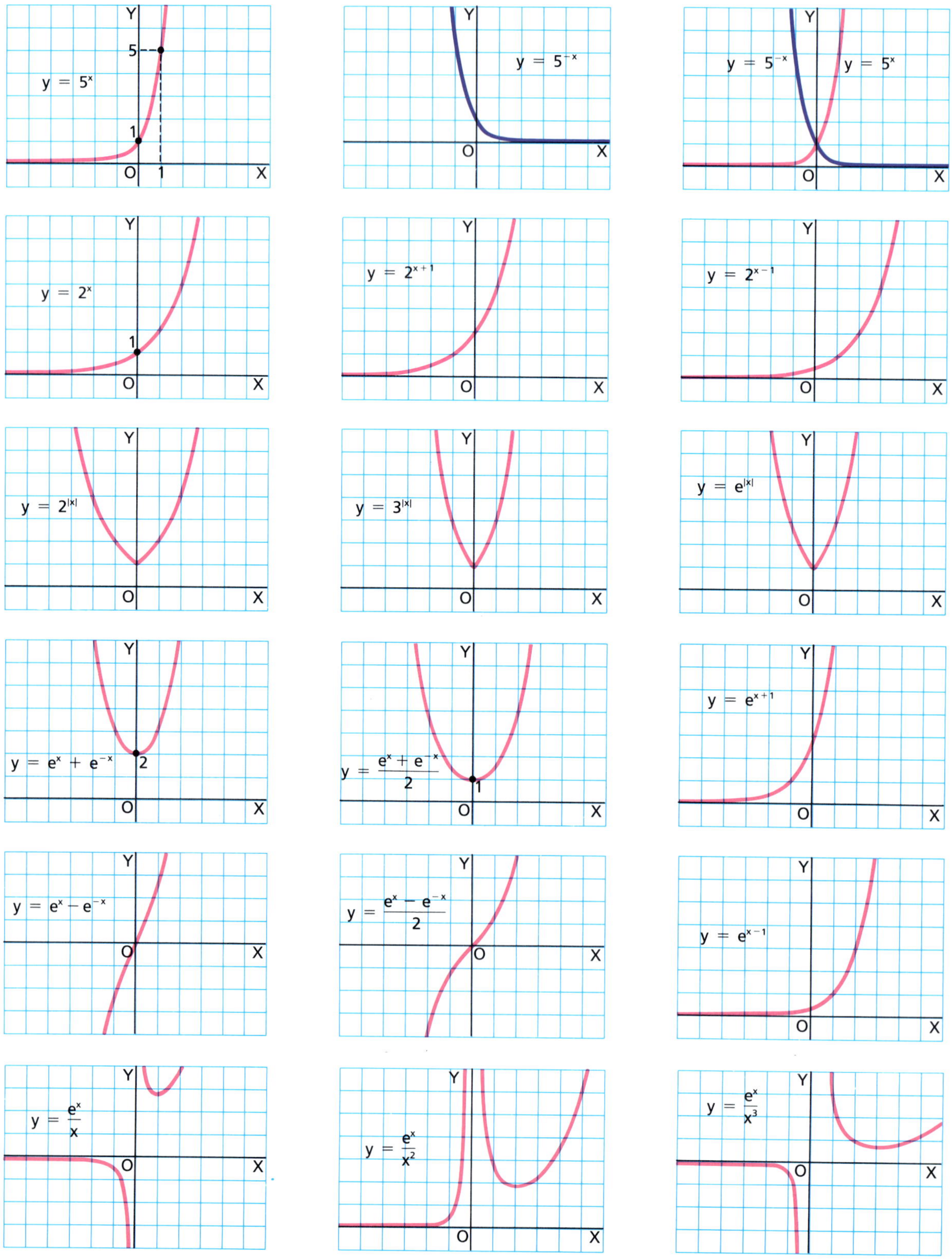

PROBLEMAS RESUELTOS

1 **Dada la función exponencial $f(x) = ka^x$, se sabe que $f(0) = 5$ y $f(3) = 40$. ¿Cuánto valen la constante k y la base a?**

Sustituyendo, se tiene:

$$f(0)=5 \Leftrightarrow ka^0 = 5 \Leftrightarrow k \cdot 1 = 5 \Leftrightarrow k = 5$$
$$f(3)=40 \Leftrightarrow ka^3 = 40 \Leftrightarrow a^3 = 8 \Leftrightarrow a = 2$$

Por tanto, la función es $f(x) = 5 \cdot 2^x$.

2 **El problema del avaro. La máxima aspiración de un avaro es prestar al 100 %. Todos sabemos que las tasas de interés en los préstamos se camuflan muchas veces poniendo tasas mensuales. Un 1 % de interés mensual no equivale al 12 % de interés anual. ¿Por qué? Razónalo aplicando la fórmula del interés compuesto dada por la función exponencial $f(t) = C(1+i)^t$.**

— Una peseta al 12 % anual se transforma al cabo del año en 1,12 pesetas.

— Si el interés es 1 %, el tanto por uno es 0,01, y una peseta que capitaliza mensualmente (utiliza la calculadora) al final del año se transforma en:

$$1 \cdot (1+0{,}01)^{12} = 1{,}126825$$

Observa que los resultados son distintos. Si compras un coche y la cantidad aplazada es 1 millón, la diferencia en un año sería 6 825 pesetas.

3 **El problema del bosque. Se calcula que un bosque tiene 24 000 m³ de madera y que aumenta un 3,5 % al año.**

1. ¿Cuánta madera tendrá al cabo de 12 años si sigue creciendo en estas condiciones?

2. ¿Cuánto tiempo tardará en duplicarse suponiendo que sigue ese ritmo de crecimiento?

La ecuación exponencial que da el crecimiento del bosque es:

$$M(t) = 24\,000\,(1+0{,}035)^t$$

donde M(t) indica la madera que tendrá dentro de t años.

1. Si $t = 12$ se tiene (utiliza calculadora):

$$M(12) = 24\,000\,(1+0{,}035)^{12} = 36\,266 \text{ m}^3$$

2. Si se duplica la madera del bosque se tiene que:

$$48\,000 = 24\,000\,(1+0{,}035)^t \Leftrightarrow 2 = 1{,}035^t$$

Tomando logaritmos decimales, resulta:

$$t = \frac{\log 2}{\log 1{,}035} = 20{,}14 \text{ años} \approx 20 \text{ años } 52 \text{ días}$$

ACTIVIDADES

Ejercicios para entrenarse

1 Calcula los valores que toman las siguientes funciones para $x = -2, -1, 0, 1, 2$:

1. $f(x) = 3^x$
2. $g(x) = 3^{-x}$
3. $h(x) = \left(\frac{1}{3}\right)^x$
4. $k(x) = \left(\frac{1}{3}\right)^{-x}$

2 Calcula los valores que toman las siguientes funciones para $x = -2, -1, 0, 1, 2$:

1. $f(x) = 5^x$
2. $g(x) = 5^{-x}$
3. $h(x) = \left(\frac{1}{5}\right)^x$
4. $k(x) = \left(\frac{1}{5}\right)^{-x}$

3 Compara los valores que toman las siguientes funciones para $x = -2, -1, 0, 1, 2$:

1. $f(x) = 3^x$ y $g(x) = 3^{-x}$
2. $h(x) = \left(\frac{1}{3}\right)^x$ y $k(x) = \left(\frac{1}{3}\right)^{-x}$

Estudia la simetría de los dos puntos obtenidos.

4 Las progresiones geométricas tienen por término general una expresión exponencial. Escríbelo para las sucesiones:

1. 1, 2, 4, 8, 16, 32...
2. 2, 4, 8, 16, 32...
3. 4, 8, 16, 32...
4. 8, 16, 32...

5 Dibuja y relaciona las siguientes funciones:

1. $y = 2^x$, $y = 2^{x+1}$, $y = 2^{x-1}$
2. $y = 3^x$, $y = 3^{x+1}$, $y = 3^{x-1}$

Problemas para resolver

6 Una población tiene una tasa de crecimiento anual del 2 %. Se pide:

1. La función exponencial del crecimiento.
2. Si se mantiene ese ritmo de crecimiento, ¿cuánto tiempo tardará en duplicarse la poblacion?

7 Un fabricante aumenta el precio de sus productos según el I.P.C. que en los últimos 10 años ha tenido un crecimiento anual medio del 6 %? ¿Cuál es el precio actual de un producto que hace 10 años costaba 20 000 PTA?

8 Se calcula que un bosque tiene 24 000 m^3 de madera y que aumenta un 3,5 % al año. ¿Cuánto tiempo tardará en duplicarse la cantidad de madera si sigue creciendo en estas condiciones? Otro bosque tiene 50 000 m^3 y la misma tasa de crecimiento, ¿tardará el mismo tiempo en duplicarse? ¿Depende el tiempo de duplicación de la cantidad de madera inicial?

9 Un banco nos presta dinero y nos comprometemos a devolverlo todo a los 5 años. Nos dicen que habremos de devolver exactamente el doble de lo que nos dieron. ¿Qué intereses nos están cobrando?

10 Se dice que en 1626 Peter Minuit compró la isla de Manhattan a los indios por 24 dólares. Imagínate que Minuit hubiera puesto en el banco los 24 dólares al 6 % de interés compuesto. ¿Cuánto dinero tendría en 1990? Sería interesante comparar este resultado con el precio actual de la isla de Manhattan.

11 En la escala temperada de los instrumentos musicales desde los días de J. S. Bach (1685-1750) las frecuencias de las notas sucesivas DO, DO#, RE, RE#, MI, FA, FA#, SOL, SOL#, LA, LA#, SI, **DO** (siguiente octava) forman una progresión geométrica en la que **DO** tiene una frecuencia doble que la de DO (octava anterior).

1. ¿Cuál es la razón de la progresión?

2. Escribe la función exponencial correspondiente.

3. Si la frecuencia del DO es 262 Hz, halla la frecuencia de la nota LA.

12 Si se coloca 1 millón de pesetas al 12 % de interés, ¿a cuánto ascenderá al término de un año si el interés capitaliza en la forma que se indica?

1. Anualmente.
2. Mensualmente.
3. Diariamente.
4. Continuamente.

13 Un pueblo creció en forma exponencial de 10 000 habitantes en 1970 a 14 000 habitantes en 1980. Suponiendo que continúe el mismo tipo de crecimiento, ¿cuál será la población en el año 2000?

A

Cuestiones para aclararse

14 El coste de la vida crece en forma exponencial, ¿se podría decir esto si la función fuera $f(x)=1^x$? Esto justifica que la base sea distinta de 1. Razónalo.

15 Las funciones exponenciales, ¿pueden tomar valores negativos? ¿Por qué? Razona la contestación.

16 Todas las funciones exponenciales de la forma $y=a^x$ tienen sus gráficas que pasan por el mismo punto. ¿Cuál es? Dibuja esquemáticamente dos distintas.

17 ¿Cuál es el recorrido de la función $y=2^x$? ¿Y de $y=2^{-x}$? ¿Cómo son entre sí? Si sabes, dibújalas.

18 Las funciones exponenciales $y=3^x$ e $y=3^{-x}$ son simétricas respecto de una recta, ¿cuál es? Razona la respuesta.

19 La función $f(x)=3^{|x|}$ es simétrica respecto de una recta, ¿podrías decir cuál? Haz un bosquejo de la gráfica y razona sobre ella.

20 Dibuja las gráficas de $f(x)=2^x$ y $g(x)=3^x$. Contesta razonadamente a las siguientes cuestiones:

a) Estas gráficas se cortan en un punto, ¿cuál es?

b) La gráfica de f está por debajo de la de g en un intervalo, ¿cuál es?

c) La gráfica de f está por encima de la de f en un intervalo, ¿cuál es?

Actividades para profundizar

21 La función exponencial $y=2^x$ es una función biyectiva, ¿qué significa esto? ¿Entre qué conjuntos es biyectiva?

22 La función exponencial $y=2^x$ es una función recíproca, ¿sabrías decir de qué función? Dibújalas e indica respecto de qué recta son simétricas.

23 Una función es creciente; por ejemplo, $y=2^x$. ¿Es creciente la función recíproca? Razona sobre la gráfica.

24 Al definir las funciones exponenciales hemos exigido que la base sea positiva y distinta de uno. Estudia la función $f(x)=(-2)^x$ para los valores $x=0{,}5$, $x=1{,}5$, $x=2{,}5$. Pasa estas potencias a forma radical y observa lo que sucede. Con esto trata de justificar el que la base elegida tenga que ser positiva y distinta de 1.

25 Una propiedad importante de las funciones exponenciales. Si:

— Un bosque crece de forma exponencial.

— Una cuenta se pone a interés fijo.

— Si la tasa de inflación es constante a lo largo de los años.

— Si la reproducción de las células sigue un crecimiento exponencial.

— Si una sustancia radiactiva emite radiaciones siguiendo una ley exponencial.

— ...

El tiempo que tarda en duplicarse/reducirse a la mitad no depende de la cantidad o de la masa inicial y siempre es el mismo, supuesta constante la tasa de variación. Demuéstralo.

de matemáticas

Un problema actual: la desintegración atómica

Cuando se tiene una muestra de elemento radiactivo, la fracción de átomos que se desintegra en la unidad de tiempo es una característica del elemento, independiente de todas las condiciones físicas y químicas a que esté sometido. La fórmula de decaimiento radiactivo, es decir, la forma en que va disminuyendo el número de átomos radiactivos presentes en una muestra viene dado por la función exponencial:

$$\mathbf{N(t) = N(0) \cdot e^{-lt}}$$

donde:

— N(0) es el número de átomos que hay en el momento t = 0.

— N(t) es el número de átomos que hay en el momento t.

— l es la constante de desintegración del elemento.

— t el tiempo.

La rapidez con que se desintegra una sustancia radiactiva se llama **período de semidesintegración** (p), que es el tiempo en que el número de átomos se reduce a la mitad.

Utilizando este valor se tiene la ecuación exponencial:

$$\mathbf{N(t) = \left(\frac{1}{2}\right)^{\frac{t}{p}}}$$

que expresa la reducción de la masa inicial con el tiempo.

En la tabla adjunta se muestra cómo se reduce, por ejemplo, 1 000 gramos de cobalto 60 a lo largo de los años. La vida media es 5,27 años; es decir, que en 5,27 años 1 000 gramos de cobalto se reduce a la mitad: 500 g. Para reducirse a 250 gramos se necesitan otros 5,27 años.

		MESES					
		0	2	4	6	8	10
	0	1000	978	957	936	916	896
	1	877	858	839	821	803	786
	2	769	752	736	720	704	689
	3	674	659	645	631	617	604
	4	591	578	566	553	541	530
	5	518	507	496	485	475	464
	6	454	444	435	425	416	407
AÑOS	7	398	390	381	373	365	357
	8	349	342	334	327	320	313
	9	306	299	293	287	280	274
	10	268	263	257	251	246	240
	11	235	230	225	220	216	211
	12	206	202	197	193	189	185
	13	181	177	173	169	166	162
	14	159	155	152	149	145	142
	15	139					

MURAL

21 FUNCIONES LOGARÍTMICAS

SENSACIONES MATEMÁTICAS

Todas las sensaciones psicofísicas, y entre ellas el sonido de tu discoteca preferida, responden razonablemente bien a la ley de ***Weber: Las sensaciones son proporcionales a las variaciones relativas de los estímulos.*** *Esta ley, expresada en términos matemáticos, establece una relación logarítmica entre la sensación y el estímulo, que para el sonido suele expresarse en la forma:*

$$S = 10 \cdot \log\left(\frac{I}{I_0}\right)$$

donde S *es la sensación sonora,* I *la intensidad física del sonido e* I_0 *la intensidad umbral o mínima necesaria para que ese sonido sea percibido (*10^{-16} *W/cm*^{2} *y que corresponde a una frecuencia de 1 000 Hz).*

La sensación sonora se mide en decibelios en honor de ***Alexander Graham Bell*** *(1847-1922), inventor del teléfono. Así, un sonido produce una sensación de 20 decibelios si su intensidad es 100 veces superior a la intensidad umbral.*

A. Graham Bell

El logaritmo en base **a** de un número **N** es el **exponente x** a que hay que elevar la base para que dé dicho número, es decir:

$$\log_a N = x \Leftrightarrow a^x = N$$

Los logaritmos en base 10 se llaman decimales.

Los logaritmos en base e (2,718 281...) se llaman neperianos y se designan por L o ln.

RECUERDA

1	$\log(MN) = \log M + \log N$
2	$\log\left(\frac{M}{N}\right) = \log M - \log N$
3	$\log N^m = m \log N$

1. CALCULANDO LOGARITMOS EN CUALQUIER BASE

Las calculadoras sólo permiten hallar directamente los logaritmos en base **10** y en base **e** (2,718 281...). Sin embargo, conocidos los logaritmos en una base, por ejemplo, 10, pueden obtenerse los logaritmos de un número en cualquier otra.

Por ejemplo, si la base es 2 y el número es N puede escribirse la relación:

$$x = \log_2 N \iff N = 2^x$$

Tomando logaritmos decimales en los dos miembros, resulta:

$$\log N = x \log 2$$

de donde, $x = \dfrac{\log N}{\log 2}$; es decir, $\boldsymbol{\log_2 N = \dfrac{\log N}{\log 2}}$

Análogamente, puedes comprobar que el logaritmo en base 3 del número N es:

$$\boldsymbol{\log_3 N = \frac{\log N}{\log 3}}$$

Si las bases son $\frac{1}{2}$ y $\frac{1}{3}$, los logaritmos del número N son, en este caso:

$$\boldsymbol{\log_{\frac{1}{2}} N} = \frac{\log N}{\log\left(\frac{1}{2}\right)} = \frac{\log N}{(-\log 2)} = \boldsymbol{\frac{-\log N}{\log 2}}$$

$$\boldsymbol{\log_{\frac{1}{3}} N} = \frac{\log N}{\log\left(\frac{1}{3}\right)} = \frac{\log N}{(-\log 3)} = \boldsymbol{\frac{-\log N}{\log 3}}$$

Y en general, utilizando logaritmos decimales se tiene:

$$\boldsymbol{\log_a N = \frac{\log N}{\log a} \qquad (a > 1)}$$

$$\boldsymbol{\log_{\frac{1}{a}} N = \frac{-\log N}{\log a} \qquad (a > 1)}$$

CAMBIO DE BASE

Utiliza la calculadora para hallar el logaritmo en cualquier base a partir de los logaritmos decimales.

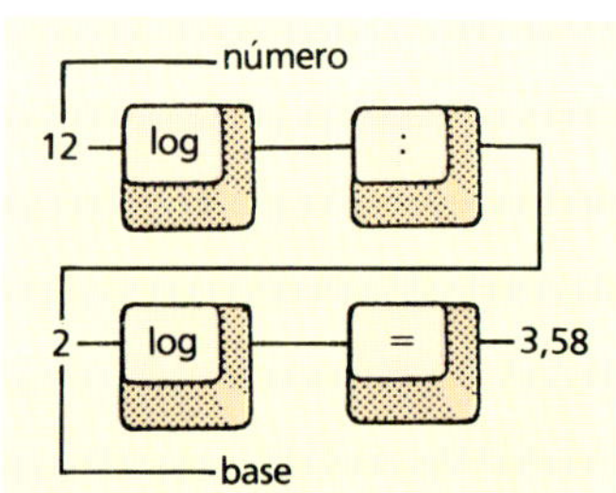

Dos resultados importantes:

1. **Los logaritmos de un número en dos bases inversas $\left(a, \frac{1}{a}\right)$ son opuestos.**

2. **Conocidos los logaritmos en una base mayor que 1 se pueden hallar fácilmente en cualquier otra.**

En la representación de las funciones logarítmicas se utilizan estos resultados; esto facilita el trabajo al poder relacionar diferentes funciones. Conocida la gráfica de una función, por ejemplo, $y = \log x$, las otras se deducen a partir de ella.

2. LA FUNCIÓN $y = \log_2 x$, $y = \log_{\frac{1}{2}} x$

En la siguiente tabla aparecen algunos números como potencias de 2 y de $\frac{1}{2}$, escribiendo luego los logaritmos de los mismos en base 2 y $\frac{1}{2}$. Observa que los logaritmos en dos bases inversas son opuestos:

Números	...	$\frac{1}{16}$	$\frac{1}{8}$	$\frac{1}{4}$	$\frac{1}{2}$	1	2	4	8	16	...

Base 2

Potencias	...	2^{-4}	2^{-3}	2^{-2}	2^{-1}	2^0	2^1	2^2	2^3	2^4	...
Logaritmos	...	-4	-3	-2	-1	0	1	2	3	4	...

Base $\frac{1}{2}$

Potencias	...	2^4	2^3	2^2	2^1	2^0	2^{-1}	2^{-2}	2^{-3}	2^{-4}	...
Logaritmos	...	4	3	2	1	0	-1	-2	-3	-4	...

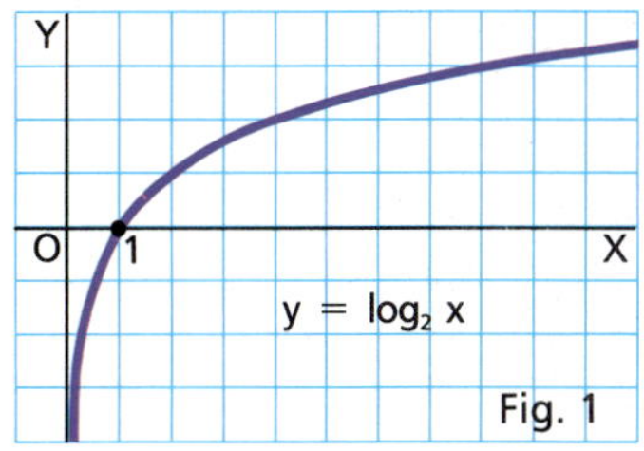

Fig. 1

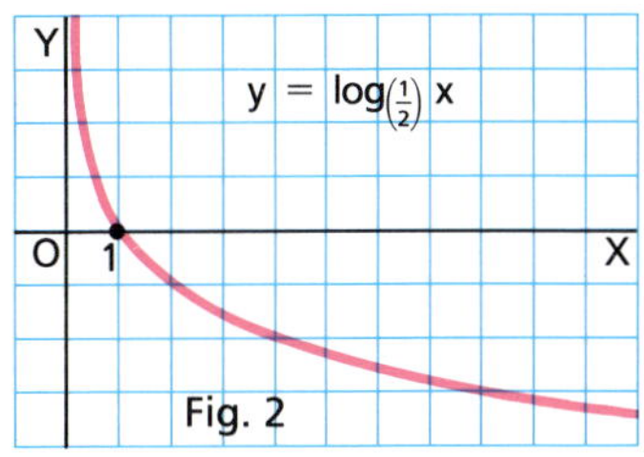

Fig. 2

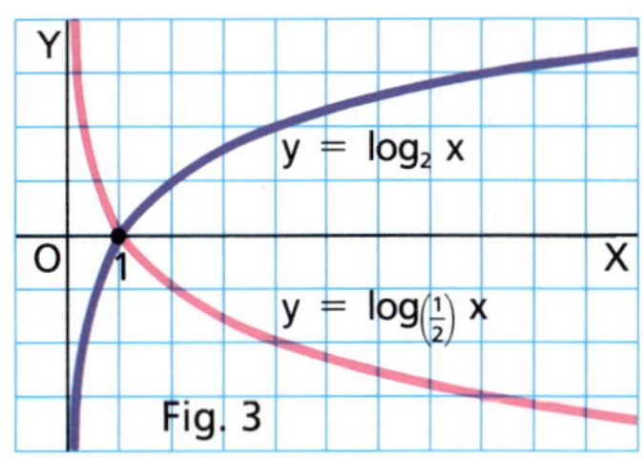

Fig. 3

Con una calculadora puedes obtener todos los logaritmos de los números positivos en base 2, y por simetría en base $\frac{1}{2}$.

Por tanto,

> **A cada número real x (número) le corresponde otro número dado por $\log_2 x$ o por $\log_{\frac{1}{2}} x$ (logaritmo). Se tienen así las funciones logarítmicas en base 2: $y = \log_2 x$, $y = \log_{\frac{1}{2}} x$.**

Al margen se representan estas dos funciones logarítmicas a partir de las tablas anteriores. Utiliza un papel cuadriculado.

En la **figura 3** se representan juntas las dos funciones para ver la simetría de las mismas respecto del eje de abscisas.

Un resultado que luego se generaliza:

Dos funciones logarítmicas de bases inversas son opuestas.

Leyendo en las gráficas de estas funciones logarítmicas responde las siguientes preguntas para cada una de ellas:

1. ¿Cuál es el **dominio** de la función?
2. ¿Cuál es el **recorrido**?
3. ¿Es **creciente** en todo el dominio?
4. ¿Está **acotada** inferiormente? ¿Y superiormente?
5. ¿Es **continua**?
6. ¿Cuáles son los límites en $\mathbf{0^+}$ y $+\infty$?
7. ¿Por qué **punto común** pasan estas funciones?

3. DOS FUNCIONES ESTÁNDAR: $y = Lx$, $y = \log x$

Para hallar valores de estas funciones utiliza la calculadora. Si aparecen las teclas funcionales de los logaritmos neperianos y decimales:

el cálculo es directo; basta introducir el exponente. Si sólo aparece una de ellas debes utilizar la fórmula del cambio de base:

$$\ln N = \frac{\log N}{\log e} \quad \text{o} \quad \log N = \frac{\ln N}{\ln x}$$

Las gráficas de estas funciones son similares a la de la función $\mathbf{y = \log_2 x}$. Dibuja en papel cuadriculado algunos puntos de estas funciones y comprueba que coinciden con las gráficas siguientes.

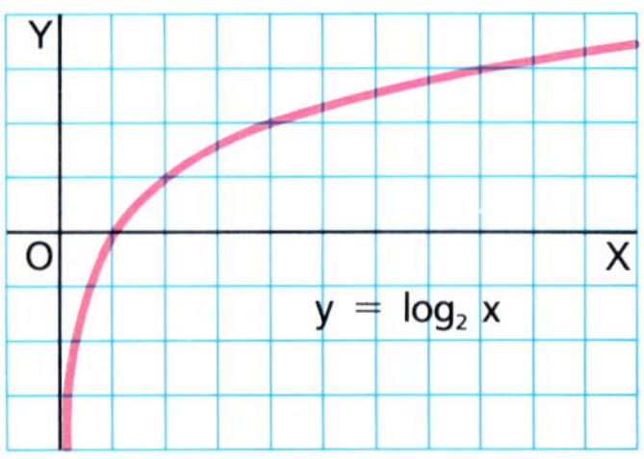

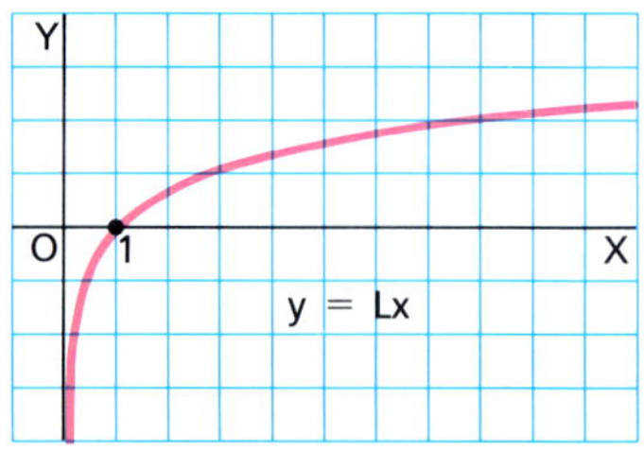

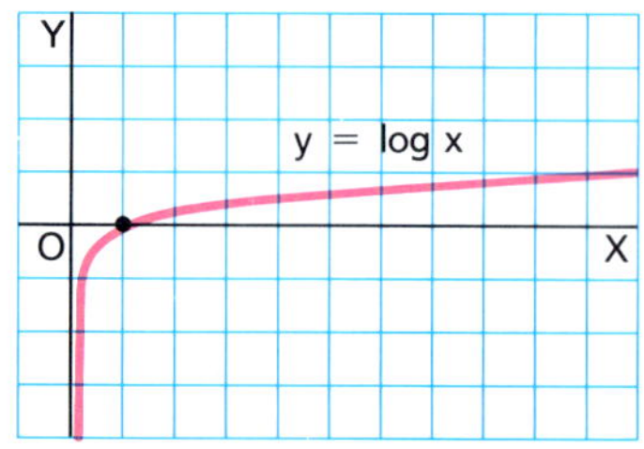

▶ Las funciones opuestas $y = \log_{\frac{1}{e}} x$, $y = \log_{\frac{1}{10}} x$

Las funciones logarítmicas que tienen bases inversas son simétricas respecto del eje de abscisas ya que sus logaritmos son opuestos.

Este resultado permite dibujar por simetría estas funciones cuyas gráficas son similares a la de $\mathbf{y = \log_{\frac{1}{2}} x}$.

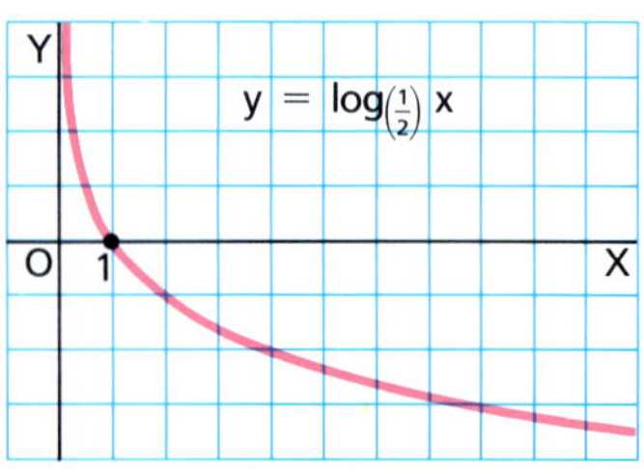

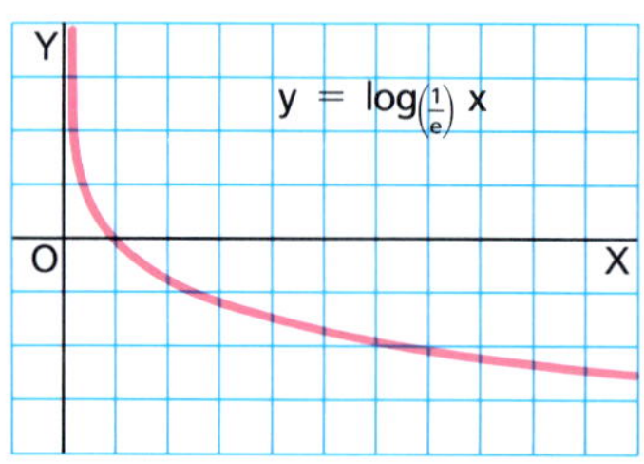

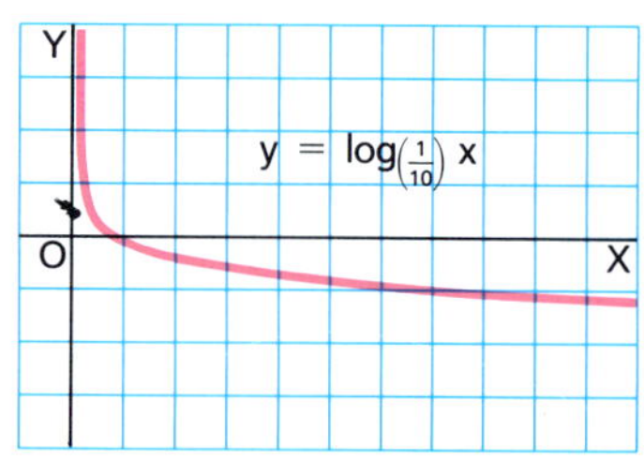

Leyendo en las gráficas de las funciones logarítmicas $y = \log_{\frac{1}{e}} x$ e $y = \log_{\frac{1}{10}} x$, responde las siguientes preguntas para cada una de ellas:

1. ¿Cuál es el **dominio** de la función?
2. ¿Cuál es el **recorrido**?
3. ¿Es **decreciente** en todo el dominio?
4. ¿Está **acotada inferiormente**? ¿Y **superiormente**?
5. ¿Es **continua**?
6. ¿Cuáles son los **límites** en $\mathbf{0^+}$ y $+\infty$?
7. ¿Por qué **punto común** pasan estas funciones?

4. FUNCIONES $y=\log_a x$, $y=\log_{\frac{1}{a}} x$ $(a>1)$

En esta pregunta se estudian las funciones logarítmicas cuando la **base** es un número real cualquiera **positivo** y **distinto de 1.** En esencia, se generalizan los resultados anteriores para los dos casos: la base mayor que 1 ó menor que 1.

La expresión $\mathbf{y=\log_a x}$ determina una función por la unicidad de las potencias de exponente real (capítulo 3).

Las gráficas de las funciones logarítmicas se construyen fácilmente a partir de una cualquiera de ellas. Aquí elegimos como modelo la función logarítmica decimal $\mathbf{y=\log x}$.

Estas funciones pueden escribirse a partir de la función decimal utilizando la fórmula de cambio de base:

$$y=\log_a x=\frac{\log x}{\log a}=k\log x;\quad y=\log_{\frac{1}{a}} x=-\frac{\log x}{\log a}=-k\log x$$

Recuerda cómo se multiplica o divide una función por una constante no nula.

▶ Base mayor que 1

Si la base es $\mathbf{a>1}$ entonces $\mathbf{k>0}$ $\left(k=\frac{1}{\log a}>0\right)$ y las gráficas de las funciones $\mathbf{\log_a x}$ y $\mathbf{\log x}$ tienen la misma forma ya que se pasa de una a otra multiplicando por un número real positivo.

Las gráficas de estas funciones serán de la forma:

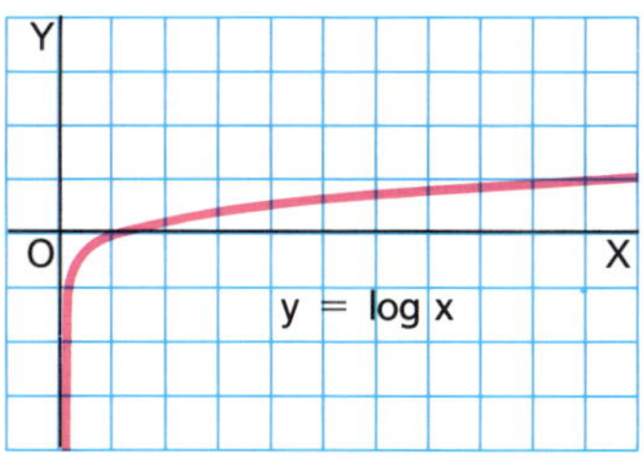

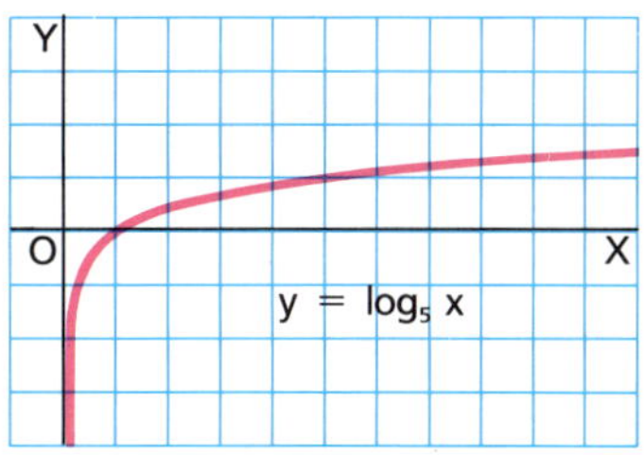

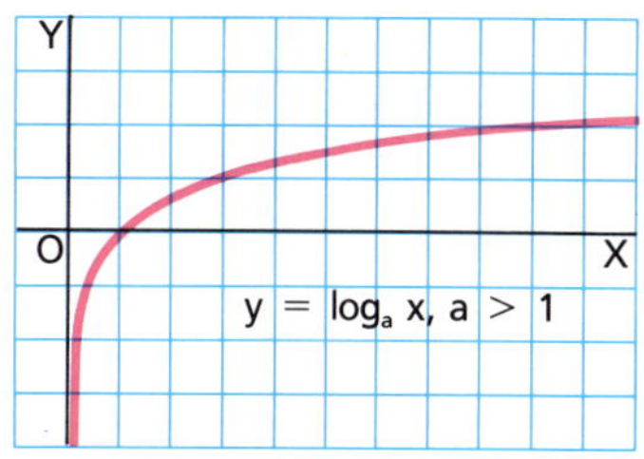

▶ Base menor que 1

Si la base es $\frac{1}{a}$ $(a>1)$ entonces las gráficas de las funciones $\mathbf{\log_{\frac{1}{a}} x}$ y $\mathbf{\log_a x}$ son simétricas respecto del eje de abscisas ya que los logaritmos son opuestos.

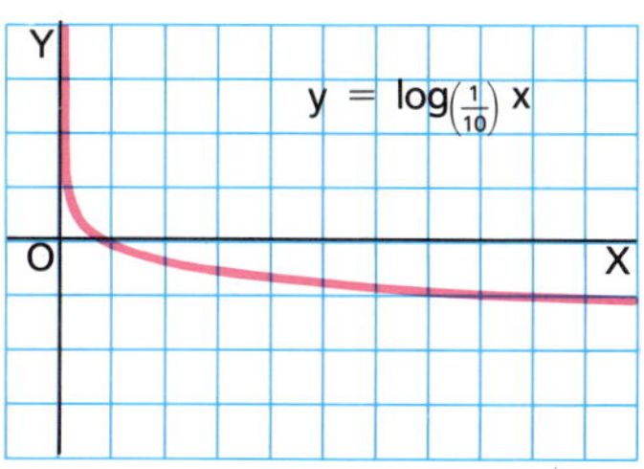

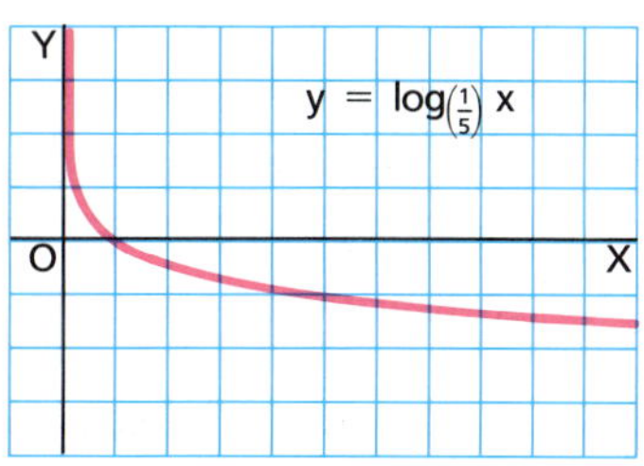

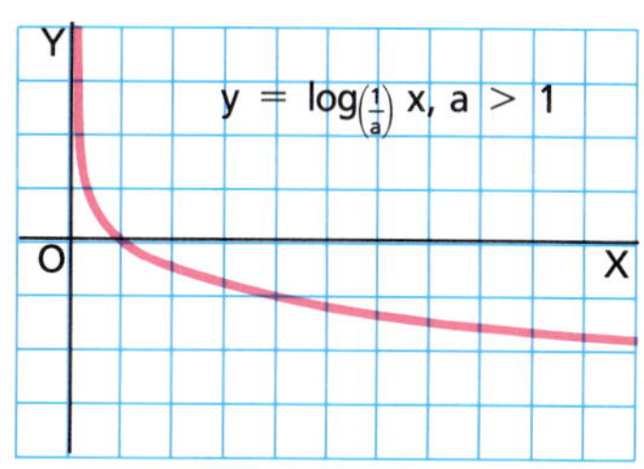

▶ Leyendo las gráficas

Propiedades comunes a estas funciones logarítmicas y que se deducen de las propiedades de los logaritmos (y sobre todo leyendo en la gráfica) son:

a) Propiedades comunes a todas las funciones logarítmicas:

1. El **dominio** de la función es la semirrecta positiva.
No olvides que $y = \log_a x$ está definida para $x > 0$.

2. El **recorrido** es el conjunto de los números reales.

3. $\log_a 1 = 0$ ya que $a^0 = 1$.
Todas las funciones pasan por el punto (1 , 0).

4. $\log_a a = 1$ ya que $a^1 = 1$.

5. $\log_a (xx') = \log_a x + \log_a x'$.

6. La función es **continua** en su dominio.

b) Propiedades que dependen de la base:

Para estudiar estas propiedades tienes que recordar el signo de los logaritmos según sea la base mayor que 1 ó menor que 1. Observa una vez más que las funciones $\log_a x$ y $\log_{1/a} x$ son simétricas respecto del eje de abscisas.

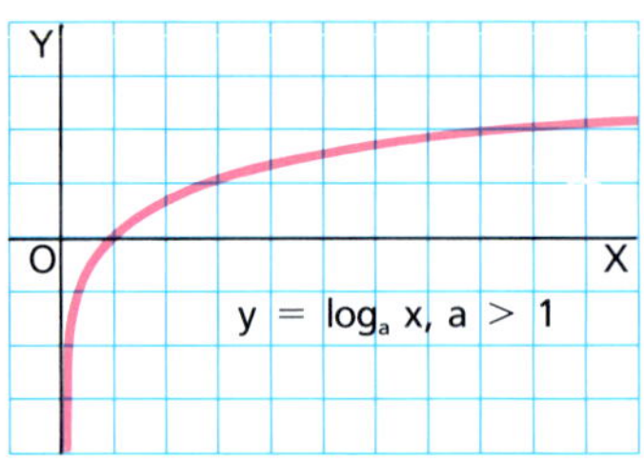

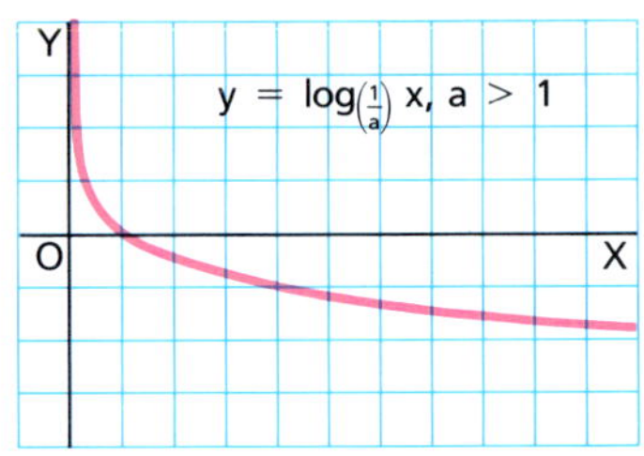

Base mayor que 1

7. La función es:

— **positiva** para valores de x **mayores** que 1.

— **negativa** para valores de x **menores** que 1.

8. La función es estrictamente **creciente**.

9. $\lim_{x \to 0^+} a^x = -\infty, \quad \lim_{x \to +\infty} a^x = +\infty$

Base menor que 1

7*. La función es:

— **positiva** para valores de x **menores** que 1.
— **negativa** para valores de x **mayores** que 1.

8*. La función es estrictamente **decreciente**.

9*. $\lim_{x \to 0^+} a^x = +\infty, \quad \lim_{x \to +\infty} a^x = -\infty$

5. RELACIÓN ENTRE LAS FUNCIONES EXPONENCIALES Y LOGARÍTMICAS

Repasa de nuevo estas tablas:

Números	...	$\frac{1}{16}$	$\frac{1}{8}$	$\frac{1}{4}$	$\frac{1}{2}$	1	2	4	8	10	...

Base 2

Potencias	...	2^{-4}	2^{-3}	2^{-2}	2^{-1}	2^0	2^1	2^2	2^3	2^4	...
Logaritmos	...	-4	-3	-2	-1	0	1	2	3	4	...

Base $\frac{1}{2}$

Potencias	...	2^4	2^3	2^2	2^1	2^0	2^{-1}	2^{-2}	2^{-3}	2^{-4}	...
Logaritmos	...	4	3	2	1	0	-1	-2	-3	-4	...

A partir de estas tablas de valores puedes escribir tanto la función exponencial $\mathbf{y=2^x}$ como la función logarítmica $\mathbf{y=\log_2 x}$. Por ejemplo:

(3 , 8) es un punto de la función $y=2^x$ ya que $2^3=8$

(8 , 3) es un punto de la función $y=\log_2 x$ ya que $\log_2 8=3$

Cuando esto se verifica para cualquier pareja de números, las funciones se dice que son **recíprocas.**

Recuerda: **Las funciones recíprocas son simétricas respecto de la bisectriz del primer cuadrante.**

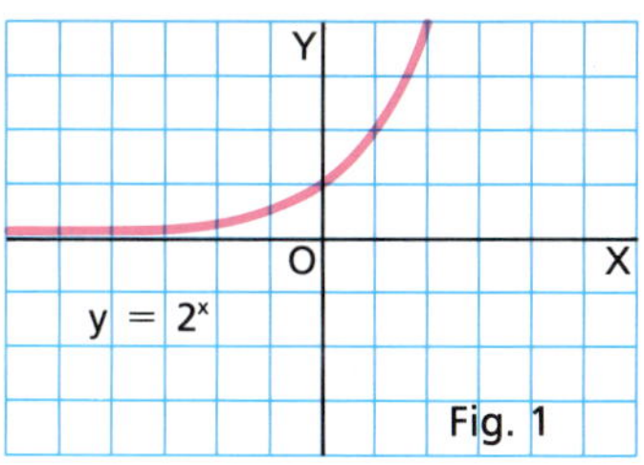

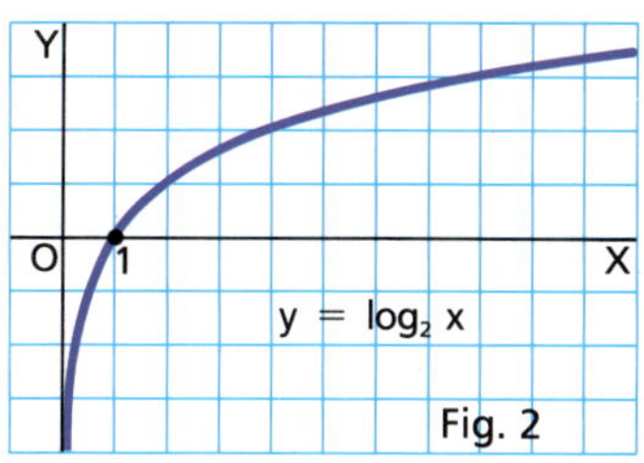

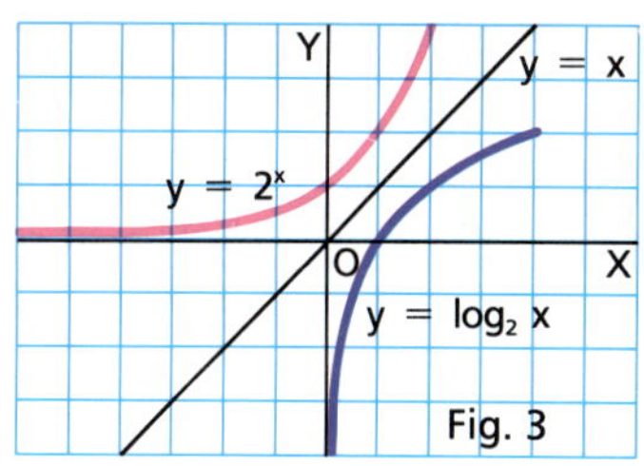

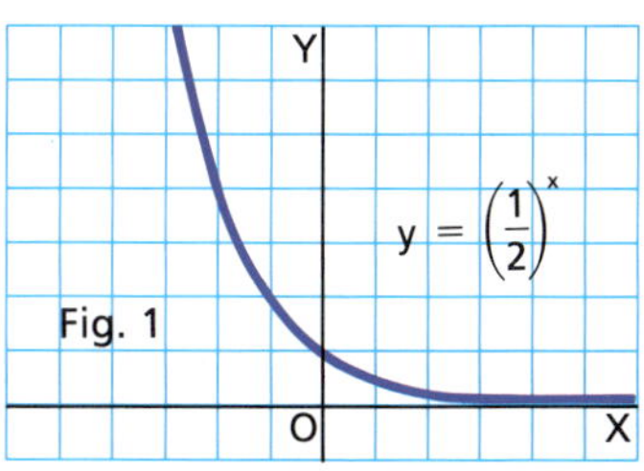

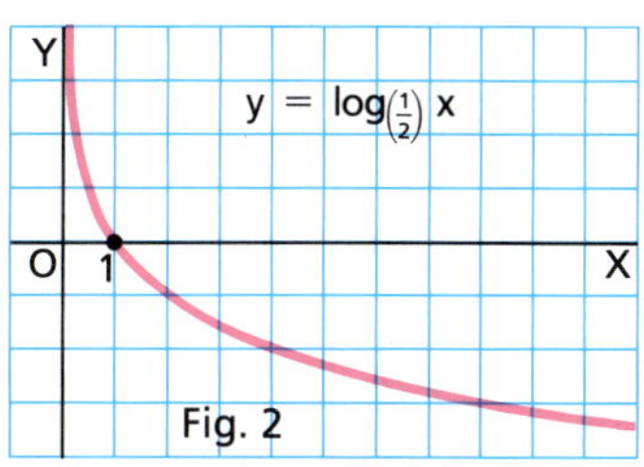

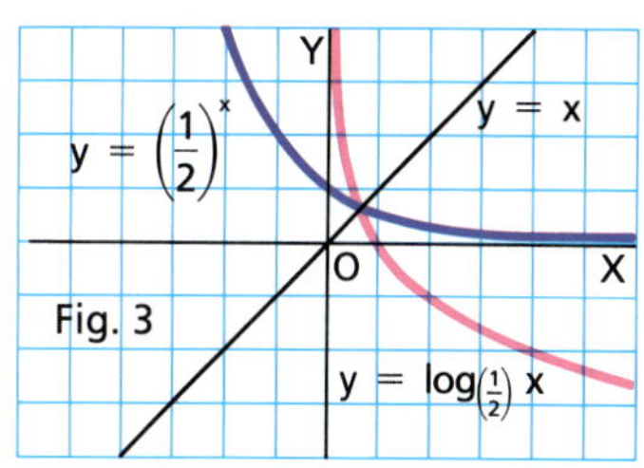

En la **figura 3** se representan ambas funciones para observar la simetría respecto de la bisectriz del primer cuadrante. Esta relación entre las funciones logarítmicas y exponenciales permite construir unas funciones a partir de las otras.

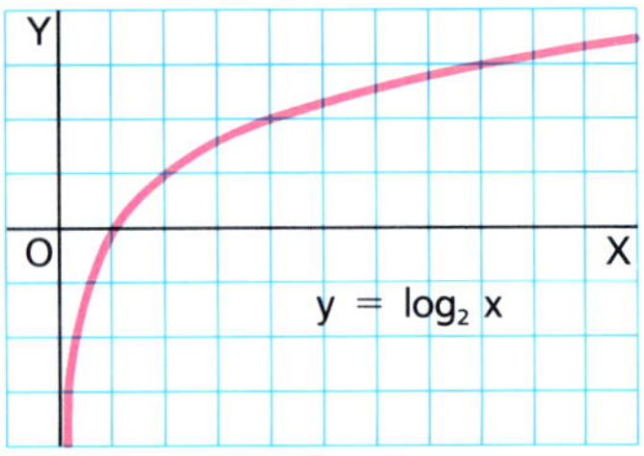
Y
O
X
$y = \log_2 x$

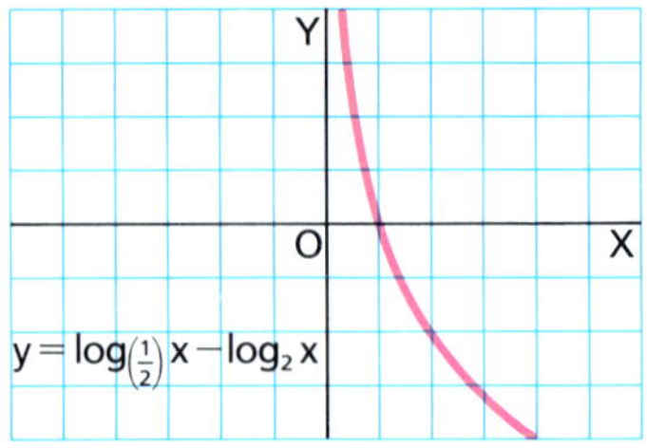
Y
O
X
$y = \log_{\left(\frac{1}{2}\right)} x = -\log_2 x$

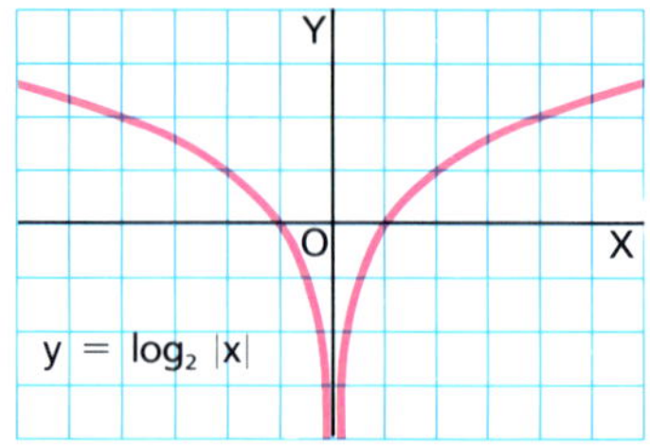
Y
O
X
$y = \log_2 |x|$

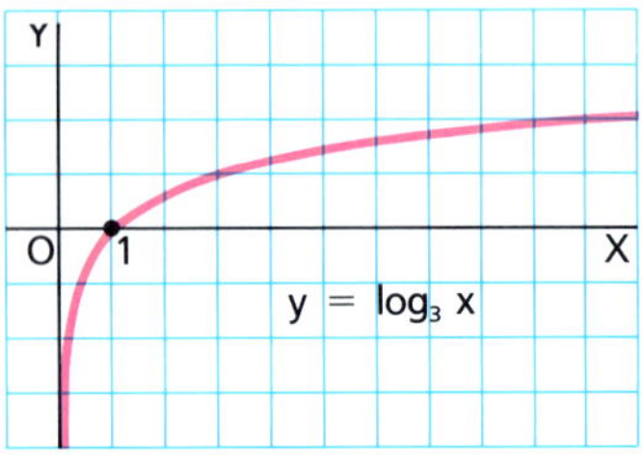
Y
O
1
X
$y = \log_3 x$

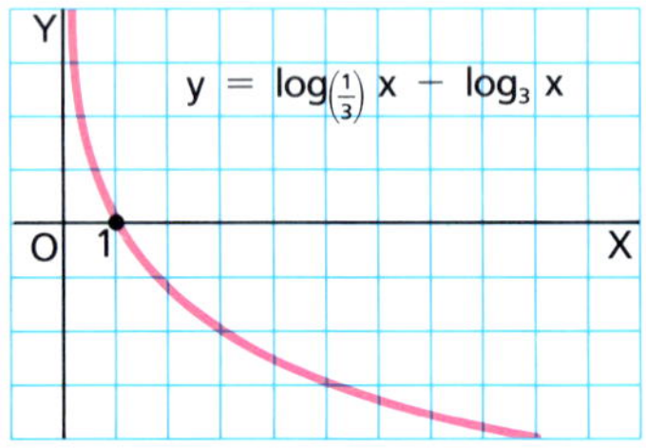
Y
O
1
X
$y = \log_{\left(\frac{1}{3}\right)} x = -\log_3 x$

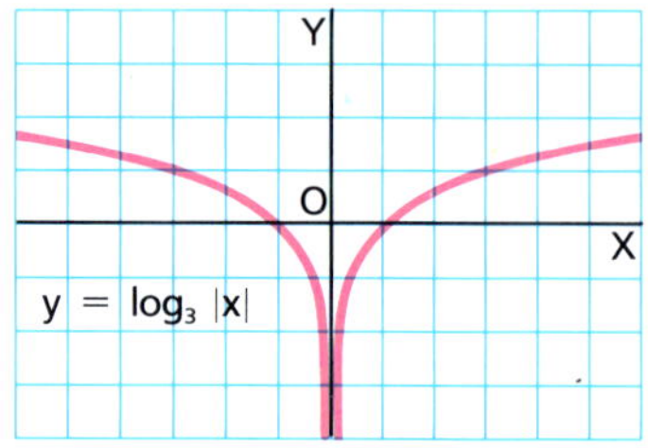
Y
O
X
$y = \log_3 |x|$

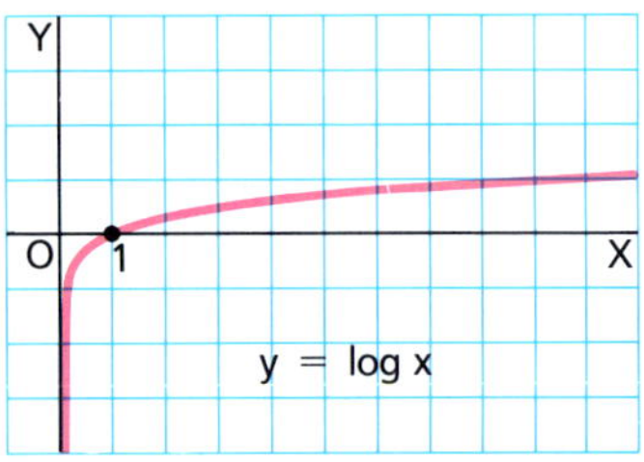
Y
O
1
X
$y = \log x$

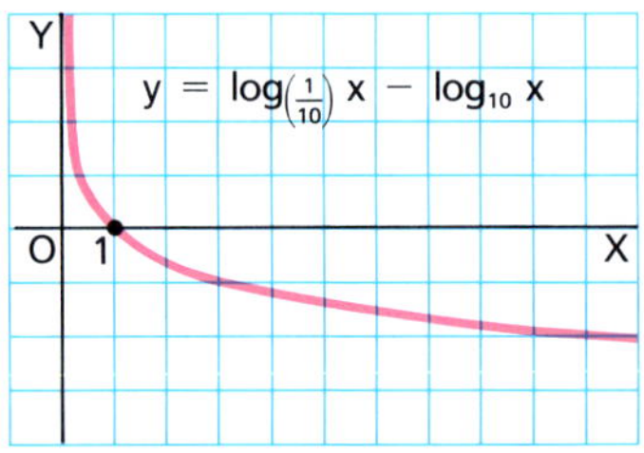
Y
O
1
X
$y = \log_{\left(\frac{1}{10}\right)} x = -\log_{10} x$

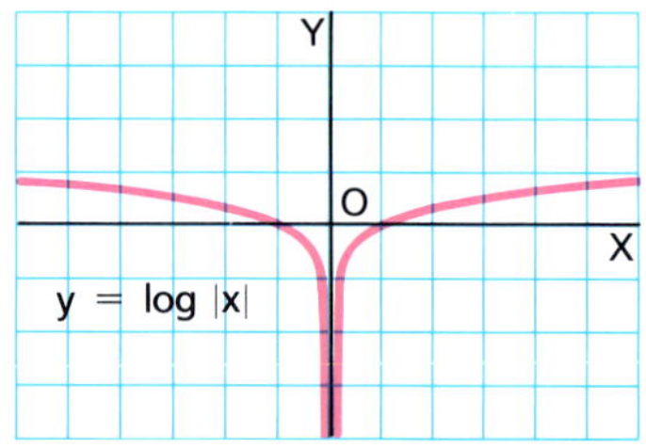
Y
O
X
$y = \log |x|$

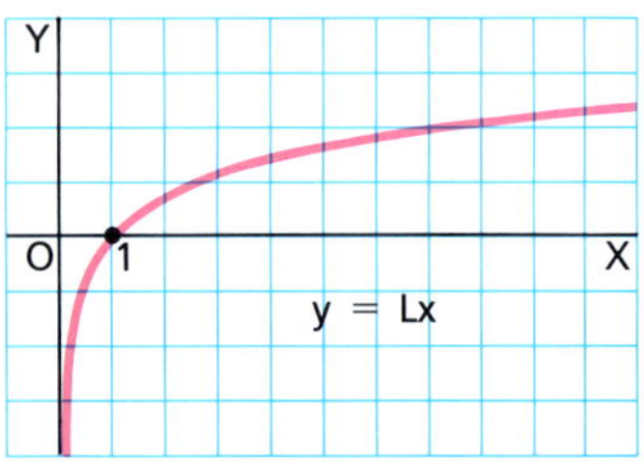
Y
O
1
X
$y = Lx$

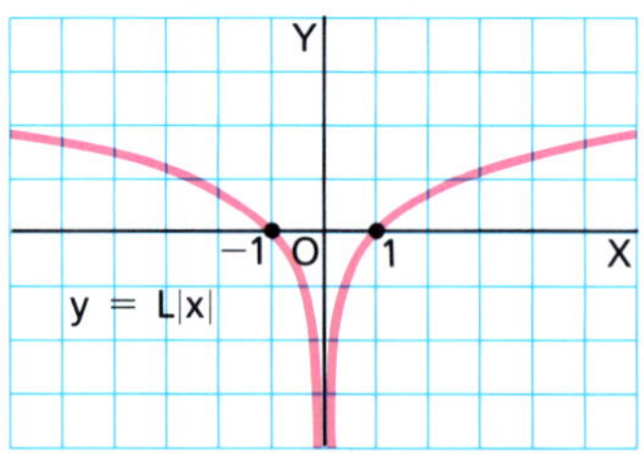
Y
−1
O
1
X
$y = L|x|$

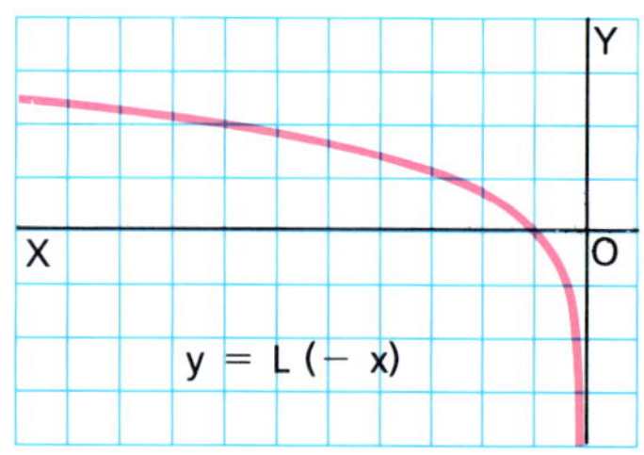
Y
X
O
$y = L(-x)$

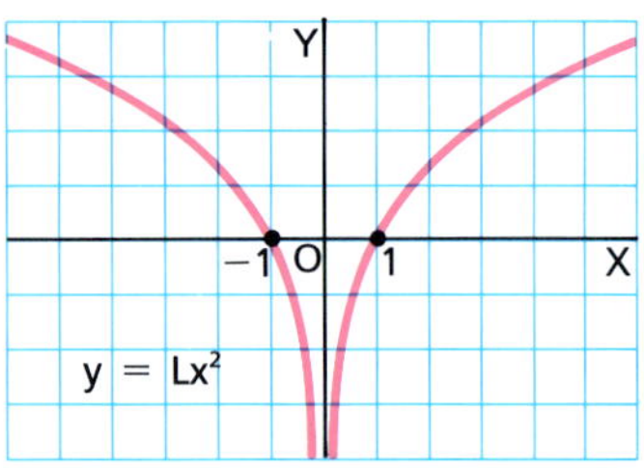
Y
−1
O
1
X
$y = Lx^2$

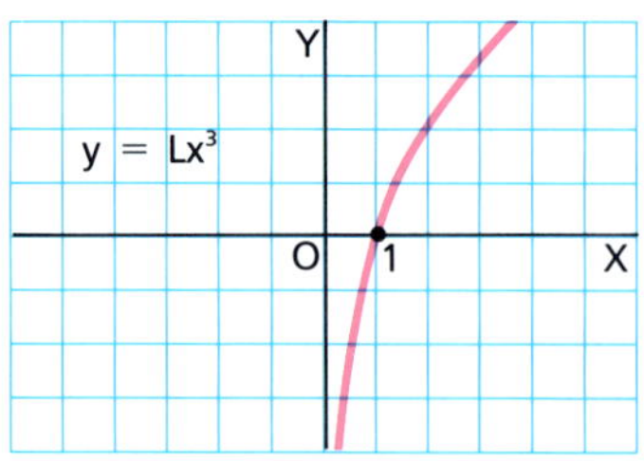
Y
$y = Lx^3$
O
1
X

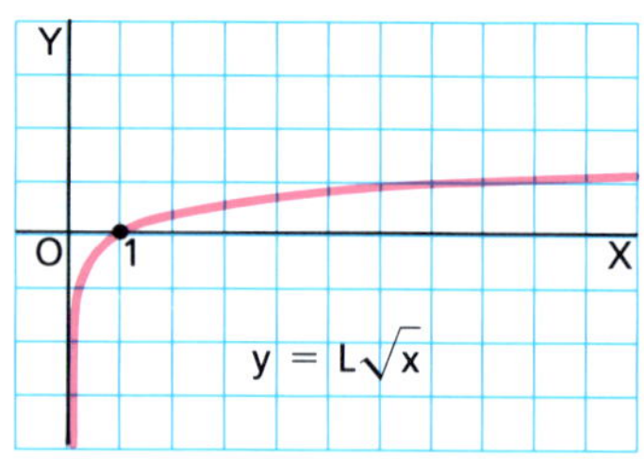
Y
O
1
X
$y = L\sqrt{x}$

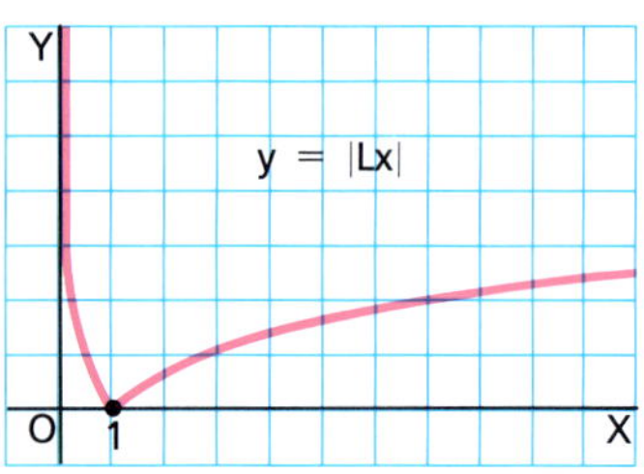
Y
$y = |Lx|$
O
1
X

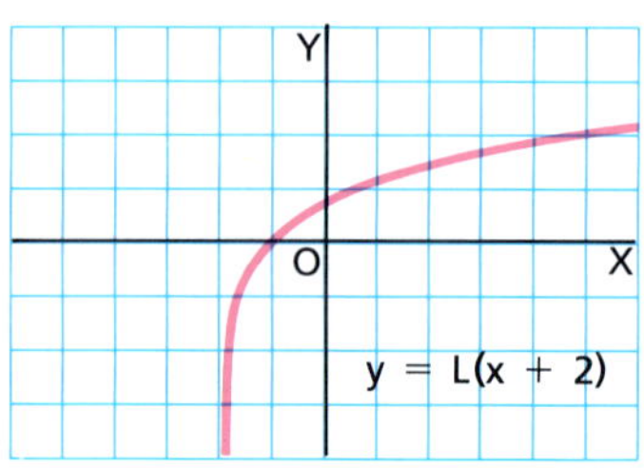
Y
O
X
$y = L(x + 2)$

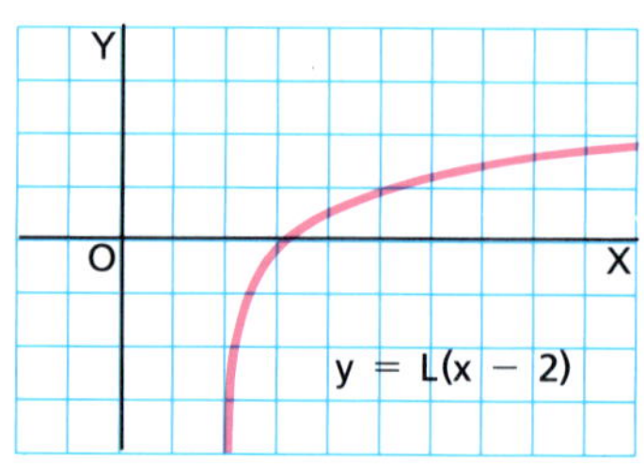
Y
O
X
$y = L(x - 2)$

1 **Escribe la relación que existe entre las funciones $y = \log_8 x$, $y = \log_4 x$ e $y = \log_2 x$.**

Utilizando la fórmula del cambio de base se tiene:

$$\log_8 x = \frac{\log_2 x}{\log_2 8} = \frac{1}{3} \log_2 x$$

O también, $\log_2 x = 3 \log_8 x$

Análogamente, $\log_2 x = 2 \log_4 x$

Observa que para pasar de la gráfica $y = \log_2 x$ a las otras se multiplica o se divide por 2 ó 3, respectivamente.

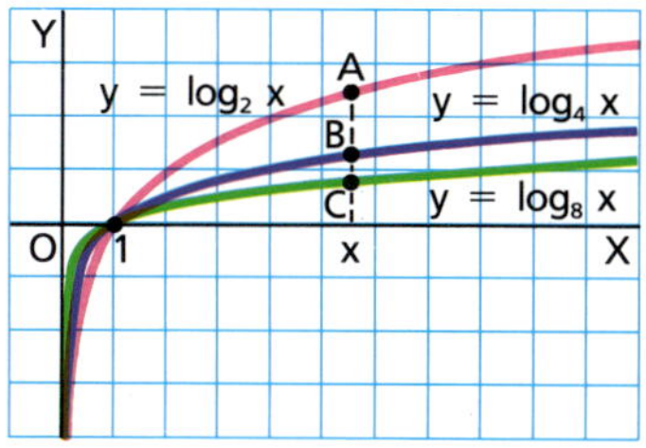

2 **Las funciones $y = \log x^2$ e $y = 2 \log x$, ¿tienen el mismo dominio? ¿Por qué? Represéntalas.**

La primera función está definida para todo valor de x distinto de 0. La segunda está definida para $x > 0$. Por tanto, no tienen el mismo dominio.

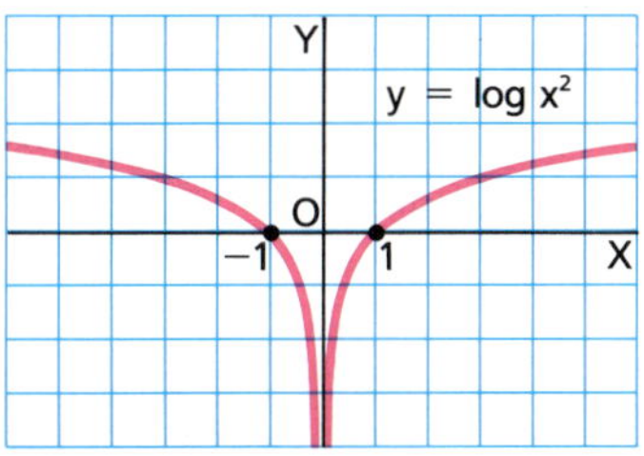

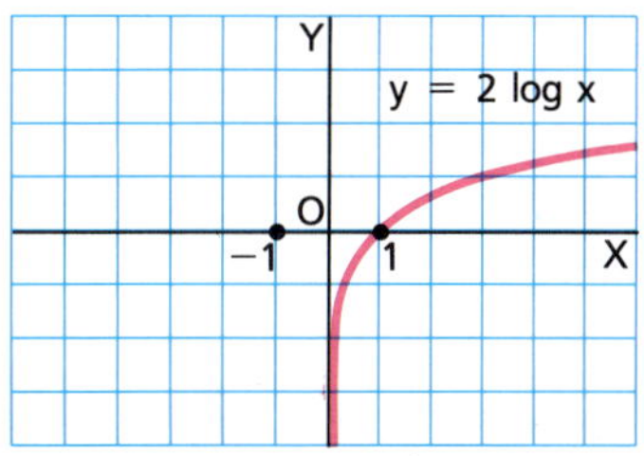

3 **Halla el dominio de las siguientes funciones:**

1. $y = \log(x^2 - 16)$

2. $y = \log \sqrt{x^2 - 25}$

Recuerda que los logaritmos están definidos únicamente para valores mayores que 0.

1. $y = \log(x^2 - 16)$ está definida si

$$x^2 - 16 > 0 \iff x > 4 \text{ ó } x < -4$$

2. $y = \log \sqrt{x^2 - 25}$ está definida si

$$\sqrt{x^2 - 25} > 0 \iff x^2 - 25 > 0 \iff x > 5 \text{ ó } x < -5$$

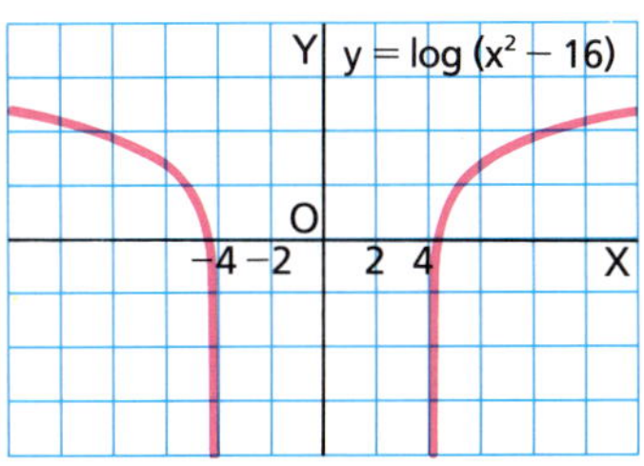

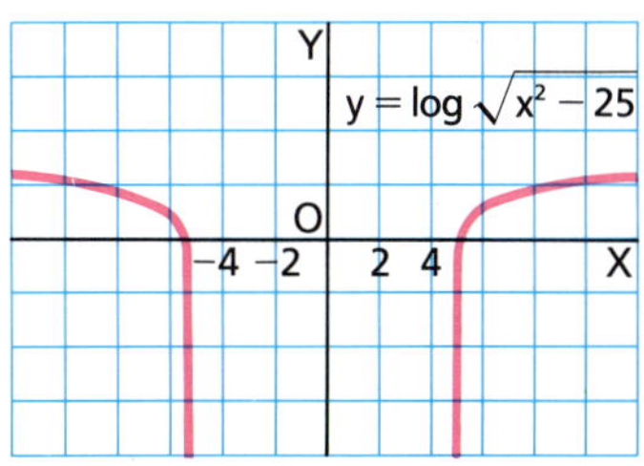

ACTIVIDADES

Ejercicios para repasar

1 Calcula mentalmente los logaritmos en base 3 de:

1. 1, 3, 9, 27.

2. 81, 243, $\frac{1}{3}$, $\frac{1}{9}$.

3. $\frac{1}{27}$, $\frac{1}{81}$, $\frac{1}{243}$, $\frac{1}{729}$.

4. 1,732 050...

2 Calcula mentalmente los logaritmos en base $\frac{1}{3}$ de:

1. 1, 3, 9, 27.

2. 81, 243, $\frac{1}{3}$, $\frac{1}{9}$

3. $\frac{1}{27}$, $\frac{1}{81}$, $\frac{1}{243}$, $\frac{1}{729}$.

4. 1,732 050...

¿Cómo son con relación a los del ejercicio anterior?

3 Si la base es mayor que 1 qué signo tienen los logaritmos:

1. De los números menores que 1.

2. De los números mayores que 1.

4 Si la base es menor que 1 qué signo tienen los logaritmos:

1. De los números menores que 1.

2. De los números mayores que 1.

5 Utilizando los logaritmos decimales, calcula los logaritmos:

1. En base 2 de 5, 7, 9, 11.

2. En base $\frac{1}{2}$ de 5, 7, 9, 11.

¿Qué relación existe entre los logaritmos de estos números?

Ejercicios para entrenarse

6 Calcula x sabiendo que log x es:

1. 0,1, 0,75, 0,9.

2. 1,1, 1,75, 1,9.

3. 2,1, 2,75, 2,9.

¿Puedes deducir alguna consecuencia de estos resultados?

7 Escribe la segunda funcion a partir de la primera función:

1. $y = \log_2 x$, $y = \log_4 x$.

2. $y = \log_3 x$, $y = \log_9 x$.

3. $y = \log_5 x$, $y = \log_{25} x$.

8 Dibuja la segunda función a partir de la primera función:

1. $y = \log_2 x$, $y = \log_2 (x + 2)$.

2. $y = \log_3 x$, $y = \log_3 (x - 2)$.

9 Dibuja la segunda función a partir de la primera función:

1. $y = \log_2 x$, $y = 1 + \log_2 x$.

2. $y = \log_3 x$, $y = 1 + \log_3 x$.

3. $y = \log_5 x$, $y = 1 + \log_5 (x + 2)$.

4. $y = \log_7 x$, $y = 1 + \log_7 (x - 2)$.

Problemas para resolver

10 Halla el dominio o campo de existencia de las funciones:

1. $y = \log x^2$
2. $y = \log (x^2 - 4)$
3. $y = \log (x^2 - 5x + 6)$
4. $y = \log \sqrt{x^2 - 9}$
5. $y = \log \dfrac{x-1}{x+1}$

11 Estudia la simetría de las siguientes funciones:

1. $y = \log x^2$
2. $y = \log x^4$

12 Calcula los siguientes límites:

1. $\lim\limits_{x \to 1} \log x^2$
2. $\lim\limits_{x \to 2} \log x^2$
3. $\lim\limits_{x \to 1} \log^2 x$
4. $\lim\limits_{x \to 2} \log^2 x$

Cuestiones para aclararse

13 Dibuja la gráfica de la función $y = \log x$. ¿En qué cuadrantes está situada? ¿Por qué? Razona la respuesta.

14 Las gráficas de las funciones logarítmicas $y = \log_a x$ pasan por un punto fijo. ¿Cuál es?

15 Las funciones $f(x) = \log_3 x$ y $g(x) = \log_{\frac{1}{3}} x$ son simétricas respecto de una recta. ¿Cuál es? ¿Cómo son estas funciones entre sí?

16 Verdadero o falso. ¿Por qué?

1. Las funciones $y = \log x$ e $y = L\, x$ pasan por el punto $A(1\,,\,0)$.
2. Dos funciones logarítmicas siempre se cortan.
3. Las funciones $y = \log_a x$ son crecientes.
4. Las funciones $y = \log_{\frac{1}{a}} x$ son decrecientes.

17 Dibuja las gráficas de $f(x) = \log_2 x$ y $g(x) = \log_3 x$. Contesta razonadamente a las siguientes cuestiones:

a) Estas gráficas se cortan en un punto, ¿cuál es?

b) La gráfica de f está por debajo de la de g en un intervalo, ¿cuál es?

c) La gráfica de f está por encima de la de g en un intervalo, ¿cuál es?

Actividades para ampliar

18 La función logarítmica $y = \log x$ es una función recíproca, ¿sabrías decir de qué función? Dibújala e indica respecto de qué recta son simétricas.

19 Una función es creciente, por ejemplo, $y = \log x$, ¿es creciente la función recíproca? Razona sobre la gráfica.

20 Al definir las funciones logarítmicas hemos exigido que la base sea positiva y distinta de uno.

Estudia la función $f(x) = \log_{-2} x$ para los valores $x = 8$, $x = 32$ y $x = 128$. Pasa estas relaciones a forma potencial y observa lo que sucede. Con esto trata de justificar el que la base elegida tenga que ser positiva y distinta de 1.

de matemáticas

Los logaritmos y los seísmos

La magnitud M de un seísmo en la escala de Richter es:

$$M = 0{,}67 \log (0{,}37\ E) + 1{,}46$$

donde E es la energía del seísmo en kw/hora. Encuentra la energía de un seísmo de magnitud 7.

(Respuesta: $5{,}0171 \times 10^8$ kw/h.)

Logaritmos y decibelios

La sensación sonora se mide en decibelios en honor de Alexander Graham Bell (1847-1922), inventor del teléfono.

Si la variación de la presión es P libras por pulgada cuadrada, la intensidad L en decibelios es:

$$L = 20 \log (121{,}3\ P)$$

Encuentra la variación de la presión ocasionada por una banda de rock a 115 decibelios.

Los logaritmos y la cosmética

La utilización de los logaritmos es frecuente y útil tanto en la misma matemática como en otras ciencias. En Química se utiliza, por ejemplo, para expresar el carácter ácido, básico o neutro de las disoluciones. Expresar concentraciones de iones H^+ con exponente negativo resulta en la práctica incómodo; por esta razón en el año 1909 el químico danés Soren P. L. Sorensen introdujo el concepto de pH como logaritmo decimal del inverso de la concentración de H^+, expresada en moles/litro:

$$pH = \log \frac{1}{[H^+]}$$

Aplicando ahora el logaritmo de un cociente, la expresión anterior puede escribirse así:

$$pH = \log 1 - \log [H^+] = -\log [H^+]$$

La concentración de una disolución neutra es $[H^+] = 10^{-7}$ moles/litro, luego su pH es 7. Un pH inferior a 7 es el de las disoluciones ácidas, y un pH superior a 7 es el de las disoluciones básicas.

Una señora en una tienda pide un champú neutro, ¿qué significa esto? El pH de este champú es 7, y se adapta mejor al proceso biológico de limpieza del cabello que si es ácido o básico. Los champús suaves tienen pH = 7.

Nótese que éste es uno de los casos raros donde pedimos una sustancia por su logaritmo.

MURAL

22 FUNCIONES TRIGONOMÉTRICAS

LA RANA Y LAS FUNCIONES TRIGONOMÉTRICAS

Gira la noria con sus viejos y oxidados cangilones; gira pausadamente movida por un somnoliento burro que recorre también un camino circular, camino sin principio ni fin. Una graciosa rana se encuentra encaramada en uno de los cangilones deseosa de jugar y ver el mundo desde la altura. La noria tiene un radio de 4 metros y da cada vuelta en 60 segundos. El eje se encuentra a ras del agua.

¿Podrías representar la función que da la altura/profundidad a que se encuentra la rana en una de las vueltas según el tiempo? Se supone que la velocidad circular del burro es constante.

En la segunda vuelta la rana vuelve a tener las mismas posiciones que en la primera. La gráfica es periódica; el tiempo que tarda en dar la vuelta es el período.

En este capítulo vas a estudiar las funciones periódicas más importantes: las trigonométricas o circulares.

La representación de las funciones trigonométricas seno, coseno y tangente se hace a partir de valores de ángulos conocidos o de otros obtenidos con la calculadora. Cuantos más puntos representes más aproximada a la real será la gráfica.

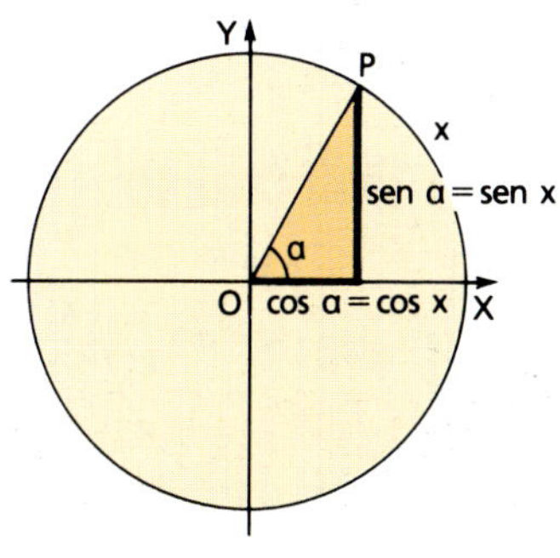

1. FUNCIONES SENO Y COSECANTE

► Tabla de los principales valores del seno

En la siguiente tabla se dan los valores del seno para los principales ángulos medidos en grados [0°, 360°] y en radianes [0, 2π]. Para otros ángulos utiliza la calculadora:

x	0° 360°	30°	45°	60°	90°	120°	135°	150°	180°	210°	225°	240°	270°	300°	315°	330°
	0	$\frac{\pi}{6}$	$\frac{\pi}{4}$	$\frac{\pi}{3}$	$\frac{\pi}{2}$	$\frac{2\pi}{3}$	$\frac{3\pi}{4}$	$\frac{5\pi}{6}$	π	$\frac{7\pi}{6}$	$\frac{5\pi}{4}$	$\frac{4\pi}{3}$	$\frac{3\pi}{2}$	$\frac{5\pi}{3}$	$\frac{7\pi}{4}$	$\frac{11\pi}{6}$
sen x	0	$\frac{1}{2}$	$\frac{\sqrt{2}}{2}$	$\frac{\sqrt{3}}{2}$	1	$\frac{\sqrt{3}}{2}$	$\frac{\sqrt{2}}{2}$	$\frac{1}{2}$	0	$-\frac{1}{2}$	$-\frac{\sqrt{2}}{2}$	$-\frac{\sqrt{3}}{2}$	-1	$-\frac{\sqrt{3}}{2}$	$-\frac{\sqrt{2}}{2}$	$-\frac{1}{2}$
cuadrante		I +				II +				III −				IV −		

► Leyendo la gráfica

Las propiedades de la función **seno** se deducen fácilmente a partir de su gráfica.

1. La función seno es **periódica** ya que **sen(x + 2π) = sen x**. El período es **2π**. Por tanto, el **dominio** es el conjunto de los números reales **R.**

2. El valor **máximo** es **1** y lo alcanza en $\mathbf{x = \frac{\pi}{2}}$

   El valor **mínimo** es **−1** y lo alcanza en $\mathbf{x = \frac{3\pi}{2}}$

   El recorrido es **[−1,1]**, luego la función está **acotada.**

3. Es **impar** ya que **sen(−x) = −sen x**

4. Es **continua** en **R** ya que lo es en el intervalo **[0,2π]**

5. Es **creciente** en los intervalos $\left[0, \frac{\pi}{2}\right]$ y $\left[\frac{3\pi}{2}, 2\pi\right]$

   Es **decreciente** en el intervalo $\left[\frac{\pi}{2}, \frac{3\pi}{2}\right]$

Un consejo: Para calcular los ángulos que corresponden a un valor dibuja siempre la circunferencia o la gráfica del seno.

Para todo valor, excepto **1** y **−1**, hay dos ángulos que tienen por seno dicho valor. Por ejemplo, si sen $x = \frac{1}{2}$, entonces $x = \frac{\pi}{6}$ ó $x = \frac{5\pi}{6}$, tal como se observa en las siguientes gráficas.

La gráfica de la **función cosecante** de **x** se construye como **inversa** de la **función seno.**

Escribe, leyendo en la gráfica, las principales propiedades de la cosecante.

RECUERDA...

Los valores de la función cosecante son inversos de los correspondientes valores de la función seno.

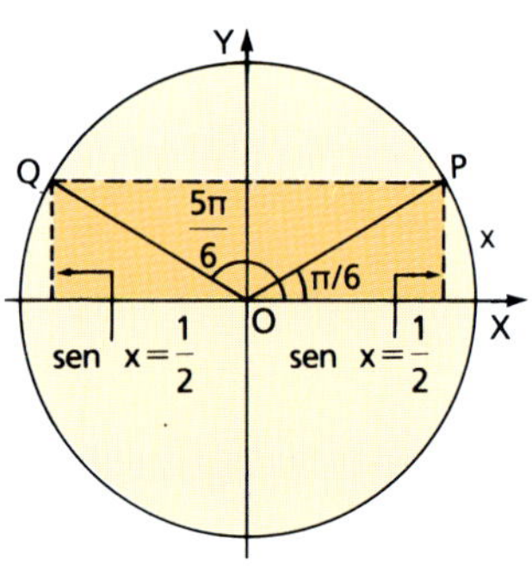

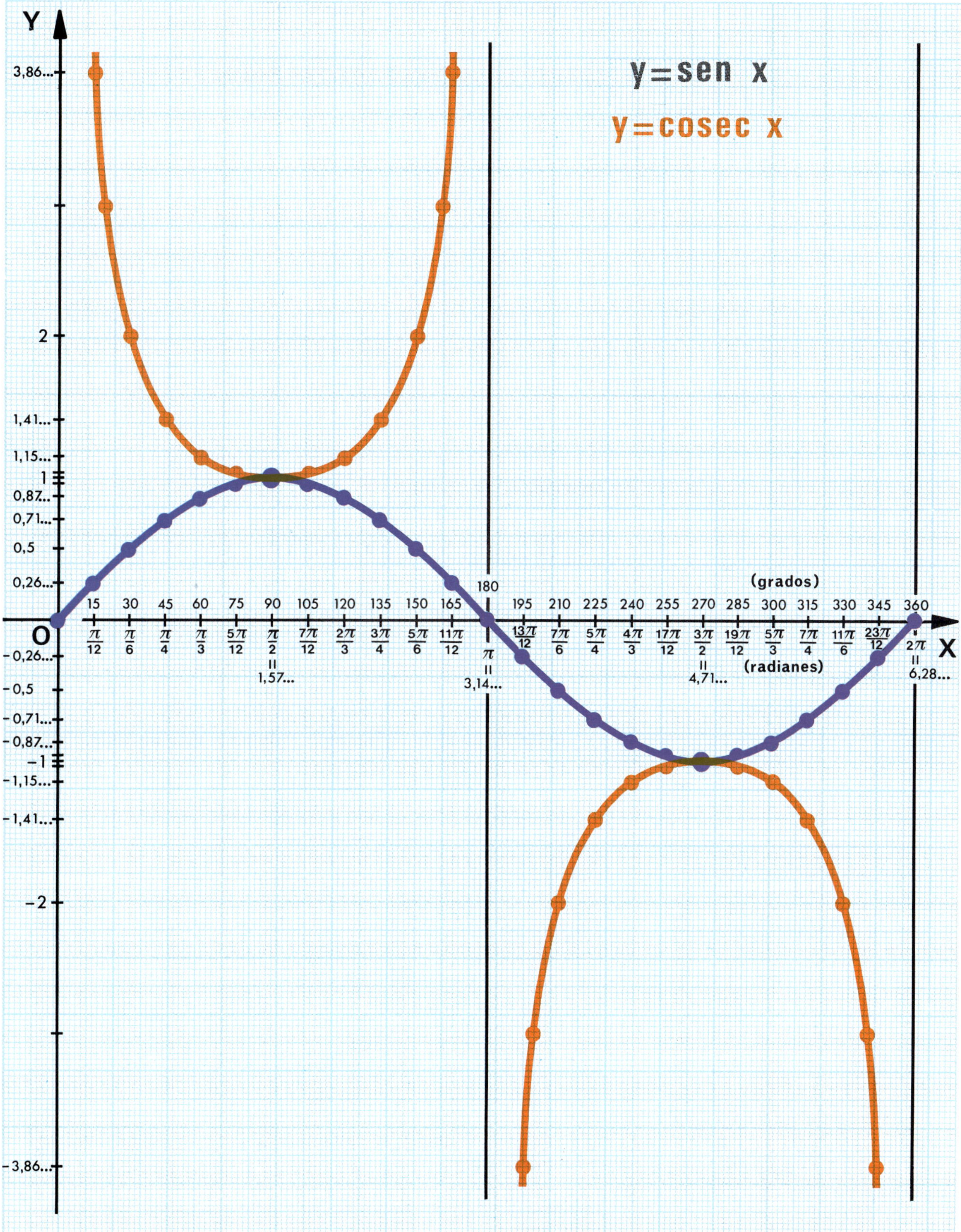

Y
y=sen x
y=cosec x
3,86...
2
1,41...
1,15...
1
0,87...
0,71...
0,5
0,26...
O
- 0,26...
- 0,5
- 0,71...
- 0,87...
−1
- 1,15...
- 1,41...
−2
- 3,86...
(grados)
15 30 45 60 75 90 105 120 135 150 165 180 195 210 225 240 255 270 285 300 315 330 345 360
π/12 π/6 π/4 π/3 5π/12 π/2 7π/12 2π/3 3π/4 5π/6 11π/12 π 13π/12 7π/6 5π/4 4π/3 17π/12 3π/2 19π/12 5π/3 7π/4 11π/6 23π/12 2π
1,57...
3,14...
4,71...
6,28...
(radianes)
X

2. FUNCIONES COSENO Y SECANTE

▶ Tabla de los principales valores del coseno

En la siguiente tabla se dan los valores del coseno para los principales ángulos medidos en grados [0°, 360°] y en radianes [0, 2π]. Para otros ángulos utiliza la calculadora:

x	0° 360°	30°	45°	60°	90°	120°	135°	150°	180°	210°	225°	240°	270°	300°	315°	330°
	0	$\frac{\pi}{6}$	$\frac{\pi}{4}$	$\frac{\pi}{3}$	$\frac{\pi}{2}$	$\frac{2\pi}{3}$	$\frac{3\pi}{4}$	$\frac{5\pi}{6}$	π	$\frac{7\pi}{6}$	$\frac{5\pi}{4}$	$\frac{4\pi}{3}$	$\frac{3\pi}{2}$	$\frac{5\pi}{3}$	$\frac{7\pi}{4}$	$\frac{11\pi}{6}$
cos x	1	$\frac{\sqrt{3}}{2}$	$\frac{\sqrt{2}}{2}$	$\frac{1}{2}$	0	$-\frac{1}{2}$	$-\frac{\sqrt{2}}{2}$	$-\frac{\sqrt{3}}{2}$	-1	$-\frac{\sqrt{3}}{2}$	$-\frac{\sqrt{2}}{2}$	$-\frac{1}{2}$	0	$\frac{1}{2}$	$\frac{\sqrt{2}}{2}$	$\frac{\sqrt{3}}{2}$
cuadrante		I +				II −				III −				IV +		

▶ Leyendo en la gráfica

Las propiedades de la función **coseno** se deducen fácilmente a partir de su gráfica.

1. La función coseno es **periódica** ya que **cos(x + 2π) = cos x**. El período es **2π**. Por tanto, el **dominio** es el conjunto de los números reales **R.**
2. El valor **máximo** es **1** y lo alcanza en **x = 0** ó **x = 2π**. El valor **mínimo** es **− 1** y lo alcanza en **x = π**. El **recorrido** es **[− 1,1]**, luego la función está **acotada**.
3. Es **par** ya que **cos(− x) = cos x.**
4. Es **continua** en **R** ya que lo es en el intervalo **[0,2π].**
5. Es **decreciente** en el intervalo **[0, π]**. Es **creciente** en el intervalo **[π, 2π]**.

Un consejo: Para calcular los ángulos que corresponden a un valor dibuja siempre la circunferencia o la gráfica del coseno.

Para todo valor, excepto **1** y **− 1**, hay dos ángulos que tienen por coseno dicho valor. Por ejemplo, si $\cos x = \frac{1}{2}$, entonces $x = \frac{\pi}{3}$ ó $x = \frac{5\pi}{3}$, tal como se observa en las siguientes gráficas.

La gráfica de la **función secante** de **x** se construye como **inversa** de la **función coseno.**

Escribe algunas propiedades de la secante que puedes deducir leyendo la gráfica.

RECUERDA...

Los valores de la función cotangente son inversos de los correspondientes valores de la función tangente.

Observa que el período de la tangente es π.

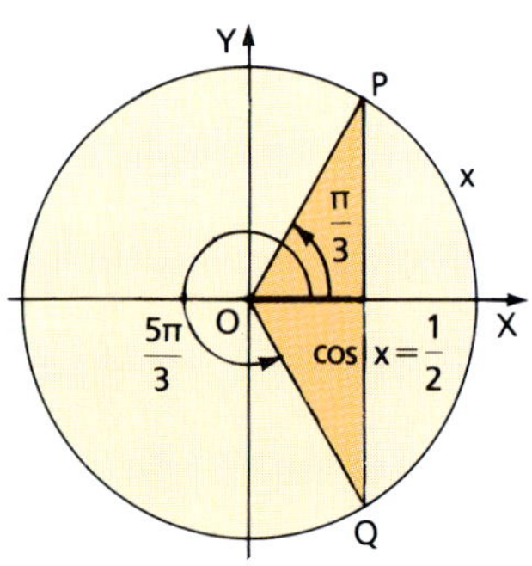

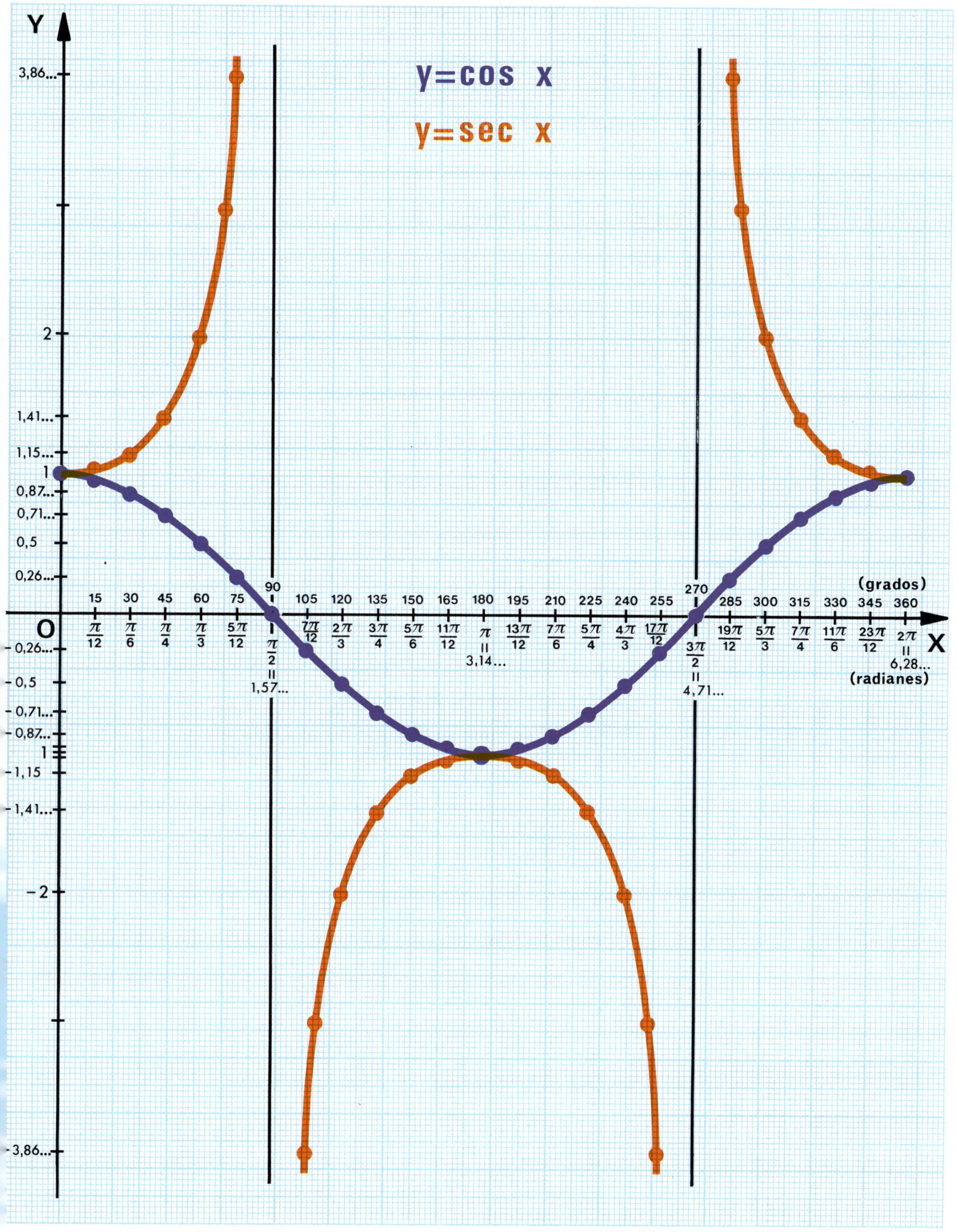

y=cos x
y=sec x
Y
X
O
(grados)
(radianes)
3,86...
2
1,41...
1,15...
1
0,87...
0,71...
0,5
0,26...
-0,26...
-0,5
-0,71...
-0,87...
-1,15
-1,41...
-2
-3,86...
15 30 45 60 75 90 105 120 135 150 165 180 195 210 225 240 255 270 285 300 315 330 345 360
π/12 π/6 π/4 π/3 5π/12 π/2 7π/12 2π/3 3π/4 5π/6 11π/12 π 13π/12 7π/6 5π/4 4π/3 17π/12 3π/2 19π/12 5π/3 7π/4 11π/6 23π/12 2π
1,57...
3,14...
4,71...
6,28...

3. FUNCIONES TANGENTE Y COTANGENTE

▶ Tabla de los principales valores de la tangente

En la siguiente tabla se dan los valores de la **tangente** para los principales ángulos medidos en grados [0°, 360°] y en radianes [0, 2π]. Para otros ángulos utiliza la calculadora:

x	0° 360°	30°	45°	60°	90°	120°	135°	150°	180°	210°	225°	240°	270°	300°	315°	330°
	0	$\frac{\pi}{6}$	$\frac{\pi}{4}$	$\frac{\pi}{3}$	$\frac{\pi}{2}$	$\frac{2\pi}{3}$	$\frac{3\pi}{4}$	$\frac{5\pi}{6}$	π	$\frac{7\pi}{6}$	$\frac{5\pi}{4}$	$\frac{4\pi}{3}$	$\frac{3\pi}{2}$	$\frac{5\pi}{3}$	$\frac{7\pi}{4}$	$\frac{11\pi}{6}$
tg · x	0	$\frac{\sqrt{3}}{3}$	1	$\sqrt{3}$		$-\sqrt{3}$	-1	$-\frac{\sqrt{3}}{3}$	0	$\frac{\sqrt{3}}{3}$	1	$\sqrt{3}$		$-\sqrt{3}$	-1	$-\frac{\sqrt{3}}{3}$
cuadrante		I +				II −				III +				IV −		

▶ Leyendo en la gráfica

Las propiedades de la función tangente se deducen fácilmente a partir de su gráfica.

1. **La función tangente es periódica ya que $\mathbf{tg\ (x+\pi)=tg\ x}$. El período es π.**
2. **Recuerda que** $\operatorname{tg} x=\dfrac{\text{sen } x}{\cos x}$. **Por tanto, la función tangente es continua para todo valor de x donde no se anula el denominador. El dominio es** $\mathbf{R}-\left\{\dfrac{\pi}{2}+k\pi\right\}$ ya que para $x=\dfrac{\pi}{2}+$ $+k\pi$ no está definida la función.
3. **El recorrido es R, luego no está acotada.**
4. **Es impar ya que $\mathbf{tg(-x)=-tg\ x}$.**
5. **Es creciente en los intervalos** $\left[0, \dfrac{\pi}{2}\right[$ y $\left]\dfrac{\pi}{2}, \pi\right]$.

Un consejo: **Para calcular los ángulos que corresponden a un valor dibuja la circunferencia o la gráfica de la tangente.**

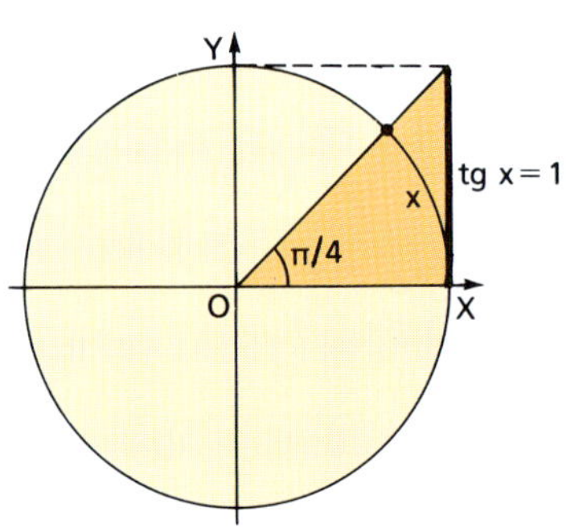

Para todo valor hay un ángulo que tiene por tangente dicho valor. Por ejemplo, si $\operatorname{tg} x=1$, entonces $x=\dfrac{\pi}{4}$ tal como se observa en las gráficas adjuntas.

La gráfica de la **función cotangente** de **x** se representa como **inversa** de la **tangente**. Se cortan en los puntos $\left(\dfrac{\pi}{4}, 1\right)$ y $\left(\dfrac{3\pi}{4}, -1\right)$.

Observa también que cuando la tangente tiende a 0 la cotangente tiende a $+\infty$ ó $-\infty$.

Escribe algunas propiedades de la cotangente que puedes deducir leyendo la gráfica.

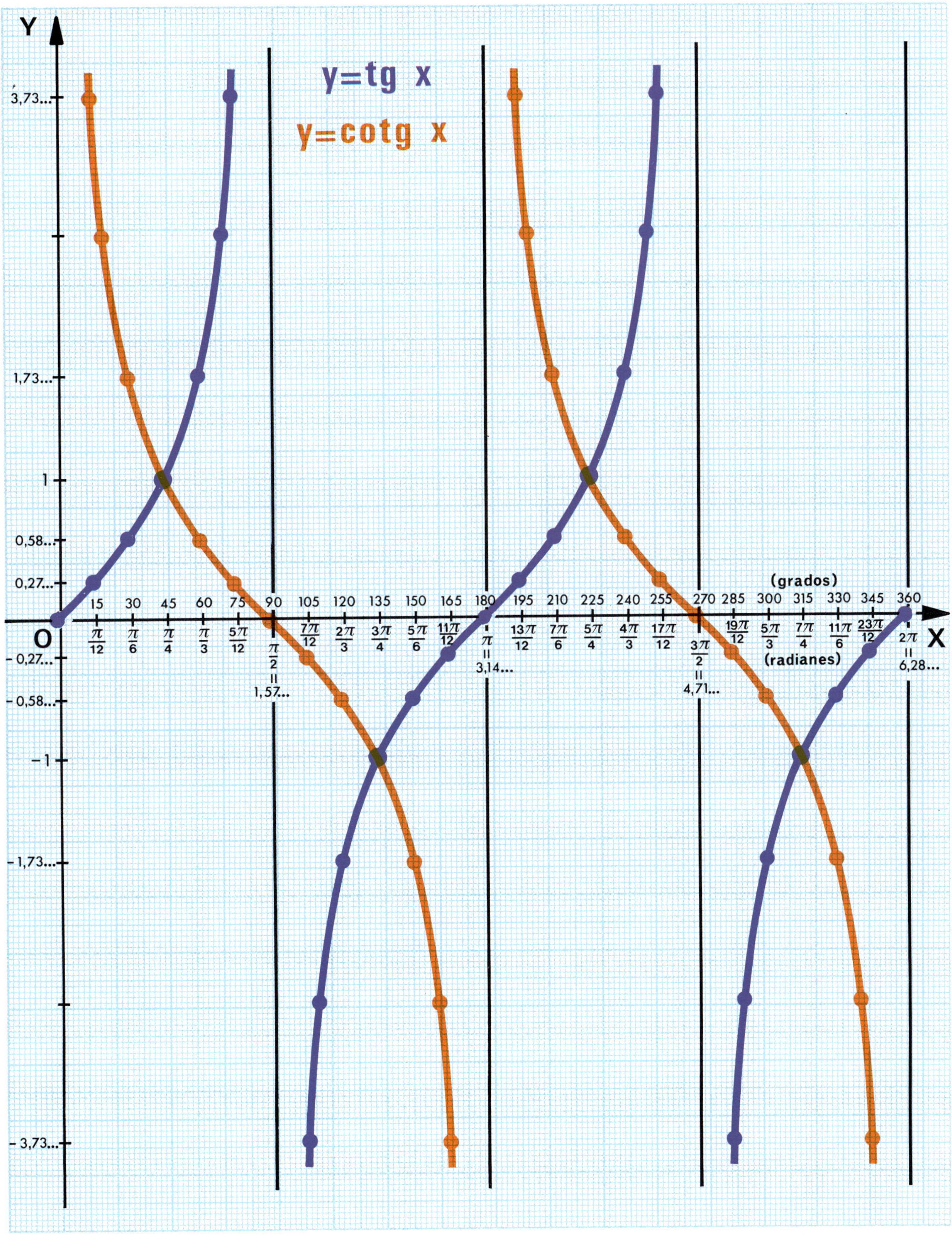

Y
y=tg x
y=cotg x
3,73...
1,73...
1
0,58...
0,27...
O
- 0,27...
- 0,58...
- 1
- 1,73...
- 3,73...
(grados)
15 30 45 60 75 90 105 120 135 150 165 180 195 210 225 240 255 270 285 300 315 330 345 360
π/12 π/6 π/4 π/3 5π/12 π/2 = 1,57... 7π/12 2π/3 3π/4 5π/6 11π/12 π = 3,14... 13π/12 7π/6 5π/4 4π/3 17π/12 3π/2 = 4,71... 19π/12 5π/3 7π/4 11π/6 23π/12 2π = 6,28...
(radianes)
X

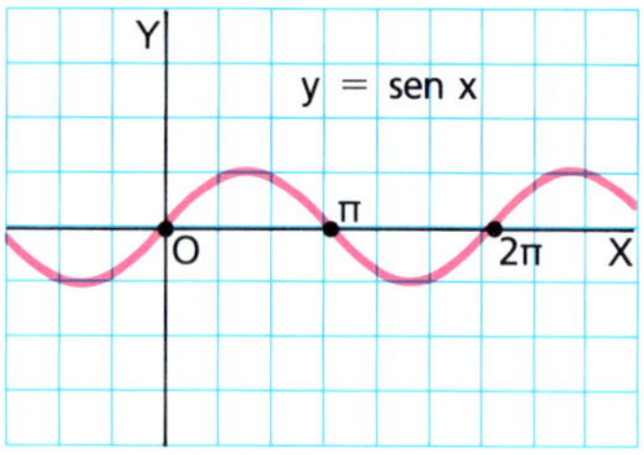
Y
y = sen x
π
O
2π
X

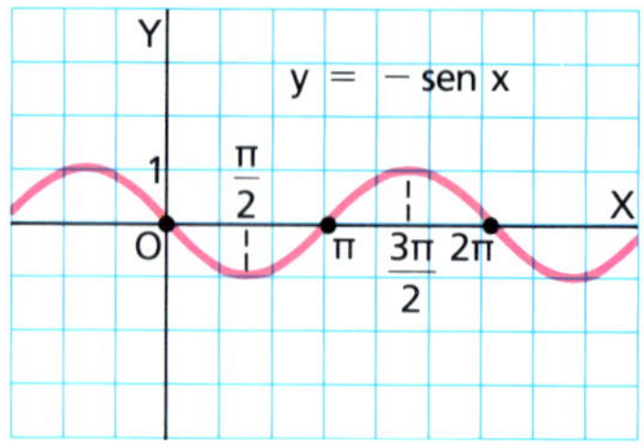
Y
y = − sen x
1
π/2
X
O
π
3π/2
2π

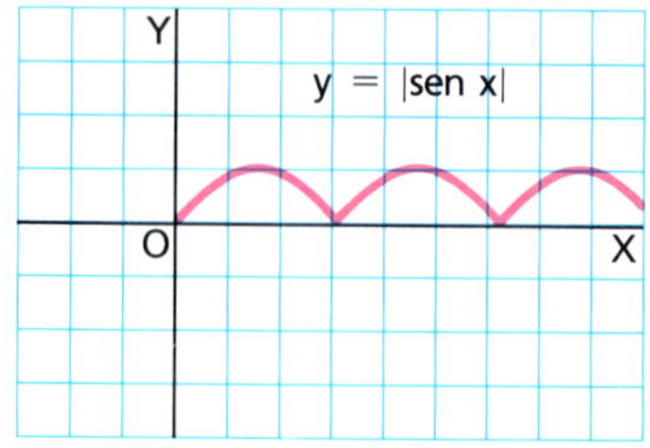
Y
y = |sen x|
O
X

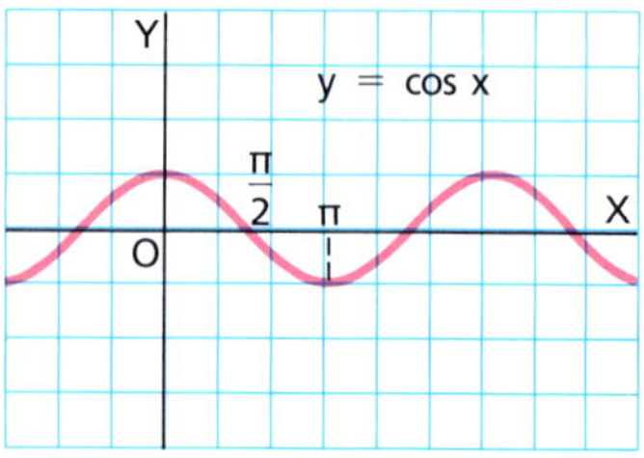
Y
y = cos x
π/2
π
X
O

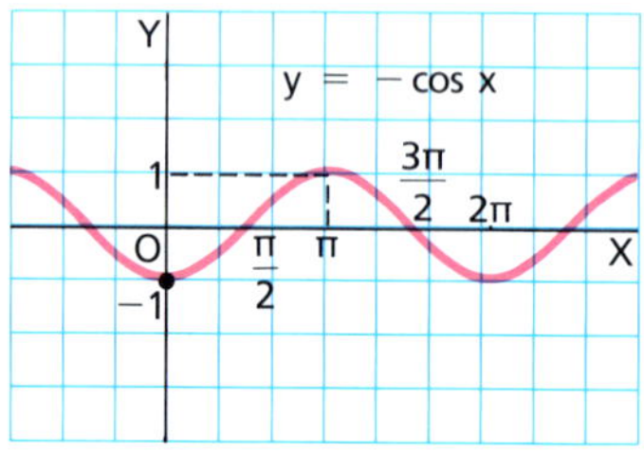
Y
y = − cos x
3π/2
1
2π
O
π/2
π
X
−1

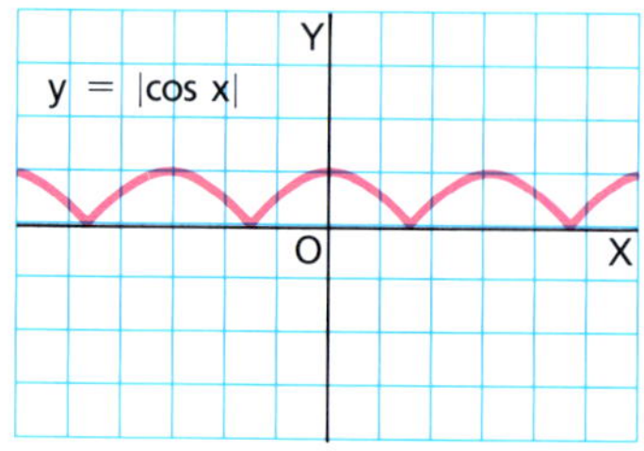
Y
y = |cos x|
O
X

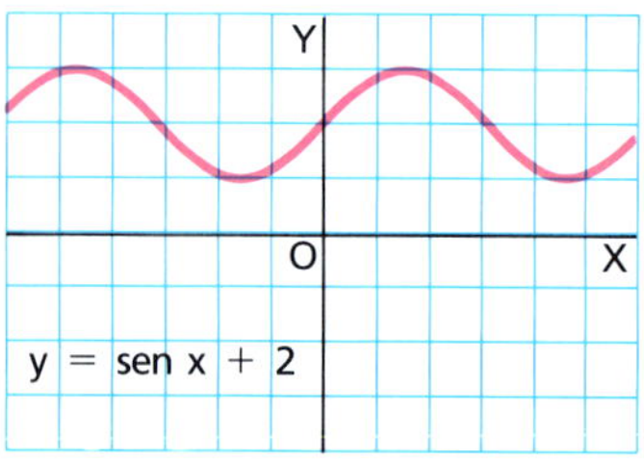
Y
O
X
y = sen x + 2

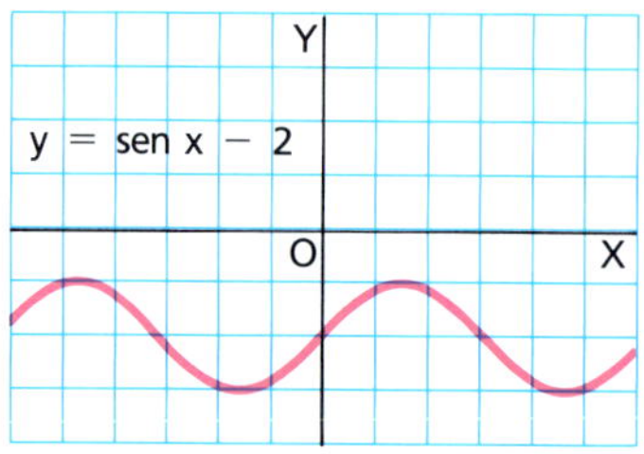
Y
y = sen x − 2
O
X

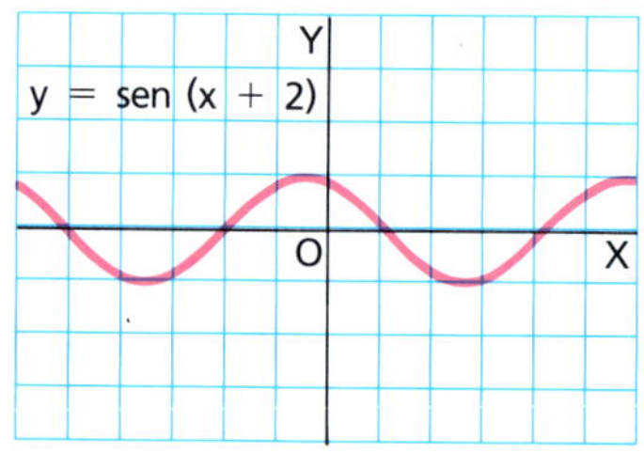
Y
y = sen (x + 2)
O
X

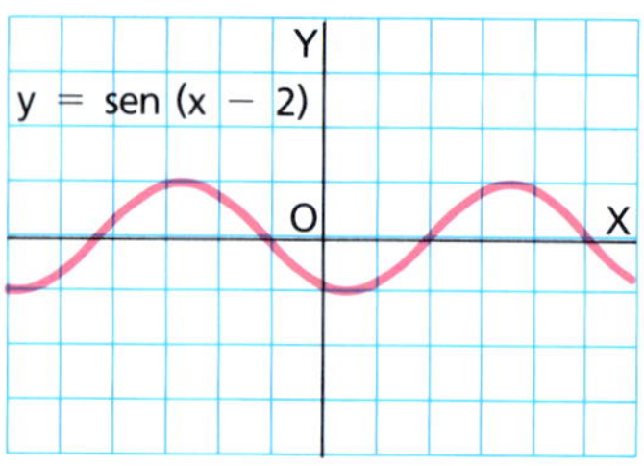
Y
y = sen (x − 2)
O
X

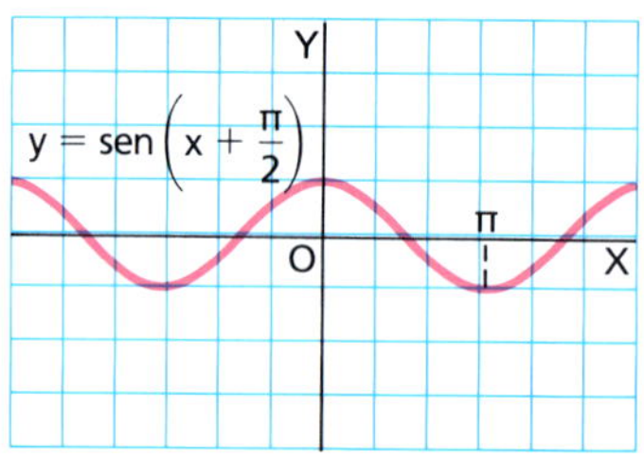
Y
y = sen (x + π/2)
π
O
X

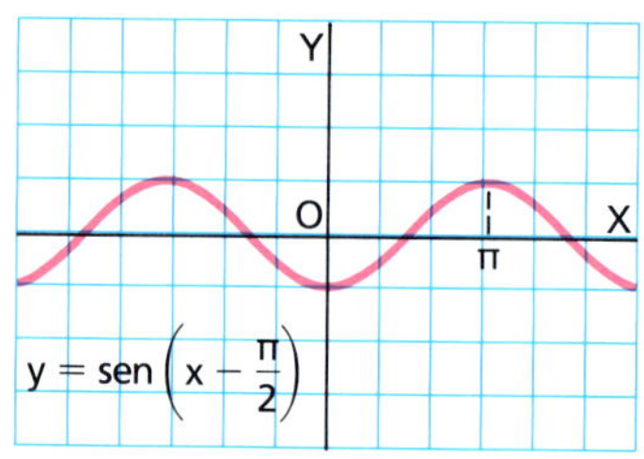
Y
O
X
π
y = sen (x − π/2)

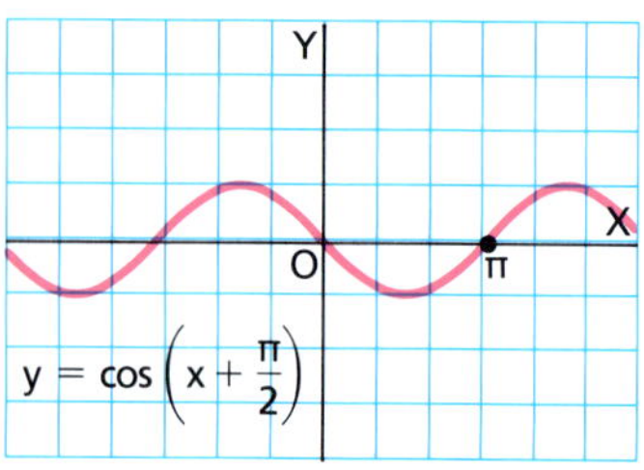
Y
X
O
π
y = cos (x + π/2)

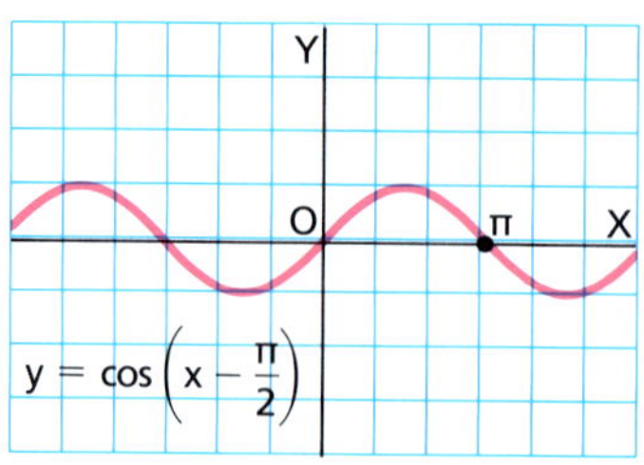
Y
O
π
X
y = cos (x − π/2)

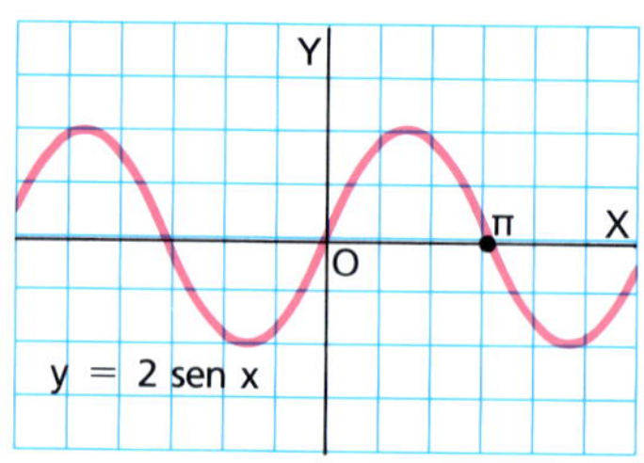
Y
π
X
O
y = 2 sen x

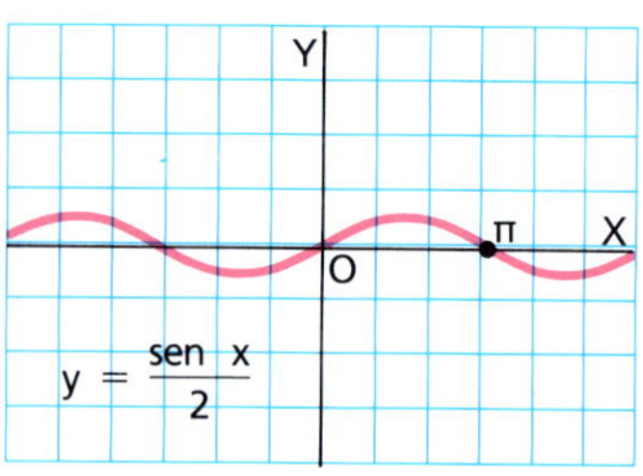
Y
π
X
O
y = sen x / 2

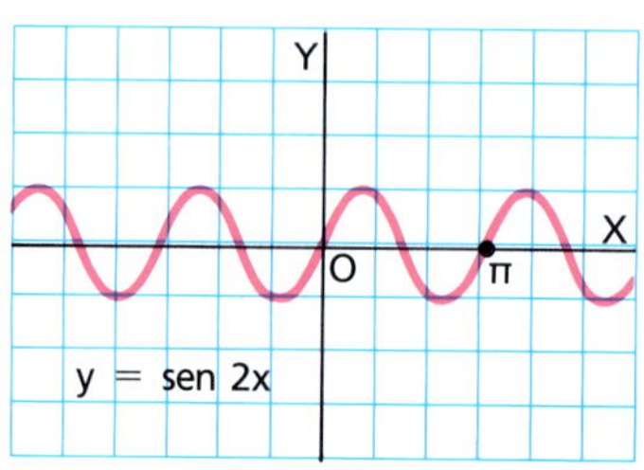
Y
X
O
π
y = sen 2x

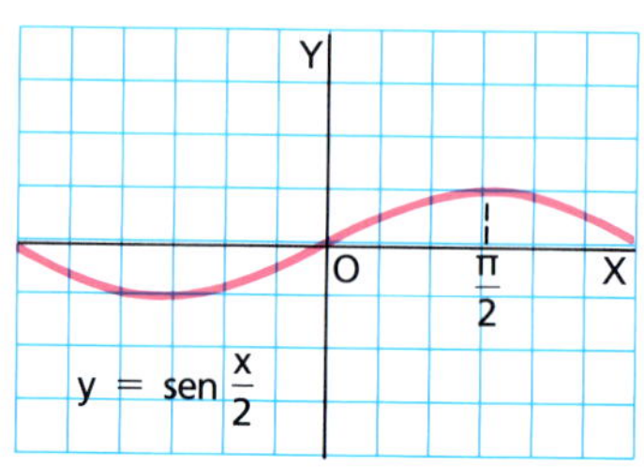
Y
O
π/2
X
y = sen x/2

PROBLEMAS RESUELTOS

1 **Halla el dominio de las siguientes funciones en el período principal:**

1. $y = \sqrt{1 - \text{sen } x}$

2. $y = \sqrt{1 - \cos x}$

Recuerda: Una función raíz cuadrada está definida si el radicando es mayor o igual que 0.

1. $y = \sqrt{1 - \text{sen } x}$ está definida si $1 - \text{sen } x \geqslant 0$.

   Puesto que sen $x \leqslant 1$, la función dada está definida para todo número real.

2. $y = \sqrt{1 - \cos x}$ está definida si $1 - \cos x \geqslant 0$.

   Puesto que $\cos x \leqslant 1$, la función dada está definida para todo número real.

2 **El período de la Tierra en su órbita alrededor del Sol es $3{,}16 \cdot 10^7$ s (es decir, un año); el período de Plutón es $7{,}82 \cdot 10^9$ s. ¿Cuántos años tarda Plutón en recorrer su órbita alrededor del Sol?**

Se tiene:

$$\frac{7{,}82 \cdot 10^9}{3{,}16 \cdot 10^7} = 2{,}47 \cdot 10^2 \approx 247 \text{ años}$$

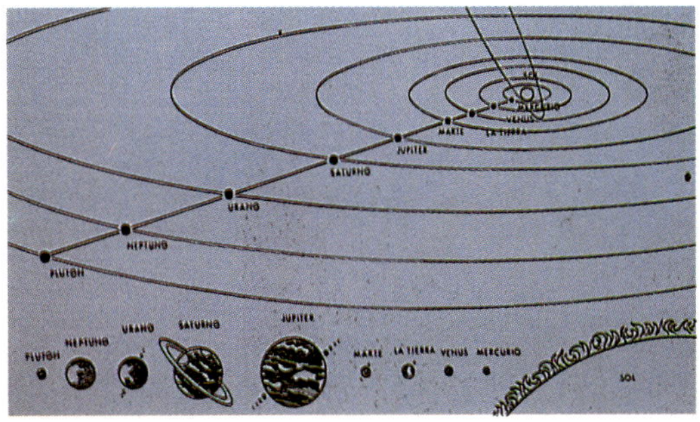

3 **Tercera ley de Kepler. La relación que existe entre el radio medio de la órbita elevado al cubo y el período elevado al cuadrado es constante para todos los planetas: $\frac{R^3}{T^2} = k$ (k = constante).**

Comprueba esta ley de Kepler utilizando los datos de la tabla adjunta. (U.A. = distancia Tierra – Sol.)

a) Para Tierra:

$$\frac{(1{,}000)^3}{(365{,}25)^2} = 7{,}5 \cdot 10^{-6} \text{ (U. A.)}^3/\text{día}^2$$

b) Para Marte:

$$\frac{(1{,}524)^3}{(686{,}98)^2} = 7{,}5 \cdot 10^{-6} \text{ (U. A.)}^3/\text{día}^2$$

c) Para Júpiter:

$$\frac{(5{,}200)^3}{(4332{,}62)^2} = 7{,}5 \cdot 10^{-6} \text{ (U. A.)}^3/\text{día}^2$$

	Radio medio órbita (UA)	**Período (Días)**
Mercurio	0,389	87,77
Venus	0,724	224,70
Tierra	1,000	365,25
Marte	1,524	686,98
Júpiter	5,200	4 332,62
Saturno	9,510	10 759,20

ACTIVIDADES

Ejercicios para repasar

1 Expresa los siguientes ángulos en radianes:

1. 0°, 30°, 45°, 60°.
2. 90°, 120°, 135°, 150°.
3. 180°, 210°, 225°, 240°.
4. 270°, 300°, 315°, 330°.

2 Expresa los siguientes ángulos en grados:

1. $0, \frac{\pi}{6}, \frac{\pi}{4}, \frac{\pi}{3}$.
2. $\frac{\pi}{2}, \frac{2\pi}{3}, \frac{3\pi}{4}, \frac{5\pi}{6}$.
3. $\pi, \frac{7\pi}{6}, \frac{5\pi}{4}, \frac{4\pi}{3}$.
4. $\frac{3\pi}{2}, \frac{5\pi}{3}, \frac{7\pi}{4}, \frac{11\pi}{6}$.

3 Calcula el seno de los siguientes ángulos:

1. 0°, 30°, 45°, 60°.
2. 90°, 120°, 135°, 150°.
3. 180°, 210°, 225°, 240°.
4. 270°, 300°, 315°, 330°.

4 Calcula el coseno de los siguientes ángulos:

1. 0°, 30°, 45°, 60°.
2. 90°, 120°, 135°, 150°.
3. 180°, 210°, 225°, 240°.
4. 270°, 300°, 315°, 330°.

5 Calcula la tangente de los siguientes ángulos:

1. 0°, 30°, 45°, 60°.
2. 90°, 120°, 135°, 150°.
3. 180°, 210°, 225°, 240°.
4. 270°, 300°, 315°, 330°.

6 Expresa las restantes razones trigonométricas en función de:

1. Seno.
2. Coseno.
3. Tangente.
4. Cosecante.
5. Secante.
6. Cotangente.

Ejercicios para entrenarse

7 Dibuja los siguientes puntos:

1. (0°, sen 0°), (30°, sen 30°), (45°, sen 45°), (60°, sen 60°).
2. (90°, sen 90°), (120°, sen 120°), (135°, sen 135°), (150°, sen 150°).
3. (180°, sen 180°), (210°, sen 210°), (225°, sen 225°), (240°, sen 240°).
4. (270°, sen 270°), (300°, sen 300°), (315°, sen 315°), (330°, sen 330°).

8 Dibuja los siguientes puntos:

1. (0°, cos 0°), (30°, cos 30°), (45°, cos 45°), (60°, cos 60°).
2. (90°, cos 90°), (120°, cos 120°), (135°, cos 135°), (150°, cos 150°).

3. (180°, cos 180°), (210°, cos 210°), (225°, cos 225°), (240°, cos 240°).

4. (270°, cos 270°), (300°, cos 300°), (315°, cos 315°), (330°, cos 330°).

9 Dibuja los siguientes puntos:

1. (0°, tg 0°), (30°, tg 30°), (45°, tg 45°), (60°, tg 60°).

2. (90°, tg 90°), (120°, tg 120°), (135°, tg 135°), (150°, tg 150).

3. (180°, tg 180°), (210°, tg 210°), (225°, tg 225°), (240°, tg 240°).

4. (270°, tg 270°), (300°, tg 300°), (315°, tg 315°), (330°, tg 330°).

10 Dibuja la función seno para obtener razonadamente los ángulos correspondientes a los siguientes valores:

1. 0, 1, −1.

2. $\frac{1}{2}, \frac{\sqrt{3}}{2}, \frac{\sqrt{2}}{2}$.

3. $\frac{-1}{2}, \frac{-\sqrt{3}}{2}, \frac{-\sqrt{2}}{2}$.

11 Dibuja la función coseno para obtener razonadamente los ángulos correspondientes a los siguientes valores:

1. 0, 1, −1.

2. $\frac{1}{2}, \frac{\sqrt{3}}{2}, \frac{\sqrt{2}}{2}$.

3. $\frac{-1}{2}, \frac{-\sqrt{3}}{2}, \frac{-\sqrt{2}}{2}$.

12 Dibuja la función tangente para obtener razonadamente los ángulos correspondientes a los siguientes valores:

1. 0, 1, −1.

2. $\frac{\sqrt{3}}{3}, \sqrt{3}, -\sqrt{3}$.

13 Determina los períodos de las siguientes funciones:

1. $y = \text{sen } 2x$, $y = \cos 2x$.

2. $y = \text{sen } 4x$, $y = \cos 4x$.

3. $y = \text{sen } 4\pi x$, $y = \cos 4\pi x$.

4. $y = \text{sen } \pi x$, $y = \cos \pi x$.

14 Determina los períodos de las siguientes funciones:

1. $y = \text{tg } 2x$, $y = \text{ctg } 2x$.

2. $y = \text{tg } 4x$, $y = \text{ctg } 4x$.

3. $y = \text{tg } 4\pi x$, $y = \text{ctg } 4\pi x$.

4. $y = \text{tg } \pi x$, $y = \text{ctg } \pi x$.

15 Dibuja las siguientes funciones a partir de la primera función:

1. $y = \text{sen } x$, $y = 3 \text{ sen } x$, $y = \left(\frac{1}{3}\right) \text{sen } x$.

2. $y = \cos x$, $y = 3 \cos x$, $y = \left(\frac{1}{3}\right) \cos x$.

3. $y = \text{tg } x$, $y = 3 \text{ tg } x$, $y = \left(\frac{1}{3}\right) \text{tg } x$.

16 Dibuja las siguientes funciones a partir de la primera función:

1. $y = \text{sen } x$, $y = \text{sen } x + 3$, $y = \text{sen } x - 3$.

2. $y = \cos x$, $y = \cos x + 3$, $y = \cos x - 3$.

3. $y = \text{tg } x$, $y = \text{tg } x + 3$, $y = \text{tg } x - 3$.

17 Dibuja las siguientes funciones:

1. $y = \text{sen } x$, $y = \text{sen } (x + 3)$, $y = \text{sen } (x - 3)$.

2. $y = \cos x$, $y = \cos (x + 3)$, $y = \cos (x - 3)$.

3. $y = \text{tg } x$, $y = \text{tg } (x + 3)$, $y = \text{tg } (x - 3)$.

18 Dibuja las siguientes funciones y observa cómo están relacionadas con el seno o coseno:

1. $y = \text{sen}\left(x + \frac{\pi}{2}\right)$

2. $y = \text{sen}\left(x - \frac{\pi}{2}\right)$

A

19 Dibuja las siguientes funciones y observa cómo están relacionadas con el seno o coseno:

1. $y = \cos\left(x + \frac{\pi}{2}\right)$

2. $y = \cos\left(x - \frac{\pi}{2}\right)$

20 Dibuja las siguientes funciones y observa cómo están relacionadas con la tangente o cotangente:

1. $y = \text{tg}\left(x + \frac{\pi}{2}\right)$

2. $y = \text{tg}\left(x - \frac{\pi}{2}\right)$

21 Dibuja las siguientes funciones y observa cómo están relacionadas con la tangente o cotangente:

1. $y = \text{ctg}\left(x + \frac{\pi}{2}\right)$

2. $y = \text{ctg}\left(x - \frac{\pi}{2}\right)$

22 Dibuja las siguientes funciones a partir de la primera función:

1. $y = \text{sen } x, \quad y = \text{sen } (2x)$.

2. $y = \cos x, \quad y = \cos (2x)$.

3. $y = \text{tg } x, \quad y = \text{tg } (2x)$.

Problemas para resolver

23 Estudia la composición de las siguientes funciones:

1. $y = \text{sen } x^2$

2. $y = \text{sen}^2 x$

3. $y = \cos x^2$

4. $y = \cos^2 x$

5. $y = \text{sen}^3 (x^2 + x + 1)^2$

24 Halla el dominio de las siguientes funciones en el período principal:

1. $y = \sqrt{1 - \text{sen } x}$

2. $y = \sqrt{1 + \cos x}$

3. $y = \sqrt{1 - 2 \text{ sen } x}$

25 Halla el dominio de las siguientes funciones en el período principal:

1. $y = \sqrt{1 - \text{sen}^2 x}$

2. $y = \sqrt{1 + \cos^2 x}$

3. $y = \sqrt{1 + \text{tg}^2 x}$

26 Una noria de feria tiene un radio de 10 m y da cada vuelta en 30 segundos. Representa la función que da la altura del cestillo en que se encuentra Ester.

27 Estudia la simetría de las siguientes funciones:

1. $f(x) = x^3 + \text{sen } x + \text{tg } x$

2. $f(x) = |\text{sen } x| + \cos x$

3. $f(x) = x \cdot \text{sen } x$

4. $f(x) = \text{sen } x + \cos x$

5. $f(x) = \text{sen}^2 x + \cos^2 x$

28 Calcula los siguientes límites:

1. $\lim_{x \to 1} \text{sen } x^2$

2. $\lim_{x \to \sqrt{2\pi}} \text{sen } x^2$

3. $\lim_{x \to \frac{\pi}{2}} \cos x$

4. $\lim_{x \to \frac{\pi}{2}} \text{ctg } x$

Cuestiones para aclararse

29 De las seis funciones trigonométricas periódicas, ¿cuáles tienen de período π y cuáles 2π?

30 Dibuja la gráfica de la función seno. ¿Es simétrica respecto del punto (0 , 0), es decir, del origen? Si la respuesta es afirmativa, ¿qué nombre recibe por tener esta simetría?

31 Dibuja la gráfica de la función coseno. ¿Es simétrica respecto del eje de ordenadas? Si la respuesta es afirmativa, ¿qué nombre recibe por tener esta simetría?

32 ¿Cuáles son los valores máximo y mínimo que puede tomar la función seno? ¿Y la función coseno? Ayúdate con un dibujo.

Actividades para profundizar

33 Dada la función $y = A$ sen $(\Omega t + \varnothing)$, ¿cuál es el significado matemático de cada una de las letras? ¿Y el significado físico?

34 ¿Es el seno una función inyectiva? ¿Y el coseno? Explica primero qué significa correspondencia inyectiva o función inyectiva.

35 Una función periódica, ¿puede ser biyectiva? Explica primero qué significa correspondencia biyectiva o función biyectiva.

36 La función coseno puede obtenerse a partir de la del seno, trasladando la gráfica hacia la izquierda, ¿cuál es el vector de traslación?

37 La función seno puede obtenerse a partir de la del coseno, trasladando la gráfica hacia la derecha. ¿Cuál es el vector de traslación?

38 Al duplicarse un ángulo, ¿se duplica el seno? Es decir, ¿se verifica la relación sen $2x = 2$ sen x? Razona la contestación apoyándote en un gráfico.

39 Pon un ejemplo que demuestre la falsedad de las relaciones:

1. sen $(a + b)$ = sen a + sen b.

2. cos $(a + b)$ = cos a + cos b.

3. tg $(a + b)$ = tg a + tg b.

de matemáticas

Los ritmos de la naturaleza

Todo el universo está dotado de ritmos palpitantes que se repiten regularmente y que están interconectados entre sí. Desde las propiedades ondulatorias de átomos que cambian su estado energético cada 10^{-14} segundos hasta las supergalaxias que tienen períodos de cientos de miles de años, todo parece indicar que el Universo se repite cíclicamente. Los animales y, por supuesto, el mismo hombre están sujetos a estos cambios periódicos que influyen positiva o negativamente en sus vidas.

En 1969, el norteamericano **George Thommen** publicó su famoso libro **Biorritmos** (Biorhythmus) en el que aseguraba que el hombre, desde el momento de nacer, estaba condicionado por tres ritmos: uno físico, de 23 días; otro emocional, de 28 días, y finalmente, otro intelectual, de 33 días. Los puntos máximos de estas curvas corresponden a días favorables, mientras que los puntos mínimos corresponden a días negativos. Los puntos críticos son aquellos en que la curva corta al eje de abscisas, durante los cuáles se tiene un menor rendimiento intelectual y se está más propenso a los accidentes y a las enfermedades.

El mismo **Kepler,** al estudiar las leyes que rigen los planetas observó este ritmo, y tanto es así que tituló su obra maestra publicada en 1619 como *Las armonías del mundo* (Harmonices mundi libri V). A la velocidad de cada planeta, según Kepler, corresponde una nota musical. Los tonos de la Tierra serían FA y MI.

En la tabla adjunta se muestran en orden decreciente algunos de los fenómenos observados en la naturaleza que tienen ritmo, así como su tipo de ciclo y el período correspondiente.

ESTRUCTURA	PERÍODO	RITMO
	250 millones años	Órbita del Sol alrededor del centro de la Galaxia
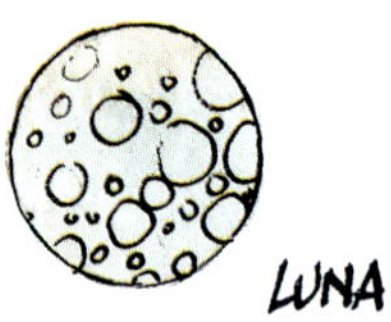	29,53 días	Ciclo completo de las fases lunares
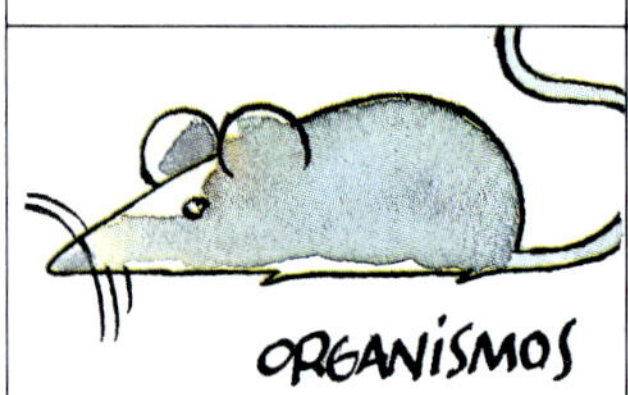	24 horas	Giro de la Tierra sobre su eje. Alternancia noche-día
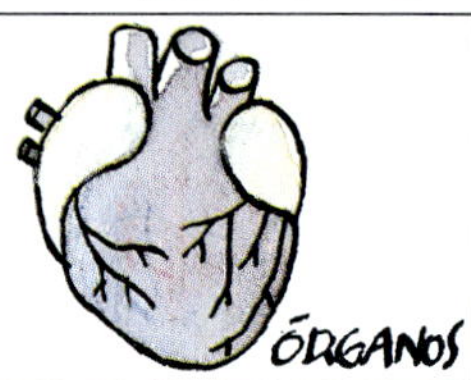	$\simeq$ 1 segundo	Ritmo cardiaco
	$\simeq 10^{-14}$ segundos	Irradiación del electrón al pasar de un nivel energético a otro

MURAL

23 DERIVADAS

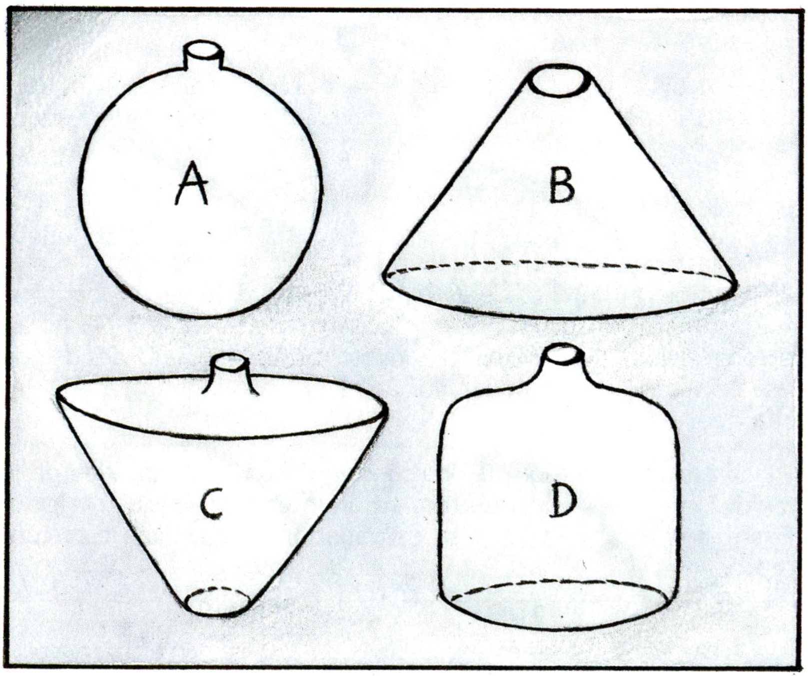

VOLUMEN Y CRECIMIENTO

En la viñeta aparecen cuatro vasijas que a pesar de su forma diferente tienen la misma capacidad y altura. Se llenan echando agua con una pipeta graduada y anotando para cada cm^3 la altura alcanzada en cada una de las vasijas. Las gráficas obtenidas son las dadas en la figura adjunta.

Observa que todas las gráficas son crecientes, pero la manera de hacerlo varía mucho de una a otra:

— *¿De qué vasija es cada una de las gráficas?*

— *¿Qué gráfica crece al principio más rápidamente?*

— *¿Qué gráfica crece al principio más lentamente?*

— *¿Qué gráfica crece de una manera constante?*

La tasa de variación en el intervalo [0 , V] (volumen) es la misma para las cuatro funciones, ya que todas alcanzan la misma altura; sin embargo, el modo de hacerlo cambia mucho de una a otra. Por eso conviene tener, además de una medida de variación en cada intervalo, una medida de la variación en cada punto. Esta medida es la tasa de variación instantánea o derivada.

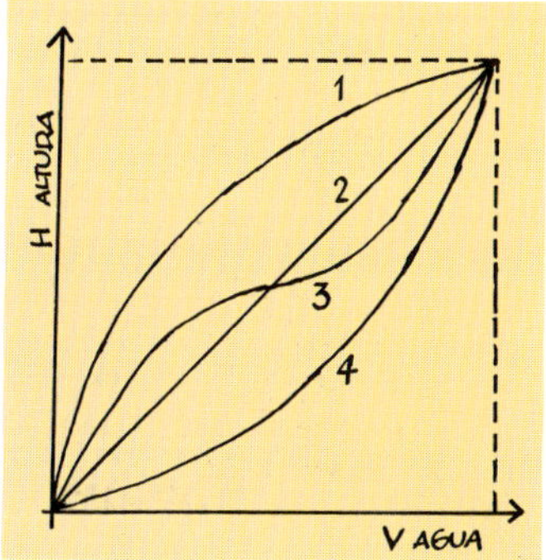

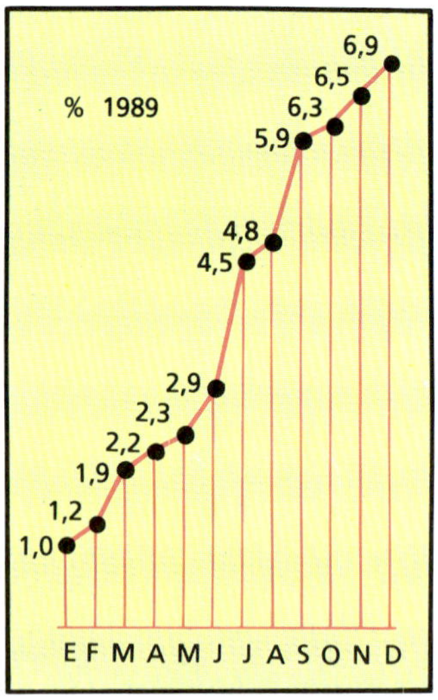

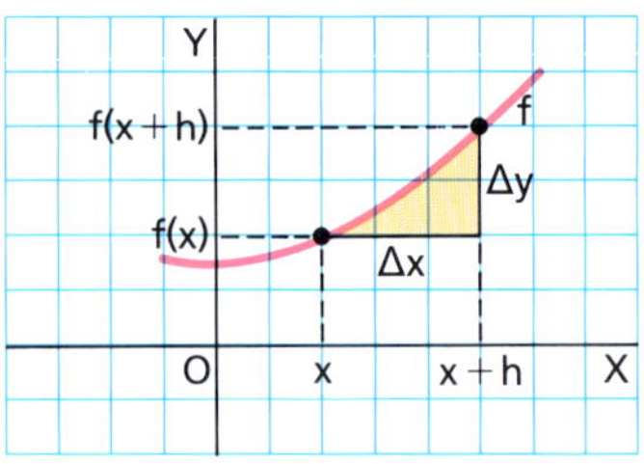

Tasa de variación media: $\dfrac{\triangle y}{\triangle x}$

DILATACIÓN MEDIA

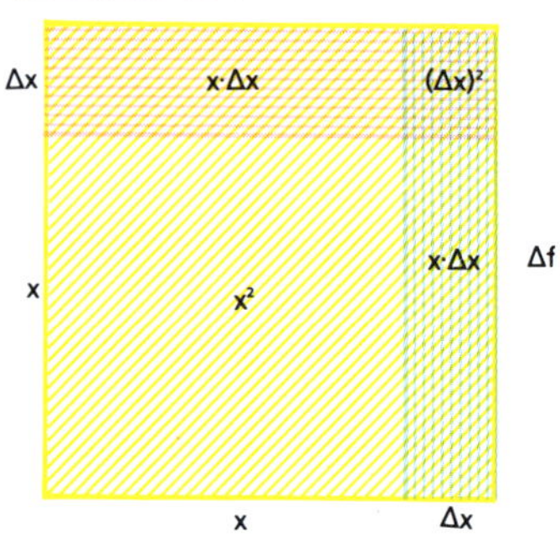

$$\frac{\triangle f}{\triangle x}=\frac{(x+\triangle x)^2-x^2}{\triangle x}=2x+\triangle x$$

1. TASA DE VARIACIÓN MEDIA

► Un ejemplo para pensar y calcular

En el margen se ha dibujado la gráfica que da el IPC durante el año 1988. Unas preguntas sencillas:

— ¿Cuál es el incremento en los doce meses?

— ¿Cuál es el incremento medio por semestre?

— ¿Cuál es el incremento medio por mes?

— ¿Cuál es el incremento medio por día?

El incremento medio o tasa de variación media se obtiene dividiendo el incremento anual del IPC por cada uno de los intervalos de tiempo considerados.

► Otro ejemplo

La tasa de variación de la función espacio que representa el movimiento de un móvil es de 240 km. Con este dato tienes una información, pero si añadimos que esa variación se ha realizado en 3 horas, el conocimiento del fenómeno es mejor; se dispone entonces de una tasa de variación media dada por 240 km/3 h = 80 km/h, que no es otra que la velocidad media.

La tasa de variación de una función da una primera idea de la rapidez con que crece o decrece en un intervalo, aunque no lo suficientemente precisa. La tasa de variación media afina este concepto.

> **La tasa de variación media de la función f(x) en el intervalo [x, x + h] se designa por t_m y viene dada por:**
>
> $$t_m=\frac{\triangle y}{\triangle x}=\frac{f(x+h)-f(x)}{h}$$

Dependiendo del fenómeno que represente la función, la tasa de variación media recibe nombres particulares como:

— Velocidad media, aceleración media.

— Tasa de crecimiento anual de una población.

— Ritmo de respiración.

La tasa de variación media puede ser negativa, nula o positiva dependiendo de la tasa de variación o incremento $\triangle y$.

Las tasas de variación media de la función $f(x)=x^2$ en los intervalos [2 , 4], [4 , 6] y [6 , 8] son:

$$t_m=\frac{16-4}{2}=6 \qquad t_m=\frac{36-16}{2}=10 \qquad t_m=\frac{64-36}{2}=14$$

respectivamente. Observa que la tasa de variación media, $\triangle y$, no es igual en los tres casos, aun siendo iguales los incrementos $\triangle x$.

2. TASA DE VARIACIÓN INSTANTÁNEA

La tasa de variación media en un intervalo [a, b] permite estudiar pendientes, velocidades medias, etc.; sin embargo, algunas veces también es interesante conocer el comportamiento de estas magnitudes en cada punto.

Si se trata del movimiento de un coche, lo que ahora nos preguntamos es la velocidad en cada instante; es decir, la velocidad que marca el velocímetro en cada momento. En física se conoce con el nombre de velocidad instantánea o simplemente velocidad.

La solución se reduce a estudiar la variación instantánea en un punto cualquiera **x**; para ello basta tomar intervalos **[x, x+h]** cada vez más pequeños; es decir, hacer que **h** se aproxime hacia **0**.

La tasa de variación instantánea t_i es el límite de las tasas de variación media cuando los intervalos de la variable independiente se hacen cada vez más pequeños:

$$t_i = \lim_{h \to 0} \frac{f(x+h) - f(x)}{h}$$

Las siguientes situaciones son otros ejemplos en los que se presenta el concepto de tasa de variación instantánea:

— La presión del agua en cada uno de los puntos de una presa.

— La presión de un avión en el momento de aterrizar.

— La pendiente que tiene una carretera de montaña en cada punto, etc.

La tasa de variación instantánea es también la pendiente que tiene una carretera en cada punto.

Razona los pasos en los siguientes ejercicios.

1. **La trayectoria de un móvil en función del tiempo viene dada por $f(t) = t^2 - t$. ¿Cuál es la velocidad instantánea, v_i, cuando $t = 4$ s?**

Para obtener la velocidad instantánea se aplica la definición, y resulta:

$$v_i = \lim_{h \to 0} \frac{f(4+h) - f(4)}{h} = \lim_{h \to 0} \frac{7h + h^2}{h} = \lim_{h \to 0} (7+h) = 7 \text{ m/s}$$

2. **La altura que alcanza el agua en una de las vasijas, en función del volumen introducido, viene dada por $f(H) = V^2$. ¿Cuál es la tasa de variación instantánea de la altura, H_i, cuando el volumen introducido es 2 cm^3?**

$$H_i = \lim_{h \to 0} \frac{(2+h)^2 - 2^2}{h} = \lim_{h \to 0} \frac{4\ h + h^2}{h} = \lim_{h \to 0} (4+h) = 4$$

que es la tasa de variación instantánea; es decir, 4 cm/cm^3.

3. DERIVADA DE UNA FUNCIÓN EN UN PUNTO

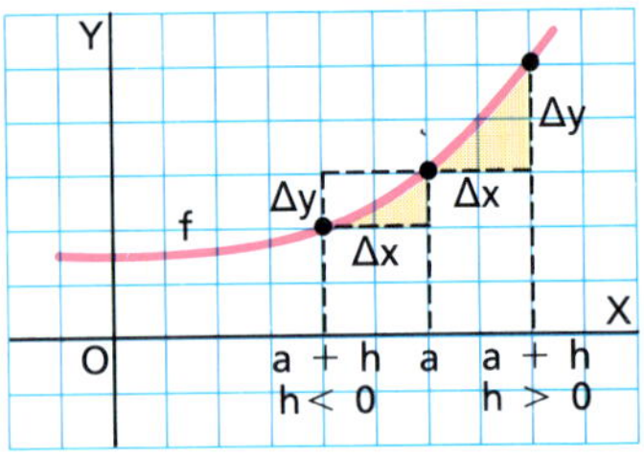

$\triangle x = h$ puede tomar valores positivos o negativos.

En los ejemplos anteriores aparece de modo natural la expresión:

$$\lim_{h \to 0} \frac{f(x+h) - f(x)}{h}$$

Existen otras muchas situaciones, además de las reseñadas, que dan lugar al mismo límite. Parece, pues, conveniente estudiar este límite y darle un nombre.

▶ Definición de derivada

La derivada detiene el movimiento ya que lo estudia en cada momento. La foto muestra una instantánea de un caballo jerezano en una exhibición.

> **La derivada de la función f en el punto x es el límite, si existe, dado por**
>
> $$\lim_{h \to 0} \frac{f(x+h) - f(x)}{h}$$
>
> **Si el límite existe se dice que la función f es derivable en el punto x.**
>
> **La tasa de variación instantánea es la derivada.**
>
> **La derivada de una función en un punto es un número real.**

Para designar la derivada de la función **f** en el punto **x** se emplean diversas notaciones:

$$y'(x), \quad f'(x), \quad D\,f(x)$$

Si una función **f** es derivable en un punto determinado **x = a**, la derivada viene dada por la expresión:

$$f'(a) = \lim_{h \to 0} f \frac{(a+h) - f(a)}{h}$$

EN UNA RECTA:

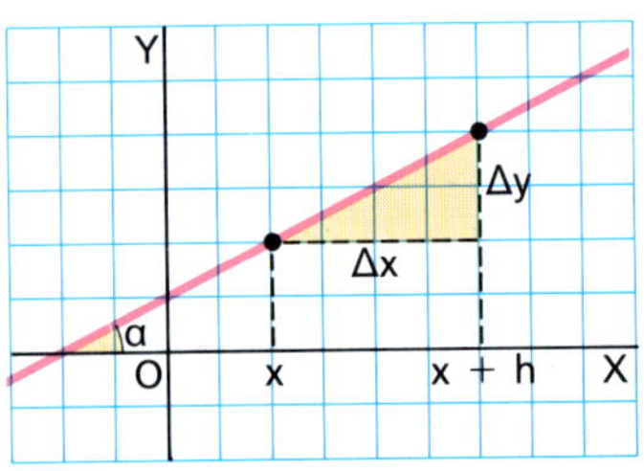

$$m = \text{tg}\,\alpha = \frac{\triangle y}{\triangle x} = f'(x)$$

Recuerda: Calcular derivadas es calcular límites dados por la expresión anterior. La aplicación directa del teorema del cociente de límites da $\frac{0}{0}$; por tanto, hay que eliminar esta indeterminación haciendo transformaciones en la expresión.

1. $\mathbf{D\,x} = \lim_{h \to 0} \frac{(x+h) - x}{h} = \lim_{h \to 0} \frac{h}{h} = 1.$

2. $\mathbf{D\,(2x+5)} = \lim_{h \to 0} \frac{2\,(x+h) + 5 - 2x - 5}{h} = \lim_{h \to 0} \frac{2h}{h} = 2.$

3. $\mathbf{D\,x^2} = \lim_{h \to 0} \frac{(x+h)^2 - x^2}{h} = \lim_{h \to 0} \frac{2\,xh + h^2}{h} = \lim_{h \to 0} (2x+h) = 2x.$

▶ Otras formas de escribir la derivada en un punto

Si hacemos $x=a+h$ entonces $h=x-a$, con lo que $x \to a$ cuando $h \to 0$. Sustituyendo estos valores en la fórmula anterior se obtiene una segunda forma de expresar la derivada:

$$\mathbf{f'(a) = \lim_{x \to a} \frac{f(x)-f(a)}{x-a}}$$

Utilizando tasas de variaciones o incrementos es posible aún obtener una tercera forma de expresar la derivada, utilizada sobre todo en las ciencias experimentales:

$$\mathbf{f'(a) = \lim_{\Delta x \to 0} \frac{\Delta y}{\Delta x}}$$

En el cálculo de derivadas puede emplearse cualquiera de las expresiones anteriores, según convenga.

Justifica los pasos dados en los siguientes límites. ¿En cuáles hay indeterminación del tipo $\frac{0}{0}$?

1. $$\mathbf{D\,x^3} = \lim_{h \to 0} \frac{f(x+h)-f(x)}{h} = \lim_{h \to 0} \frac{(x+h)^3-x^3}{h} = \lim_{h \to 0} \frac{3x^2h+3xh^2+h^3}{h} = \lim_{h \to 0} (3x^2+3xh+h^2) = 3x^2$$

2. $$\mathbf{D\,x^4} = \lim_{h \to 0} \frac{f(x+h)-f(x)}{h} = \lim_{h \to 0} \frac{(x+h)^4-x^4}{h} = \lim_{h \to 0} \frac{4x^3h+6x^2h^2+4xh^3+h^4}{h} = \lim_{h \to 0} (4x^3+6x^2h+4xh^2+h^3) = 4x^3$$

3. $$\mathbf{D\,\sqrt{x}} = \lim_{h \to 0} \frac{f(x+h)-f(x)}{h} = \lim_{h \to 0} \frac{\sqrt{x+h}-\sqrt{x}}{h} = \lim_{h \to 0} \frac{(\sqrt{x+h}-\sqrt{x})(\sqrt{x+h}+\sqrt{x})}{h(\sqrt{x+h}+\sqrt{x})} = \lim_{h \to 0} \frac{h}{h(\sqrt{x+h}+\sqrt{x})} = \frac{1}{2\sqrt{x}}$$

DILATACIÓN INSTANTÁNEA

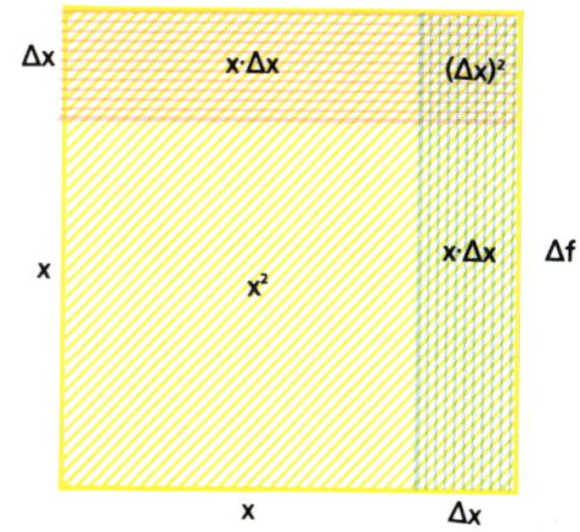

$$\lim_{\Delta x \to 0} \frac{\Delta f}{\Delta x} = \lim_{\Delta x \to 0} \frac{(x+\Delta x)^2-x^2}{\Delta x} = \lim_{\Delta x \to 0} (2x+\Delta x) = 2x$$

CAÍDA DE UN CUERPO

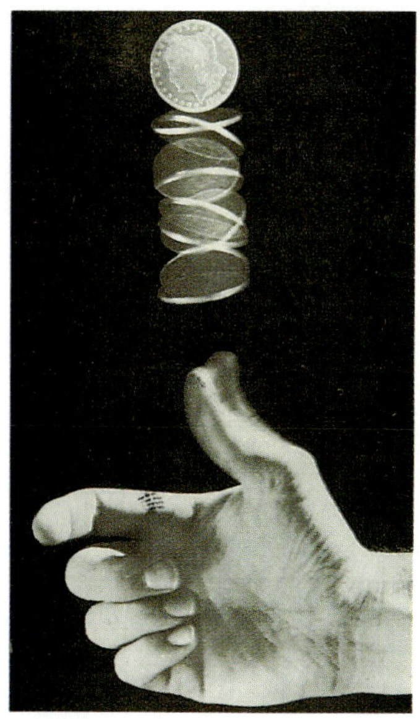

La caída libre de un cuerpo viene dada por la formula:

$$s=\frac{1}{2}gt^2$$

La derivada es la velocidad:

$$v=gt$$

4. INTERPRETACIÓN GEOMÉTRICA DE LA DERIVADA

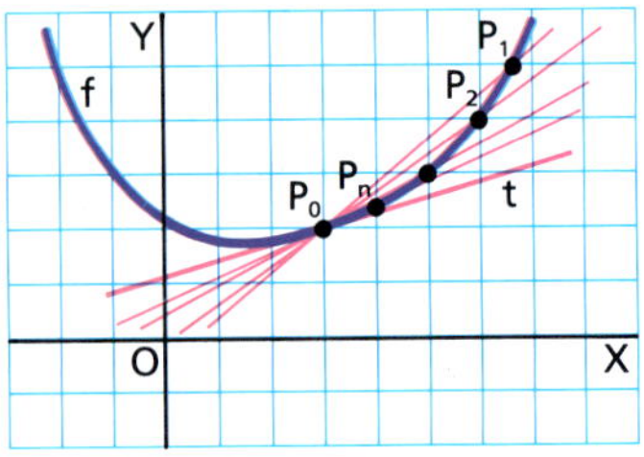

▶ La recta tangente como límite de secantes

En la figura adjunta se representa la gráfica o curva de una determinada función.

Tratamos de definir la tangente en el punto $\mathbf{P_0}$. Para ello consideremos el conjunto de puntos $\mathbf{P_1, P_2, ..., P_n, ...}$ aproximándose a $\mathbf{P_0}$. Observando la figura se deduce que si los puntos $\mathbf{P_i = 1, 2, 3, ..., n, ...}$ se aproximan a $\mathbf{P_0}$ las rectas secantes $\mathbf{P_0P_1, P_0P_2, ..., P_0P_n, ...}$ se aproximan a una recta **t** que coincide con nuestra idea intuitiva de recta tangente en el punto $\mathbf{P_0}$. Este proceso justifica la siguiente definición de recta tangente a una curva en un punto $\mathbf{P_0}$:

> La **recta tangente** a una curva en el punto P_0 es la **posición** límite t, si existe, de las rectas **secantes** determinadas por P_0 y P_i cuando P_i se aproxima a P_0.

RECUERDA

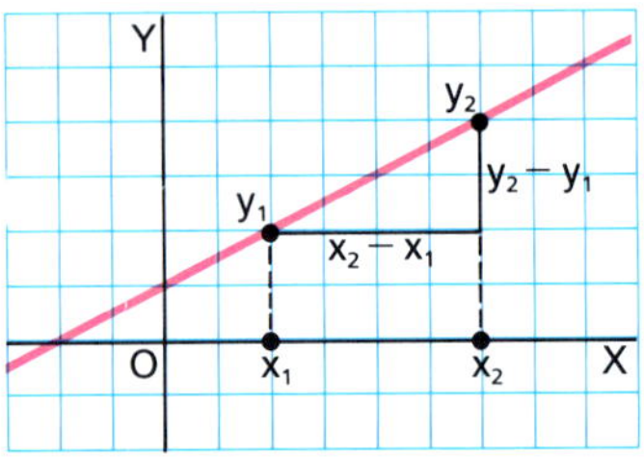

— Pendiente de la recta que pasa por los puntos (x_1, y_1) y (x_2, y_2):

$$m = \frac{y_2 - y_1}{x_2 - x_1}$$

— Ecuación punto-pendiente de esa recta:

$$y - y_1 = m(x - x_1)$$

▶ La derivada como pendiente de la recta tangente

Las secantes que pasan por $\mathbf{P_0}$ quedan completamente determinadas por su pendiente ya que el punto $\mathbf{P_0}$ es fijo.

Si $\mathbf{P_0\,[x_0, f(x_0)]}$ y $\mathbf{P_i\,[x_i, f(x_i)]}$ son las coordenadas de $\mathbf{P_0}$ y de un punto cualquiera $\mathbf{P_i}$ de la gráfica de la función, la pendiente de la recta secante $\mathbf{P_0P_i}$ es:

$$\mathbf{m_i = \frac{f(x_i) - f(x_0)}{x_i - x_0}}$$

Si los puntos $\mathbf{P_i}$ se aproximan hacia el punto $\mathbf{P_0}$, sus abscisas $\mathbf{x_i}$ tenderán a $\mathbf{x_0}$. Por tanto, si indicamos por $\mathbf{m_t}$ la pendiente de la recta tangente en $\mathbf{P_0}$, resulta:

$$\mathbf{m_t = \lim_{x_i \to x_0} \frac{f(x_i) - f(x_0)}{x_i - x_0}}$$

que es la **derivada** de la función **f(x)** en el punto $\mathbf{x = x_0}$, siendo $\mathbf{x_0}$ la abscisa del punto $\mathbf{P_0}$.

La recta tangente es el límite de las secantes, y su pendiente coincide con el límite de las pendientes de las secantes.

VELOCIDAD Y PENDIENTE

La velocidad de caída del cuerpo depende de la pendiente del tablero, cuya inclinación es el ángulo α.

> La **pendiente de la tangente en un punto** es igual a la derivada de la función en ese punto:
>
> $$\mathbf{m_t = f'(x_0)}$$
>
> La ecuación de la recta tangente en el punto $P_0\,[x_0, f(x_0)]$ es
>
> $$\mathbf{y - f(x_0) = f'(x_0)\,(x - x_0)}$$

5. FUNCIÓN DERIVADA. DERIVADAS SUCESIVAS

Observa que hasta ahora nos hemos referido siempre a la derivada de una función en un determinado punto **x = a**; el resultado es un número real por tratarse de un límite.

> Si una función f es **derivable en el dominio de la función** es posible definir una nueva función que asocie a cada número real del dominio la derivada en ese punto.
>
> Esta función así definida se llama función **derivada** o simplemente **derivada**.

Si se utiliza como notación de función **y = f(x)**, su función derivada se designa por **y', f'(x)** o **D f(x)**.

La notación **f'(x)** es más apropiada para indicar valores numéricos de la función derivada, tales como $f'(0)$, $f'(-2)$, $f'\left(\frac{3}{7}\right)$, ...

La notación **Df(x)** se presta más para indicar las derivadas de funciones dadas explícitamente, como por ejemplo:

$$\mathbf{D}\, k = 0 \;,\; \mathbf{D}\, x = 1 \;,\; \mathbf{D}\,(3x^2 + 5x + 1) = 6x + 5$$

Frecuentemente aparece la notación de **Leibniz** $\frac{dy}{dx}$ o $\frac{df}{dx}$ que se lee **derivada de y** o **f respecto de x**, y proviene de la notación de la tasa de variación media: $\frac{\Delta y}{\Delta x}$.

Este símbolo hay que considerarlo como un todo inseparable que designa la derivada de una función; **dy** y **dx** no son numerador y denominador de una fracción que pueda simplificarse.

La notación de Leibniz es útil, sobre todo cuando en un problema aparecen varias variables, ya que con ella se indica respecto a qué variable se deriva.

► Derivadas sucesivas

A partir de la función derivada primera se puede definir, si existe, también su derivada, y recibe el nombre de derivada segunda.

La derivada segunda se designa por **y'', f''(x)** o **$D^2f(x)$.**

Análogamente se definen las funciones derivadas tercera, cuarta, quinta, ..., enésima, que se designan por:

$$\begin{array}{ccccc} f^3(x) & f^4(x) & f^5(x) & \dots & f^n(x) \\ \| & \| & \| & & \| \\ D^3\, f(x) & D^4\, f(x) & D^5\, f(x) & \dots & D^n\, f(x) \end{array}$$

PENDIENTES

Las señales de pendientes en puertos de montaña se encuentran cada ciertos tramos de la carretera. Si estas señales se colocasen en todos los puntos tendríamos otra función que nos daría la pendiente en cada punto. Esta nueva función dada por las pendientes es la función derivada.

Leibniz (1646-1716) fue el primero que utilizó el término **función.** Para él y para los matemáticos del siglo XVIII, el concepto de relación funcional en sentido matemático estaba más o menos identificado con el de una fórmula algebraica sencilla que expresara la naturaleza exacta de esta dependencia.

Leibniz también introdujo los términos **constante, variable** y **parámetros** y la notación de derivada.

6. CUATRO FUNCIONES FUNDAMENTALES

Las derivadas de las funciones elementales se demuestran a partir de las cuatro funciones siguientes y de las reglas de las operaciones con funciones. Las derivadas de estas cuatro funciones se obtienen a partir de la definición de derivada; en los demás no se utiliza la definición directamente. Estas reglas se demuestran en el próximo curso.

$Dc = 0$

1. La derivada de la función constante $\mathbf{f(x) = C}$ es $\mathbf{f'(x) = 0}$

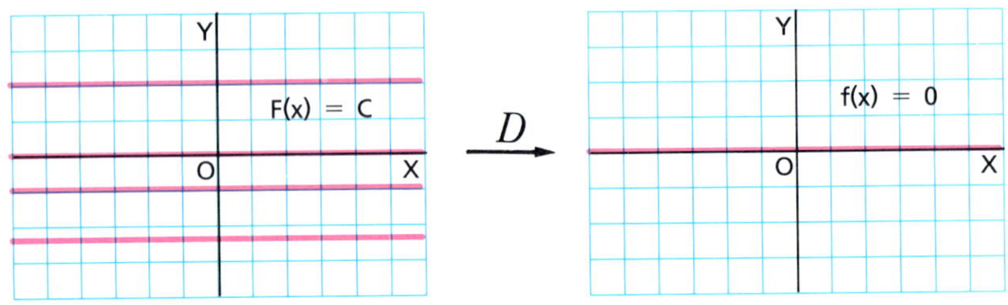

$Dx = 1$

2. La derivada de la función identidad $\mathbf{f(x) = x}$ es $\mathbf{f'(x) = 1}$

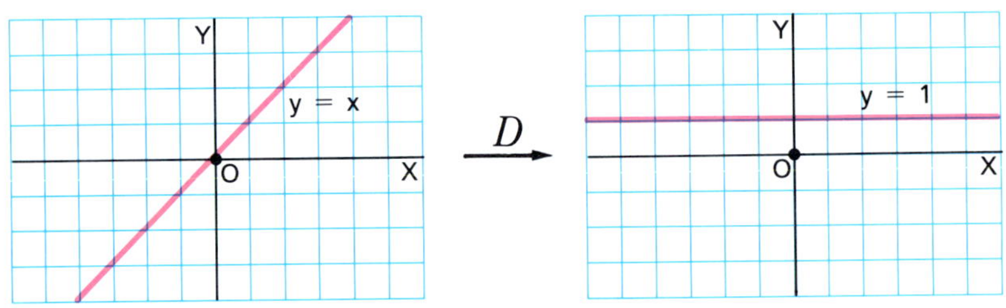

$DLx = \frac{1}{x}$

3. La derivada de la función $\mathbf{f(x) = Lx}$ es $\mathbf{f'(x) = \frac{1}{x}}$

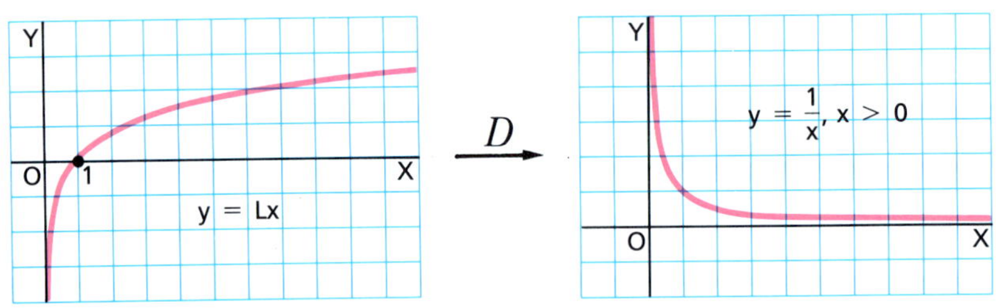

$D \operatorname{sen} x = \cos x$

4. La derivada de la función $\mathbf{f(x) = sen\ x}$ es $\mathbf{f'(x) = cos\ x}$

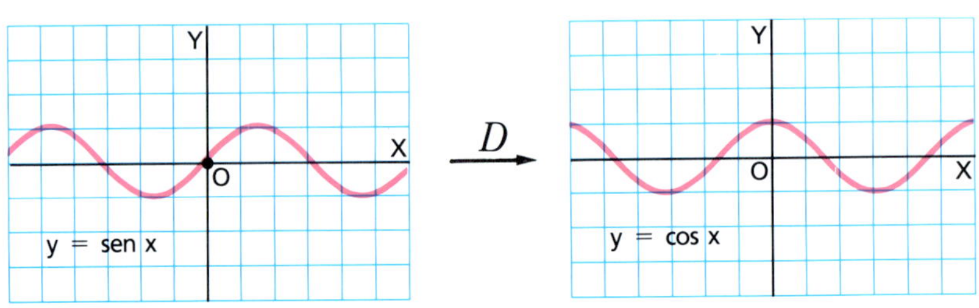

7. OPERACIONES CON DERIVADAS

▶ La derivada del **producto de un número por una función** es igual al número por la derivada de la función.

$(af)' = a \cdot f'$

$D\ af = a\ Df$

1. $\mathbf{D\ 3x^2} = 3D\ x^2 = 3 \cdot 2x = 6x$
2. $\mathbf{D\ 7x^4} = 7\ Dx^4 = 7 \cdot 4x^3 = 28x^3$
3. $\mathbf{D\ 5\sqrt{x}} = 5D\ \sqrt{x} = 5 \cdot \dfrac{1}{2\sqrt{x}} = \dfrac{5}{2\sqrt{x}}$
4. $\mathbf{D\ \dfrac{x^7}{8}} = \dfrac{1}{8} D\ x^7 = \dfrac{1}{8} \cdot 7x^6 = \dfrac{7x^6}{8}$
5. $\mathbf{D\ ax^n} = a \cdot D\ x^n = a \cdot nx^{n-1} = anx^{n-1}$
6. $\mathbf{D\ 3\ sen\ x} = 3\ D\ sen\ x = 3\ cos\ x$
7. $\mathbf{D\ Lx^3} = D\ 3\ Lx = 3\ D\ Lx = 3 \cdot \dfrac{1}{x} = \dfrac{3}{x}$

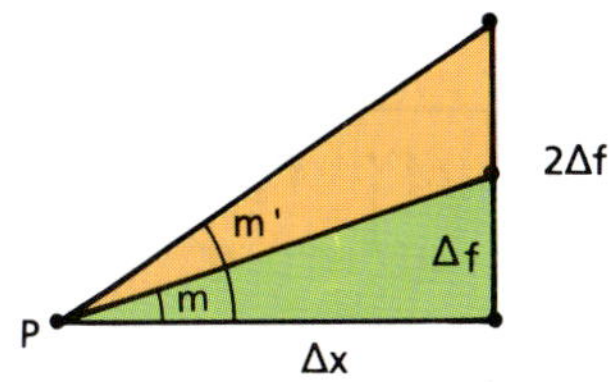

$$m = \frac{\Delta f}{\Delta x}$$

$$m' = \frac{2\Delta f}{\Delta x} = 2\ m$$

▶
— La derivada de la **suma de dos funciones** es igual a la suma de las derivadas de dichas funciones.

— La derivada de la **diferencia de dos funciones** es igual a la diferencia de las derivadas de dichas funciones.

$(f+g)' = f' + g'$

$(f-g)' = f' - g'$

1. $\mathbf{D\ (3x^2 + x^3)} = D\ 3x^2 + D\ x^3 = 6x + 3x^2$
2. $\mathbf{D\ (7x^4 - 5x^2 + 9x)} = D\ 7x^4 - D\ 5x^2 + D\ 9x = 28x^3 - 10x + 9$
3. $\mathbf{D\ (5\sqrt{x} - 8x + 6)} = D\ 5\sqrt{x} - D\ 8x + D\ 6 = \dfrac{5}{2\sqrt{x}} - 8$
4. $\mathbf{D\ (ax^2 + bx + c)} = D\ ax^2 + D\ bx + D\ c = 2ax + b$
5. $\mathbf{D\ (3x^2 + 2x + 5)} = 6x + 2$
6. $\mathbf{D\ (7x^2 - 25x - 4)} = 14x - 25$
7. $\mathbf{D\ (5x^3 - 4x^2 - 6x + 8)} = 15x^2 - 8x - 6$

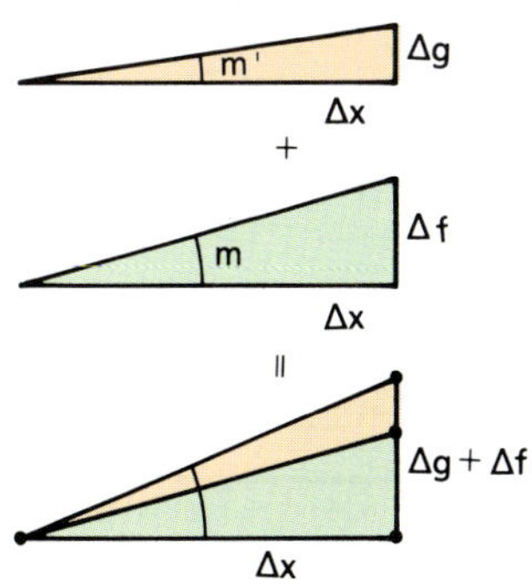

$$m' = \frac{\Delta g}{\Delta x} \qquad m = \frac{\Delta f}{\Delta x}$$

$$\frac{\Delta f + \Delta g}{\Delta x} = \frac{\Delta f}{\Delta x} + \frac{\Delta g}{\Delta x} = m + m'$$

▶ La derivada del **producto de dos funciones** es igual a la derivada de la primera función por la segunda, más la primera por la derivada de la segunda.

$(fg)' = f'g + fg'$

1. $D\,x^2 = D\,x \cdot x = 1 \cdot x + x \cdot 1 = x + x = 2x$

2. $D\,x^3 = D\,x^2 \cdot x = 2x \cdot x + x^2 \cdot 1 = 2x^2 + x^2 = 3x^2$

3. $D\,x^4 = D\,x^2 \cdot x^2 = 2x \cdot x^2 + x^2 \cdot 2x = 2x^3 + 2x^3 = 4x^3$

4. $D\,x^5 = D\,x^2 \cdot x^3 = 2x \cdot x^3 + x^2 \cdot 3x^2 = 2x^4 + 3x^4 = 5x^4$

5. $D\,x \cdot \text{sen}\,x = 1 \cdot \text{sen}\,x + x \cdot \cos x = \text{sen}\,x + x \cos x$

6. $D\,x \cdot Lx = 1 \cdot Lx + x \cdot \frac{1}{x} = Lx + 1$

$$\left(\frac{f}{g}\right)' = \frac{f'g - fg'}{g^2}$$

La derivada de un **cociente de funciones** es igual a la derivada del numerador por el denominador, menos el numerador por la derivada del denominador, dividido todo ello por el cuadrado del denominador.

1. $D\,\frac{1}{x} = -\frac{1}{x^2}$

2. $D\,\frac{1}{x^2} = -\frac{2x}{x^4} = -\frac{2}{x^3}$

3. $D\,\frac{x^2}{x^2+1} = \frac{2x \cdot (x^2+1) - 2x \cdot x^2}{(x^2+1)^2} = \frac{2x}{(x^2+1)^2}$

4. $D\,\frac{x^2+x+1}{x^2-1} = \frac{(2x+1)\,(x^2-1) - 2x\,(x^2+x+1)}{(x^2-1)^2} = \frac{-x^2-4x-1}{(x^2-1)^2}$

$$[g\,(f(x))]' = g'[f(x)] \cdot f'(x)$$

La derivada de la **composición** de dos funciones es igual al producto de las derivadas evaluadas en los mismos puntos en que lo estaban en la función compuesta.

RECUERDA

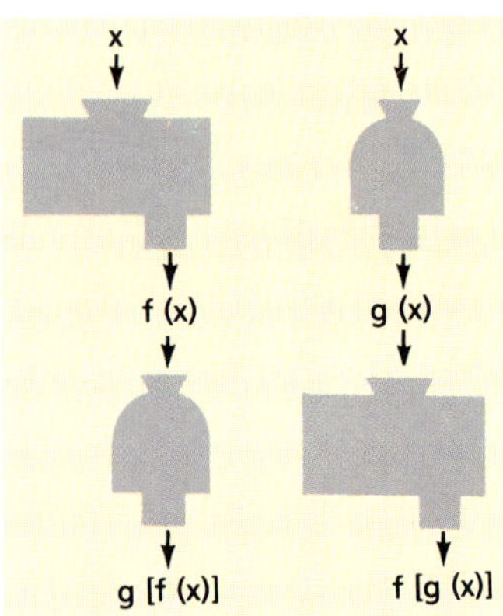

Composición de funciones en general; g[f(x)] es distinto de f[g(x)].

El éxito de la derivación depende de la correcta utilización de esta regla. Puede ayudarte el siguiente esquema:

$$D\,f\,[g(x)] = f'(...) \cdot g'(...)$$

donde (...) indica la variable de cada función.

1. $D\,L\,[\text{sen}\,(x)] = L'\,[\text{sen}\,(x)] \cdot \text{sen}'(x) = \frac{1}{\text{sen}\;x} \cdot \cos\,(x)$

2. $D\,\text{sen}\,[L(x)] = \text{sen}'[L(x)] \cdot L'(x) = \cos\,[L(x)] \cdot \frac{1}{x}$

3. $D\sqrt{\text{sen}\;x} = \frac{1}{2\sqrt{\text{sen}\;x}} \cdot \text{sen}'x = \frac{1}{2\sqrt{\text{sen}\;x}} \cdot \cos\;x$

1 **Halla la ecuación de la recta tangente a la curva $f(x) = x^3$ en $x = 2$.**

En un ejercicio anterior se ha visto que la derivada de la función $f(x) = x^3$ es $f'(x) = 3x^2$. Compruébalo.

En particular para $x = 2$, la derivada es $f'(2) = 12$.

La ordenada de la función $f(x) = x^3$ en $x = 2$ es $f(2) = 8$.

Aplicando la fórmula obtenida para la ecuación de la recta tangente se tiene:

$$y - 8 = 12(x-2) \Leftrightarrow 12x - y - 16 = 0$$

2 **Calcula la derivada de la función $y = ax^2 + bx + c$ en el punto $x = 0$.**

La derivada de la función $y = ax^2 + bx + c$ es

$$D(ax^2+bx+c) = \lim_{h \to 0} \frac{a(x+h)^2 + b(x+h) + c - ax^2 - bx - c}{h} =$$

$$= \lim_{h \to 0} \frac{2axh + ah^2 + bh}{h} = \lim_{h \to 0} (2ax + b + ah) = 2ax + b$$

Si $y' = 2ax + b$, para $x = 0$ se obtiene $y' = b$.

3 **Dada la parábola de ecuación $y = x^2 - 8x + 12$, halla el punto donde la tangente es paralela al eje de abscisas.**

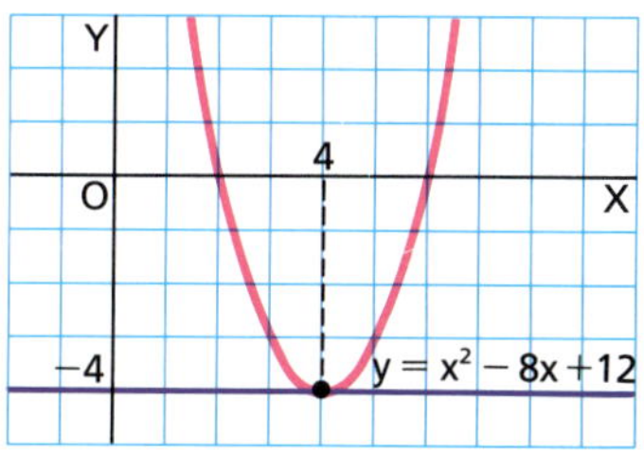

En el ejercicio anterior hemos visto que la derivada de la función cuadrática $y = ax^2 + bx + c$ es $y' = 2ax + b$.

Aplicándola a nuestro caso $y' = 2x - 8$.

Si la recta tangente en algún punto es paralela al eje de abscisas, su pendiente es 0, y puesto que ésta coincide con la derivada en el punto buscado se obtiene:

$$y' = 0 \Leftrightarrow 2x - 8 = 0 \Leftrightarrow x = 4$$

Para $x = 4$ la ordenada de la función es $y = -4$; el punto es entonces $(4, -4)$, que coincide con el vértice de la parábola.

4 **Dibuja las gráficas de las funciones $y = x$ e $y = x^2$ y di cuál de ellas crece más rápidamente en el intervalo:**

1. $\left[0, \frac{1}{2}\right]$

2. $\left[\frac{1}{2}, 1\right]$

La rapidez de crecimiento viene dada por la derivada; en nuestro caso, $D\,x = 1$ y $D\,x^2 = 2x$.

1. En $\left[0, \frac{1}{2}\right]$ crece más rápidamente $y = x$.
2. En $\left[\frac{1}{2}, 1\right]$ crece más rápidamente $y = x^2$

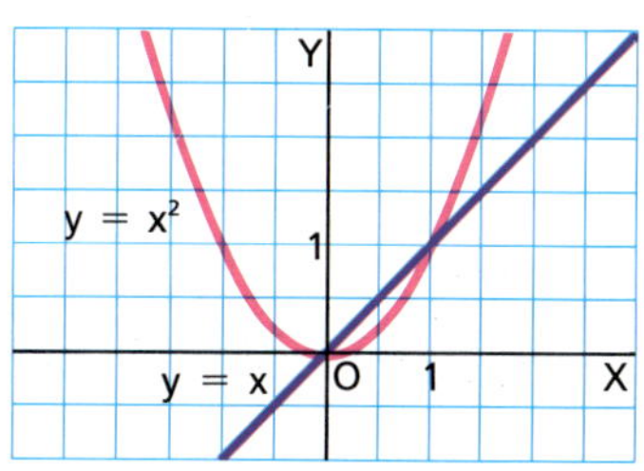

ACTIVIDADES

Ejercicios para entrenarse

1 Halla la tasa de variación de la función $y = x^2 + 1$ en los intervalos:

1. $[0, 3]$

2. $[3, 5]$

3. $[-3, -1]$

2 Halla la tasa de variación de la función $y = x^2 + x + 1$ en los intervalos:

1. $[0, 3]$

2. $[3, 5]$

3. $[-3, -1]$

3 Halla la tasa de variación de las siguientes funciones en el intervalo $[x, x+1]$:

1. $f(x) = x$

2. $f(x) = x^2$

3. $f(x) = x^3$

4. $f(x) = x^4$

4 Halla la tasa de variación media de la función $y = x^2 + 1$ en los intervalos:

1. $[0, 3]$

2. $[3, 5]$

3. $[-3, -1]$

5 Halla la tasa de variación media de la función $y = x^2 + x + 1$ en los intervalos:

1. $[0, 3]$

2. $[3, 5]$

3. $[-3, -1]$

6 Calcula, aplicando la definición, las derivadas de las siguientes funciones:

1. $f(x) = x + 1$

2. $f(x) = x^2 + 2$

3. $f(x) = x^3 + 3$

4. $f(x) = x^4 + 4$

7 Comprueba que:

1. $D(x^2 + x) = 2x + 1$

2. $D(x^2 + x + 1) = 2x + 1$

3. $D(x^3 + x^2 + x) = 3x^2 + 2x + 1$

4. $D(x^3 + x^2 + x + 1) = 3x^2 + 2x + 1$

8 Dada la parábola de ecuación $y = x^2 + x + 1$, hallar la pendiente de la recta tangente en el punto de abscisa $x = 2$.

9 Halla la ecuación de la tangente a las curvas en los puntos que se indican:

1. $f(x) = 3x^2 + 8$ en el punto $P(1, 11)$

2. $f(x) = x^4 - 1$ en el punto $P(0, -1)$

3. $f(x) = x^5 + 1$ en el punto $P(0, 1)$

4. $f(x) = 2x^5 + 4$ en el punto $P(-1, 2)$

10 Escribe la ecuación de la recta tangente a la hipérbola $y = \frac{1}{x}$ en el punto de abscisa $x = 3$. Razónalo.

Problemas para resolver

11 Dada la función lineal $y = mx + n$, ¿cuál es la tasa de variación media en un intervalo $[a, b]$? ¿Depende el resultado del intervalo? ¿Qué nombre recibe?

12 ¿En qué punto de la gráfica de la función $f(x) = x^2 - 6x + 8$ la tangente es paralela al eje de abscisas? ¿Qué nombre recibe ese punto de la parábola?

13 ¿En qué punto de la gráfica de la función $f(x) = x^2 - 6x + 8$ la tangente es paralela a la bisectriz del primer cuadrante?

14 Determina los puntos de la curva $y = x^3 + 9x^2 - 9x + 15$ en los cuales la tangente es paralela a la recta $y = 12x + 5$.

15 El espacio recorrido por un móvil viene dado por la ecuación $s(t) = 7t + 25$. Demuestra que la velocidad media es constante en cualquier intervalo.

16 La ecuación del espacio recorrido por un móvil en función del tiempo es $s(t) = 3t^2 - t + 1$. Halla la velocidad en el instante $t = 2$.

17 La torre Picasso de Madrid tiene 150 m de altura. Se deja caer una bola de acero desde la azotea. Recuerda que la ecuación de caída libre de un cuerpo es $s = \frac{1}{2} gt^2$. Halla:

1. El tiempo que tarda en llegar al suelo.

2. La velocidad con que llega al suelo.

3. La velocidad con que pasa por delante de una ventana que está a 50 m del suelo.

Se supone que el rozamiento del aire es nulo. Considera como valor de la aceleración de la gravedad $g = 10$ m/s^2.

18 Dadas las funciones $y = x$, $y = x^2$, se pide:

1. Sus derivadas.

2. Su gráfica en el intervalo [0, 1].

3. En qué punto de ese intervalo crecen con la misma rapidez.

19 Dadas las funciones $y = x$, $y = x^3$, se pide:

1. Sus derivadas.

2. Su gráfica en el intervalo [0, 1].

3. En qué punto de ese intervalo crecen con la misma rapidez.

Cuestiones para aclararse

20 ¿Qué término más general incluye a los conceptos de pendiente de la tangente a una curva en un punto, tasa de crecimiento de una población y velocidad instantánea?

21 ¿Puede haber dos funciones que tengan la misma derivada? Si la respuesta es afirmativa pon ejemplos que lo muestren.

22 Dibuja las gráficas de dos curvas que tengan la misma pendiente en todos los puntos.

23 ¿Es correcto definir la tangente a una curva C en uno de sus puntos P como aquella recta que tiene exactamente el punto P común a C? Aclara tu respuesta con un ejemplo.

24 ¿Puede definirse la recta tangente a una curva C en uno de sus puntos P como la recta r que pasando por P deja a la curva en un mismo semiplano de los determinados por r? Responde gráficamente.

25 La tangente a una curva en un punto, ¿puede cortar a la curva en otro? Si la respuesta es afirmativa, pon un ejemplo.

26 Halla la ecuación de la recta tangente a la curva $y = x^3$ en el origen y dibuja su gráfica. ¿Atraviesa la recta tangente a la curva?

27 ¿Qué se entiende por pendiente de una curva en uno de sus puntos? ¿Hay alguna curva que tenga la misma pendiente en todos sus puntos? Razona las contestaciones con ejemplos.

28 Define el concepto de pendiente de una recta. ¿Cómo se hallaría la pendiente de una recta a partir de su gráfica? ¿Y a partir de su ecuación? Razona las respuestas.

29 La tangente en un punto a una curva es paralela al eje horizontal. ¿Qué puede decirse de su inclinación? ¿Y de su pendiente? ¿Y de la derivada de la curva en ese punto?

30 Dibuja las funciones $f(x) = x^2$ y $g(x) = x^2 + 1$. Traza gráficamente en el punto $x = 2$ la tangente a ambas funciones. ¿Cómo son estas rectas tangentes? ¿Cómo son sus pendientes?

de matemáticas

Un incremento espectacular

El **Concorde,** avión construido por Francia e Inglaterra, ha cumplido en 1989 sus veinte años de existencia.

La velocidad de crucero es de 2 170 km/h; es decir, que alcanza el Mach-2, dos veces la velocidad del sonido (el nombre procede del físico austriaco **Ernst Mach**) y vuela a una altura media entre quince y dieciocho mil metros.

Los materiales que intervienen en un **Concorde** son, en toneladas, 35,2 de aluminio, 15,6 de acero, 4,00 de titanio, 3,52 de níquel, 2,16 de cobre y 1,32 de cromo. A esto hay que añadir un kilo de oro que se emplea principalmente como conductor del calor en los parabrisas, y otros tantos de plata y de platino utilizados ambos en el sistema electrónico.

¿Cuáles son sus dimensiones? El aparato tiene una envergadura de 25,5 metros, una altura de 11,3 metros y una longitud de 62,48 metros en reposo. Durante los vuelos supersónicos, la superficie alcanza los 126 grados centígrados y debido al calentamiento del armazón del avión, su longitud sufre un incremento aproximadamente de unos 25 cm.

Cuando se calienta un cuerpo aumentan sus dimensiones; es decir, sufre un incremento o dilatación. La dilatación es un fenómeno que hay que tener en cuenta en la construcción de edificios, tendido de puentes, etc.

La fórmula de dilatación lineal, por ejemplo, la que experimenta un hilo de cobre, es:

$$\mathbf{L} = \mathbf{L}_0 (1 + \alpha \, \Delta \, \mathbf{T})$$

donde **L** es la longitud final, $\mathbf{L}_0$ la longitud inicial, α el coeficiente de dilatación lineal y Δ **T** el incremento de temperatura.

La fórmula de dilatación superficial, por ejemplo, la que experimenta una lámina cuadrada de acero, es:

$$\mathbf{S} = \mathbf{S}_0 (1 + 2 \, \alpha \, \Delta \, \mathbf{T})$$

donde **S** es la superficie final, $\mathbf{S}_0$ la longitud inicial, **2**α el coeficiente aproximado de dilatación superficial y Δ **T** el incremento de temperatura.

La fórmula de dilatación cúbica, por ejemplo, la que experimenta un bloque macizo de aluminio, es:

$$\mathbf{V} = \mathbf{V}_0 (1 + 3\alpha \, \Delta \, \mathbf{T})$$

donde **V** es volumen final, $\mathbf{V}_0$ el volumen inicial, **3**α el coeficiente aproximado de dilatación cúbica y Δ **T** el incremento de temperatura.

En la siguiente tabla se dan los valores de dilatación lineal para algunos metales. Con las fórmulas anteriores y con estos valores se puede comprobar el incremento de longitud que experimenta el avión supersónico **Concorde.**

Metales	**Dilatación lineal: α**
Acero	12×10^{-6} (°C)$^{-1}$
Aluminio	24×10^{-6} (°C)$^{-1}$
Níquel	13×10^{-6} (°C)$^{-1}$
Cobre	17×10^{-6} (°C)$^{-1}$
Cromo	07×10^{-6} (°C)$^{-1}$
Plata	20×10^{-6} (°C)$^{-1}$
Oro	14×10^{-6} (°C)$^{-1}$
Platino	90×10^{-6} (°C)$^{-1}$

MURAL

24 DERIVACIÓN DE FUNCIONES ELEMENTALES

¡UN TOBOGÁN ILIMITADO!

En la ciudad de Metrópolis se encuentra uno de los parques acuáticos más alucinantes: Aquápolis. Entre las muchas atracciones para los amantes de los deportes de agua se halla una serie de toboganes cuya rapidez de descenso se ha calculado matemáticamente. Así existe el tobogán $\frac{1}{x}$, *el tobogán* $\frac{1}{e^x}$, *el tobogán* $\frac{1}{x^2}$, *etc., cuya longitud varía a voluntad, ya que uno puede salir a la piscina por medio de trampillas que se abren según se haya programado.*

Estos toboganes son arcos de las curvas que determinan dichas funciones. La rapidez del descenso viene dada por la derivada de dichas funciones.

Tobogán	***Rapidez de descenso***
$\frac{1}{x}$	$\frac{-1}{x^2}$
$\frac{1}{e^x}$	$\frac{-1}{e^x}$
$\frac{1}{x^2}$	$\frac{-2}{x^3}$

Observa que según te alejas la rapidez va disminuyendo, de modo que si el tobogán fuera ilimitado, la velocidad de descenso sería prácticamente constante.

En este tema aprenderás a derivar; aprenderás a calcular la función derivada que da la rapidez de crecimiento o decrecimiento de una función. La función derivada no solamente da información de si una función crece o decrece, sino de cómo lo hace.

En todo lo que sigue supondremos que las funciones son derivables en el dominio común.

Las funciones elementales se agrupan para su derivación en tipos y se presentan en dos formas:

— **forma simple,** donde la variable es x,

— **forma compuesta,** donde la variable es otra función de x.

1. TIPO POTENCIAL

▶ **Forma simple: $y = x^a$**

$$D\, x^a = a\, x^{a-1}$$

La derivada de una potencia de x es igual al exponente por la base elevada al exponente menos uno.

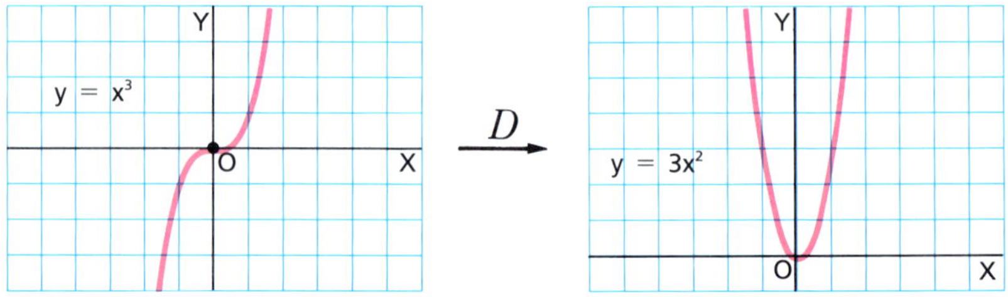

▶ **Forma compuesta: $y = f^a$**

$$D\, f^a = a\, f^{a-1} \cdot f'$$

La derivada de la potencia de una función es igual al exponente por la base elevada al exponente menos uno, y por la derivada de la función.

Una observación importante:

Para derivar las funciones potenciales conviene escribirlas, si no lo están, en forma base-exponente.

En los siguientes ejercicios se utiliza la **forma simple**:

1. $D\, x^7 = 7x^6$

2. $D\, x^{-2} = -2\, x^{-3}$

3. $D\, x^{\frac{1}{3}} = \frac{1}{3}\, x^{\frac{-2}{3}}$

4. $D\, \frac{1}{x^4} = D\, x^{-4} = -4\, x^{-5}$

5. $D\, \sqrt{x} = D\, x^{\frac{1}{2}} = \frac{1}{2}\, x^{\frac{-1}{2}} = \frac{1}{2x^{\frac{1}{2}}} = \frac{1}{2\sqrt{x}}$

6. $D\, \frac{1}{\sqrt[3]{x}} = D\, \frac{1}{x^{\frac{1}{3}}} = D\, x^{\frac{-1}{3}} = -\frac{1}{3}\, x^{\frac{-4}{3}}$

7. $D\, (5x^4 - 7x^3 + 6x^2 - 7) = 20x^3 - 21x^2 + 12x$

En los siguientes ejercicios se utiliza la **forma compuesta:**

8. $D\, (x^2 + 1)^3 = 3\, (x^2 + 1)^2 \cdot 2x = 6x\, (x^2 + 1)^2$

9. $D\, (x^2 + x + 1)^4 = 4\, (x^2 + x + 1)^3\, (2x + 1).$

10. $D\, (3x^2 - 4x + 6)^{-4} = -4\, (3x^2 - 4x + 6)^{-5}\, (6x - 4).$

11. $D\, (x^2 + 3x - 5)^{\frac{1}{2}} = \frac{1}{2}\, (x^2 + 3x - 5)^{\frac{-1}{2}}\, (2x + 3).$

DOS DEFINICIONES

1	$a^{-n} = \frac{1}{a^n}$
2	$a^{\frac{m}{n}} = \sqrt[n]{a^m}$

RECUERDA

1	$a^x \cdot a^y = a^{x+y}$
2	$a^x : a^y = a^{x-y}$
3	$(a^x)^y = a^{xy}$
4	$a^x \cdot b^x = (a \cdot b)^x$
5	$a^x : b^x = (a : b)^x$

2. TIPO LOGARÍTMICO

▶ Forma simple: $y = Lx$, $y = \log_a x$

$$DLx = \frac{1}{x}$$

$$D \log_a x = \frac{1}{x} \cdot \log_a e$$

La derivada de logaritmo neperiano de **x** es igual a **1** dividido por **x**.

La derivada de logaritmo en base **a** de **x** es igual a **1** dividido por **x**, por el logaritmo en base **a** del número **e**.

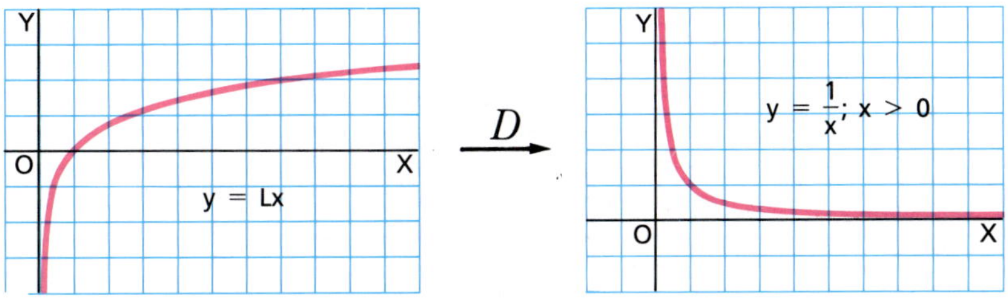

▶ Forma compuesta: $y = Lf$, $y = \log_a f$

$$DLf = \frac{f'}{f}$$

$$D \log_a f = \frac{f'}{f} \cdot \log_a e$$

La derivada del logaritmo neperiano de una función es igual a la derivada de la función dividido por la función.

La derivada del logaritmo en base **a** de una función es igual a la derivada de la función dividido por la función, por el logaritmo en base **a** del número **e**.

En los siguientes ejercicios se utiliza la **forma simple:**

1. $\mathbf{D\,L(3x)} = D\,(L3 + Lx) = \frac{1}{x}$

2. $\mathbf{D\,L(x^3)} = D\,3\,Lx = \frac{3}{x}$

3. $\mathbf{D\,L(\sqrt{x})} = D\,\frac{1}{2}\,Lx = \frac{1}{2} \cdot \frac{1}{x} = \frac{1}{2x}$

En los siguientes ejercicios se utiliza la **forma compuesta:**

4. $\mathbf{D\,L(x^2+1)} = \frac{1}{x^2+1} \cdot 2x = \frac{2x}{x^2+1}$

5. $\mathbf{D\,L(2x^3+3x+1)} = \frac{6x^2+3}{2x^3+3x+1}$

6. $\mathbf{D\,L(x^2-x+5)^3} = \frac{1}{(x^2-x+5)^3} \cdot 3\,(x^2-x+5)^2 \cdot (2x-1)$

7. $\mathbf{D\,L\,\frac{x^2+1}{x^2-5}} = D\,L\,(x^2+1) - D\,L(x^2-5) = \frac{2x}{x^2+1} - \frac{2x}{x^2-5}$

8. $\mathbf{D\,\log_a (3x^2)} = \frac{6x}{3x^2} \cdot \log_a e = \frac{2}{x} \cdot \log_a e$

RECUERDA

1	$\log (MN) = \log M + \log N$
2	$\log \frac{M}{N} = \log M - \log N$
3	$\log N^m = m \log N$

3. TIPO EXPONENCIAL

$De^x = e^x$

$D\ a^x = a^x \cdot La$

► **Forma simple:** $y = e^x$, $y = a^x$

La derivada de la función exponencial e^x es igual a ella misma.

La derivada de la función exponencial a^x es igual a la misma función por el logaritmo neperiano de la base.

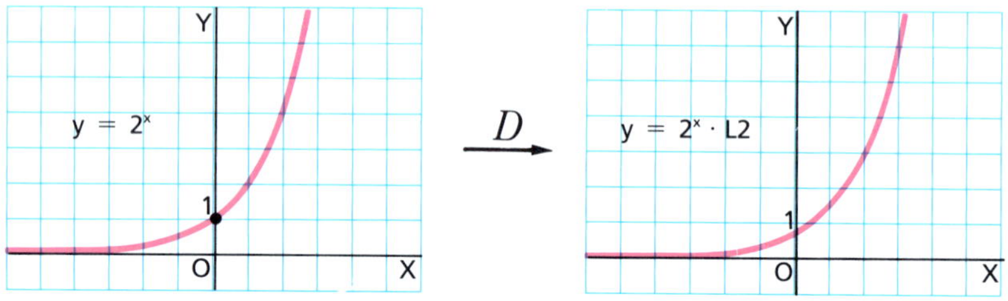

► **Forma compuesta:** $y = e^f$, $y = a^f$

$D\ e^f = e^f \cdot f'$

$D\ a^f = a^f \cdot La \cdot f'$

La derivada de la función exponencial e^f es igual a la misma función por la derivada del exponente.

La derivada de la función exponencial a^f es igual a la misma función por el logaritmo neperiano de la base y por la derivada del exponente.

La demostración se hace utilizando la derivada logarítmica. Por ejemplo para la función $y = a^x$.

Tomando logaritmos:

$$y = a^x \Leftrightarrow Ly = x\ La$$

Derivando:

$$DLy = D\ x\ La \Leftrightarrow \frac{y'}{y} = La \Leftrightarrow y' = y\ La$$

En los siguientes ejercicios se utiliza la **forma simple:**

1. $D\ 3^x = 3^x \cdot L3$

2. $D\ (5^x \cdot 7^x) = D\ (5 \cdot 7)^x = D\ 35^x = 35^x \cdot L35$

3. $D\ \frac{3^x}{5^x} = D\left(\frac{3}{5}\right)^x = \left(\frac{3}{5}\right)^x \cdot L\left(\frac{3}{5}\right)$

En los siguientes ejercicios se utiliza la **forma compuesta:**

4. $D\ e^{3x+1} = e^{3x+1} \cdot 3 = 3\ e^{3x+1}$

5. $D\ e^{x^2+x+1} = e^{x^2+x+1} \cdot (2x+1) = (2x+1)\ e^{x^2+x+1}$

6. $D\ 7^{3x+1} = 7^{3x+1} \cdot L7 \cdot 3 = 3 \cdot L7 \cdot 7^{3x+1}$

7. $D\ 25^{x^2+x+1} = 25^{x^2+x+1} \cdot L25 \cdot (2x+1)$

RECUERDA

1	$a^x \cdot a^y = a^{x+y}$
2	$a^x : a^y = a^{x-y}$
3	$(a^x)^y = a^{xy}$
4	$a^x \cdot b^x = (a \cdot b)^x$
5	$a^x : b^x = (a : b)^x$

4. TIPO SENO

▶ **Forma simple: $y = \text{sen } x$**

La derivada de seno de **x** es coseno de **x**.

$D \text{ sen } x = \cos x$

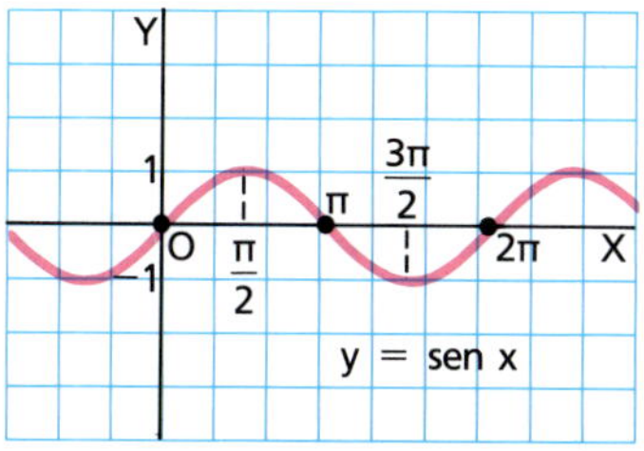

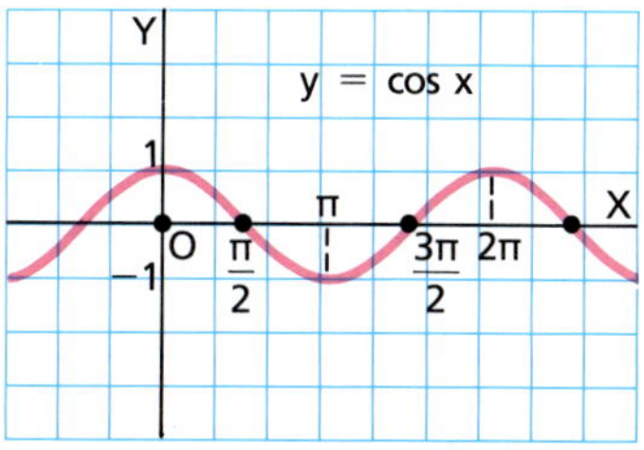

▶ **Forma compuesta: $y = \text{sen } f$**

La derivada del seno de una función es igual al coseno de la función por la derivada de la función.

$D \text{ sen } f = \cos f \cdot f'$

Recuerda: Ésta es una de las cuatro funciones que hay que demostrar directamente.

A partir de ésta se pueden demostrar fácilmente las derivadas de las restantes funciones trigonométricas tal como se hace en los siguientes tipos.

En los siguientes ejercicios se utiliza la **forma simple:**

1. $D\, 3 \text{ sen } x = 3\, D \text{ sen } x = 3 \cos x$

2. $D \dfrac{\text{sen } x}{3} = \dfrac{1}{3} D \text{ sen } x = \dfrac{1}{3} \cos x$

En los siguientes ejercicios se utiliza la **forma compuesta:**

3. $D \text{ sen } (3x+1) = \cos (3x+1) \cdot 3 = 3 \cos (3x+1)$

4. $D \text{ sen } (x^2+1) = \cos (x^2+1) \cdot 2x = 2x \cos (x^2+1)$

5. $D \text{ sen } (5x^2+7x+1) = \cos (5x^2+7x+1) \cdot (10x+7)$

6. $D \text{ sen}^3 x = D (\text{sen } x)^3 = 3 \text{ sen}^2 x \cdot \cos x$

7. $D \text{ sen } x^3 = \cos x^3 \cdot 3x^2 = 3x^2 \cos x^3$

8. $D \text{ sen } (Lx) = \cos (Lx) \cdot \dfrac{1}{x}$

9. $D \text{ sen } (\text{sen } x) = \cos (\text{sen } x) \cdot \cos x$

10. $D \text{ sen } 3^x = \cos 3^x \cdot 3^x \cdot L3$

Una derivada importante de la física (movimiento ondulatorio) donde la variable de la función es el tiempo:

11. $D \text{ sen } (\omega t + \varphi) = \cos (\omega t + \varphi) \cdot \omega = \omega \cos (\omega t + \varphi)$

5. TIPO COSENO

▶ **Forma simple:** $y = \cos x$

$$D \cos x = -\operatorname{sen} x$$

La derivada de coseno de **x** es menos seno de **x**.

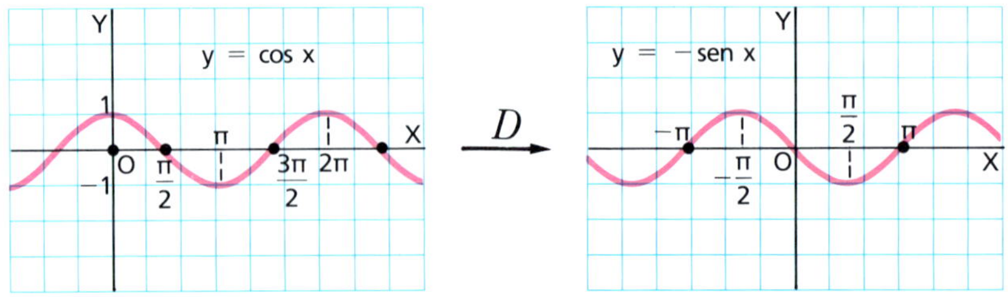

▶ **Forma compuesta:** $y = \operatorname{sen} f$

$$D \cos f = -\operatorname{sen} f \cdot f'$$

La derivada del coseno de una función es igual a menos el seno de la función por la derivada de la función.

La demostración se hace pasando a la función seno, es decir, expresando el coseno por medio del ángulo complementario. Razona los siguientes pasos:

$$\mathbf{D \cos x} = D \operatorname{sen}\left(\frac{\pi}{2} - x\right) = \cos\left(\frac{\pi}{2} - x\right) \cdot (-1) = \mathbf{-sen\ x}$$

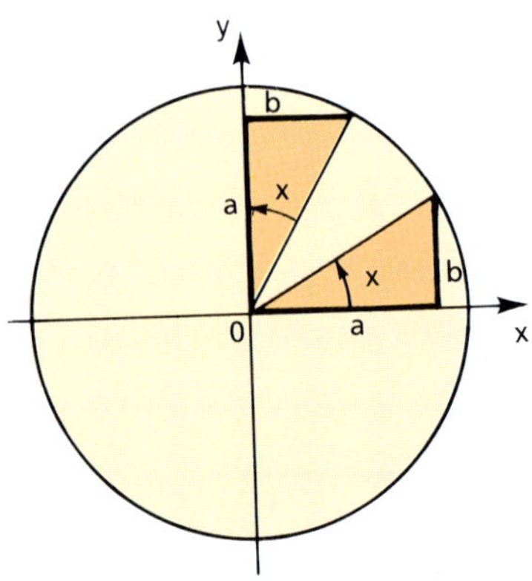

RECUERDA

Los **ángulos complementarios** verifican las siguientes relaciones:

1	$\operatorname{sen} x = \cos\left(\frac{\pi}{2} - x\right)$
2	$\cos x = \operatorname{sen}\left(\frac{\pi}{2} - x\right)$
3	$\operatorname{tg} x = \operatorname{cotg}\left(\frac{\pi}{2} - x\right)$

En los siguientes ejercicios se utiliza la **forma simple:**

1. $\mathbf{D\ 7 \cos x} = 7\, D \cos x = 7 \cdot (-\operatorname{sen} x) = -7 \operatorname{sen} x$

2. $\mathbf{D \dfrac{\cos x}{5}} = \dfrac{1}{5} D \cos x = \dfrac{1}{5} \cdot (-\operatorname{sen} x) = -\dfrac{1}{5} \operatorname{sen} x$

En los siguientes ejercicios se utiliza la **forma compuesta:**

3. $\mathbf{D \cos (3x+1)} = -\operatorname{sen}(3x+1) \cdot 3 = -3 \operatorname{sen}(3x+1)$

4. $\mathbf{D \cos (x^2-1)} = -\operatorname{sen}(x^2-1) \cdot 2x = -2x \operatorname{sen}(x^2-1)$

5. $\mathbf{D \cos (5x^2-7x+1)} = -\operatorname{sen}(5x^2-7x+1) \cdot (10x-7)$

6. $\mathbf{D \cos^3 x} = D (\cos x)^3 = 3 \cos^2 x \cdot (-\operatorname{sen} x) = -3 \cos^2 x \cdot \operatorname{sen} x$

7. $\mathbf{D \cos x^3} = -\operatorname{sen} x^3 \cdot 3x^2 = -3x^2 \operatorname{sen} x^3$

8. $\mathbf{D \cos (Lx)} = -\operatorname{sen}(Lx) \cdot \dfrac{1}{x}$

9. $\mathbf{D \cos (\cos x)} = -\operatorname{sen}(\cos x) \cdot (-\operatorname{sen} x) = \operatorname{sen}(\cos x) \cdot \operatorname{sen} x$

10. $\mathbf{D \cos (3^x)} = -\operatorname{sen}(3^x) \cdot 3^x \cdot L3$

6. TIPO TANGENTE

▶ **Forma simple: y = tg x**

La derivada de tangente de **x** es secante cuadrado de **x**.

$$\mathbf{D\ tg\ x = sec^2\ x}$$

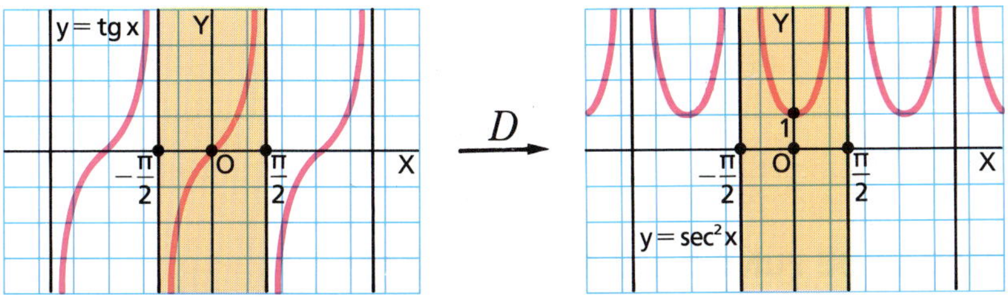

▶ **Forma compuesta: y = tg f**

La derivada de la tangente de una función es igual a la secante cuadrado de la función por la derivada de la función.

$$\mathbf{D\ tg\ f = sec^2\ f \cdot f'}$$

En la demostración se utiliza la derivada del cociente de funciones. Justifica los pasos dados:

$$\mathbf{D\ tg\ x} = D\frac{\text{sen } x}{\cos x} = \frac{\cos x \cos x + \text{sen } x \text{ sen } x}{\cos^2 x}$$

$$= \frac{\cos^2 x + \text{sen}^2 x}{\cos^2 x} = \frac{1}{\cos^2 x} = \mathbf{sec^2\ x} =$$

$$= \mathbf{1 + tg^2\ x}$$

En los siguientes ejercicios se utiliza la **forma simple:**

1. $\mathbf{D\ 3\ tg\ x} = 3\ D\ \text{tg } x = 3\ \sec^2 x$

2. $\mathbf{D\ cotg\ x} = D\ \frac{1}{\text{tg } x} = \frac{-\sec^2 x}{\text{tg}^2 x} = \frac{-(1+\text{tg}^2 x)}{\text{tg}^2 x} = -(1+\text{cotg}^2 x)$

En los siguientes ejercicios se utiliza la **forma compuesta:**

1. $\mathbf{D\ tg\ (2x+1)} = [1+\text{tg}^2 (2x+1)] \cdot 2 = 2 \sec^2 (2x+1)$

2. $\mathbf{D\ tg\ x^2} = \sec^2 x^2 \cdot 2x = 2x\ (1+\text{tg}^2 x^2)$

3. $\mathbf{D\ tg\ (Lx)} = \sec^2 (Lx) \cdot \frac{1}{x} = \frac{\sec^2 (Lx)}{x}$

4. $\mathbf{D\ tg\ (x^2+x)^2} = \sec^2 (x^2+x)^2 \cdot 2\ (x^2+x) \cdot (2x+1)$

$= 2\ (2x+1)\ (x^2+x) \sec^2 (x^2+x)^2$

5. $\mathbf{D\ tg^3\ x^2} = D\ (\text{tg } x^2)^3 = 3\ \text{tg}^2 x^2 \cdot \sec^2 x^2 \cdot 2x = 6x\ \text{tg}^2 x^2 \sec^2 x^2$

RECUERDA

1	$\text{tg } x = \frac{\text{sen } x}{\cos x}$
2	$\sec x = \frac{1}{\cos x}$
3	$\text{sen}^2 x + \cos^2 x = 1$
4	$1 + \text{tg}^2 x = \sec^2 x$ $= \frac{1}{\cos^2 x}$

I. REGLAS DE DERIVACIÓN

Suma y resta	1. $(f+g)' = f' + g'$	2. $(f-g)' = f' - g'$
Producto y cociente	3. $(fg)' = f'g + fg'$	4. $\left(\frac{f}{g}\right)' = \frac{f'g - fg'}{g^2}$
Producto por un número	5. $(af)' = a \cdot f'$	
Composición	6. $[g(f(x))]' = g'(f(x)) \cdot f'(x)$	7. $(f^{-1})'(x) = \frac{1}{f'(y)}$

II. DERIVADAS DE FUNCIONES ELEMENTALES*

TIPOS	FORMAS	
	Simples	Compuestas
1. Tipo potencial	$D\,x^a = ax^{a-1}$ • $D\,k = 0$ • $D\,x = 1$ • $D\,\sqrt{x} = \frac{1}{2\sqrt{x}}$	$D\,f^a = af^{a-1} \cdot f'$ • $D\,\sqrt{f} = \frac{f'}{2\sqrt{f}}$
2. Tipo logarítmico	$D\,Lx = \frac{1}{x}$ $D\,\log_a x = \frac{1}{x} \log_a e$	$D\,Lf = \frac{f'}{f}$ $D\,\log_a f = \frac{f'}{f} \log_a e$
3. Tipo exponencial	$D\,e^x = e^x$ $D\,a^x = a^x \cdot La$	$D\,e^f = e^f \cdot f'$ $D\,a^f = a^f \cdot La \cdot f'$
	$D\,f^g = \underbrace{g \cdot f^{g-1} \cdot f'}_{\text{potencial}} + \underbrace{f^g \cdot Lf \cdot g'}_{\text{exponencial}}$	
4. Tipo seno	$D\,\text{sen}\,x = \cos x$	$D\,\text{sen}\,f = \cos f \cdot f'$
5. Tipo coseno	$D\,\cos x = -\text{sen}\,x$	$D\,\cos f = -\text{sen}\,f \cdot f'$
6. Tipo tangente	$D\,\text{tg}\,x = 1 + \text{tg}^2\,x$ $= \sec^2 x$ $= 1/\cos^2 x$	$D\,\text{tg}\,f = (1 + \text{tg}^2\,f) \cdot f'$ $= \sec^2 f \cdot f'$ $= 1/\cos^2 f \cdot f'$
7. Tipo cotangente	$D\,\text{ctg}\,x = -1 - \text{ctg}^2\,x$ $= -\text{cosec}^2\,x$ $= -1/\text{sen}^2\,x$	$D\,\text{ctg}\,f = (-1 - \text{ctg}^2\,f) \cdot f'$ $= -\text{cosec}^2\,f \cdot f'$ $= -1/\text{sen}^2\,f \cdot f'$
8. Tipo arco seno (= arco coseno)	$D\,\text{arcsen}\,x = \frac{1}{\sqrt{1-x^2}}$	$D\,\text{arcsen}\,f = \frac{f'}{\sqrt{1-f^2}}$
9. Tipo arco tangente (= − arco cotangente)	$D\,\text{arctg}\,x = \frac{1}{1+x^2}$	$D\,\text{arctg}\,f = \frac{f'}{1+f^2}$

* En este curso sólo se estudian los seis primeros tipos.

1 **El trazado de un tobogán de Aquápolis tiene la forma de un arco de hipérbola de ecuación $y = \frac{8}{x+2}$ con $x > 0$. Calcula la pendiente del tobogán a 1, 2, 3 y 4 m de distancia de la vertical del lanzamiento.**

La función derivada que da la pendiente o rapidez del descenso es

$$y' = -\frac{8}{(x+2)^2}$$

Para $x = 1$ se tiene $y' = -\frac{8}{9}$

Para $x = 2$ se tiene $y' = -\frac{8}{16}$

Para $x = 3$ se tiene $y' = -\frac{8}{25}$

Para $x = 4$ se tiene $y' = -\frac{8}{36}$

Como puedes observar, la rapidez del descenso va disminuyendo según te alejas de la vertical del lanzamiento.

2 **Se lanza una piedra hacia arriba, y la altura h expresada en m viene dada en función del tiempo por $h(t) = 2 + 20t - 2t^2$. Halla:**

1. **La ecuación de la velocidad v (t).**
2. **La velocidad con que se lanzó la piedra.**
3. **En qué instante la velocidad es nula.**
4. **A partir de qué instante la velocidad es negativa.**

1. La ecuación de la velocidad es $v(t) = 20 - 4t$.
2. La velocidad con que se lanzó la piedra se alcanza para $t = 0$, luego es $v(0) = 20$ m/s.
3. Si la velocidad es nula

$$v(t) = 0 \iff 20 - 4t = 0 \iff t = 5 \text{ s}$$

4. A partir de $t = 5$ s, ya que para $t > 5$ la velocidad es negativa.

3 **Un muelle está sujeto al techo de una habitación de 3,5 m de altura. Se suelta y comienza a oscilar, siendo su distancia al suelo en función del tiempo $d(t) = 3{,}5 - 0{,}5 \cos t$. Halla:**

1. **La ecuación de la velocidad.**
2. **Velocidad en el momento de soltarlo.**
3. **Velocidad al cabo de 2 s.**
4. **La ecuación de la aceleración.**

1. La ecuación de la velocidad es $v(t) = 0{,}5 \text{ sen } t$.
2. La velocidad que alcanza en el momento de soltar el muelle se obtiene para $t = 0$, y es $v(0) = 0$ m/s.
3. La velocidad al cabo de 2 s es:

$$v(t) = 0{,}5 \cdot \text{sen } 2 = 0{,}454\ 648 \ldots \text{ m/s}$$

4. La aceleración es por definición la derivada de la velocidad con relación al tiempo:

$$a(t) = v'(t) = 0{,}5 \cos t$$

ACTIVIDADES

Ejercicios para entrenarse

1 Calcula las siguientes derivadas:

1. $D\, x^7$
2. $D\, x^{-2}$
3. $D\, x^{\frac{1}{3}}$
4. $D\, \frac{1}{x^4}$

2 Calcula las siguientes derivadas pasándolas previamente a la forma potencial:

1. $D \sqrt{x}$
2. $D \sqrt[3]{x}$
3. $D \sqrt[3]{x^2}$
4. $D \sqrt[4]{x^3}$

3 Calcula las siguientes derivadas pasándolas previamente a la forma potencial:

1. $D \frac{1}{\sqrt{x}}$
2. $D \frac{1}{\sqrt[3]{x}}$
3. $D \frac{x}{\sqrt[3]{x}}$
4. $D \frac{1}{x\sqrt{x}}$

4 Calcula las siguientes derivadas pasándolas previamente a la forma potencial:

1. $D\, x^2 \cdot x^3$
2. $D\, x^5 \cdot x^{-2}$
3. $D\, x^5 : x^2$
4. $D\, x^2 : x^7$

5 Calcula las siguientes derivadas pasándolas previamente a la forma potencial:

1. $D \sqrt{x} \cdot x^3$
2. $D \sqrt{x^5} \cdot x^{-2}$
3. $D\, x : \sqrt{x}$
4. $D \sqrt{x} : x$

6 Calcula las derivadas de los siguientes polinomios:

1. $D\, (x^2 + x + 3)$
2. $D\, (2x^2 + 4x + 6)$
3. $D\, (x^3 + 5x^2 - 7x + 1)$
4. $D\, (5x^4 - 7x^3 + 6x^2 - 7)$

7 Calcula las siguientes derivadas utilizando la forma compuesta:

1. $D\, (x^2 + x)^3$
2. $D\, (x^2 + 3x - 1)^4$
3. $D\, (3x^2 + 4x - 6)^{-4}$
4. $D\, (x^2 - 3x + 5)^{\frac{1}{2}}$
5. $D\, (7x^2 + 6x + 9)^{\frac{-1}{2}}$

8 Calcula las siguientes derivadas pasando las fracciones a la forma potencial:

1. $D \frac{1}{(x^2 + x + 1)^5}$
2. $D \frac{1}{x^2 + 2x + 1}$
3. $D \frac{1}{x^3 + 3x^2 + 3x + 1}$
4. $D \frac{1}{x^2 - 2x + 1}$

9 Calcula las siguientes derivadas logarítmicas utilizando la forma compuesta:

1. $D\,L\,(x^2+x+1)$
2. $D\,L\,(\text{sen } x)$
3. $D\,L\,(\cos x)$
4. $D\,L\,(e^x)$
5. $D\,L\,(\text{tg } x)$

10 Calcula las siguientes derivadas exponenciales utilizando la forma compuesta:

1. $D\,e^{4x}$
2. $D\,e^{3-x^2}$
3. $D\,9^{x^2+x+1}$
4. $D\,2^{x^2+1}$
5. $D\,3^x \cdot 5^x$

11 Calcula las siguientes derivadas tipo seno utilizando la forma compuesta:

1. $D\,\text{sen } 2x$
2. $D\,\text{sen } (-2x)$
3. $D\,\text{sen } (2x+7)$
4. $D\,\text{sen } (-3x+6)$
5. $D\,\text{sen } (x^2+1)$

12 Calcula las siguientes derivadas tipo seno utilizando la forma compuesta:

1. $D\,\text{sen } x^{-2}$
2. $D\,\text{sen } (e^x)$
3. $D\,\text{sen } (5^x)$
4. $D\,\text{sen } (\cos x)$
5. $D\,\text{sen } (\text{tg } x)$

13 Calcula las siguientes derivadas potenciales en las que aparece el seno. Utiliza la forma compuesta:

1. $D\,\text{sen}^2 x = D\,(\text{sen } x)^2$
2. $D\,\text{sen}^{-2} x = D\,(\text{sen } x)^{-2}$
3. $D\,\sqrt{\text{sen } x} = D\,(\text{sen } x)^{\frac{1}{2}}$
4. $D\,\sqrt[3]{\text{sen } x} = D\,(\text{sen } x)^{\frac{1}{3}}$

14 Calcula las siguientes derivadas tipo coseno utilizando la forma compuesta:

1. $D\,\cos 2x$
2. $D\,\cos (-2x)$
3. $D\,\cos (2x+7)$
4. $D\,\cos (-3x+6)$
5. $D\,\cos (x^2+1)$

15 Calcula las siguientes derivadas tipo coseno utilizando la forma compuesta:

1. $D\,\cos x^{-2}$
2. $D\,\cos (e^x)$
3. $D\,\cos (5^x)$
4. $D\,\cos (\text{sen } x)$
5. $D\,\cos (\text{tg } x)$

16 Calcula las siguientes derivadas potenciales en las que aparece el coseno. Utiliza la forma compuesta:

1. $D\,\cos^2 x = D\,(\cos x)^2$
2. $D\,\cos^{-2} x = D\,(\cos x)^{-2}$
3. $D\,\sqrt{\cos x} = D\,(\cos x)^{\frac{1}{2}}$
4. $D\,\sqrt[3]{\cos x} = D\,(\cos x)^{\frac{1}{3}}$

17 Calcula las siguientes derivadas tipo tangente utilizando la forma compuesta:

1. $D\,\text{tg } 2x$
2. $D\,\text{tg } (-2x)$
3. $D\,\text{tg } (2x+7)$
4. $D\,\text{tg } (-3x+6)$
5. $D\,\text{tg } (x^2+1)$

A

18 Calcula las siguientes derivadas tipo tangente utilizando la forma compuesta:

1. $D\ tg\ x^{-2}$
2. $D\ tg\ (e^x)$
3. $D\ tg\ (5^x)$
4. $D\ tg\ (\cos x)$
5. $D\ tg\ (\text{sen}\ x)$

19 Calcula las siguientes derivadas potenciales en las que aparece la tangente. Utiliza la forma compuesta:

1. $D\ tg^2 x = D\ (tg\ x)^2$
2. $D\ tg^{-2}\ x = D\ (tg\ x)^{-2}$
3. $D\ \sqrt{tg\ x} = D\ (tg\ x)^{\frac{1}{2}}$
4. $D\ \sqrt[3]{tg\ x} = D\ (tg\ x)^{\frac{1}{3}}$

Problemas para resolver

20 El trazado de un tobogán de Aquápolis tiene la forma de un arco de curva de la ecuación $y = \frac{1}{x^2+1}$ con $x > 0$. Calcula la pendiente del tobogán a 1, 2, 3 y 4 m de distancia de la vertical del lanzamiento.

21 Dada la ecuación de la recta $y = mx + b$, explica cómo se determinarían los números m y b para que sea tangente a la curva de la función $y = f(x)$ en el punto $x = p$.

22 El espacio recorrido por un móvil en función del tiempo viene dado por la expresión $s(t) = 3t + 1$. Demuestra que la velocidad es constante en todo intervalo.

23 Un cuerpo desciende por un plano inclinado y su desplazamiento viene dado por la fórmula $s = 2t^2$. Calcula la velocidad instantánea cuando $t = 5$ s.

24 Se lanza una piedra hacia arriba, y la altura h expresada en m viene dada en función del tiempo por $h(t) = 4 + 60t - 2t^2$. Halla:

1. La ecuación de la velocidad v (t).
2. La velocidad con que se lanzó la piedra.
3. En qué instante la velocidad es nula.
4. A partir de qué instante la velocidad es negativa.

25 **Un crecimiento lineal**. Una barra de hierro de 60 cm de larga a T°C se calienta y su dilatación viene dada por $L(T) = 60 + 0{,}0005\ T$ (L en cm). Calcula la velocidad de crecimiento de la barra cuando la temperatura T es 10 °C ó 100 °C. ¿Es la misma?

26 **Un crecimiento cuadrático**. Una chapa cuadrada de hierro de 60 cm de lado a T°C se calienta y su dilatación viene dada por $S(T) = (60 + 0{,}0005\ T)^2$ (S en cm^2). Calcula la velocidad de crecimiento de la chapa cuando la temperatura T es 10 °C ó 100 °C. ¿Es la misma?

Cuestiones para aclararse

27 Si dada la ecuación de una curva, conoces la inclinación de una de sus tangentes, ¿es posible hallar las coordenadas de su punto de tangencia? Razónalo y aplícalo al caso siguiente: $y = x^2$, inclinación $A = 45°$.

28 ¿Puede haber dos funciones que tengan la misma derivada? Si la respuesta es afirmativa pon ejemplos que lo muestren.

29 No sabemos derivar la función $f(x) = Lx$. ¿Puedes afirmar, sin embargo, que esta función y $g(x) = L(7x)$ tienen la misma derivada? Razona la contestación recordando las propiedades de los logaritmos.

30 Dibuja las funciones $f(x) = x^2$ y $g(x) = x^2 + 1$. Traza gráficamente en el punto $x = 2$ la tangente a ambas funciones. ¿Cómo son estas rectas tangentes? ¿Cómo son sus pendientes?

31 Una de las carreteras de Metrópolis tiene el perfil dado por la fórmula $y = \sqrt{x}$ para $x > 0$. Calcula la función de las pendientes y razona cómo varía ésta según va creciendo x. ¿Se puede decir que la pendiente tiende a estabilizarse?

32 Te dan las funciones $f(x) = x^2$, $g(x) = x^3$ y se trata de estudiar el comportamiento relativo de la rapidez de crecimiento de ambas. Responde razonadamente las siguientes cuestiones:

1. ¿En qué intervalo crece más rápidamente f que g?

2. ¿En qué intervalo crece más rápidamente g que f?

3. ¿En qué puntos crecen igual?

A

MURAL de matemáticas

Las derivadas en la realidad

El estudio de la derivada primera o la pendiente en cada uno de sus puntos tiene aplicación en un gran número de problemas y situaciones de la vida ordinaria, de la ciencia y de la técnica.

De excursión

Las excursiones a la montaña exigen conocer las pendientes de las mismas para saber si podemos subir con nuestros propios medios o es necesario recurrir a las técnicas del alpinismo. Para salvar las pendientes pronunciadas, los caminos de montaña suelen ser sinuosos; de este modo al aumentar la longitud del camino disminuye la pendiente del mismo y por consiguiente la fatiga del excursionista.

Una carrera ciclista

En las pruebas ciclistas, las etapas de montaña siempre son las más espectaculares ya que se trata de vencer al mayor enemigo: la pendiente. La estrategia de la carrera se prepara en función de varios factores, y uno de ellos es el trazado de la carretera. El estudio de los diferentes tramos y sus correspondientes pendientes, como sucede en las etapas de montaña, es esencial para dosificar esfuerzos y ganar segundos. Los puertos de primera, segunda o tercera categoría están determinados en función principalmente de su pendiente.

Autopistas

Una autopista o el trazado de un ferrocarril de alta velocidad tienen dos características especiales relacionadas con las derivadas, como son la monotonía y la curvatura.

— **La pendiente** de una autopista, que indica la derivada en cada punto del trazado, no puede sobrepasar el tres por ciento. Por ello su trazado incluye viaductos y túneles para salvar grandes desniveles. Ya no aparecen esas señales de tráfico con sus porcentajes de pendientes que asustan a los automovilistas y sobre todo a los camioneros.

— La segunda característica es **la curvatura**, y está relacionada con la derivada segunda (se estudiará en el próximo curso). Una autopista sigue un trazado menos sinuoso que las carreteras normales. El radio de curvatura debe ser lo suficientemente grande como para que el coche pueda ir siempre a la misma velocidad para la que se ha construido la autopista. Aquí también han desaparecido las señales de curva a la derecha o a la izquierda.

Estas dos características principales de las autopistas hacen que el perfil de las mismas se adapte mejor a una conducción segura y, por ende, más relajada.

25 INTEGRAL INDEFINIDA

La respuesta a esta pregunta implica un proceso contrario al de la derivación. Aquí conoces previamente las pendientes que tiene el circuito; lo que hay que hallar es el perfil del circuito.

Este proceso contrario de la derivación se llama **integración.**

En los capítulos anteriores se ha visto cómo puede obtenerse la función derivada (función de pendientes) a partir de una función. Ahora nos planteamos el problema recíproco; es decir, **dada una función f, ¿existe otra F tal que F' = f?**

La función **f(x) = 2x** es la derivada (función de pendientes) de **F(x) = x².** La función **F(x)** se dice es una **primitiva de f(x).** Se tiene así el siguiente **ciclo** que relaciona los procesos recíprocos de **derivación** e **integración.**

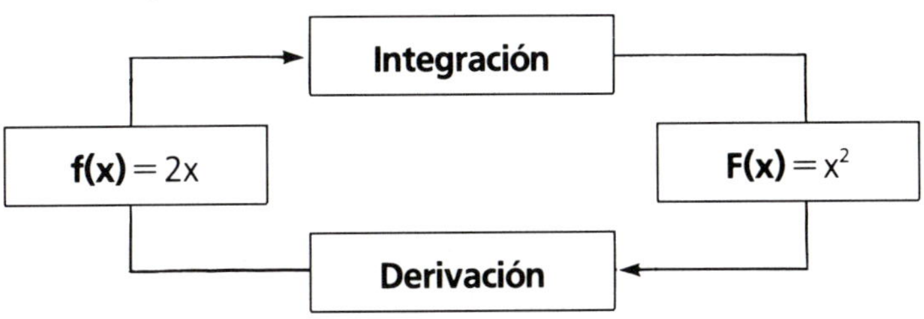

¡UN CIRCUITO PARA ESCALADORES!

En la ciudad de Metrópolis los ingenieros han construido los circuitos del parque Ciclópolis de modo que los ciclistas puedan entrenarse conociendo previamente la pendiente de los mismos en cada punto para dosificar sus esfuerzos. Uno de los circuitos de entrenamiento para los escaladores de montaña ha sido diseñado de modo que la pendiente en cada punto viene dada por la ecuación $y = \dfrac{1}{x^2 + 1}$*; de esta forma, al principio la rapidez de crecimiento del circuito es suave, luego aumenta más rápidamente hasta alcanzar la máxima pendiente, para terminar, finalmente, en un crecimiento también suave.*

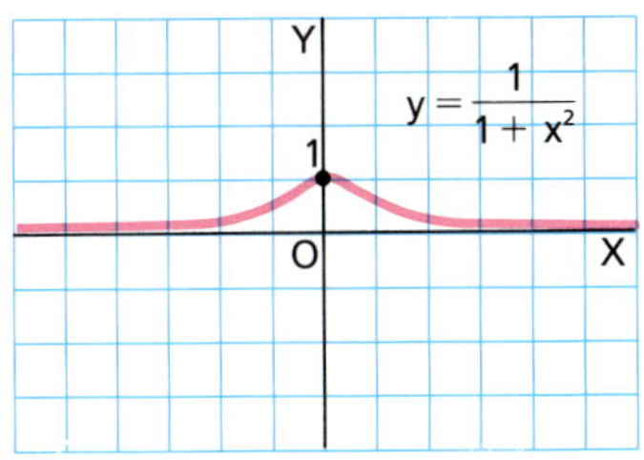

Observa que la gráfica es simétrica y responde a las necesidades de entrenamiento de los escaladores.

Con estos datos, ¿podrías ayudar a los ingenieros de Metrópolis a construir el perfil del circuito?

1. PRIMITIVA. INTEGRAL INDEFINIDA

▶ Primitivas

> Sean f y F dos funciones reales definidas en un mismo dominio. La función F es una función primitiva de f, o simplemente una primitiva de f, si F tiene por derivada a f.
>
> **F es primitiva de f ⇔ F' = f**

La operación que permite obtener una primitiva **F** a partir de una función **f** recibe el nombre de **integración**.

▶ Integral indefinida

Una función puede tener varias primitivas. Primitivas de la función $f(x) = 2x$ son:

$$F_1(x) = x^2, \quad F_2(x) = x^2 + 3, \quad F_3(x) = x^2 - 2 \ldots$$

ya que:

$$F_1'(x) = F_2'(x) = F_3'(x) = \ldots = f(x)$$

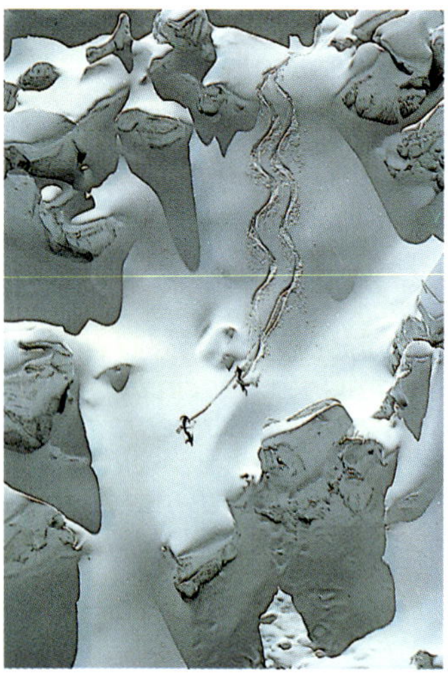

Si **F** es una primitiva de **f,** y **C** un número real cualquiera, la función **F + C** es también una primitiva de **f.**

> Si el dominio de una función es un intervalo, entonces el conjunto de las primitivas de f es de la forma:
>
> $\{F + C / C \in \mathbf{R}\}$
>
> — El conjunto de las primitivas de una función f se llama **integral indefinida.**
>
> — El número real C se llama **constante de integración.**

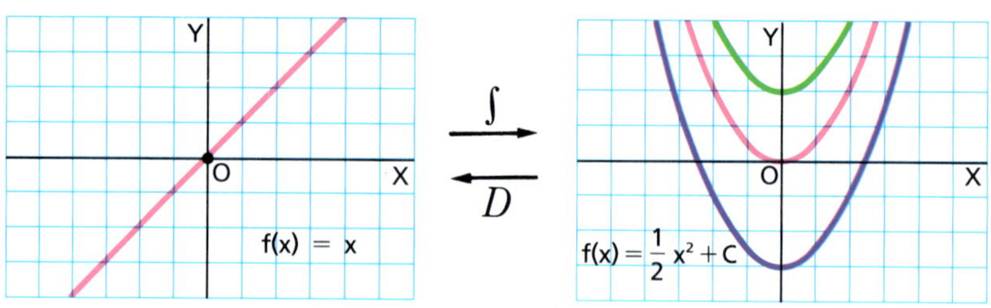

La integral indefinida se designa por:

$$\int \mathbf{f}, \quad \int \mathbf{f(x)} \text{ (notación de derivadas)}$$

El símbolo $\int$ se lee **integral de…,** y **f(x)** se llama **integrando.**

▶ Tres observaciones:

1. En este tema la variable de la función es x, mientras no se señale otra variable.

Por ejemplo:

$$\int (2x+2t) = x^2+2tx+C \text{ (si la variable es x)}$$

$$\int (2x+2t) = 2xt+t^2+C \text{ (si la variable es t)}$$

2. En la práctica,

— la constante C se sobrentiende y no suele escribirse, y

— la expresión integral indefinida suele indicar también, tanto el conjunto de primitivas como una de ellas.

Así escribiremos:

$$\int (2x+1) = x^2+x+C \text{ (con constante)}$$

$$\int (2x+1) = x^2+x \text{ (sin constante)}$$

3. La determinación de una primitiva particular exige conocer el valor de la constante de integración; para ello necesitamos alguna otra condición, como puede ser:

— el valor que toma la función primitiva en un punto $x=a$, o

— un punto P (a, b) por el que pasa la gráfica de la función.

▶ Las derivadas al revés:

Recuerda las derivadas de las funciones elementales y completa los siguientes enunciados:

1. 1 es la derivada de...

2. 2x es la derivada de...

3. $3x^2$ es la derivada de...

4. $3x^2+2x$ es la derivada de...

5. $\frac{1}{x}$ es la derivada de...

6. e^x es la derivada de...

7. cos x es la derivada de...

8. − sen x es la derivada de...

9. $\sec^2 x$ es la derivada de...

En la siguiente tabla se dan las integrales indefinidas de las funciones elementales. Se trata de leer la tabla de las derivadas de derecha a izquierda. Es decir,

La integral de 2x es ... ⇔ 2x es la derivada de...

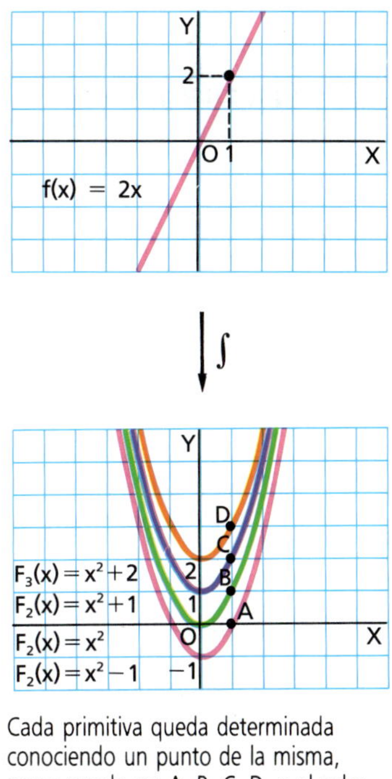

Cada primitiva queda determinada conociendo un punto de la misma, como puede ser A, B, C, D, o el valor que toma para $X=0$.

INTEGRALES DE FUNCIONES ELEMENTALES*

TIPOS	FORMAS: Simple	FORMAS: Compuesta
1. **Tipo potencial** **$a \neq -1$**	$\int x^a = \frac{x^{a+1}}{a+1}$	$\int f^a \cdot f' = \frac{f^{a+1}}{a+1}$
2. Tipo logarítmico	$\int \frac{1}{x} = L\lvert x\rvert$	$\int \frac{f'}{f} = L\lvert f\rvert$
3. Tipo exponencial	$\int e^x = e^x$ $\int a^x = \frac{a^x}{La}$	$\int e^f \cdot f' = e^f$ $\int a^f \cdot f' = \frac{a^f}{La}$
4. Tipo seno	$\int \cos x = \operatorname{sen} x$	$\int \cos f \cdot f' = \operatorname{sen} f$
5. Tipo coseno	$\int \operatorname{sen} x = -\cos x$	$\int \operatorname{sen} f \cdot f' = -\cos f$
6. Tipo tangente	$\int \sec^2 x = \operatorname{tg} x$ $\int (1+\operatorname{tg}^2 x) = \operatorname{tg} x$ $\int \frac{1}{\cos^2 x} = \operatorname{tg} x$	$\int \sec^2 f \cdot f' = \operatorname{tg} f$ $\int (1+\operatorname{tg}^2 f) \cdot f' = \operatorname{tg} f$ $\int \frac{f'}{\cos^2 f} = \operatorname{tg} f$
7. Tipo cotangente	$\int \operatorname{cosec}^2 x = -\operatorname{ctg} x$ $\int (1+\operatorname{ctg}^2 x) = -\operatorname{ctg} x$ $\int \frac{1}{\operatorname{sen}^2 x} = -\operatorname{ctg} x$	$\int \operatorname{cosec}^2 f \cdot f' = -\operatorname{ctg} f$ $\int (1+\operatorname{ctg}^2 f) \cdot f' = -\operatorname{ctg} f$ $\int \frac{f'}{\operatorname{sen}^2 f} = -\operatorname{ctg} f$
8. Tipo arco seno (= arco coseno)	$\int \frac{1}{\sqrt{1-x^2}} = \operatorname{arcsen} x$ $= \arccos x$	$\int \frac{f'}{\sqrt{1-f^2}} = \operatorname{arcsen} f$ $= \arccos f$
9. Tipo arco tangente (= − arco cotangente)	$\int \frac{1}{1+x^2} = \operatorname{arctg} x$ $= -\operatorname{arcctg} x$ $\int \frac{1}{a^2+x^2} = \frac{1}{a} \operatorname{arctg} \frac{x}{a}$	$\int \frac{f'}{1+f^2} = \operatorname{arctg} f$ $= -\operatorname{arcctg} f$ $\int \frac{f'}{a^2+f^2} = \frac{1}{a} \operatorname{arctg} \frac{f}{a}$
10. Tipo neperiano-arco tangente	$\int \frac{Mx+N}{ax^2+bx+c} =$ neperiano + arco tangente $M \neq 0$, ax^2+bx+c irreducible	

* En este curso sólo se estudian los seis primeros tipos.

3. PROPIEDADES LINEALES DE LA INTEGRACIÓN

Las siguientes propiedades de la integral indefinida son consecuencia inmediata de la derivación. Suponemos que todas las funciones utilizadas son integrables y están definidas en el mismo intervalo. La comprobación de estas relaciones se puede hacer derivando los dos miembros de las igualdades.

▶ Integral de la suma o diferencia

La integral de la suma de dos funciones es igual a la suma de las integrales de dichas funciones.

La integral de la diferencia de dos funciones es igual a la diferencia de las integrales de dichas funciones.

$$\int (f \pm g)(x)\, d = \int f(x) \pm \int g(x)$$

Utilizando la tabla de integrales comprueba que:

1. $\int (2x + \cos\ x) = \int 2x + \int \cos x^2 \text{ sen } x$

2. $\int (3 - \text{sen}\ x) = \int 3 - \int \text{sen } x = 3x + \cos x$

3. $\int (3x^2 + \sec^2 x) = \int 3x^2 + \int \sec^2 x = x^3 + \text{tg } x$

▶ Integral del producto de un número real por una función

$$\int a\, f(x) = a \int f(x)$$

La integral del producto de un número por una función es igual al número por la integral de la función.

Esta relación permite el introducir constantes dentro del signo de integración o sacarlas fuera, según convenga.

1. $\int 5x^2 = 5 \int x^2 = 5 \frac{x^3}{3} = \frac{5x^3}{3}$

2. $\int 7\, e^x = 7 \int e^x = 7\, e^x$

3. $4 \int x^3 = \int 4x^3 = x^4$

La utilización de estas dos propiedades constituye el método de descomposición. Como principio conviene descomponer lo más posible el integrando aplicando la propiedad distributiva, sustituyendo la expresión de la función por otra equivalente, sumando o restando una misma cantidad o multiplicando y dividiendo por un mismo número.

1. $\int \frac{x+1}{x} = \int \left(1 + \frac{1}{x}\right) = x + L\,|x|$

2. $\int \frac{2x^3 + x^2 - x}{x^2} = \int \left(2x + 1 - \frac{1}{x}\right) = x^2 + x - L\,|x|$

RECUERDA

1	$D(f+g) = Df + Dg$
2	$D(f-g) = Df - Dg$
3	$D\,af = a\,Df$

4. TIPOS DE INTEGRACIÓN

1. Tipo potencial

Las funciones potenciales vienen dadas por la forma:

$$\mathbf{f(x) = x^a}$$

Si la función $a = -1$ la función es $f(x) = x^{-1} = \frac{1}{x}$ cuya integral no sigue la fórmula general que vamos a dar.

▶ **Dos casos particulares**

$$\int 0 = C$$

— La integral de la función $\mathbf{f(x) = 0}$ es la función constante $\mathbf{F(x) = C}$.

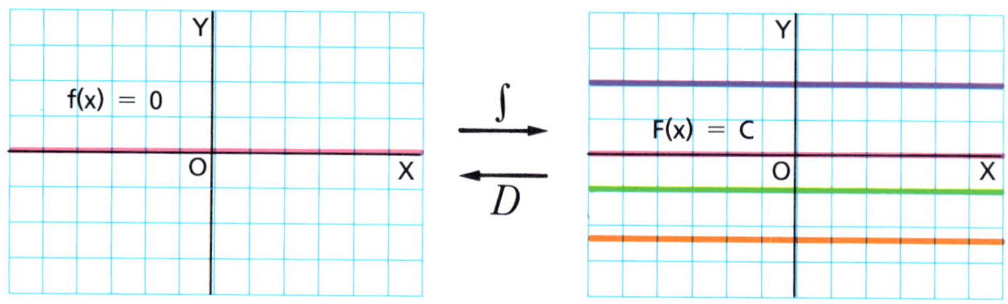

$$\int k = kx + C$$

— **La integral de la función constante $\mathbf{f(x) = k}$, $\mathbf{k \neq 0}$,** es la función lineal o afín $\mathbf{F(x) = kx + C}$.

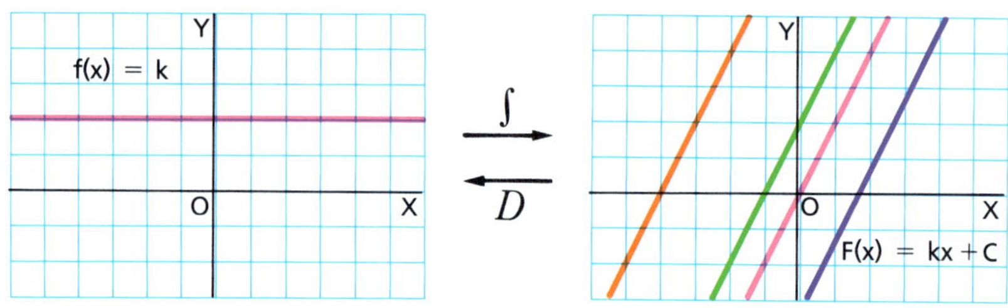

▶ **Forma simple: $\mathbf{y = x^a}$ $\mathbf{(a \neq -1)}$**

$$\int x^a = \frac{x^{a+1}}{a+1}$$

La integral de una potencia es igual a la base elevada al exponente más 1 dividido por el exponente más 1.

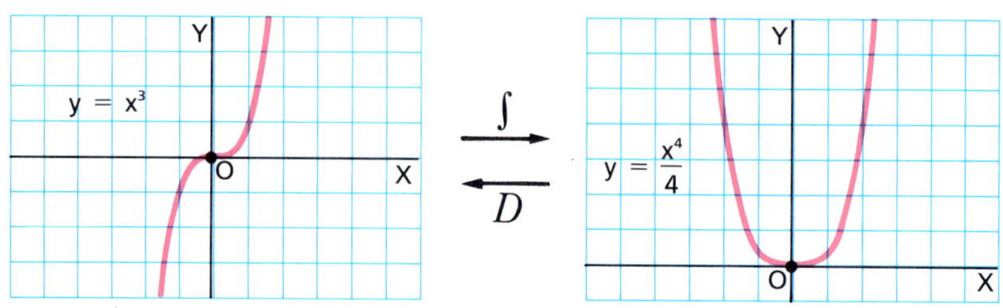

▶ **Forma compuesta: $\mathbf{y = f^a \cdot f'}$ $\mathbf{(a \neq -1)}$**

$$\int f^a \cdot f' = \frac{f^{a+1}}{a+1}$$

La integral de la potencia de una función por la derivada de la función es igual a la función elevada al exponente más **1** dividido por el exponente más **1**.

Para utilizar estas fórmulas adecuadamente conviene pasar las expresiones potenciales escritas en forma fraccionaria o en forma radical a la forma potencial.

En las formas compuestas hay que saber:

- **Distinguir en el integrando quién es f y quién es f'.**
- **Completar f' si le falta alguna constante para ser la derivada de f multiplicando/dividiendo el radicando por ese valor y procediendo en sentido contrario delante de la integral.**

En los siguientes ejemplos trata de seguir razonadamente el proceso de integración:

1. $\int x^4 = \frac{x^5}{5}$

2. $\int \frac{1}{x^4} = \int x^{-4} = \frac{x^{-3}}{-3} = -\frac{x^{-3}}{3}$

3. $\int x^{2/3} = \frac{x^{5/3}}{\frac{5}{3}} = \frac{3\ x^{5/3}}{5}$

4. $\int x^{-1/3} = \frac{x^{2/3}}{\frac{2}{3}} = \frac{3\ x^{2/3}}{2}$

Ejemplos de funciones compuestas. **¿Quién es f y f'?**

5. $\int (x+1)^2 = \frac{(x+1)^3}{3}$ $[f=x+1,\ f'=1]$

6. $\int (x^2+x+1)^3\,(2x+1) = \frac{(x^2+x+1)^4}{4}$ $\left[\begin{matrix} f=x^2+x+1 \\ f'=2x+1 \end{matrix}\right]$

7. $\int \text{sen}^3\ x \cos x = \frac{\text{sen}^4\ x}{4}$ $[f=\text{sen}\ x,\ f'=\cos x]$

8. $\int \text{tg}^2\ x \sec^2 x = \frac{\text{tg}^3\ x}{3}$ $[f=\text{tg}\ x,\ f'=\sec^2 x]$

En estos ejercicios se transforma la función hasta llegar al tipo potencial:

9. $\int (\text{tg}^3\ x+\text{tg}^5\ x) = \int \text{tg}^3\ x\,(1+\text{tg}^2\ x) = \frac{\text{tg}^4\ x}{4}$

10. $\int \cos^3 x = \int \cos x\,(1-\text{sen}^2 x) = \int (\cos x - \text{sen}^2\ x \cos x)$

$\int \qquad = \text{sen}\ x - \frac{1}{3}\,\text{sen}^3 x$

11. $\int \text{sen}^3\ x = \int \text{sen}\ x\,(1-\cos^2) = \int (\text{sen}\ \ x - \cos^2 x\ \text{sen}\ x)$

$\int \qquad = \cos x + \frac{1}{3}\cos^3 x$

UNAS DEFINICIONES

1	$a^{-n} = \frac{1}{a^n}$
2	$a^{\frac{m}{n}} = \sqrt[n]{a^m}$

RECUERDA

1	$a^x \cdot a^y = a^{x+y}$
2	$a^x : a^y = a^{x-y}$
3	$(a^x)^y = a^{xy}$
4	$a^x \cdot b^x = (a \cdot b)^x$
5	$a^x : b^x = (a : b)^x$

RECUERDA

- $\text{sen}^2\ x + \cos^2 x = 1$

  ↓
- $\text{sen}^2\ x = 1 - \cos^2 s$
- $\cos^2 x = 1 - \text{sen}^2\ x$

2. Tipo logarítmico

▶ **Forma simple:** $y = \frac{1}{x}$

$$\int \frac{1}{x} = L|x|$$

La integral de $\frac{1}{x}$ es logaritmo neperiano del valor absoluto de **x**.

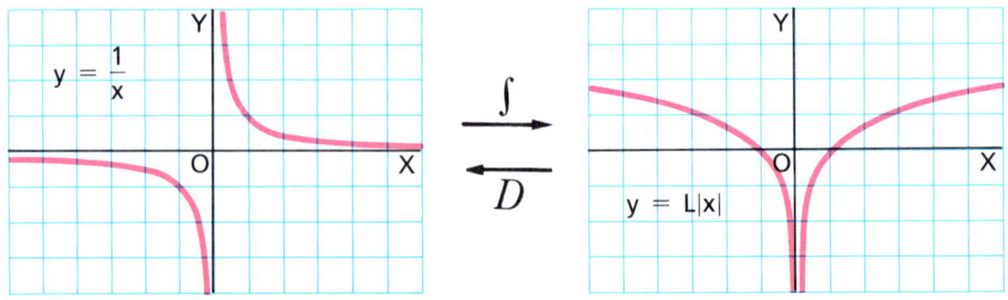

▶ **Forma compuesta:** $y = \frac{f'}{f}$

$$\int \frac{f'}{f} = L|f|$$

La integral de la derivada de una función dividida por la función es igual al logaritmo neperiano del valor absoluto de la función.

En estas integrales se toma el valor absoluto de la función ya que los logaritmos sólo estan definidos para valores positivos.

Una observación práctica:

Siempre que el integrando esté dado en forma de cociente lo primero que se ha de hacer es comprobar si el numerador es la derivada del denominador.

Ejemplos de funciones simples:

1. $\int \frac{3}{x} = 3 \int \frac{1}{x} = 3\ L\,|x|$

2. $\int \frac{1}{5x} = \frac{1}{5} \int \frac{1}{x} = \frac{1}{5}\ L\,|x|$

Ejemplos de funciones compuestas. **¿Quién es f y f'?**

3. $\int \frac{3x^2+1}{x^3+x+5} = L\,|x^3+x+5|$ $\left[\begin{array}{l} f = x^3+x+1 \\ f' = 3x^2+1 \end{array}\right]$

4. $\int \frac{x}{x^2+1} = \frac{1}{2} \int \frac{2x}{x^2+1} = \frac{1}{2}\ L(x^2+1)$

5. $\int \frac{x^2}{x^3+8} = \frac{1}{3} \int \frac{3x^2}{x^3+8} = \frac{1}{3}\ L\,|x^3+8|$

6. $\int \frac{1}{ax+b} = \frac{1}{a} \int \frac{a}{ax+b} = \frac{1}{a}\ L\,|ax+b|$

RECUERDA

1	$\log(MN) = \log M + \log N$
2	$\log\left(\frac{M}{N}\right) = \log M - \log N$
3	$\log N^m = m \log N$

3. Tipo exponencial

► **Forma simple:** $y = e^x$, $y = a^x$

$$\int e^x = e^x$$

La integral de la función exponencial e^x es e^x.

La integral de la función exponencial a^x es a^x dividido por el logaritmo neperiano de la base.

$$\int a^x = \frac{a^x}{La}$$

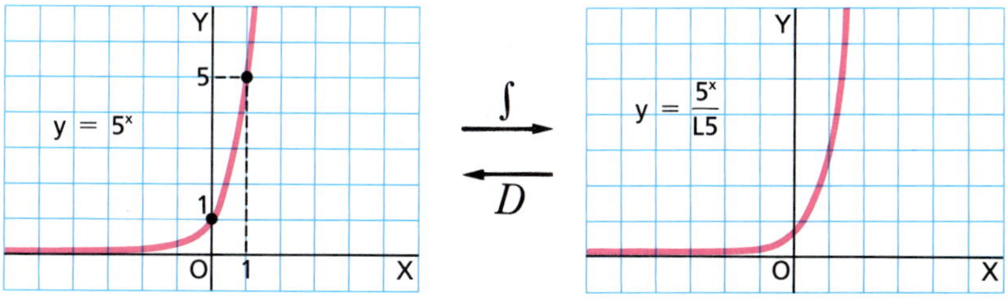

► **Forma compuesta:** $y = e^f \cdot f'$, $y = a^f \cdot f'$

$$\int e^f \cdot f' = e^f$$

La integral de la función exponencial e^f por la derivada del exponente es e^f.

La integral de la función exponencial a^f por la derivada del exponente es a^f dividido por el logaritmo neperiano de la base.

$$\int a^f \cdot f' = \frac{a^f}{La}$$

Ejercicios sobre formas simples:

1. $\int \mathbf{3^x} = \dfrac{3^x}{L3}$

2. $\int \dfrac{\mathbf{3^x}}{\mathbf{2^x}} = \int \left(\dfrac{3}{2}\right)^x = \dfrac{1{,}5^x}{L1{,}5}$

3. $\int \mathbf{2^x \cdot 5^x} = \int 10^x = \dfrac{10^x}{L10}$

Ejercicios sobre formas compuestas. **¿Quién es f y f'?**

4. $\int \mathbf{2x\, e^{x^2}} = \int e^{x^2} \cdot 2x = e^{x^2}$ $[f = x^2,\ f' = 2x]$

5. $\int \mathbf{e^{x^2+x+1} \cdot (2x+1)} = e^{x^2+x+1}$ $[f = x^2+x+1,\ f' = 2x+1]$

6. $\int \mathbf{e^{\text{sen}\, x} \cos x} = e^{\text{sen}\, x}$ $[f = \text{sen}\, x,\ f' = \cos x]$

7. $\int \mathbf{e^{2x+1}} = \dfrac{1}{2}\int e^{2x+1} \cdot 2 = \dfrac{1}{2}\, e^{2x+1}$

8. $\int \mathbf{8^{2x+1}} = \dfrac{1}{2}\int 8^{2x+1} \cdot 2 = \dfrac{1}{2} \cdot \dfrac{8^{2x+1}}{L8} = \dfrac{8^{2x+1}}{2\ L8}$

RECUERDA

1	$a^x \cdot a^y = a^{x+y}$
2	$a^x : a^y = a^{x-y}$
3	$(a^x)^y = a^{xy}$
4	$a^x \cdot b^x = (a \cdot b)^x$
5	$a^x : b^x = (a : b)^x$

4. Tipo seno

$$\int \cos x = \text{sen } x$$

▶ **Forma simple:** $y = \cos x$

La integral de coseno de **x** es seno de **x**.

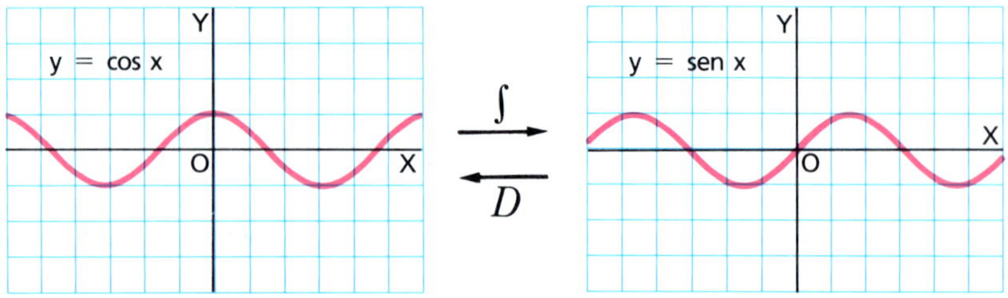

$$\int \cos f \cdot f' = \text{sen } f$$

▶ **Forma compuesta:** $y = \cos f \cdot f'$

La integral del coseno de una función por la derivada de la función es igual al seno de la función.

Ejemplos de funciones simples:

1. $\int \mathbf{3 \cos x} = 3 \int \cos x = 3 \text{ sen } x$

2. $\int \frac{\mathbf{\cos x}}{\mathbf{7}} = \frac{1}{7} \int \cos x = \frac{1}{7} \text{ sen } x$

3. $\int \frac{\mathbf{9}}{\mathbf{\sec x}} = \int 9 \cos x = 9 \text{ sen } x$

Ejemplos de funciones compuestas. **¿Quién es f y f'?**

4. $\int \mathbf{(2x+1) \cos (x^2+x+1)} = \text{sen } (x^2+x+1)$

$$\begin{bmatrix} f = x^2+x+1 \\ f' = 2x+1 \end{bmatrix}$$

5. $\int \mathbf{e^x \cos (e^x)} = \text{sen } (e^x)$ $[f = e^x,\ f' = e^x]$

6. $\int \mathbf{3x^2 \cos (x^3+9)} = \int \cos (x^3+9) \cdot 3x^2 = \text{sen } (x^3+9)$

7. $\int \mathbf{\cos 2x} = \frac{1}{2} \int \cos 2x \cdot 2 = \frac{1}{2} \text{ sen } 2x$ $[f = 2x,\ f' = 2]$

8. $\int \mathbf{\cos (2x+1)} = \frac{1}{2} \int \cos (2x+1) \cdot 2 = \frac{1}{2} \text{ sen } (2x+1)$

9. $\int \mathbf{x \cos (x^2+1)} = \frac{1}{2} \int \cos (x^2+1) \cdot 2x = \frac{1}{2} \text{ sen } (x^2+1)$

RECUERDA

1	$\text{tg } x = \frac{\text{sen } x}{\cos x}$
2	$\text{cotg } x = \frac{\cos x}{\text{sen } x} = \frac{1}{\text{tg } x}$
3	$\sec x = \frac{1}{\cos x}$
4	$\text{cosec } x = \frac{1}{\text{sen } x}$
5	$\text{sen}^2 x + \cos^2 x = 1$
6	$1 + \text{tg}^2 x = \sec^2 x = \frac{1}{\cos^2 x}$
7	$1 + \text{cotg}^2 x = \text{cosec}^2 x = \frac{1}{\text{sen}^2 x}$

5. Tipo coseno

▶ **Forma simple: y = sen x**

La integral de seno de **x** es menos coseno de **x**.

$$\boxed{\int \textbf{sen x} = -\textbf{cos x}}$$

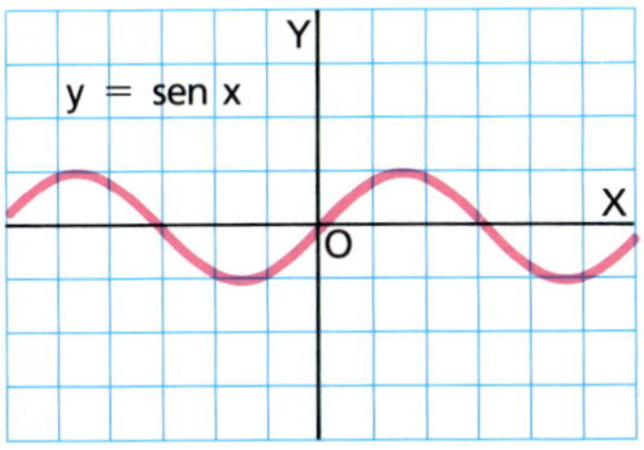

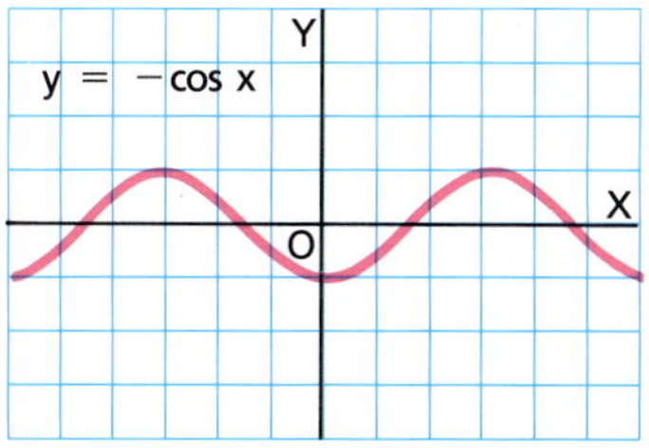

▶ **Forma compuesta: y = sen f · f′**

La integral del seno de una función por la derivada de la función es menos el coseno de la función.

$$\boxed{\int \textbf{sen f} \cdot \textbf{f}' = -\textbf{cos f}}$$

Ejemplos de funciones simples:

1. $\int \mathbf{4\ sen\ x} = 4\int \text{sen x} = 4\,(-\cos x) = -4\cos x$

2. $\int \frac{\mathbf{sen\ x}}{\mathbf{7}} = \frac{1}{7}\int \text{sen x} = \frac{1}{7}\,(-\cos x) = -\frac{\cos x}{7}$

3. $\int \frac{\mathbf{3}}{\mathbf{cosec\ x}} = \int 3 \text{ sen x} = 3\,(-\cos x) = -3\cos x$

Ejemplos de funciones compuestas. **¿Quién es f y f′?**

4. $\int \mathbf{(2x+1)\ sen\ (x^2+x+3)} = -\cos (x^2+x+3)$

$$\begin{bmatrix} f = x^2+x+3 \\ f' = 2x+1 \end{bmatrix}$$

5. $\int \mathbf{3x^2\ sen\ (x^3+9)} = \int \text{sen}\,(x^3+9)\cdot 3x^2 = -\cos (x^3+9)$

6. $\int \mathbf{e^x\ sen\ (e^x)} = -\cos (e^x)$ $\quad [f = e^x,\ f' = e^x]$

7. $\int \mathbf{sen\ 5x} = \frac{1}{5}\int \text{sen } 5x \cdot 5 = \frac{1}{5}\,(-\cos 5x) = -\frac{\cos 5x}{5}$

8. $\int \mathbf{sen\ (7x+8)} = \frac{1}{7}\int \text{sen}\,(7x+8)\cdot 7 = -\frac{1}{7}\cos (7x+8)$

9. $\int \mathbf{x\ sen\ (x^2+5)} = \frac{1}{2}\int \text{sen}\,(x^2+5)\cdot 2x = -\frac{1}{2}\cos (x^2+5)$

6. Tipo tangente

$$\int \sec^2 x = \text{tg } x$$

▶ **Forma simple: $y = \sec^2 x$**

La integral de secante cuadrado de **x** es tangente de **x.**

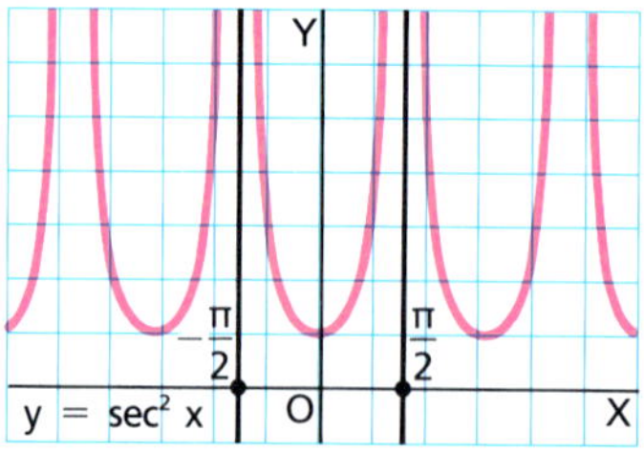

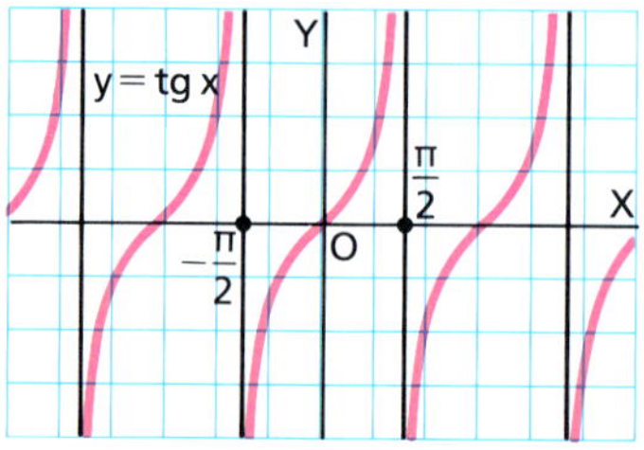

$$\int \sec^2 f \cdot f' = \text{tg } f$$

▶ **Forma compuesta: $y = \sec^2 f \cdot f'$**

La integral de la secante cuadrado de una función por la derivada de la función es la tangente de la función.

Ejemplos de funciones simples:

1. $\int \mathbf{3 \sec^2 x} = 3 \int \sec^2 x = 3 \text{ tg } x$

2. $\int \mathbf{(5 + 5 \text{ tg}^2 x)} = 5 \int (1 + \text{tg}^2 x) = 5 \text{ tg } x$

3. $\int \frac{\mathbf{7}}{\mathbf{\cos^2 x}} = \int 7 \sec^2 x = 7 \int \sec^2 x = 7 \text{ tg } x$

Ejemplos de funciones compuestas. **¿Quién es f y f'?**

4. $\int \mathbf{3x^2 \sec^2 (x^3 + 9)} = \int \sec^2 (x^3 + 9) \cdot 3x^2 =$

$= \text{tg } (x^3 + 9)$

5. $\int \mathbf{\sec^2 (2x + 1)} = \frac{1}{2} \int \sec^2 (2x + 1) \cdot 2 =$

$= \frac{1}{2} \text{ tg } (2x + 1)$

6. $\int \mathbf{\sec^4 x} = \int (1 + \text{tg}^2 x) \sec^2 x =$

$= \int (\sec^2 x + \text{tg}^2 x \sec^2 x) =$

$= \text{tg}x + \frac{1}{3} \text{tg}^3 x$

7. $\int \mathbf{\text{tg}^2 x} = \int (1 + \text{tg}^2 x - 1) = \text{tg } x - x$

RECUERDA

1	$\text{tg } x = \frac{\text{sen } x}{\cos x}$
2	$\sec x = \frac{1}{\cos x}$
3	$\text{sen}^2 x + \cos^2 x = 1$
4	$1 + \text{tg}^2 x = \sec^2 x = \frac{1}{\cos^2 x}$

1 **Halla una primitiva F de $f(x)=2x$ cuya gráfica pasa por el punto P (1, 3). ¿Y si pasa por el origen?**

Las primitivas de $f(x)=2x$ son de la forma $F(x)=x^2+C$. Puesto que la gráfica pasa por el punto P (1, 3), resulta:

$F(1)=3 \iff 3=1+C$ de donde $C=2$

La primitiva que pasa por P es $F(x)=x^2+2$.

Si pasa por el origen $C=0$, luego la función es $F(x)=x^2$.

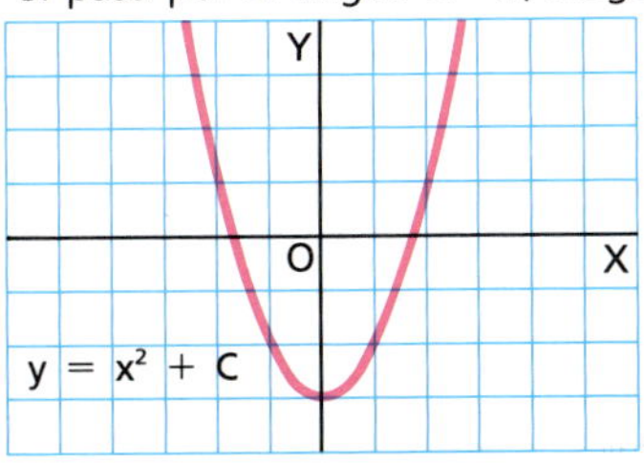

$y=x^2+C$

Integral indefinida

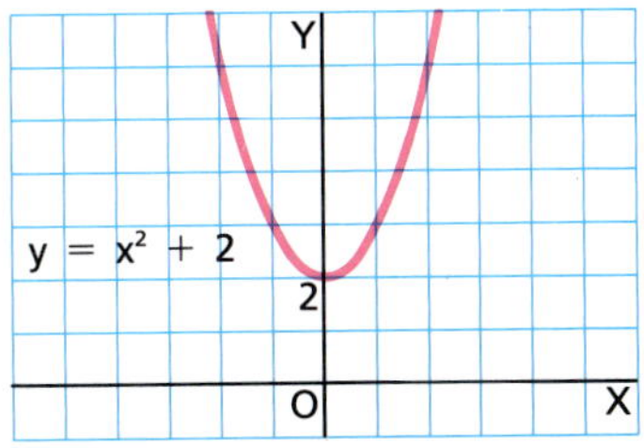

$y=x^2+2$

Primitiva que pasa por P

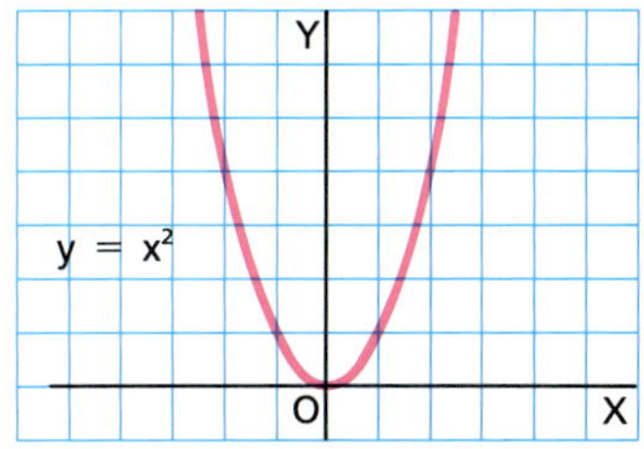

$y=x^2$

Primitiva que pasa por 0

2 **Halla una recta (función lineal f) cuya pendiente es 2 y pasa por el punto P (0, 4).**

La derivada de la función lineal es su pendiente, por tanto, $f'(x)=2$ de donde $f(x)=2x+C$. Por pasar por el punto P (0, 4) resulta que

$4=C$, de donde $f(x)=2x+4$

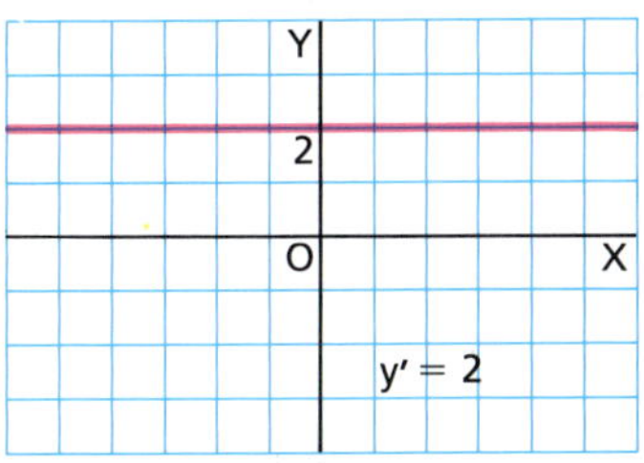

$y'=2$

Derivada

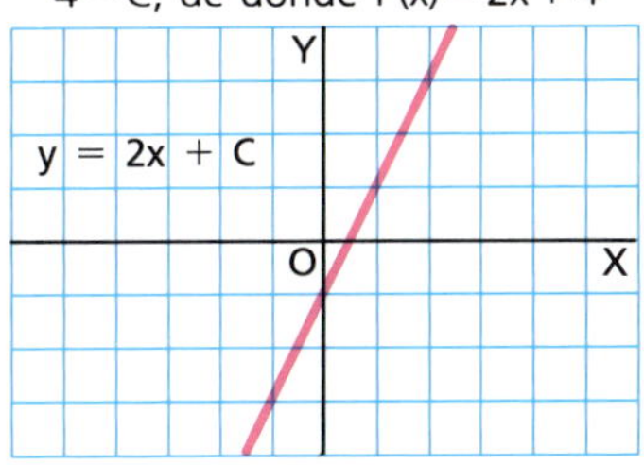

$y=2x+C$

Integral indefinida

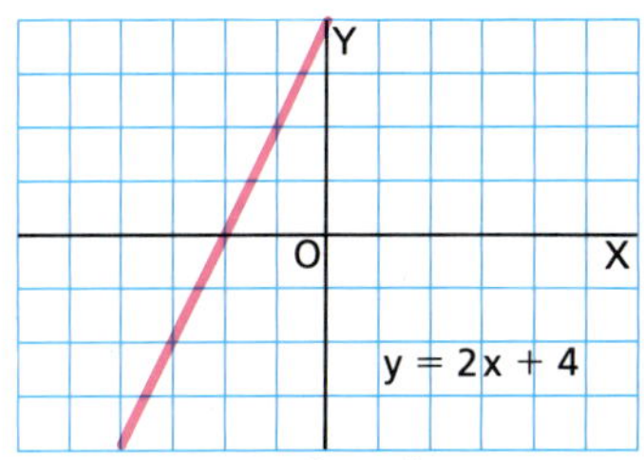

$y=2x+4$

Primitiva que pasa por P

Observa que éste es otro método para hallar la ecuación de una recta conociendo un punto y la pendiente.

3 **Halla la integral indefinida de la función $f(x)=k$, $k \neq 0$. Interpreta gráficamente la integral indefinida.**

La integral indefinida es

$$\int k = kx + C$$

La integral indefinida está formada por el conjunto de rectas paralelas cuya pendiente es $m=k$; es decir, un haz de rectas paralelas.

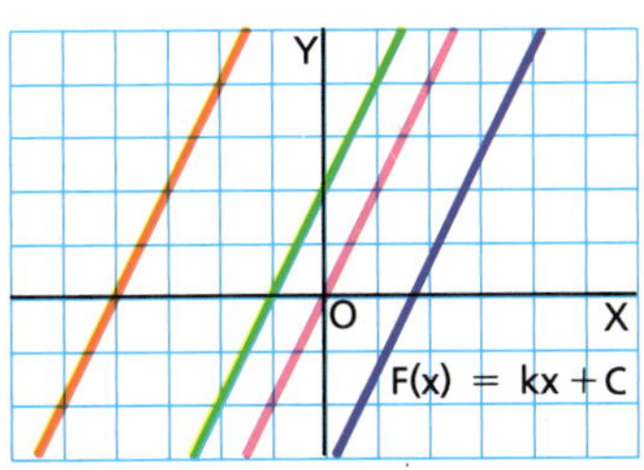

Haz de rectas paralelas

ACTIVIDADES

Ejercicios para entrenarse

1 Calcula las siguientes integrales potenciales simples cuyo exponente es un número natural:

1. $\int x^7$
2. $\int x^9$
3. $\int x^2 \cdot x^3$
4. $\int x^6 : x^2$
5. $\int (x^2)^3$
6. $\int (x^8)^{1/2}$

2 Calcula las siguientes integrales:

1. $\int 5x^7$
2. $\int 7x^9$
3. $\int 3x^2 \cdot x^3$
4. $\int 9x^6 : x^2$
5. $\int 4\,(x^2)^3$
6. $\int 12\,(x^8)^{1/2}$

3 Calcula las siguientes integrales desarrollando los integrandos:

1. $\int (x+1)^2$
2. $\int (x-1)^2$
3. $\int x\,(x-1)^2$
4. $\int x^6\,(x^2+1)$
5. $\int (x+1)^3$
6. $\int (x-1)^3$

4 Calcula las siguientes integrales potenciales simples cuyo exponente es un número negativo:

1. $\int x^{-7}$
2. $\int x^{-9}$
3. $\int x^2 \cdot x^{-3}$
4. $\int x^{-6} : x^{-2}$
5. $\int (x^{-2})^3$
6. $\int (x^{-8})^{1/2}$
7. $\int \frac{1}{x^2}$
8. $\int \frac{x^{-5}}{x^3}$

5 Calcula las siguientes integrales potenciales simples cuyo exponente es un número racional:

1. $\int x^{2/3}$
2. $\int x^{-2/5}$

3. $\int \frac{1}{x^{2/3}}$

4. $\int x \cdot x^{2/3}$

6 Calcula las siguientes integrales potenciales simples cuyos integrandos están escritos en forma radical. Pasa primero a forma potencial.

1. $\int \sqrt{x}$

2. $\int \sqrt{x}$

3. $\int x\sqrt{x}$

4. $\int \sqrt{x} \cdot \sqrt[3]{x}$

5. $\int \sqrt[3]{x^2}$

6. $\int \frac{\sqrt{x}}{x}$

7. $\int \frac{x}{\sqrt{x}}$

8. $\int \frac{\sqrt{x}}{\sqrt[3]{x}}$

9. $\int \sqrt[3]{\sqrt{x}}$

7 Calcula las siguientes integrales potenciales compuestas. Piensa quién es f y f'.

1. $\int (x+1)^2$

2. $\int (7x+5)^2$

3. $\int (x^2+1) \cdot 2x$

4. $\int (x^3+1) \cdot 3x^2$

5. $\int (x^2+3) \cdot x$

6. $\int x^2 \cdot (x^3+2)$

8 Los integrandos son funciones racionales; antes de integrar pásalos a forma potencial.

1. $\int \frac{1}{(2x+1)^2}$

2. $\int \frac{2x+1}{(x^2+x+1)^2}$

3. $\int \frac{1}{x^2+2x+1}$

9 En las siguientes integrales aparecen radicales; exprésalos en forma potencial antes de integrar.

1. $\int \sqrt{1+x}$

2. $\int x\sqrt{1+x^2}$

3. $\int x\sqrt{1-x^2}$

4. $\int x^2\sqrt{1+x^3}$

5. $\int x^2\sqrt{1-x^3}$

6. $\int \frac{1}{\sqrt{3x+1}}$

7. $\int \frac{\sqrt{x+1}}{x+1}$

8. $\int \frac{x\sqrt{x^2+1}}{x^2+1}$

10 Calcula las siguientes integrales de tipo logarítmico:

1. $\int x^{-1}\,dx$

2. $\int \frac{2}{x}$

A

3. $\int \frac{1}{3x}\,dx$

4. $\int \frac{2}{3x}$

5. $\int \frac{1}{ax}\,dx$

6. $\int \frac{2x^2}{6x^3+1}$

11 Calcula las siguientes integrales de tipo logarítmico:

1. $\int \frac{1}{3x+5}$
2. $\int \frac{1}{ax+b}$
3. $\int \frac{x^2}{x^3+2}$
4. $\int \frac{x^2}{6x^3+1}$
5. $\int \frac{2x+1}{x^2+x+1}$
6. $\int \frac{x-1}{3x^2-6x+5}$

12 Calcula las siguientes integrales de tipo exponencial.

1. $\int e^{-x}$
2. $\int e^{2x}$
3. $\int e^{-2x}$
4. $\int e^{2x+1}$
5. $\int e^{-2x+1}$
6. $\int e^{x^2+22} \cdot x$
7. $\int e^{-x^2} \cdot x$
8. $\int e^{x^3+1} \cdot x^2$

13 Calcula las siguientes integrales de tipo exponencial:

1. $\int e^{\operatorname{tg} x} \cdot \sec^2 x$
2. $\int 12^x$
3. $\int (6^x)^2$
4. $\int 5^x \cdot 9^x$

14 Calcula las siguientes integrales de tipo seno:

1. $\int \cos(2x)$
2. $\int \cos\frac{x}{3}$
3. $\int \cos(x+1)$
4. $\int \cos(2x+5)$
5. $\int \cos(-x+1)$
6. $\int 3\cos(2x+6)$
7. $\int x\cos x^2$
8. $\int 2x\cos(x^2+2)$

15 Calcula las siguientes integrales de tipo coseno:

1. $\int \operatorname{sen}(2x)$
2. $\int \operatorname{sen}\frac{x}{3}$
3. $\int \operatorname{sen}(x+1)$
4. $\int \operatorname{sen}(2x+5)$
5. $\int \operatorname{sen}(-x+1)$
6. $\int 3\operatorname{sen}(2x+6)$
7. $\int x\operatorname{sen} x^2$
8. $\int 2x\operatorname{sen}(x^2+2)$

16 Calcula las siguientes integrales de tipo tangente:

1. $\int \sec^2 2x$
2. $\int \sec^2\frac{x}{3}$
3. $\int \sec^2(x+1)$
4. $\int \sec^2(2x+5)$
5. $\int \sec^2(-x+1)$
6. $\int 3\sec^2(2x+6)$
7. $\int 2x\sec^2 x^2$
8. $\int x\sec^2 x^2$

Problemas para resolver

17 Dada la función $f(x) = 6x$, halla la primitiva que pasa por el punto A (1, 2).

18 Dada la función $f(x) = 3x^2 + 2x$, halla la primitiva que pasa por el punto A (1, 2).

19 Halla una función cuya derivada sea $f(x) = 4x^3 - 7x^2 + 5x - 1$ y que se anule para $x = 1$.

20 La pendiente de una curva tiene como expresión $f(x) = 2x + 3$. Halla la ecuación de esta curva sabiendo que pasa por el punto A (3, 0).

21 Halla la función que tome en $x=1$ el valor 2 y que tenga por derivada la función $f(x)=12x^2+6$.

22 La velocidad de un móvil en un movimiento rectilíneo viene dada por $v(t)=2t+1$.

1. Halla la función distancia. ¿Es única?

2. Halla la función distancia sabiendo que en el instante cero el móvil se encuentra a una distancia de 2 m del origen.

3. ¿A qué distancia del origen se encuentra el móvil al cabo de 10 segundos?

Cuestiones para aclararse

23 ¿Cuál es la integral indefinida de la función nula? Representa algunas primitivas de esta función. ¿Cómo son sus gráficas?

24 ¿Cuál es la integral indefinida de la función constante? Representa algunas primitivas de esta función. ¿Cómo son sus gráficas?

25 Nos dicen que las funciones $F(x)=Lx$ y $G(x)=L\ 6x$ son primitivas de una misma función. ¿Puedes afirmarlo sin necesidad de derivar? Razónalo.

26 Dada la función potencial $y=x^a$, ¿para qué valor de a no puede aplicarse la regla general? Calcula la integral para ese valor.

de matemáticas

En busca del arca perdida

¿Ciencia ficción? La película de este título indica como ningún otro el camino seguido en este capítulo. Como has visto, se puede pasar de la función derivada a la función primitiva; es decir, se trata de reconstruir la función original a partir de la función derivada. Muchos problemas de la ciencia y de la técnica exigen recorrer este camino inverso. Veamos algunos ejemplos.

Un movimiento con aceleración nula

Hemos dicho que el problema de la integración es reconstruir la función conociendo la derivada; por ejemplo, conociendo momento por momento la velocidad de un vehículo, o sea teniendo la curva velocidad en función del tiempo, encontrar la ley del movimiento.

Todo el mundo sabe que si un coche no se acelera la velocidad es constante. ¿Por qué ecuación viene dado el espacio?

Supongamos que un móvil tiene aceleración nula:

$$a = \frac{dv}{dt} = 0 \Leftrightarrow v = C$$

Si la velocidad es constante, entonces integrando resulta la ecuación del espacio:

$$s = C\,t + K$$

que es la ecuación de una recta.

Estudio de caminos

La derivada de un perfil de camino es la pendiente del camino en cada punto. En la ciudad de Metrópolis los perfiles de las carreteras se hacen según las necesidades, y es evidente que el conocimiento de la pendiente en cada punto es esencial para los escaladores, ciclistas, corredores de cross, etc.

El perfil de una montaña rusa se estudia también a partir de las pendientes ya que así puede saberse la velocidad de las vagonetas en cada punto.

¿SABÍAS QUE...?

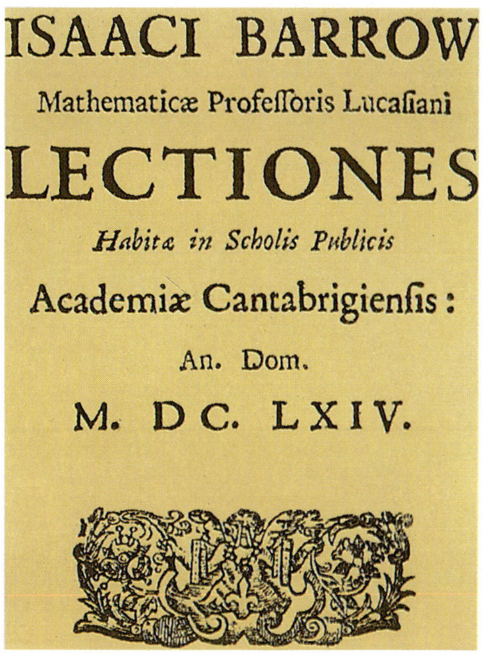
ISAACI BARROW

Mathematicæ Profeſſoris Lucaſiani

LECTIONES

Habitæ in Scholis Publicis

Academiæ Cantabrigienſis:

An. Dom.

M. DC. LXIV.

Isaac Barrow (1630-1677), profesor en la Universidad de Cambridge y maestro de **Newton**. Preparó el camino para la aparición del cálculo diferencial e integral.